영원불멸한 고전으로의 여행

단테《신곡》함께 읽기

영원불멸한 고전으로의 여행

단테 《신곡》

La Divina Commedia Di Dante Alighieri

함께 읽기

강대진 지음

북길드

이 책을 너무 일찍 떠난 모든 분들께 바칩니다.

이 책을 읽기 전에

이 책의 목적은 젊은 세대에게 《신곡》이라는 작품을 간략히 소개하는 것이다. 대학 신입생 정도의 수준을 생각하고 썼지만, 조금 도전적인 중고생도 읽을 수 있겠다. 의식적으로 전체 분량을 줄이려 노력했기 때문에, 설명이 조금 부족하다 싶은 대목도 있을 것이다. 나도 자꾸 더 설명하고 싶은 마음을 애써 눌렀다. 더 자세한 해설을 원하는 분께는 다음 기회를 약속드리는 수밖에 없겠다. 원문 인용이나 소수 의견 소개도 자제했고, 신화와 민담, 다른 고전 저작과의 연관을 언급하는 것도 최소로 한정했다. 고전 읽기가 대체로 속도와는 무관하지만, 짧은 책이라면 앞부분 내용을 잊기 전에 얼른 끝낼 수 있다는 장점도 있으니, 이번 기회엔 그걸로 만족하기로 하자.

단테(Dante Alighieri, 1265~1321)는 서기 1300년의 앞뒤에 살았던 사람이다. 그의 탄생연대는 1265년이어서, 서기 1300년에 그는 35세였다. 당시 기준으로 인생을 70으로 볼 때 꼭 절반에 이르러 《신곡》을 세상에 내놓은 것이다. 하지만 그는 남은 35년을 채우지 못하고 1321년에 죽었다.

단테는 개인 이름이다. 보통 유명한 사람은 개인 이름보다는 가족 이름으로 알려져 있기 때문에(예를 들면 알베르트 아인슈타인은 그냥 '아인슈타인'으로 알려져 있다.), 단테도 그런 줄 아는 사람이 많은데, 그의 가족 이름(성씨)은 '알리기에리'다. 단테(Dante)는 두란테(Durante, 단단한 사람)가 발음하기 쉽게 줄어든 것이다. 하지만 한 집안에 유명한 사람이 나오면 그 이름을 성으로 삼기 때문에, 단테의 자식들도 그렇게 했다. 그의 자식들은 예수님의 제자 이름을 따서 피에트로(Pietro, 베드로), 야코포(Jacopo, 야고보), 조반니(Giovanni, 요한)였는데, 자기들 이름 뒤에 아버지 이름을 붙였다.

단테는 중세 마지막 시기를 살았다. 중세는 '서로마가 멸망한 때부터 동로마가 멸망한 때까지'라고 생각하면 이해하기 쉽다. 서기 5세기말부터 15세기 중반까지 약 1000년이다. 그것을 보통 세 부분으로 나누는데, 서기 1000년까지가 초기, 1300년까지가 중기, 1453년까지가 말기이다. 1453년에 유럽의 동쪽에서는 콘스탄티노플이 함락되어 동로마가 멸망하고, 서쪽에서는 백년전쟁이 끝났다. 인쇄술이 발명된 때도 이 무렵이다. (참고로 한반도에서는 1450년에 세종대왕이 세상을 떠나셨다.)

《신곡(La Divina Commedia)》은 기독교 서사시이다. 서사시(敍事詩)는 이야기 시이다. '서사'라는 말은 '이야기가 있다.'라는 뜻이고, '시'는 '운율이 있다.'라는 뜻이다. 이 작품은 한 줄이 11개의 음절로 되어 있고(음수율), 세 줄이 한 단락이 되어서 한 줄 건너마다 맨 마지막 음절에 같은 음이 나오게끔 짜여 있다(각운). 그래서 한 단락이 도합 33음절이고, 각 줄은 앞 단락을 돌아보면서(왜냐하면 앞 단락에 준비한 음으로 한 줄이 끝나니까), 다음 단락을 준비한다(다음 단락에는 앞 단락에 준비해둔 음이 첫 줄 끝과 마지막 줄 끝에 반복되니까). 우리말 번역으로는 느낄 수 없지만 큰 공을 들여서 세부를 꾸몄다고만 알면 되겠다.

《신곡》은 전체가 100개의 노래로 구성되어 있고, 세 부분으로 나뉘어 〈지옥편〉이 34곡, 〈연옥편〉 33곡, 〈천국편〉 33곡이다. 100을 셋으로 쪼개서 '33 곱하기 3', 그리고 맨 앞에 서곡을 하나 덧붙였다고 생각하면 된다. 단테가 기독교의 삼위일체(성부, 성자, 성령이 하나임)를 중시해서 이렇게 3과 1이 자꾸 나오는 것이다.

《신곡》의 내용은 서기 1300년 부활절 직전에 35세의 단테가 기원전 1세기 로마 시인인 베르길리우스의 안내를 받아 지옥과 연옥을 보고, 이어서 베아트리체의 안내로 천국을 방문하는 것이다. 서기 1300년을 배경으로 잡은 것은 그해에 자신이 35세가 되었기 때문이고, 예수님이 그 나이에 십자가에 달려서 저승에 가셨다고 알려졌기 때문이다. 그는 예수의 발자취를 따라가는 것이다.

《신곡》의 이탈리아어 제목 'La Divina Commedia'는 '신적인 희극'이라는 뜻이다. 단테는 그냥 '희극(comedia)'이라고 했는데, 너무나 훌륭한 작품이어서 후대 사람들이 '신적인(divina)'이란 수식어를 붙였다. (현대 이탈리아어에서는 'commedia'라고 쓰지만, 단테의 작품에는 그냥 'comedia'라고 되어 있다.) 한편 단테가 '희극'이라고 한 것은 두 가지 이유에서다. 우선 행복한 결말이라는 점에서 비극의 반대이기 때문이다. 그리고 다른 이유는 이 작품이 비극 같은 고상한 장르에 쓰이던 라틴어가 아니라, 시장 거리에서 당시 사람들이 사용하던 속된 언어로 씌었기 때문이다. 이 작품은 당대의 이탈리아 중북부 토스카나 지방어로 기록되었다. 그래서 현재도—단테 덕택에—이 지역 언어가 이탈리아 표준어이다.

〈지옥편〉에 그려지는 지옥은 밑으로 갈수록 점점 반경이 줄어드는 일종의 깔때기로서, 위쪽에는 좀 가벼운 죄에 대한 징벌 구역이 있고, 아래로 갈수록 무거운 죄를 지은 자들이 배치되어 있다. 크게 나누어 '부절제-폭력-기만-배신'이 죄들의 분류 방식이다. (보통 지옥이 9개의 원으로 나뉘어 있다고 설명하는데, 우리가 전체를 한눈에 넣는 데 거의 도움이 되지 않는 설명이다. 그냥 네 부분으로 나눠 보는 게 훨씬 낫다.)

부절제에 해당되는 죄는, 가벼운 것부터 언급하자면 애욕-탐식-탐욕-분노이다. 그다음, 폭력의 지옥은 위에서부터 세 부분으로 나뉘어, 타인에 대한 폭력, 자신에 대한 폭력, 하느님께 대한 폭력이 각기 벌을 받는다. 기만의 지옥은 열 개의 구렁으로 나뉘어 각기 그 죄에 합당한 벌을 받는다. 배신의 지옥은 배신 대상에 따라 넷으로 나뉘어, 차례로 친족-조국-손님-은인에 대한 배신자들이 배치되어 있다. 〈지옥편〉은 단테가 지구의 중심에 박혀 있는 사탄의 털을 잡고 지구 반대편으로 넘어가고, 먼 길을 올라가서 결국 빛나는 별을 보는 것으로 끝난다.

　옛사람들은 땅이 공처럼 둥글고 한쪽에는 주로 육지가 몰려 있고, 그 반대편은 주로 바다로 되어 있다고 생각했다. 연옥은 우리가 사는 육반구(주로 땅으로 이루어진 곳)의 반대편, 수반구(주로 물로 이루어진 곳)에 솟은 높은 산에 있다. 전체는 크게 세 부분으로 '연옥 입구-연옥 일곱 층-지상 낙원'으로 구성되어 있다. 먼저 단테는 연옥산 아래서 아직 본격적인 연옥에 들어가지 못하고 기다리고 있는 사람들을 만난다. 다음으로, 천사가 지키는 연옥문을 통과하여 일곱 개의 층을 지나서 위로 올라간다. 일곱 층은 아래서부터 오만-질시-분노-태만-탐욕-식탐-애욕의 죄를 씻는 것으로 되어 있다. 마지막 층을 지나고 나면 베르길리우스는 떠나가며, 단테는 연옥에서 죄 씻음이 끝난 스타티우스와 함께 지상 낙원(에덴동산)으로 들어간다. 그는 거기서 베아트리체를 만나 이전의 죄를 씻고 일종의 세례를 겪은 후, 기독교 교회의 역사를 보여주는 행렬을 보고 이어서 교회의 타락을 보여주는 환상을 보게 된다.

　〈연옥편〉은 단테가 베르길리우스에게 여러 가지 질문을 던져 궁금증을 해소하는 장면을 많이 보여준다. 따라서 〈지옥편〉에 비해 이미지가 적으며, 이런 경향은 〈천국편〉에서 더 강해질 것이다.

천국은 연옥산 꼭대기에서부터 올라가는 것으로 설정되어 있다. 그것은 10개의 층으로 되어 있는데, 아래서부터 꼽아보자면 우선 일곱 층은 당시 알려진 일곱 개의 '행성'에 맞춰져 있어서 각기 '달-수성-금성-태양-화성-목성-토성의 하늘'이다. 그 위에는 세 층의 천국이 더 있는데, 밑에서부터 보통 '항성천-원동(原動)천-최고천'으로 불린다. 천국에 있는 존재들은 모두 평등하기 때문에 각 구역에 거주자가 따로 있는 것은 아니지만, 그 구역의 성격을 보여주기 위해 각 안내자들이 나와 있다가 단테를 맞이하여 그의 질문에 설명을 주고, 성서와 기독교의 진리를 펼쳐 보인다. 단테는 결국 제일 꼭대기 층까지 도달하여 하느님의 진리를 직접 눈으로 보게 된다.

단테의 이 여행은 일종의 꿈으로 설정된 듯하며, 이따금 여행의 주체인 '순례자' 단테와 그의 여행에 대해 기록하고 있는 '시인' 단테의 목소리가 엇갈리고 있어서, 작품을 직접 읽는 사람은 그 차이를 구별해야 전체를 혼란 없이 읽을 수 있다. 이 작품을 이해하기 위해 가장 긴요한 지식은 신화와 성서, 그리고 단테 당시의 이탈리아 역사인데, 마지막 것은 현대의 독자가 익숙해지기 어렵고 너무 세부적인 내용이어서 우리에게 도움이 되지 않으니 크게 신경 쓰지 마시길 권한다.

단테의 《신곡》은 고대 희랍과 로마의 전통을 이어 받으면서 그것을 기독교-성서 전통과 통합하는, 어찌 보자면 서양 정신을 대표하는 작품이다. 그냥 굵은 줄기만 보더라도 호메로스-베르길리우스-단테로 이어지는 천재들의 대작이 만든 징검다리의 마지막 디딤돌로, 이후 르네상스와 근대로 이어지는 서구 문학 전통의 가장 굵직한 줄기, 가장 중심적인 본류에 속한다 할 수 있다. 서양 문화를 이해하려면 꼭 거쳐 가야 하는 관문인 셈이다.

한데 지식 말고 우리가 이 작품에서 얻을 수 있는 것은 무엇인가? 단테는 자기 인생의 딱 중간에 자신의 삶과 그동안 쌓아온 지식을 검토해 보고, 자신을 에워싼 세계와 그 세계를 형성해온 역사를 돌아보았다. 자신이 사는 땅을 저 밑바닥까지 살펴보고, 그것의 이면을 둘러보고, 마침내 저 높은 곳에서 지구 전체를, 그리고 우주 전체를 내려다보았다. 온 세계의 질서와 의미를 재검토하고, 그 안에 자신의 자리가 어디인지 확인했다. 그는 천국에 앞으로 자신이 머물 자리가 이미 정해져 있음을 직접 확인한다. 그것은 그의 존재의 근원이고, 지식의 원천인 하느님 곁이다. 그는 마침내 존재의 그물망 속에서 자신의 지위와 역할을 확인했고, 자기 삶이 무의미하지 않다는 걸 깨닫는다. 그와 더불어, 가장 이해하기 힘들었던 기독교의 진리를 계산이나 논리도 필요치 않게 제 눈으로 직접 '본다.' 창조와 구원의 신비를 중간 매개 없이 직접 경험으로 체득한 것이다. 자신이 왜 여기 있는지, 세계는 왜 이러한지, 인생은 결국 어디로 향하는지, 역사의 최종적 결말은 어떠할지를, 인간 그 누구의 가르침에 의해서도 아니고, 그저 은총의 힘으로 벼락같이 이해한 것이다.

우리가 이런 경험을 완전히 공유하긴 어렵다. 특히 탈종교화 시대에 그의 중세적 신앙을 그대로 따라가는 것은 무리다. 하지만 그가 던진 질문들은 여전히 조금 다른 모습으로 우리에게 계속 나타나고, 그가 얻은 답도 조금씩 모습을 달리하여 우리에게 도움이 될 것이다. 자신과 세계를 이해하고 싶고, 어떻게 사는 삶이 좋은 삶인지 고심하는 사람에게 단테는 좋은 모범이 될 것이다.

CONTENTS

이 책을 읽기 전에 _ 6

지옥편

제1곡	길 잃은 단테가 베르길리우스를 만나다	21
제2곡	마음 바뀐 단테를 베르길리우스가 다시 설득하다	26
제3곡	지옥문, 중립을 내세우던 자들, 뱃사공 카론	31
제4곡	림보	36
제5곡	미노스, 음란죄	44
제6곡	식탐 죄를 지은 자들	52
제7곡	탐욕의 죄인들 바위를 굴리다, 분노의 진흙강	57
제8곡	늪을 건너다, 분노의 도전을 받다, 악마들에게 거절당하다	63
제9곡	복수의 여신들, 천사가 문을 열다, 이단의 죄인들	68
제10곡	이단자들의 대표, 파리나타와 카발칸티	73
제11곡	지옥의 구조 설명	80
제12곡	타인에 대한 폭력, 뜨거운 피의 강	89
제13곡	육체적, 재정적 자살자들	95
제14곡	불비 내리는 모래밭, 하느님께 폭력을 행한 자들	104
제15곡	불비 속을 달리는 사람들, 브루네토 라티니	110
제16곡	피렌체의 유명인 세 사람, 게뤼온의 다가옴	115
제17곡	고리대금업자들, 게뤼온을 타고 아래로 내려가다	119
제18곡	말레볼제의 구조, 첫째와 둘째 구렁	125

INFERNO

제19곡	셋째 구렁, 성직매매자들	132
제20곡	넷째 구렁, 거짓된 예언자들	138
제21곡	다섯째 구렁, 공직매매자들	145
제22곡	악마들이 탐관오리에게 속아 역청 구덩이에 빠지다	149
제23곡	여섯 째 구렁, 위선적 성직자들	153
제24곡	일곱째 구렁, 도둑들이 뱀에 시달리다	160
제25곡	카쿠스, 뱀과 섞인 존재, 뱀과 몸이 바뀐 죄인	167
제26곡	여덟 번째 구렁, 나쁜 충고를 주었던 자들	176
제27곡	잘못된 충고를 준 또 하나의 죄인, 귀도 다 몬테펠트로	186
제28곡	아홉째 구렁, 분열을 일으킨 자들의 몸이 쪼개지다	192
제29곡	열 번째 구렁, 위조자들	200
제30곡	열 번째 구렁, 유언 위조, 신분 위조, 화폐 위조, 위증의 범죄자들	206
제31곡	안타이오스를 만나 배신 지옥으로 내려가다	212
제32곡	제9원, 배신 지옥 카이나와 안테노라	220
제33곡	피사의 우골리노 백작, 손님을 배신한 자들	229
제34곡	유데카, 은인을 배신한 자들의 영역, 루시퍼	239

연옥편

제1곡	부활절 아침에 연옥산에 도착하여, 카토와 만나다	253
제2곡	천사의 배가 도착하다, 카셀라와 만나다	262
제3곡	연옥산 가장자리, 파문되었다가 뒤늦게 참회한 자들	267
제4곡	연옥산 낮은 기슭, 영적으로 게으른 자들	271
제5곡	연옥산 중간 기슭, 갑작스레 폭력적 죽음을 당한 자들	275
제6곡	소르델로와 마주치다	279
제7곡	왕들의 계곡	283
제8곡	두 천사가 뱀을 물리치다, 판사 니노와 만나다	289
제9곡	단테의 첫 번째 꿈, 천사가 지키는 문을 통과하다	294
제10곡	연옥 제1층, 겸손의 모범이 새겨진 벽, 오만했던 죄인들	300
제11곡	알도브란데스코, 오데리시, 프로벤차노	307
제12곡	오만의 사례가 새겨진 바윗길	311
제13곡	연옥 제2층, 질투의 둘레길에서 사랑의 사례를 듣다	317
제14곡	귀도 델 두카가 여러 도시를 비판하다, 질투의 사례들	322
제15곡	질투의 본성, 단테가 용서의 사례를 환상으로 보다	327
제16곡	연옥 제3층, 분노했던 죄인들이 연기 속에 갇히다	332
제17곡	분노의 사례들, 연옥의 구조	337
제18곡	연옥 제4층, 사랑의 본성, 태만했던 자들	342

PURGATORIO

제19곡 연옥 제5층, 땅에 들어붙은 탐욕의 죄인들 347
제20곡 청빈의 사례들, 카페 왕조의 악행, 탐욕의 사례들 352
제21곡 스타티우스와 만나다 358
제22곡 연옥 제6층, 절제의 모범들 363
제23곡 식탐 죄를 씻는 죄인들, 포레세 371
제24곡 식탐 죄인들의 목록, 보나준타, 탐식의 사례들 375
제25곡 연옥 제7층, 영혼의 발생과 성장에 대한 설명, 순결의 모범들 381
제26곡 음란의 사례들, 귀도 귀니첼리, 아르노 다니엘 388
제27곡 불의 장벽을 통과하다, 단테가 레아를 꿈에 보다 393
제28곡 지상 낙원에서 마텔다를 만나다 399
제29곡 성서를 상징하는 행렬과 마주치다 404
제30곡 베아트리체와 만나다 411
제31곡 단테가 죄를 고백하고 레테를 건너다 416
제32곡 상징적으로 그려진 교회의 타락과 변형 421
제33곡 베아트리체의 설명, 단테가 에우노에 강물을 마시다 428

천국편

제1곡	단테가 지상을 떠나다	437
제2곡	월천-달의 얼룩 설명	443
제3곡	월천-서원을 채우지 못한 자들	449
제4곡	월천-별과 영혼, 타인의 압력 문제	454
제5곡	월천-깨트린 서원의 보상 문제, 수성천 진입	462
제6곡	수성천-유스티니아누스 황제와 만남	466
제7곡	수성천-'정당한 복수'와 그리스도의 죽음에 대한 질문	474
제8곡	금성천-카를로 마르텔로와 만남	478
제9곡	금성천-쿠니차와 폴코를 만남	484
제10곡	태양천-토마스 아퀴나스와 만남	490
제11곡	태양천-성 프란체스코의 생애	497
제12곡	태양천-보나벤투라와 만남	502
제13곡	태양천-아퀴나스의 두 번째 발언	509
제14곡	태양천-솔로몬과 대화함, 화성천 진입	515
제15곡	화성천-카차귀다와 만남	520
제16곡	화성천-카차귀다의 과거 회상	527
제17곡	화성천-카차귀다가 단테의 미래를 예언함	532
제18곡	화성천-뛰어난 전사들, 목성천 진입	539

PARADISO

제19곡   목성천-구원의 문제, 현실 통치자 비판...................545
제20곡   목성천-탁월한 통치자들...................552
제21곡   토성천-다미아노와 만남...................558
제22곡   토성천-성 베네틱투스와 만남, 항성천 진입...................563
제23곡   항성천-그리스도와 성모의 방문...................569
제24곡   항성천-베드로와 만남...................574
제25곡   항성천-야고보의 시험, 요한과 만남...................579
제26곡   항성천-요한의 시험, 아담과 만남...................586
제27곡   항성천-베드로의 현실 교회 비판, 원동천 진입...................592
제28곡   원동천-천사의 위계...................598
제29곡   원동천-세계 창조와 천사의 추락 설명...................603
제30곡   정화천-천국의 장미...................610
제31곡   정화천-베르나르두스를 만남...................616
제32곡   정화천-천국 영혼들의 배치도...................621
제33곡   정화천-단테의 마지막 환상...................627

후기를 대신하여: 참고할 책들 _ 634
찾아보기 _ 639

지옥편
INFERNO

제1곡
길 잃은 단테가 베르길리우스를 만나다

어두운 숲에서 길을 잃다

《신곡》 전체의 첫 구절은 '우리 인생길의 한가운데서'이다. 여기서 일단 '우리(nostra)'라는 수식어가 중요하다. 바로 이 구절 때문에 우리가 《신곡》을 읽는 것이다. 앞으로 단테가 펼쳐 보일 여행은 그 한 사람만의 경험이 아니라, 그가 우리 모두를 대표해서 겪은 일이다. 그리고 '인생길의 한가운데'는 '35세일 때'란 뜻이다. 옛사람들은 인간의 수명이 70이라고 보았는데, 단테가 그 한가운데인 35세에 도달했을 때의 사건이란 말이다. 지난 삶을 반성하고, 앞으로 어떻게 살아갈지 마음을 다잡기에 적절한 시점이다.

그다음 줄을 보자. 단테는 어두운 숲속에서 제정신이 든다. 한데 조금 뒤의 구절(10~13행)을 보면, 자기가 어떻게 거기까지 갔는지는, 너무 깊이 잠에 취한 상태여서 알 수 없단다. (이 구절 때문에 단테의 저승 여행이 일종의 꿈 아닌가 하는 추정이 생겨났다.)

그래도 그가 거기 간 이유는 나와 있다. '올바른 길을 잃어버렸기 때문'이라고. 그러니까 이 숲은 한편으로 물리적인 숲이면서, 다른 한편 도덕적인 곤경, 또는 영적 파탄을 상징하는 것이다. 그다음 단락(4~6행)엔

'그때 일을 생각만 해도 두려워진다.'라고 나와서 독자가 혼란을 느낄 수 있다. 주인공이 이미 여행을 마친 것처럼 말하는 것이다.

이 대목에서는, 사건을 경험한 때와 작품을 기록하는 시점이 서로 다르다는 것, 그래서 작품 주인공 단테와 작가 단테가 서로 다른 시공간에 있다는 걸 알아야 한다. (대개 작품 속에 그려진 사람은 '순례자 단테', 같은 사람이긴 하지만 나중에 그 주인공의 언행을 보고하고 평가하는 작가로서의 단테는 '시인 단테'라고 나눠 부른다. 그 둘의 태도가 살짝 다른 대목도 있다. 예를 들면, 순례자 단테는 자기 안내자인 베르길리우스를 엄청나게 존경하지만, 시인 단테는 그 선생님을 난처한 상황에 몰아넣고 슬그머니 놀려먹기도 하는 것이다.)

그 숲에서 방황하던 단테는 다행히 밝은 언덕을 발견하고 거기로 올라가려 한다. 우리가 보통 산에서 길을 잃으면 아래로 내려가야 마을에 닿지만, 이탈리아의 마을들은 언덕 위에 자리 잡은 경우가 많다. 게다가 이 언덕은 나중에 보게 될 연옥산을 상징한다. 연옥을 지나면 바로 천국이기 때문에, 이 길은 천국에 다다르는 길이기도 하다. 마침 그 언덕엔 태양이 비치고 있다. 이 태양은 그리스도의 상징이다. 앞으로도 '해(또는 동쪽)를 향해', 또는 '해를 등지고'라는 구절이 나오면 이 상징을 기억해야 한다.

단테는 거기서 잠시 숨을 돌리고 자신이 빠져나온 숲을 돌아본다. 마치 바다에 빠졌다가 간신히 해안에 도달한 사람 같다. 앞으로 독자는 연옥산 밑에 펼쳐진 바다, 그리고 〈천국편〉 초입의 시적 바다를 보게 될 것이다(단테가 시의 돛을 펼치고 그 위로 항해하고 있다).

힘을 추스른 단테는 다시 언덕을 올라가기 시작하는데, 거기 어려운 구절이 나온다. '언제나 아래쪽 다리에 힘이 들어갔다.'라는 것이다. 가장 보편적인 설명을 따르면 '왼발을 끌면서 올라갔다.'라는 것인데 이 왼다리는 의지를 상징하며, 현재 인간의 상황은 그 의지에 문제가 생긴 상태라는 것이다. (옛사람들은 인간이 걸을 때 늘 오른발부터 들어 올린다고 보았다. 그래서 왼발이 '아래쪽'이다. 밑에서 버티니까. 그리고 오른쪽은 지식 또는 이성을 상징하며, 왼쪽은 의지 또는 감정을 상징한다고 보았다. 감정의 원천인 심장이 가슴 왼쪽에 치우쳐 있다는 것도 그 이유 중 하나다.)

세 마리 짐승과 마주치고, 베르길리우스와 만나다

거기에 세 마리 짐승이 차례로 나타나 단테의 앞을 막는다. 표범, 사자, 암늑대가 그들이다. 여러 해석이 있지만, 대체로 각기 음란, 오만(또는 폭력), 탐욕을 상징하며, 앞으로 단테가 볼 지옥의 죄를 크게 셋으로 나눈 것이란 해석이 주류다.

여기서 잠깐 해와 별들에 대한 언급이 등장한다. 천지창조 때의 해와 별 배치 그대로 지금 태양이 떠오르기 시작했다는 것이다. 옛사람들은 천지창조와 수태고지(처녀인 마리아에게 천사가 나타나 그녀가 하느님의 아들을 낳으리라고 알려준 사건), 그리고 예수의 부활 사건이 모두 춘분 무렵에 일어났다고 믿었다. 그러니까 여기 그 별 배치를 언급하는 건, 단테가 어두운 숲에서 방황하고, 이어서 밝은 언덕으로 올라가려 시도하고, 잠시 후 저승을 방문한 때가 바로 춘분 무렵이라는 것이다. (옛날 사람들은 세차운동, 즉 지구 자전축이 흔들려서 북극성 위치도, 춘분점도 변한다는 걸 몰랐기 때문에, 춘분 무렵엔 늘 태양이 양자리(하느님의 어린양)에 있다고 생각했다. 하지만 단테 시대에 이미 춘분점은 물고기자리로 이동한 상태였고, 지금은 조금씩 물병자리 쪽으로 옮겨가고 있다.) 어쨌든 이러한 별자리 언급은 〈연옥편〉에서 중요하게 된다.

   표범을 피하는 것까지는 약간 자신이 있었는데, 이어서 사자가 나타나고, 암늑대까지 가세하자, 단테는 완전히 용기를 잃고 다시 낮은 곳으로 밀려나기 시작한다. 그때 한 사람이 눈앞에 나타난다. 단테의 안내자가 될 베르길리우스다. 그는 '너무 오래 침묵해서 목이 쉰 것 같은(또는 희미해진)' 모습이었다.

   단테가 그를 향해 던진 첫마디는 '나를 도우소서(miserere, 미세레레)'이다. 이 구절은, 다윗이 하느님께 잘못을 저지르고 드렸던 참회의 노래 첫 구절로 유명하다. 거기 덧붙은 조건문도 재미있다. '그대 그림자이든 사람이든 간에.' 앞으로 우리는 저승의 혼령들을 가리키는 말로 '그림자(ombra)'를 자주 만나게 될 것이다. 반면에 천국의 혼령들은 '생명(vita)'으로 지칭된다.

   베르길리우스는 자기를 소개한다. 고향(만토바), 시대(아우구스투스 치세), 작품(《아이네이스》)의 순서다. 앞으로 우리는 특히 연옥에서 베르길리우스의 자기소개를 여러 번 보게 될 텐데, 시작은 늘 '만토바가 나를 낳았고'이다. 이는 나폴리에 있었던(그리고 지금은 사라졌다 복원된) 베르길리우스의 묘비명 첫 구절이다.

   단테는 자신이 베르길리우스의 영향을 엄청나게 받았음을 고백하고, 이 맹수들에게서 자신을 구해달라고 청한다. 그러자 베르길리우스는 단테가 지금 이 길이 아닌 다른 길로 가야 한다며, 이 짐승들은 '사냥개가 나타나서 없앨 때까지' 악행을 계속하리라고 예언한다. 뭔가 세상을 정화할 어떤 위인이 나타나리라는 예언 같은데, 구체적으로 그게 누구인지는 학자마다 의견이 다르다. 이탈리아 베로나의 군주로 단테를 후원했던 칸그란데(Cangrande, '큰 개'라는 뜻)와 단테가 정치적으로 크게 기대했던 신성로마제국 황제 하인리히(헨리) 7세 등이 가장 유력하다. 하지만 그 사람이 '비천한 곳 출신'이리라는 구절이 덧붙어 있어서, 이 귀족들에게는 어울리지 않으니 여전히 추측하기에 어려움이 있다.

제1곡 마지막에서는 앞으로의 여행 계획이 밝혀진다. 단테는 차례로 '고통스러운 영혼들─불 속에서도 행복한 사람들─축복받은 사람들'에게로 가게 될 것이다. 하지만 마지막 단계가 시작될 때 베르길리우스는 단테를 떠날 것이고 다른 이가 안내자 역할을 이어받을 것이다. 베르길리우스는 기독교 전래 이전에 살았던 사람이기 때문에 천국에 들어갈 자격이 없다는 것이다. 신화적으로 보자면 영웅들은 반드시 저승 여행을 경험해야 온전한 존재가 되는데, 그 안내자는 남녀합체이거나 남자도 여자도 아닌 존재인 경우가 많다. (원래 남자였는데 여자가 되었다가 다시 남자로 변한 테이레시아스가 대표적 존재다.) 한데 기독교 서사시에서 그런 존재를 등장시킬 수는 없기 때문에 역할을 분담했다. 지옥과 연옥은 남자인 베르길리우스가, 천국은 여자인 베아트리체가 안내하는 것이다. 한편 천국 맨 마지막 부분에서 베아트리체는 성모님 곁의 자기 자리로 돌아가고, 다시 남자인 성 베르나르두스가 마지막 안내를 떠맡는다.

단테는 그 제안을 받아들이고 베르길리우스를 따라 떠난다.

제2곡
마음 바뀐 단테를 베르길리우스가 다시 설득하다

2곡 첫머리는 우선 단테의 고립 상태를 보여준다. 날 저물어 모두가 쉬는 시간에 자신은 혼자서 고통스러운 전쟁을 준비 중이라고 했다. 여기 '혼자서'라는 말이 좀 걸릴 수 있겠지만, '살아 있는 존재 중 나 하나만이'라는 뜻으로 이해하면 되겠다. 베르길리우스는 산 사람이 아니니까.

이어서 단테는 무사 여신들을 불러, 자기 기억을 도와달라고 청한다. 작가 단테가 다시 한 번 등장한 것이다. 이것은 서사시의 관행으로 '신에게 도움 청하기(invocation)'라는 것이고, 거의 모든 서사시에 이런 장치가 나타난다. 한편 기독교는 하느님(하나님) 이외의 다른 신은 인정하지 않는 것으로 알려져 있으므로, 희랍(그리스) 다신교에 속한 무사(뮤즈) 여신을 부르는 게 또 놀라울 수 있겠다. 하지만 단테가 신화를 대하는 태도는 매우 유연하다. 그는 신화의 역할을 '기독교적 진리를 조금 약하게 전하는 것'이라고 여겼다. 우리는 앞으로 단테가 특히 로마 시인 오비디우스의 《변신 이야기》를 적극적으로 이용하는 걸 거듭 확인하게 될 것이다. 하나 더 덧붙이자면, 무사 여신들의 어머니는 기억의 여신(므네모쉬네, Mnemosyne)으로 알려져 있다. 따라서 단테가 자신의 기억을 되살리는 데 무사들의 도움을 청하는 건 당연하다.

단테가 여행을 거부하다

이렇게 세 단락이 지나고 나면, 다시 사건이 진행된다. 한데 단테는 갑자기 자신감을 잃고 여행을 포기하겠노라 말한다. 자기는 그걸 감당할 능력이 없다고, 자신은 아이네아스도 아니고, 사도 바울도 아니라고. 이는 신화와 민담에 자주 나타나는 요소로, '소명의 거부'라는 주제다.

낯선 이름 둘이 나왔으니 잠깐 설명하자. 아이네아스는 시인 베르길리우스가 쓴 로마 건국 서사시 《아이네이스》의 주인공이다. 그가 저승으로 자기 아버지를 찾아간 대목이 《아이네이스》에서 가장 유명한 장면인데, 시인 단테는 그 부분을 거의 모방해서 《신곡》을 썼다. 한편 사도 바울은 예수의 죽음 이후 초기 기독교를 이끌었던 인물인데, 〈고린도후서〉 12장에서 자신이 '하늘의 세 번째 층까지' 다녀왔다고 말한 적이 있다. 이 세 번째 하늘은 단테의 열 번째 하늘에 해당되는 것이다. 그러니까 순례자 단테는 지금 고전 전통에서 저승 여행 했던 사람 하나, 그리고 기독교-성서 전통에서 비슷한 여행을 했던 사람 또 하나, 이렇게 둘을 내세워 자신의 부족함을 밝힌 것이다. 우리는 특히 〈연옥편〉에서 이런 사례를 많이 만나게 될 것이다. 연옥산의 각 층에서 죄를 씻고 있는 사람들에게는 그림이나 소리, 환상 등을 통해 우리가 따라야할 모범 사례와, 우리가 따르면 안 되는 반대 사례가 제공되는데, 언제나 이 두 전통에서 끌어온 예가 번갈아 나타난다. 물론 모범 사례는 기독교-성서 전통 것이 더 많고, 따르면 안 되는 사례들은 희랍과 로마 전통에 속한 게 더 많지만.

한데 단테는 여기서 바울(한 단락)보다는 아이네아스(다섯 단락)에게 훨씬 많은 지면을 배정했다. 이는 시인 단테가 아이네아스로 인해 생겨난 도시 로마와 로마제국에 특별한 의미를 부여하고 있기 때문이다. 도시 로마는 나중에 교황이 자리 잡는 곳이고, 로마제국은 하느님 나라를 지상에 약하게 구현하여 미리 보여주는 것이다. 한편 로마제국을 이렇게 보는 것은 성 아우구스티누스의 시각과는 거의 반대된다. 아우구스티누스는 《신국론》('신의 도시')에서 로마를 하느님 나라에 대비되는 패역한 인간들의 도시라고 보았기 때문이다.

단테의 정치적 입장은 한마디로 '2권 분립제'라고 할 수 있다. 황제의 의무는 인간이 잠시 머무는 이 지상의 행복을 보장하는 것이고, 교황의 의무는 사람들에게 천국에서의 영원한 행복을 확립해주는 것이다. 따라서 서로 상대의 영역을 침범하지 않고 제 할 일을 잘하면 되는데, 당시의 교황은 세속권을 탐냈고, 세속 군주들은 교회를 휘두르고 싶어 했다. 방금 본 단테의 입장에는 특히 황제에게 힘을 실어주려는 태도가 두드러진다. 당시 교황이 너무 욕심을 내고 있어서다. 원래 온건 교황파(궬프)였던 단테는 고향에서 추방된 이후 거의 황제파(기벨린)가 되었다.

베르길리우스가 세 여성의 도움을 보증하다

이제 안내자 베르길리우스는 단테를 달랜다. 짐승들이 제 그림자를 보고 두려워하듯 단테가 소심함에 사로잡힌 거라고. 그러면서 자신이 단테를 찾아오게 된 사연을 소개한다. 자신이 지옥 입구 림보에 있을 때, 베아트리체가 찾아왔었다는 것이다. 한데 그 베아트리체도 그냥 자의로 온 것이 아니다. 우선 성모님께서 성녀 루치아를 불러 단테를 돕도록 지시하셨고, 루치아는 베아트리체에게 임무를 맡겼던 것이다. 왜 중간에 루치아가 끼었는지는 확실치 않지만, 성모님께서 단테를 지칭할 때 '그대를 따르는 자'라고 한 것으로 보아 그녀는 단테가 추구하는 진리의 빛을 상징하는 듯하다. (루치아는 '빛'이란 뜻이다.) 한편 베아트리체는 흔히

'단테의 영원한 연인'이라고 하지만, 그녀가 살아있었을 때 단테와의 인연, 단테가 그녀에게 가졌던 감정을 너무 강조하면 곤란하다. (그렇게 되면 저승까지 쫓아가는 스토킹이 된다.) 단테는 자신이 9살 때 처음 보고 그 아름다움에 경탄했던 소녀(단테와 동갑이다), 나중에 다른 사람과 결혼했다가 일찍(25세) 세상을 떠난 그녀를, 기독교의 진리를 상징하는 존재로 재창조했던 것이다. 나중에 연옥산 꼭대기에서 그녀가 단테를 꾸짖으며, 자신이 떠난 이후로 단테가 다른 이에게 정신을 팔았다고 지적하지만 그것 역시, 기독교 아닌 다른 세속적 학문과, 기독교 문학 아닌 다른 장르의 시에 몰두했던 것을 가리킨다고 보아야 할 것이다. 여기서 성모님, 루치아, 베아트리체는 일종의 '여성 삼위일체'를 이룬다.

그 얘기를 들은 단테는 다시 힘을 내고, 다시 원래의 결정으로 돌아간다. 그래서 두 사람이 험난한 길로 들어서는 것이 제2곡의 마지막 장면이다.

〈지옥편〉과 〈연옥편〉을 이어서 보면 몇 가지 대칭적 요소가 보이는데, 가장 대표적인 것은 지옥 상층부에서 벌 받는 죄들이 연옥 상층부에서 대칭적 순서로 나타난다는 점이다. 지옥에 들어서면 우리는 음란-식탐-탐욕-분노의 죄인들을 차례로 보게 되는데, 이것은 연옥산 꼭대기부터 네 번째 층까지 나타나는 죄들의 목록과 순서까지 같다. (연옥에서는 탐욕과 분노 사이에, 지옥에는 없던 '게으름'이 들어 있는 게 약간 다른 점이다. 지옥엔 게으름의 죄가 없다. 사람들이 죄 짓는 일엔 전혀 게으르지 않아서인 모양이다.) 그리고 지금 여기 나온 베아트리체의 이름도 그런 대칭적 요소 중 하나다. 방금 우리는 지옥으로 가기를 거부하던 단테가 베아트리체의 이름을 듣자 뜻을 돌리는 걸 보았다. 연옥산 꼭대기에서도 비슷한 일이 일어난다. 마지막 불의 장벽을 통과해야 에덴동산으로 진입할 수 있는데, 단테가 그것을 거부하다가 베아트리체가 그 너머에서 기다리고 있다는 말을 듣고서 마음을 바꾸는 것이다. 그러니까 지옥과 연옥이 묶여서, 천국과는 대비되는 별도의 영역이 된다. 사실 둘 다 지구상에 존재하고, 같은 안내자의 활동 범위이기도 하다.

우리는 방금 또 하나의 서문 같은 걸 보았다. 이미 제1곡이 서문 역할을 했는데, 다시 한 번 '서문'이 나오는 이유는 무엇일까? 어떤 학자는 제1곡은 《신곡》 전체에 대한 서문이고, 제2곡은 〈지옥편〉만의 서문이라고 주장하기도 한다. 하지만 단테가 여행을 거부한 건 지옥이 두려워서가 아니고, 좋은 저승, 또는 천국의 제일 높은 곳까지 도달했던 두 사람에 비해 자격이 없다는 이유에서였다. 더구나 베아트리체가 베르길리우스를 찾아온 것도 단테를 '죽음에서 구해내기 위해서'였으니, 그에게 그냥 지옥 구경을 시키고 말자는 게 아니라 그를 천국까지 데려갈 계획이었다고 보아야 한다. 그러니 아무래도 1곡과 2곡을 통틀어 《신곡》 전체에 대한 서문이라고, 워낙 큰 사업이어서 서문을 두 개 넣었다고 보는 게 낫겠다. 그래서인지 단테는 제2곡의 마지막에 제1곡 첫 부분에 썼던 것과 거의 같은 표현을 다시 썼다. 1곡 초반에 '숲에서 길 잃고' 방황하던 단테가 이제 '숲 우거진 길'로 들어선 것이다.

제3곡

지옥문, 중립을 내세우던 자들, 뱃사공 카론

'스스로 말하는' 지옥문

3곡이 시작되면, 단테는 지옥문 앞에 서 있다. 그 문 위에 검게 새겨진 글귀가 있다. 문이 스스로 자기를 소개하는 형식이다. 자신의 용도, 설립 이유, 설립자, 설립 시기를 밝힌다. 주로 로마 개선문 위에 새겨졌던 내용을 본떴다.

우선, 용도: 잃어버린 종족에게 영원한 고통을 주는 것이다. 이 목표는 첫 단락 세 줄 앞부분에 똑같은 말로 세 번, 장엄하게 선언된다. '나를 통과하면 다다르리라(per me si va), 고통받는 도시에, 영원한 괴로움에, 잃어버린 종족에게로.'

다음으로 설립 이유: 정의를 위하여.

그다음은 설립자: 삼위일체. 하느님의 세 위격이 약간 우회적 표현으로 소개된다. 신적 권능(성부), 최고의 지혜(성자), 근원적 사랑(성령)이다.

마지막으로 설립 시기: 영원한 것들 바로 다음에. 아마도 우주와 천사들, 그리고 인간의 영혼 창조 직후에. 그다음 구절이 아주 유명하다. '이리 들어서는 너희는 모든 희망을 버릴지어다.'

그 글귀에 단테는 멈칫한다. 하지만 안내자는 그에게 의혹과 두려움을 버리라고 권고한다. 단테는 선생님의 손에 이끌려 그 비밀스러운 세계로 들어선다. (이 지옥 입구와 저승 강, 뱃사공 묘사에서 베르길리우스의 《아이네이스》 6권이 많이 인용되었다. 제3곡은 베르길리우스에게 바쳐진 부분이라 할 만하다.) 여기서 한 가지 주목할 점은 저승문이 잠겨 있지 않다는 점이다. 우선 저승 또는 지옥으로 가기는 아주 쉽기 때문이다. 누구나 죽으니까, 죄를 짓기는 수월하니까. 또한 이 문에 문짝이 떨어져버린 다른 이유도 있다. 예수께서 십자가에 달린 후 이곳에 오셨을 때 지진이 나면서 문도 부서졌고, 그동안 림보에 있던 사람들을 예수께서 데려가셨기 때문이다. 이 사건에 대해서는 4곡에서 다시 언급할 텐데, 그 사건 전말을 기록해 놓은 옛 문서로 〈니고데모 복음〉이라는 게 있다. 밤중에 예수님을 찾아왔었던 니고데모(니코데모스)가 기록한 복음서라는데, 현재는 서기 4세기 중반에 쓰인 위작으로 평가된다.

'중립적인' 사람들

지옥문을 통과한 직후, 단테로 하여금 지옥의 참상을 처음 느끼게 한 것은 소음이다. 탄식, 울음, 통곡. 고통과 분노, 자학에서 나온 것들이다. 그는 그 소음과 함께, 그곳에 사람이 많은 것에 놀란다. 단테는 선생님께 묻는다. 이 소리는 무엇인지, 이들은 누구인지. 이 사람들은 이른바 중립적인 사람들이다. 선과 악이 싸울 때 어느 쪽에도 가담하지 않았고, 그래서 이제 지옥도, 천국도 이들을 받아주지 않는 것이다. 이들은 악행에서 오는 수치도, 선행에서 오는 명예도 받을 자격이 없다. 그저 지옥의 문간을 떠돌 뿐이다. 이들은 자극이 필요한 자들이기 때문에 등에나 땅벌 같은 벌레들에게 쏘이는 물리적 자극에 쫓기고 있다. 이들 앞에는 깃발이 인도하고 있다. 그런 것 없이는 움직이지 않는 자들이기 때문이다. (보통 중립은 좋은 것으로 여겨지지만, 늘 그런 것은 아니다. 기원전 6세기에 살았던 희랍의 현자 솔론도 비슷한 발언을 한 적이 있다. 국가가 둘로 나뉘어 싸울 때는 어느 편엔가 가담해서 국가의 고통을 함께해야 한다고, 중립을 지키겠노라고 하는 것은 자기 안전만 생각하는 이기적인 행동이라고. 역시 현자는 보통 사람과는 발상이 다르다.)

안내자 베르길리우스는 이들은 관심 받을 가치조차 없으니 그냥 빨리 지나가자 한다. 앞으로 보면 알겠지만 지옥의 각 층을 지날 때마다 그곳을 대표하는 인물들이 등장하는데, 여기서는 '소심함 때문에 큰 거절을 했던' 사람 하나가 약간 강조된다. 그가 누구인지 여러 학설이 있지만 가장 유력한 후보로 꼽히는 이가, 재위 6개월 만에 스스로 교황직에서 물러났던 코일레스티누스(셀레스틴) 5세다. 그가 물러남으로써 '훨씬 악랄한' 교황 보니파키우스 8세가 들어서게 되었던 것이다. 일설에는 보니파키우스가, 배기구를 통해서 신의 음성을 가장하여 코일레스티누스 5세에게 사임하라는 압박을 가했다고도 한다. (근래에 만들어진 〈두 교황〉이라는 영화에서 이 코일레스티누스 5세가 잠깐 언급된다. 교황 베네딕토 16세가 스스로 물러나겠노라면서 이 옛날 교황을 일종의 전례로 제시하고 있다.)

아케론 강가에서 카론을 만나다

이들을 지나치자, 저승 강이 앞에 놓여 있다. 사람들이 마구 몰려들고 있다. 단테는 이들이 왜 이렇게 강 건너기를 갈망하는지 묻지만, 베르길리우스는 이게 아케론 강이라는 것만 가르쳐주고, 이들의 욕망에 대한 설명은 잠시 뒤로 미룬다. 아마도 곧 저승의 뱃사공과 마주쳐 그를 상대해야 하기 때문에 시간과 마음의 여유가 없어서인 듯하다.

그때 머리 허연 노인이 배를 몰아 다가오며 외친다. 자신은 사악한 영혼들을 영원한 어둠 속, 불과 얼음 속으로 데려가려 왔노라고. 지옥의 3대 요소라고 할 만한 것이 제시된 셈이다. 지옥의 형벌을 대표하는 것이 불과 얼음이며, 이 형벌은 어둠 속에서 가해지고 있다. 한데 이 지옥의 뱃사공은 단테가 죽은 자가 아님을 단박에 알아보고 단테에게 외친다, 이곳을 떠나 다른 해변으로 가라고, 더 가벼운 배가 그를 데려갈 거라고. 사실 좀 사납게 대하고는 있지만 이건 단테에게 좋은 소식이다. 단테가 나중에─물론 연옥을 거쳐─천국으로 가리라고 보장해준 것이다.

베르길리우스는 카론을 달랜다. 하늘이 원하셔서 이 사람이 이리 온 것이라고. 그러자 카론이 잠잠해진다. 이제야 그의 모습이 그려진다. 불로 테두리 쳐진 눈을 가진, 털북숭이 얼굴이란다. 이 카론은 사실 민담에 나오는 존재로, 왜 사람이 한번 죽으면 다시 살아나지 못하는지에 대한 두 가지 답 중 하나다. 저승에 강이 있는데, 그 뱃사공이 갈 때는 건네주지만, 돌아오려 하면 건네주지 않아서라는 게 한 가지 답이다. 다른 답은 저승에 무서운 개가 있어서 들어갈 때는 환영하지만 나가려 하면 막아선다는 것이다. 이 저승의 개는 잠시 후 식탐 지옥에서 보게 될 것이다.

다른 혼령들은 카론의 말을 듣자 얼굴빛이 변하고 이를 갈며, 하느님과 세상과 자기 조상, 자신의 출생을 저주한다. 카론은 그들을 배로 몰아들이고 노로 후려갈긴다. 그러자 혼령들이 배로 뛰어드는데, 그 모습은 가을철 우수수 낙엽이 떨어지는 것에, 그리고 매사냥에서 매가 부르는 소리에 호응하는 내려오는 것에 비유된다. 앞으로 우리는 매사냥 비유를 자주 보게 될 것이다. 이 부분에서는 《아이네이스》 6권에서 묘사된 저승 강 장면을 빌려 썼다. 제3곡은 특별히 베르길리우스의 영향이 많이 드러나는 것으로 알려져 있다.

한 무리가 배를 타고 떠나면 다시 새로운 무리가 강변으로 몰려든다. 이 대목에 이르러서야 선생님은 단테가 앞서 던진 질문에 답한다. 이곳은 하느님의 분노를 산 자들이 모이는 곳이라고, 이들이 이렇게 서두르는 것은 성스러운 정의가 그들을 몰아세우기 때문이라고, 그래서 이들의 두려움이 갈망으로 바뀐 거라고.

그 말이 끝나는 순간 저승이 흔들리고, 바람이 몰아닥치고, 번개 같은 불빛이 번득인다. 단테는 모든 감각을 잃고 잠에 취한 듯 쓰러진다. (단테의 저승 여행이 꿈이라는 해석에 근거가 되는 구절이다.)

림보

정신을 잃었던 단테는 천둥소리에 깨어난다. 여기가 어딘가 하고 주변을 둘러본다. 그는 자신이 깊은 골짜기를 내려다보는 가장자리에 있음을 알게 된다. 그 아득히 깊고 어두운 골짜기 안에서는 통곡 소리가 끝없이 울려오고 있다. 어떻게 했는지 모르지만, 단테가 쓰러진 사이에 아마도 베르길리우스가 다시 카론을 설득하고, 단테를 배에 실어 강을 건너온 모양이다.

선생님은 그 어두운 세계로 내려가자며 앞장서는데, 그 안색이 창백하기 그지없다. 단테는 그것을 두려움의 표현으로 해석하고, 따라나서기를 망설인다. 선생님마저 두려워할 정도라면 자신이 그것을 어떻게 견뎌내느냐는 것이다. 베르길리우스는 자신이 두려워서가 아니라 그 밑에 있는 자들을 불쌍히 여겨서 그런 거라고 설명한다. 학자들은 대개 그의 동정의 대상이 지옥의 모든 거주자가 아니라, 림보에 머물고 있는 사람들뿐이라고 해석한다.

마음이 괴로운 곳, 림보

다시 베르길리우스의 재촉을 받아 단테는 지옥의 첫 번째 원으로 들어선다. 그러니까 여기까지는 어두운 골짜기 바깥의 다소 평평한 지역이었고, 아직은 지옥의 아홉 원으로 계산되지 않는 영역이었던 것이다. 하지만 지금 도착한 이 첫 번째 원에서 들리는 소리는 통곡이라기보다는 탄식이다. 신체적 고통보다는 마음속 괴로움의 표현인 것이다. 베르길리우스는 이곳이 기독교 이전에 살아서 세례를 받지 못했고 하느님을 제대로 섬기는 방법을 몰랐던 사람들의 영역이라고 설명한다. 그들은 특별히 죄를 짓지 않았으며, 오히려 위대한 업적을 쌓았던 이들이다. 베르길리우스 자신의 처소도 이곳이다.

단테는 혹시 이곳에 있다가 떠나간 사람이 있는지 묻는다. 그러자 베르길리우스는 예수께서 십자가에 달려 죽음을 겪고 이곳에 오셨던 사건을 언급한다. 그때에 구약성서 속 여러 인물을 데려가셨다고. 최초의 인간 아담, 그의 아들이자 '첫 번째 순교자' 아벨, 홍수에서 살아남은 노아, 이스라엘 백성을 이집트에서 탈출시킨 모세. 여기까지는 대체로 시간순이다. 그다음은 시간 순서가 약간 흐트러진다. 신의 명에 따라 가나안 땅으로 이주했던 아브라함, 이스라엘이 두 번째 왕이었던 다윗. 그리고 다시 아브라함의 후손들로 돌아간다. 야곱과 그의 아버지 이삭, 야곱의 아들들, 야곱이 사랑했던 라헬. (야곱의 다른 정실부인 레아는 따로 언급하지 않았다. 하지만 연옥산 꼭대기에서는 라헬과 레아가 각기 명상적인 삶과 활동적인 삶을 상징하는 것으로 되어 있다.) 그 밖에도 많은 사람을 데려갔다고 하는데, 여기 언급되진 않지만 〈천국편〉에 등장하는 구약시대의 인물들도 이때 옮겨갔다고 보아야겠다. 몇을 꼽아보자면, 최초의 여성인 하와, 다윗에게 기름을 부어 왕으로 삼았던 선지자 사무엘, 다윗의 아들 솔로몬, 하느님께 탄원하여 수명을 15년 늘렸던 히스기야 왕, 자신의 결단과 용기로 예수의 계보에 들어간 이방 여인 룻 등이 있다. 그 밖에 하느님께로 바로 간 사람으로 선지자 엘리야와 에녹이 있는데, 에녹은 《신곡》에서 한 번도 언급되지 않는다.

    이런 이야기를 나누며 수풀처럼 빽빽한 사람들 사이로 지나간다. 얼마 가지 않아 어둠을 밝히는 한 가닥 불빛을 보게 된다. 그곳은 여전히 지상에서 명예를 누리는, 인류에게 좋은 덕을 끼친 인물들이 거주하는 곳이다. (제4곡에서 가장 두드러지는 단어가 '명예'이다. 이 부근 약 30행 사이에 '명예, 명예로운'에 해당되는 표현이 일곱 개나 등장한다.) 이제 우리는 림보를 보게 될 터인데, 그곳은 그나마 '좋은 저승'에 해당되는 것이다. 이렇게 좋은 저승과 나쁜 저승이 같은 공간에 있는 것은 《아이네이스》 전통을 따른 것이다. 《오뒷세이아》에서는 '나쁜 저승'만 그려지고, '좋은 저승'은 이승에 있는 나우시카아의 집이나 칼립소의 섬 같은 것으로 대체된다. 반면에 《아이네이스》에서는 두 저승이 모두 지하에 있지만, 중간에 길이 둘로 갈라져서 왼쪽으로 가면 나쁜 저승에, 오른쪽으로 가면 좋은 저승에 이르게 된다. 《아이네이스》에서 주인공 아이네아스는 왼쪽으로는 가지 않고 거기서 어떤 죄가 어떻게 벌 받는지에 대해 시뷜라 여사제에게 듣고, 발길을 오른쪽으로 돌린다. 단테의 경우 '진짜 좋은 저승'은 지옥을 다 통과하고, 또 연옥산을 올라가야 다다를 수 있지만, 여기서 '그나마 좋은 저승'이 일차적으로 소개된다. 이곳은 《아이네이스》에서 아이네아스의 아버지 앙키세스가 머물던 공간과 비슷하게 그려졌다. 《아이네이스》의 위인들도 자기들 나름의 광명을 누리고, 자기들끼리 대화하고 토론하며 춤과 음악으로 즐기고 있는 것이다.

4대 시인의 환영을 받다

림보로 들어가기에 앞서, 단테는 우선 자기를 마중 나온 사람들과 마주치게 된다. 그들은 말하자면 '고대의 4대 시인'이다. 맨 앞에 칼을 든 호메로스가 인도한다. 그다음엔 호라티우스, 오비디우스, 루카누스의 순이다. 호메로스는 트로이아 전쟁을 다룬 《일리아스》의 저자이니 칼을 들고 있는 게 잘 어울린다. 기원전 1세기 로마 시인 오비디우스는 《변신 이야기》 덕분에 한국 독자들에게 약간은 알려져 있다. 서정 시인 호라티우스는 그보다 훨씬 덜 알려져 있는데, 이 사람도 기원전 1세기 로마 문학의 황금기에 활약하던 3대 시인 중 하나로 꼽힌다. (다른 두 사람은 베르길리우스, 오비디우스다.) 여기 모인 사람 중 가장 덜 알려진 사람이 루카누스다. 그는 서기 1세기에 살았던 시인으로, 그가 쓴 《파르살리아》가 단테에게 굉장한 영향을 끼쳤다. (세네카의 조카이며, 네로 암살 음모에 연루되어 자결했다.) 이 작품은 카이사르와 폼페이우스의 권력 투쟁 과정을 그렸는데, 마지막 부분에 폼페이우스가 죽고 우티카의 카토가 그의 뒤를 이어 카이사르와 싸울 준비를 하는 중에 작품이 끝난다. (미완성이라는 주장도 있고, 뒷부분이 유실되었다는 주장도 있다.) 우리는 이 카토를 〈연옥편〉 서두에 아주 인상적으로 마주치게 될 것이다.

이 대시인들은 단테를 다정하게 맞아준다. (단테가 슬그머니 자신을 세계 6대 시인 중 하나로 만드는 참이다.) 그들은 함께 이야기를 나누며 불빛 있는 곳으로 이동한다. 시인 단테는 자신들이 나눈 이야기의 내용은 밝히지 않는 게 좋다고만 적어놓아 많은 후학들을 안달 나게 한다. 나중에 〈연옥편〉에서 스타티우스와 베르길리우스가 시에 대해 이야기를 나누고 단테가 뒤따르며 그것을 경청하는 것으로 보아, 지금 이 장면에서도 시에 대한 이야기들을 주고받았던 것 같다.

이제 림보의 모습이 그려진다. 그것은 일곱 겹 성벽으로 둘러싸여 있고, 그 바깥은 아름다운 냇물이 에워 흐르고 있다. 일행은 시내를 건너고 일곱 개의 문을 통과해서 성내로 들어간다. 여기서 일곱 성벽은 대개 일곱 개의 덕을 상징하는 것으로 본다. 도덕적인 덕 네 개(지혜, 용기, 절제, 정의), 그리고 지적인 덕 세 개(이해력, 지식, 현명함). 하지만 다른 덕 또는 능력들을 제시하는 학자도 있다. 한편 성을 두른 시냇물은 유창함이라고들 한다. 물 흐르듯 말과 글을 쏟아내는 능력이다. 일곱 성문은 흔히 '자유 7학예'라고들 한다. 자유인이라면 누구나 공부해야 하는 문법, 수사, 논리, 산술, 기하, 천문, 음악이다. 하지만 성 안에는 활동적인 사람들(예를 들면 군인)과 명상적인 사람들이 함께 있으니, 시냇물과 성문을 꼭 학문과 연결시키는 것에는 이견의 여지가 있다.

림보의 거주자들

성 안에 들어가자, 아름다운 풀밭에 위대한 영혼들이 여기저기 무리 지어 있다. 점잖고 무게 있고 권위 있는 모습에 부드러운 목소리로 이야기들을 나눈다. 단테는 전체가 잘 보이는 높직한 곳으로 간다. 거기서 본 인물들의 목록이 나온다. 제일 먼저 언급된 사람은 트로이아 조상인 엘렉트라다. ('오레스테이아 3부작'에 나오는 아가멤논의 딸과는 다른 인물이다.) 다음으로 전사들의 목록이 이어진다. 트로이아를 지키다 죽은 헥토르, 트로이아 유민들을 이끌고 서쪽으로 이주해서 로마의 시조가 된 아이네아스, 그리고 로마의 중시조라고 할 수 있는 카이사르. 이 넷은 말하자면 '트로이아 성립-트로이아 멸망-로마(새로운 트로이아) 성립-로마의 새 출발'을 상징하는 존재들이다. (앞으로도 거듭 말하겠지만 로마를 대하는 단테의 자세는 성 아우구스티누스와는 다르다. 아우구스티누스는 로마가 하느님 나라와 대비되는 패역한 도시라고 보았지만, 단테는 로마를 지상에 약하게 구현된 하느님 나라라고 보는 것이다. 카이사르도 어떤 때는 좋은 예로, 어떤 때는 나쁜 예로 사용된다.)

다음으로는 베르길리우스의 《아이네이스》에 등장한 존재들이 소개된다. 우선 여성이다. 아이네아스와 함께 도착한 트로이아 사람들에 맞서 싸웠던 이탈리아 여전사 카밀라. (사정을 잘 모르는 독자로서는 놀랄 수도 있겠다. 한편으로 아이네아스를 높이면서 다른 한편 그와 맞싸운 전사를 높이다니! 하지만 새로 도착한 트로이아인과 원래부터 이탈리아에 살던 사람들은, 벌써 《아이네이스》에서부터 공평하게 다뤄지고 있다. 결국 이 두 민족이 연합해서 로마를 세웠기 때문이다.) 다음으로 다시 잠깐 트로이아 역사로 돌아가서, 트로이아를 도우러 왔다가 아킬레우스에게 죽은 아마존 여전사 펜테실레이아. 앞으로 보면 알겠지만, 트로이아 전쟁에서 침략자였던 희랍군은 대부분 단테에게 나쁜 대접을 받고, 트로이아 쪽 전사들은 좋은 대접을 받는다. 이 여전사는 앞서 나온 카밀라의 모델이다. 다음으로 다시 《아이네이스》로 돌아가서, 아이네아스를 사위로 맞이했던 라티누스, 그리고 아이네아스의 새 아내가 된 라비니아.

이렇게 로마의 근원 트로이아와, 로마 건국기의 인물을 소개한 다음, 조금 건너뛰어 로마가 왕정에서 공화정으로 바뀔 때 인물인 브루투스(카이사르 암살자로서 '브루투스여, 너마저도!'라는 말을 들었던 사람과는 다른, 그의 조상이다. 암살자 브루투스는 지옥 맨 밑바닥에 있다.), 그리고 로마 마지막 왕의 아들에게 겁탈당하고 자결한 루크레티아(왕정 종식의 계기가 된다). 거기서 다시 좀 건너뛰어 로마사의 유명한 여성들을 소개한다. 카이사르의 딸이자 폼페이우스의 아내였던 율리아, 우티카 카토의 아내였던 마르키아, 그락쿠스 형제의 어머니 코르넬리아다.

이렇게 여성이 많이 포함된 로마 위인 명단을 제시하다가, 상당히 놀라운 이름을 덧붙인다. 살라딘. 이 사람은 십자군과 싸웠던 이집트 왕이다. 아니? 이교도로서 기독교도와 전쟁으로 맞붙었던 인물을 여기 배치하다니! 단테가 보기에 살라딘은 정의롭고 현명한 사람인데, 그저 기독교를 몰랐을 뿐이다.

여기까지 대체로 활동적인 인물들을 소개했고, 이번엔 명상적인 인물들이 소개된다. 우선 '철학자들의 왕' 아리스토텔레스다. 모두가 그에게 존경을 바치고 있으며, 그 곁에는 소크라테스와 플라톤이 함께하고 있다. 오늘날은 대체로 플라톤을 더 높이 보지만, 당시엔 아리스토텔레스가 훨씬 더 뛰어난 철학자로 평가되었다. 플라톤의 저술이 아직 서유럽에 충분히 소개되지 못했던 반면, 아리스토텔레스 철학은 단테 이전 약 300년 사이에 충분히 전해지고 연구되었기 때문이다.

한편 이들 곁의 인물 명단은 소크라테스 이전부터의 철학사를 정리하는 모양새다. 원자론의 선구자 데모크리토스. 그는 '세계를 우연의 산물로 본' 사람으로 소개된다. 통 속에 살았다는 견유학파 디오게네스. '모든 것은 모든 것으로 되어 있다.'라고 한 자연철학자 아낙사고라스. '만물은 물로 되어 있다.'라고 한 탈레스. 세계가 4원소로 되어 있다고 본 엠페도클레스. 세계는 끝없는 변화 속에 있다고 본 헤라클레이토스. 그리고 제논이 소개되어 있는데, 이 사람은 '아킬레우스는 거북이를 따라잡지 못한다.'라고 했던 엘레아학파 철학자가 아니라, 스토아학파의 창시자인 것 같다. 엘레아학파는, 제논의 스승인 파르메니데스(이 세계에 변화란 불가능하며, 우리가 변화라고 여기는 것은 모두 허상이라고 주장했다.)조차도 여기 소개되지 않기 때문이다.

그다음 명단은 세부 분과에 있어서나 시대에 있어서나 좀 뒤섞여 있다. 약초의 대가 디오스코리데스, 대음악가 오르페우스, 그리스 철학을

INFERNO | CANTO IV

로마인에게 정리해준 키케로, 또 다른 음악가 리노스(대개 오르페우스의 아들로 알려져 있다), 도덕적인 삶을 권고했던 스토아학파 세네카. 그다음은 자연과학자와 주석가들이다. 기하학자 에우클레이데스(유클리드), 천문학자 프톨레마이오스, 의학의 선구자 힙포크라테스, 그리고 로마 시대 의학자 갈레노스. 여기 마지막 부분에 다시 약간 놀라운 이름 둘이 나오는데, 아랍 출신 아리스토텔레스 주석가인 아비첸나와 아베로에스다. 이들을 통해 유럽인들이 아리스토텔레스 철학을 이해하게 되었다.

독자로서는 벌써 머리가 어지러울 지경인데, 단테는 소개할 사람이 너무 많아서 사실보다 적게 말했노라고 토로한다. 다행히 이제 긴 명단은 끝났다. 단테는 자기 일행이 이제 다시 둘로 줄어들었다고 보고한다. 네 시인이 원래의 자리로 돌아가고, 두 사람만 더 아래를 향해 떠나는 참이다. 평온한 곳을 떠나, 떨리는 대기 속으로, 빛도 없는 어둠 속으로.

제5곡

미노스, 음란죄

이제 단테와 베르길리우스는 다음 원으로 내려간다. 앞에서 지옥이 점점 좁아지는 깔때기 모양으로 생겼다고 했는데, 그 근거가 5곡 초입에 나온다. '다음 원은 앞의 원보다 더 좁은 영역을 감싸고 있지만 그곳의 고통은 더 크다.'라는 것이다.

저승의 심판관 미노스

여기서 우리는 우선 미노스와 마주치게 된다. 벌써 희랍 신화에서부터 저승의 심판관으로 알려진 존재다. 플라톤의 《고르기아스》에는 저승에 심판관이 셋 있는데, 라다만튀스는 아시아에서 온 사람을 심판하고, 아이아코스는 유럽에서 온 사람을 심판하며, 그 둘이 판정하기 어렵다 싶으면 미노스에게 넘기는 것으로 되어 있다. 그 앞에 가면 사람들은 (아마도 저절로) 자신의 죄를 모두 고백하게 되어 있고, 그는 죄인이 앞으로 머물게 될 원을 지정하는데, 그것을 알려주는 장치가 그의 꼬리다. 예를 들어 그가 꼬리를 아홉 바퀴 감았으면, 죄인은 지옥의 제일 밑바닥 아홉 번째 원으로 가야 하는 것이다. 림보로 가는 사람들도 여기 들르는 것인지, 아니면 여기까지는 올 필요 없이 하느님의 능력으로 바로 림보로 향하게 되는 것인지는 설명되어 있지 않다.

　단테를 본 미노스의 반응도 카론의 경우와 유사하다. '뭘 믿고 여기로 들어왔느냐, 입구가 넓어서 실수한 거냐?' 일단 단테가 지옥에 속한 자가 아님을 알아챈 건, 미노스 역시 혼백들의 속성을 꿰뚫어볼 능력이 있음을 드러낸다. 하지만 단테가 여기까지 왔다는 것은 카론이 강을 건네주었다는 뜻이고, 거기엔 뭔가 이유가 있음을 짐작했을 텐데, 짐짓 모르는 척 퉁명스레 대한다. 어쩌면 자기 영역이 침해를 당해서 기분이 좀 상했을 수도 있겠다. 베르길리우스는 지금 이 여행이 하늘 뜻에 의한 것임을 다시 밝힌다. 그러고는 더는 묻지 말라고 경고한다.

폭풍에 휩쓸리는 음란죄의 죄인들, 그들의 명단
다음 장면엔 둘이 벌써 더 아래로 내려가고 있으니, 베르길리우스의 경고에 미노스가 반발을 자제한 모양이다. (제7곡까지는 진행이 매우 빠르다. 단테가 처음엔 작품을 좀 짧게 쓰려고 장면 구성도 좀 단순하게 했던 것 같다.) 이제 단테가 진입하는 구역은 어둡고 폭풍이 휘몰아치는 곳이다. 그래서 우선 소리를 통해 그곳의 고통이 전달된다. 음란했던 영혼들이 바람에 휩쓸려 날아가며 내지르는 슬픔과 고통의 소리다. 성적인 죄를 지은 자들은 가슴속의 바람에 휩쓸렸기 때문에 죽어서도 바람에 날리고 있다. (우리말 표현에 '바람피우다'가 그대로 들어맞는 형국이다.)

　이들은 단테가 마주친 본격적인 죄인 중 첫째 무리인데, 단테는 이들을 '이성을 욕망에 종속시켰던 자들'이라고 표현했다. 여기서 욕망은 'talento(탤런트, 달란트)'라는 단어로 표현되었으니, '이성을 재능에 종속시켰다'라고 해석해도 되겠다. 어디서든 첫 번째 나오는 사례는 전체를 대표하기 쉬우니, 어쩌면 이것이 단테가 본 지옥 죄인들의 전체 특성일 수 있겠다. 진리를 추구하기보다는, 욕구를 잘 실현하는 자신의 얄팍한 재능에 혹했다고나 할까.

단테는 이 죄인들을 새에 비유한다. (앞으로 거듭될 표현법이다. 우리 영혼은 날개 달고 존재의 근원까지 상승해야 하기 때문이다.) 우선 시각적으로 이들은 겨울에 무리지어 나는 찌르레기들에 비유된다. 서양에서 찌르레기는 한국의 가창오리들이 선보이는 것 같은 집단 비행을 보여주는 존재다. 이어서 청각적으로 이들의 울부짖음은 허공을 지나가는 두루미 소리에 비유된다. 그렇지만 새들과 달리 이들에게는 휴식도 없고, 언젠가 고통이 줄어들리라는 희망도 없다. 이미 지옥문 위에 쓰인 글에서 보았지만, 지옥의 가장 큰 무서운 점은 거기 아무 희망도 없다는 점이다.

베르길리우스는 이들 가운데 어떤 인물이 속해 있는지 소개한다. 제일 먼저 세미라미스다. 헤로도토스의 《역사》에는 바빌론의 현명한 여왕으로 소개되어 있지만, 단테는 그녀를 애욕의 상징으로 내세웠다. 대개는 근친간의 성적 관계가 그녀의 죄였다고 하는데, 여기서는 그녀가 자기 행위를 정당화하기 위해 법률까지 제정했다고 해놓았다. (대체로 아우구스티누스의 《신국론》 등을 따른 주장이다.)

그다음은 디도다. 그녀는 '쉬카이오스의 아내로서 죽은 남편을 배신하고, 사랑에 빠져 자결한' 것으로 소개된다. 지금 이들을 소개하는 사람은 베르길리우스인데, 자신의 작품 《아이네이스》에서 디도가 아이네아스를 사랑했다가 버림받고 죽은 것으로 애틋하게 그려놓고는, 여기서는 그녀를 비난하고 있다. 단테는 등장인물 베르길리우스의 입을 통해 시인 베르길리우스의 작품 내용을 비판하거나, 거기 등장하는 인물에 대한 평가를 바꾸는 경우가 종종 있다. 시인 베르길리우스는 《아이네이스》 6권에서, 디도의 혼령과 마주진 아이네아스가 디도에게 변명하지만 외면당하는 걸로 그렸다. 하지만 시인 단테도 등장인물 베르길리우스도, 시인 베르길리우스나 그의 주인공 아이네아스보다 훨씬 엄격하고 좀 더 도덕에 몰두해 있다. 디도 뒤에는 클레오파트라가 있다. 사실 시인 베르길리우스도 《아이네이스》에서 은근히 디도와 클레오파트라를 연결시켰으니(둘 다 로마의 큰 인물로 하여금 의무를 망각하게 만들었다), 이것은 시인 단테가 선배 시인에게서 제대로 배운 것이다.

다음으로 트로이아 전쟁의 원인이 되었던 헬레네다. 단테는 그녀가 납치된 게 아니라, 바람나서 집 나간 걸로 본 모양이다. 여기까지 여자들만 소개되었는데, 현대인으로서는 좀 이해하기 어렵지만 옛날에는 여자들의 성적 욕구가 남자보다 더 강한 것으로 받아들여졌다.

그다음부터는 남자들 명단이다. 맨 앞에 아킬레우스가 있다. 아니, 그 전쟁 영웅이 여기 있다니! 어떤 판본에 따르면 아킬레우스는 트로이아 공주 폴뤽세네에게 반해서 구혼하러 갔다가 계략에 걸려 죽었다고 한다. (트로이아 함락 때 아킬레우스의 혼령이 요구해서 폴뤽세네를 그의 무덤에 제물로 바쳤다고 한다. 그 이유는, 그가 그녀와 결혼하러 갔다가 죽음을 당했기 때문이라는 것이다.) 그러니 그는 '이성을 욕망에 종속시킨' 인물이다. 앞에도 말했지만, 단테가 보기에 로마는 하느님 나라를 지상에 구현한 것이고 트로이아는 그 로마의 전신이기 때문에, 트로이아를 공격한 자들은 하느님 뜻을 거스른 자들이고, 당연히 지옥행이다. 그저 어떤 죄에 중점을 두어 어디에 배치하는지만 문제되는 것이다.

그다음으론 파리스. 헬레네가 여기 있으니, 그녀의 애인 파리스도 당연히 여기 있다. 여기까지 고대의 인물들을 소개하고는, 이어 중세의 인물이다. 그냥 한 사람 이름만 대표로 제시된다. 자기 숙모 이졸데를 사랑했던 트리스탄이다. 그 밖에는 그냥 '사랑이 우리 삶으로부터(di nostra vita) 떼어낸 많은 영혼들'을 가리켜 보였다고만 되어 있다. 단테는 이들에 대한 동정심(pieta)에 거의 정신을 잃을(smarrito) 지경이 된다. (1곡 첫 부분에 나왔던 단어들이다. 단테가 이런 반응을 보이는 것은 대개 자신에게도 그런 죄가 있음을 인정할 때인데, 아마도 그는 자신이 베아트리체(하느님의 진리)를 버리고 다른 데로 관심을 돌린 것을 거의 간음으로 규정하는 듯하다.)

파올로와 프란체스카

단테는 마침 바람을 타고 가까이 지나가는 한 커플을 주목하고 그들과 이야기를 나누고 싶어 한다. 두 사람 중 여자가 자기들 사연을 소개한다. 형수가 시동생과 불륜을 저지르다가 남편에 의해 피살된 한 쌍이다. 여자는 현재 단테의 무덤이 있는 곳, 라벤나 출신이다. (앞으로 자주 등장할 단테 시대 현대사의 현장 하나가 여기 처음 등장했다.) 자기들이 이런 꼴이 된 것은 사랑 때문이란다.

사랑(Amor)이라는 단어가 세 단락 연속, 맨 앞 단어로 되풀이된다. 이 작품에서 두운을 맞춘 몇 안 되는 사례 중 하나다. 파올로가 먼저 그녀를 사랑했고, 그녀도 거기 호응했고, 둘이 동시에 죽음을 맞이했으며, 그들을 죽인 자는 지옥 맨 밑바닥이 기다린다는 내용이다. (순례자 단테의 저승 여행 시점에 그 살인자는 아직 죽지 않은 상태였다. 그는 시인 단테가 작품을 쓰기 시작할 무렵인 1304년에 죽었다.)

여기서 단테는 한동안 생각에 잠긴다. 선생님이 이유를 묻자, 단테는 대답한다. 얼마나 큰 달콤함, 얼마나 큰 욕망이 이들을 이끌었는지 생각 중이라고. 혹시 단테 자신도 이미 다른 이의 부인이 된 베아트리체와 몇

어지기를 갈망했었던 건 아닐까? 그래서 지금 자신이 빠질 수 있었던 함정을 들여다보는 참이 아닐까? 하지만 아무 설명도 없다. 선생님도 굳이 더 캐묻지는 않는다.

단테는 여기서 자신이 상대의 말을 듣고 슬픔과 연민의 눈물을 흘렸노라고 말한다. 이 구절을 두고 학자들은 아우구스티누스의 《고백록》과 연관성이 있다고 지적한다. 《아이네이스》에 해박하신 아우구스티누스가 이 책에서 디도의 사랑에 대해 읽다가 눈물을 흘렸노라고 고백하는 대목과의 연결이다. 하지만 그 바로 뒤의 문장이 반전이다. '남의 실패한 사랑에는 그렇게 눈물을 흘리면서 자신의 영혼을 위해서는 울지 않았느냐.'라고. 스스로를 나무라고 있기 때문이다. 앞의 학자들 말이 맞는다면, 단테는 여기서 (아우구스티누스와는 달리) 타인의 잘못된 사랑을 보면서, 자기 영혼을 위해 우는 것이 된다. 와, 기독교 서사시의 인상에 아주 잘 들어맞는, 너무나 도덕적이고 참으로 교훈적인 해석이다. 하지만 나로서는 그 중간에 한 단계를 더 넣고 싶다. 조금 전에 언급한 '베아트리체와의 상상 속 불륜'이다. 그래, 낭만적인 해석이다. 그렇지만 이런 해석은 이 작품이 그저 지루한 도덕적 훈화가 되고 마는 걸 면하게 해줄 것이다.

단테는 프란체스카에게 다시 묻는다. 그들은 어쩌다가 서로에 대한 열망을 알게 되었는지. 답은 《아서왕 이야기》를 읽다가'다. 원탁의 기사 중 하나인 랜슬롯이 아서왕의 부인 기니비어와 사랑에 빠지는 이야기다. 어느 날 단 둘이서 그 책을 읽던 중, 자주 눈을 마주치다가 결국 입을 맞추게 되었던 것이다. 그 사연을 들려주는 프란체스카의 마지막 말이 다시 문제가 된다. '우리는 그날 더 이상 읽어가지 못했다.' 물론 평범하게 해석하자면, 책은 옆으로 치우고 애정 행각으로 빠져들었다는 말이겠지만, 사실은 이것 역시 아우구스티누스의 《고백록》에 나오는 구절과 밀접하다. 아우구스티누스가 앞으로 어찌 살지 고심하고 있을 때, 창밖에서 꼬맹들이 부르는 노랫소리가 들린다. "들어서 읽어라, 들어서 읽어라." 그는 자기 앞에 펼쳐진 성서를 들어서 읽는다. '음란한 삶을 벗어나서 낮의 사람이 되라.'라는 구절(《로마서》 13장 13절)이다. 그는 벼락같은 깨달음을 얻는다. 그는 그날 더 이상 아무것도 읽지 못한다(《고백록》 8권 12장).

프란체스카의 이야기를 듣다가 단테는 그만 정신을 잃고 만다. 너무나 슬픈 사연이고, 단테가 너무나 타인의 고통에 잘 공감하는 사람이어서였을까? 나로서는 단테 자신도 그런 것을 꿈꾸었고, 지금 다시 그 꿈이 실현되는 장면이 거의 눈앞에 펼쳐졌으며, 인정하고 싶지 않은, 그러나 피할 수 없는 그 결말까지도 증거처럼 바로 자기 앞에 다가서 있었기 때문에, 그래서 이 모든 사건을 자기 일로 받아들여서 이렇게 격렬하게 반응한 거라고 보고 싶다. 아우구스티누스와의 연관도 한 번 더 나타난다. 단테는 지금 죽은 사람처럼 쓰러졌다. 이제 '옛사람은 죽고' 새사람이 되어야 하기 때문이다. 《고백록》의 저자도 그런 과정을 겪었다.

지금 여기 다뤄진 이야기는 수많은 저자에게 영감을 주어 수십 편의 소설과 희곡이 이 주제로 씌었다. 사실은 파올로의 형 잔초토가 다리를 절어서, 애초의 결혼 협상에는 동생 파올로가 갔었고, 프란체스카는 파올로와 결혼하는 줄 알고 왔다고 한다. 이는 이미 앞에 나온 트리스탄과 이졸데의 경우와도 흡사하다. 트리스탄은 자기 삼촌을 위해 아내감을 데리러 갔다가,—일설에 따르면 사랑의 미약을 잘못 먹어서—숙모가 될 이졸데와 사랑에 빠졌던 것이다. 한편 이 불륜 사연 밑에는, 대장장이 신 헤파이스토스의 아내였던 아프로디테가 아레스와 바람피우는 애기도 깔려 있다. 헤파이스토스 역시 파올로의 형 잔초토처럼 다리를 절었기 때문이다.

　프란체스카가 자기들 사연을 소개하는 사이에 파올로는 계속 눈물만 흘리고 있다. 자신의 행동에 대한 후회인지, 자기들 운명의 가혹함 때문인지 알 수 없다. 어쩌면 단테 자신이 치렀을 법한 결말을 보여주느라 그러는 것일 수도 있다.

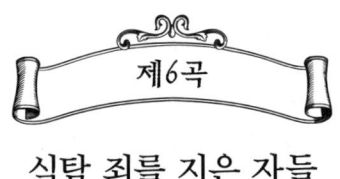

제6곡

식탐 죄를 지은 자들

기절했던 단테가 다시 정신을 차려보니 주위에는 새로운 고통들이 있었다. 베르길리우스가 약간 정신 나간 단테를 부축해서 좀 더 밑으로 내려왔거나, 아니면 애당초 이들이 파올로와 프란체스카를 만났던 곳이, 다음 원으로 넘어가는 경계 가까이였던 모양이다.

식탐 지옥
거기는 더러운 눈과 비가 영원히 쏟아지는 영역이다. 땅에서는 악취가 솟아오른다. 끝없이 내리는 더러운 눈비는, 하늘의 양식 만나(manna)의 패러디다. 지상의 양식에 몰두했던 자들은 천상의 양식이 변형된 것에 고통받고 있다. 그들이 뒹구는 진창은 돼지의 환경이다. (물론 중세의 돼지는 현대와는 사육 환경이 달랐다. 돼지는 소화기관이 사람과 거의 같아서 사람 먹는 음식 밖에 먹지 못하는데, 당시엔 그런 먹이를 줄 형편이 되지 않아서 대개는 숲에 풀어놓고 도토리 따위를 주워 먹도록 했다. 그러다가 가을이면 이들을 몰아들여 '돼지 김장'을 담갔다. 도축해서 햄이나 소시지를 만들었단 말이다. 하지만 더울 때면 당시의 돼지 역시 진창에서 뒹굴며 열기를 식혔을 터이니, 이런 모습이 낯설진 않았을 것이다. 《오뒷세이아》에도 돼지 유목 장면이 나온다.)

　단테의 지옥 여행 중에는 새로운 영역에 도착할 때마다 그 영역을 대표하는 일종의 간판 같은 존재가 하나씩 나타난다. (음란 지옥에는 특별히 '간판'이 없었는데, 그 직전에 본 미노스가 살짝 그 역할을 대신하고 있다. 그의 아내 파시파에가 나무로 만든 가짜 암소 속에 들어가서 바다에서 솟아난 황소와 결합했기 때문이다.) 지금 단테가 도착한 영역의 '간판'은 머리 셋 달린 저승의 개 케르베로스다. 앞에서도 잠깐 소개했지만 이 개는, 사람이 왜 한번 죽으면 다시 살아 돌아오지 못하는지에 대한 설명 두 가지 중 하나다. 죽음의 세계로 들어오는 사람에게는 꼬리를 치지만 나가려 하는 자는 가로막거나, 아니면 집어삼키는 존재다. 한데 단테는 이런 신화/민담의 존재를 변형해서 식탐 지옥의 상징으로 이용했다. 이 괴물은 여기서 특히 배가 거대한 것으로 그려졌다. 그는 세 개의 입으로 짖어대며, 발톱으로 영혼들을 할퀴고 찢는 중이다. 식탐이란 제 몫이 아닌 것, 자기 차례가 아닌 것까지 차지하는 행위이니, 일종의 부정의이고 폭력이다. 탐식은 그저 많이만 먹는 게 아니라, 남들을 할퀴고 찢으며 남의 것을 빼앗는 행위이기도 하다. 그러니 지금 이 괴물은 거의 이곳 죄인들의 마음속 상태를 형상화한 것이다. 따라서 지상에서 이런 죄를 짓는 자는 벌써 '마음의 지옥'에서 살고 있는 셈이다.

　베르길리우스는 이 괴물에게 흙을 한 줌 집어 던진다. 괴물은 그것을 먹이로 착각하고 잠시 짖어대기를 그친다. 이 장면은 《아이네이스》를 본뜬 것으로, 거기서는 수면제를 탄 꿀떡을 주는 것으로 되어 있다. 《아이네이스》에 쓰인 방법이 실용적이라면, 《신곡》의 방편은 도덕적 판단과 상징성을 더 많이 담고 있다.

차코가 피렌체의 미래를 예언하다

거기 누운 영혼들 사이로 지나가는 중에 한 사람이 벌떡 일어선다. 자기를 알아볼 수 있는지 묻는다. 단테는 모르는 얼굴이다. 상대가 누구인지, 왜 이런 벌을 받고 있는지 묻는다. 그는 단테의 고향 피렌체 출신이고, 이름은 차코Ciacco다. 여기서 차코는 피렌체를 가리켜 '자루가 넘칠 만큼 질투로 가득 찬 도시'라고 지칭한다. 이 사람은 앞으로 단테가 여럿 만나게 될 '정치적 인물' 중 하나다. 본인이 식탐 죄를 지었다고 인정하는데, 그 밖에는 별로 악한 사람 같지가 않다. 앞으로 다시 확인하겠지만, 《신곡》 매 편의 제6곡은 매우 정치적인 곡으로 알려져 있다. 이곳 〈지옥편〉에서는 피렌체의 상황이, 〈연옥편〉 6곡에서는 이탈리아 상황이, 〈천국편〉 6곡에서는 신성로마제국 전체의 상황이 개괄되고 개탄된다. 점점 범위를 넓혀가며 세계 전체를 조감하는 참이다. 단테는 중세에 둘도 없는 유일의 보편사 기록자다.

단테는 차코의 고통에 공감한다. (시인 단테는 피렌체 정계에서 활약하다가 1302년 추방당했는데 자신이 시민들의 질시 때문에 추방된 것으로 느끼는 듯하다. 물론 이 여행 시점에 순례자 단테는 아직 추방되지 않은 상태다.) 그러고는 두 가지 질문을 던진다. 하나는 피렌체에 정의로운 자가 남아 있느냐는 것이고, 다른 하나는 이 도시가 장차 어떻게 되느냐는 것이다. (지옥의 인물들은 가까운 미래를 내다보는 능력이 있다. 단테는 벌써 그것을 눈치 챈 모양이다.)

차코는 먼저 뒤의 질문에 답하여, 피렌체의 미래를 예언한다. 예언이 자주 그러하듯 모호한 표현들을 썼는데, 전체적인 요지는 일단 시골 출신이 이끄는 파당('흰 궬프')이 승리할 것이지만, 3년 안에 다른 쪽('검은 궬프')이 일어설 것이며 그들의 지배가 꽤 오래가리라는 것이다. 실제로 일어난 일을 보자면, 1300년 봄에 양 진영에서 가장 격렬한 자들이 추방되고, 이듬해 봄엔 '검은 궬프'들이 모두 추방된다. 하지만 1301년 연말부터 보니파키우스 8세의 도움으로 '검은 궬프'가 득세하기 시작해서 결국 피렌체 권력을 독점하고, 이 상태는 단테가 죽을 때까지 지속된다. 차코의 예언은 이런 전개를 좀 모호하게 예고한 것이다.

　이제 차코는 첫째 질문에 대해 답한다. 정의로운 자가 둘 있지만 이해를 받지 못한다고. 그 둘이 사람인지, 아니면 두 가지 법인지, 학자들 사이에 해석이 엇갈리는데, 사람이라면 그중 하나는 단테를 지칭하는 걸로 보인다. 다른 한 사람이 누구인지는 의견이 분분하다. 이 논의 바닥에는, 구약성서 〈창세기〉에서 '의인 10명이 없어서 멸망한' 소돔과 고모라 사건이 깔려 있다. 피렌체는 새로운 소돔, 고모라이다.

　단테는 한때 훌륭한 재능으로 유명하던 몇 사람의 이름을 대며, 이들이 어디에 있는지 묻는다. 사실 그들은 모두 지옥의 더 낮은 층에 떨어져 있다. 파리나타는 이단 지옥(10곡), 테기아이오와 루스티쿠치는 하느님을 향한 폭력에 대해 벌 받는 곳(16곡)에, 모스카는 분열 지옥(28곡)에 있다. 그렇지만 단테가 궁금히 여기던 인물 중 하나, 아리고는 다시 언급되지 않는다. 어쩌면 단테가 살짝 실수했을 수도 있다. 마지막으로 차코는 단테가 이승으로 돌아가면 사람들 사이에 자신에 대한 기억을 되살려달라고 부탁하며 진흙탕으로 쓰러진다. 단테가 자신의 신분과 사명을 밝히지 않았는데도, 그가 다시 이승으로 돌아갈 사람임을 알아챈 것을 보면 차코도 대단한 혜안을 가진 사람이다. 더구나 그는 다른 지옥의 인물들과는 달리 이승 사람들에게 자기 기억을 일깨워달라고 부탁했다. 우리는 특히 지옥 아래층에서 다른 존재들이 한사코 자기 신분을 숨기는 걸 보게 될 것이다. (어쩌면 차코는 일시적으로 하느님의 쓰임을 받고 다시 질료화되어 물건들의 세계로 돌아간 존재일 수도 있다.)

여기서 베르길리우스가 개입한다. 차코와 이곳의 다른 영혼들은 최후 심판 때까지 일어나지 못할 것이라고, 그날에는 각자가 자기 육체를 되찾고 영원한 판결을 듣게 될 거라고. 그러자 단테는 그때에 이들의 고통이 줄어들지, 아니면 더 늘어날지, 질문을 던진다. 베르길리우스는 완벽한 존재일수록 선도 악도 더 크게 느끼기 때문에, 이들이 육체를 되찾아 완벽에 더 가까워지면 고통이 더 커지리라고 설명한다. 지옥은 개선의 희망이 전혀 없는 곳이다.

단테 일행은 계속 아래를 향해 진행하여, 플루토와 마주친다. 이 플루토는 '거대한 적'이라고 지칭되었다. 사실 탐욕이 온갖 죄의 근원이기 때문이다.

제7곡

탐욕의 죄인들 바위를 굴리다, 분노의 진흙강

탐욕의 상징을 제압하다

플루토는 단테와 베르길리우스를 보더니 갑자기 고함을 지른다. "파페 사탄, 파페 사탄 알레페!" '사탄'은 알겠는데 나머지 둘은 뭔지 모를 단어다. 학자들은 대개 '파페'가 '교황(papa)', '알레페'는 '알레프(알파)'라고 본다. 그러면 전체적으로 '교황이 으뜸가는 사탄이다!'이거나, 반대로 '사탄이야말로 으뜸가는 교황이다!'라는 의미가 되겠다. '플루토'는 원래 저승신 하데스의 다른 이름이다. 하데스가 너무 무서운 이름이어서 미화법으로 '부유한 존재'라고 불렸는데, 땅속에 보물도 있고, 땅에서 곡식도 나기 때문이다. 단테는 이것을 별도의 존재로 여겨서 돈 욕심이 지나쳤던 죄인들의 영역을 대표하는 '간판' 역할을 맡겼다.

단테가 겁을 먹자 안내자는 걱정 말라 이르며, 상대에게 고함을 지른다. 자신들은 하늘 뜻에 의해 이 길을 가노라고. 그 표현에 살짝 위협이 실려 있다. '미카엘이 오만한 폭력을 벌했던 저 높은 하늘'이라고. 그러니까 상대가 '사탄'이란 말을 쓰니, 그 사탄을 제압했던 천사 미카엘의 이름을 댐으로써 한 수 위의 권위를 보여준 셈이다. 그러자 플루토가 쓰러지는데, 그 모습이 부러지는 돛대, 함께 주저앉는 돛폭에 비유된다. 나중에 보겠지만 오뒷세우스가 마지막 항해에서 하느님의 뜻에 맞서 제멋대로 천국에 가려다 실패하는 모습이 이와 유사하다.

돌을 굴리며 상대를 비난하는 사람들

이제 단테가 당도한 곳에선 마치 거대한 소용돌이처럼 맴돌이가 생겨나고 있다. 오뒷세우스가 만났던 엄청난 소용돌이 카립디스와 비슷하다. 하지만 여기서 도는 것은 바닷물이 아니라 사람의 행렬이다. 지상에서 탐욕을 부리던 자들이 힘겹게 바위를 굴리며 이동하고 있다. 전통적으로, 신들까지 속였다는 시쉬포스가 받던 벌이다.

단테는 여기서 다시 벌 받는 사람들의 숫자에 놀란다. 다른 곳에 비해 유난히 사람이 많이 몰려 있어서다. 돈 욕심이야말로 어쩌면 사람이 빠져들기 가장 쉬운 악덕이고, 그래서 특히 이곳으로 떨어진 영혼들이 많은 모양이다. 마침 우리말에도 '돈을 굴린다'라는 표현이 있으니, 이들이 받는 벌은 지상에서 하던 행동에 잘 어울린다. 한편 학자들은 이 벌이 '행운의 수레바퀴'를 표현한 것이라고 보기도 한다. 때로는 우리에게 돈이 저절로 굴러들어오고, 때로는 슬며시 빠져나가버리는, 흥망성쇠의 변화를 상징하는 것이다.

한데 이들이 도는 방향은 하나가 아니라 둘이다. 반대 방향에서도 돌을 굴리며 오는 사람들이 있기 때문이다. 반대편은 낭비자들이다. 아리스토텔레스의 '중용' 개념에 따라 '절제 있는 소유와 소비'라는 덕에서 양쪽으로 멀리 떨어지면 그게 악덕이고 죄악인 것이다.

사람들은 반대편 무리와 마주치게 되면 자신들이 출발한 방향으로 몸을 돌린다. 그렇게 돌아가다가 다시 맞은편 사람들을 만나면 또 돌아서게 된다. 앞으로 보면 알겠지만 지옥 형벌의 공통된 특징은 고생은 고

생대로 하면서, 아무 변화도 보람도 얻을 수 없다는 점이다. 그리고 하나 더, 지옥에선 서로 상대를 비난한다. 이 원에서는 서로 반대편 사람들에게 욕설을 퍼붓는다. '이 욕심쟁이들아!' '이 낭비꾼들아!' 연옥에선 이와 반대로 예전에 원수였던 이들이 서로 위로하고 격려하는 걸 보게 될 것이다.

사람들의 행렬엔 특히 머리털을 깎은 성직자들, 교황과 추기경들이 많이 보인다. 단테는 혹시 그들 중 몇을 알아보지나 않을까 기대하지만, 선생님은 그런 기대를 버리라고 충고한다. 이들은 죄에 의해 변형되어, 본모습을 알아볼 길 없게 달라진 것이다. 우리는 앞으로 고리대금업자들에게서도 마찬가지 현상을 보게 될 것이다. 천국에서는 영혼들이 덕으로써 이전보다 더 아름답게 변화되지만, 지옥에선 그 반대 현상이 일어난다. 특히나 돈과 관련된 죄악이 사람을 가장 크게 변형시킨다. 금전적 이득 앞에서 사람들이 돌변하는 현상을 반영한다고나 할까.

베르길리우스는 여기서 운수(포르투나)의 속임수와 인간의 끝없는 욕심을 개탄한다. 그러자 단테는 운수란 어떤 것인지 설명을 청하고, 베르길리우스가 그에 답하여 상당히 긴 설명이 이어진다. 〈지옥편〉에는 이런 이론적 설명이 별로 없기 때문에 다소 특이한 대목이다. (각 곡의 분량을 엇비슷하게 맞추기 위한 방편일 수도 있다.) 그 설명의 요지는 하느님의 명에 의해 하늘을 관장하는 존재(천사)들이 있는 것처럼, 지상의 일들을 관장하도록 배정된 운수의 여신이 있는데, 그녀가 이 사람 저 사람, 이 민족 저 민족에게 옮겨 다니며 계속 운을 바꾸고 흥망을 나눠준다는 것이다.

다른 원들에서는 그곳을 대표하는 인물이 하나 정도는 등장해서 단테와 이야기를 나누는데, 여기서는 그런 인물을 등장시키지 않고 대신

포르투나 여신에 대한 설명으로 분량을 조절했다. 탐욕스러운 인간이 너무 많아서 그중 누구 하나를 특정하기 어려웠을 수도 있겠다.

베르길리우스는 자신이 출발할 때 떠올랐던 별들이 이미 졌다며, 어서 서두르자고 재촉한다. 태양과 별자리를 거듭 언급하는 연옥과 달리 지옥에선 시간을 알리는 표시가 매우 드물다. 그리고 시간을 언급할 때 사용된 몇 안 되는 지표는 모두 밤에 속한 것이다. 지옥은 낮보다 밤에 더 가깝기 때문이다.

한데 별이 졌다면 이제 토요일 아침이 되었다는 말이다. 이들이 여행을 시작한 것은 어젯밤(금요일 밤)이었기 때문이다. 학자들은 단테가 지옥을 전부 둘러보는 데에 24시간이 배정되어 있다고들 본다. 그러면 베르길리우스의 이 말은, 이미 허용된 시간의 절반을 사용했다는 뜻이니, 아닌 게 아니라 시간이 좀 빠듯해졌다. 밤 동안 겨우 네 개의 원(림보, 음란, 식탐, 탐욕)을 지나왔고, 이제 낮 동안 나머지 다섯 개의 원을 지나야 하는 것이다. (물론 아직 베르길리우스가 지옥 전체의 구조를 설명하지 않았기 때문에, 단테도 그리고 독자들도 지옥이 몇 개의 구간으로 이루어졌는지 모르는 상태다.) 한데 겨우 7곡까지 오는 데에 배정 시간의 절반을 소비했다면, 애당초 〈지옥편〉 전체는 15편 정도로 설계되었다고 보아야 한다. 그런데 현재 우리가 보고 있는 작품은 두 배가량 확대된 것이다. 따라서 방금 본 시간 개념이 약간 어색하다.

앞으로 보면 알겠지만 시인 단테는 아래로 갈수록 지옥의 구간을 더 촘촘히 나누고 있다. 처음에는 원 하나가 그냥 한 구역이어서 지나가는 데도 시간이 별로 들지 않는다. 반면에 더 아래로 가면 원 하나가 여러 구역으로 세분되고, 통과 시간도 길어지게 된다. 사실 그 구간들을 다 개별적인 것으로 보면 도합 23구간이 되는데(위쪽 여섯 개의 원이 각기

한 구간씩 도합 여섯 구간, 제7원은 세 구간, 제8원은 10구간, 제9원은 다시 네 구간, 그럼에도 단테가 아홉 개의 원이라는 틀을 버리지 않은 이유는 9라는 숫자가 가진 상징성 때문이다. 연옥이 7층, 천국이 10층으로 되어 있기 때문에, 지옥도 최대한 상징적인 숫자에 맞추려 한 것이다.

분노의 죄인들, 진흙 속에서 싸우다

여기까지는 대체로 한 곡에 원 하나가 배정되어 있었다. 한데 탐욕의 지옥은 좀 빨리 진행되어 한 곡을 다 채우지 못한다. 제7곡 끝에 벌써 다음 원이 시작되고, 그것이 꽤 많이 그려진 후 다음 곡까지 넘어가 계속되는 것이다.

지옥의 원들은 일종의 도랑처럼 되어 있어서 한 원의 바깥쪽과 안쪽에 각기 둔덕이 있다. 단테는 이제 탐욕 죄 구간을 건너 더 안쪽 둔덕에 다다른다. 거기 검은 물이 솟는 샘이 있고, 그 물이 아래로 흘러 진흙탕 늪을 이루고 있다. 전통적으로 저승의 강 또는 호수 중 하나로 꼽히는 스튁스다. 그 속에서는 벌거벗은 인간들이 서로 때리고 할퀴고 물어뜯고 있다. 이들은 분노의 죄를 범한 자들이다. 분노에는 별도의 징벌 장치가 필요하지 않다. 분노한 사람이 스스로 자신에게 징벌이 되기 때문이다.

한데 베르길리우스는 이렇게 수면 위에 보이는 자들 말고도 수면 아래서 거품을 부글부글 일으키는 자들도 있다고 설명한다. 노골적으로 표출되는 분노도 있고, 가슴속에 억눌린 분노도 있어서 이렇게 두 가지 양상이 나타난 것이다. 수면 아래 있는 이들이 살아서 지녔던 분노는 '끈적끈적한 연기'였다고 표현되는데, '끈적임'과 '연기' 두 요소가 분리되어 각각 분노 지옥과 분노 연옥에서 징벌로 사용된다. 여기 〈지옥편〉에서는 '끈적임'이 강조되어 진흙탕이 되었고, 〈연옥편〉에서는 분노의 죄를 지은 자들이 매운 '연기' 속에 갇히게 되는 것이다. (앞에서도 말했지만, 지옥의 위쪽에는 부절제의 죄인들이 배치되어 있기 때문에, 그들의 죄목 자체는 연옥의 존재들이 씻고 있는 것과 다르지 않다. 같은 죄를 범했는데도 연옥 아닌 지옥에 떨어진 자들은 기독교를—진심으로—받아들이지 않았기 때문이다.)

단테 일행은 이 진흙 늪을 바로 건너지 못하고, 건너갈 수단을 만날 때까지 그 가장자리를 따라 걷는다. 그러다가 마침내 어떤 탑이 서 있는 곳에 도착한다. 늪을 건네줄 배가 닿는 '터미널'이다.

제8곡

늪을 건너다, 분노의 도전을 받다, 악마들에게 거절당하다

제8곡은 '계속 이어 말하건대'라는 첫 구절로 시작한다. 이 표현은 학자들 사이에 여러 해석을 낳았다. 마치 오랫동안 쉬다가 다시 얘기를 이어간다는 듯한 인상이다. 전설에 따르면 단테가 피렌체에서 추방된 후, 정적들이 그의 집을 수색하다가 《신곡》의 원고를 발견했다. 한데 내용을 읽어보니 너무나도 아름답고 거룩한 내용이어서 차마 그것을 없애버리지 못하고, 단테에게 전달하여 계속 이어 쓸 수 있게 해주었다는 것이다. 그러니 단테가 7곡까지 써두고 한동안 쓰지 못하다가 이제 다시 집필을 재개한 거라고 하면 상당히 그럴싸하다. (하지만 제7곡에서 벌써 다음 곡에 이어질 내용을 많이 진행시켰기 때문에 단순히 이야기가 계속된다는 표현으로 봐도 말이 안 될 건 없다.)

스틱스를 건너다

단테 일행은 어떤 탑 아래 도착하는데, 멀리서부터 이미 그 탑에 두 개의 횃불이 밝혀져 있음을 보았다. 이 횃불은 이곳을 관장하는 악마들이 늪 건너편 탑과 교신하는 수단으로, '이제 두 놈이 도착하고 있으니 어서 와서 데려가라.'라는 의미인 듯하다. 그러면 맞은편에서도 횃불을 하나 밝혀, '알았다, 배를 보내겠다.'라고 응답하는 모양이다. (하지만 횃불 숫자는 별 의미가 없다는 해석도 있다.)

곧 안개를 뚫고서 말 그대로 '쏜살같이' 작은 배 하나가 달려온다. 사공이 단테를 보고 소리를 지른다. '네 이놈, 내게 잡혔구나!' 어떤 학자는 이 사공의 역할이 영혼들을 반대편 기슭으로 건네주는 게 아니라, 그들을 잡아다가 늪 한가운데에 처넣는 것이라고 보기도 한다.

베르길리우스는 상대에게 맞고함을 지른다. '플레귀아스야, 네가 우리를 잡고 있는 건 강을 건너는 동안뿐이다!' 상대는 속임수에 넘어갔다는 듯 노여움을 품지만, 이들을 거부하진 못한다. 많은 지옥의 관리자들이 그러하듯 이 플레귀아스도 신화 속의 존재다. 그는 자기 딸이 아폴론에게 겁탈당한 것에 분노하여, 델포이 신전에 불을 질렀다고 한다. 신에게까지 달려들 정도이니 분노 지옥의 관리자로 꽤 적절하다.

단테는 이제 배에 몸을 싣는다. 평소에는 가벼운 영혼들만 옮기던 배에 살아있는 인간이 타자, 배가 무거워 평소처럼 빨리 가질 못한다. 이 장면은 《아이네이스》에서 주인공 아이네아스가 저승 강의 배에 타는 장면을 살짝 고쳐 옮겼다. 《아이네이스》에서는 영웅이 배에 오르자, 배의 틈이 갈라지고 물이 안으로 새어들었다고 되어 있다.

필리포 아르젠티에게 도전을 받다

앞에 탐욕 지옥에서는 별다른 개인을 만나지 못했지만, 이번 분노 지옥에서는 다시 특별한 개인 하나가 등장한다. 별로 유명하지 않은 필리포 아르젠티라는 인물이다. 그는 진흙탕 속에 몸을 담그고 있다가, 단테가 배를 타고 다가오는 걸 보고 말을 건다. '죽기도 전에 이곳에 온 너는 누구냐?' 나중에 보면, 지상에서 삶을 마치기도 전에 영혼이 먼저 지옥으로 떨어져 벌 받는 인물들이 나온다. 어쩌면 이 사람도 단테가 그런 벌을 받았다고 생각해서, 죽기도 전에 진흙 속에 파묻히게 된 걸 조롱하는 참인지도 모른다. (많은 학자들이 이 사람의 성향에 분노뿐 아니라 오만도 섞여 있음을 지적한다.)

단테는 자기가 이곳에 머물 사람이 아니라고 대꾸한다. 그러면서 상대의 신분을 묻는다. '그러는 너는 누구냐?' 거기에 모욕을 덧붙인다. '그리고 왜 그렇게 더럽냐?' 상대는 직접적인 대답을 피한다. '내가 울고 있는 게 안 보이냐?' 자신은 그저 현재의 처지를 슬퍼할 뿐이니 더는 알아내려 하지 말라는 말이다. 하지만 단테는 그냥 지나가지 않는다. 말하지 않아도 누구인지 알겠노라고, 계속 눈물과 고통 속에 머물라고. 그러자 상대도 화를 내며 뱃전으로 올라타려 시도한다.

여기에 베르길리우스가 개입한다. 상대를 다시 진흙탕으로 쑤셔 넣고는 단테를 칭찬한다. '너를 낳은 여인이 복되도다.' 성서에서 성모님 또는 예수님을 향한 찬양으로 쓰이던 표현이라, 좀 과한 느낌도 있다. (순례자 단테는 '두 번째 예수' 역할을 맡고 있으니, 완전히 억지는 아니다.) 하지만 단테는 아직도 분이 덜 풀렸다. 저 죄인이 늪 속으로 거꾸러지는 꼴을 보고 싶어 한다. 그의 소원은 곧 이루어진다. 주변의 무리가 모두 그에게 달려들어 잡아 찢고, 그는 분을 못 이겨 자기 몸을 스스로 물어뜯었기 때문이다.

대체 이 사람은 누구기에 단테가 이렇게 가혹하게 그려놓았을까? 보통 알려지기로, 필리포 아르젠티는 피렌체 출신의 부자였다고 한다. 그의 원래 이름은 여기 소개된 것과는 다른데, 부를 과시하기 위해 자기 말의 발굽에 은으로 된 편자를 신겼다는 일화 때문에 이름을 변형해서 이렇게 소개했다는 것이다. ('필리포'는 '말을 사랑한다'는 뜻이고, '아르젠티'는 '은을 가진'이란 뜻이다.) 또 다른 설에 따르면, 그는 자기 말을 도시 사람 누구나 사용할 수 있다고 공표한 후, 누가 아침에 말을 빌리러 가면 이미 다른 사람이 빌려갔다면서 뒤늦게 도착한 사람을 놀려먹는 악취미가 있었다.

하지만 이런 일화들은 이 사람을 약간 엉뚱하지만 거의 귀여운 인물로 보이게 하니, 단테의 가혹한 대접에 대한 설명이 되지 않는다. 그래서 학자들은 그런 취급의 이유가 정치적인 것이라고 본다. 필리포 아르젠티의 형이 '검은 궬프' 소속으로, 단테 추방 이후 그의 재산을 차지했다. 따라서 단테는 여기서 일차적으로 자기 정적들에게 문학적 보복을 가하고, 동시에 아직 고향에 남아 있는 아내와 아이들을 보호하기 위해 적들에게 경고를 보냈다는 것이다.

어떤 학자는 지금 여기서 단테가 분노를 표출함으로써 전체적으로 작품에 생동감이 생겼다고 평가한다. 그전까지는 마치 중세 성화들이 금색의 단순한 배경에 형태도 도식화되어 있고 동작도 뻣뻣한 것처럼 밋밋하던 진행이, 여기부터는 마치 르네상스의 자연스럽고 사실적인 그림들처럼 생생하게 변한다는 것이다. 그리고 그 원동력은 고향에서 추방된 이후 단테의 가슴속에 자라난 분노라는 것이다. '분노는 나의 힘!'

한데 분노 죄를 지은 자들은 엄한 벌을 받는다고 주장하면서, 정작 본인은 그 와중에 개인적 분노를 노골적으로 표출하고 있으니 모순 아닌가? 학자들은 이 부분에 말싸움이 많이 나오는 것에 주목한다. 이미 중세에 '비방시(tenzone)'라는 장르가 유행해서 오늘날의 '랩 배틀' 역할을 했었는데, 그게 여기 반영되었다는 것이다. 앞으로 우리는 연옥에서 단테와 악의 없는 비방시를 주고받았던 인물을 만나게 될 것이다. 플레귀아스와 베르길리우스가 주고받은 고함과 맞고함도 그 장르를 활용한 것이었다.

INFERNO | CANTO VIII

디스의 성 앞에서 악마들에게 막히다

이제 단테와 베르길리우스가 탄 배는 맞은편 둑으로 다가간다. 거기는 본격적인 지옥으로, 철의 성벽으로 둘러싸인 하나의 도시다. 벌써부터 고통의 비명 소리가 들리고, 죄인들을 태우는 불길이 바깥까지 비쳐난다. 베르길리우스는 그 도시 이름이 '디스(Dis)'라고 가르쳐주는데, 이는 원래 저승 신 하데스의 라틴어식 이름이다. '하데스'가 저승 자체를 가리키게 된 것처럼 이 말도 그렇게 쓰인다.

그 입구에 도착하자, 사공은 내리기를 재촉한다. 한데 성문 앞에는 수많은 악마들이 몰려나와 있다. (이 악마들은 '하늘에서 쏟아져 내린 자들'이라고 표현되었다. 천국에서 추방된 천사들이란 말이다.) 이들은 단테가 아직 죽지 않은 사람임을 알아보고, 그의 진입을 막는다. 베르길리우스가 협상을 청하자, 계속 가려면 베르길리우스만 성 안으로 들어가고 단테는 혼자서 다시 위로 돌아가게 하라고 한다. 단테는 도저히 혼자서는 되돌아갈 자신이 없다. 선생님께 간청한다, 더 내려가는 게 허용되지 않는다면 그냥 함께 위로 다시 돌아가자고. 베르길리우스는 단테를 버리지 않겠노라고 약속하고는, 협상을 계속한다. 무슨 얘기가 오갔는지 모르지만, 잠시 후에 악마들이 갑자기 문을 닫으며 일제히 안으로 들어가 버린다. 선생님은 노하고 당황하지만, 단테를 위로한다. 곧 도움이 올 것이라고, 이들은 이전에도 저 위의 지옥문을 닫고 저항했지만 예수께서 그 문을 부숴서 지금은 빗장도 없게 되었노라고. (이제야 우리는 지옥문이 그냥 열려 있었던 이유를 알게 된다.) 지금 그 문을 통과해서 다가오는 분이 있다고. 다음 곡에 나타날 천사에 대한 예고다.

복수의 여신들, 천사가 문을 열다, 이단의 죄인들

천사를 기다리며 대화하다

여기서는 베르길리우스도 평정심이 흔들렸는지 안색이 변한다. 하지만 그는 곧 마음과 표정을 가다듬는다. 자기 얼굴빛을 보고서 단테가 놀랐음을 느꼈기 때문이다. 그는 안개 너머를 주시하며 중얼거린다. 하늘의 도움이 올 것을 확신한다면서도, 약간 흔들린 듯도 보이는 표현을 사용한다. 단테는 다시 걱정에 사로잡힌다. 제1원을 지나서 누군가 내려오고 있는지 다시 묻는다. (여기서 제1원 림보는 '(구원받을) 희망이 없다는 게 유일한 형벌인 곳'이라고 묘사된다.)

그러자 베르길리우스는 사실 이 길을 지나다니는 존재는 아주 드물다는 걸 인정한다. 그러면서 자신도 이전에—아마도 딱 한 번—지옥 밑바닥까지 다녀온 적이 있다고 말한다. 자신이 림보에 있은 지 얼마 안 되어(그러니까 기원전 19년 이후), 에리톤(에리크톤)이라는 무녀의 술법에 의해 저승 밑바닥으로 영혼 하나를 부르러 갔었다는 것이다. 이 에리톤은 《파르살리아》에 등장하는 무녀다. 그녀는 희랍 땅 파르살로스에서 벌어진, 카이사르파와 폼페이우스파 사이의 전투 결과를 알기 위해 죽은 병사의 영혼 하나를 저승에서 불러내는 것으로 그려졌다. 그러니까 베르길리우스도 그 무녀에 의해 비슷한 심부름을 다녀온 적이 있었다는 것이다. (로마사에 익숙하지 않은 독자로서는 주석을 보아도 좀 헛갈릴 텐데, 베르길리우스가 파르살로스 전투 결과를 알아보러 갔던 건 아니다. 그 전투(기원전 48년)는 베르길리우스(기원전 70년생)가 젊었을 때 있었던 사건이다. 그저 전에도 그렇게 혼령을 불러낸 적 있는 무녀가 다시 베르길리우스의 혼령에게 다른 혼령을 불러오도록 심부름을 시켰었다는 것이다.) 그래서 베르길리우스는 저승길을 저 아래까지 상당히 잘 알고 있다. 하지만 지금 이 관문을 통과하는 일은 분노 없이는 안 되는 모양이란다. (여기서 '분노'가 누구 것인지 몇 가지 가능성이 있다. 하느님의 분노, 악마들의 분노, 베르길리우스와 단테의 분노, 모두 가능하다. 물론 하느님의 분노가 가장 그럴싸한 답이다.) 방금 분노 지옥을 지나왔는데, 그 주제가 계속되고 있다. 단테는 같은 주제를 한 곡의 앞뒤로 연장하는 경향이 있다. 각 곡이 토막토막 나뉘지 않게 하는 장치다.

복수의 세 여신 앞에서 눈을 가리다

하지만 단테는 선생님의 설명을 다 기억하지 못한다. 그의 시선과 주의가 탑 꼭대기로 향해 있었기 때문이다. 거기엔 복수의 여신(희랍어로 에리뉘에스, 라틴어로 푸리아이) 셋이 서 있다. 몸에는 뱀을 감고 있고, 머리카락도 작은 뱀들로 이루어져 있다. 베르길리우스는 이들을 이름까지 꼽아 소개한다. 각기 메가이라, 알렉토, 티시포네다. 이들은 《아이네이스》에도 등장한다. 나쁜 저승을 관장하는 역할(티시포네), 또는 라티움 왕비와 이탈리아 현지인 왕자를 미치게 만드는 역할(알렉토)이다. 이들이 이름까지 자세히 소개된 것은 '천국의 여성 삼위일체'(마리아, 루치아, 베아트리체)에 맞서는 '지옥의 여성 삼위일체'로 균형을 맞추기 위해서인 듯하다.

이들은 지금 자기 가슴을 때리며 손톱으로 자신을 할퀴고 있다. 그들은 메두사를 불러오라고 외친다. 이전에 테세우스에게 복수하지 못해 원통하니, 지금 나타난 단테라도 돌로 만들자는 것이다. 단테는 '두 번째 테세우스'이기도 하다. 이 복수의 여신들은 '영원한 통곡의 여왕'을 섬기는 것으로 묘사되고 있다. 신화 속 테세우스는 저승 여왕 페르세포네를 납치하러 갔었는데, 지금 '두 번째 테세우스'는 저승을 지나며 어떤 진리를 포착하려는 참이고, 저승 존재들은 그것을 막아서는 셈이다. (진리를 아름다운 여인(여신)으로 그리는 것은 고대부터 하나의 전통으로 되어 있다. 파리스의 판정도 마찬가지 의미다.)

베르길리우스는 단테를 얼른 단속한다. 돌아서서 눈을 감으라고, 고르곤 메두사와 눈이 마주치면 지상으로 돌아가지 못한다고. 그러면서 제자가 못 미더운지 자기 손으로 직접 단테의 눈을 가려준다. 시인 단테는 여기서 독자를 향해 외친다. 지금 이 시행 밑에 감춰진 가르침을 잘 보라고. (학자들 사이에 해석이 분분한 대목이다.) 그러니까 우리는 순례자 단테처럼 한편으로 눈을 가리고, 다른 한편으로 시인 단테의 충고대로 눈을 크게 떠서 진리를 보아야 하는 것이다. 우리에게 '영원한 통곡'을 일으킬 악의 눈길에 유혹되지 말고, 신화 속 테세우스처럼 망각의 의자에 앉아 자신을 잊어버리지도(즉, 돌로 변하지도) 말자는 것이다.

천사가 디스의 성문을 열다

그러는 사이 흡사 폭풍이 몰아닥치듯 굉음이 울리고 기슭이 떨린다. 누군가 안개를 뚫고 수면 위를 마른 땅인 양 걸어온다. 그 앞에서 수많은 영혼들이 뱀 앞의 개구리들처럼 달아난다. 이 하늘의 사자는 주변에 전혀 신경 쓰지 않는 듯 무심하다. 그저 눈앞의 안개가 귀찮은 듯 이따금 손을 저어 짙은 대기를 흩을 뿐이다. 단테는 선생님의 지시대로 그 앞에 경의를 표한다. 이에 대한 천사의 반응은 그려지지 않았다. 그저 무심한 경멸로써 지팡이를 휘둘러 디스의 성문을 건드린다. 그것은 힘없이 스르르 열린다. 그는 추락한 천사들을 꾸짖고, 하느님의 의지에 반항하는 것을 질책한다.

그는 악마들에게 케르베로스의 목에 털이 없어진 것을 잊지 말라고 경고한다. 케르베로스가 헤라클레스에게 끌려가지 않으려고 버티다가 목의 털이 다 벗겨졌듯이, 지옥의 존재들도 이 '두 번째 헤라클레스'에게 맞서다가는 봉변을 당하리라는 뜻이다. 하지만 그 누구보다 더 기독교적인 존재(천사)가 이교 전통의 신화를 인용하다니 조금 우습다. 시인 단테는 이 초연하고 초월적인 하늘 일꾼까지도 놀려먹고 있는 셈이다.

임무를 마친 천사는 곧 돌아선다. 하지만 벌써 천상적인 명상에 몰두한 듯, 말없이 시선도 돌림 없이 떠나간다.

불타는 석관 속의 이단자들

이제 단테와 베르길리우스는 열린 성문을 통해 성안으로 들어간다. 와글대던 악마들은 다 어디론가 가버리고, 그 안쪽은 온통 무덤으로 들어찬 벌판이다. 석관들이 불에 달궈진 듯 달아오른 채 열려 있고, 그 안에서 고통의 신음 소리가 새어 나오고 있다. 베르길리우스는 이곳이 이단 추종자들이 벌 받는 곳이라고 설명한다.

그러면 왜 이단자들은 불타는 석관 속에 갇힌 것일까? 석관은 두 가지 의미에서 교회를 상징한다. 우선 예수께서 베드로('바위'라는 뜻)라는 반석 위에 교회를 세우셨기 때문이다. 또 하나, 교회는 대심판 때에 우리를 구해줄 일종의 방주(네모난 배, 노아가 대홍수 때 만들었던 배)

이다. 한데 이단자들은 말하자면 교회라는 배에 불을 지른 자들이다. 그래서 불타는 '돌로 된 네모 배' 속에 갇힌 것이다. (베르길리우스는 이곳에 보기보다 '무거운 짐'이 실려 있다고 표현한다. 이곳 많은 죄인들은 짐배에 실린 짐들인 것이다.)

이와 같이 지은 대로 벌 받는다는 원칙은 〈지옥편〉 28곡 마지막에 정식으로 소개될 것이다. '콘트라파소(contrapasso)'라는 단어인데, 우리말 번역에서는 대개 '응보'나 '인과응보'로 옮겨진다. 하지만 두 단어 모두 너무 많이 쓰여서 별로 인상적이지 않으니, 조금 말이 겹치더라도 '응보 징벌'이나 '응보 법칙' 정도로 옮기는 게 낫지 않나 싶다.

이제 단테와 베르길리우스는 오른쪽으로 몸을 돌려 나아간다. 지옥에서는 한 단계 내려갈 때마다 거의 언제나 왼쪽으로 몸을 돌리는데, 이곳은 예외다. 아마도 성벽을 오른쪽에 두고 가기 위해서인 모양이다. 말하자면 적들의 방어 장치를 역으로 이용하여 오른편을 보호하자는 것이겠다. 아니면 오른쪽은 이성을 상징하니, 이단과 맞서기 위해서는 이성을 제대로 활용해야 한다는 뜻일 수도 있겠다.

여기 제9곡에서 단테는 또 하나의 관문을 통과했다. 9는 한계수이기 때문에 독자들은 9라는 숫자가 나오면 주목하는 게 좋다. 또 9의 두 배인 18, 세 배인 27, 그리고 끝자리가 9인 19, 29도 그런 의미를 가질 수 있다. 그리고 8곡에서 단테가 분노를 터뜨리는 대목부터 이야기에 생동감이 더해진다고 했는데, 여기 디스의 성문 앞에서 본 사건도 그러하다. 단테는 그저 구경꾼에 그치는 게 아니라, 사건의 당사자가 되어 조마조마한 상황을 겪어내는데, 그의 심리 상태도 잘 그려졌다. 우리는 앞으로 순례자 단테가 점점 더 활동적인 모습을 보이고, 시인 단테도 점점 대담한 기법을 사용하는 걸 보게 될 것이다.

제10곡

이단자들의 대표, 파리나타와 카발칸티

부활을 부정하는 자들도 부활을 맞이할 것이다

성벽을 따라 걷는 도중에 단테는 선생님께 질문을 던진다. 혹시 석관 속에 있는 존재들을 볼 수 있느냐고. 여기서 단테는 베르길리우스를 가리켜 '원하는 대로 인도하시는 분'이라 부르고 있다. 이전과 달리 이번에는 오른쪽으로 방향을 잡았기 때문이다. ('원하신다면 답을 해주십시오.'라는 뜻으로 읽는 학자도 있지만, 좀 밋밋한 독법이다. 최대한 평범치 않게 읽는 게 좋다.)

 단테는 지금 석관의 뚜껑이 '열려 있고, 지키는 자도 없으니' 그 안에 있는 자를 볼 수 있으리라고 기대한다. 한데 안내자께서는 그 기대가 이뤄질 수 있는지 없는지 얼른 답하지 않고, 약간 엉뚱하게도 나중에 이 석관이 닫히게 되리라고 예언한다. 최후의 심판 때 각 영혼은 자기 몸을 되찾을 텐데, 여기 갇힌 영혼들도 제 몸을 다시 지니고 석관 안에 밀봉되리라는 것이다. 그러고는 에피쿠로스파 사람들이 이곳에 무덤을 갖고 있다고 덧붙인다.

 여기서 베르길리우스가 엉뚱하게 부활 얘기로 화제를 끌어간 이유는 무엇일까? 여기 배정된 죄인들 대다수가 부활을 부정하는 자들이기 때문이다. 특히 에피쿠로스파는 원자론을 신봉하기 때문에, 우리 영혼이 원자로 되어 있고, 우리가 죽을 때 그 원자가 흩어져 다른 것의 재료가 된다고 믿었다. 한데 사실은 그 앞에 단테가 사용한 표현부터가 성서 속 예수 부활 장면(〈마태복음〉 28장, 〈누가복음〉 24장)에서 빌려온 것이다. 즉, 부활절 아침에 예수님 무덤을 찾아갔던 사람들이 목격했던 상황이다. 동굴 무덤은 열려 있고, 그곳을 지키던 병사들도 없었던 것이다. 그러니 단테는 '이곳 모습이 꼭 예수님 부활하던 때 같다.'라고 말한 것이고, 베르길리우스는 '그렇지만 이곳엔 부활을 부정하는 자들이 갇혀 있다. 그리고 이들은 나중에 자기들 믿음과는 반대로 부활을 맞이하여 더 나쁜 상태에 처하게 될 것이다.'라고 답한 셈이다.

베르길리우스는 이렇게 다소 엉뚱한 주제로 갔다가, 다시 단테의 질문으로 돌아간다. 단테의 소원이 곧 이뤄지리라고, 발설하지 않은 소망까지 이루리라고.

황제파에 속한 파리나타와 논쟁하다

한데 이들이 대화하는 것을 듣고 영혼 하나가 무덤('네모 관')에서 몸을 일으킨다. 단테가 쓰는 토스카나 말투를 포착했다. 특히 선생님을 대하는 공손한 태도에 깊은 인상을 받은 모양이다. 단테가 산 사람이라는 것도 눈치챘다. 단테와 잠깐 얘기를 나누고 싶어 한다.

단테는 두려움에 사로잡히지만, 선생님은 그를 격려한다. 방금 몸을 곧추세운 사람이 파리나타라는 것을 가르쳐준다. ('몸을 곧추세우다' 역시 부활('다시 일어섬')과 연관된 표현이다. 파리나타는 자신이 부정하는 것을 직접 실행하고 있다.) 파리나타는 이 지옥과 그 형벌을 경멸하는 듯 의연한 태도를 보인다. 지옥에선 이런 당당한 인물이 꽤 등장하는데,

앞으로도 거듭 확인하겠지만 이런 인간적인 덕만으로는 하느님의 기준에 미치지 못하기 때문에 지금 이곳에 와 있는 것이다. 그의 자부심은 달리 보자면 오만이고, 하느님을 향한 오만이 곧 이단의 태도이다.

그는 단테를 향해서도 '무시하는' 듯한 태도를 취한다. (조금 전 천사의 무심한 태도를 묘사했던 것과 같은 단어를 썼다.) 그러면서 단테의 조상이 누구인지 묻는다. 가문을 따져 사람을 평가하겠다는 자세다. 단테의 답을 듣더니, 자기가 속한 당파가 단테 가문의 당파를 두 번이나 패배시켰음을 과시적으로 지적한다. 단테도 지지 않고 당돌하게 반박한다. 그렇지만 자기들은 매번 다시 돌아왔노라고, 파리나타의 당파는 그러지 못했다고. 순례자 단테가 지옥에 갈 무렵엔 아직 교황파가 우세한 참이었다.

카발칸티가 자기 아들의 행방을 묻다

한데 여기서 논쟁이 잠깐 끊기게 된다. 같은 석관에서 또 다른 사람이 몸을 일으켰기 때문이다. 그는 몸을 다 일으키지 않고 턱까지만 보인다. 두 발로 서지 않고 무릎으로 몸을 지탱하고 있어서다. 그는 단테가 누구와 함께 왔는지 살펴보더니, 눈물을 흘리며 묻는다. 단테가 재능 덕에 이곳까지 살아서 왔다면, 왜 자기 아들이 그와 동행하고 있지 않은지.

그는 단테의 동료 시인 귀도 카발칸티의 아버지다. 단테가 시적 재능 덕에 저승 세계를 여행하는 특혜를 누리는 것으로 생각하고, 그 못지않은 재능을 지닌 자기 아들은 왜 함께하지 못했는지 물은 것이다. 단테는 일단 자기가 능력 때문에 이리 온 게 아니라고 설명한다. 지금 곁에 있는 안내자가 자신을 어떤 분께로 이끌고 있는데, 귀도는 그분을 경멸했었던 것 같다는 것이다. 이 부분은 지시어('그분')가 모호해서, 귀도가 경멸했던 대상이 누구인지 두 가지 해석이 맞서고 있다. 한국 역자들은 대개 베르길리우스라고들 보고 있지만, 외국 역자들 중에는 단테가 지금 찾아가고 있는 존재, 즉 베아트리체(또는 하느님)라고 보는 사람이 더 많은 듯하다. 많은 학자들이 단테의 친구인 귀도 역시 자기 아버지와 이단적 사고를 공유했으리라고 보고 있다.

한데 카발칸티는 예민하게도 단테가 과거완료 시제를 사용한 것에 주목한다. 이미 아들의 행위가 완결되어 버린 것으로, 즉 벌써 죽은 것으로 해석한 것이다. 그는 아들이 이미 죽었단 말이냐고 다시 묻는다. 여기서 단테는 답변을 약간 망설인다. 그러자 아버지는 절망하여 그대로 석관 속으로 쓰러져 버린다.

파리나타가 단테의 파벌이 추방될 것을 예언하다

단테가 카발칸티와 이야기를 마치자, 곁에 있다는 티도 내지 않던 파리나타는 다시 대화를 이어나간다. 마치 중간에 아무 일도 일어나지 않았다는 듯. 조금 일어났다가 금방 쓰러져버린 카발칸티와는 달리, 조금 전의 당당한 자세를 그대로 유지하고 있다. (이 사람은 에피쿠로스적인 특성이 두드러지는—나약한—카발칸티와는 대비되는, 견결한 스토아적 인물로 평가된다.)

그는 자기 정파 사람들이 고향으로 돌아가지 못했다면 그건 슬픈 일이라고 일단 인정한다. 하지만 그에겐 회심의 반격 수단이 있다. 단테의 정파 역시 머지않아 고향에서 축출될 것이며, 귀환이 얼마나 어려운지 뼈저리게 느끼게 되리라는 예언이다. 파리나타는 여기서 아예 시한을 못 박는다, 즉 '보름달이 50번 돌아오기 전에' 그렇게 되리라고. (원문은 '이곳을 다스리는 여주인이 50번 불타오르기 전에'라고 되어 있다. '이곳을 다스리는 여주인'은 저승의 여왕(하데스와 공동 통치자) 페르세포네인데, 그녀는 헤카테와 동일시된다. 헤카테는 달의 여신이다.) 단테가 추방 판결을 받은 것은 1302년 3월이고, 그의 정파('흰 겔프')가 무력으로 귀국을 시도하다 최종적으로 실패하는 게 1304년 7월이다. 단테는 그 직전에 이들과 결별한다. 현재 이 대화가 이뤄지는 1300년 3월 말을 기준으로 얼추 50개월 후에 일어날 일이다.

파리나타는 이어서 피렌체 시민들이 왜 그렇게 자기 혈족에게 잔인하게 구는지 탄식한다. 단테는 아르비아 냇가에서의 대학살 때문이라고 답한다. 1260년 황제파가 교황파를 대파했던 몬타페르티(Montaperti) 전투를 가리키는 말이다. 파리나타는 그 일은 여럿이 함께한 것이었고, 자기는 그 와중에도 피렌체의 전면 파괴를 막으려 노력했노라고 항변한다. (이 구절로써 시인 단테는 파리나타의 오명을 벗겨주려 애쓰고 있다.)

단테는 상대의 논변에 수긍한 듯, 파리나타의 후손들이 평온하기를 기원해준다. 한데 그보다 급한 궁금증이 있다. 저승의 존재들은 현재 일에는 어두우면서, 오히려 조금 멀리 있는 미래 일은 잘 알고 있다. 이상한 현상 아닌가! 파리나타는 자신들을 '나쁜 빛을 가진' 사람들에 비유한다. 이 말이 '원시(遠視)'를 가리킨다는 해석도 있고, '저물녘'이라는 해석도 있다. 원시인 사람들은 가까운 것은 잘 못 보지만, 멀리 있는 것은 꽤 잘 본다. 해가 저물 무렵에도 가까운 것은 잘 안 보이지만, 밝은 하늘을 배경으로 한 산의 윤곽선 따위는 오히려 잘 보인다. 두 가지 모두 가능한 해석이다.

'그래서 미래의 문이 닫히는 순간 우리의 지식은 모두 사라진다.' '미래의 문이 닫히는' 것은 대심판 때다. 그 이후는 영원한 현재이다. 아마도 그들의 석관은 그 순간에 닫혀 봉인될 것이다. 먼 곳밖에 못 보는 자들이라면 관 뚜껑에 시야가 가로막혀 더는 내다보지 못할 것이고, 지는 해에 의지하던 자들이라면 그 빛이 차단되어 보지 못할 것이다. 이 구절로도 여전히 앞의 두 해석 중 어느 쪽이 나은지 결정하기 힘들다.

그제야 단테는 자신이 조금 전 친구 아버지에게 실수를 저질렀음을 깨닫는다. 가까운 미래를 보지 못하는 사람에게 정보를 명확하게 전달하지 못했던 것이다. 단테는 카발칸티에게 전해 달라 부탁한다, 그의 아들이 아직 살아 있다고, 자기가 다른 문제를 생각하느라고 얼른 답하지 못한 거라고. 한데 이 문제와 관련해서—순례자 단테 말고—시인 단테에게 약간의 거리낌이 있는 건 사실이다. 귀도 카발칸티는 1300년에 피렌체에서 추방되고 곧 죽음을 맞이한다. 한데 그가 추방될 때, 단테는 피렌체 최고 직위에 있었고 직책상 그 추방 문건에 서명할 수밖에 없었다. 물론 지금 이 여행이 진행되는 시점(1300년 3월)엔 아직 귀도의 추방도 사망도 일어나지 않았다. 그러니 단테가 친구 아버지에게 전해달라는 말이 거짓은 아니다. 하지만 작품을 쓰는 시점에 친구는 이미 추방되어 죽었고, 그 사건에 단테도 연루되어 있었던 것이다. 그러니 순례자 단테의 머뭇거림에는 시인 단테의 거리낌이 약간은 영향을 준 셈이다.

그곳을 떠나기 전에 단테는 파리나타에게 여기 또 누가 있는지 가르쳐주기를 청한다. 그는 천 명 넘는 그곳 사람 중, 특히 페데리코(프리드리히, 프레드릭) 2세와 우발디니 추기경을 거명한다. 추기경은 별로 유명한 사람이 아니므로 신경 쓸 것 없지만, 신성로마제국 황제였던 페데리코 2세는 앞으로도 여러 차례 언급될 것이다. 한 가지 주목할 것은 이곳에 배정된 사람들이 당대에 이단 시비를 불러일으켰던 종교적 인물이 아니라, 정치적 인물들이라는 점이다. 애초에 이단 판정이란 것이 정치성을 띤 것이기 때문이다.

단테는 조금 전에 파리나타에게 들은 말 때문에 마음이 무거워졌다. 그것을 알아챈 베르길리우스는 앞으로 베아트리체가 그의 미래를 소상히 밝혀줄 것이라며, 방금 들은 말은 그저 마음에 간직하라고 이른다. 이제 그들은 왼쪽으로 방향을 돌려 성벽에서 멀어진다. 저 밑으로 우묵한 지형이 펼쳐지고 악취가 올라온다.

제11곡

지옥의 구조 설명

아이러니한 이단자 아나스타시우스 교황

11곡은 지옥 전체가 어떻게 구성되어 있는지를 설명하는 부분이다. 하지만 11곡 첫 부분에 단테와 베르길리우스는 아직 다음 구역으로 들어가지 않은 상태고, 이단 지옥이 여전히 끝나지 않았다. 이들은 깨진 바윗덩이들이 널린 가파른 비탈로 내려서기 직전이다. 거기 무덤이 하나 있고, '포티우스가 잘못 인도했던 교황 아나스타시우스의 무덤'이란 내용이 적혀 있다. 대체로 이단 지옥은 부활을 부정한 자들이 배정된 곳인데, 거기 있는 죄인 이름이 아나스타시우스('다시 일어섬')라니 아이러니하다. 포티우스도 '작은 빛'이란 뜻이어서 남을 그릇된 길로 인도하는 자의 이름으로 좀 우습다. 한데 서기 5세기 말 서방교회의 수장(아나스타시우스)이 동방교회 성직자(포티우스) 때문에 바른길에서 벗어났다는 건, 부활 인정보다는 예수의 신성 인정이 중심 사안이란 뜻이다. 서방교회는 예수의 수제자인 베드로의 후계자들이기 때문에, 예수의 신성을 더 많이 강조했었다. 예수님이 그저 인간이라면 예수의 제자라는 건 별로 대단한 권위의 근거가 되지 못할 테니 말이다.

하부 지옥의 세 원: 폭력, 사기, 배신

선생님은 밑에서 올라오는 악취에 익숙해져야 하니 여기서 시간을 좀 보내자고 제안한다. 단테는 그 시간을 선용하고 싶다. 뭔가 보상책을 찾아주십사 청한다. 안내자는 앞으로 들어갈 지옥 하부의 구조를 설명한다. 여기 이런 설명이 등장하는 이유를 숫자에서 찾는 학자도 있다. 9는 인간의 완전수, 10은 신의 완전수인데, 지금 11곡에 도달했기 때문에 완전수를 넘어선 '잉여수'를 만난 거라고. 그래서 사건이 벌어지기보다는 다소 한가한 설명이 여기 배치된 거라고. 우리는 앞으로 22곡(11×2)에서도 좀 특이한 일을 보게 될 것이다.

앞으로 이들이 통과할 지옥 하부는 세 개의 원으로 되어 있다. 지옥을 이루는 전체 9개의 원 중 여섯 개를 통과했기 때문이다. 그러면 거리상 전체의 3분의 2를 지나왔을 것 같지만 그렇지 않다. 오히려 3분의 2 이상이 남았다고 보아야 한다. (《지옥편》 34곡 중 겨우 10곡을 지나친 걸 보면 알 수 있다.) 그 이유는 밑의 세 원이 각기 세 구역, 열 구역, 네 구역으로 자세히 나뉘어 있기 때문이다. 그러니 지옥은 사실상 23구역으로 구성된 셈인데, 9라는 숫자가 상징적이기 때문에 아홉 원이라고 내세우는 참이다.

일단 밑의 세 원은 크게 두 가지, 즉 폭력과 기만으로 나뉜다. 지금 여기 갇힌 존재들은 하늘의 미움을 받은 자들인데, 하늘은 사악함을 미워한다. 그 사악함의 목표는 불의이다. 불의는 크게 폭력(육체에서 비롯된 것)과 기만(정신에서 비롯된 것)으로 나뉜다. 이 둘 중 기만이 더 나쁘다. 이는 인간만이 행할 수 있는 악이기 때문이다. 신께서 인간에게 특별히 지성을 주셨는데, 그 선물을 이용해서 죄를 지은 것이다. 반면에 폭력은 힘(육체)이 있으면 동물이라도 행할 수 있는 것이다. 그래서 더 큰 죄일수록 더 밑에서 벌 받는다는 원칙에 따라, 폭력 지옥이 위쪽이고 기만 지옥이 더 아래쪽이다.

기만은 다시 둘로 나뉜다. 자신을 믿어주던 사람들을 상대로 한 기만(배신)은, 애초에 믿을 생각이 없었던 타인들을 향한 기만(사기)보다 더 나쁜 죄이므로 더 아래쪽에서 벌 받는다. 그러면 전체적으로 폭력-사기-배신의 순으로 내려가게 된다.

폭력의 세 대상: 이웃, 자신, 하느님

우선 바로 아래층을 차지하는 폭력을 보자. 폭력은 세 종류의 인격을 상대로 행해질 수 있다. 타인, 자신, 하느님이다. 이런 분류는 사실 예수의 가르침에서 나온 것이다. 어떤 율법학자(또는 서기관)가, 가장 큰 계명은 무엇이냐고 묻자, 예수께서 '하느님을 사랑하고 이웃을 자기처럼 사랑하라.'라고 정리해 주셨던 것이다(〈마태복음〉 22장, 〈마가복음〉 12장). 그러니까 폭력은 사랑의 반대인데, 우리가 사랑할 대상이 하느님-이웃-자기 자신이기 때문에, 폭력 죄도 거기 맞춰진 것이다. 그중 가장 사랑해야 하는 대상은 우리를 창조한 하느님이다. 따라서 하느님을 향한 폭력이 가장 크고 가장 크게 벌 받는다. 그다음 사랑할 대상은 자기 자신이다. 따라서 자신에 대한 폭력이 그다음으로 중한 죄다. 마지막 사랑의 대상이 타인이고, 따라서 타인에 대한 폭력은 오히려 좀 작은 죄에 속한다. 현대 형법에서는 대체로 살인이 가장 큰 죄로 되어 있지만, 이런 사고방식에서는 자살이 오히려 더 큰 죄인 것이다.

한데 여기서 폭력의 대상은 그냥 사람만이 아니라 물건도 포함된다. 물건을 향한 폭력으로 얼른 떠오르는 것은 파괴, 강탈, 방화다. 특히 문제되는 것은 자신의 물건(재산)에 대한 폭력인데, 내 재산 내가 없애는 게 무슨 잘못이냐고 할지도 모르겠지만, 이는 자살이나 마찬가지 행동이다. 따라서 도박 따위로 재산을 허비한 자는 자살자들과 함께 벌 받고 있다.

한편 하느님께 대한 폭력이 가능한 것이냐는 의문이 들 수 있다. 이는 사실 자연에 대한 폭력이라고도 할 수 있는데, 크게 셋으로 나뉜다. 동성애, 고리대금업, 그리고 하느님 경멸이다. (앞의 둘은 각기 유명한 도시 이름 둘로 표현되어 있다. 하늘에서 유황불이 내려 멸망했다는 소돔과, 고리대금업으로 유명하던 프랑스 도시 카오르다.) 여기서 동성애가 좀 문제다. 현대에는 성적 지향(여자를 좋아하는지, 남자를 좋아하는지)에 따라 사람을 차별하는 건 인권 침해로 여겨지기 때문이다. 게다가 동성애자들은 연옥산 마지막 층에도 배정되어 있다. 거기까지 갔다는 것은 이제 곧 천국에 들어간다는 뜻이다. 그러면 지옥에 온 사람과 연옥에 간 사람의 차이는 무엇인가? 기독교를 받아들였는지가 핵심이다. 연옥에서 동성애는 일종의 절제 부족으로 간주되는 셈인데, 지옥의 형벌을 보면 그게 자연법칙을 침해하는 데까지 이르는 범죄로 간주된다.

고리대금업 역시 자연법칙을 무시하는 것이다. 돈은 생명체가 아니기 때문에 '새끼 치면' 안 되는데, 새끼를 치기 때문이다. (희랍어로 이자tokos는 '자식'이란 뜻이다. 생식기능을 향상시키는 물질, 토코페롤tocopherol에 그 뜻이 들어 있다.)

하느님을 경멸한다는 것은 하느님께서 내미는 은총의 손길을 오만하게 거부한다는 뜻이다. 연옥산의 제일 아래층도 오만의 죄를 씻는 곳으로 설정되어 있는데, 오만이야말로 모든 죄의 기반이라서 그렇다. 이 오만은 하느님의 이름을 저주하는 것으로 구체화된다.

제8원과 제9원에는 두 종류의 기만 죄인이 잡혀 있다

앞에 말한 것처럼 기만은 크게 둘로 나뉜다. 애초에 특별히 나를 믿을 생각이 없는 타인들을 향한 기만과, 나를 믿어주던 사람들을 상대로 한 배신이다. 한데 여기서 기만의 공통 특성 하나도 살짝 지적된다. '기만은 모든 양심을 갉아먹는 것'이라고. 아마도 우리가 기만을 행했는지는 우리 양심에 찔림이 있는지로 스스로 알 수 있다는 뜻이리라. 타인들을 향한 기만도 좀 특이하게 규정되어 있다. '자연이 만들어준 사랑의 끈을 끊어 버리는 행동'이라는 것이다. 그러니까 인간 사회가 유지되는 것은 그 구성원끼리 서로를 속이지 않는다는 암묵적 약속 덕분인데, 사회를 하나로 묶어주는 그 사랑의 끈을 끊어버리는 게 기만이란 말이다. 낯모르는 타인에게 무상의 도움을 받았을 때 인간 전체에 대한 신뢰가 생겨나는 것과는 반대로, 같은 사회 구성원에게 속임을 당했을 때 인간과 사회 전반에 대한 불신이 싹튼다는 뜻이겠다.

베르길리우스는 두 기만 중 우선 제8원에서 벌 받는 것(타인들을 향한 기만)들을 열거하는데, 우리가 만나게 되는 순서대로는 아니다. 위선(6), 아첨(2), 마술(4), 위조(10), 절도(7), 성직매매(3), 매춘 중개(1), 공권력 남용(5) 등으로, 악한 조언(8)과 분열 조장(9)은 여기 소개되지 않았다. 이렇게 순서가 흐트러지고 몇 가지 죄가 생략된 것에 마땅한 설명이 없는데, 나로서는 혹시 베르길리우스의 기준과 하느님의 기준이 다르기 때문이 아닌가 싶다. 아니면 시인 단테가 너무 정확한 도식을 제시하는 걸 꺼렸을 수도 있겠다. 또 우리도 자주 이런 식으로 기억하고 회고하니, 현실적 장면이기도 하다. 베르길리우스가 저 밑에까지 한 번 다녀온 적이 있긴 하지만, 형벌들의 순서를 정확히 기억하지는 못할 것이고, 그럴 필요도 없겠기 때문이다.

다음으로, 나를 믿어주던 사람들을 상대로 한 기만이 소개된다. 이 기만은, 앞에 언급한 '자연이 만들어준 사랑의 끈'을 끊어 버리는 데 더해서 '그것과 함께 생겨나는 특별한 신뢰'까지도 잊히게 만드는 것으로, 더할 수 없는 죄악이다. 그래서 이 죄는 우주의 중심부, 사탄이 갇힌 곳에서 벌 받게 된다. 천동설 체계에서 지구는 우주의 한가운데 있고, 특히 지구 중심은 그중에서도 중앙이다. 하늘은 열 개의 층으로 지구를 둘러싸고 있으며, 그 하늘의 맨 위층에 하느님이 계시기 때문에 지구 중심은 하느님으로부터 가장 멀리 떨어진 곳이다. 사랑과 생명의 근원인 하느님으로부터 가장 멀리 떨어져 있다는 점 때문에 이곳은 최악의 입지인 것이다. 나를 믿어주던 사람들을 속인 죄, 즉 배신 죄를 지은 자들은 바로 그곳에 배정된다.

디스의 성 밖에서 벌 받는 자들은 부절제한 자들이다
단테는 여기서 선생님께 질문을 던진다. 앞에 만난 자들은 왜 이 성 안에서 벌 받지 않는 것인지? 즉, 끈끈한 늪에 잠긴 자들(분노), 바람에 날리는 자들(음란), 비에 젖은 자들(식탐), 쓰라린 말로 맞싸우는 자들(탐욕) 말이다. 여기서도 순서가 흐트러져 있다. 우리가 본 것은 음란(2원), 식탐(3원), 탐욕(4원), 분노(5원)의 순서였다. 단테 자신도 분노를 보였으니, 분노는 좀 악한 죄라고 여겨서 마치 세일 위층에서 벌 받는 듯 말한 걸까?

아닌 게 아니라 단테도 하느님의 분노를 언급한다. '저들도 하느님의 분노의 대상이라면 왜 이 성 안에서 벌 받지 않는지? 혹시 분노의 대상이 아니라면 그렇게 벌 받는 이유는 무엇인지?' 베르길리우스는 아리스토텔레스의 《윤리학》을 근거로 설명한다. '하늘이 싫어하시는 성향은 세 가지인데, 무절제, 악의(malizia), 광적인 야수성(matta bestialitade)이 그것이다. 무절제는 하느님을 덜 노엽게 하고 그래서 약한 벌을 받는 것이다.' 그러니까 위쪽에서, 디스의 성 밖에서 벌 받는 자들은 무절제의 죄인들이란 말이다. 이것으로 일단 단테의 질문에 대한 답은 되었다.

한데 여기서 선생님께서 지나치게 많은 정보를 제공해서 다시 문제가 생겼다. 무절제와 함께 언급된 '악의'와 '광적 야수성'은 정확히 무엇을 가리키는 것인가? '악의=폭력'이고, '광적 야수성=두 가지 기만'이라고 하면 깔끔하다. 하지만 앞에서 '사악함은 불의(ingiuria)를 목표로 삼고, 불의는 폭력과 기만으로 나뉜다'(22~24행)라고 했기 때문에 조금 난처하다. '사악함'이 여기 '악의'라고 옮겨진 것과 같은 단어(malizia)이기 때문이다. 그래서 어떤 학자는 '광적 야수성'은 여기 언급되지 않은 뭔가 다른 것이라고 보기도 한다. 하지만 대다수 학자들은 '악의=폭력+타인에 대한 기만이고, '광적 야수성=배신(지인에 대한 기만)'이라고 보고 있다. 특히 《니코마코스 윤리학》에서 광적 야수성의 예로 거의 언제나 식인이 포함되어 있는데, 배신 지옥의 행태(예를 들면 타인의 골을 파먹는 행위)가 그와 유사하기 때문에 '광적 야수성=배신'이라 하면 잘 맞는다. 하지만 광적 야수성이 바로 폭력이라고 보는 학자도 여전히 있고, 무엇보다 타인에 대한 폭력을 벌 받는 곳에서 야수와 야수적 특성이 두드러지고 있어서, 이 주장을 완전히 배척하기도 힘들다. 독자들로서는 그저 이 부분의 해석을 놓고 학자들 사이에 완전한 합의가 이뤄지지 않았다만 아시면 되겠다. 단테에게는 늘 어떤 모호함이 있는데, 그게 중세적 특성이라고 보는 학자도 있다.

고리대금업이 자연과 하느님을 거스르는 이유

독자들로서는 여전히 혼란스러운데, 그러거나 말거나 순례자 단테는 모든 것이 명확해졌다고 선생님께 감사를 표한다. 이어서 한 가지 질문을 덧붙인다. 고리대금업이 왜 하느님을 향한 폭력이냐는 것이다. 선생님은 이번엔 아리스토텔레스의 《자연학》을 인용한다. '철학은 늘 우리에게 자연이 어떻게 작동하는지 가르친다. 자연은 신적인 지혜와 그 활용(기술)에 의해 진로를 잡아 나아간다. 자연은 하느님을 본받고, 기술(인간의 노력)은 자연을 본받기 때문에, 기술은 하느님의 손자와 같다.' 그러니까 자연을 잘 보고 그에 따라 행동해야 한다는 것이다.

선생님은 여기에 또 다른 고대의 권위를 덧붙인다, 구약성서 〈창세기〉를 보라는 것이다. 인간은 자연과 노력에 의해 살아야 한다는 것이다. (여기 '기술', 또는 '노력'이라고 옮긴 단어는 모두 'arte'이다. '기술이 자연을 본받는다.'라고 할 때는 '기술'이라고 하는 게 뜻이 잘 통하는데, 성서에 '기술을 갖고 살아라.'라는 말은 없고 '땀을 흘려야 살 것이다.'라고만 되어 있어서, 이 경우엔 '노력'이라고 옮기는 게 낫다. 같은 단어를 문맥에 따라 달리 옮겨야 해서 좀 어려운 대목이다.) 한데 고리대금업은 자연도 기술(노력)도 우습게 여기므로 하느님께 폭력을 행사한 것과 다름없다는 것이다.

이제 선생님은 길을 서두르자고 말한다. 앞서 말했듯 지옥에서는 시간과 천체에 대한 언급이 극히 드문데, 그 드문 사례가 여기 하나 나왔다. '물고기자리가 지평선 위에 있고, 큰곰자리는 북서쪽으로 기울어졌다.'라는 것이다. 물고기자리는 양자리보다―우리가 볼 때―약간 오른쪽에 있기 때문에 물고기자리가 보인다는 것은 곧 양자리에 태양이 떠오른다는 뜻이다. (단테의 여행 시점은 춘분 무렵이고, 춘분에 태양은 춘분점, 즉 양자리에 있다.) 그리고 큰곰자리(북두칠성)는―좀 길쭉해서 딱 맞는 건 아니지만―얼추 사자자리와 같은 경도대(적경)에 있는데, 사자자리는 양자리와—태양을 사이에 두고—마주보고 있다. 물론 북반구 중위도 지역에서 큰곰자리는 지평선 밑으로 지지 않지만, 그것과 같은 경도대의 별자리(사자자리)가 질 무렵이어서 큰곰자리도 서쪽에 가 있는 것이다.

제12곡

타인에 대한 폭력, 뜨거운 피의 강

폭력의 상징, 미노타우로스

다음 원으로 내려가는 길은 마치 알프스산맥 산비탈처럼 매우 가파르고, 험한 바위들로 덮여 있다. 그리고 그 어귀에는 괴물이 지키고 있다. '가짜 암소 속에서 잉태되었던 크레테의 치욕'이다. 즉, 크레테 왕 미노스의 아내 파시파에가, 다이달로스가 나무로 만든 가짜 암소 속에 들어가, 바다에서 솟아난 황소와 결합해서 태어난 존재, 미노타우로스라는 말이다. 인간 여자가 동물과 결합해서 태어났으므로 '치욕'이라고 한 것이다. 이 괴물은 분통을 터뜨리며 자기 자신을 물어뜯는다. 베르길리우스는 그것에게 소리친다, 지금 이 사람은 미노타우로스를 죽게 했던 저 '아테나이 공작'이 아니라고. 미로 속에 들어가서 미노타우로스를 죽였던 테세우스를 가리키는 말인데, 현대인에게 '아테나이 공작'이란 말이 너무 고풍스럽게 들리겠지만, 단테 당시 아테나이가 공작령(dukedom, duchy)이어서 이런 표현을 쓴 것이다. 1205년 4차 십자군이 뷔잔티온 제국을 공격해서 그 영토를 나눠 가진 결과다. 이 체제는 그리스 남쪽이 오토만 제국에 제압될 때(1458)까지 약 250년간 지속되었다.

베르길리우스는 이어서, '이 사람은 네 누이의 가르침을 받아 여기 온

게 아니다.'라고 외친다. 그 말을 듣자 상대는, 도살 과정에 고삐가 풀려 버린 소처럼 날뛴다. 그 사이에 두 사람은 언덕 아래로 달려 내려간다. 미노타우로스가 이렇게 날뛴 것은, 미노스의 딸 아리아드네(미노타우로스의 누이)가 테세우스에게 실을 주어 그가 그것을 풀면서 미로에 들어 갔다가 탈출했기 때문이다. 베르길리우스는 미노타우로스의 분노를 끌어내기 위해 일부러 아리아드네 얘기를 꺼낸 것 같다. 분노는 폭력과 연결되고, 타인뿐 아니라 자신도 망치는 것이다.

저승의 지형이 달라진 이유

이제 단테는 바위 비탈을 내려가는데, 그가 발을 디딜 때마다 발밑에서 바위들이 움직거린다. 단테는 대체 이곳은 왜 이렇게 생겼을까 생각한다. 그 의문을 베르길리우스가 눈치 챈다. 선생님은 자신이 이전에 왔을 때는 이렇지 않았다면서, 예수께서 오셔서 림보에서 영혼들을 데려갈 때 이곳이 뒤흔들렸다고 말한다. 그때 자신은 '우주가 사랑을 느껴서' 그런 것이려니 생각했노라고, 어떤 사람은 '그 사랑에 의해 세상이 혼돈으로 바뀐 일이 여러 번 있었다.'라고 믿었었다고. 이 말은 엠페도클레스의 이론을 암시하는 것이다. 소크라테스 이전 철학자 중 하나인 이 사람은 시칠리아 출신으로, 세계가 4원소(흙, 물, 불, 공기)로 이루어졌다고 믿었다. 이 4원소를 사랑과 미움이 다스리는데, 지금 우리 사는 세상은 사랑과 미움이 적절하게 섞인 상태라는 것이다. 사랑이 너무 크면 세상은 네 원소가 완전히 뒤섞여서 아무 구별도 없게 되고, 미움이 너무 크면 세상은 네 개의 원소 층으로 완전히 나뉘어 다양성이 없게 된다. 따라서 사랑과 미움이 적절히 섞여야지, 네 원소도 어디에서는 자기들끼리 모여 있고, 어디에서는 서로 섞여 다양한 여러 사물을 만들 수 있다는 것이다. 따라서 '우주가 사랑을 느꼈다.'라는 것은 주님의 사랑에 대한 언급이 아니라, '우주가 온통 뒤섞여버리는 사태'를 의미한다. 그리고 '사랑에 의해 세상이 혼돈으로 변한다.'라는 것은 모든 게 섞여버려 온 세상이 어디나 똑같은 혼합물이 되어 버린다는 뜻이다.

한편 예수께서 오셨을 때 지옥이 '어떤 사랑에 움직여졌다.'라는 것도 맞는 말이긴 하다. 하느님께서 인간들을 사랑하고 불쌍히 여겨서 예수께서 십자가에 죽은 것이기 때문이다. 한데 베르길리우스는 진동을 느끼던 그 옛날에도 그 진리를 깨닫지 못했고, 지금도 거의 진실에 다가갔으면서 자기가 일종의 진리를 발설하고 있는 걸 알지 못하는 눈치다.

폭력 지옥의 순찰자들

이제 단테 일행은 뜨거운 피의 강에 도착한다. 그 강은 원을 그리며 지옥 허리께를 한 바퀴 도는데, 어디서는 사람 키만큼 깊어지고, 어디는 발목 깊이 정도로 얕다. 폭력 죄를 지은 자들이 그 강에 잠겨 삶아지고 있다. 남의 피를 흘린 자들이 핏속에서 고통을 받는 것이다. 여기서 시인 단테는 폭력을 일으키는 두 원인을 개탄한다. '오, 탐욕이여, 오, 분노여!'

한데 그 강 기슭에는 순찰자들이 있다. 켄타우로스다. 이들은 조금 전에 본 미노타우로스처럼 반인반수로서, 인간 속에 잠재된 야수성을 보여주고, 따라서 폭력 지옥에 적절한 감시자들이다. 이들은 죄인 중 누구든, 정해진 것보다 몸을 덜 담그고 있으면 화살을 날려 응징한다.

이 감시자들이 단테 일행을 발견한다. 그중 하나가 나서서, 멈추기를 명한다. 어디로 가는지를 묻는다. 베르길리우스는 케이론에게 가서 답변하겠노라 대답하고는, 단테에게 조용히 설명한다, 지금 질문한 자가 넷소스라고. '그는 데이아네이라 때문에 죽었고, 자신이 스스로 원수를 갚

앉다.' 이 말은 넷소스가 죽던 장면을, 그리고 헤라클레스의 죽음을 암시한다. 넷소스는 헤라클레스의 아내 데이아네이라를 납치하려다 화살에 맞았고, 죽기 직전에 그녀의 귀에 속삭였다. 자기 피를 받아 두었다가, 남편의 사랑이 식는 것 같으면 그 피에 옷을 적셔 입히라고. 그러면 사랑을 되찾을 수 있으리라고. 나중에 헤라클레스는 넷소스의 피에 적셔진 옷을 입고서 온몸에 독이 퍼져 죽게 된다.

한편 이 켄타우로스 순찰자들의 우두머리는, 아킬레우스를 길러주었던 현자 케이론이다. 그 곁에는 폴로스가 있다. 헤라클레스가 멧돼지 사냥에 나섰을 때 그를 접대하다가, 다른 켄타우로스들이 몰려와 일으킨 난동 중에 죽은 존재다. 그는 거대한 켄타우로스들이 헤라클레스의 독 화살에 쓰러지는 것을 보고 신기해하다가, 화살을 자기 발등에 떨구어 죽게 되었다.

두 사람이 케이론에게로 다가갔을 때, 그는 화살의 날개 부분으로 수염을 젖히고는 단테의 발밑에서 바위가 움직거리는 걸 지적한다. 그의 가슴께까지 다가선 베르길리우스는 단테가 아직 죽지 않은 사람이란 걸 밝힌다. (여기서 케이론의 가슴은 '두 본성이 만나는 곳'이라고 표현되었다. 인간의 본성과 짐승의 성질이 만나는 곳이란 말이다. 켄타우로스는 상체는 인간이고 하체는 말이어서 두 가지 본성을 지니고 있는데, 가슴에서 그 두 본성이 만난다는 것이다. 대개의 그림에는 말의 가슴 부위에 인간의 허리 이상 상체가 얹힌 것으로 그려지지만 여기서는 몸 생김새보다 본성에 강조점이 놓였다.)

베르길리우스는 하느님의 권능에 의지하여 케이론에게 청한다, 안내자를 붙여달라고. 그리고 단테를 등에 태워 강 건너로 넘겨달라고. 케이론은 그 임무를 넷소스에게 맡긴다. 사실 강을 건너게 도와달라 했을 때 벌써 넷소스가 적임자로 암시된 셈이다. 그는 전에도 삯을 받고 손님을 강 건너로 실어주던 존재였다.

폭력의 죄인들

가는 길에 넷소스는 이곳에 갇힌 죄인들을 소개한다. 가장 심한 죄는 남의 목숨도 빼앗고 재산도 빼앗은 자들 것이다. 이들은 눈썹까지 뜨거운 피에 잠겨 있다. 앞에 말했듯 폭력은 신체와 재산에 가해질 수 있는데, 이 둘 모두를 해친 자가 가장 큰 죄인인 것이다. 이런 자로 가장 먼저 꼽힌 사람은 알렉산드로스다. 이 이름을 가졌던 가장 유명한 두 사람은 마케도니아 출신 알렉산더대왕과, 트로이아 왕자 파리스인데, 트로이아의 파리스는 이미 음란 지옥에서 보았고, 알렉산더대왕도 그저 전쟁을 했을 뿐이므로 우리가 보기엔 폭력 죄인이라고 하기 좀 곤란한 데가 있다. 하지만 단테가 읽었던 당시의 책들(발레리우스 막시무스, 오로시우스 등)에는 이 대왕도 잔인한 자로 기록되었기 때문에, 대다수 학자들은 단테가 바로 그 대왕을 지시하는 것으로 보고 있다. 한편 소수 의견으로, 이들보다 덜 유명한 다른 알렉산드로스, 즉 그리스 중부의 도시국가 페라이를 통치했던 폭군을 꼽는 학자도 있다.

그다음으로 꼽힌 자는 시칠리아 쉬라쿠사이 통치자였던 디오뉘시오스다. 대개는 이 사람이 기원전 5세기 말부터 40여 년 다스렸던 디오뉘시오스 1세라고 보지만, 그의 아들인 디오뉘시오스 2세라는 학자도 있다. 이 사람 역시 가혹한 통치자로 기록되어 있다. 약간 우스운 것은 이 아들 디오뉘시오스가, 플라톤이 철학자 왕으로 길러 보려고 시도했던 인물이란 점이다(플라톤의 〈일곱 번째 편지〉에 나온다.).

이들과 함께 단테 당시의 인물도 둘 소개된다. 로마노의 에첼리노와,

에스테 가문의 오피초인데, 앞 사람은 황제파(페데리코 2세의 사위이니 당연하다.), 뒷사람은 교황파였다. 이 에첼리노의 누이(쿠니차, 《천국편》 9곡)는 우리가 나중에 천국에서 마주치게 된다. 오라비는 지옥에, 누이는 천국에 배정되었다. 앞으로 이런 집안을 몇 더 보게 될 것이다.

다음으로는 목까지만 잠긴 자들이 보인다. 자세한 설명은 없지만 그중 한 사람을 소개한 것을 보면 신체적 폭력만 휘두른 자들인 듯하다. 자기 아버지의 죽음을 복수하기 위해 영국 왕의 사촌을 성당에서 살해한 자(기 드 몽포르)가 그 대표이다.

그다음은 가슴까지 잠긴 자들이 있고, 단테가 그중 몇을 알아보았지만 특별히 소개하진 않고 있다. 마침내 발목 정도 깊이인 곳에 이르러 거기서 강을 건넌다. 넷소스는 여기서부터 다시 점점 강이 깊어지고 가장 깊은 데서는 폭군들이 징계 받고 있다고 설명한다. 그 폭군들로, 우선 로마를 위협했던 훈족 왕 아틸라가 꼽히고, 그다음이 퓌르로스인데 이 사람이 트로이아 멸망 때 잔인하게 행동했던 아킬레우스의 아들(네옵톨레모스)인지, 아니면 기원전 3세기 초에 이탈리아 남부를 휩쓸었던 에페이로스왕인지는 불분명하다. 폭군 중 마지막으로 꼽힌 사람은 섹스투스인데, 대체로 폼페이우스의 아들을 가리키는 것으로 보고 있다. 그는 카이사르파가 승리한 이후에도 변방을 떠돌며 저항운동(겸 해적질)을 계속했었다. 다른 두 사람에 비해 조금 약한 죄인이다 싶겠지만, 이 사람이 여기 포함된 것은 루카누스가 《파르살리아》에서 그를 크게 비판했기 때문일 것이다. 앞서도 말했지만 단테는 루카누스의 영향을 많이 받았다.

그 밖에도 당시에 유명하던 노상강도 둘을 더 소개한 후, 넷소스는 다시 강을 건너 원래 있던 곳으로 돌아간다.

제13곡

육체적, 재정적 자살자들

가시나무 숲과 하르퓌이아

13곡은 〈지옥편〉 전체에서 가장 주목받는 두 곡 중 하나다. (다른 하나는 26곡이다. 오뒷세우스의 마지막 항해가 소개되어 있어서다.) 여러 이미지가 복합되고 함축이 풍부한 곡이다. 이곳은 자신을 향한 폭력이 징계 받는 곳이다. 11곡에서 베르길리우스가 설명한 대로 폭력은 두 가지로, 신체에 대한 것과 재산에 대한 것으로 나뉜다. 자기 신체에 대한 폭력은 자살이고, 자기 재산에 대한 폭력은 도박 따위를 통한 낭비다. 우선 자살자들은 가시나무로 변해 있고, 그들의 잎을 하르퓌이아들이 뜯어 먹고 있다.

   13곡 초반은 부정어로 그득하다. '아니다, 없다'라는 표현이 대여섯 번, 그것도 거의가 각 줄의 맨 앞에 나온다. 넷소스가 아직 저편에 도달하지 않았을 때, 단테 일행은 오솔길도 '없는' 숲으로 들어선다. 푸른 숲이 아니라 어두운 숲이다. 열매는 '없고' 가시뿐인 나무들이 서 있다. 그 가지들은 곧지 '않다.' 이곳은 스스로 육체를 버렸기에 '육체 없는 자'들의 영역이다. (나중에 나오지만, 우리가 죽어서 영혼과 육체가 분리되면 영혼 주위에 공기가 모여서 새로운 몸을 만들어주는데, 자살자들에게는 그 2

차적인 몸이 인간 형태로 부여되질 않았다.) 황야에 사는 짐승들도 그 토록 거친 숲은 보지 못했을 것이다. 거기에 다른 새는 없고 하르퓌이아들만 둥지를 틀고 있다. 사람 얼굴에 털북숭이 가슴, 발톱 돋은 발을 지닌 이상한 새다. 진화를 인정하지 않는 기독교적 사고는 중간적인 것을 혐오한다. 혐오스러운 나무-인간이 등장하는 이 곡에 새-인간이 그 짝으로 함께 등장하고 있다.

지금 이 숲은 제1곡에서 단테가 갇혀 있던 그 숲과 여러 점에서 유사하다. 사실 1곡의 그 숲은 단테의 절망적인 상태를 보여주는 것이었다. 거기엔 아마도 자살 충동이 바닥에 깔려 있었을 것이다. 그리고 여기 '아니다, 아니다'가 반복되는 것은 베드로가 예수님을 세 번 부정했던 사건을 상기시킨다. 그 직후의 베드로 역시 자살 충동을 느꼈을지도 모른다. 한편 성서에서 자살자들의 대표는 예수를 팔아넘긴 가룟 유다(이스카리옷 출신의 유다)다. 그는 나무에 목을 맨다. 우리는 잠시 후에 이 둘을 합친 듯한 인물, '포도밭의 베드로'가 나무에 목을 맨 이야기를 보게 될 것이다. 그러면 하르퓌이아는 무엇일까? 연구자들도 아직 명쾌한 해석을 내놓지 못하고 있는데, 나로서는 자살자들의 후회 또는 양심의 가책으로 보고 싶다. 그 가책은 죽은 뒤에도 그들을 여전히 괴롭힌다.

가시나무를 꺾다

우리는 이미 이 숲이 자살자들이 변해서 된 가시나무로 이루어진 것임을 알고 있지만, 순례자 단테는 그 사실을 알지 못한다. 선생님은 그에게 곧 놀라운 일을 보게 되리라고 일종의 경고를 발한다. 자신이 미리 말하더라도 믿지 않으리라고. 어디선가 고통의 비명 소리가 들리긴 하는데, 그 소리가 누구에게서 나오는 것인지 알 수 없다. 단테는 어리둥절해서(smarrito, '길을 잃고서') 발을 멈춘다. 선생님은 단테에게 나뭇가지 하나를 꺾어보라고 권한다. 단테는 그 권고에 따라 가지를 하나 꺾는다. 나무가 비명을 지른다. 꺾인 자리에서 검붉은 피가 흘러나온다. 나무가 외친다, 자신들도 한때는 사람이었다고. 1곡에서 베르길리우스가 단테에게 맨 처음 했던 말과 같다. 확실히 단테가 처음 방황하던 숲은 자살자들의 숲만큼이나 절망으로 가득한 곳이었던 듯하다.

나무 속의 영혼이 덧붙인다, 자신들이 뱀의 영혼이라 하더라도 이보다는 온화하게 대해야 한다고. 한데 여기서 갑자기 뱀이 언급되는 이유는 무엇인가? 이 숲은 연옥산 꼭대기에 남아있는 에덴동산의 패러디여서다. 조금 더 자세히 얘기하자면, 에덴동산의 뱀은 둘로 나뉜 듯하다. 하나는 나쁜 쪽으로, 하나는 좋은 쪽으로. 중세의 전설에, 예수님이 매달린 십자가는 아담이 열매를 따 먹었던 바로 그 나무로 만들어졌다고 한다. 그리고 예수님은 자신이, 모세가 높이 매달았던 놋뱀처럼 매달려야 할 것이라고 예언한 적이 있다(《요한복음》 3장). 예수는 에덴동산의 나무에 매달린 '좋은 뱀'이다. 그럼, '나쁜 뱀'은? 역시 나무에 자신을 매달았던 가롯 유다라고 해야 할 것이다. '좋은 뱀'도 있느냐고? 뱀은 계속 껍질을 벗으며 영원히 젊음을 유지하는 존재로 되어 있어서, 생명의 이미지도 담고 있다. 이미 《아이네이스》에서 이용했던 이미지다.

방금 나무가 하는 말은 부러진 가지 끝에서 피와 함께 터져 나왔다. 이는 나뭇가지 한쪽에 불이 붙을 때 다른 쪽에서 즙과 함께 피식 소리가 빠져나오는 것에 비유되고 있다. 사실 이 비유도 《아이네이스》에서 가져온 것이다. 아이네아스 일행이 트로이아를 떠나서 트로이아 맞은편 트라케에 정착하려 했을 때, 제물을 바치고자 나무를 꺾었더니 이런 일이 일어났던 것이다. 트로이아의 어린 왕자(폴뤼도로스)를 많은 재산과 함께 이웃 나라 왕(폴뤼메스토르)에게 맡겨 놓았더니, 그 왕이 재물이 탐나서 소년을 창으로 찔러 죽였다. 그러고는 창을 그냥 꽂아놓은 채로 떠나갔는데, 그 창자루가 자라서 덤불이 되었고, 아이네아스 일행이 그것을 꺾었을 때 피가 떨어지며 울음소리가 울려났던 것이다. 시각과 청각을 동시에 자극하는 이 피-울음은 이곳의 거주자인 나무-인간, 그리고 그들을 괴롭히는 새-인간의 복합성, 미분화성에 어울린다.

이제 베르길리우스가 개입하여 나무에게 설명한다. 단테가 베르길리우스의 시구를 믿지 않아서 이런 일을 저지른 거라고. 위에 말한 《아이네이스》의 구절을 그가 믿었더라면 그러지 않았으리라고. 그러면서 부탁한다. 이제 그의 사연을 들려달라고. 그러면 앞으로 인간 세상에서 그의 명성이 새로워지리라고.

피에르 델라 비냐, '포도밭의 베드로'
이 나무는 페데리코 2세의 신하였던 사람이다. 본문에는 이름이 직접 나오지 않지만 학자들이 찾아냈다. 피에르 델라 비냐라는 인물이다. 그 이름은 '포도밭의 베드로'라는 뜻이다. 자신이 예수의 제자라는 것을 부인하면서 '아니다, 아니다'를 거듭하면서 아마도 자살 충동을 느꼈겠지만 예수님의 포도밭을 끝까지 지켰던 그 사도 베드로의 패러디다. 이 피에르는 자신이 페데리코의 마음을 열고 닫는 두 열쇠를 지니고 있었다고 주장한다. 사도 베드로에게도 예수께서 천국의 열쇠를 주셨는데(《마태복음》 16장), 대개는 그 열쇠가 두 개인 것으로 되어 있다. (연옥산에서 실물을 확인하게 된다. 우리말 성서에는 열쇠가 그냥 단수로 나와 있지만, 희랍어 원문에 복수 형태('열쇠들')로 되어 있다.)

이 세속의 '베드로'는 황제의 비밀을 잘 지키고, 건강을 잃을 정도로 열심을 다했다. 하지만 권력자 주변에 언제나 넘쳐나는 질투가 그를 공격했고, 결국 황제의 신임을 잃자 그는 모멸감 속에 스스로 목숨을 끊었던 것이다. 이 말을 들은 단테는 질문을 이어가지 못한다. 너무나 가슴이 아파서다. 아마도 자신의 신세와 너무나도 비슷한 상대의 고통에 공감했기 때문이리라.

단테가 하지 못한 질문을 베르길리우스가 대신한다. 질문은 두 가지다. 영혼은 어떻게 가시나무 속에 갇히게 되는지, 그리고 혹시 이곳을 벗어날 길이 있는지(후자는 '벗어난 자가 있는지, 벗어날 수가 있는지 어느 쪽을 묻는 것인지' 불분명하다.). 첫째 질문에 대한 답은 이렇다. '영혼이 육체를 벗어나면 미노스가 그를 일곱 째 원으로 보낸다. 그러면 그는 아무 데나 자기 떨어진 곳에서 싹이 트고 가지가 자라나 나무가 된다. (신약성서의 '씨 뿌리는 사람' 비유를 패러디한 것이다.) 그러면 하르퓌이 아들이 그 잎을 뜯어 먹고 상처를 낸다.' 두 번째 질문에 대한 답은 이렇다. '최후의 심판 때, 자살자들도 다른 영혼들처럼 자기 육신을 되찾긴 하지만, 그것을 끌고 와서 자기 나무에 걸어놓게 된다. 스스로 버린 것을 다시 입는 것은 온당치 않기 때문이다.' 자기 육신을 나무에 걸면, 이들이 자살할 때의 모습이 재현된다.

오늘날엔 사람들이, 자살한 이의 심정을 이해하려 애쓰고 그를 애도하는 것이 일반적이지만, 중세의 생각은 이렇게 가혹한 데가 있다. 인간보다는 신이 중심이기 때문이다. (사실은 기독교뿐 아니라, 희랍 사상에서도 이미 플라톤이 《파이돈》에서 비슷한 생각을 펼친 적이 있다. 우리는 신의 노예이기 때문에 도망치거나 자살하면 안 된다는 주장이다.)

미친개들에게 갈가리 찢기는 자들

단테 일행과 가시나무 사이의 대화는 갑작스러운 소음에 끊기게 된다. 마치 사냥개에게 쫓긴 멧돼지가 내닫는 듯한 소리다. 곧이어 벌거벗은 두 사람이 달려온다. 그 뒤를 검은 암캐들이 쫓고 있다. 그들이 달아나는 서슬에 나뭇가지들이 모두 부러지고 만다. 도망치는 자들은 재산을 낭비한 자들이다. 이들은 죽어서까지 이웃에게 폐를 끼치고 있다. 어쩌면 이들도 일종의 하르퓌이아들이다. 가지 부러진 나무들은 괴로워한다. 스스로 육체를 버린 자들이 두 번째 '육체'의 손상에 괴로워하는 것은 아이러니하다. 나무는 희랍어로 '질료(hyle)'라는 뜻임을 생각할 때 이런 아이러니는 더 커진다. 하느님께서 질료와 형상을 결합시켜 인간을 이루셨는데, 그 조합을 무시하던 자들이 오히려 '순수 질료'에 더 가까운 상태가 되고 그 상태에 매달리는 듯한 형국이다. 물론 단테는 희랍어를 알지 못했지만, 아리스토텔레스 이론에 상당한 지식이 있었으므로 이런 해석이 완전히 무리인 것은 아니다.

앞에 달리는 자는 '죽음이여, 어서 오라!'라고 외치고, 약간 뒤에 처진 자는 앞선 자의 이름을 부른다. '라노야, 토포에서는 네 발이 이토록 빠르지 않았잖아?' 앞서 달리는 자는 토포 전투에서 죽은 라노다. 한데 아직 뒷사람의 신원이 밝혀지지 않은 채, 이들은 숨이 차서 덤불 속에 함께 엎어진다. 그러자 개들이 달려들어 그들을 갈가리 찢고, 신음하는 사지를 물고 가버린다. 《변신 이야기》의 악타이온 대목에서 따온 장면이다. 아르테미스가 목욕하는 장면을 우연히 본 사냥꾼 악타이온은 사슴으로 변해 자기 사냥개들에게 찢겨 죽었다. 여하튼 이 이야기에 대한 합리적인 해석도 있으니, 어떤 사람이 사냥에 지나치게 돈을 많이 썼다가 결국 채권자들에게 몰려서 죽었다는 것이다. 단테도 마음 밑바닥에 이런 해석을 깔고 있었던 모양이다. (조금 전 '멧돼지가 사냥개에게 쫓기는 듯한 소리'도 어떤 사냥꾼이 듣는 것으로 설정했다. 단테 자신이 그 소리에 위협을 느끼는 분위기이다. 아마도 그는 자신이 이전에 재능(지적 재산)을 낭비하고―악타이온처럼―미친개들에게 찢겨 죽을 운명으로 향해 가고 있었던 걸로 생각하는 듯하다.)

피렌체 출신의 이름 없는 자살자

한편 이 소동에 가지들이 부러져버린 덤불은 피 흘리며 고통스러워하고 있다. 그는 자기에게 해 입힌 존재를 비난한다. '산타안드레아의 자코모여, 내가 네게 잘못한 게 무엇이냐?' 이 구절로써, 조금 전 갈가리 찢긴 두 사람 중 뒷사람의 정체가 밝혀진다. 그는 그저 불구경을 하고 싶어서 자기 재산을 불태운 적도 있는 낭비꾼이다. 한데 망가진 덤불이 그의 이름을 알고 있다는 건, 이런 사건이 이번 한 번이 아니라 여러 번 되풀이되었다는 뜻인 듯하다. 사실 그냥 단 한 번만 몸이 찢어지고 만다면, 그 죄인은 이 '두 번째 죽음'으로 고통을 끝내게 될 테니, 영원한 고통은 벗어나게 된다. 따라서 본문에 나오진 않았지만, 어떤 식으로 이 죄인이 다시 원래 몸 상태를 회복하고 다시 개들에게 쫓기다가 갈가리 찢기기를 반복해야 할 것이다. '죽음이여, 어서 오라!'라는 외침도 이미 여러 번 겪어본 일을 다시 부르는 것이라 하겠다.

　이제 베르길리우스는 그 상처받은 덤불에게 신분과 사연을 묻는다. 그 덤불은 우선 부러진 가지를 자기에게 다시 모아 달라고 청한다. 온전한 신체를 버렸던 존재가 이제는 두 번째 몸을 소중히 여기고 있다. 그는 자신이 피렌체 출신이라고 밝힌다. 한데 '피렌체'라는 이름을 직접 대지 않고, 수수께끼 내듯이 '수호신을 아레스(마르스)에서 세례자 요한으로 바꾼 도시'라고 지칭한다. 그 때문에 아레스가 진노하여 피렌체에 슬픔이 그치지 않는 것이라고. 그나마 아레스의 조각상이 아르노 강 다리 위에 조금 남아 있기에 망정이지, 그렇지 않았더라면 아틸라 침입 후에 도시를 재건한 것이 아무 소용이 없었을 것이라고. (하지만 피렌체를 거의 멸망시켰던 왕은 5세기의 훈족 아틸라가 아니라, 6세기의 고트족 토틸라라고 한다.) 이렇게 자기의 출신 도시에 대해 꽤 길게 설명해 놓고는 정작 자신에 대해서는 '내 집을 교수대로 만들었다.'라고만 말한다.

한데 이 이름 없는 자살자의 비중을 어느 정도로 볼지에 대해 학자들 사이에 논란이 있다. 많은 학자들이 '포도밭의 베드로'가 이 곡의 중심인물이고 이름 없는 덤불은 그냥 부차적 인물이라고 보지만, 그에 맞서 지금 이 이름 없는 발언자가 '포도밭의 베드로'만큼 중요하다고 보는 학자도 있다. 사실 발언 분량은 앞의 인물에게 훨씬 더 많이 주어졌다. 하지만 뒷사람 덕택에 13곡이 전체적으로—10곡에서 '파리나타-카발칸티-파리나타'로 이어지는 세 장면이 균형을 이룬 것처럼—어떤 균형을 이루고 있다. 즉 '개인적 이유로 자살한 사람-재산을 낭비한 사람-도시 전체 문제 때문에 자살한 사람'의 균형 구조가 되는 것이다. 이 뒷사람의 신원을 밝히려는 시도도 있지만, 이런 식으로 자살한 사람이 피렌체에 아주 많았기 때문에 단테가 그 모두를 대표하기 위해 이 사람의 이름을 일부러 밝히지 않았다고 볼 수도 있다. 그가 '내 집을 교수대로 만들었다.'라고 한 데서, '집'은 사실상 피렌체 성벽 내부, 즉 도시 자체를 가리키고, 따라서 이 말은 '내전은 도시의 자살이다.'라는 뜻이 된다. 경청할 만한 해석이다.

지금 이 부분을 읽을 때는, 오에 겐자부로가 《나의 나무 아래서》라는 책에 쓴 글을 함께 보면 좋다. 그가 어린 시절 죽음의 고비를 넘겼던 일화를 통해 젊은이들에게 자살하지 말라고 충고하는 내용이다. 가족 중 한 사람의 자살에 대한 회고도 나오는데, 거기에 이 13곡이 인용되어 있다.

제14곡
불비 내리는 모래밭, 하느님께 폭력을 행한 자들

14곡부터 16곡까지는 하느님께 폭력을 행한 자들이 벌 받는 영역을 다룬다. 하지만 14곡의 첫 세 줄에는 여전히 13곡의 상황이 이어지고 있다.

단테는 자기와 이야기를 나누던 가시덤불을 위해, 그의 흩어진 가지들을 모아 그 발치에 돌려준다. 여기서 순례자 단테는 고향에 대한 연민에 압도된 것으로 그려졌다. 그러니까 단테가 더 공감하는 쪽은 먼저 만났던 '큰 나무' 피에르가 아니라, 나중에 얘기를 나눴던 이름 없는 '작은 덤불'인 것이다.

불덩이 떨어지는 황무지, 카파네우스

단테 일행이 새로이 도착한 곳은 자살자들의 숲으로 둘러싸인 일종의 고리다. 그 숲 바깥을 뜨거운 피의 강이 에워싸고 있다. 북아프리카의 사막처럼 메마른 모래땅이다. 거기 세 가지 자세로 죄인들이 벌 받고 있다. 누워 있는 사람, 앉아 있는 사람, 그리고 그 고리를 따라 계속 이동하는 사람. 누워 있는 사람의 숫자가 가장 적었지만, 이들의 고통이 가장 커 보였다. 그들 위로 알프스에 눈 내리듯 불덩이가 천천히 내려앉고 있었다. 그 불덩이가 바닥에 떨어지면 땅에 불이 붙었다. 그 바닥이 그냥 마른 흙이나 모래로 이루어진 게 아닌 모양이다. 누운 자들은 불덩이를 떨어내느라고 손을 부지런히 움직이고 있다.

한데 그중에는 경멸의 태도로 그 형벌을 전혀 신경 쓰지 않는 듯한 거인이 있다. 단테는 그가 누구인지 선생님께 묻는다. 거인이 이를 눈치채고 앞질러 소리친다. 자기는 벼락에 다시 얻어맞더라도 개의치 않겠노라고, 자기 죽던 날처럼, 아니면 거인과의 전쟁 때처럼 제우스가 대장장이들을 재촉하며 거듭 벼락을 만들어 던진다 하더라도 만족을 얻지 못할 거라고. 그러자 안내자께서 이전에 없던 격한 어조로 그를 꾸짖는다. '카파네우스여, 너의 분노 자체가 네 오만함에 딱 맞는 벌이로다!' 그런 다음 평온한 표정으로 돌아와 제자에게 설명한다, 저놈은 테바이를 공격했던 일곱 장수 중 하나라고, 그는 예나 지금이나 신을 존중하지 않는 자라고. 지금 소개된 카파네우스는 오이디푸스의 두 아들이 서로 싸울 때, 폴뤼네이케스와 함께 그의 고향 도시 테바이로 쳐들어갔던 사람이다. 그는 도시를 불로 몽땅 태워버리겠노라고, 제우스조차도 자기를 막지 못하리라고 위협하다가 자신이 제우스의 벼락에 타 죽고 말았다. 우리는 앞으로 이 테바이 이야기를 많이 보게 될 것이다. 단테가 보기에 하느님 나라를 지상에 약하게 구현했던 나라는 로마고, 그와 대비되는 지상의 패역한 도시는 과거에는 테바이, 현재에는 피렌체이다.

한데, 기독교의 입장에서 볼 때 제우스는 이교도의 신이니, 그 신을 욕했으면 오히려 칭찬해주어야 하는 것 아닌가? 하지만 시인 단테는 그리스 신화를 배척하지 않는다. 신화는 기독교에 의해 분명하게 드러날 진리를 희미하게 보여준다는 입장이다. 그래서 우리는 천국에서까지 거듭 신화가 인용되는 것을 보게 될 것이다.

그런데 베르길리우스는 왜 그렇게 격하게 반응한 걸까? 어떤 학자들은 순례자 단테가 선생님께 질문하면서 사용한 표현에서 그 답을 찾는다. '당신은, 입구에서 우리에게 맞서 나왔던 거센 악마들 외에는 모두 이기셨습니다.' 이 말이 베르길리우스의 안내자로서의 무능을 지적한 것이어서 선생님이 화가 났다는 것이다. 약간 짓궂은 해석인데, 아닌 게 아니라 특히 〈연옥편〉에서는 베르길리우스가 실수도 많이 하고, 시인 단테가 그것을 은근히 암시하는 경우도 꽤 잦다. 잠시 후에 둘은 한동안 '말 없이' 걷는데, 일시적으로 서먹해져서 그런 것일 수 있다. 한편 그보다 조금 베르길리우스에게 유리하게 해석하는 방법도 있다. 여기 카파네우스가 보이는 오만함이 디스의 성문을 막아섰던 악마들의 오만함을 상기시켜서 이렇게 화를 낸 것이라고 보는 것이다. 거기서 선생님은 '분노 없이는 이곳을 통과하기 어려우리라.'라고 했었으니, 그 말과 지금의 태도가 서로 잘 어울린다.

저승 강의 원천-크레테의 노인상

이제 두 사람은 우선 숲 가장자리를 따라 걷는다. 선생님은 단테에게 모래밭에 발을 들여놓지 말고, 수풀 쪽에 있으라고 충고한다. 곧 그들은 뜨거운 피의 강이 숲에서 빠져나와 모래밭 사이로 흘러가는 곳에 도착한다. 이 강은 바닥과 제방이 모두 돌로 된 일종의 수로를 따라 흘러간다. 거기서 수증기가 솟아올라 하늘에서 떨어지는 불덩이를 막아주고 있다. 둘은 그 강둑 위로 걸어간다.

선생님은 이 강이 어디서 오는지 설명한다. 요약하자면, 이 강은 크레테에서 땅속으로 흘러든 것이다. 전체 설명은 크게 두 부분으로 되어 있다. 우선 크레테의 역사, 다음으로 거기 서 있는 노인상 묘사. 좀 더 자세히 보자면 이렇다. '바다 가운데 크레테라는 땅이 있다. 예전에 거기서 크로노스가 다스렸고, 그의 통치 때 온 세상이 순수했었는데, 지금은 크레테도 황폐하고 세상도 그렇게 되었다. 거기 이데라는 산이 있는데, 이곳에서 레아가 아기 제우스를 숨겨 길렀고, 아기가 울 때면 그 소리를 가리기 위해 사람들로 하여금 소음을 내도록 했다. 그 산에 거대한 노인상이 서 있다. 뒤통수는 이집트로 향하고, 시선은 로마로 향하고 있다. 그 머리는 황금, 팔과 가슴은 은, 가랑이까지는 청동, 그 아래는 철로 되어 있고, 오른발은 구운 흙으로 되어 있다. 그 발에 무게가 실려 있다. 순금 부분만 빼고 다른 데는 금이 가 있는데, 그 사이로 눈물이 흘러들어 이곳까지 왔다. 그것은 차례로 아케론, 스튁스, 플레게톤을 이루고, 더 밑으로 내려가면 코퀴토스를 이룬다.'

여기 나온 이데산은 앞으로 우리가 만나게 될 연옥산의 거울상인 것 같다. 지구 반대편에 산이 하나 있는 것처럼, 다른 쪽에도 비슷한 산이 있는 것이다. 둘 다 바다 한가운데 서 있다. 연옥산 꼭대기에 에덴동산이 주인 없이 남아 있는 것처럼, 이데산은 한때 낙원이었다가 황폐해졌다. 거기 서 있는 노인상은 연옥산과 더욱더 유사하다. 연옥산은 위로 올라갈수록 천국에 가까워진다. 노인상은 위쪽일수록 좋은 시대를 상징한다. 구약성서 〈다니엘서〉에도 비슷한 상이 소개되는데, 이는 세계가 황금시대-은시대-청동시대-철시대로 점점 쇠락해가는 것을 반영한다. 노인상의 아래쪽이 갈라진 것은 연옥산에서 우리가 만나게 되는 '전사의 문' 앞 계단과 같다. 아래서부터 흰색-검은색-붉은색으로 된 세 층의 계단에서, 아마도 인간의 범죄 상태를 반영하는 검은 계단이 온통 금 가고 갈라져 있는 것이다.

크로노스가 다스리던 시대에 세계가 순수했다는 것 역시 황금시대를 반영한다. 하지만 그다음은 앞의 설명과 약간 충돌한다. 그 크로노스가 자기 자식들을 모두 삼켜버려서 레아가 제우스를 숨겼다는 게 널리 알려진 판본인데, 베르길리우스는 '크로노스의 악행'은 슬그머니 숨기고 서 다음 이야기로 건너뛰었다. 시인이 이렇게 꾸민 것은 한편 베르길리우스의 또 하나의 약점(자기모순)을 암시하면서, 다른 한편 다시 황금시대를 이룰 아기 예수의 탄생 분위기를 만들기 위해서인 듯하다. (베르길리우스 〈선집〉 제4곡은 '한 소년이 처녀에게서 태어나고 황금시대가 돌아온다.'라는 내용이어서, 많은 사람이 예수의 탄생을 예언한 것으로 해석하고 있다.) 레아가 아기 제우스를 숨긴 것은 성모께서 헤롯왕을 피하여 아기 예수와 함께 이집트로 피신한 것과 유사하지 않은가? 크로노스가 제우스의 형제들을 모두 삼켜버린 것은 헤롯이 베들레헴 인근의 신생아들을 모두 살해한 것과 유사하지 않은가?

노인상이 이집트를 외면하고 로마 방향을 보고 있는 것은, 이제 동방과 이교가 주도하던 시대가 지나고 새로운 중심 로마가 세상을 새롭게 할 때가 왔다는 의미이리라. 거기 '거울 보듯'이란 수식구도 들어 있는데, 이 표현은 예전의 혼란, 고통과 앞으로 열릴 밝은 미래를 대조하는 한편, '지금은 우리가 청동거울을 들여다보는 것처럼 희미하게 보지만, 나중에는 얼굴을 맞댄 것처럼 분명하게 보게 되리라.'라는 구절(〈고린도전서〉 13장)을 떠올리게 한다. 물론 연옥산과 이데산 사이의 대조도 여기 곁들여 있다. (하지만 이데산이 연옥산과 지리적으로 대척점에 있는 것은 아니다. 지구 중심을 사이에 두고 연옥산과 대칭되는 자리에 있는 것은 예루살렘이다.)

방금 연옥산과 노인상 사이의 유사성을 살펴보았는데, 그보다는 이 노인상이 지옥의 모습을 요약한다는 주장도 있다. 이 경우, 황금 부분은 림보를 상징하는 것이겠다. 사실 지옥과 연옥의 구조는 거의 대칭적으로 되어 있기 때문에, 이런 해석도 결국은 앞의 것과 거의 비슷하다.

한편 노인상의 두 다리를 각기 교황과 황제로 보는 해석도 있다. 가톨릭에 우호적인 학자는, 오른발에 힘이 실린다는 것은 교황이 중심이어야 하는데, 그렇지 못해(오른발만 흙으로 되어 있다) 안타깝다는 뜻이라 읽는다. 사실 이것이 단테가 《제정론》을 쓸 때까지 지녔던 견해인데, 《신곡》을 완성할 때까지 그 입장을 견지했다는 것은 다소 의문스럽다. 단테가 말기에는 거의 황제파에 가깝게 생각이 바뀌었기 때문이다. (물론 단테가 이 작품을 완전히 다듬고서 세상을 떠난 것인지를 두고는 학자들 사이에 좀 논란이 있다.)

다시 순례자 단테에게로 돌아가자. 단테는 두 가지 질문을 던진다. 하나는 왜 이 강이 이제야 보이느냐 하는 것이다. 그 답은 단테가 조금씩 왼쪽으로 돌면서 지옥의 일부만 보아왔기 때문이다. 두 번째 질문은 플레게톤과 레테는 어디 있느냐는 것이다. 이에 대한 답은 플레게톤은 바로 앞에서 끓고 있는 이 피의 강이며, 레테는 연옥산에서 보게 되리라는 것이다.

다시 길을 떠날 시간이다. 그들은 강둑을 따라 걷는다.

불비 속을 달리는 사람들, 브루네토 라티니

제15곡은 하느님과 자연에 대한 폭력을 벌 받는 영역 중에서도 두 번째 무리를 다룬다. 즉 불의 비를 맞으며 계속 이동하는 사람들이다. 이들은 동성애 죄를 지은 자들이다.

옛 스승과 마주치다

우선 앞에 소개한 강둑에 대한 설명이다. 강물에서 솟아오르는 안개가 불의 비를 막아준다고. 이 강둑은 네덜란드 사람들이 바닷물을 막기 위해 쌓은 제방, 알프스 남쪽 사람들이 눈 녹은 물을 막기 위해 쌓은 강둑에 비유된다. 이제 자살자들의 숲은 멀리 떨어져, 뒤돌아봐도 보이지 않을 정도다.

여기서 단테 일행은 반대편에서 다가오던 무리와 마주친다. 그들은 단테 일행을 주시한다. 마치 초승달 아래서 사람 쳐다보듯, 재봉사가 바늘귀에 실 뀔 때처럼 집중해서 시선을 보낸다. 아마도 이곳은 조명이 하늘에서 떨어지는 불비뿐이어서, 상당히 어두운 듯하다.

그중 한 사람이 단테를 알아보고 옷자락을 잡으며 외친다. '아, 놀랍구나!' 단테는 그의 얼굴을 다시 들여다본다. 불길에 그을리긴 했지만 누군지 알아볼 수 있다. 젊은 시절 그의 스승이었던 브루네토 라티니다. 그는 동료들과 헤어져 잠시 뒤돌아 단테와 같은 방향으로 걷겠다는 뜻을 밝힌다. 단테가 잠깐 앉아서 얘기하자고 제안하자, 그는 자신들에게는 걸음을 멈추는 게 허용되지 않는다고 말한다. 잠시라도 멈추면 백 년 동안 누워서 불비를 맞아야 한다고. 그래서 단테가 약간 앞서고 라티니는 그를 따르기로 한다. 사제 관계의 역전이다. 옛 제자는 위에서 내려다보며 앞서가고, 스승이었던 이는 밑에서 그리고 뒤에서 그를 따라간다. 라티니가 단테의 옷자락을 잡는 순간, 벌써 그는 예수의 옷자락을 잡았던 병든 여인(《마가복음》 5장) 역할을 맡은 셈이다.

브루네토 라티니의 예언과 격려

단테는 옛 스승을 존경하여 고개를 숙이고 걸어간다. 라티니는 묻는다. 단테가 어떻게 죽기도 전에 이곳을 지나게 되었는지. 단테가 아직 살아 있는 존재라는 것을 그가 어떻게 알았는지는 밝혀져 있지 않지만, 아마도 불비를 맞지 않고 둑길로 걷고 있는 데서 추론한 듯하다. 나중에 공직 매매자들의 사례를 보면, 더 아래쪽에서 벌 받는 죄인들은 아마도 악마가 어깨에 얹고 직접 '배달'하는 모양이다.

이 대목에서 '그동안의 줄거리'가 요약된다. '나는 어느 계곡에서 길을 잃었었다. 거기를 벗어나려나 다시 그리고 돌아가게 된 순간, 안내자가 나타났다. 나는 이 길을 통해 집으로 돌아가는 길이다.' 제1곡의 상황에 대한 회고다. 얼마 전에 지나온 자살자들의 숲도 그 어둡던 경험을 상기시키는 것이었다. 그러니 그 숲이 이제 돌아보아도 보이지 않을 정도로 멀어졌다고 한 것은 단테의 확신을 보여주는 셈이다. 그는 이제 영혼의 본향 집으로 가는 중이다.

한데 이 대목의 분위기가 죄책감을 벗어나 완전히 밝은 것이라고만 볼 수는 없는 면이 있다. 단테의 동성애 성향 문제가 걸려 있어서다. 어떤 학자는 그가 여기서 자신 속에 있는 동성애 성향을 인정했다고 보기도 한다. 그는 라티니 곁에 서고 싶지만 불비 때문에 겨우 참는다. 잠시 후 16곡에서도 그는 불비만 아니라면 피렌체 출신의 동성애자들 가운데로 뛰어들고 싶어 한다. 어떤 학자는 단테 자신은 동성애의 유혹을 성공적으로 억눌렀지만 라티니는 그렇지 못했다고 보기도 한다. (물론 라티니가 동성애자였다는 기록은 없기 때문에, 여기 나온 죄목은 그저 문학적 설정일 수도 있다.)

단테는 이제 자살자들의 숲이 '뒤돌아보아도 보이지 않을 정도였다.'라고 했다. 한데 이는 소돔성에서 탈출하다 뒤를 돌아보는 바람에 소금 기둥으로 변했다는 롯의 아내(《창세기》 19장)를 상기시키는 구절이다. 소돔과 고모라는 특히 동성애 때문에 하늘에서 유황불이 내려 멸망한 것으로 알려져 있다. 앞으로 〈천국편〉에서 더욱 두드러지겠지만, 단테가 고전을 인용하면 대개 원래는 불행하게 끝난 이야기를, 현재의 행복한 상태와 대조하기 위해서다. 그렇다면 단테는 자신이 자살자들의 숲도, 동성애의 유혹도 무사히 빠져나와 이제는 뒤를 돌아보아도 안전한 상태가 되었다는 확신을 이렇게 표현한 것일까? 그럴 수 있다.

라티니가 단테에게 던진 질문의 표현도 의미가 없지 않다. 그는 '어떤 운, 또는 운명이 그를 이리로 데려왔는지' 물었다. 이는 《아이네이스》 6권에서 트로이아 전사 데이포보스가 저승에 찾아온 아이네아스에게 던졌던 질문을 인용한 것이다. 데이포보스가 아이네아스에게 그러하듯, 라티니는 단테에게 극복해야 할 과거를 상징하는 셈이다.

라티니는 단테를 축복해준다. 단테가 그의 별(아마도 단테의 탄생 별자리인 쌍둥이자리)을 잘 따라가면 영광을 얻으리라는 것이다. 학자들은 라티니가 하느님의 은총보다 별의 영향력을 더 강조했다고 비판한다. 하지만 별을 은총과 같은 것으로 본다면, 라티니의 축복과 예측이 그다지 잘못이라 할 수는 없겠다.

라티니는 이어서 사악한 무리에 대해 경고한다. 그들은 단테의 선행에 맞서 원수가 될 터인데, 이들의 근원은 피에솔레라는 것이다. 피렌체 북쪽에 있는 이 도시로부터 온 이주자들이 현재 피렌체 다수를 구성하고 있다. 앞으로도 자주 보겠지만 단테는 피렌체가 순혈을 지키지 못해 악해진 것이란 입장을 취하고 있다. 라티니는 단테를 나쁜 실과를 내는 나무들 사이의 좋은 과수, 짐승들이 먹기 좋아하는 목초로 비유하며, 양쪽 파당을 모두 피하라고 충고한다. 또 거기서 혹시 뭔가 좋은 게 싹튼다면 저들이 손을 대지 못하게 하라고. 거기 남아 있던 로마인의 씨앗이 언젠가 되살아나리라고.

이에 호응하여 단테는 라티니가 자신을 마치 아버지가 아들 대하듯 하였다고 회고하며, 그가 이른 말을 기억해 두었다가 베아트리체에게 설명 듣겠노라고 말한다. 그리고 자신은 어떠한 운명에 대해서도 준비가 되어 있노라고, 그런 불길한 예언에는 이미 익숙하다고 말한다. 곁에서 줄곧 듣기만 하던 베르길리우스도 잠깐 끼어들어, 지금의 결의를 잘 지키라고 격려한다.

브루네토 라티니의 동료 죄인들

단테는 이제 라티니에게 그와 함께한 자들 중 유명한 사람이 있는지 묻는다. 라티니는 침묵하는 게 더 나은 경우도 있다면서, 성직자와 위대한 학자들이 거기 있다고만 말한다. 그리고는 약간 암시적으로 피렌체 주교였다가 비첸차로 옮겨간 사람 하나만 지적한다. 한데 여기서 조금 재미있는 것은 교황을 가리켜 '노예 중의 노예'라고 지칭한 것이다. 사제들은 하느님의 종이고, 그중에도 가장 봉사를 많이 해야 하는 존재가 교황이라는 것이다. 한국 가톨릭의 고위직을 지낸 어떤 분께서 교황을 '교종(敎宗)'이라고 부르자 제안하셨는데, 물론 이 단어도 제대로 해석하면 '교회의 으뜸'이란 뜻이지만, 혹시 사람들이 '종(노예)'을 먼저 떠올릴 수도 있다는 것이다. 교황이 하느님의 종으로 처신해야 한다는 전통에 의지한 주장이다.

한데 이때 멀리서 새로운 모래구름이 일어나는 게 보인다. 새로운 무리가 다가온다는 뜻이다. 라티니는 그들과 섞일 수 없다면서, 그저 자신이 남긴 〈보물〉이란 작품을 읽어보라고 추천하고, 오던 방향으로 되돌아간다. 단테는 그의 뒷모습을 베로나 달리기 경주에서 우승한 사람 같았다고 표현했다. 다시 한 번 지옥의 죄인이 당당한 모습으로 그려졌다. 하지만 이런 당당함도 하느님의 기준에는 미치지 못하는 것이다.

제16곡
피렌체의 유명인 세 사람, 게뤼온의 다가옴

16곡의 주된 내용은 불비 속에 달리는 둘째 무리를 만나고, 절벽을 내려가기 위해 게뤼온이라는 존재를 불러올리는 것이다.

피렌체의 세 사람

이제 단테 일행은 폭력 지옥(제7원)의 거의 끝에 도달했다. 그 아래의 사기꾼 지옥은 절벽을 내려가야만 닿을 수 있다. 단테가 줄곧 따라온 뜨거운 피의 강이 폭포를 이루어 저 밑으로 떨어지고, 그 굉음이 멀리까지 들린다.

그때 마주 달려오던 무리 중 세 사람이 동료들을 떠나 단테에게 다가온다. 그의 옷을 보고서 단테가 피렌체 출신임을 알아챈 것이다. 단테는 그들이 불에 그슬리고 데인 것을 보고 동정심을 느낀다. 선생님도 그들을 공손하게 대하라고 충고한다. 그들은 단테가 오히려 서둘러 달려가 맞이할 만한 사람들이라고.

도착한 그들은 원을 이루며 계속 움직인다. 단테를 향한 눈길은 마치 레슬링 선수가 상대를 주시하듯 하고, 발은 얼굴과 반대 방향으로 떼어 옮긴다. 학자들은 얼굴 방향과 발의 방향이 일치하지 않는 것이 이들의 죄의 부자연스러움을 보여준다고 해석한다.

그들은 단테의 신분을 묻는다. 어떻게 그는 죽지도 않았으면서 불길로부터 안전한 채로 지옥을 지나가고 있는 것인지. 그들이 이런 질문에 답하기를 요구하는 근거는 자신들의 명성이다. 한 사람이 대표해서 자신들을 소개한다. 귀도 궤르라, 테기아이오 알도브란디, 그리고 야코포 루스티쿠치. 이 중 뒤의 둘은 제6곡에서 단테가 차코를 만났을 때, 그 행방을 물었던 사람들이다. 이들의 대표인 루스티쿠치는 '짐승 같은' 아내 때문에 자기를 망쳤다고 하는데, 아내가 너무 성격이 나빠서 남편이 동성애 쪽으로 돌아섰다는 뜻으로 보는 학자도 있지만, 아내의 성적 취향이 독특했음을 암시한다는 해석도 있다.

단테는 너무나 반가워서 그들 가운데로 뛰어들고 싶지만 불이 무서워서 그러지 못한다. 단테는 그들의 고통에 큰 동정을 느낀다. 그리고 그들의 업적과 명성이 여전히 고향에서 호의적으로 언급되고 있다고 전해주면서 자신은 달콤한 열매를 향해 세상의 중심으로 내려가는 중이라고 밝힌다. 루스티쿠치는 단테의 장수와 명성을 빌어주면서 고향의 상황을 묻는다. 근래에 도착한 사람이 안 좋은 소식을 전해서 가슴 아파하는 중이라며.

단테는 그 질문에 직접 답하지 않고 개탄을 발한다. 새로운 시민과 벼락부자들 때문에 오만과 무절제가 퍼졌으며, 피렌체가 슬퍼하고 있노라고. 그들은 단테의 압축적 표현력에 감탄하며, 그가 다시 별을 보게 되는 날 사람들에게 자신들에 대해 전해 달라 부탁하고는 달려가 버린다.

절벽에 다다라 게뤼온을 부르다

단테는 베르길리우스를 따라 절벽으로 다가간다. 거기서, 이제까지 단테 일행이 따라왔던 뜨거운 피의 강이 폭포를 이루며 떨어지고 있다. 물소리가 요란해서 서로의 말을 알아듣기 어려울 지경이다. 선생님은 단테에게서 허리띠를 빌리고자 한다. 그가 밧줄 하나를 허리에 동이고 있었기 때문이다. 베르길리우스는 그것을 이용해서 이 절벽을 내려갈 수단을 얻으려는 것이다. 하늘을 날 수 있는 게뤼온을 꾀어 들이려는 것이다.

이런 밧줄 허리띠는 보통 프란체스코 수도회 사람들이 묶고 다니는 것이다. 단테는 당대에 가장 유명하던 두 수도회, 프란체스코 수도회와 도미니쿠스 수도회 모두와 연관이 있는데, 여기서는 프란체스코 쪽 특성이 강조되고 있다. 대개 이 허리띠는 청빈을 상징하는데, 여기서는 절제의 상징인 듯하다. 이제 이들이 내려갈 곳은 기만과 사기의 지옥이다. 단테가 전에 이것으로 표범을 잡아볼까 하는 생각을 했었노라고(앞에서는 언급되지 않은 사건이다.) 밝히고 있어서, 이 허리띠는 기본적으로 성적인 절제를 표상하는 듯하고, 그것을 확장하여 우리를 죄악으로 이끄는 모든 유혹을 묶어 가둘 수단으로 소개하는 듯하다.

선생님은 그 허리띠를 들고 오른쪽으로 방향을 돌린다. 지옥에 들어선 이후 그 방향을 취한 것은 딱 한 번(10곡의 이단 지옥)뿐이었고, 이번이 두 번째다. 왼쪽이 그릇된 방향이고 오른쪽이 제대로 된 방향이라면, 지금 이 방향을 취한 것은 악의 상징 게뤼온을 선한 용도로 사용하자는 뜻인 듯싶다. 단테는 이제 뭔가 기이한 일이 일어나리라고 예상한다. 그러자 선생님은 그 속생각을 알아차린다. 그래서 단테가 기대하는 것이 곧 떠오르리라고 예고한다. 여기 지옥에서는 베르길리우스의 능력이 단테를 크게 앞선다. 하지만 연옥에 다다르면 사정이 조금씩 달라질 것이다.

시인 단테는 자기가 본 것이 '거짓말 같은 진실'이라고 선언한다. 또한

'이 희극'을 걸고서 자기 본 것의 진실성을 맹세한다고. 이제 작품의 중간, 〈지옥편〉 전체 34곡 중 제17곡으로 넘어가려는 순간에 자기 작품에 대한 언급이 나왔다. 이 작품은 '희극(comedia)'이다. 단테가 본 것은 일단 물속에서 물 위로 헤엄쳐 올라오는 잠수부와 비슷하다. 하지만 그것은 심장 강한 사람도 놀라 자빠질 만한 괴물이다.

제17곡

고리대금업자들, 게뤼온을 타고 아래로 내려가다

기만의 상징 게뤼온

안내자께서 그 괴물을 소개한다. '보아라, 저 짐승을, 보아라, 악취 풍기는 놈을!' 여기서 두 번 반복되는 구절, '보아라(ecco)'는 로마 총독 빌라도가 대중 앞에 예수를 소개하며 썼던 표현, '이 사람을 보라(Ecce Homo)'이다. 지금 떠오른 이 괴물은 기만의 상징이며, 동시에 삼위일체 하느님의 패러디이다.

    괴물이 절벽 가장자리로 다가오자, 선생님은 그것에게 손짓하여 더 가까이 오도록 부른다. 시인 단테는 그 괴물을 '기만의 영상(imagine)'이라고 표현했다. 아닌 게 아니라 이것은 앞으로 단테 일행이 내려가게 될 기만 지옥의 표상이다. 그것의 얼굴은 '온전한 사람'의 외형을 띠고 있다. 그 낯빛은 온회하다. 몸통은 뱀과도 비슷한데 두 발이 있어서 놈으로 연결되는 부위까지는 털로 덮여 있다. 그것의 등과 가슴, 양 옆구리에는 동그라미 무늬가 마치 터키 직물처럼 다채롭게 그려져 있다. 이놈은 상체만 절벽 위에 얹고 나머지 하체는 허공에 뜬 채로 있어서, 마치 선체의 절반만 뭍에 얹고 나머지 부분은 여전히 물에 뜬 배와 같다. 단테는 그것이 절벽에 '접안(接岸)했다'라는 표현을 썼고, 비버가 하체는 물속에 담근 채 상체만 물 밖으로 내민 것에 비기고 있다. 이렇게 직유를 두 개나 써서 이 괴물이 절반만 절벽에 얹힌 것을 강조했는데, 지금 이곳이 〈지옥편〉의 딱 중간이다. 절반이 지났고 절반이 남았기에, 게뤼온의 자세도 거기에 맞춘 것이다. 그것의 꼬리 끝에는 날카로운 갈고리 모양 독침이 있는데, 이를 높이 치켜세우고 있다. 상체는 움직이지 않지만 꼬리는 여전히 휘두르고 있다.

이 게뤼온은 기만이 어떤 것인지 잘 보여준다. 사기꾼들은 우리에게 웃는 낯으로 다가온다. 얼굴만 보면 아주 온화하고 법에 따라 사는 사람 같다. 하지만 그가 내미는 계약서는 온갖 수사로 현란하여 내용을 파악하기 힘들고, 그 가운데는 올무와 덫, 책임 회피 수단(동그라미)들이 그득하다. 그래서 어느 순간 날카로운 침으로 우리를 해친다. 그것의 제안은 반쯤은 제법 현실에 발 디딘 진실이고, 나머지 절반은 공기처럼 허황된 것이다. 시인 단테는 헤라클레스가 싸웠던 삼중 인간(머리와 몸이 세 개다.) 게뤼온을 변형하여 기만의 상징으로 만들었다. 이 '두 번째 헤라클레스'는 힘으로 세 번 이기는 게 아니라, 절제와 주의력으로 이 삼중 괴물을 역이용해야 하는 것이다.

이제 두 사람은 게뤼온이 있는 쪽으로 이동한다. 여기서도 둘은 '오른쪽 가슴 쪽으로' 방향을 돌리는 것으로 되어 있다. 조금 전에 선생님이 오른쪽으로 방향을 돌려 절벽 아래 게뤼온을 불렀는데, 만약 여기서 또 한 번 오른쪽으로 방향을 튼 것이라면 애초의 진행 방향과는 반대로 '유턴'한 게 된다. 그러면 곤란하니 지난번과 마찬가지로 진행 방향에서 오른쪽이란 뜻으로 읽어야 할 것이다. 학자들은 이것 역시 '이성적 방향'이라고 해석한다. 그렇지만 강둑에서 너무 멀리 벗어나면 불비에 노출되기 때문에, 뜨거운 모래와 불비를 피해서 그저 열 걸음만 옮겨간다.

앉아 있는 고리대금업자들

한데 게뤼온 가까이 모래밭에 앉아 있는 사람들이 보인다. 기만 지옥으로 이어지는 절벽에 아주 가까이 배치된 것을 보면, 이들은 거의 기만 지옥에 속한 죄인들이라 하겠다. 베르길리우스는 단테에게 잠깐 이들을 만나보고 오라고 조언한다. 그래야 이 구역에 대한 지식이 완전해진다고. 그 사이에 자신은 게뤼온을 달래보겠노라고.

이제 단테는 혼자서 고리대금업자들에게 다가간다. 학자들은 이 구절을 단테가 금전적 욕구에서 완전히 벗어나 있음을 보여준다고 해석한다. 그는 혼자서도 그들을 상대할 수 있는 것이다. 그들은 눈물을 흘리며 손을 휘둘러 떨어지는 불꽃을 털어내고 있다. 그리고 아마도 조금씩은 발도 움직이며 바닥의 뜨거운 모래를 피해보려 애쓰는 모양이다. 그 모습이 여름철 개들이 벼룩 따위를 떨어내려 주둥이와 발을 사용하는 것에 비유되었다. 단테는 그들의 얼굴을 들여다보았으나 누군지 알아볼 수가 없었다. 이번에도 죄가 그들의 얼굴을 변형시켜 알 수 없게 만든 것이다. 그들은 각기 목에 특정 색과 문양을 지닌 주머니를 걸고 있었는데, 저마다 그것에 시선을 고정하고 그것을 즐기는 듯했다. 여기서 '즐기다(pasca)'라는 표현은 직역하면 '(풀을) 뜯어먹다'에 해당되는 말인데, 조금 전 이들을 개에 비유했듯 이번에는 소나 양에 비긴 것이다. 자본은 야수적인 것이므로. 한편 이들이 누군지 서로 구별되지 않는 것은 자본의 익명성, 무차별성을 보여준다 하겠다.

단테는 여기서 당대의 유명한 금융가 가문 문장들을 소개한다. 노란 바탕에 파란색 사자, 빨간 바탕에 하얀 거위, 흰 바탕에 파란 암돼지 등이다. 그중 한 명이 자신들을 소개한다. 두 사람은 피렌체 출신이고 자신은 파도바 출신이라고. 아직 한 명이 더 도착하기를 기다리는데, 그 사람은 세 마리 염소(tre becchi)가 그려진 주머니를 걸고 있으리라고(국내 번역은 모두 '세 개의 주둥이'가 그려졌다고 되어 있지만, 다른 외국어 번역들은 대개 '세 마리 염소로 옮기고 있다.). 그러면서 그는 콧구멍을 핥는 소처럼 혀를 비틀어 내민다. 새끼 치면 안 되는 화폐를 '새끼 치게' 만들었던 반(反)자연적인 산업 종사자는 자신의 본성을 거슬러 '짐승'이 되고 말았다.

단테는 더는 질문도 응대도 하지 않고 돌아선다. 애초에 선생님께서 잠깐만 다녀오라 하신 것도 이들이 상대할 가치가 없는 존재이기 때문이었으리라. 지옥 입구에서 마주쳤던 깃발 쫓는 무리들처럼.

게뤼온을 타고 맴돌며 내려가다

단테가 베르길리우스 있는 곳으로 돌아왔을 때, 선생님은 벌써 게뤼온의 등에 올라탄 상태였다. 선생님은 단테에게도 이 '사다리(scale)'를 이용하자고 권한다. 연옥산과 천국 하늘의 10개 층을 올라가는 것이 사다리에 비유되듯, 여기서는 일단 게뤼온을 '사다리'로 이용해서 내려가야 하는 것이다. 선생님은 게뤼온의 꼬리 침이 제자를 다치지 않게끔 단테를 자기 앞에 앉게 한다.

하지만 단테는 두려움에 휩싸인다. 말라리아 환자처럼 몸을 떤다. 선생님에 대한 존경과 그 앞에 삼가는 마음으로 간신히 두려움을 누른다. 선생님께 안아달라고 청하고 싶지만 목소리가 나오지 않는다. 선생님은 제자가 말하지 않아도 그 뜻을 알고 있다. 그를 뒤에서 감싸 안는다. 이제 문학의 상징 단테는 기만의 상징 게뤼온 위에 올라탔다. 그 뒤를 이성의 상징 베르길리우스가 든든히 지켜준다. 멋진 장면이다. 문학은 일종의 속임수지만, 일종의 이성이 그 튼튼한 방패 역할을 한다.

INFERNO | CANTO XVII

베르길리우스가 게뤼온에게 명령한다, 천천히 돌면서 내려가라고. 여기서 이 괴물은 짐배로, 단테는 '특별한 짐'으로 그려졌다. 게뤼온은 서서히 뒤로 물러나 꼬리는 뱀장어처럼, 팔은 헤엄치는 사람처럼 움직이며, 회전하면서 천천히 아래로 내려간다. 이 회전은 보통 하늘의 움직임을 패러디한 것으로 해석된다.

단테는 여전히 두려움에 사로잡혀 있다. 마치 태양 마차를 잘못 몰다가 제우스의 벼락에 죽은 파에톤, 날개를 만들어 달고 크레테를 탈출하다가 날개가 태양열에 녹아 떨어져 죽은 이카로스와 비교된다. 그러나 하느님께 가는 잘못된 방법을 보여주는 이 두 사람과는 달리 단테는 현재 제대로 된 길을 가는 중이다.

처음엔 너무 무서워 고개를 들지 못했는데, 그의 좁은 시야에 들어오는 것은 허공과 게뤼온의 등뿐이다. 잠시 후 엄청난 물소리가 들리자, 단테는 얼굴을 조금 내밀어 저 아래의 불길을 보게 된다. 이제 고통의 소리도 들리기 시작한다. 단테는 혹시나 미끄러져 떨어질까 더욱 몸을 웅크린다. 이제 저 아래로 고통의 구체적인 장면들이 보이기 시작한다.

단테 일행을 바닥에 내려놓은 게뤼온은 마치 새 사냥에 실패하고 꼬임 먹이도 얻지 못한 매처럼 휙 날아가 버린다. 아마도 베르길리우스가 그에게 뭔가 약속했던 듯도 한데, 여기 아무 설명도 없어서 대체 그 협상의 내용이 무엇인지는 그냥 미지의 상대로 남게 되었다.

많은 신화와 민담에서 저승 여행은 두 단계, 수평적인 것과 수직적인 것으로 구성되어 있다. 단테는 이미 저승 강을 적어도 두 번(카론과 플레귀아스) 건넜고, 이제 수직 구간도 한 번 내려왔다. 앞으로 우리는 또 하나의 수직 구간을 거인 안타이오스의 도움으로 지나는 것을 보게 될 것이다. 이런 저승 여행에는 대개 반대들의 결합을 보이는 운송 수단이 쓰이는데, 게뤼온이 사람과 길짐승, 뱀, 전갈의 복합체인 것도 그 때문이라 하겠다. 수평 방향 장애물로, 림보에서 성을 두르고 있던 맑은 시내와 넷소스가 건네준 뜨거운 피의 강도 꼽을 수 있다. 단테 일행은 이 강들을 걸어서 건넌 셈이니, 여기에도 반대들의 결합('물 위를 걸음')이 보인다 하겠다. 마지막 수직 구간은 사탄의 털을 잡고 내려가는 대목일 텐데, 거기서도 배꼽 부분에 다다르면 중력 방향이 바뀌어서 몸을 반대로 돌려야 하니 이것 역시 반대들의 결합(내려가는 길이 올라가는 길)이라고 해야 할 것이다.

제18곡

말레볼제의 구조, 첫째와 둘째 구렁

이제 기만 지옥 열 개 구렁의 초입이다. 18곡에서는 그중 두 구렁을 그려 보인다. 나중에는 한 구렁을 몇 곡에 걸쳐 묘사하니, 어쩌면 단테가 애초에는 이 부분도 좀 빨리 지나가려 했다가 계획을 변경하여 분량을 늘린 것일 수 있다.

뒤집어진 요새 말레볼제

단테 일행이 지금 도착한 기만 지옥의 구조는, 점점 좁아지는 깔때기 안쪽에 홈이 패어 동심원 도랑이 열 개 있다고 생각하면 된다. 각 도랑의 양쪽 둑 중에 지름이 더 큰 위쪽 둑은 좀 더 높고, 아래쪽 둑은 상대적으로 낮다. 그 위로 일종의 무지개다리가 지나간다. 그래서 단테는 우선 무지개다리를 건넌 다음에 낮은 쪽 둑에서 몸을 돌려 방금 위로 가로지른 도랑 속을 관찰하는 경우가 많다.

  이 도랑들은 말레볼제('나쁜 주머니')라고 불리는데, 시인 단테는 이것을 여러 겹의 해자가 성을 둘러싼 것에 비기고 있다. 물론 우리가 보는 성들은 대개 장애물을 통과할수록 점점 높아지는 것과 달리 여기서는 점점 아래로 내려가고 있으니, 마치 요새를 수직 방향으로 가라앉힌 것 같은 형국이다. 그 도랑들 제일 안쪽엔 일종의 우물처럼 깊은 곳이 보인다. 나중에 단테는 다시 누군가의 도움으로 이 수직 구간을 통과해야 한다.

첫째 구렁의 바깥쪽 행렬: 여성을 이용해 이득을 본 자들

이제 베르길리우스는 왼쪽으로 몸을 돌려 일단 절벽 아랫길을 따라 시계 방향으로 돌아간다. 단테 일행의 오른쪽에는 깊은 구렁이 있고 그 속에서 벌거벗은 죄인들이 악마들의 채찍을 맞으며 지나가고 있다. (별주는 악마는 여기 처음 등장했다.) 이 구렁은 말하자면 '2차로'로 되어 있어서, 죄인 중 일부는 단테와 같이 시계 방향으로 돌아가고, 일부는 맞은편에서 반시계 방향으로 다가오고 있다. 단테가 볼 때 가까운 쪽 원이 반시계 방향으로 움직이는 자들이어서, 그를 향해 마주 오고 있으므로 얼굴을 비교적 쉽게 확인할 수 있다. 한편 더 안쪽에서 도는 자들은 시계 방향으로, 단테와 같은 방향으로 움직이고 있어서 얼굴을 확인하기 어렵다. 더구나 그들은 바깥쪽 사람들보다 더 빠르게 걷고 있다. 이들의 걷는 속도가 더 빠른 이유에 대해 좋은 설명이 없는데, 어쩌면 이들이 조금이라도 더 안쪽이고 더 질 나쁜 죄인들이어서 악마들이 더 아프게 때리기 때문일 수도 있겠다.

단테는 이 죄인들의 행렬을 희년에 로마를 방문한 순례객들에 비유하고 있다. 로마 시내에서 바티칸으로 통하는 다리에 사람이 너무 많아서, 중앙선을 그어 바티칸으로 들어가고 나가는 사람의 통로를 구분했다는 것이다. 이는 교황 보니파키우스 8세가 서기 1300년에—교회 역사상 처음으로—선포했던 희년(Jubilee) 행사 때 있었던 일이다. 시인 단테는 이 행사 직후 로마를 방문했는데, 그때 콜로세움도 보았기 때문에 지금 이

기만 지옥이 콜로세움 비슷하게 그려졌다는 추정도 있다. 우리는 이 행사 덕분에 연옥산에 일찍 도착하는 사람 하나를 나중에 보게 될 것이다. 하지만 단테가 저승에서 방금 마주친 이 행렬은 성지 순례자들과는 완전히 반대되는 성격이고, 그 결말도 완전히 상반된다.

단테는 도중에, 마주 오던 사람 중 하나의 얼굴을 알아본다. 그와 얘기를 나누기 위해 뒤돌아 몇 걸음 쫓아간다. 그자는 고개를 숙이고 자신을 감추려 한다. 하지만 단테는 그의 이름을 알고 있다. 베네디코 카차네미코라는 사람이다. 단테는 그가 여기서 벌 받게 된 연유를 묻는다. 그는 볼로냐 출신으로 자기 여동생(기솔라벨라)을 높은 분(12곡에서 폭력 죄를 벌 받고 있던 에스테의 오비초로 추정됨)에게 바쳐서 이득을 챙긴 자(일종의 '뚜쟁이', 즉 성매매 알선업자)다. 그러니까 지금 이곳은 여자를 이용해서 득을 보았던 자들이 벌 받는 곳이고, 이 사람은 그곳의 대표 격 인물인 것이다. 그의 죄가 특별히 무거운 것은, 전통 사회에서 오라비는 누이를 보호할 의무가 있는데 그와는 반대로 행동했기 때문이다. 게다가 이 인간은 아마도 자기 누이를 감언이설로 꼬드겼던 것 같다. 그의 이름 베네디코(Venedico)가 원래는 '좋게 말하다, 축복하다(bene-dicare)'라는 뜻에서 나왔다는 사실도 그에 잘 어울린다.

베네디코는 이어서 볼로냐 출신 중에 현재 그 도시에 살고 있는 사람보다도 이곳에 있는 사람 숫자가 더 많을 것이라고 말한다. 앞으로 계속 이어질 현재 이탈리아 상황에 대한 단테의 개탄이다. 먼저 이탈리아 북부의 여러 도시가 거명되고, 나중에는 주변 나라들도 여럿 적시될 것이다. 단테 역시 호메로스와 헤로도토스가 그랬던 것처럼 인간 지성의 공간적 확장을 보여주고 있다.

이 '뚜쟁이 지옥'의 일화는 악마 하나가 베네디코를 채찍으로 후려

치는 것으로 끝난다. 여자를 이용해 이득 본 자들이 왜 채찍에 맞는지에 대해서도 좋은 설명이 없는데, 나로서는 혹시 이들이 일종의 '사디스트'(또는 자기 가족을 팔았다는 의미에서 '마조히스트')로서 말하자면 변태성욕자들이고 그에 상응하는 벌을 받는 게 아닌가 싶다. 중세의 고행자 중 더러 채찍으로 자신을 때리는 사람도 있었는데, 그 와중에 성적 희열을 느낀 사람도 있었을 것이고 채찍질과 성적 욕구 사이에 어떤 연관이 생겼을 수 있다.

거기서 단테는 안내자께로 돌아갔고, 얼마 안 가 다음 둔덕으로 넘어가는 바윗길에 도착한다. 일행은 오른쪽으로 몸을 둘려 그 위로 올라선다. (그러니까 매번 다리와 마주치면 우회전해서 다리에 올라 그것을 건너고, 건너편 둔덕에 도착하면 좌회전해서 구렁을 따라 시계 방향으로 돌아가는 것이다.)

첫째 구렁의 안쪽 행렬: 여성을 농락한 자들

일행이 다리 중간쯤에 이르자, 안내자께서는 밑을 내려다보자고 제안한다. 지금 지나고 있는 이 구렁의 안쪽에서 회전하는 자들은, 위치도 회전 방향도 속도도 모두 그 얼굴 확인하는 걸 어렵게 했기 때문이다. 선생님은 다가오는 죄인 중 하나를 가리킨다. 체격이 크고 위엄 있는 모습이다. 채찍에 맞고도 고통을 보이지 않는다. 그는 아르고호를 이끌고 흑해 동쪽 콜키스에 가서 황금 양털 가죽을 구해왔던 이아손이다. 그가 여기 있는 이유는 감언이설로 렘노스 여왕 휩시퓔레를, 그리고 이어서 콜키스 공주 메데이아를 유혹하고는 결국 배신했기 때문이다.(아폴로니오스 로디오스의 《아르고호 이야기》에는 휩시퓔레 쪽에서 먼저 이아손을 원했던 것처럼 되어 있지만, 시인 단테는 그 작품을 읽지 못했을 가능성이 크다. 단테는 오비디우스 《변신 이야기》에 크게 의존하고 있다.) 그는 말하자면 이 구렁의 간판 격 인물이다. 베르길리우스가 그를 소개하는 말 속에서는 이아손의 지혜와 용기가 강조되지만 이것만으로는 하느님의 기준에 미치지 못하는 것이다. 게다가 그가 이용했던 '거짓으로 치장된 말(parole ornate)'(91행)은 앞에 제2곡에서 베아트리체가 베르길리우스를 칭찬하며 썼던 표현, '그대의 세련된 말(la tua parola ornata)'(67행)이다. 어쩌면 이 구절은 시인 단테의 탄식을 담고 있는 것일 수 있다. 베르길리우스 역시 훌륭한 시적 능력을 지녔지만 그것만으로는 하느님의 기준을 만족시킬 수 없기 때문이다.

안내자는 이 구렁에 대해서는 이것으로 충분하다며 길을 재촉한다. 아무래도 시인 단테가 처음엔 〈지옥편〉을 그리 길게 쓸 생각이 없었을 거라는 느낌이 점점 강해진다.

둘째 구렁: 아첨자들

다음 구렁 속에는 똥물에 잠긴 채 자신을 때리고 있는 사람들이 있다. 밑에서 올라오는 악취와 독기에 눈과 코가 견디지 못할 지경이다. 그 바닥은 너무 깊어 다음 둔덕으로 건너가는 다리 위에서나 제대로 볼 수 있을 정도다. 단테는 다리 중간에서 그곳을 들여다본다. 그러다 한 죄인과 눈이 마주친다. 그는 왜 자기를 특별히 주목하느냐고 짜증스레 항의한다. 단테는 그를 알고 있다. 달리는 알려진 바 없는 인물, 루카 출신의 알레시오 인테르미넬리다. 그는 자신이 '지칠 줄 모르고' 아첨을 했기 때문에 이곳에 있노라고 말한다. 그의 성은 '끝없음(in-terminare)'이란 뜻으로 해석될 수 있으니 '끝도 없이 아첨하던' 그의 행태와 잘 어울린다. 한데 아첨자들이 똥물 속에 갇힌 이유는 무엇인가? 학자들은 아첨이 우리 몸의 위쪽에 있는 구멍(입)으로 지은 죄이기 때문에, 우리 몸의 아래쪽에 있는 구멍에서 나온 것들에 잠기는 게 적절하다고 설명한다. 앞으로 제28곡에서 확인될 '지은 대로 벌 받음(contrapasso)'의 원칙 때문이다.

이제 안내자는 단테의 시선을 다른 쪽으로 이끈다. 로마 지배하의 알렉산드리아에서 유명했던 창녀 타이스다. 〈지옥편〉에서 한 가지 특이한 것은 어디에도 매춘 죄에 대한 언급이 없다는 점이다. 아마도 시인 단테는 매춘이 자발적인 범죄라기보다는 어쩔 수 없어서 택한 직업이라고 보는 듯하다. 그래서 여기 유일하게 등장한 창녀도 매춘이 아니라 아첨 죄 때문에 벌 받는 것으로 설정되어 있다. 한데 그녀가 지었다는 죄가 얼핏 보기에 좀 이상하고 해석하기 어렵다. 어떤 고객이 타이스에게 '내가 그대 마음에 드는가?' 하고 묻자 '정말로 마음에 들어요.'라고 답했다는 것이다. 매춘의 범죄성 여부는 일단 제쳐두고, 아니 자기를 찾아온 손님에게 접대용으로 좋은 말을 건넨 게 그렇게까지 큰 죄가 된단 말인가? 이 일화에 조금 더 색깔을 부여하는 학자들은 고객의 질문이 '나의 성적 능력이 당신을 만족시켰는가?'라는 뜻이었다고 해석한다. 그러자 타이스가 '정말로 대단했다.'라고 답한 것이라고. 그렇다 해도―현대인이 보기에―그녀의 대답이 죄가 될 것 같진 않다. 어떻게든 고객에게 심리적 만족감을 주자는 게 '서비스업'의 기본 아닌가?

원래 이 일화는 이전 작가들이 약간 다른 판본으로 전해주던 것이다. (원래 테렌티우스의 희극에 나오는 일화인데, 키케로가 《우정에 관하여》에서 인용하기도 했다.) 그 판본에서는 '마음에 드는지?'의 대상이, 손님 자신이 아니라 그가 보낸 선물이다. 어떤 고객이 타이스에게 하녀 한 명을 선물로 보내고는 그녀 마음에 드는지 물었더니, '너무나도 마음에 든다.'라고 했다는 것이다. 이 경우도 마찬가지다. 선물을 받았으면 진짜 마음에 들든 그렇지 않든 간에, 인사치레로라도 마음에 든다 하는 게 당연하지 않은가?

학자들은 여기서 '진정한 찬양 가능성의 훼손'이라는 죄를 찾아낸다. 그러니까 이 타이스는 말하자면 이 구역의 간판 격 인물로서, 아첨이 왜 죄가 되는지 보여주는 것이다. 지금 이 18곡은 한 곡 안에서 두 가지 죄가 다뤄지는 유일한 곡인데, 이렇게 두 가지를 한곳에 몰아넣은 이유가 두 죄 사이의 유사성 때문이라고 보는 학자도 있다. 두 구렁을 대표하는 고전적 인물들의 행태가 그것을 잘 보여준다. 즉, 이아손의 '감언이설'과, 타이스의 '마음에도 없는 칭찬' 말이다. 시인은 기만 지옥의 초입에 '언어를 통한 기만'을 배치해 두었다.

뭇 사람을 매혹하던 아름답고 우아한 여인 타이스는 여기서 혐오스럽기 그지없는 모습으로 그려졌다. 오물로 떡 진 머리를 배설물 묻은 손톱으로 긁적이며, 자세를 불안스레 이리저리 바꾼다. 허황한 말로 타인에게 거짓 아름다움을 입히려는 자는 자신의 아름다움마저 잃고 추한 몰골로 변한다는 뜻이리라.

혹시 이 아름다운 여인의 몰락에 가슴 아픈 독자가 있다면, 아나톨 프랑스의 《타이스》와, 그것을 바탕으로 만들어진 마스네의 오페라 〈타이스〉를 보시라 권한다. 이 현대 작품들에서는 타이스가 마지막에 회심하여 수도원에 들어가고, 그를 회개시키려던 수도사는 오히려 육체적 애욕에 빠지는 것으로 그려졌다. 단테에 대한 탈종교화 시대 작가들의 반격이다.

제19곡

셋째 구렁, 성직매매자들

바위에 거꾸로 박혀 발에 불붙은 자들

19곡은 마술사 시몬과 그의 추종자들에 대한 개탄으로 시작한다. '그들은 선의 신부가 되어야 할 하느님의 것들을 금과 은 때문에 더럽히고 있다.' '마술사 시몬(Simon Magus)'은 베드로와 요한이 사람들에게 성령이 내리도록 하는 것을 보고서, 돈을 주고 그 능력을 사겠노라 제안했던 사람이다(《사도행전》 8장). 그는 성직매매(simony)라는 단어에 자기 이름을 남겼다.

 순례자 단테는 지금 아첨 지옥을 지나, 다음 구렁 위로 뻗은 다리 위에 있다. 그는 이 구렁에서 벌 받는 죄인들을 내려다보고서 하느님의 기술과, 정의를 실현하는 그 권능에 찬탄한다. 죄인들이 바위 구멍에 거꾸로 박혀 발에 불이 붙어 있었기 때문이다. 이곳은 주로 성직(하느님의 무형 재산)을 매매한 자들, 그리고—앞에 자살자들의 숲에서 본 낭비자들과 유사하게— 하느님의 유형 재산을 팔아먹은 자들이 벌 받는 곳이다. 이들은 하느님께서 교회를 세우신 반석(베드로)에 구멍을 낸 자들이기 때문에, 바위에 뚫린 구멍을 몸으로 메우고 있다. 이들은 교회의 질서를 거꾸로 세웠기 때문에 자신이 거꾸로 박혀 있다. 이들은 하늘에서 내려온 성령의 불길을 후배 성직자의 '머리'에 안수해서 전달하지 않았기 때문에 자신의 '발'에 불이 붙어 있다. 이들은 후배 성직자에게 제대로 기름을 부어 임명하지 않았기 때문에, 기름에 타는 것 같은 불길에 고통받는다. 이렇게 하나하나 형벌의 양상이 의미 깊고 그 죄에 합당하기 때문에, 순례자 단테가 여기서 특히 하느님의 기술과 그것으로 구현된 정의에 찬탄한 것이다.

한데 여기 살짝 시인 단테 자신을 위한 변명이 끼어들어가 있다. 그는 예전에 높은 직분을 맡았을 때, 피렌체 세례당의 세례용 욕조 구멍에 거꾸로 끼어버린 어린아이를 구하기 위해 어쩔 수 없이 욕조 일부를 깨뜨렸던 적이 있다. 그 사건을 3행에 걸쳐 적어 놓고, 이것이 자기를 위한 변명이 되기를 기원한다고만 했다. 사람들은 그를 성스러운 기물을 파괴한 죄인이라 공격하지만, 하느님께서 그 선한 의도를 감안하여 용서하시리라는 뜻이다.

교황 니콜라우스 3세와 만나다

단테는 죄인 중 특별히 발을 많이 휘두르고 있는 자에 주목하여, 선생님께 그가 누구인지 질문한다. 선생님은 즉답을 미루고 우선 다리를 마저 건너자고 제안한다. 다음 둔덕에 이르자 일단 좌회전한 후, 방금 지나친 구렁으로 내려간다. 앞에 말한 것처럼 한 구렁의 양쪽 언덕 중 좀 더 안쪽 것이 더 낮게 되어 있으니, 직접 구렁에 들어가려면 위쪽 둔덕보다는 아래쪽 둔덕을 이용하는 게 편하다. 더구나 이곳 죄인들은 거꾸로 처박혀 있어서 다른 데로 이동할 능력 자체가 없으니, 도주자를 막기 위해 둔덕이 높을 필요도 없겠다. 베르길리우스는 여기서 단테의 허리를 둘러 안고서 아래로 내려간다. 앞으로 보게 될 공직매매 지옥의 '선한 목자 패러디'에 반대되는 것을 미리 보여주는 게 아닌가 싶다. 이곳 죄인들은 하느님에게서 양떼를 떠맡은 '목자'로서 제 몫을 다하지 못했다.

이제 안내자께서는 단테를 내려준다. 단테는 자신이 궁금히 여기던 죄인 바로 곁에 서서 직접 질문할 수 있게 되었다. '그대가 누구든, 무슨 말이든 해보시오.' 여기서 단테는 고백 사제에, 상대는 곧 생매장되기 위해 구덩이에 거꾸로 박힌 암살자에 비유되었다. 앞에서 브루네토 라티니를 만났을 때처럼 다시 역전이 일어났다. 사제는 범죄자가 되고, 속인은 사제 역할을 맡은 것이다. 상대는 단테의 신분을 오해하고 외친다. '보니파키우스야, 벌써 왔느냐? 내가 예언의 책에서 읽은 것과는 다르구나!' 이 말을 하는 사람은 교황 보니파키우스 8세보다 15년쯤 전에 교황이었던 니콜라우스 3세다. (이 둘 사이에 네 명의 교황이 짧게 짧게 재위했었다. 그중 마지막이 지옥 문간에서 마주쳤던 '크게 거부했던 자' 코일레스티누스 5세다. 그는 보니파키우스의 술수에 넘어가서 사임했다는 설이 있다.) 단테는 무슨 말인지 몰라 당황하고 대답을 못 한다. 안내자께서는 어서 '아니다, 아니다'라고 대답하라 재촉한다. 앞에 자살자들의 숲 부분에서도 말했지만, 이 대답은 사도 베드로가 자신이 예수의 추종자가 아니라고 부인할 때 쓴 표현이다. 지금 베드로의 후예인 교황이 단테에게 다른 교황인지 묻고, 그에 대해 단테는 '첫 번째 교황' 베드로의 표현으로써 대답하고 있다. 아이러니 가득한 대목이다.

니콜라우스 3세는 단테에게 자신을 소개한다. 자신은 '큰 망토를 입었던 사람'(교황)인데 자기 가문을 위해 재물을 챙기다가 이처럼 스스로 자루에 처박힌 꼴이 되었노라고. 자기보다 전에 같은 죄를 지었던 자들은 지금 더 밑으로 처박혔으며, 앞으로 보니파키우스가 도착하면 자기도 더 밑으로 내려갈 것이라고. 그놈은 자기보다 조금 짧게 발에 불이 붙어 있으리라고. 이 마지막 말은 보니파키우스의 후임자(클레멘스 5세)도 얼마 재위하지 못하고 곧 죽으리라는 예언이다. (보니파키우스 8세는 1303년에, 클레멘스 5세는 1314년에 죽었다. 사실 이들은 그리 나쁜 교황이 아니었는데, 단테가 자신의 정치적 입장 때문에 이렇게 그랬다는 주장도 있다. 이 부분은—클레멘스 교황의 죽음까지 나온 것을 볼 때—1314년 이후에 고쳐 쓴 것 같다.)

그러면서 그 후임자에 대해 자세히 언급한다. '그는 서쪽(프랑스)에서 올 것인데, 사악함에 있어서 니콜라우스와 보니파키우스를 능가할 것이다. 프랑스의 왕(필립 4세)이 그에게 넘어가 그를 유하게 대할 것이다.' 교황 클레멘스 5세와 프랑스 왕 필립 4세('미남 왕')는 서로 협력하여 악행을 많이 저질렀다. '잘생긴 못된 놈' 필립 4세에 대해서는 앞으로 〈연옥편〉에서 몇 차례 더 보게 될 것이다.

단테는 교황을 꾸짖는다. 예수께서는 베드로에게 천국 열쇠를 맡기면서 대가를 요구하지 않았고, 가룟 유다가 죽은 뒤에 그 자리를 채웠던 마티아스에게도 다른 사도들이 금은을 받지 않았다고. 그러면서 단테는 이 교황이 여기 있게 된 결정적 사건을 암시한다. '앙주의 샤를에게 대항해서 사악하게 얻은 돈이나 잘 간직하시오!' 이 말은 니콜라우스 교황이 동로마 황제에게서 돈을 받고, 시칠리아-나폴리 왕국의 통치자 샤를 1세(앙주 출신의 샤를, 카를로 단조)와 대립했다는 뜻이다. 시인 단테는 '2권 분립제'의 옹호자로서, 교황권과 황제권이 서로 간섭하지 말고 자기 할 바나 잘 수행해야 한다고 굳게 믿었다. 그런데 교황이 세속 권력을 참견했고 그것도 돈을 받고 그랬다니, 이는 교회와 하느님의 무형 자산에 대한 침해인 것이다. 사실 역대 교황들은 독일 계열 황제를 견제하기 위해 프랑스 세력을 주로 이용해왔는데, 그 세력이 너무 커지면 그것도 억제하려 했다. 지금 여기서 문제가 되는 동로마 황제와의 내통 혹은 금품 수수 문제는 당시 교황들이 동서 교회를 통합하려 노력했기 때문이지, 단테가 주장한 것처럼 꼭 돈 때문만은 아니었다.

순례자 단테는 하느님께서 주신 직분에 대한 존경심 때문에 더는 이 교황을 공격하지 않고 이 정도로 그친다. 그의 발언은 성직자들에 대한 일반적 개탄으로 변한다. 그들은 탐욕 때문에 선인을 짓밟고 악인을 높인다고. 그러면서 사도 요한이 기록한 성경 말씀을 인용한다. '물 위에 앉은 여인'이 세상의 왕들과 간음할 것이라고. 그녀는 일곱 머리를 갖고 태어나, 자기 신랑의 마음에 드는 동안에는 열 개의 뿔에서 힘을 얻으리라고. 〈요한계시록〉 17장에 나오는 구절을 조금 바꾼 것인데 그에 대한 해석이 분분하다. '물 위의 여인'은 '그리스도의 신부인 교회'의 타락상인 듯하고, 뿔과 머리에 대한 가장 유력한 해석은 '일곱 머리'는 성령의 일곱 선물(7성사)이고, '열 개의 뿔'은 십계명이라는 것이다. (《요한계시록》 원문에는 사도 요한이, '물 위에 앉은 큰 탕녀'가 '일곱 머리, 열 개의 뿔을 지닌 짐승'을 타고 있는 환상을 본 것으로 되어 있다.) 이 '일곱 머리, 열 개의 뿔'이 교회를 나타내는 마차에 돋아나는 것을 우리는 연옥산 꼭대기에서 다시 보게 될 것이다. 아닌 게 아니라 그 위에는 탕녀와 거인이 함께 타고 있으니, 지금 이 구절이 거의 성취된 모양새다.

단테의 탄식은 계속된다. '현재의 성직자들은 금과 은을 하느님처럼 섬기고 있으니, 우상숭배자와 다를 바 없다.' 현대 신학자들도 신에게 부를 구하는 자들은 사실상 '부의 신(Mammon)'을 섬기는 것이라고 지적한다. 이어서 단테는 콘스탄티누스 황제에 대해 탄식한다. 그가 개종한 것은 좋았지만, 교황 실베스테르 1세에게 서로마를 넘겨주어 교회를 부자로 만든 것은 너무나 큰 해악의 근원이 되었다는 것이다. 중세에는 이런 내용이 적힌 '콘스탄티누스의 기증서'라는 문서가 전해져서 단테도 그 내용을 믿었지만, 이것이 8~9세기에 위조된 문서라는 게 1440년 로렌초 발라에 의해 밝혀졌다(그 문서에는 4세기에는 아직 사용되지 않던 표현들이 담겨 있었다.).

  단테가 이렇게 개탄하자, 교황은 발을 더욱 세게 버둥거린다. 분노 아니면 양심의 찔림 때문이리라고 단테도 추측한다. 한편 안내자는 이런 단테를 아주 기특하게 여긴다. 다시 그를 안아 들고 내려왔던 길을 올라선다. 다음 둔덕으로 넘어가는 다리 위까지 가서야 단테를 내려놓는다. 염소조차도 통과하기 어려우리만치 험하고 가파른 돌다리다. 그 밑으로 다른 구렁이 훤히 들여다보인다.

넷째 구렁, 거짓된 예언자들

제20곡 첫 세 줄은 너무나 산문적인 구절로 되어 있어서, 혹시나 다른 사람이 써 넣은 게 아닐까 하는 의혹까지 받고 있다. 새로운 형벌 속에 잠겨 있는 자들을 '첫째 노래 편(canzon)의 스무 번째 노래(canto)'의 소재(matera)로 삼겠다는 구절이다. 즉, 이제 〈지옥편〉 제20곡에 도달했단 말이다. 창작자라기보다는 연구자들이 사용할 만한 용어들이다. '소재'라는 말도 마찬가지로 시적이라기보다는 분석적인 용어다.

방금 '잠겨 있다'라는 단어를 썼지만 여기 있는 자들이 실제로 무슨 액체 속에 잠긴 건 아니고, 이들이 '눈물로 비탄에 잠긴' 것을 이렇게 표현했다. 여기는 거짓된 예언자들의 영역이다.

목이 뒤로 돌아간 거짓 예언자들

단테가 다리 위에서 내려다보니 한 무리가 다가온다. 말없이 눈물을 흘리며 기도 행렬처럼 걷는 중이다. 자세히 보니 그들은 턱과 가슴 시작 부분 사이가 틀어져 있었다. 즉 목이 꼬여서 얼굴이 등 쪽으로 돌아갔고, 그래서 실제로는 뒷걸음질로 가고 있었다. 감히 미래를 내다보겠노라 하던 자들이 앞은커녕 오히려 뒤를 보면서 나아가게 된 것이다.

단테는 이들이 눈물 흘리는 모습을 보고서 자신도 눈물을 흘린다. 한데 그들의 모습을 그려낸 구절이 조금 특이하다. '우리의 형상(nostra imagine)'이 비틀려서 눈물이 엉덩이 골짜기로 흘러내리고 있었다는 것이다. 여기서 '우리의 형상'은 거의 〈창세기〉 1장의 구절을 인용한 것이 아닌가 싶다. 하느님께서 '우리가 우리의 형상대로 인간을 짓자.'라고 하시고 인간을 만들었다는 말이다. 그러니까 단테는 지금 하느님을 본떠서 만들어진 인간이 그 원형을 잃은 것을 슬퍼하는 중이다.

한데 단테가 슬퍼하는 것을 보고서 안내자께서 야단을 치신다. '여기는 연민(pieta)이 죽어야 오히려 사는 곳이다! 하느님의 심판에 동정(passion)을 연결시키는 자보다 더 불경스러운 자가 누구이겠느냐?' 여기서 두 번째 문장이 무슨 뜻인지를 두고 약간의 논란이 있다. (전해지는 사본들도 조금씩 문장이 다르다.) '하느님의 판단을 수동성에 연결시키는 자'라고 해석할 수도 있기 때문이다. 그러면 이 문장은 단테를 향한 것이 아니라 여기서 벌 받는 자들을 가리키는 말로, 이들이 하느님의 결정에 외력을 가해서 변화시키려 했기 때문에 그 불경죄를 벌 받는 중이라는 뜻이 된다. 예언이란 이미 정해진 운명을 미리 내다보고서 그것을 피해 다른 방향으로 일이 진행되게 하려는 시도이고, 그래서 불경이란 말이다.

단테가 죄인들을 불쌍히 여기는 장면은 이미 여러 번 나왔지만, 선생님이 그를 엄히 야단치는 것은 이곳이 처음이다. 사도 베드로도 예수님께 금방 칭찬받고 곧 야단맞은 적이 있는데, 이곳도 그와 비슷하게 구성되었다. 방금 선생님은 단테를 칭찬하여 껴안고 들어 옮겨주시지 않았던가! 우리는 앞으로 단테가 점점 엄격한 태도를 보이는 걸 목격하게 될 것이다. 그는 점차 하느님의 정의에 자신을 맞춰나간다. 한데 단테가 여기서 특별히 거짓 예언자들에게 동정을 보이는 이유는 무엇일까? 아마도 예부터 시인은 예언자와 동류로 여겨져서일 것이다. 아닌 게 아니라 단테도 이 작품에서 여러 차례 미래에 대한 예언을 펼쳐 보이고 있다. 물론 그의 예언은 하느님께 근원을 둔 것이고 대부분 그대로 성취될(혹은, 집필 무렵엔 이미 성취되어 있었던) 것이다.

선생님은 그 무리 중 몇을 가리켜 보인다. 대부분 단테가 영향을 많이 받은 작가들의 주인공이다. 첫째로 소개되는 인물은 당연히 이 구렁의 간판 격이다. 테바이를 공격한 일곱 영웅 중 하나인 예언자 암피아라오스다. 그는 이 원정이 실패할 것을 알고서 참여하지 않으려 했으나 그의 아내가 목걸이를 받고서 그를 '팔아치워서' 어쩔 수 없이 전장에 갔다가, 지면이 갈라지는 바람에 땅속으로 사라져버렸다. 이 사람은 우리가 앞으로 연옥산에서 만나게 될 로마 시인 스타티우스의 작품 《테바이스》에 나왔다. 우리는—이미 앞에서 카파네우스를 보았지만— 지옥의 아래쪽으로 내려갈수록 이 《테바이스》의 등장인물들을 점점 더 많이 마주치게 될 것이다. 이는 단테가 테바이를 하느님 나라와는 대비되는 패역한 도시의 대표로 여겨서다.

그다음으로 베르길리우스가 가리켜 보인 인물은 테이레시아스다. 이 사람 역시 테바이 이야기에 나오는 예언자이며, 《오뒷세이아》에서 오뒷세우스가 저승에 갔을 때 만나는 인물이다. 하지만 여기서 시인 단테는 주로 오비디우스 《변신 이야기》에 나온 내용에 의지하여, 그가 남자였다가 여자가 되었다가 다시 남자로 변한 사연을 강조했다. 사실 이 사람은 일종의 '남녀합체'로서 저승 여행 안내자의 성격을 띠고 있다. 그래서 오뒷세우스가 저승으로 그를 만나러 간 것이다.

다음은 별로 알려지지 않은 인물로, 루카누스의 《파르살리아》에 등장하는 아론타라는 예언자다. 카이사르와 폼페이우스가 싸워서 결국 카이사르가 이기리라고 예언한 사람인데, 지금 여기서는 '카라라의 대리석 동굴에 살면서 바다와 별을 내다보던 자'라고 소개되어 있다. 실제 시야는 좁으면서도 자기 능력에 어울리지 않게 우주 전체를 내다보노라 자부했던 자라는 뜻이다.

안내자께서 가장 공을 들여 설명한 사람은 그다음에 따라오는 여성, 만토다. 그녀는 앞에 소개된 테이레시아스의 딸로서, 테바이가 멸망한 다음 이탈리아로 이주하여 살았고, 그녀가 살던 곳이 그 이름을 따서 만토바가 되었다는 얘기다. 이곳은 시인 베르길리우스의 고향으로, 우리는 앞으로 그가 자기를 소개할 때 '만토바가 나를 낳았고…'로 시작하는 것을 자주 보게 될 것이다. (앞에도 말했지만 이 구절은 나폴리에 있는 베르길리우스 묘비명의 첫 부분이다.) 베르길리우스는 만토바 주변을, 도시와 산, 호수, 강, 요새 등의 이름을 여럿 넣어 매우 길고 상세히 그려 보인다. 그곳에 만토가 당도하여 자기 종복들과 함께 마술을 부리며 살다가 죽었다는 것이다. 그러면서 혹시 만토바에 대해 누군가 이와 다른 얘기를 하면 그 말을 믿지 말라고 당부한다. 그 말을 받아서 단테는 자신은 선생님의 설명만을 믿으며 다른 주장에는 전혀 신경 쓰지 않겠노라고 확언한다.

한데 지금 여기 나온 만도바에 대한 설명은 베르길리우스의 《아이네이스》에 나온 것과 다르다. 그 작품에서도 만토가 이 땅에 온 것까지는 일치하는데, 그녀가—지금 여기 암시된 것처럼—처녀로 죽어서 그 유골 위에 도시가 세워진 게 아니라, 그 지역의 강물 신(투스쿠스)과 결혼해서 자식(오크누스)을 낳았고, 그 아들이 아이네이아스에 대항하는 이탈리아 군대 일부를 이끄는 것으로 되어 있다. 만토바에 성을 두른 것도, 그

성에 자기 어머니 이름을 붙인 것도 바로 오크누스다.(《아이네이스》 10권 198-200행) 그러니 지금 《신곡》의 등장인물 베르길리우스가 '다른 얘기는 믿지 말라.'라고 할 때, 그 '다른 얘기'는 시인 베르길리우스가 《아이네이스》에 쓴 내용을 암시하는 것이고, 따라서 시인 단테는 자기가 만든 '등장인물 베르길리우스'를 시켜서, 약 1300년 전에 살았던 실제 베르길리우스를 비판하게 한 것이다. 더구나 '등장인물 베르길리우스'의 당부에 순례자 단테가 충실한 복종을 서약하고 있으니, 시인 단테는 꽤 고약한 장난을 치고 있는 셈이다.

한데 그보다 더 크게 문제되는 것이 있다. 〈연옥편〉 22곡에서 림보에 머물고 있는 인물들에 대한 또 한 번의 소개가 나오는데, 거기에 만토('테이레시아스의 딸')가 들어 있다는 점이다. 같은 사람이 림보에도 있고, 지옥 아래쪽에도 있다니! 심하게 말하자면 그 부분에서 시인 단테가 '졸았다'라고 할 수도 있을 텐데, 나로서는 시인 단테가 호메로스를 존경하는 의미에서 일부러 틀린 게 아닌가 생각한다. 호메로스가 《일리아스》에서 앞에 죽은 사람을 뒤에 다시 등장시킨 적이 있고, 그것 때문에 '호메로스가 졸았다'라는 우스개가 생겼기 때문이다. 달리 이 모순을 해결하는 방법은 지금 이 지옥에서 벌 받는 거짓 예언자 만토와 림보에 평온하게 머물러 있는 만토를, 하나는 문학작품 속의 등장인물이고 다른 사람은 실존 인물이라고 보는 것이다. 〈연옥편〉 22곡에서 그 명단을 전하는 주체는 《테바이스》의 저자 스타티우스이고 거기 거명된 사람들은 대개 《테바이스》에 등장하는 인물이기 때문에, 림보에 있는 만토는 '문학적 만토'라고 해야겠다.

다음으로 소개되는 인물은 에우뤼퓔로스다. 이 사람 역시 좀 복잡한 문제를 안고 있다. 안내자의 소개에 따르면, 이 사람은 트로이아 전장에

갔던 희랍군 예언자로서 칼카스와 더불어 원정군 함대의 출항 날짜를 결정했던 사람이다. (《일리아스》에 같은 이름을 가진 희랍군 전사가 등장하지만 그가 특별히 예언 능력을 지녔다는 얘기는 없다.) 안내자께서는 자기가 '고귀한 비극'(《아이네이스》)에서 그렇게 노래했고 단테도 그 사실을 잘 알 것이라고 했지만, 《아이네이스》 2권에는 그가 예언자로서가 아니라 델포이 신탁을 물어보러 가는 사절로 소개되어 있다. 그는 희랍군이 처음 출항할 때 아가멤논의 딸 이피게네이아를 제물로 바쳤기 때문에, 그 죄를 씻기 위해 다시 인간 희생을 바쳐야 한다는 신탁을 받아 동료들에게 전해주었다고 한다. (그렇지만 이 얘기는 《아이네이스》 내에서 '거짓말쟁이' 시논이 트로이아인들에게 해준 것이어서, 사실로 믿어야 할지 말지 좀 고민스럽다.) 어쨌든 여기서 시인 단테는 또 다시 '등장인물 베르길리우스'를 시켜서 '시인 베르길리우스'의 작품 내용을 수정 또는 보충하고 있다. 그러니 독자로서는 등장인물이 하는 말을 그냥 다 믿으면 곤란하겠다. 이 모든 얘기가 너무 복잡하다고 생각하는 독자라면 그저 이 에우뤼필로스에 대해서는 《일리아스》(전사), 《아이네이스》(사절), 《신곡》(예언자)이 각기 다른 설을 내세우고 있다고만 알면 되겠다.

안내자께서는 그다음으로 단테와 동시대를 살았던 인물 몇을 한꺼번에 짧게 소개한다. 스코틀랜드 출신의 미카엘(마이클 스콧, 미켈레 스코토), 귀도 보나티, 이스덴데 등인데, 이들은 내제로 시칠리아의 페데리코(프레드릭, 프리드리히) 2세와 연관되어 있다. 그 밖에도 풀잎과 인형으로 요술을 부렸던 여자들도 거기 있다고 덧붙인다.

지옥 여행 시간의 절반이 지나다
여기까지 설명하고서 안내자는 어서 발길을 서두르자고 말한다. 이미

달이 육반구의 서쪽 경계에 걸쳐 있다는 것이다. 지옥에서 천체에 대한 언급이 나오는 몇 안 되는 구절 중 하나다. 지금 이 여행은 부활절 직전에 시작되었기 때문에 대충 보름 무렵이다. (부활절은 '춘분 지나고 첫 보름달이 뜬 다음에 오는 일요일'로 정해져 있다.) 보름에는 해와 달이 정면으로 마주 보고 있으니, 육반구 서쪽 끝에 달이 놓여 있다는 말은 육반구 중심인 예루살렘에서 볼 때 동쪽 지평선에서 해가 막 떠오르려는 참이란 말이다.

이전에 시간 표시가 나온 적이 없어서 설명할 기회가 없었는데, 단테는—예루살렘 기준으로—성금요일(예수께서 십자가에 달리신 날) 저녁에 여행을 시작했다. 한데 이제 12시간이 경과했고(성토요일 아침), 이제 12시간 안에 지구 중심까지 도달해야 하는 것이다. (암묵적으로 지옥 여행에는 24시간이 주어진 것으로 되어 있다.) 거기서 다시 24시간에 걸쳐 지구 반대편으로 나가서 연옥산 밑에 도착하면 예루살렘 시간으로는 부활절 일요일 저녁이고, 현지 시간으로는 부활절 아침이 된다. 예루살렘의 대척점에 연옥산이 있는데, 수반구의 중심인 그곳은 계절도 밤낮도 육반구 중심과는 반대이며, 이쪽보다는 12시간 늦다.

여기서 달은 '카인과 가시'라고 지칭되는데, 달에 보이는 얼룩을 두고서 옛사람들이 자기 형제 아벨을 죽인 카인이 가시 짐을 지고서 방랑하는 모습이라고 해석해서다. 이에 대한 자세한 논의는 〈천국편〉 제2곡에 나온다. 한편 육반구의 서쪽 끝은 스페인의 도시 '세비야'로 지칭되고 있다.

INFERNO | CANTO XX

제21곡
다섯째 구렁, 공직매매자들

이제 단테 일행은 다리를 마저 건너고, 계속 진행해서 다른 다리를 만나 그 위에 올라서 있다. 여기서 단테는 그 사이에 '자신의 희극이 노래하지 않는 다른 얘기들'을 나누며 걸었다고 말한다. 주목할 것은 단테가 '나의 희극'이란 표현을 썼다는 점이다. 이는 제20곡에서 시작된 '대결'을 끝맺는 마침표다. 20곡은 문학작품보다는 평론에 사용되는 용어들로 시작했다. 그리고 그 중간에는 시인 단테와 시인 베르길리우스 사이의 일종의 '대결'을 보여주었다. 이제 여기, 베르길리우스의 '고귀한 비극(l'alta mia tragedia)'(20곡 112행)에 대비되는 '나의 희극(la mia comedia)'(21곡 2행)이란 말로써 그 대결을 마무리 짓는 것이다. 사실은 제20곡 마지막 단어도 전혀 문학적이지 않은, 매우 구어적인 표현(introcque, '그러면서')이어서, 지금 이 작품이 서민적 희극임을 강조하고 있다. 한편 두 시인이 길을 걸으며 나누었다는 '다른 얘기'는 아마도 비극과 희극의 차이와 효용 등이 아니었나 싶다. 우리는 앞에서 림보로 가는 길에 '세계 4대 시인'들이 그런 이야기('거기서는 말하는 게 좋았듯이, 이곳에서는 침묵하는 게 좋을 것들', 4곡 104~105행)를 나누는 걸 보았고, 앞으로 연옥산에서도 베르길리우스와 스타티우스가 그러는 것을 보게 될 것이다.

부패한 관리가 끓는 역청 속에 던져지다

다리에서 내려다보는 단테의 눈에 들어온 것은 조선소에서 역청을 끓이는 것 같은 장소다. 하지만 배를 만들거나 수리하기 위해 분주한 조선소와는 달리 이곳은 사람이 보이지 않고 거품만 부풀어 올랐다가 스러진다. 안내자는 갑자기 단테를 자기 쪽으로 잡아당긴다. 그들 뒤에서 다리 위로 달려오는 악마가 보인다. 그는 어깨 위에 죄인 하나를 잡아 얹은 채 다가오더니, 그 죄인을 다리 아래 자기 동료들이 있는 쪽으로 집어 던지고 얼른 가버린다. 이곳은 부패한 관리들이 벌 받는 곳이고, 여기도 첫째 구렁처럼 악마들이 관리하는 곳이다. 부패한 관리가 뜨거운 역청 속에 던져지는 이유는 무엇인가? 국가는 예부터 배에 비유되었는데, 부패한 관리는 그 배에 구멍을 낸 자들이기 때문이다. 말하자면 이제 그 구멍을 메우기 위해 끓이는 역청의 '원료'가 된다고나 할까? 그러면 방금 다녀간 악마는 왜 특별히 등장한 것일까? 이는 '선한 목자'의 패러디다. 관리들은 목자가 양을 돌보듯 국민을 돌보아야 하는데, 부패 관리들은 그러지 못했기 때문에 말하자면 악마들이 그 시범을 보이는 것이다. 앞에서 단테가 이탈리아 북부 여러 도시를 돌아가며 비난한다고 했는데, 여기서 특별히 관리가 부패한 도시의 대표로 제시된 곳은 루카(Lucca)다. 도시 이름을 직접 대지 않고, 그 도시의 수호성인 '치타 성녀'의 이름으로 대신했다. 그 도시의 가장 부패한 관리 이름(본투로)을 대면서 '그 사람 말고는 모두 부패했다.'라고 나와 있어서 독자들로서는 좀 어리둥절할 텐데, 이는 반어법을 쓴 것이다. 그 사람뿐 아니라 모두가 다 부패했다는 뜻이다. 그 도시에서는 돈만 있으면 전에 안 되던 일도 다 통과된다고.

끓는 역청 속으로 던져졌던 죄인이 떠오르자, 다리 밑에서 악마들이 외친다. 여기서는 루카의 성상('성스러운 얼굴')을 불러도 소용없다고, 여기서도 한번 도둑질을 해보라고. 그러면서 갈고리 창으로 찔러댄다. 시인은 이 장면을 고기 삶을 때 물속에 잠기도록 요리사와 하인들이 갈고리로 찍어 누르는 것에 비유하고 있다.

악마들의 안내를 받기로 하다

안내자께서는 단테를 바위 뒤에 숨겨두고 악마들과 협상하러 간다. 앞에 첫째 구렁에서도 악마들을 보았지만 그때는 그러지 않았는데, 이번엔 굳이 이들과 협상하려는 이유가 무엇일까? 아마도 이 부분에서는 악마들이―첫째 구렁에서처럼―구렁 속에 있는 게 아니라, 구렁 가장자리에 자리 잡고 있어서 그들의 방해를 받지 않고서는 둔덕길을 지날 수 없어서인 듯하다. 안내자께서는 자신이 어떤 위해를 당하더라도 겁먹지 말라고 당부한다, 예전에도 그런 적이 있어서 자신은 그들의 공격을 잘 알고 있노라고. 여기서 '예전'은 전에 마녀의 심부름으로 지옥 저 아래까지 갔을 때의 일을 가리키는 듯하다. 하지만 이 구절이 디스의 성 앞에서 악마들이 문 열어주기를 거부했을 때를 가리킨다는 해석도 가능하다.

　안내자께서 다리 끝까지 이동하자 다리 밑에서 악마들이 튀어나온다. 안내자는 대화를 청한다. 악마들을 대표해서 말라코다라는 자가 앞으로 나선다. 베르길리우스는 자신이 하늘 뜻에 따라 여행하고 있음을 밝힌다, 동행자에게 이곳을 보여주어야 한다고. 말라코다가 공격하지 않겠다는 뜻을 비치자, 선생님은 단테를 숨은 데서 나오게 한다. 단테는 혹시나 저들이 약속을 어기면 어쩌나 걱정하며 선생님 쪽으로 다가간다. 아닌 게 아니라 악마들은 창을 들이밀고 금방이라도 찌를 듯이 위협하며 서로 부추긴다.

하지만 이들의 우두머리 말라코다가 제지하며 이곳의 다리는 무너졌으니 다른 돌다리로 안내하겠노라고 제안한다. 그러면서 다리가 무너진 시기를 밝히는데, 숫자가 지나치게 정확하다. '어제 이맘때에서 다섯 시간 지났을 무렵이 그 다리 무너진 지 1266년이 흐른 시점'이었다는 것이다. 단테가 저승을 여행한 서기 1300년을 기준으로 1266년 전이라면 서기 34년이다. 그리고 '어제 이맘때'라면 성금요일 아침이고, 거기서 다섯 시간 지났으면 정오 무렵이다. 바로 예수님이 돌아가신 시간이다. 앞에 말한 것처럼 예수께서 돌아가실 때 지진이 일어났고 그때 이 다리도 무너졌다는 것이다. (예수님은 보통 33세에 십자가에 달린 것으로 알려져 있지만 성서에 정확한 나이가 나와 있지 않기 때문에, '33세'는 대략적인 나이이고, 실제 나이는 그보다 조금 많거나 적을 수 있다.)

말라코다는 정찰도 하고 안내도 하도록 부하들을 동행시키겠노라고 제안한다. 그러면서 정찰대원의 이름을 하나씩 부르는데, 발음에 있어서나 뜻으로 보나 모두 매우 거친 이름들이다. 단테는 선생님께 안내 없이 그냥 둘만 가자고 살그머니 말씀드린다. 저들이 이를 갈며 눈짓하는 게 아무래도 수상하다고. 하지만 선생님은 큰 협상을 무사히 끝내서 그런지 좀 느긋해지셨다. 저들이 이를 가는 대상은 역청 속에 갇힌 자들이니 걱정하지 말자고 하신다.

이제 일행은 다시 왼쪽으로 돌아 전진한다. 악마들이 입으로 휘파람을 불자 그 우두머리는 엉덩이로 나팔을 분다.

제22곡

악마들이 탐관오리에게 속아 역청 구덩이에 빠지다

단테의 군사적 경험이 상기되다

22곡 첫 부분은 방금 그려진 상황에 대한 단테 자신의 평가로 시작한다. 단테 자신이 여러 군대의 위용을 보았지만 이렇게 이상한 군대 신호는 처음 본다는 것이다. 시인 단테는 여기서 자신의 전쟁 경험을 꽤 강조하고 있다. 조금 전 21곡에서 주춤주춤 은신처에서 나올 때도 단테는 자기 모습이 카프로나 전투의 패잔병이 투항하던 모습과 비슷했다고 말했다. 지금 여기서는 자신이 아레초 전투에서 기병과 척후병의 여러 신호와 거기 따른 움직임을 본 적 있노라고 적고 있다. 두 전투 모두 1289년에 단테가 직접 참여했고, 단테의 파당(궬프)이 승리를 거두었다. 시인 단테는 이런 자기 묘사를 통해, 피렌체에 군사적으로도 기여했던 자신을 쫓아낸 것에 대해 암시적인 비판을 보내고 있다.

한데 악마들이 이렇게 이상한 신호를 주고받는 것으로 그려진 이유는 무엇인가? 앞에 분노의 진흙 강 대목에서도 말했지만, 악마들은 하느님과의 전쟁에서 이미 결정적으로 패배했는데 그 사실을 모르고 있다. 그래서 여전히 전쟁 중이라고 생각해서 이런 신호들을 주고받는 중이다. 더구나 '방귀 신호'는 매우 희극적인 장치이다. 희랍 희극도 마찬가지인데, 이 장르의 특징 중 하나는 '화장실 농담'이 매우 많이 등장한다는 점이다. 즉 똥, 오줌, 트림, 방귀가 난무하는 게 희극의 특징이다. 한데 단테는 제21곡 초입에서 자기 작품을 '희극'으로 특정하지 않았던가?

더구나 지금 이곳은 제22곡이다. 11이 잉여수인 것처럼, 그것의 두 배인 22도 잉여수다. (이 점은 나중에 제29곡에서 다시 한 번 확인하게 될 것이다.) 이제까지 단테는 대체로 수동적인 관객으로 그저 벌 받는 자들을 구경하는 위치에 머물렀는데, 이번 곡에서는 단테 자신이 어떤 사건에 휘말려 들어가는 것을 보게 될 것이다. 어찌 보면 22곡은 단테의 또 하나의 전투장 역할을 한다. 앞에서 자신의 군 경력을 내세운 것도 그래서일 수 있다.

징벌을 피하다 잡힌 부패 관리

그래도 그 와중에 단테는 끓고 있는 역청 구덩이에 주의를 기울이고 있다. 법 규정의 미비점을 파고들어 부패를 저질렀던 자들이어서인지, 다른 데와는 달리 이 구렁에서는 벌을 피해보려 재주 부리는 죄인들이 많이 그려진다. 죄인들의 행태는 크게 둘로 나뉘는데, 일부는 끓는 역청 바깥으로 마치 돌고래처럼 등을 얼른 내놓았다가 금방 다시 들어가는 부류고, 다른 일부는 물속의 개구리처럼 코끝만 내놓고 있다가 감시자가 다가오면 얼른 코까지 역청 속으로 집어넣는 부류다. 단테 일행이 다가가자 코끝만 내밀고 있던 자들이 모두 잠수해버리는데, 그중 한 명이 뒤처져 붙잡혔다. 그를 붙잡은 악마는 그의 머리카락을 움켜잡아 끌어 올린다. 눈치 빠른 단테는 이미 이때쯤엔 동행하는 악마들의 이름을 모두 외고 있었다. 그래서 이 부분에는 악마들이 각각 이름으로 특정되고 있다. 그들은 죄인을 찌르고 껍질 벗기자고 서로를 부추긴다.

한데 단테는 그 죄인의 신원이 궁금하다. 그의 부탁을 받은 선생님이 죄인에게 질문을 던진다. 그는 현재 프랑스와 스페인 국경 지대에 있었던 나바라 왕국 출신이다. 이제 시인 단테가 다루는 인물들의 범위가 넓어지기 시작했다. 그 죄인은 어느 건달 아비에게서 태어나 지역 영주의 하인이 되었다가, 나중에는 나바라의 왕 테오발도의 신하가 되었고, 그 지위를 이용해서 돈을 모아들이다가 이곳에 오게 된 것이다. 원문에는 이름이 나와 있지 않지만, 학자들이 찾아낸 바에 따르면 이 죄인의 이름은 잠폴로('요한-바울')이다.

이런 사정을 풀어놓고 있는데 악마 하나가 날카로운 이로 그를 찔러버린다. 하지만 이 무리의 우두머리가 그것을 막으며, 베르길리우스에게 더 알고 싶은 게 있으면 얼른 질문하라 이른다. 안내자께서는 이곳에 라틴 사람이 있는지 묻는다. (베르길리우스 자신이 현대 이탈리아어가 아니라 옛 라틴어를 사용하는 사람이라 이런 표현을 쓴 것이다.) 상대가 조금 전 자기와 함께 코끝을 내밀고 있던 자 중에 이탈리아 부근 사람이 있었다고 말하는 순간, 악마들이 더 이상 참지 못하고 갈고리로 죄인의 팔을 찍고, 다른 놈들도 다리로 달려든다. 다시 우두머리가 그들을 막고, 안내자가 질문을 이어나간다. 조금 전에 말한 인물이 누구인지? 죄인은 자기 상처를 들여다보다가 대꾸한다. 그 사람은 사르데냐 갈루라 출신의 고미타 수사이니 자기 주인의 원수들을 잡았다가 돈을 받고 모두 풀어주었다고. 그리고 같은 사르데냐의 로구도로 출신 미켈레 창케라는 자도 비슷한 짓을 저질렀다고. 이 둘이 마주치면 사르데냐에서 갈취하던 추억을 나누느라 지칠 줄을 모른다고.

죄인의 계략에 악마들이 넘어가다

지금 이 부분은 등장인물이 한마디 할 때마다 서로 다른 악마가 끼어들어 죄인을 해코지하거나 그러려 시도하는 것으로 구성되어 있다. 죄인이 이 대목까지 얘기했을 때 또 다른 악마가 그를 찌를 듯 노려보며 이를 간다. 우두머리는 다시 그를 제지한다. 여기서 죄인은 뜻밖의 제안을 한다. 토스카나 사람이든 롬바르디아 사람이든 원하는 대로 불러주겠노라고. 자기들은 원래 휘파람을 불어 신호를 주고받으며 이따금 바깥에 나와 있노라고. 잠깐만 둔덕 너머로 몸을 숨기고 있으라고. 아마도 그는 방금 언급한 죄인들이 본토에서 멀리 떨어진 변두리 섬(사르데냐) 출신인지라, 여행자들이 좀 더 중심적인 지역 사람을 보고 싶어 하리라고 예상한 모양이다. 역시 사기꾼답게 '고객'의 욕구를 얼른 알아챘다. 하지만 악마 중 하나가 그 제안에 의심을 표한다. 그러자 죄인은 제 동료들에게 더 큰 고통을 줌으로써 자기 술수를 확인시켜 주겠노라고 짐짓 빼긴다. 드디어 악마 하나가 그 유혹에 넘어간다. 그러면서 위협한다. 혹시라도 그 죄인이 다시 역청 속으로 뛰어들면 그냥 달려가는 정도가 아니라 그 위로 날아가서 잡아채겠노라고. 그러면서 다른 악마들에게 둔덕 너머로 몸을 숨기자고 한다. 하지만 그들이 둔덕 쪽으로 눈길을 돌리자마자 그 죄인은 역청 속으로 뛰어든다. 제일 먼저 유혹에 넘어갔던 악마가 재빨리 뒤쫓았으나 죄인은 이미 수면 밑으로 몸을 숨긴 상태고, 악마는 오리를 놓친 매처럼 다시 위로 솟구쳤다. 그러자 다른 악마가 화가 나서 죄인의 제안을 받아들였던 제 동료에게 달려든다. 결국 둘은 뒤엉킨 채 역청 구덩이로 떨어지고 만다. 악마들이 당황하여 양쪽 둔덕으로 나뉘어 자기 동료들을 구해내고 있는 사이에 단테와 베르길리우스는 발길을 재촉하여 그곳을 빠져나간다.

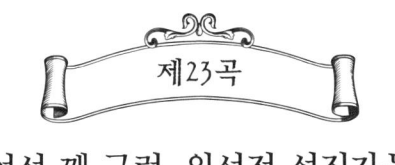

제23곡

여섯 째 구렁, 위선적 성직자들

악마들의 추격을 피해 다음 구렁으로 미끄러지다

이제 단테와 베르길리우스는 단 둘이 말없이 걷는다. 여기서 둘은 작은 형제회 수사들에 비유되고 있는데, 곧 다음 구렁에서 위선적인 수도사들을 만나게 되기 때문에 이렇게 표현한 것이다. 이때 단테는 갑자기 개구리와 생쥐 이야기를 떠올린다. 단테 당시에 여러 경로로 전해지던 이솝 우화 내용이다. 개구리가 생쥐에게 등에 실어 강 건너로 건네주겠다는 제안을 한다. 그러면서 혹시 생쥐가 물에 빠질 수도 있으니 둘의 다리를 줄로 묶자고 한다. 한데 강 한가운데 이르렀을 때 개구리는 갑자기 물속으로 잠수해 들어간다. 그러니까 개구리는 애당초 생쥐를 골탕 먹이려는 의도로 다리를 묶자고 제안했던 것이다. 생쥐가 물속으로 딸려 들어가지 않으려고 한창 허더이고 있을 때, 지나가던 매가 그것을 보고서 생쥐를 잡아챈다. 그러자 예상치 않게 개구리도 함께 딸려 올라온다. 그다음에 어떻게 되었는지는 작가마다 다르게 전하고 있는데, 어떤 판본에는 둘 다 매의 밥이 되었다고도 하고, 어떤 판본에는 매가 생쥐는 놓아주고 개구리만 먹어치웠다고도 되어 있다.

그렇지만 이 이야기가 현재의 상황과 아주 잘 맞아떨어지지는 않는다. 다른 이를 해치려다가 자기가 오히려 해를 입는다는 게 이 이야기의 골자인데, 일단 남을 해치려다 자기가 해를 당한 존재는 악마들이니 그들이 개구리에 해당된다고 할 수 있겠다. 한편 해코지를 당할 뻔했다가 그것을 모면하는 존재는 도망쳐버린 죄인이니 그가 생쥐에 해당된다. 하지만 이야기 속 생쥐는 상대의 호의를 믿었다가 봉변을 당하는 순진한 존재인데 반해, 방금 본 죄인은 오히려 계략으로 악마들까지 농락하는 노련한 사기꾼이다. 게다가 개구리를 응징하는 매에 해당되는 존재는 자기 동료에게 달려들어 함께 역청 구덩이에 빠져버리는 다른 악마이니, 그 악마는 우월한 응징자가 아니라 엉뚱한 희생자가 되고 말았다. 그러니까 여기서 이솝 우화에 나온 요소와 방금 일어난 사건이 완벽하게 맞아떨어지진 않는다. 그저 두 이야기 모두 세 명의 '등장인물'이 필요하고, 속임수, 낚아챔, 물에 빠짐 등의 요소가 일치할 뿐, 그 요소들의 조합은 상이하게 구성되었다고 해야겠다. 어쨌든 시인 단테는 두 이야기를 최대한 일치시키기 위해서인 듯, 앞에서부터 악마들을 여러 차례 '매', 또는 '날짐승'으로 표현했다.

 한데 아직까지는 순례자 단테가 깨닫지 못하고 있지만, 뒤의 사정까지 고려해서 다시 맞춰보자면 지금 단테가 떠올리는 이솝 우화가 좀 더 잘 맞아 들어간다. 즉, 우화 속의 개구리는 악마들, 생쥐는 단테와 베르길리우스, 그리고 매는 역청 구덩이에 뛰어든 죄인이라고 보는 것이다. 우선, 다른 돌다리가 존재하지 않는데도 속임수를 써서 엉뚱한 길로 인도한 것이 악마들이니, 이들이 '개구리'다. 한편 멋모르고 그들의 '호의'를 받아들였다가 간신히 빠져나간 이들은 단테와 베르길리우스이니, 이들이 '생쥐'다. 그러면 거의 봉변을 당하게 된 단테 일행을 구해준 존재('매')는 역청 구덩이로 뛰어든 그 죄인이 된다. 따라서 아직, 다른 다리가 없으며 자기들이 속았다는 걸 모르고 있는 상태에서 단테가 이 우화를 떠올렸다는 것은 단테의 예지력을 보여주는 것일 수 있다. 아직까지는 상황과 잘 맞지 않지만 왠지 나중에라도 맞아떨어지게 될 것 같은 이야기를 떠올렸기 때문이다.

  이제 단테는 두려움에 사로잡힌다. 저들이 사기꾼에게 조롱당하고 피해까지 입었으니, 자기들을 해코지할 가능성이 크다는 생각이 든 것이다. 그는 선생님께 아무래도 저들이 추격해 올 것 같다고 말씀드린다. 그런데 단테의 마음속을 훤히 들여다보는 선생님도 이미 같은 생각을 하고 있었다. 그래서 지체 없이 결정을 내린다. 돌다리를 찾을 것 없이 그냥 다음 구렁으로 미끄러져 내려가자는 것이다. 돌아보니 벌써 악마들이 그들을 향해 날아오고 있다. 선생님은 얼른 단테를 안고서 다음 구렁으로 미끄러져 내려간다. 그 모습은, 자다가 집에 불이 난 것을 발견한 어머니가 속옷만 걸친 채 아이를 안고서 집을 빠져나오는 것에 비유되었다. 저승 안내자는 원래 남녀합체인 경우가 많은데, 여기서 베르길리우스의 '여성성'이 드러난 것이다.

  두 사람은 물레방아에서 물이 빠져나가는 것보다 더 빨리 다음 구렁으로 미끄러진다. 간발의 차이로 그들 위의 둔덕에 악마들이 도착했으나, 하느님의 권능이 그들의 활동 범위를 다섯째 구렁과 그 경계선인 둔덕까지로 제한하셨기 때문에, 이미 다음 영역으로 들이선 단테 일행에게 해코지를 할 수는 없었다.

금빛 납 외투를 입은 위선자들

이어서 단테는 지금 들어선 구렁 속을 행진하는 무리를 발견한다. 느리고 지친 발걸음으로 눈물 흘리며 걷고 있다. 그들은 클뤼니 수도사들처럼 두건 달린 망토를 걸치고 있다. 그 망토는 겉은 황금색이지만 실은 납으로 이루어진 것이어서, 무겁기 그지없다. 단테는 이 망토를 페데리코 2세가 반역 죄인들에게 입혔다는 납 옷과 비교하고 있다. 그 납 옷도 이 망토에 비기면 지푸라기 정도로만 느껴졌을 거라고.

    이곳 죄인들은 시계 방향으로 돌고 있다. 새 영역에 도착할 때마다 좌회전해온 단테와 베르길리우스는 이번에도 그쪽으로 방향을 잡아 그들과 동행한다. 하지만 그들은 옷 무게 때문에 걸음이 느리므로, 단테 일행은 그들을 앞질러 계속 새로운 사람들 곁을 지난다. 그러다가 다시 호기심이 도진 단테가 안내자께 이곳에 아는 사람이 있는지 묻는다. 그런데 죄인 중 하나가 단테의 토스카나 방언을 알아듣고, 그를 불러 세운다. 두 명의 죄인이 자기들 딴엔 서둘러 그에게 다가오고 있다. 납 두건이 짓눌러서 고개도 들지 못하고 곁눈으로 보면서 자기들끼리 질문을 주고받는다. 단테의 목울대가 오르내리는 것을 보고서 그가 아직 살아서 숨 쉬고 있다는 것을 눈치 챘기 때문이다. 자신들은 위선자들의 단체에 속해 있다고 스스로 소개하며, 단테의 신원을 묻는다. 단테는 자신이 피렌체 출신이며 아직 살아 있는 존재라고만 밝히고, 상대는 누구인지, 그 눈부신 외투 속에 어떤 형벌이 있기에 그렇게 눈물 흘리는지 되묻는다. 그들은 자기들이 볼로냐의 '즐거운 수도사들'이라고 밝히고 이름을 대는데, 이들은 1266년 피렌체의 분쟁을 조정해주기 위해 볼로냐에서 파견되었던 두 집정관(podesta)이다. 하지만 그들은 편파적으로 행동했고 결국 피렌체에서 폭동이 일어나는 원인이 되고 말았다.

    한데 위선자들이 금빛 납 외투를 입고 있는 이유는 무엇인가? 일단 이들이 얼른 보기엔 가치 있는 사람('황금') 같지만 실상은 그렇지 않은 인물('납')들이라는 정도는 쉽게 이해가 되겠다. 한편 학자들은 여기서 옛사람들의 어원 분석을 찾아낸다. 즉, '위선자(ipocrito, hypocritus)'라는 단어를 '황금(chrysos)+아래(hypo)'라고 분석했다는 것이다. 제대로 하자면 원래 '위선자(hypocritos)'는 희랍어로 '배우', 더 근본적으로는 '대답하는 사람'이란 뜻이다. 희랍비극에서 배우는 원래 합창단장이 질문하면 거기에 답하는 사람이었기 때문이다.

그러면 여러 위선자 중에 특히 수도사들이 대표로 제시된 이유는 무엇일까? 아마도 사람들의 영적 구원을 위해 써달라고 여러 사람이 조금씩 모아서 보내준 재물을 자신들만의 육체적 향락을 위해 이용했기 때문이 아닐까 싶다. 나중에 연옥에서 보겠지만 그곳의 구성 원리는 사랑과 사랑의 대상, 그리고 그 사랑의 정도이다. 우리가 보는 이 하부 지옥의 배치 원리도 마찬가지다. 우선 사랑 중에 가장 눈에 띄는 남녀 간의 사랑 문제가 첫 구렁의 죄목이었다. 개인적 사랑의 속삭임과, 하느님을 향한 애정 고백(찬양)의 진실성 문제가 둘째 구렁 죄목이다. 셋째 구렁에서는 신께서 맡기신 직분과 재산이 문제였다. 넷째 구렁에서는 신의 예정과 섭리를 인간이 순명하지 않고 자의로 변경하려 한 죄가 문제되었고, 다섯째 구렁은 사회가 맡긴 직분과 재산에 대한 죄를 징계하고 있다. 이 모두가 개인-교회-국가 단위에서의 애정과 책임 문제에 걸려 있다. 지금 도착한 여섯째 구렁에서는 애정의 방향이 육체로 향하느냐, 영혼으로 향하느냐, 사회가 모아준 징재가 어디에 투입되느냐가 문제다.

바닥에 십자가 모양으로 박힌 위선적 제사장들

단테가 옛 집정관들의 죄에 대해 논평하려는 순간, 다른 죄인이 눈에 들어온다. 땅바닥에 두 손과 두 발이 못 세 개로 고정된 사람이다. 단테와 이야기를 나누던 수도사 중 하나가 그를 소개한다. 그는 백성들 전체를 위해 한 사람이 순교해야 한다고 주장했던 인물이다. 즉, 예수를 십자가에 못 박자고 주장했던 대제사장 가야바다. 한편 다른 곳에서는 가야바의 주장을 지지했던 그의 장인 안나스와, 예수를 죽이기로 결의했던 유대인 의회의 구성원들이 같은 벌을 받고 있다고 한다.

한데 여기서 가야바를 본 베르길리우스의 반응이 특히 자세히 그려졌다. '영원한 추방 속에 그렇게 수치스럽게' 누워 있는 그자를 보고 매우 놀랐다는 것이다. 안내자께서 이렇게 놀라는 이유는 무엇인가? 일단 베르길리우스가 기독교 이전에 살았던 사람이기 때문에 예수의 십자가형과 관련된 죄인을 지금 처음 보아서 그렇다고 할 수 있겠다. 한편, 어떤 학자는 여기 쓰인 '영원한 추방(etterno essilio)'이란 표현이 〈연옥편〉 21곡에도 나오는 것에 주목한다. 베르길리우스는 기독교 세례를 받지 못했기 때문에 '영원한 추방'에 처해졌다는 씁쓸한 내용이다. 아마도 안내자는 그런 형벌을 스스로 택한 사람이 있다는 것에 놀란 모양이다.

베르길리우스가 악마에게 속았음을 깨닫다

안내자는 다시 마음을 가다듬고 위선적 수도사에게 주의를 기울이며 이 구렁에서 빠져나갈 수 있는 통로가 있는지 묻는다. 상대는 별로 멀지 않은 곳에 그런 길이 있다고 답한다. 그것은 가장 큰 둘레를 가진 구렁에서부터 다른 구렁들을 다 지나 제일 안쪽까지 이어진 바위 등성이라고. 하지만 그 돌다리는 이 구렁 위에서는 무너져 있단다. 그래서 그 무너진 바위들을 계단 삼아 다음 둔덕으로 올라서면 된다는 것이다.

그제야 안내자는 자신이 다섯째 구렁을 지키던 악마들에게 속았음을 깨닫는다. 그의 낭패감을 더욱 가중하는 것은 지금 말상대 하고 있는 수도사의 발언이다. 자기는 전에 볼로냐에 살 때, 사탄이 거짓말의 아비라고 들었노라는 것이다. 그러니까 위선 죄 때문에 벌을 받고 있는 사람까지도 아는 사실을 베르길리우스는 모르고 있었던 것이다. 안내자로서의 위신이 완전히 실추되는 순간이다. 우리는 앞으로도 시인 단테가 자기 선생님을 이런 식으로 그리는 걸 자주 보게 될 것이다.

  선생님은 좀 당황했는지 화난 표정으로 성큼성큼 걷는다. 단테 역시 '무거운 짐 진 자들'을 떠나 선생님을 뒤따른다. 여기 벌 받는 자들은 예수께서 '수고하고 무거운 짐 진 자들'을 자신에게 오라고 부르셨을 때, 일단 그 부름에 응하긴 했지만 육체적 욕망이라는 짐을 내려놓지 못한 자들이다. 그래서 지금 그에 상응하는 짐을 지고서 고생 중이다. 이들이 버텨야 하는 무게는 '저울도 삐걱거리게 할 정도'라고 표현되어 있다. '저울'은 한편으로 십자가 모양이고, 또한 사람의 골격과도 유사하다. 그래서 우리는 십자가에 못 박힌 자도, 골격 위에 짐을 얹은 자들도 만나고 있는 것이다.

일곱째 구렁, 도둑들이 뱀에 시달리다

긴 도입부-농부의 낙담과 새 희망

24곡의 시작 부분엔 유례없이 긴 도입부가 설정되어 있다. 15행에 걸쳐 안내자의 표정 변화가 그려진 것이다. 앞 사건의 여파다. 다섯 단락에 걸쳐 직유법이 펼쳐진다. 그 요지는 '늦겨울의 어느 아침에 농부가 가축들의 먹이를 챙기려고 집 밖을 내다보았더니, 서리가 온 땅에 덮여 있다. 그는 낙담하여 집 안으로 다시 들어와 어쩔 줄 몰라 하지만, 잠시 후에 다시 보니 그 사이 해가 나서 서리가 모두 녹았다. 농부는 이제 희망을 되살려 양들을 몰고 꼴 먹이러 떠난다. 꼭 그와 같이 베르길리우스의 표정이 변했다.'라는 것이다. 악마에게 속은 게 분하고 그런 자신이 한심해서 안색이 변했지만, '그래도 무너진 다리까지 가면 여행을 계속할 수 있다, 아직 임무를 완수할 길이 남아 있다, 힘을 내자!'라고 희망을 살려낸 것이다. 여기서 베르길리우스는 농부에 비유되었다. 그러면 단테는 그의 어린양이다. 앞에 탐관오리를 어깨에 엊고 와서 집어던졌던 악마, 그리고 방금 본 수도사들과 한편으로 유사하고 한편으론 다르게, 안내자는 자기 어린양, 자기 십자가를 어깨에 엊고 전진할 것이다.

이 부분에서 한 가지 유의할 점은 계절 표시에 별자리(황도12궁)를 이용했다는 점이다. '태양이 물병자리 아래' 있을 때라고 했다. 물병자리는 양자리보다 두 칸만큼—우리가 볼 때— 오른쪽으로 떨어져 있는데, 황도12궁의 별자리 하나가 한 달 차이가 나므로, 춘분(3월 23일)보다 두 달 정도 전이다. 즉 1월 말이란 뜻이다. 지중해 지역에서는 겨울이 거의 끝난 시점이다. 지옥의 어둠이 짙어질수록 천체에 대한 언급이 잦아지고 있다. 우리는 〈지옥편〉 전체가 '별'이라는 단어로 끝나는 것을 보게 될 것이다.

바윗길을 힘겹게 오르다

단테 역시 선생님의 표정이 변하는 것을 보고 처음에는 낙심했다가 곧 안심하게 된다. 이들은 곧 무너진 다리에 도착한다. 그때쯤엔 선생님의 표정이, 밝은 언덕 발치에서 단테와 처음 만나던 때처럼 온화해져 있었다.

거기부터 위로 올라가는 과정도 매우 자세히 그려져 있다. 안내자는 무너져 쌓인 바위들을 잘 살펴보고 단테가 올라가기 쉬운 데를 선택해서 그를 밀어 올려준다. 그러면서 늘 위쪽의 바위가 그의 무게를 지탱할 수 있는지 살피라고 권고한다. 그다음엔 어느 바위를 잡고 올라갈지 지시한다. 앞에서 자신이 완벽하게 해내지 못했던 안내자 역할을 이제라도 좀 더 충실히 헤내기 위해서인 모양이나. 시인 단테는 선생님의 체면을 다시 세워드리는 참이다.

시인 단테는 여기서, 지옥 중심에 가까운 쪽 둔덕이 바깥쪽 둔덕보다 좀 더 낮게 되어 있다고 설명한다.(우리가 이미 앞에서 확인했던 사실이다.) 그러면 이 통로를 이용해서 죄인들이 도망칠 수도 있지 않을까? 시인 단테는 그런 의문에 답하듯, 무거운 납 외투를 입은 자들은 도저히 올라갈 수 없는 험한 길이라고 밝힌다. 그리고 어차피 위쪽으로 올라가는 다리는 끊겨 있으니, 이동해봐야 이곳보다 더 고통스럽게 벌 받는 하부 지옥으로 가는 길밖에 없다.

둔덕 꼭대기까지 올라갔을 때 단테는 너무 숨이 차서 주저앉아버린다. 선생님은 태만으로 이룰 수 있는 것은 없다고, 정신의 힘으로써 육체의 무게를 이기라고 격려한다. 그저 위선자들을 떠난 정도로 만족해서는 안 된다고. 시인 단테가 스스로를 향해 던지는 자기 다짐이고, 우리를 위해 남겨놓은 경고이기도 하다. 순례자 단테는 실제보다 더 가벼운 표정을 지어 보이며 여행을 계속할 의지를 확인한다. 이 부분은 24곡 맨 앞부분에서 그려진 스승의 표정 변화에 상응하는 제자의 탈진-회복 과정이다. 시인 단테는 자기가 약간 손상시킨 선생님의 체면을, 자신의 부족함을 그림으로써 조금 더 회복시키고 있다. '선생님을 깎아내렸으니 저 자신도 좀 깎아내리겠습니다!'

절도범들의 독사 지옥

이제 다음 구렁 위를 지나는 다리를 건너야 한다. 이 돌다리 길은 전보다 더 험하다. 그래도 단테는 지친 것으로 보이지 않기 위해 계속 선생님과 얘기를 나누며 걷는다. 그러자 저 아래 구렁에서 누군가 화난 목소리로 알아들을 수 없는 말을 지껄인다. 단테가 내려다보지만 너무 어두워서 알아볼 길이 없다. 단테는 안내자께 양해를 구한다, 다음 둔덕에 이르면 조금만 구렁 쪽으로 내려가게 해달라고. 여기 밑에서 올라온 말소리의 내용이 무엇인지는 끝까지 밝혀지지 않는데, 나중에 일어난 일로 짐작하건대 하느님께 보내는 저주였던 것 같다. 자기 머리 위의 하늘 방향에서 소리가 나니까 '하늘에 계신 분께 욕설을 퍼부은 게 아닌가 하는 것이다. 그렇다면 단테가 지친 것으로 보이지 않기 위해 계속 이어나갔던 얘기의 주제는 아마도 하느님의 은총과 그것을 향한 자신의 의지가 아니었나 싶다. 그것을 듣고서 죄인이 외친 것 같다. '하느님의 은총 따위는 엿이나 먹어라!'라고.

다음 둔덕에 도착한 일행은 구렁 안이 들여다보이는 위치로 내려간다. (이 24곡에는 내려가는 과정이 그려져 있지 않지만, 나중에 26곡에 다시 힘들게 올라가는 과정이 그려져 있다.) 그 구렁 안엔 엄청난 숫자의 뱀들이 득실대고 있었다. 단테는 여기서 온갖 종류의 뱀 이름을 열거한다. 리비아, 에티오피아, 홍해 주변 사막이라 해도 그렇게 뱀이 많지는 않으리라고. 이 부분 내용은, 앞에 나왔던 불비 내리는 모래밭과 함께 루카누스의 《파르살리아》의 영향을 받은 것으로 알려져 있다. 카이사르와 폼페이우스가 패권을 다툴 때, 폼페이우스파 군대가 북아프리카 사막을 행군하는데, 그 대목 묘사를 빌린 것이란 말이다.

그 뱀들 가운데 벌거벗은 죄인들이 떨며 서 있다. 숨을 장소도 뱀을 막아줄 수단도 없다. (여기서 옛사람들이 뱀을 막아주는 효력이 있다고 믿었던 준보석이 소개된다. 혈석(heliotrope)이라는, 초록 바탕에 붉은 점 무늬가 들어간 돌이다.) 더러는 뱀에 의해 손이 묶여 있고, 더러는 허리를 뚫고 뱀의 머리나 꼬리가 나와 매듭을 이루고 있다.

뒤에 보면 알겠지만 이곳은 절도범들의 영역이다. 한데 그들이 뱀에 의해 징계되는 이유는 무엇인가? 뱀이야말로 원초적 도둑이기 때문이다. 에덴동산에서 뱀은 하느님에게서 인간을 훔쳐내고, 인간에게서 행복을 훔쳐냈다. 도둑들은 다른 '도둑'에 의해, 특히 일종의 '도둑질'을 당함으로써 징치된다.

독사 지옥의 첫 죄인, 재가 되었다가 되살아나다

그때 뱀 한 마리가 어떤 사람에게 달려들어 목과 어깨가 이어지는 부분을 꿰뚫는다. 조금 전 열거된 뱀 종류 중에 '투창(iaculi)'이라는 것도 있었는데, 아마도 그 뱀이 꽂히듯 물어뜯은 게 아닐까 싶다. 그러자 그 죄인은 재가 되어 무너지더니, 순식간에 다시 원 모습이 되어 일어선다. 단테는 그러는 데 걸린 시간이 o 자와 i 자를 쓰는 데 걸리는 시간보다 짧았다고 표현했다. 학자들은 이것이 그리스도의 부활을 패러디한 것이라고 본다. 아닌 게 아니라 단테는 이 현상이, 현자들이 불사조(Phoenix)에 대해 언급한 것과 똑같다고 덧붙인다.

불사조 이야기는 《변신 이야기》에 나온다. 따라서 여기서 단테가 '현자'라 부른 사람은 일단 오비디우스일 텐데, 아무래도 반어법으로 이렇게 부른 듯하다. 오비디우스는 불사조가 500년을 살다가 그렇게 재생한다는 건 알았지만, 그게 그리스도의 부활을 상징한다는 건 몰랐기 때문이다. 한편 《변신 이야기》에 불사조는 재가 되었다가 되살아나는 게 아니라, 죽은 아비의 몸에서 자식이 생겨나는 것으로 되어 있다. 그 자식이 아비의 시신을 태양의 도시로 옮겨 간다고 되어 있으니, 아비의 재료를 '재활용'하여 자식이 생겨난다는 단테의 판본과 완전히 일치하진 않는다. 그러니 여기서 다시 단테는 선배 시인을 '교정'하고 있는 것이다. 림보에서 만났던 '세계 4대 시인'은 이렇게 하나씩 격파되고 있다. 앞으로 우리는 더 노골적인 사례도 보게 될 것이다.

그리고 소멸-부활이 이어지는 짧은 순간을 o 자와 i 자로 표현한 것은, 둘 다 쓰기에 매우 쉬운 글자들인 데다가 io가 이탈리아어로 '나'라는 뜻이 있어서이기도 하다. 아마도 시인은 '나는 부활이요 생명이니'라고 하신 예수의 말씀(《요한복음》 11장)을 여기 넣고 싶었던 듯하다. 또 o 자를 I 자보다 앞에 적은 것은 '뒤엣것을 먼저 말하기(hysteron proteron)'라는 수사법을 쓴 것이다. 너무나 창졸간에 이루어져서 앞뒤를 분간하기 어려울 때 주로 사용하는 수법이다.

한데 정작 그런 기적을 경험한 당사자는 무슨 일이 있었는지 전혀 눈치 채지 못한다. 마치 정신을 잠깐 잃었던 사람이 깨어나서 어리둥절한 것과 비슷하다. 아예 자신이 없어졌다가 복원되었는데! 단테는 여기서 하느님의 권능에 찬탄한다. 시인은 그 이유를 따로 밝히지 않았는데, 지금 이곳에서 벌 받는 절도범들이 남의 것을 훔치려다 자기 자신마저 잃어버리고, 그 사실마저 알지 못하기에 이렇게 말한 듯하다.

피스토이아 출신 반니 푸치의 죄와 예언

안내자는 그의 신분을 묻는다. 그는 죽은 지 얼마 안 되는 피스토이아 사람 반니 푸치다. 서자로 태어난 그는 자신을 '노새(말과 당나귀의 혼혈)'라고 부르고, 자기에게는 짐승의 생활이 좋았다고 술회한다. 피스토이아는 그의 굴(은신처)이었단다.

이런 발언을 쏟아내고 달아나려는 그를 단테가 붙잡으려 한다. 전에 그를 본 적이 있노라고, 그의 죄가 무엇인지 알고 싶다고. 그 말을 듣고 상대의 안색이 변한다. 그는 사실 성물을 훔치고 그 죄를 다른 이에게 뒤집어씌웠던 인물이다. 한데 그가 지금 이곳에 있는 이유는 절도죄보다는 그것을 남에게 뒤집어씌웠기 때문이다. (성물 절도에 그쳤다면 저 위의 성직매매자들과 함께 있었을 것이다.) 그가 지금 특히 낯빛이 변한 것은 자신의 장기를 '도둑맞았기' 때문이다. 그는 이승에서 죽음을 맞은 것보다 지금 단테에게 들킨 게 더 분하다.

그는 분한 마음을, 단테 일파의 고통스러운 미래를 예언함으로써 풀고자 한다. 자기 고향인 피스토이아에서는 극렬 교황파('검은 궬프')가 사라지겠지만, 단테의 본향인 피렌체에서는 격렬한 투쟁 끝에 온건 교황파('흰 궬프')가 패배하리라는 것이다. 그는 이 예언이 단테에게 불러일으킬 효과를 예견하고 있다. 그는 단테가 괴로워하라고 이 발언을 한 것이다. 시인 단테가 이 부분을 쓰고 있는 시점에는 이미 다 일어난 일들이다.

제25곡

카쿠스, 뱀과 섞인 존재, 뱀과 몸이 바뀐 죄인

하느님을 모욕한 죄인이 뱀에 묶이다

24곡에서 상당히 긴 발언 기회를 얻었던 반니 푸치는 25곡에 접어들자, 하늘로 손을 뻗치고 욕설을 퍼붓는다. '하느님아, 이 네모나 먹어라!' 여기서 중요한 것은 그의 손동작이다. 이탈리아어로도 영어로도 '무화과'라고 부르는, 네모에 가까운 손모양인데, 검지와 중지 사이에 엄지를 끼워 넣은 꼴이다. 한국에서도 음란한 의미를 지닌 욕설 동작이다. 아마도 앞서 단테가 돌다리 위에서 들었던, 하지만 이해하지 못했던 소리가 이 욕설인 모양이다.

한데 반니 푸치의 이 몸짓 욕설이 그저 신의 물건을 훔치다 벌 받게 된 죄인의 반발심만 보여주는 것일까? 혹시 이 음란한 욕설에 다른 의미는 없을까? 원초적 도둑인 뱀은 아담과 하와를 유혹해서 금지된 열매를 먹게 했다. 그 후에 이 남녀는 자신들의 나체를 의식하고, 성적인 부분을 가리게 된다. 그래서 지금 반니 푸치가 보여주는 성적인 욕설은, 끝까지 자기 죄를 인정하지 않고 오히려 그 범죄 결과를 자랑스러워하는 '뱀'의 태도를 보여주는 게 아닌가 싶다. '내가 당신에게서 인간을 훔쳐내서 성적인 존재로 만들어 놓았다. 그 결과나 먹어라!'

그러자 주변의 뱀들이 그에게 달려들어, 목을 휘감고 양팔을 감아 묶어버린다. 앞에 옆구리를 꿰뚫린 채 묶여 있던 죄인들도 같은 행동을 제지당하는 참이었던 것 같다. 단테는 이때부터 자기가 뱀들을 친구로 여기게 되었다고 적고 있다. 적어도 지옥의 이 구역에서 뱀들은 하느님의 도구로 적절히 기능하고 있다.

단테는 이어서 피스토이아에 대해 탄식한다. 그 도시는 왜 조상들보다 더 많이 죄를 짓는지, 왜 차라리 재가 되어 사라지지 않는지, 여기서, 방금 반니 푸치가 재가 되었다가 다시 일어선 사건의 또 다른 의미가 드러난다. 인간 세상의 죄악은 그냥 스러지는 게 오히려 낫겠건만, 자꾸 되살아나는 것이다.

단테는 반니 푸치를 다른 어디서도 보지 못한 무례한 영혼이라고 평가한다. 하느님을 여전히 욕하기로는 카파네우스도 마찬가지였지만, '테바이 성벽에서 떨어진 그놈'조차도 이런 손동작까지 지어보이진 않았다. 이제 고전적인 기품을 지닌 간판 격 인물은 점점 드물어진다.

《아이네이스》에서와는 다르게 그려진 카쿠스

뱀에게 묶인 반니 푸치가 달아나버리자, 이어서 이 구역의 간판 같은 존재가 등장한다. 켄타우로스 하나가 달려와서 조금 전에 도망친 죄인을 찾는 것이다. 그의 이름은 카쿠스. 이름만 보자면 헤라클레스의 소를 훔쳤던 악당과 같지만, 여기서는 자신이 직접 불을 뿜지 않고 그의 어깨에 얹힌 용이 불을 뿜는 것으로 되어 있다. 더구나 그는 인간의 모습이 아니라 반인반마로 설정되어 있다. 그의 등에는 인간의 모습이 시작되는 부분부터 꼬리 있는 데까지 뱀이 잔뜩 얹혔다. 시인 베르길리우스의 《아이네이스》에 그려진 것과는 많이 다르다. 한데 등장인물 베르길리우스는 그 차이를 의식하지 못하는 듯 태연하게 그를 소개한다. 그 설명은 더러 《아이네이스》의 내용과 일치하기도 하고 살짝 다르기도 하다. 카쿠스가 아벤티누스 언덕 아래 살면서 폭력을 행사했다는 것, 그리고 다른 켄타우로스들이 저 위에서 뜨거운 피의 강을 지키는 데 반해 그가 여기 따로 배치된 것은 그가 이웃의 짐승을 훔쳐내서이다. 여기까지는 별 문제가 없다. 하지만 그가 어떻게 죽었는지에 대한 설명은 다시 《아이네이스》와 달라진다. 《아이네이스》에는 카쿠스가 헤라클레스에게 목 졸려 죽는 것으로 그려졌는데, 여기서는—자신이 했던 짓에 맞춰—헤라클레스의 몽둥이질에 죽은 것으로 바꿨다. 그러니 시인 단테는 또다시 등장인물 베르길리우스의 입을 빌려 시인 베르길리우스를 부정하게 만든 것이다. 한편 이 괴물과 단테가 마주친 것은 다시 우리 주인공을 '제2의 헤라클레스'로 만들어주는 효과가 있다.

뱀과 합체된 죄인

베르길리우스가 카쿠스에 대해 설명하는 사이에 이 켄타우로스는 그들을 지나쳐 가버렸다. 아마도 단테 일행이 구렁 속으로 들어온 게 아니라 둔덕에서 관찰 중이라서 이들에겐 특별히 주목하지 않은 모양이다. 한데 곧 다른 죄인 셋이 단테 일행의 발치로 다가와서 단테 일행의 신분을 묻는다. 하지만 이들의 주의는 곧 다른 데로 향한다. 자기들의 동료인 찬파라는 죄인이 어디 있는지 자기들끼리 물은 것이다. (이렇게 금방 주의가 딴 데로 향한 것은, 도둑들은 원래 인간 자체에는 그다지 관심이 없다는 뜻인 듯하다.) 여기서 단테는 다시 선생님보다 먼저 뭔가 이상한 낌새를 챘고, 손가락을 세워 자기 입에 댄다. '쉿, 조용히!'

그때 다리 여섯 달린 뱀이 달려와 세 죄인 중 하나를 껴안고 달라붙는다. (단테는 여기서 '뱀'이란 단어를 도마뱀 종류까지 포함하는 넓은 뜻으로 사용하고 있다. 그리고 비단뱀 종류 중에 더러 작은 뒷다리가 남아 있는 것도 있다.) 그놈은 여섯 개의 다리로 죄인의 몸을 조이고, 양쪽 뺨을 깨물며, 꼬리는 죄인의 다리 사이로 넣어서 등 뒤로 휘어 올린다. 단테는 그 뱀이 달라붙은 모습을 담쟁이덩굴에 비기고 있다. 이제 인간과 뱀은 서로 섞여서 중간적인 것으로 변해간다. 마치 두 가지 색깔의 뜨거운 밀랍이 들러붙듯이, 흰 종이에 불이 붙어 아직 다 타버리기 전에 누런색으로 변하듯이 형체도 색깔도 중간적인 게 되고 만다.

여기서 죄인의 동료들이 외친다. '아녤로야, 너는 이제 둘도 아니고 하나도 아니구나!' 시인 단테가 죄인의 신분을 밝히는 방법이다. 그럼, 먼저 언급된 찬파는? 많은 학자들이 지금 아녤로에게 달라붙은 뱀이 바로 찬파라고 본다. 그러니까 단테는, 방금 달려온 뱀이 아무래도 예사 뱀이 아니고, 어쩌면 사람의 말을 알아듣는 존재일지도 모른다고 추측해서 선생님께 침묵을 요청했던 셈이다. 다시 제자가 스승을 앞지르고 있다.

지금 이 장면은 《변신 이야기》에서 헤름아프로디토스가 요정 살마키스에게 붙잡혀 남녀합체로 변해가는 과정을 옮겨놓은 것이다. 그 이야기에서도 요정이 '담쟁이덩굴처럼' 달라붙었다. 특히 뱀이 꼬리를 죄인의 사타구니로 넣어 등 뒤에서 조이는 장면은 성적 결합을 연상시키는데, 살마키스의 행동을 거의 그대로 재현한 것이다.

그리고 죄인 아녤로가 '하나도 아니고, 둘도 아닌' 존재가 되어 버린 사건은 그리스도 안에 신성과 인성이 함께 들어 있는 것의 패러디이다. 그리스도는 완전한 인간이면서 동시에 완전한 신이지만, 그를 패러디한 존재는 이것도 저것도 아닌 게 되었다. 지금 중간적 존재로 변한 아녤로는 공금을 횡령한 것으로 알려져 있으니, 지금 이것이 공적 재산을 훔친

INFERNO | CANTO XXV

자들이 받는 벌을 대표적으로 보여준 사건이라 하겠다. 공적인 절도가 예수님의 두 속성과 무슨 연관이 있는지 설명하기 좀 어려운데, 예수라는 인간 속에 신의 모습이 깃든 것이 그의 공적생애를 위한 것이라고 보면 약간은 설명이 될 듯하다.

재료와 형태를 뱀과 교환한 죄인

사람과 뱀의 중간 형태가 된 아녤로가 느린 걸음으로 사라지자, 이번엔 까만 작은 뱀 하나가 쏜살같이 달려들어, 남은 두 죄인 중 하나(부오소)의 배꼽을 꿰뚫고는 다시 땅으로 떨어져 죄인 앞에 뻗쳐 놓인다. 이곳의 뱀들은 일종의 화살이나 창처럼 거동하고 있다. 단테 일행이 맨 처음에 본, 재가 되었다가 다시 일어난 죄인에게서도 그랬다. 앞에서도 그랬고, 여기서도 '물었다'라는 단어를 쓰지 않고 '꿰뚫었다'(trafisse)라고 했다. 그리스도께서 십자가에서 창에 가슴을 찔렸던 사건의 패러디일 가능성이 크다.

배꼽을 꿰뚫린 죄인은 대체 자신이 무슨 일을 당한 것인지 잘 깨닫지 못했는지, 아니면 이 공격의 결과로 약간 정신이 나가서인지, 멍하니 몸이 굳어지고 하품을 해댄다. 뱀과 죄인은 서로를 바라보고 있는데, 죄인의 배꼽에서, 그리고 뱀의 입에서 서로 연기가 나가면서 중간에서 두 줄기 연기가 맞부딪친다.

여기서 시인 단테는 자기가 지금 기록하는 이 사건이 이전 선배 시인들이 그렸던 변형 장면보다 월등히 더 놀라운 것이라고 선언한다. 그 선배 중 하나는 《파르살리아》를 쓴 루카누스다. 앞에 말한 것처럼 루카누스는 폼페이우스파 군대가 북아프리카를 진군하는 내용을 기록했는데, 그 행군 도중에 몇 사람이 뱀에 물려 몸이 변형되어 죽었던 것이다. 하나는 뱀독에 몸이 불타서 재로 변했고(이 장면은 앞에 재가 되었다가 다시 일어선 죄인에게 반영되었다.), 다른 하나는 몸이 불어서 갑옷이 터져서 죽었다.

또 하나 단테가 앞질렀다고 선언한 대상은 오비디우스다. 단테는 《변신 이야기》에 나오는 두 가지 이야기를 비교 대상으로 제시한다. 오비디우스가 카드모스와 아레투사의 변형 장면을 대단하게 묘사하긴 했지만, 자기로서는 그게 별로 부럽지 않다는 것이다. (이 대목에서 시인 단테는 자신이 그저 지옥에서 목격한 사건을 보고하는 게 아니라, 사실은 이 모든 사건이 자신의 창작임을 거의 드러내고 있다.) 카드모스는 샘을 지키던 용(또는 뱀)을 죽이고서 테바이를 건립했는데, 마지막에 그에 대한 응보로 자기 자신이 뱀으로 변했다고 한다. 오비디우스는 그가 인간에서 뱀으로 변화하는 과정을 매우 자세히 그려냈다. 우리는 그에 못지않게 자세한 변형 장면을 잠시 후에 보게 될 것이다. 한편 《변신 이야기》에는 아르카디아의 요정이었던 아레투사가 알페오스 강물 신의 구애를 피해 달아나다가 자신도 물로 변해서 바다 밑을 통과하고, 마침내 시칠리아의 샘으로 정착하는 과정이 아주 자세히 그려져 있다. 단테는 자신이 이것도 앞질렀다고 선언한 참이다. 그 이유는, 두 사건은 주인공들의 재료는 그대로 다시 쓰이고 겉모습만 바뀐 것이지만, 자기가 묘사하는 현재의 사건에서는 두 관련자의 재료와 모습이 모두 교환되었기 때문이다.

이렇게 '선배 시인들과의 경쟁'을 먼저 선언해 놓고는 본격적인 변형 묘사가 시작된다. 우선 뱀의 꼬리가 둘로 갈라져 다리로 변한다. 반면에 죄인의 두 다리는 하나로 합쳐져 꼬리처럼 변한다. 뱀의 피부는 부드럽게 변하고, 죄인의 피부는 딱딱하게 굳어진다. 원문을 읽으면 그다음이 약간 이해하기 어렵게 되어 있는데, 이 부분 묘사를 바탕으로 추정하건대 이 뱀도 다리가 넷 달린 놈이다. (그래서인지 앞에서 이 뱀이 죄인에게 달려드는 속도를 묘사할 때, 여름날 도마뱀이 우리 앞을 가로질러 휙 지나가듯 했다고 표현했다.) 이제 죄인의 팔은 길이가 줄어 겨드랑이 쪽으로 움츠러들고, 뱀의 앞다리는 사람의 것만큼 길게 늘어난다. 원래 뱀의 뒷다리였던 것들은 하나로 합쳐져서 성기로 변하고, 인간의 성기는 둘로 갈라져서 다리가 된다. 여기서 독자가 가질 수 있는 한 가지 의문은 왜 뱀의 뒷다리를 그냥 키워서 인간의 다리로 만들지 않았느냐는 것이다. 그리고 뱀의 꼬리를 그냥 성기로 변형시키면 일이 좀 더 단순하지 않았을까? 어쩌면 단테는 꼬리가 등뼈의 연장이어서 다리보다 뒤쪽에 있으니 그냥 성적 기관으로 바꾸기엔 위치가 안 맞는다고 생각했을 수도 있다. 아니면 변형 과정을 좀 더 철저하게, 되도록이면 각 신체 부위가 이전과는 완전히 다른 형태와 역할을 얻기를 원했을 수도 있다. 그리고—이런 주장을 하는 학자는 전혀 없지만— 나로서는 혹시 단테가 뱀 종류의 반음경(hemipenis)에 대해 알았던 게 아닌가 하는 추정도 해본다. 파충류 중에는 성기가 두 가닥으로 갈라진 종들이 꽤 여럿 있다. (그래서 뱀이 정력에 좋다는 믿음이 생긴 것이다.)

자, 이 변형 과정의 마지막을 보자. 뱀이었던 것에게는 털이 돋아나고, 인간이었던 것에게서는 털이 사라진다. 뱀이었던 것은 두 다리로 일어서고, 인간이었던 것은 엎드린다. 그 과정에서 둘은 여전히 눈길을 서로에게서 떼지 않고 있다. 전체적으로 이 변형도 성적인 분위기를 많이 풍긴다. 마지막으로 두 존재의 얼굴이 변한다. 뱀이었던 것은 주둥이가 짧아지고 귀가 솟아나고 코가 오뚝해지고 입술이 좀 더 도톰해진다. 반면에 인간이었던 존재는 주둥이가 튀어나오고 귀는 들어간다. 한쪽은 혀가 둘로 갈라지고, 다른 쪽은 두 갈래 혀가 하나로 합쳐진다. 여기서 혀가 둘로 갈라진 것은 '두 말을 하는' 사기꾼의 특성을 보여주는 것이다.

여기까지 오자 둘에게서 나오던 연기가 그친다. 뱀이 되어버린 영혼은 이제 쉭쉭대며 달아나버리고, 인간이 된 영혼은 사람의 말을 하면서 침을 뱉는다. 독자로서는 갑자기 침 얘기가 나와서 어리둥절하겠지만, 학자들은 '인간의 침은 뱀에게 해를 입히는 효과가 있다.'라는 옛 믿음이 그 바탕에 깔려 있다고 본다. 그러니까 뱀이었던 존재가 지금 침을 뱉는다는 것은 그가 완전히 인간이 되었다는 뜻이다. 학자들은 방금 일어난 형태의 교환이 그리스도의 성육신(육체가 되심)을 패러디한 것이라고 본다. 완전한 신께서 완전한 인간이 되신 것처럼 도둑들도 완전히 상대방으로 변했다. 그리고 여기까지 와서야 뱀으로 변한 죄인의 이름이 나온다. 뱀에서 변한 인간이 말하길 '부오소도 내가 그랬듯 네 발로 기어다니는 꼴을 보면 좋겠군!'이라고 했던 것이다. 어떤 학자는 이 부오소가 '개인의 물건을 훔친' 죄를 대표한다고 분류하기도 한다. 스콜라학파에서 재산은 개인의 확장으로 보았기 때문에, 그 재산을 훔친 자는 타인의 신체를 훔친 것이나 다름없고 그래서 자신의 신체를 잃어버리는 벌을 받았다는 것이다.

여기까지 말하고는 시인 단테가 변명하듯 덧붙인다. 자기는 그렇게 일곱 번째 짐배가 변하고 변하는 것을 보았노라고, 그것이 너무나 기이해서 자신의 펜이 빗나갈 수도 있겠지만 그래도 용서하라고. 선배 시인들을 모두 능가한다고 자부해놓고는 자신이 좀 심했다 싶기도 했던 모양이다.

그런 다음 지금 자기 앞에 있는 두 죄인의 신분을 마저 밝힌다. 먼저 세 명이 함께 왔다가 유일하게 변화하지 않은 죄인은 푸치오 쉬안카토, 정치적 파당을 바꾼 것으로 유명한 인물이다. 한데 왜 이 사람만 흉측

한 변형을 면한 걸까? 우선 그의 절도 솜씨가 매우 우아했기 때문이라는 설이 있다. 어쩌면 그는 무슨 악의에서라기보다는 그냥 자기 '재능'을 확인하기 위해 버릇처럼 도둑질을 했던 사람일 수 있다. 한편 그가 따로 뱀에 물릴 필요가 없는 것은 이름 때문일 수도 있다. 그의 이름 '쉬안카토'는 '절름발이'라는 뜻인데, 이는 구약성서 〈창세기〉에 하느님께서 뱀에게 하신 '너는 그의 발뒤꿈치를 상하게 할 것이다.'라는 말씀이 이미 이루어진 상태라 하겠다. 그러니까 이 죄인도 악마에게 일시적 타격을 당하신 그리스도의 패러디란 말이다.

한편 뱀에서 인간으로 변한 죄인은 프란체스코 데이 카발칸티, 그의 피살이 대규모 살육을 유발했던 자다. 그래서 시작부터 그의 모습이 좀 불길하게, 작지만 독한 뱀처럼('납빛의, 후추알처럼 검은, 맹렬한 작은 뱀') 그려졌던 모양이다.

제26곡
여덟 번째 구렁, 나쁜 충고를 주었던 자들

피렌체에 대한 탄식과 예언

여기서 단테는 자기 고향 피렌체에 대해 반어법으로 탄식한다. '기뻐하라, 피렌체여! 너는 땅과 바다에 날개를 펼치고, 지옥까지 이름을 떨치는구나!' 일단 단테가 이렇게 탄식하는 것은 여기서 피렌체 출신 도둑을 다섯이나 만났기 때문이다. 이 독사 지옥에서 만난 죄인 중 맨 앞의 반니 푸치만 피스토이아 출신이고 나머지는 모두 피렌체 출신인 것이다. 한편 '땅과 바다, 그리고 지옥까지'는 1250년 교황파가 황제파를 제압하고 체제를 개편하면서 새로 세운 궁(바르젤로궁)의 벽에 새긴 명문을 패러디한 것이다. 원래는 피렌체가 '육지에서도 바다에서도 온 세상을 차지한다.'라는 구절이었다.

단테는 피렌체가 곧 재난을 당하리라고 예언한다. 한데 좀 이해하기 어려운 표현을 사용했다. '너는 프라토가 원하는 그 일을 당하리라.' 여기서 '프라토'가 무엇인지에 대해 두 가지 해석이 있다. 하나는 피렌체에 평화를 가져오는 데 실패하고 1304년에 죽은 추기경의 이름이라는 설명이다. 다른 하나는 프라토가 피렌체 인근의 도시로서, 거기서 극렬 교황파('검은 궬프')가 추방되리라는 예언으로 보는 것이다. 이 사건은 1309년에 일어나기 때문에, 당시 독자의 입장에서 보자면 아주 최신의 뉴스라고 할 수 있다.

한데 이 예언 앞에 조건문도 하나 붙어 있다. '새벽꿈이 진실이라면.' 이는 옛사람들에게는 일종의 상식으로, 초저녁에 꾸는 꿈은 거짓된 꿈이고, 새벽에 꾸는 꿈은 미래를 알려주는 참된 꿈이라는 믿음을 반영한다. 그러니까 단테가 일종의 새벽꿈에 그 사건을 보았다는 것이다. 1곡 설명에서도 말했지만, 이 작품 전체가 일종의 꿈으로 설정되었다는 해석도 있다.

나쁜 충고를 주었던 자들은 불꽃 속에 갇혀 있다

이제 단테 일행은 독사 지옥을 자세히 보기 위해 내려왔던 둔덕을 다시 올라간다. 앞에서 내려오는 과정은 생략되었는데, 여기에 살짝 내용이 보충되었다. 앞서 내려올 때 자신들을 창백하게 만들었던(또는 자신들이 내려갈 수 있도록 튀어나와 있었던) 바위 계단을 되짚어 올라갔다는 것이다.

그다음엔 다음 둔덕으로 가기 위해 돌다리를 건너는데, 이번 것은 특별히 가팔라서 그냥 다리 힘만으로는 오를 수 없고, 손의 힘까지 빌려야 할 정도였다. 이 다리가 이렇게 특히 힘들게 설정된 이유는 무엇일까? 아마 단테 자신도 잘못하면 이곳에 빠질 위험이 있다는 의미이리라. 이 부분에 단테가 재능을 남용하지 말자고 스스로 다짐하는 내용도 나오고, 잠시 후에 밑을 내려다보다가 떨어질 뻔하기도 하는 것도 모두 그와 관련된다.

여기서 시인 단테는, 그때 자신이 본 것 때문에 괴로웠고, 나중까지도 괴로웠노라고 적고 있다. 그러면서 자신의 재능이 하느님의 권능을 벗어나 제멋대로 달려 나가지 않도록 고삐를 조이겠노라고 다짐한다. 좋은 별(태어날 때의 조건), 혹은 그보다 나은 어떤 것(은총)이 좋은 재능을 허락했다면 그것을 잃어버리지 않겠다는 것이다. 여기서 단테가 괴로웠던 이유는 오뒷세우스를 만났기 때문이다. 단테처럼 재능과 기백이 있었던 인물이다. 단테는 한편 이 영웅을 동정하고, 다른 한편 그와는 달리 살겠노라고 다짐한다.

단테가 다리에서 밑을 내려다보자, 저 아래에 수많은 작은 불꽃들이 보인다. 시인 단테는 이 부분 묘사에 상당히 공을 들였다. 직유가 잇달아 세 개나 나온다. 저 아래의 불빛은 우선, 여름날 저녁 농부가 언덕 위에서 쉬면서 낮에 자신이 일하던 골짜기를 내려다볼 때 반딧불이 반짝이는 것에 비유했다. 그다음엔 아래에서 위로 올려보는 상황과 비교한다. 구약성서 속 선지자 엘리사가, 자기 스승 엘리야가 불마차를 타고 하느님께로 올라가는 것을 올려보는 장면이다. 앞 비유의 대상은 제법 신기하긴 하지만 별로 중요치 않은 미물들이다. 두 번째 비유의 대상은 인물도 사건도 모두 경이롭고 존경스럽다. 잠시 후에 등장할 인물이 한편으로 대단하면서도, 한편으로 잘못된 선택을 했기 때문이겠다.

그 불꽃들은 바닥에서 이리저리 움직이고 있다. 그 안에는 죄인들이 들어 있다. 단테는 너무 몰입해서 그것을 살펴보다가 하마터면 밑으로 떨어질 뻔했다. 안내자께서는 저 불꽃 하나마다 그 안에 죄인이 갇혀 그슬리고 있다고 설명한다.

두 희랍 영웅이 갇힌 불꽃

단테는 그중에 특히 관심이 가는 불꽃에 대해 질문한다. 여기에 세 번째 직유가 나온다. '에테오클레스가 형제와 함께 불태워지던 장작더미에서 솟아오른 듯' 양 갈래로 갈라진 불꽃이라고. 에테오클레스는 오이디푸스의 아들로서 자기 형제 폴뤼네이케스와 왕권을 놓고 겨루다가 동시에 서로 찔러 동시에 죽은 자다. 사람들이 이 형제를 같은 장작더미 위에 올려 화장하려 하자, 둘은 죽어서도 화해하지 않겠다는 듯 불길이 둘로 갈라져서 타올랐다. 스타티우스의 《테바이스》에 나오는 내용이다. 이제 '고대의 패역한 도시' 테바이 이야기가 점점 잦아지고 있다.

안내자께서는 그 불꽃 안에 오뒷세우스와 디오메데스가 함께 갇혀 있다고 설명한다. 둘은 함께 하느님의 분노를 향해 달려갔던 자들이어서 여기 함께 벌 받고 있다는 것이다. 아니, 신화시대 사람들이 하느님의 분노를 사다니? 그들은 트로이아 전쟁 때 여러 번 같이 작전을 나갔지만, 여기서 특히 강조하는 것은 그들이 함께 목마에 들어갔고 결국 트로이아를 함께 함락했다는 사실이다. 한데 목마를 수식하는 말이 특이하다. '로마인들의 고귀한 씨앗이 나가도록 문을 만들어 주었던' 목마라고 표현했다. 이는 트로이아가 멸망한 후에 아이네아스가 서쪽으로 이주해서 로마를 세웠는데, 그 계기가 된 게 바로 목마라는 말이다. 아니, 로마의 시조로 하여금 새로운 땅으로 향하게 해주었으면 나름대로 역사 전개에 기여를 한 것 아닌가? 그게 왜 죄가 된단 말인가? 두 희랍 영웅의 역할은 가롯 유다와도 비슷하다. 한편으로 하느님의 계획이 성취되는 데 꼭 필요한 행동을 했고, 그런 면에서 다소의 기여를 했다고 말할 수도 있겠지만, 정작 그 행동이 본인 자신에게는 죄가 된다는 것이다. 이런 이중성 때문에 앞서 나온 비유도, 하나는 하찮은 것으로 하나는 심중한 것으로 짝지어진 것이다.

이들의 죄는 그뿐이 아니어서 몇 가지가 더 적시된다. 우선 아킬레우스를 트로이아로 데려간 계략이다. 아킬레우스의 어머니 테티스는 자기 아들이 전쟁터에 가면 죽을 것이라는 신탁을 받았기에 그를 여자로 변장시켜 스퀴로스섬의 뤼코메데스왕의 딸들 사이에 숨겨놓는다. 한데 거기 오뒷세우스가 방물장수로 변장하고 찾아와 여자들 앞에 아름다운 물건을 늘어놓는다. 그 가운데는 칼이 있었는데, 아킬레우스가 본성을 속이지 못하고 이것을 집어 드는 바람에 신분이 들키고 만다. 이것이 계기가 되어 아킬레우스는 트로이아 전쟁터로 떠나게 된다. 한데 아킬레우스는 여자들 사이에 머무는 동안 왕의 딸 데이다메이아와 사랑을 나누었고, 이들 사이에 아들 네옵톨레모스가 태어나게 된다. 이 데이다메이아는 아킬레우스를 잊지 못해 결국 자결했다고 한다. (그녀가 꽤 오래 살았다는 다른 판본들도 있다.) 그래서 여기서 오뒷세우스와 디오메데스의 죄 중 하나가 '데이다메이아로 하여금 죽어서도 아킬레우스를 위해 울게 만든 죄'로 지칭된 것이다.

또 하나 이들의 죄로 꼽힌 게 팔라디온(아테네 신상)을 훔친 일이다. 트로이아 전쟁 말기에 희랍군이 도무지 트로이아를 함락할 길이 없어서 신의 뜻을 물었더니, 성안에 하늘에서 떨어진 신상이 있는데 그것을 훔쳐내야 한다는 신탁이 내렸다. 그래서 오뒷세우스와 디오메데스가 잠입해서 그것을 훔쳐냈다. (어떤 판본에 따르면 이들이 훔친 것은 모조품이고, 진품은 아이네아스가 로마로 가져갔다.) 그러니까 이들은 일종의 성물 도둑이어서 저 위의 독사 지옥에 배치될 수도 있었는데, 다른 죄가 더 중하여 최종적으로 이곳에 배치된 셈이다.

불꽃 속에 갇힌 오뒷세우스와 이야기를 나누다

단테는 이들과 이야기 나누기를 간절히 바란다. 그래서 선생님께 저들이 다가올 때까지 기다리게 해달라고 간청한다. 선생님은 그의 열정을 칭찬한다. 아마도 그 만남에서 중요한 배움을 얻을 듯해서겠다. 하지만 조건이 있다. 저들은 희랍인이니 자신이 질문을 던지겠다는 것이다. 베르길리우스가 살던 시대의 로마 지식인들은 대부분 이중 언어 구사자였다. 모국어인 라틴어뿐 아니라 희랍어도 꽤 잘들 했던 것이다. 하지만 단테 시대에는 서유럽에 희랍어를 아는 사람이 없었다. 따라서 단테가 직접 말을 건다면 이탈리아어를 사용할 것이고, 따라서 일단 소통이 안 된다. 그리고 다른 사정도 있다. 단테가 사용하는 이탈리아어는 라틴어의 후손 말이고,—단테가 믿기에—라틴어는 다시 트로이아 언어의 후손이다. 그러니 트로이아인들과 전쟁을 치렀던 희랍인이 보기엔 이탈리아어는 말하자면 적국 언어다. 따라서 상대방이 이 언어 때문에 적대감을 드러낼 수도 있다. (그렇지만 이런 추정이 확실한 근거가 있는 것은 아니다. 여기서 베르길리우스가 희랍어를 사용했다는 표시는 따로 없으며, 이 부분도 다른 곳과 마찬가지로 모든 발언이 단테 시대 이탈리아어로 표현되어 있다. 다음 곡 시작 부분에도 베르길리우스가—적어도 마지막 문장에서는—이탈리아어를 사용한 것으로 되어 있다.)

그 불꽃이 다가오자 베르길리우스가 청한다. 그들이 어디서 방황하다 죽었는지 말해 달라고. 이 요청 앞에는 한 가지 단서가 붙어 있다. 자신의 작품('고귀한 시구')이 그들에게 뭔가 도움이 되었다면, 이 청을 들어 달라는 것이다. 여기서 암시한 작품은 《아이네이스》다. 그 작품에는 오뒷세우스가 등장하는 트로이아 함락 장면도 그려져 있고, 디오메데스가 나중에 이탈리아로 이주해서 새로운 왕국을 세웠다는 얘기도 들어 있다. 이런 것이 그들의 평판에 도움을 주었다면 상대방도 조금 보답을 해야 하는 것 아니냐는 뜻이다. 이와 비슷하게 우리는 앞으로 단테 일행이 저승에서 만난 혼령들에게 뭔가 요청할 때는 상대에게 복을 빌어주거나, 앞으로 보답이 있으리라고 약속하는 장면들을 많이 만나게 될 것이다. 이런 것을 '호의 구하기(petitio benevolentiae)'라고 한다.

그러자 둘로 갈라진 불꽃 중에서 더 큰 쪽이 많이 흔들리다가 말을 내보낸다. 자기는 태양신의 딸이자 마녀인 키르케에게 1년 넘게 붙잡혀 있다가 그녀를 떠났다는 것이다. 여기서 오뒷세우스는 키르케의 땅을 '아이네아스가 가에타라고 이름 지은' 곳으로 지칭하고 있다. 아이네아스 일행이 거기까지 왔을 때 그의 유모가 세상을 떠났고, 그래서 그 매장지 인근을 유모의 이름을 따서 부르게 된 것이다. 한데 지금 오뒷세우스는 그곳을 자신이 더 먼저 통과했다고 주장하는 참이다. 아이네아스가 이탈리아 땅에 도착한 것은 트로이아 함락 후 8년째였다. 오뒷세우스가 키르케를 만난 것은 전쟁 후 바로 고향으로 가는 길이었으니까, 7년 정도 차이가 난다. 아마도 오뒷세우스는 상대방의 주인공보다 자기가 더 먼저라는 걸 내세우고 싶었던 모양이다. 한데 오뒷세우스가 베르길리우스의 신분을 어떻게 알아보았는지는 설명되어 있지 않다. 우리로서는 그저, 베르길리우스의 뛰어난 작품에 대한 소문이 지옥 밑바닥까지 다다랐고, 오뒷세우스가 워낙 눈치 빠른 인물이어서 좀 모호한 표현을 듣고도 베르길리우스를 알아본 것으로 짐작할 뿐이다.

오뒷세우스의 마지막 항해

이제부터 펼쳐지는 오뒷세우스의 이야기는 거기 담긴 기백과 열정으로 유명하다. 첫 부분부터 열정이 대단하다. 자기가 키르케를 떠났을 때, 가족에 대한 의무감도 자신의 지적 열망을 이길 수 없었다는 것이다. '자식에 대한 애정도, 아버지에 대한 효성도, 아내에 대한 사랑도, 세상과 인간에 대해 겪어 알고 싶은 열망을 억누를 수 없었다.' 여기서 특히 그가 인간에 대해 알고 싶었던 것은 그들의 덕과 악덕이다. 《오뒷세이아》의 첫 구절('여러 도시를 보고 사람들의 마음을 알았던 그 남자')과 거의 같은 표현이고, 또 지금 단테가 이 여행을 하는 목적과도 유사하다. 하지만 벌써 여기에 약간 부정적인 함축이 스며들고 있다. 오뒷세우스가 잊었다는 '아버지에 대한 효성'에서 '효성(pieta)'은 로마인들에게 거의 가장 중요한 덕목이어서 베르길리우스도 《아이네이스》에서 그것을 크게 강조했었고, 앞으로 우리는 〈천국편〉에서 그 개념이 단테에게도 매우 중요하다는 사실을 확인하게 될 것이다. 그러니 아무리 지적 열망이 크더라도 이 덕목까지 잊으면 곤란한 것이다.

오뒷세우스의 항해 도정은 지중해 전역을 총망라한다. 우선 대륙의 해안선을 유럽 쪽도 아프리카 쪽도 모두 살펴보고, 사르데냐를 비롯한 섬들도 모두 돌아본다. 그 사이에 동료들은 몇 남지 않았고 그들마저 나이 들어 늙었지만, 오뒷세우스는 마지막 한계선을 넘어가보고자 한다. 헤라클레스가 경계를 세운 곳(지브롤터 해협)까지 이르러, 오른쪽으로는 스페인의 세비야, 왼쪽으로는 모로코 부근의 세우타(현재는 스페인령)를 지나쳐 간다. 여기서 오뒷세우스가 동료들을 향해 했던 연설이 유명하다. '이제 우리 기력은 얼마 남지 않았으나, 인간 없는 세상을 향해 서쪽으로 떠나자. 우리는 짐승처럼 그저 목숨을 이어가기 위해 태어난 게 아니라, 덕과 지식을 좇기 위해서 난 것이다.' 특히 이 마지막 구절이 많은 사람의 심금을 울렸다. (아우슈비츠에서 살아남은 유대계 이탈리아 화학자 프리모 레비의 《이것이 인간인가》에 나온 일화가 가장 유명하다. 프리모 레비가 프랑스 출신의 동료를 위해 이 구절을 번역해 주었고, 본인에게도 큰 힘이 되었다는 내용이다.)

오뒷세우스의 동료들은 그 연설을 듣고 모험의 열망에 불타오른다.

그들은 동쪽을 등지고 광적인 항해를 계속한 끝에 남반구에 이르렀고, 계속 왼쪽으로 방향 잡아 가다가 엄청난 산을 발견한다. 하지만 기쁨도 잠시, 이들은 갑작스러운 광풍을 만나 결국 배가 침몰하고 만다.

오뒷세우스의 동료들뿐 아니라 현대의 많은 독자들도 그의 연설에 감동했지만, 학자들은 이 모험이 우리에게 모범으로 제시된 게 아님을 지적한다. 사실 자세히 뜯어보면 오뒷세우스의 회고 곳곳에 벌써 불길한 표현들이 숨어 있다. 이들이 지브롤터를 지나갈 때 '오른쪽에는' 세비야, '왼쪽에는' 세우타가 있었다고 한 것부터 수상쩍다. 이 구절은 오비디우스 《변신 이야기》에서 이카로스의 마지막 비행을 묘사할 때 썼던 대구법이다. 이미 게뤼온 장면에서 언급했지만 이카로스는 하느님께 가는 잘못된 방법을 보여주는 대표적 인물이다. 오뒷세우스는 그 뒤를 따라 '미친 항해'를 떠났던 것이다. 그가 마지막으로 본 남반구의 거대한 산은 우리가 나중에 만나게 될 연옥산이다. 그곳은 하느님께 허락 받은 영혼들만 천사의 배를 이용해서 도달할 수 있는 곳이다. 한데 오뒷세우스는 제멋대로 그곳에 가려다 좌절한 것이다. 그의 배가 뒤집어지는 순간에 '다른 분의 뜻에 따라'라는 말이 덧붙어 있다. 이 '다른 분'은 하느님이다. 앞으로도 몇 차례 만나게 될 표현이다.

오뒷세우스가 서쪽으로 떠날 때 '아침을 등지고서'라는 표현이 쓰였는데, 여기서 '아침'은 '동쪽'이고 해 뜨는 방향이다. 태양은 보통 그리스도를 상징하기 때문에 이 역시 신의 뜻과 어긋난 행동이라는 암시가 된다. 지브롤터를 벗어난 후 오뒷세우스 일행이 계속 왼쪽으로 항해했다는 데서도, 이미 단테가 지옥에서 계속 왼쪽으로 도는 것을 본 독자로서는 뭔가 잘못되어 가는 것 아닌가 하는 의구심이 생겨난다. 마지막에 오뒷세우스와 동료들은 뱃머리부터 바닷속으로 곤두박질치고, '바다가 그들 위를 덮'는다. 바다가 머리 위에서 닫히는 이 순간은 스타티우스의 《테바이스》에서 암피아라오스가 마차와 함께 땅속으로 가라앉는 장면에서 빌려온 것이다. 그 예언자의 머리 위로 땅이 닫혔던 것이다. 예언자의 지혜가 마지막 순간에 도움이 되지 않은 것처럼 오뒷세우스의 저 유명한 지혜도 결국 허망한 결말을 막지 못했다.

이 부분에서 단테는 다시 '세계 4대 시인' 중 하나, 그중에서도 우두머리인 호메로스와 겨루고 있다. 《오뒷세이아》에서는 오뒷세우스가 고향으로 돌아가 악당들을 물리치고 아들, 아버지, 아내와 재회하는 것으로 되어 있지만, 여기서는 그가 가족을 다 잊고서 자신의 야망을 좇아 떠났다고 되어 있다. 그것도 주인공 자신의 입을 통해 증언하고 있으니, 결국 호메로스의 말은 믿지 말라는 뜻 아닌가! 한편 여기서 시인 단테는 자기 선배인 베르길리우스와 스타티우스의 작품과 장면들을 열심히 흉내 내고 응용하고 있다. 오뒷세우스의 마지막 연설은 아이네아스가 자기 동료들에게 하는 연설을, 오뒷세우스의 침몰 장면은 아이네아스의 동료 오론테스가 타고 있던 배의 침몰 장면을 가져다 쓴 것이다. 단테는 옛 시인들을 존중하면서도 반박하고 있다. (오뒷세우스의 죄를 열거하면서 스타티우스의 《아킬레이스》 내용도 많이 빌려 썼다.)

잘못된 충고를 준 또 하나의 죄인, 귀도 다 몬테펠트로

방언이 실마리가 된 만남

말을 마친 불꽃은 이제 곧게 서서 조용해진다. 베르길리우스는 상대가 할 말을 끝냈음을 알아채고 그로 하여금 떠나도록 허락한다. 한데 그 뒤에서 다른 불꽃 하나가 불분명한 소리를 토해낸다. 뭔가 말하고 싶은 눈치다. 그 소리는 마치 '시칠리아의 황소가 울부짖는 것 같다. 이 '시칠리아의 황소'는 고대의 유명한 독재자 팔라리스가 사람들을 고문하기 위해 만든 것이다. 청동으로 속이 빈 황소 모형을 만들고는 그 안에 사람을 넣어 불로 데워 죽이는 장치다. 팔라리스는 그 물건이 제대로 작동하는지 확인하기 위해 제일 먼저 그것을 만든 장인을 넣어 익혀 죽였다고 한다. 지금 이곳의 죄인들도 그 청동 황소 속에 들어간 듯 고통을 당하고 있기 때문에 이런 직유를 동원했겠다.

죄인의 목소리는 불길 안에서 맴돌다가 불꽃 끄트머리의 출구로 터져 나온다. 자살자들이 변해서 된 가시나무에서도 가지가 꺾이면 피와 함께 말소리가 분출했었다. 그 죄인으로 하여금 저 스스로 말을 걸게끔 촉발한 것은 베르길리우스가 사용한 롬바르디아 방언이다. 베르길리우스는 오뒷세우스에게 '이제(istra) 그만 가도 좋다.'라고 말했는데, 이 '이제'라는 말이 지역마다 조금씩 달라서(istra, issa, mo) 어떤 표현을 쓰는지 보면 어느 지역 출신인지 가늠할 수 있다. 이런 말을 하면서 죄인 자신은 '방금(mo)'이란 표현을 사용했다. 시인 단테의 농담이다. 조금 전 26곡에서 베르길리우스는 고대의 인물들을 만나고, 자신의 작품을 가리켜 '고귀한 시구'라고 했다. 거기에 맞서서 단테는 현대의 인물을 만나고 일상어를 동원하여 '희극'적 면모를 과시하고 있다.

한데 이 죄인 역시 오뒷세우스처럼 지적 호기심이 대단하다. 자기가 불에 타고 있긴 하지만 고통이 대단한 건 아니니 신경 쓰지 말고 얘기 좀 하잔다. 시인 단테가 쓴 직유법('시칠리아의 황소')과는 좀 다른 상황이다. 시인은 다른 시인들을 넘어선 것에 만족하지 않고, 자기 자신조차도 능가하려는 것일까?

현재 로마냐의 상황

이 죄인이 알고자 원하는 것은 현재 이탈리아의 상황이다. 특히 자기 고향인 로마냐(토스카나 동북쪽)가 평화를 누리는지 전쟁 중인지 묻는다. 그는 피렌체 동남쪽에 있는 몬테펠트로 출신이다. 단테는 자기가 답해야 한다고 생각지 않고 여전히 몸을 아래로 기울인 채 주목하고 있다. 그러자 선생님께서 단테의 옆구리를 찌르며 이 질문에 답해주라고 재촉한다, 상대가 당내의 이탈리아 사람이기 때문이다. 베르길리우스는 이 구렁의 죄인들을 상대하면서 역할을 분담하기를 원하는 셈이다. 사실 1300년 전에 지상을 떠나온 사람이 답하긴 어려운 질문이다.

단테는 이미 답을 생각해 놓은 참이다. 약 20행에 걸쳐 거침없이 당대 정치 상황을 요약한다. 역사가로서의 단테의 모습이 약여하다. '당신 고향 로마냐에는 늘 독재자들이 전쟁을 궁리해왔지만 현재로서는 공개적 전쟁은 없다. 라벤나는 폴렌타 집안이 다스리고 있다.' 그 밖에 여러 도시가 어떤 통치자에 의해 어떻게 다스려지고 있는지, 귀족 집안들 사이의 갈등은 어떠한지 상세히 설명한다. (대개 귀족 가문의 이름을 직접 대지 않고, 문장 그림들을 이용해서 '독수리', '사자' 등으로 부르고 있어서 이해하기에 약간 어렵다. 야수적 투쟁이 펼쳐지고 있다는 뜻일 수도 있다.) 단테는 꽤 긴 정세 설명 끝에 자기도 궁금한 것을 묻는다. '그러는 당신은 누구냐?' 그러면서 자신은 지상으로 돌아갈 사람이니 그의 이름을 후세에 전하겠노라 약속한다.

상대는 단테의 약속을 의심한다. 단테가 정말 지상으로 돌아갈 사람이라 믿는다면 자기가 아무 말도 하지 않을 텐데, 그럴 리 없겠기에 이야기를 하겠노라고. 그는 여기서 살아 돌아간 사람은 전혀 없다고 들었기 때문에 오명도 두려워하지 않고 답하겠다고. 이 죄인은 몬테펠트로 출신의 귀도라는 사람이다. 그는 단테의 말을 믿을 수 없다는 걸 두 번이나 강조해서 밝힌다. 이제까지는 이렇게 불신의 태도를 보인 인물이 없었다. 잠시 후에 드러나지만 사실 이 사람은 지나치게 귀가 얇은 인간이었다. 그리고 바로 그 때문에 이 지옥에 오게 된 건데, 그 반작용 때문인지 이제는 사실조차도 믿지 않게 되었다.

교황에게 속아 나쁜 조언을 하고 지옥으로 떨어지다

이 죄인은 원래 무인이었다. (여기서 무인은 직역하면 '무기를 갖춘 인간(uom d'arme)'인데, 베르길리우스의 《아이네이스》 첫 구절 '무구와 남자에 대해 나는 노래하노라, arma virumque cano'의 패러디로 보인다. 시인 단테가 다시 선생님을 놀려먹고 있다.) 그러다가 수도사가 되어 인생을 정리하고자 했다. 한데 교황 보니파키우스 8세가 그를 찾아와 도움을 청했고, 그 청에 응했다가 현재와 같은 벌을 받게 된 것이다.

그는 군인이었을 때도 사자라기보다 여우에 가까운 타입이었단다. (키케로가 《의무론》에서 제시한 분류법이고 나중에 마키아벨리가 적극 활용할 표현이다.) 그는 기만 술책을 능란하게 구사했고 그로 인해 명성이 널리 퍼졌다. 하지만 이제 인생을 정리할 나이가 되었다고 느꼈을 때, 그리고 이전에 즐겁던 일들이 더는 즐겁지 않게 되었을 때, 그는 참회하고 프란체스코회 수도사가 되었다. 하지만 교황이 그를 다시 세속의 사건들로 끌어들였다. 이 교황은 성지를 차지하고 있는 이교도들과 싸우는 데는 전혀 관심이 없고, 그저 기독교 내부의 권력 다툼에 몰두하고 있는 자였다. 교황은 처음엔 예전에 콘스탄티누스 황제가 실베스테르 교황을 대하듯 짐짓 자세를 낮추면서 자신의 교만을 치료해 달라고 했지만, 곧 본색을 드러낸다. 귀도가 그 청에 응답하지 않자, 당근과 채찍을 내민다. 자기는 하늘 문을 열기도 닫기도 할 수 있는 열쇠들을 받아 갖고 있노라고, '이번 것 같은(finor, 또는 '이제까지의')' 죄를 사해줄 터이니 팔레스트리나의 콜론나 가문을 제압한 방도를 달라고. 귀도는 한편으로 그의 교황으로서의 권위와 설득력 있는 논리에 마음이 움직였다. 또한 자신이 '이제(mo)' 빠지게 될 죄로부터 사면해 준다 한 말에 기대를 갖고서, '약속은 길게 이행은 짧게 하시라.'라고 조언한다. 정치판에서 자주 쓰이는 술책이다. '당선된 뒤에는 공약을 잊어라!'

이어지는 이야기다. 귀도 수사가 죽자, 프란체스코 성인께서 그를 데리러 오신다. 하지만 악마('검은 천사')가 나타나서 막아서며, 반박 불가능한 논리를 펼친다. '자기가 속죄받았다는 그 죄를 다시 행한다면 그건 모순'이라고. 그러면서 귀도를 비웃는다. 자기가 이 정도까지 논리력이 뛰어날 줄을 몰랐을 거라고. 악마는 그를 잡아서 미노스에게로 데려갔고, 미노스는 그를 '도둑 불꽃의 죄인'으로 판정하고 꼬리를 여덟 번 휘감고는 그 꼬리를 깨물기까지 했다. 그 결과 그는 이곳 제8원의 여덟 번째 구렁으로 떨어져 불꽃 속에 갇히게 된 것이다. 전에는 미노스가 꼬리를 깨문다는 얘기가 없었는데, 여기서 이런 동작이 덧붙여진 것은 8이 두 번(제8원의 제8구렁) 겹친다는 뜻이 아닐까 싶다.

지금 이 이야기 속에는 많은 의미심장한 구절들이 들어 있다. 악마를 '검은 천사(neri cherubini)'라고 한 것도 그렇다. 여기서 '천사'라고 옮긴 것은 대개 우리말 성서에서는 '거룹' 또는 '그룹'이라고 적는데, '지혜의 천사'라는 뜻이다. 책략으로 소문난 죄인을 잡으러 그에 맞먹는 능력을 가진 저승 존재가 파견된 것이다. 그리고 미노스가 그를 '도둑 불꽃의 죄인'이라고 했을 때, '도둑'이란 말은 이 죄인이 '타인의 판단력을 도둑질' 했기 때문에 쓴 표현이다. '귀도(Guido)'라는 이름은 '가이드'라는 뜻인데, 이 '안내자'는 타인들을 엉뚱한 판단으로 인도했다. 한편 교황과 귀도 수사가 대가를 협상할 때 '지금, 이제'에 해당되는 두 가지 표현이 사용되고 그 모호함에 귀도가 넘어간 것은, 애초에 이 죄인이 왜 베르길리우스의 '이제'라는 표현에 주목했는지 설명해준다. 뜻이 비슷하긴 하지만 완전히 같지는 않은 단어들은 원래 사기에 많이 동원되기 마련이다. 평생 사술로 살아온 이 인물은 자신이 그 사술에 넘어가고 말았다.

그리고 보면 애초에 귀도가 이탈리아의 현재 상황을 알고 싶어 한 것부터가 의심스럽다. 그는 자기가 군사적인 관심을 끊고 수도원에 은거했다고 했지만, 심지어 지옥에 와서까지도 정치와 전쟁에 대한 관심을 끊을 수가 없었던 것이다. 악마의 말대로 그는 '자기가 뉘우쳤다고 하는 짓을 다시 행하는 자'인 셈이다. 이 사람 귀도 다 몬테펠트로는 앞에 26곡에서 마주쳤던 오뒷세우스와 매우 유사한 인물이다. 오뒷세우스 역시 책략으로 명성이 하늘에 닿지 않았던가! 귀도가 인생 후반을 '돛을 내리고 밧줄을 감아 들여야 할 시기'라고 표현한 것도 오뒷세우스의 마지막 항해와 유사한 데가 있다. 이 사람 역시 오뒷세우스처럼 신께서 정한 한계를 지키지 못하고 선을 넘어 버린 것이다. 이 인물은 오뒷세우스의 죄가 무엇인지 잘 모르겠다 싶은 사람에게 다시 한 번 설명하기 위해 기용된 듯하다.

〈연옥편〉에는 〈지옥편〉과 짝이 될 만한 부분이 자주 등장하는데, 지금 여기 소개된 귀도의 아들이 죽었을 때도 천사와 악마가 동시에 나타난다. 하지만 우리는 천사가 승리하여 그의 영혼을 데려가고, 악마는 그저 그의 육체에 화풀이하는 걸 보게 될 것이다.(〈연옥편〉 제5곡) 두 일화 모두에서 악마는 말이 많고 천사나 성인은 묵묵히 자기 일을 수행한다.

말을 마친 귀도 수사는 불꽃 끄트머리를 비틀면서 떠나간다. 불꽃을 꼿꼿이 세웠던 오뒷세우스의 수준에는 미치지 못하는 인물이다. 단테 일행은 다시 길을 떠나, 다음 다리에서 아래를 내려다본다. 분열과 불화를 일으킨 자들이 그 값을 치르는 곳이다.

제28곡

아홉째 구렁, 분열을 일으킨 자들의 몸이 쪼개지다

분열 지옥의 참상을 이전 전쟁과 비교하다

28곡 서두에서 단테는 자신이 본 것을 제대로 전할 길이 없음을 토로한다. 인간의 언어와 이성이 그것을 이해할 길이 없다고. 그러면서 이전에 있었던 처참하기로 소문난 전투들을 상기시킨다. 이 모든 전투의 희생자들을 다 모아도 지금 자신이 목도하는 처참함과는 비교가 안 된다는 것이다. 모두 다섯 개의 전쟁과 전투를 꼽고 있는데, 맨 앞의 두 개는 고대의 사건이고, 뒤의 세 개는 단테 시대 직전에 있었던 일들이다. 첫째 전투는 트로이아인들이 아이네아스를 따라와서 이탈리아반도 중남부에서 벌였던 싸움이다. 다음은 리비우스가 기록했던 긴 전쟁, 즉 2차 포에니 전쟁(한니발의 침입)이다. 그다음은 노르만 군대가 시칠리아에서 사라센과 싸웠던 전투, 마지막 두 번은 서로 연관된 것으로 프랑스 앙주의 샤를(카를로 단조 1세)이 나폴리-시칠리아 왕국에 침공하여 먼저 만프레디왕(페데리코 2세의 아들)을, 그 다음 번에는 만프레디의 조카 코라도를 죽게 만든 전투다. (만프레디와 코라도는 〈연옥편〉에서 다시 보게 될 것이다.)

앞에서 말했듯 단테는 이 작품에서 서양사 전반을 개괄하고 있는데,

어떤 학자는 단테가 지지하는 '이권분립 기독교 제국'이라는 이상에 비추어 이 다섯 개의 전투를 '승리-패배-승리-패배'로 정리하기도 한다. 마지막의 두 전투는 함께 묶여서 '패배'에 들어간다. 아이네아스의 군대가 이긴 것은 로마 제국의 기초가 되므로 '승리', 로마가 한니발의 침공에 큰 타격을 입은 것은 '패배', 기독교도들이 시칠리아에서 사라센 세력을 막아낸 사건은 '승리', 마지막 두 사건은 프랑스 권력자가 교황의 사주를 받아 기독교 제국의 정치적 균형을 무너뜨린 것이므로 일종의 '패배'로 본 것이다. 하지만 이런 틀을 따르지 않는 학자는 세 번째로 꼽힌 전투가 노르만 세력이―사라센과 싸운 것보다는―이탈리아 남부를 차지하기 위해 현지 세력과 싸운 것임을 강조한다. 일반 독자로서는 그래도 뭔가 틀이 있는 게 정리에 도움이 될 터이니, 앞의 도식을 기억해 두는 게 좋겠다.

앞에 19곡에서 단테가 교황 니콜라우스 3세를 야단치면서, 동로마 황제의 돈을 받고 앙주의 샤를과 맞섰다고 비난했기 때문에, 여기서 같은 샤를이 교황의 사주를 받아 시칠리아-나폴리 왕국을 공격했다는 게 좀 이상하게 여겨질 수 있다. 앞에서는 교황과 샤를이 서로 원수였는데, 여기서는 둘이 한 패라니? 사실은 지금 여기 인용된 사건이 먼저 일어난 것이다. 그러니까 처음에는 프랑스 세력과 교황의 이해관계가 일치하다가 나중에는 틀어지게 되었다는 말이다. 정치 세력들 간의 협력과 갈등이란 게 원래 그런 것이다.

교회를 분열시킨 자들 몸이 둘로 쪼개지다

단테가 도착한 이 구렁의 죄인들은 몸이 쪼개지고 갈라진 채 이동하고 있다. 구렁 전체를 한 바퀴 도는 동안 그 상처들은 저절로 아무는데, 악마가 지키고 있는 곳에 도착하면 그 악마가 다시 칼을 휘둘러 원래대로 쪼개놓는다. 이 구렁의 대표로 제시된 이는 이슬람교의 창시자 무함마드(마호멧, 모하멧)다. 그는 몸이 턱부터 가랑이까지 갈라진 것으로 되어 있다. 그 이유는 그가 '그리스도의 몸'인 교회를 분열시켰기 때문이다. 현대 독자라면 이슬람교와 기독교는 완전히 다른 종교인 것으로 생각하지만, 중세인의 생각에 이슬람교는 기독교에서 갈라져 나간 것이어서 그렇다. 이슬람교가 처음 생긴 것은 서기 7세기인데, 아닌 게 아니라 오늘날 이슬람 세력권으로 되어 있는 지역의 많은 사람이 당시까지는 기독교를 믿었다. (대표적인 게 현재까지 이어지는 이집트의 콥트교도들이다. 그 밖에도 아랍권 여러 나라에 여전히 정교회를 비롯해서 여러 형태의 기독교 집단이 있다.)

단테는 그의 내장이 드러난 것을 자세히 그렸다. ('방귀', '똥' 같은 저급한 단어를 이용하여 '희극'에 걸맞은 세속적 표현법을 구사하고 있다.) 무함마드는 자기 신분을 밝히고, 자기 곁에 있는 후계자 알리를 소개한다. 이슬람교 내부에서 수니파와 시아파가 분열된 실마리가 된 이 인물은 얼굴이 턱에서 이마까지 갈라져 있다. 옛사람들은 아비는 몸통, 아들은 몸에서 솟아난 머리라고 생각했기 때문에, 아버지에 해당되는 사람은 몸통이, 아들에 해당되는 사람(사실은 사위)은 머리가 갈라진 것이다. (현대적 종교다원주의의 입장에서는 매우 불편한 대목인데, 중세인의 시각은 이랬구나 하고서 지나가는 수밖에 없겠다.) 구렁 전체를 한 바퀴 돌면 상처가 아물고 악마에 의해 다시 쪼개진다는 것을 가르쳐주는 존재도 바로 이 무함마드다.

그는 단테의 신분을 묻는다. 혹시 더 아래로 내려가는 죄인인데 형벌의 시간을 늦추려고 머뭇거리는 것이냐고. 베르길리우스가 답한다. 자기는 이미 죽은 혼령이고, 단테는 아직 살아있는 자인데, 단테에게 경험을 주기 위해 여기까지 여행했노라고. 그 말을 듣자 모든 영혼들이 놀라서 고통도 잊은 채 단테에게 주목한다. (지금 이 장면은 오르페우스의 저승 방문을 상기시킨다. 그가 음악을 연주하자 저승에서 벌 받던 존재들이 모두 잠시 멈추고 그 음악을 들었기 때문이다. 단테는 '두 번째 오르페우스'이기도 하다.)

단테가 다시 지상으로 돌아갈 사람이란 것을 알자, 무함마드는 아직 살아 있는 어떤 이에게 전하는 충고를 단테에게 맡겨 전하라 한다. 당시에 돌치노라는 수사가 새로운 종파를 만들어 교황에게 대항하고 있었기 때문이다. 무함마드의 충고는 '식량을 충분히 준비하면 폭설이 내리더라도 패배하지 않으리라.'라는 것이다. 하지만 이 여행으로부터 7년 뒤에 돌치노는 산속에서 눈으로 고립된 채 식량이 부족해서 패배하고 처형된다.

한데 이 충고를 건넬 때 무함마드의 자세가 특이하다. 그는 떠나기 위해 한 발을 허공에 띄운 채로 말을 이어갔고, 말이 끝나자 그 발을 땅에 내리 디뎌 떠났던 것이다. 학자들은 이 동작이 그가 교회의 '걸림돌'이 되었기 때문이라고 설명한다. 마치 앞에 돌이 있어서 그것을 넘어서기 위해 발을 높이 든 것 같은 형국이라고.

얼굴이 훼손된 자, 혀 잘린 자, 두 손이 잘린 자

교회 분열을 일으킨 존재가 지나가고 나자, 이번엔 도시를 분열시킨 자들 차례다. 맨 먼저 목에 구멍이 뚫리고 코와 귀가 잘려나간 죄인이 단테에게 말을 건다. 메디치나의 피에르라는 사람인데, 로마냐 지방 영주들 사이를 이간질했던 인물이라고 한다. 목에 구멍이 뚫린 것은 그가 말로써 분열을 일으켰기 때문이다. 이 사람이 얼굴이 이토록 훼손된 것은 《아이네이스》에서 주인공의 저승 방문 장면을 떠올리게 한다. 아이네아스는 저승 깊은 곳에서 트로이아의 전우 데이포보스와 마주치는데, 그의 얼굴이 이렇게 난자되어 있었다. 그 이유는 그가 파리스가 죽은 뒤에 헬레네의 새로운 남편이 되었기 때문이다. 그래서 트로이아 함락 과정에서 희랍군이 특히 그에게 심한 해코지를 했던 것이다. 지금 피에르가 데이포보스처럼 얼굴이 훼손된 것은 그가―데이포보스처럼―도시의 무너짐에 책임이 있기 때문이겠다.

피에르는 흉악한 폭군의 계략에 넘어가서 피살될 두 사람에게 충고를 전해달라고 부탁한다. 리미니의 말라테스티노가 회담을 청해서 그들을 불러놓고 도중에 살해하리라는 것이다. 이 사건은 1312년에 일어난 것이니, 시인 단테가 좀 나중에 덧붙인 내용일 수 있다. 그리고 여기 언급된 말라테스티노는 앞에 27곡에서 단테가 현재의 정치 상황을 귀도 다 몬테펠트로에게 전할 때도 살짝 등장했다. 짐승 이름이 많이 나오던 그 부분에서 그는 '젊은 마스티프'로 지칭되었다. 한편 이 사람은 제5곡의 음란 지옥에서 사연이 자세히 소개된 파올로의 큰 형이기도 하다. 이들의 고향 리미니는 단테가 죽을 때까지 머물렀던 라벤나에서 그리 멀지 않다. 지금 단테의 대화 상대인 피에르의 고향 메디치나도 라벤나에서 아주 멀진 않다. 이 말라테스티노는 '애꾸눈'인 것으로 소개되는데, 어쩌면 그도 지옥의 이 구역으로 올 예정이고 이승에서 벌써 그 벌을 앞당겨 받고 있다는 의미일 수도 있겠다.

피에르는 얘기 도중에 자기 곁에 있는 동료도 소개한다. 그는 혀가 잘린 사람인데 리미니 땅을 전혀 다시 보고 싶어 하지 않는다고. 단테는 그 사람이 누구인지 묻는다. 피에르는 곁에 있던 자의 입을 열어 잘린 혀를 보여준다. 그는 말을 할 수 없기 때문에 곁에 일종의 '대변인'이 필요한 상태다. 이 사람은 카이사르로 하여금 루비콘강을 건너도록 부추겼던 쿠리오라는 자다. 그 역시 로마라는 '도시'를 혀로써 분열시켰고, 그래서 혀가 잘린 채 여기 소개된 것이다. 루비콘강은 리미니 바로 북쪽에 있다. 자기 혀가 잘리게 된 사건의 배경이 리미니 근처이기 때문에 그 땅을 다시는 보고 싶지 않다고 한 것이다.

한편 카이사르가 루비콘강을 건넌 사건은 폼페이우스와의 대결로 이어지고, 결국 아우구스투스 체제의 기원이 된다. 따라서 이 사건은 단테가 중시하는 로마의 발전사에서 한 번은 꼭 일어나야만 했던 일인데, 정작 그 사건의 유발자가 벌을 받는 이유는 무엇인가? 이 사람은 말하자면 또 하나의 '가룟 유다'인 것이다. 하느님의 도구로 이용되지만 자기 행동에는 스스로 책임을 져야 하는 존재다. 그리고 앞으로 거듭 확인하겠지만, 《신곡》에서 단테는 카이사르의 행적이 어떤 때는 옳고, 어떤 때는 그릇된, 양가적인 것으로 평가하고 있다. 지금 여기서는 그 행적의 부정적인 면이 강조되었다.

이 두 번째 부류의 마지막에는, 단테 생존 당시 이탈리아 도시들 사이에 대분열을 유발했던 자가 나서서 스스로 자기를 소개한다. 그의 이름은 모스카. 유력한 두 가문 사이에 파혼 사태가 생기자 가혹한 보복을 부추겨서 결국 이탈리아 전체가 교황파와 황제파로 문드러지게 만들었던 자다. 그는 두 손목이 잘려 있는데, 황제와 교황이 인간으로 치면 두 다리, 마차로 치면 두 바퀴에 해당되기 때문에 그에 상응하여 이런 벌을 받은 것 같다.

이 분열 사태의 직접적 피해자인 단테는 여기서 참지 못하고 상대에게 언어적 보복을 가한다. 당신이 뿌린 사악한 씨앗 때문에 당신의 집안도 망해버렸다고. 그 말에 모스카는 괴로워하며 떠나가 버린다.

머리와 몸통이 나뉜 자

단테는 그다음 죄인을 그리기에 앞서, 자기가 너무나 무서운 광경을 목도했는데 자신의 순수한 양심을 방패 삼지 않았더라면 그걸 묘사하지 못했으리라고 토로한다. 머리가 잘린 인물이 그 머리를 손에 들고 돌아다니고 있었기 때문이다. 그는 아들(머리)과 아버지(몸통) 사이를 이간질했던 자다. 단테는 그를 '하나면서 둘이고, 둘이면서 하나'라고 표현했는데, 이 사람 역시 그리스도의 패러디로, 성부와 성자께서 하나이면서 둘임을 비틀어 보여주는 듯하다. '그가 어찌 그럴 수 있는지는 하느님만 아신다.'라는 구절도 성부와 성자의 신비한 동일성에 대한 언급으로 잘 어울린다.

이 사람은 프랑스 보른의 베르트랑이다. 영국 왕인 헨리 2세의 아들(헨리 3세)을 부추겨서 자기 아버지에게 모반하게끔 만들었던 자다. 사실 이 사람은 상당한 시인으로서 끔찍한 장면이 나오는 전쟁시를 많이 썼는데, 단테가 이 부분에서 그의 시를 많이 응용했다. 그는 잘린 머리를 들고 돌다리 밑으로 바짝 다가와, 분리된 머리에서 소리를 내어 외친다, 자기 신분과 죄악을. 그는 구약성서 〈사무엘하〉에 나온 비슷한 사례도 언급한다. 아히도벨이라는 책사가 다윗의 아들 압살롬을 부추겨서 아버지에게 반역하게 만들었던 사건이다. 그 역모 사건은 결국 실패로 돌아갔고, 아히도벨은 들보에 목을 매어 죽었다.

베르트랑은 그런 죄 때문에 자기가 '몸통의 근원에서 분리된 머리'를 들고 다니노라고 설명한다. 그다음에 나오는 단어가 《신곡》 전체를 관통하는 하느님의 원칙을 보여준다. 지금 이 벌은 하늘이 내리신 '응보

(contrapasso)'라는 말이다. 우리는 앞에서 벌써 여러 죄인들이 자기 죄에 걸맞은 벌을 받고 있음을 보았다. 지은 죄대로 값을 치르는 것, 이것이 바로 단테가 파악한바 하느님의 상벌 원칙인 '응보'다.

이렇게 우리는 교회-국가-가정에서 분열을 일으킨 자들을 차례로 살펴보았다.

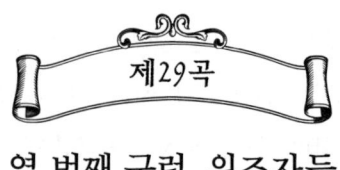

열 번째 구렁, 위조자들

피살된 조상을 보지 못하고 지나치다

단테는 아홉 번째 구렁의 죄인들을 보면서 슬픔으로 빠져든다. 전에도 이러다가 선생님께 야단을 맞은 적이 있는데, 그 버릇을 고치지 못한 것일까? 여기서 단테가 슬퍼하는 이유로 우선은 정치적 상황을 꼽을 수 있겠다. 조금 전에 본 인물이 이탈리아 도시들의 분열을 일으켰고, 그 때문에 시인 단테도 추방자 신세가 되었으니 말이다. 순례자 단테에게 시인 단테의 감정이 스며들었다고 볼 수 있겠다. (지금 그려진 저승 여행 당시에 단테는 아직 추방되지 않은 상태다.) 그가 슬퍼하는 다른 이유는 조금 뒤에서 살펴보자.

베르길리우스는 슬퍼하는 단테를 꾸짖는다. 그러면서 시간 여유가 많지 않다고 재촉한다. 이곳의 둘레는 22마일이고, 달은 지금 그들의 발아래 있다고. 일단 여기서 22마일은 미터법으로 고치면 안 된다. 물리적 크기보다는 숫자가 중요하기 때문이다. 11×2. 다시 잉여수다. 기만 지옥의 제일 안쪽 경계에서 의미 있는 숫자가 나왔다. 마침 29곡이라는 숫자도 경계에 알맞게 설정되었다.

한편 옛날 학자들은 22마일이라는 크기에 기대어 지구 전체의 크기를 계산해 보려고도 했지만, 지옥의 원들이 어떤 비율로 줄어들었는지 명시되지 않았기 때문에 이런 계산은 무리라는 게 요즘의 결론이다. 한편 달이 발아래 있다는 것은 예루살렘에는 해가 자오선에 있다는 뜻이다. 예루살렘 기준으로 성금요일 밤에 단테가 여행을 시작했으므로, 지금은 토요일 정오 무렵이고, 주어진 24시간의 4분의 1 정도가 남았다.

한데 단테는 우리가 예상치 못한 답을 한다. 왠지 이 구렁에 자기 집안 사람이 하나 있을 것 같아서 자기가 슬퍼하는 거라고. 한데 선생님은 벌써 그 인물을 발견하여 주목했으며, 그의 이름이 불리는 것까지 들었다. 그는 단테의 아저씨뻘인 제리 델 벨로라는 인물이다. 그는 가문 간의 분쟁에 휘말려 살해되었는데, 아직 자신의 죽음이 복수 되지 않았기 때문에, 후손인 단테를 알아보고서 비난의 손가락질을 보냈지만 정작 단테는 베르트랑을 주시하느라 그걸 놓쳤던 것이다. 그 말을 들은 단테는, 그의 죽음이 복수 되지 않았고, 그래서 그가 경멸감에 아무 말도 하지 않고 떠나간 거라고 추정한다. '그래서' 자기 마음이 그를 더욱 동정한다고. 한데 여기 쓰인 '그래서'가 대체 어떤 단어에 연결되는지 모호하다. 자기 조상의 죽음이 복수 되지 않아서인지, 아니면 그가 말없이 가버려서인지. 학자들은 대체로 후자로 본다. 단테 시대에 사적 복수는 합법적 행동이었지만 그 때문에 가문들 간에 유혈 투쟁이 끊이지 않았으니, 단테가 이런 일을 지지할 수는 없다. 조금 전에, 가문 간의 복수를 부추겼다가 벌 받은 인물(모스카)도 만나지 않았던가!

사실 이 부분에는 아이네아스가 저승을 방문한 이야기가 바탕에 깔려 있다. 저승 초입에서 아이네아스는 자기가 버리고 떠나서 자살해버린 디도와 마주친다. 그녀에게 변명하려 하지만 그녀는 눈을 내리깔고('경멸감') 원래의 남편에게로 가버린다. 다른 한편 이 장면에는 아이네아스와 그의 아버지 앙키세스의 만남도 깔려 있다. 아버지는 아들을 보고 '너의 효성이 너를 여기까지 데려왔구나!'라고 외치는데, 그 '효성(pietas)'이 지금 여기 쓰인 '동정심(pio)'과 같은 어근에서 나온 단어이기 때문이다.

그러면 시인 단테가 굳이 이 장면을 넣은 이유는 무엇일까? 우선 당시 독자들이 '너의 집안에는 분열을 일으킨 죄인이 없단 말이냐?'라고 추궁하는 것을 미리 방어하자는 의도가 있겠다. 하지만 그가 벌을 받는 것은 하느님의 뜻이기 때문에 단테로서도 받아들이는 수밖에 없다. 시인 단테는 주인공인 순례자 단테가 자기 조상과 그저 스쳐 지나가게 만듦으로써, 세속적 의무를 다하지 못한 후손이 분노한 조상과 직접 마주치는 곤혹스러운 장면을 피하면서도 하느님의 원칙에 순명하는 자세를 보였다. 바로 이것이 개인적 의무(pietas)를 넘어서는 진정 경건한(pius) 태도가 아닌가 싶다.

질병에 시달리는 위조자들

이러한 이야기를 나누며 일행은 다음 구렁 위를 지나는 다리에 오른다. 밑에서는 고통의 울음소리가 솟구친다. 단테는 너무 괴로워서 귀를 막아버린다. 단테는 그 밑의 참상을 이탈리아 여러 지역의 늪지대, 계곡 근처의 병원에 비긴다. 신음 소리에 더하여 몸이 썩어 들어가며 풍기는 악취 또한 대단하다.

돌다리를 마저 건너 둔덕에 닿아 왼쪽으로 돌자, 다리 위에서는 너무 어두워 보이지 않던 구렁 내부가 비교적 잘 보인다. 거기서는 '속지 않는 정의'가 위조자들을 벌하고 있다. 단테는 이들을 보고서 아이기나 대역병을 떠올린다. 《변신 이야기》에 소개된 내용이다. 대기가 독기로 가득해서 이전 사람들은 거의 다 죽고, 제우스의 은혜로 개미에서 다시 젊은 이들이 생겨났다는 내용이다. 조금 전에 늪지대들을 꼽았는데, 여기에서 나쁜 공기('말라리아')를 언급하는 게 적절하다. 옛날 로마도 주변에 늪이 많아서 말라리아가 창궐했고, 그래서 로마 귀족들이 시골로 피신하기 위해 빌라들을 지었던 것이다. 지금 여기서 보는 장면들은 아이기나 역병보다 훨씬 심하다.

이곳의 죄인들은 폭력 지옥의 죄인들과 비슷하게 고정된 자와 이동하는 자들의 무리로 나뉘어 있다. 엎드린 사람, 누운 사람, 엉금엉금 네 발로 기는 사람. 단테와 베르길리우스는 천천히 걸으며 이들을 본다. 그러다가 서로에게 기대어 앉은 두 사람과 마주친다. 그들은 온몸이 딱지로 덮여 있고, 그것을 손톱으로 벅벅 긁고 있다. 시인 단테는 이 부분에도 상당히 공을 들여서, 직유 세 개가 잇달아 나온다. 먼저 이들이 서로 기댄 모습은 냄비와 냄비를 서로 받쳐놓은 것과 유사하다. 그들이 몸을 긁는 모습은, 주인이 벌써 나와 기다리고 있는데 아직 말을 빗질하지 못해서 말구종이 급하게 빗질하는 것보다 더 세게 긁고 있는 것과 같았다. 몸에서 딱지를 떼어내는 것은 물고기 비늘을 벗겨내는 작업과 비교했다. 매우 서민적인 비유들이고, 불꽃 지옥부터 계속되어온 '저급한 문체'다. 특히 이 부분에서 요리와 관련된 비유가 많이 쓰인 것은, 위조자의 대표가 연금술사인데 그들의 작업이 요리와 거의 같기 때문이라고들 해석한다.

베르길리우스가 그들 가운데 하나에게 말을 건다. 이탈리아 사람이 이 근처에 있는지, 그리고 이곳 사람들은 왜 그런 짓을 하고 있는지. 그러자 상대는 바로 자기들이 이탈리아 사람이라고 대꾸하면서, 이쪽의 신분을 되묻는다. 베르길리우스는 자기와 동행하는 사람은 아직 죽지 않았고, 그에게 지옥을 보여주기 위해 이렇게 여행 중이라고 답한다. 그러자 모두들 놀라고, 그릇 받침대 무너지듯 서로 기댄 자세가 무너진다. 이번엔 단테가 나서서 이승에 그들 소식을 전해주겠노라고, 각자 신분과 출신지를 밝혀달라고 청한다.

두 명의 연금술사

그러자 한 사람이 나서서, 자신은 아레초 출신으로 시에나에서 처형되었다고 말한다. (학자들이 이 사람 이름을 알아냈지만 아주 중요하진 않다. 그리폴리노라는 자다.) 그는 화형을 당했지만 그 죄목 때문에 이곳에 있는 건 아니라고 변명한다. 자신이 권력자의 허황된 요구를 채워줄 수 있다고 공언했다가 그 일에 실패해서 미움을 받아 죽었다는 것이다. 알베로라는 이 시에나 권력자는 하늘을 날고 싶어 했는데, 자기가 '다이달로스'가 되어 주질 못했다는 것이다. 화형은 보통 이단 죄에 가해지는 형벌이다. 그러니까 자기가 명목상으론 이단 판정을 받아 사형을 당했지만, 사실은 권력자에게 불가능한 것을 약속했다가 죽게 되었다는 말이다. 한데 또 한 번의 반전이 있다. 미노스가 자기를 여기로 보낸 것은 연금술 때문이었다는 것이다. 그러니까 명목상의 죄와 권력자의 속생각, 그리고 신적인 존재의 판단이 각기 달랐던 것이다. 여기 언급된 다이달로스는 이카로스의 아버지이고, 이카로스는 하느님께 가는 잘못된 방법을 보여주는 존재이니, 어차피 이 죄인의 시도 자체가 방향을 잘못 잡은 것이었다.

단테는 베르길리우스를 향해 탄식한다. 시에나 사람은 참 허황되다고, 프랑스 사람조차도 그 정도는 아닐 거라고. 이것은 요즘도 여기저기서 볼 수 있는 타 지역, 타국에 대한 편견이 슬쩍 드러난 대목이다. 피렌체는 특히 시에나와 전쟁을 많이 했기 때문에 편견이 더 심했을 수도 있다.

곁에서 그 말을 듣던 다른 죄인이 끼어든다. 이 사람도 온몸에 헌데가 있으므로 단테는 '문둥이'라고 지칭했다. 그는 시에나 사람 중 별미를 추구했던 인물들을 거명한다. 그 첫 번째 사례는 반어법을 써서 '절제 있게 소비했던' 사람으로 칭했다. 정향을 길러서 요리에 이용한 사람, 포도밭을 팔아치워 식도락을 즐긴 사람, '아주 똑똑했던' 사람을 포함한 '낭비 클럽' 등. 그러면서 지금 단테를 편들어 시에나 사람을 욕하는 자신이 누구인지 알고 싶으면, 자기 얼굴을 잘 들여다보라고 한다. 자기는 연금술사 카포키오라고. 이 사람도 시에나에서 화형을 당했는데, 원래는 피렌체 출신이다. 어떤 설에 따르면 단테와 함께 자연과학을 공부한 적이 있다. 한데 마지막에 그가 덧붙인 말이 좀 모호하다. 자기는 타고난 훌륭한 원숭이였다는 것이다. 이 말은 자기가 자연을 아주 잘 흉내 낼 수 있다는 뜻일 수도 있고, 평소에 다른 사람 흉내를 잘 내는 재주까지 지녔다는 뜻일 수도 있다. 앞의 연금술사가 여러 죄목을 가진 것에 맞추자면, 이 사람 역시 연금술뿐 아니라 신분 위조에도 능란했다는 뜻이 아닌가 싶다.

열 번째 구렁,
유언 위조, 신분 위조, 화폐 위조, 위증의 범죄자들

유언 위조범 잔니 스키키와 신분 위조범 뮈르라

30곡에서 단테는 여전히 제8원의 마지막 구렁에 머물러 있다. 30곡은 두 가지 신화를 인용하는 것으로 시작한다. 하나는 테바이 이야기다. 테바이 왕녀 세멜레가 제우스와 사랑을 나눠 디오뉘소스를 임신하자, 질투에 사로잡힌 헤라는 여러 가지 수단으로 테바이를 괴롭힌다. 그중 하나는 아기 디오뉘소스를 길러준 이노와 아타마스 부부에게 광기를 보낸 것이다. 먼저 남편이 광기에 빠져, 자기 아내와 자식들을 사자 무리로 잘못 보고는, 아들 중 하나 레아르코스를 잡아서는 바위에 내리쳐서 죽게 만든다. 그것을 본 아내 이노는 다른 아이를 안고서 바다에 몸을 던진다. (단테는 여기서 이노가 죽은 것처럼 적고 있지만 대개의 판본에는 신들이 그녀와 아이를 신으로 만들어준 걸로 나와 있다. 단테로서는 불행을 강조해야 하니, 이런 해피엔딩을 가져다 쓸 수는 없었겠다.)

단테가 인용한 다른 신화는 트로이아 멸망 후에 있었던 일이다. 트로이아 왕비 헤카베는 노예로 끌려가던 중에, 자기 딸 폴뤽세네가 아킬레우스 무덤에 제물로 바쳐지고, 이웃 나라에 맡겨놓았던 아들 폴뤼도로스마저 피살된 것을 알게 되자, 광기에 빠져서 개처럼 울부짖다 정신이 완전히 나가버렸다. (폴뤼도로스가 살해된 사정은 앞에 13곡 자살자들의 숲에서 설명했다. 헤카베가 자기 아들을 죽인 폴뤼메스토르를 유인하여 눈을 뽑아 죽였다는 얘기도 있다.)

단테는 이 두 사례가 아무리 광적인 것이라 해도 지금 그가 목격하는 사건보다 심하지는 않았다고 말한다. 벌거벗은 창백한 영혼 둘이 마치 우리에서 뛰쳐나온 돼지들처럼 달려와 주변 사람들을 물어뜯었기 때문이다. 그중 하나는 카포키오에게 달려들어 목덜미를 물고 끌어간다. 그러자 아레초 출신 연금술사(그리폴리노)가 설명한다. 방금 달려왔다가 돌아간 존재는 잔니 스키키라고. 이 사람은 남을 흉내 내는 재주가 좋아서, 이웃 노인 하나가 유언을 남기지 못하고 세상을 떠나자, 상속인들의 부탁을 받고 그 노인 대신 침상에 누워 공증인을 상대로 상속인들이 원하는 대로 유언을 해주었다고 한다. 그 와중에 그는 자기 이익도 두둑이 챙긴 것으로 알려져 있다. 푸치니는 단막 오페라 〈잔니 스키키〉에서 이 사건을 유쾌하게 그리고 있지만, 단테는 그의 작태를 좀 더 엄중하게 대히고 있다.

지금 여기 등장하는 미치광이들은 자살자들의 숲에서 재산을 낭비한 사람을 추격하던 미친개들과도 유사하다. 그러니까 이 구역에는 서로 기대어 움직이지 않는 자들과 조금씩 기어다니는 자들에 덧붙여, 달리며 타인을 응징하는 수단이 되어 버린 존재들도 있는 것이다. 물비 내리는 모래밭에 누운 채 고정된 자들, 앉아 있는 자들, 계속 걸어 이동하는 자들이 있었던 것과 비슷한 분류법이다.

방금 달려왔던 두 미치광이 중 하나는 특별한 해코지를 하지 않고 그냥 가버리는데, 그것에게 물리는 봉변을 면한 연금술사가 계속 설명한다. 그녀는 뮈르라라고. 이 여성은 자기 아버지를 사랑하여, 신분을 속이고서 아버지와 잠자리를 같이했다가 아이를 하나 낳고는 몰약나무로 변했다는 존재다. 그녀가 지금 광기를 덜 보이는 것은 잔니 스키키에 비해 그녀의 죄가 좀 약해서일 수도 있다. 뮈르라도 일단 잔니 스키키처럼 신분 위조범이지만, 잔니 스키키의 경우엔 유언 위조까지 저질렀기 때문이다.

한편 이 둘이 돼지에 비유된 것은, 아마도 〈마가복음〉 5장에 예수께서 군대 마귀를 돼지 떼에 들어가게 하신 사건과 연관이 있는 듯하다. 그 돼지들도 미쳐서 바다로 뛰어들어 죽었다. (이들이 바다로 뛰어든 것은 이노와도 유사하다.) 맨 앞에 단테가 인용한 신화들은 모두 《변신이야기》에 자세히 그려졌는데, 거기서 뮈르라는 자기 아버지와 결합하고 싶은 욕망을 짐승들도 그렇게 한다는 사실로 정당화한다. 한편 잔니 스키키는 거짓 유언의 와중에 이웃의 좋은 암말을 제 것으로 챙겼다. 그러니 둘 다 동물로 변할 이유가 있는 것이다.

한데 두 연금술사 중에 왜 유독 카포키오만 물려간 것일까? 어쩌면 29곡 마지막 구절이 그 실마리일지도 모른다. 그는 '유능한 원숭이'였다니 아마도 신분 위조에도 능했을 것이다. 그러니 신분을 위조한 다른 '동물'에게 물려가는 게 꽤 적절하다.

물을 그리워하는 화폐 위조범 아다모

두 미치광이가 떠나버리자 단테는 다른 죄인들을 관찰한다. 그중 하나는 하체가 완전히 잘려나가고 배에 복수가 차서 불룩해진 인물이다. 한데 그의 얼굴은 갈증에 시달린 듯 마른 입술이 벌어져 있다. 그는 묻지도 않았는데 자진해서 신분을 밝힌다. 자기 이름은 아다모이며, 피렌체의 아르노강으로 흘러들어가는 개울물을 그리워한다고. 자기는 세례자 요한의 모습이 찍힌 돈을 위조했다가 화형당했지만 자기를 부추겨 화폐 위조를 시켰던 저 형제를 만날 수만 있다면 모든 샘물을 다 사양하겠다고. 듣자 하니 그중 한 놈이 인근에 있다는데 몸이 조금만 더 가벼웠더라면 조금씩이라도 움직여서 그놈에게로 갔을 것이라고. 그들은 자기를 꾀어 싸구려 금속을 3캐럿 넣은 플로린(피오리노) 금화를 만들게 했다고.

지금 이 부분은 그 바닥에 여러 이미지를 깔고 있는 대목이다. 우선 아다모라는 이름은 최초의 인간 아담의 이탈리아식 표기다. 아담은 물이 풍부하던 동산에 살았었다. 반면에 이 아다모는 갈증에 시달리고 있다. (이 형벌의 바탕에는 '부자와 거지 나사로'의 이미지가 깔려있다.) 한데 화폐 위조범이 갈증에 시달리는 이유는 무엇인가? 그가 위조한 화폐가 세례자 요한을 수호성인으로 섬기는 도시 피렌체의 금화이기 때문이다. 세례자께서는 강가에서 세례를 베풀었다. 그 세례자가 찍힌 돈을 위조했던 죄인은 세례자가 서 있던 강과 시내를 그리워하는 참이다. 더구나 그가 아쉬워하는 물이 멀리 있는 것도 아니다. 바로 그의 뱃속에 물이 잔뜩 들어 있기 때문이다. 목을 축여줄 수 없는 이 '가짜 물'은 가짜 돈을 만들었던 그의 행위에 잘 어울린다. 이것은 탄탈로스가 제 자식을 잡아 신들에게 접대했다가 저승에서 먹을 것이 앞에 있어도 먹지 못하고, 마실 것이 가까이 있어도 마시지 못하는 벌을 받은 것과 유사하다. (나중에 우리가 식탐 연옥에서 보게 될 징벌이다.) 그럼, 그가 다리 잘린 이유는 무엇인가? 여기에도 비슷한 이유가 있다. 이것은 자기를 부추겼던 교사범들이 가까이 있는데도 다가가 복수할 수 없게 하는 장치다. 외양은 금화 같지만 실제 가치는 그렇지 않았던 위조 주화를 만들었던 자에게, 겉보기의 물, 겉보기의 복수 기회가 주어져 있다.

그리고 피렌체 금화를 위조했던 죄인이 이토록 가혹한 벌을 받는 이유는 그 돈이 말하자면 당시의 기축통화 역할을 했기 때문이다. 아다모는 세상의 모든 가치를 측정하는 잣대 자체를 망가뜨렸던 것이다. 싸구려 금속이 3캐럿 들어갔다는 말은 전체가 24캐럿(곡식 알갱이 크기)의 금으로 이루어져야 하는데 24분의 3만큼 다른 것을 넣어서 가치를 8분의 1만큼 떨어뜨리고 부당 이득을 취했다는 말이다.

이 대목에서 다시 11이란 잉여수가 등장한다. 이 구렁의 둘레는 11마일, 폭은 반 마일이니 자기가 백 년에 1인치라도 움직일 수 있으면 그 교사범들을 찾으러 떠났으리라는 발언이다. 1마일은 약 6만 인치이니 6600만 년 이동하면 그놈들을 만날 수는 있겠다. 지옥에서 보내는 시간은 무한대이니, 아주 불가능한 일은 아니다. (지구상에서 공룡이 사라진 후 흐른 시간만큼이다.)

증언 위조범 시논과 보디발의 아내

한편 단테는 아다모에게 바짝 붙어 김을 내뿜는 두 사람이 누구인지 궁금히 여긴다. 아다모가 설명한다. 자기가 거기 오기 전부터 누워 있던 자들이라고. 하나는 요셉이 자기를 겁탈하려 했다고 모함한 보디발의 아내고, 다른 하나는 트로이아 목마를 성안으로 끌어들여야 한다고 거짓 증언을 했던 시논이라고. 둘은 일종의 위증범인데, 각기 이스라엘 백성과 트로이아-로마인의 운명을 크게 바꿔놓는 거짓말을 했던 자들이다. 기만 지옥의 맨 끝에 이들이 놓인 것은, 신께서 특별히 인간에게만 허락하신 이성과 그것의 상징인 언어를 이용하여 짓는 죄가 가장 흉악한 범죄여서 그런 듯하다. 그리고 이들의 거짓말이 역사의 전개에 꼭 필요한 것이었다는 점에서 이들도 '가롯 유다'의 역할을 했다. 우리는 진짜 가롯 유다를 지옥 맨 밑바닥에서 보게 될 것이다.

30곡의 마지막 부분은 일종의 희극으로 그려졌다. 아다모가 나그네에게 자기 이름을 가르쳐준 것에 분개하여 시논이 아다모의 배를 가격한다. 시논은 제 이름이 알려지는 게 싫었던 모양이다. 그러자 아다모도 지지 않고 주먹으로 상대의 얼굴을 때린다. 그다음엔 말싸움이 이어진다. 아다모는 자기가 발을 쓸 수는 없지만 팔은 자유롭다고 외친다. 시논은 그 팔이란 것이 화폐 위조 때는 빠르다가 화형당할 때는 묶이지 않았느냐고 조롱한다. 아다모는 지금은 진실을 말하는 시논이 트로이아에서는 왜 그러지 않았는지 반격한다. 시논은 자기가 위조한 것은 한낱 말이지만, 상대는 돈을 위조했다고 공격한다. 그다음엔 서로 상대의 현재 신체적 상태를 비꼬는 것으로 옮겨간다. '네 뱃속의 썩은 물을 부끄러워해라!' '너는 두통과 발열 때문에 목이 많이 마르겠구나!'

단테는 두 죄인의 싸움에 완전히 빠져들어 구경하고 있다. 그러자 안내자께서 경고하신다. 단테가 계속 그러고 있으면 안내자와 단테 사이에 다툼이 생길 거라고. 그 말을 듣고서야 단테는 제정신으로 돌아왔는데, 시인 단테는 나중에 다시 생각해도 너무나 부끄러웠단다. 차라리 이것이 꿈이기를 바라며 선생님께 사과 말씀을 드린다. 선생님께서는 그가 부끄러움을 느꼈다면 그것으로 충분하다고 위로하시며, 앞으로도 다툼에 빠진 사람을 보게 되거든 자기가 곁에 있는 것으로 생각하라 하신다. 이런 일을 보고 들으려는 건 저급한 욕망이라고. 이 부분에서 단테는 다시는 세속적 분쟁에 말려들지 않겠노라고 스스로 다짐하는 듯하다. 어쨌든 제8원의 중반부터 조금씩 짙어져왔던 '희극적' 분위기는 이것으로 끝났다. 앞으로는 좀 더 비장한 장면들이 이어질 것이다.

안타이오스를 만나 배신 지옥으로 내려가다

어둠 속에 루시퍼의 성채로 접근하다

단테는 선생님의 꾸짖음에 의기소침해졌다가 이어지는 격려의 말씀을 듣고 다시 힘을 낸다. 이런 변화를 시인 단테는 '아킬레우스와 그의 아버지의 창의 효과에 비겼다. 아킬레우스는 트로이아 전쟁에 갈 때 자기 아버지 펠레우스가 반인반마 케이론에게서 선물 받은 창을 가지고 떠난다. 처음엔 희랍군이 길을 잘 몰라서 엉뚱한 땅에 가서 엉뚱한 사람들과 전투를 벌이는데, 그때 아킬레우스의 창에 다친 사람이 텔레포스라는 왕이다. 그는 시간이 지나도 다친 데가 낫지 않자 신께 신탁을 구한다. 그러자 '다치게 한 사람만이 낫게 할 수 있다.'라는 신탁이 내려진다. 텔레포스는 희랍 땅으로 잠입하여 희랍군 전체 지휘관인 아가멤논의 아들을 납치하고 제단에 앉아서, 자기를 다치게 한 사람을 불러오라고 요구한다. 결국 아킬레우스가 와서 자기 창의 녹을 깎아 붙이자 그 상처가 나았고, 이번에는 희랍군이 텔레포스의 안내로 트로이아에 제대로 도착하게 된다. 지금 여기서 시인 단테는 이 일화를 빌려서, 한편으로 선생님의 말씀이 꾸짖음으로 아픔을 주고, 다시 위로와 격려로 치유해주었노라고 표현한 것이다.

이제 두 사람은 제8원을 벗어나서 다음 영역으로 들어가는 중간 지대를 지난다. 이제 밤도 낮도 아닌 어스름 속에 멀리서 뿔 나팔 소리가 들린다. 천둥보다 더 큰 엄청난 소리다. 단테는 그 소리가 주는 두려움을 샤를마뉴가 이슬람 세력과 싸울 때 롤랑이 불었던 뿔 나팔 소리와 비교한다. 이는 〈롤랑의 노래〉에 나오는 일화로, 롤랑은 위급한 상황에 처하면 뿔 나팔을 불어서 동료들의 도움을 청하기로 약속했지만, 수치심 때문에 마지막 순간까지 나팔 불기를 미루다가 결국 마지막 나팔을 불고는 적들에 의해 쓰러졌다는 얘기다. 이 부근에는 전쟁과 관련된 비유와 표현이 많이 나오는데, 이곳이 말하자면 사탄의 핵심 성채이기 때문이겠다. 앞에도 말했지만 그는 하느님과의 싸움에서 결정적인 패배를 겪었는데도 그것을 깨닫지 못하고 있다.

단테는 소리가 나는 방향을 주시한다. 멀리 높다란 탑들이 보이는 듯하다. 단테는 선생님께 이곳이 어떤 나라인지 묻는다. 선생님께서는 지금 단테가 어둠 속에 먼 거리에서 보고 있기 때문에 잘못 상상하고 있을 거라고, 가까이 다가가면 우리의 감각이 얼마나 부정확한 것인지 깨닫게 될 거라고 말한다. 지금 탑처럼 보이는 것들은 거인들인데, 그들은 깊은 웅덩이를 둘러싸고 있으며, 지금 하체는 웅덩이 안에 있어서 배꼽 위의 부분만 보이는 것이라고.

점점 다가감에 따라 거인들의 본모습이 드러나고, 오류가 사라지는 대신 두려움은 훨씬 커졌다. 탑처럼 거대한 그 거인들 위로 하느님('하늘의 제우스')께서 보내신 천둥이 울리고 있었다.

거인 니므롯과 에피알테스, 브리아레오스

단테는 이제 거인 중 하나의 얼굴, 가슴, 배, 두 팔을 알아볼 수 있게 되었다. 그는 자연 속에 그런 괴물이 존재하지 않는 것을, 이런 괴물이 전쟁에 동원되지 않는 것을 다행으로 생각한다. 자연 속에 코끼리나 고래가 있긴 하지만, 만일 그 정도의 의지와 힘에다 정신적 추론 능력까지 갖춘 것이 존재했다면 막아낼 길이 없겠기에 말이다.

그 거인의 얼굴은 로마 베드로 대성당 마당에 있는 청동 솔방울만큼 크다. (이 솔방울은 지금까지 잘 보존되어 있어서, 오늘날의 관광객도 직접 확인할 수 있다.) 다른 골격들도 거기에 비례하고 있다. 웅덩이 밖으로 솟아난 그의 상반신만 해도, 키 크기로 소문난 네덜란드 사람 키의 세 배 이상이고, 빗장뼈 있는 데서 아래로는 서른 뼘 이상이 될 듯했다. (보통 목 아래 부분부터 배꼽까지가 두 뼘 남짓이니, 이 거인은 보통 사람의 15배 이상 큰 모양이다.)

그 거인은 갑자기 소리를 지른다. "라펠 마이 아메케 자비 알미!" 앞에 7곡에서 플루토가 이처럼 알아들을 수 없는 말을 했어도 그땐 그럭저럭 뜻을 유추할 수라도 있었는데 이번엔 대체 무슨 뜻인지 알 길이 없다. (그저 '라펠'이 라파엘 천사를, '알미'가 '찬양(살미)'을 가리키는 게 아닐까 하는 추정이 있는 정도다.) 거인이 이렇게 알아들을 수 없는 말을 하는 것은 그가 바벨탑을 짓겠다고 하다가 언어 혼란을 불러온 존재이기 때문이다. 안내자는 지난번 플루토에게 그러했듯 이번에도 거인을 야단친다. 화풀이하고 싶으면 뿔 나팔이나 불라고. 그러고는 단테에게 설명한다. 이 니므롯 때문에 세상 언어가 여럿이 되었다고. 그는 자신의 정체를 스스로 밝히는 중이라고. 그의 말을 누구도 알아듣지 못하듯, 그에게는 어떤 얘기도 통하지 않는다고. 여기서 우리는 앞에 들었던 나팔 소리가 어디서 나온 것인지 알게 되었다.

구약성서 〈창세기〉에는 니므롯(님로드)이 뛰어난 사냥꾼이었다는 얘기가 나오고, 잇달아 사람들이 바벨탑을 쌓는 장면이 나올 뿐이지, 그가 바벨탑 건립의 주도자였다는 얘기는 나오지 않는다. 하지만 두 이야기가 잇달아 나온 때문인지, 나중에는 니므롯이 그 탑을 쌓은 것으로 알려졌다. 바벨탑을 기획했던 사람들의 의도는 그 높이가 하늘까지 닿게 하여, 후세에 명성을 남기고 서로 흩어지지 말자는 것이었다. 하지만 하느님께서는 그들의 언어를 서로 알아듣지 못하게 만들었고, 그래서 이 기획은 실패로 돌아가고 애초 의도와는 반대로 사람들은 각 민족으로 나뉘어 흩어지게 되었다. 이들 역시 잘못된 방법으로 하느님 나라에 이르러 했던 자들이라 하겠다.

이제 안내자는 이 거인을 버려두고 단테를 왼쪽으로 이끈다. 석궁을 쏘면 가서 닿을 만큼 떨어진 곳에 다른 거인이 또 있다. 그는 왼팔은 앞으로, 오른팔은 뒤로한 채 다섯 바퀴 쇠사슬로 묶여 있다. 그는 자기 형제와 힘을 합쳐서 제우스에게 대항했던 에피알테스다. 이 거인은 산 위에 산을 쌓아서 하늘로 올라가려 했던 존재이니, 앞의 니므롯과 비슷한 데가 있다. 신들은 이 거인들을 제압할 길이 없어 곤란했는데, 아르테미스가 사슴의 모습으로 그들 사이로 뛰어들었고, 그들이 사슴을 잡으려 던진 서로의 창에 죽었다고 한다. 그의 왼팔이 앞에 있다는 것은 그의 시도가 올바르지 않았음을 보여주는 듯하다. 여러 번 언급했다시피, 옛 사람들의 생각에 왼쪽은 그릇된 쪽이다.

단테는 전설적인 거인들을 직접 대면하는 데 재미가 났던지, 브리아레오스도 보고 싶다는 뜻을 표한다. 이 거인은 보통 팔이 백 개 있는 존재(헤카톤케이르)로 알려져 있고, 헤시오도스 《신들의 계보》에는 그가 올림포스 신들을 도와 티탄들과 맞싸웠다고 나와 있다. 한편 《일리아스》에는 제우스가 다른 신들의 반란 때문에 위기에 처했을 때, 테티스가 이 거인을 불러내어 제우스를 도와주었다고 되어 있다. 하지만 여기서 베르길리우스는 브리아레오스가 아주 먼 곳에 있고, 지금 보는 에피알테스처럼 묶여 있으며, 그저 좀 더 험상궂게 생겼을 뿐이라고 말한다. 브리아레오스는 《아이네이스》에서도 저승 입구에 배치되어 있는 걸로 그려지고 거기서도 팔이 백 개인 것으로 되어 있건만, 지금 안내자 베르길리우스는 그 거인이 별 특징이 없는 듯 말하고 있다. 시인 단테가 등장인물 베르길리우스를 통해 시인 베르길리우스를 다시 약간 놀려먹고 있다.

베르길리우스는 그 대신 좀 가까이에 있는 안타이오스에게로 가자고 제안한다. 그는 말도 통하고 묶여 있지도 않으니 자기들을 더 아래로 내려줄 것이라고. 이들이 이런 얘기를 나누는 사이에 에피알테스가 마치 지진에 탑 흔들리듯 몸부림을 친다. 어쩌면 이들이 자기를 대단치 않게 여기는 듯해서 분통이 터졌는지도 모르겠다. 단테는 겁에 질려 거의 죽을 지경이었지만 그가 쇠사슬에 묶여 있는 것을 보아 겨우 마음을 진정시킨다.

안타이오스의 손에 실려 아래로 내려가다

이제 이들은 안타이오스에게 다다른다. 구덩이 밖으로 드러난 그의 크기는 머리를 빼고도 다섯 알라(alla)라고 되어 있는데, 대략 22피트(6미터 60센티)로서 니므롯과 비슷한 정도라고 여겨진다.

자주 그랬듯이 베르길리우스는 우선 상대를 칭찬하는 말로 시작한다. 호칭부터 남다르다. '스키피오가 한니발을 물리치고 영광을 얻었던 계곡에서 천 마리 사자를 잡았던 자여! 그대가 거인들의 전쟁에 참여했더라면 땅의 자식들이 승리를 얻었을 것이다.' 그러면서 자신들을 저 아래 얼음 지옥 코퀴토스로 내려 보내달라고 청한다. 은근히 경쟁을 부추기려는 심산인지, 자기들이 티튀오스나 튀폰에게 갈 필요가 없게 해달라고 한다. 자기와 동행하는 나그네는 아직 살아 있는 사람이어서, 안타이오스의 이름을 세상에 널리 알려 줄 거라고.

그 말을 듣자 안타이오스는 서슴없이 손을 뻗어 베르길리우스를 잡고, 베르길리우스는 단테를 불러 껴안는다. 게뤼온을 탔을 때와 비슷한 상황이다. 단테는 이번에도 그때처럼 두려움에 떠는데, 거인이 몸을 기울이는 것이 마치 볼로냐의 가리센다 탑이 쓰러질 듯 보이는 것과 비슷해서다. 여기서 안타이오스는 다시 탑에 비유되었다. 그는 말하자면 루시퍼가 차지하고 있는 성채에 속한 탑이다. (물론 이 성채는 점차 아래로 깊어지는 '뒤집어진 성채'다.) 단테 일행을 바닥에 내려놓은 거인은 마치 배의 돛대처럼 몸을 일으킨다. 오뒷세우스는 마지막에 돛대를 다시 세우지 못하고 침몰해버렸다. 반면에 올바른 '항로'를 선택한 단테는 잠깐의 위험을 넘기고 다시 항해를 계속할 것이다. 지금 이들이 도착한 지역은 얼어붙은 호수 코퀴토스다. 저승에는 강이 여럿 있는데, 이 코퀴토스도 그런 강 중 하나, 또는 호수로 자주 꼽힌다. 14곡에서 베르길리우스가 저승의 강들을 설명할 때 한 번 언급되었다.

여기서 한 가지 강조할 것은 안타이오스가 손을 뻗어 단테 일행을 잡을 때, 그 손이 '헤라클레스를 움켜잡았던 손'이라고 표현된 점이다. 헤라클레스는 헤스페리데스의 황금 사과들 얻기 위해 세상 끝으로 기디가 북아프리카를 지나게 되는데, 도중에 안타이오스와 마주쳐 겨루게 된다. 한데 그는 공중으로 들어 올리면 상대가 힘을 잃었다가 땅에 내려놓기만 하면 다시 힘을 되찾는 것을 발견한다. 안타이오스가 땅의 자식이기 때문에 땅에 닿을 때마다 새로운 힘을 얻었던 것이다. 그 사실을 눈치챈 헤라클레스는 안타이오스를 들어서 허공에 띄운 채로 졸라 죽인다.

신화에서는 이렇게 안타이오스가 비극적인 최후를 맞지만, 지금 이 이야기에서는 말하자면 손님을 환대하여 이전의 오명을 씻고 명예를 회복했으니 '희극적' 결말이다. 그리고 이렇게 단테가 거인의 손을, 말하자면 '맞잡음'으로써 단테는 '두 번째 헤라클레스'가 된다.

안타이오스가 북아프리카에서 천 마리 사자를 죽였다는 것은 《파르살리아》 4권을 인용한 구절이다. 한데 베르길리우스의 칭찬으로 이 업적은 스키피오의 승리와 비슷한 것처럼 나란히 놓여, 안타이오스의 위신을 더욱 높여준다. 어쩌면 베르길리우스는 여기서 네메아 사자와 싸웠던 헤라클레스를 은근히 상기시키는 것일 수도 있다. '당신의 적수는 겨우 한 마리 사자와 싸웠지만, 당신은 천 마리나 죽였다!' 안타이오스가 거인들의 전쟁에도 참여했더라면 거인 쪽이 승리했으리라는 발언도, 거인과의 전쟁에서 올림포스 신들을 도왔던 헤라클레스를 떠올리게 한다. '당신이 참가했더라면 헤라클레스조차도 승리를 얻지 못했을 텐데!' 이 부분에서는 베르길리우스의 말솜씨가 빛을 발한다. 상대를 은근히 다른 거인들보다 우위에 두고, 옛적에 그와 싸워 이겼던 대영웅보다 낫다고 띄워주며, 로마 존립에 결정적으로 기여한 대장군과도 유사하다고 부추겼다. 베아트리체가 림보로 베르길리우스를 찾아왔을 때, 그녀는 그의 '격조 높은 말솜씨(onesto parlare)' 때문에 이 일을 맡긴다고 했다. 아마도 게뤼온을 설득할 때도 이런 솜씨를 보였겠지만, 거기서는 그냥 지나갔다. 그 설득 과정을 여기서 섬세하게 보여준 것이다.

하지만 여기에 은근한 농담도 스며 있다. 시인 단테는 여기서 등장인물 베르길리우스로 하여금 자기 후배 시인 루카누스의 작품을 인용하게 만들고 있기 때문이다. 앞에 언급된 거인들 중 니므롯을 제외한 티튀오스, 브리아레오스, 튀폰 등은 모두 《파르살리아》 4권에 나온다. 시인 베르길리우스의 《아이네이스》 10권에도 안타이오스가 한 명 등장하긴 하는데, 아이네아스와 맞싸우는 이탈리아 전사로서 전투 중에 죽는 역할이다. 그러니까 여기서 베르길리우스는 말하자면 자기 작품에 나오는 존재(이탈리아 전사 안타이오스)는 잊어버리고, 그와 동명이인인 남의 작품 속 존재(저승의 거인 안타이오스)를 한참 높이고 있는 참이다.

제9원, 배신 지옥 카이나와 안테노라

얼음 지옥을 그리기 어려워 무사의 도움을 청하다

이제 새로운 영역에 도착한 대목에서 시인 단테는 다시 자신의 능력이 부족함을 토로한다. 자기가 좀 더 거칠고 투박한 운율을 운용하는 사람이었더라면 그곳을 더 잘 묘사할 수 있었을 텐데, 그러지 못한다는 것이다. (단테는 《신곡》을 쓰기 전까지 주로 부드러운 사랑의 노래를 지었다.) 이곳은 우주의 모든 무게와 중력이 집중되는 곳이다. 천동설 체계에서 지구는 우주의 중심이고, 지금 단테가 도착한 데는 그 지구에서도 가장 깊은 곳이니 말이다.

이곳에 대해서는 농담조로 말하기도 곤란하고 세속의 일상적 표현을 쓰기도 곤란하다. (원문에는 '엄마, 아빠' 같은 말투를 쓸 수도 없다고 되어 있는데, 이 단어들은 단테가 《속어론》에서 가장 구어적인 표현의 예로 들었던 것이다.) 이제부터는 그동안 특히 제8원의 하부에서 많이 사용했던 '희극적' 표현들을 자제하고 좀 다른 어투를 차용해야 한다. '희극 시인'으로서는 좀 어려운 일이다. 그래서 단테는 2곡에서 그랬던 것처럼 여기서도 다시 무사 여신들의 도움을 청한다.

여기서 단테는 무사 여신들을 '암피온을 도와 테바이 성벽을 두른 귀부인들(donne)'이라고 부르고 있다. 지금 도착한 얼음 지옥이 일종의 성채이고, 또 고대의 패역한 도시 테바이를 상기시키기 때문이다. 암피온은 테바이에 성벽을 두른 인물로 유명하다. 그가 일곱 줄 뤼라를 연주했더니 돌들이 저절로 날아와 일곱 성문을 가진 테바이 성벽이 완성되었다고 한다.

이어서 단테는 그곳에 갇힌 죄인들에 대해 탄식한다. '오, 잘못 태어난 천민들이여! 차라리 차라리 지상에서 양이나 염소였더라면!' 여기서 '잘못 태어난'이란 구절은 〈마태복음〉에서 예수께서 가롯 유다를 지칭할 때 썼던 표현이다. 그러니 이 말은 지금부터 보는 모든 죄인이 그와 유사성을 지니고 있단 뜻이 되겠다. 우리는 지옥 맨 밑바닥에서 마침내 그 가롯 유다를 보게 될 것이다. 이들은 말하자면 '염소로 판정되어 이곳에 떨어졌는데, 상징적 의미의 염소가 아니라 진짜 양이나 염소였더라면 차라리 그게 더 낫지 않았을까 하고 표현한 것이다.

카이나, 가족을 배신한 자들

단테가 지금 도착한 곳은 거인이 발 딛고 선 곳보다 상당히 아래쪽이다. 아마도 이 웅덩이 중간에 턱이 있어서 거인들은 거기 서 있고, 안타이오스가 허리를 굽혀 자기보다 더 아래의 얼음 바닥에 단테 일행을 내려준 모양이다. 단테는 잠시 자기가 내려온 그 절벽을 올려본다. 그때 발밑에서 말소리가 들린다. 걸음을 조심해서 '형제'들의 머리를 밟지 않도록 하라고. 그제야 발밑을 보니, 넓고 넓은 얼음 벌판이 펼쳐져 있다. 산이 그 위로 무너져 내린다 해도 깨지지 않으리만큼 두꺼운 얼음이다. 거기에 죄인들이 초여름 보리 수확 철, 물가의 개구리들처럼 얼굴만 내밀고서, 얼어붙은 채 이를 부딪치며 떨고 있다. 이곳의 죄인들은 모두 고개를 숙이고 있는데, 앞으로 우리는 고개를 세운 자들과 고개를 뒤로 젖힌 자들을 만나게 될 것이다. 불비 내리는 모래밭에서, 그리고 위조자들의 질병 지옥에서도 비슷한 분류법이 쓰였다.

    단테는 특히 둘이 가까이 붙어 있는 자들에게 주목하고, 그들의 신분을 묻는다. 그들의 눈에서 눈물이 비어져 나오더니 곧 얼어붙는다. 이들은 서로 단단하게 결합된 가구 부속에, 서로 싸우는 두 마리 염소에 비유된다. 시인 단테는 일상적 표현으로는 부족하다 했으면서도 일상에서 끌어온 비유들을 많이 동원하고 있다.

    이들이 아무 대답도 하지 않자, 그 곁에 귀가 동상으로 떨어져버린 인물이 대신 답한다. 이들은 토스카나의 대부호였던 알베르토의 자식들이라고, 이들만큼 이곳 카이나에 어울리는 자들은 없다고. (여기 직접 나오진 않지만 이 형제의 이름이 각기 알렉산더와 나폴레옹이어서 좀 재미있다. 저 유명한 나폴레옹이 등장하려면 아직 500년은 더 있어야 하는데 말이다.) 그러면서 그곳에 있는 다른 죄인들을 소개한다. 자기 형제 아벨을 죽였던 카인의 이름을 딴 이곳은, 배신 지옥의 네 구역 중 첫 번째로, 가족을 배신한 자들의 영역이다. 우리는 이미 이 영역의 이름을 5곡에서 프란체스카에게 들었다. 아내인 자기와 제 형제를 동시에 죽인 남편을 그곳이 기다린다고 했다.

    여기 언급되는 인물 중에 자기 숙부 아서왕을 죽이려 했다가 오히려 자신이 가슴 꿰뚫려 죽은 모드레드가 좀 특별하고, 다른 이들(세 명의 이름이 소개되어 있다.)은 단테 시대 피렌체 주변 도시들 출신으로 모두 친족 살해자들이다. 지금 이렇게 이곳을 소개하는 인물도 별로 유명하지 않은 자인데, 마지막에 가서야 자기 이름(카미촌 데 파치)을 댄다. 아마도 이 사람이 앞에 '형제들을 밟지 않게 조심하라.'라고 외쳤던 모양하다. 한데 여기는 말하자면 형제를 배신한 자들의 영역이니, 그 경고는 다소간 적반하장이다. 정작 자기들은 형제를 배신했으면서, 자신들을 형제로 대접하라니!

안테노라, 국가를 배신한 자들

단테는 추위에 얼어붙은 자들 사이로 계속 전진한다. 이제 그곳 사람들은 떨고 있는 강아지들에 비유된다. 이 부근에 동물 비유가 많이 나오는 것은 이들이 동물만도 못하기 때문이겠다. 동물들도 제 가족과 제 무리에 애착을 보이고 서로 보호하는데, 신의 형상을 받아 누리는 인간이 그러지 못하니 말이다.

   단테는 걷다가 어떤 죄인의 머리를 걷어차게 되는데, 이것이 '의지 때문인지, 운명인지, 아니면 요행인지 모르겠다.'라고 적었다. 여기서 '의지(voler)'를 '신의 뜻'으로 해석하는 학자도 있지만, 그러면 '운명'과 큰 차이가 없으니 그보다는 '자신의 뜻'으로 보자는 사람도 있다. '내가 은근히 바라던 것'이란 말이겠다. 여기쯤 와서는 단테가 죄인들을 매우 엄격하게 대하고 있으니 이 해석도 무리는 아니다.

   머리를 채인 죄인은 격하게 항의하며, 혹시 몬타페르티에 대한 복수를 하는 것인지 의혹을 제기한다. 몬타페르티는 저 위의 이단 지옥(10곡)에서 파리나타가 한번 암시한 적이 있다. 단테가 속한 교황파가 황제파에게 격파된 전투의 현장이다. 아마도 이 죄인은 단테가 그쪽 당파임을 눈치 챈 것 같다. 단테가 그의 신분을 묻자, 상대도 '너는 누구냐'라고 반문한다. 그의 입을 통해 이 구역의 이름이 밝혀진다. 이곳은 안테노라, 조국을 배신한 자들의 영역이다. 안테노르는 트로이아 귀족인데 나중에 조국을 배신한 것으로 알려졌고, 여기서는 아예 국가 반역자들의 대명사로 쓰이고 있다. 《일리아스》에는 그가 국가를 위해 여러 일을 하고, 그의 자식들이 나라를 지키다가 여럿 전사하는 것으로 되어 있는데, 후대에 다른 판본이 생겨난 듯하다.) 한데 시인 단테는 지금 여기서 배신들 사이에도 등급이 있음을 주장하는 참이다. 가족을 배신한 것보다 국가를 배신한 게 더 나쁜 죄라는 것이다. 루시퍼에게 가까울수록 더 큰 죄다.

그리고 이 죄인은 단테가 혹시 살아 있는 사람일지도 모른다는 의혹을 제기한다. 너무 세게 걷어차서 의심스럽다는 것이다. 그러자 단테는 자기가 정말로 살아 있는 사람임을 밝힌다. 그러면서 일종의 호의를 약속한다. 상대가 이름을 가르쳐주면 기억해 두겠다는 것이다. 하지만 상대는 전혀 그럴 생각이 없어서 단테에게 꺼지라고 소리친다. 이는 특히 배신 지옥에서 두드러지는 특징이다. 자기 신분이 밝혀지는 게 싫은 것이다. 단테는 그의 머리끄덩이를 잡고는 이름을 밝히지 않으면 머리카락을 모두 뽑아버리겠다고 위협한다. 상대가 거부하며 반항하자 위협했던 대로 머리카락을 잡아 뽑는다. 죄인은 눈을 내리깔고 울부짖는다(직역하면 '짖어댄다'). 여기서 '눈을 내리깔고'라는 구절이 이곳 안테노라의 죄인들은 카이나에서와는 달리 머리를 똑바로 세우고 있었다는 해석의 근거가 된다. '짖어대다'라는 표현은 이 부근에서 많이 나온 짐승 직유에 잘 맞아떨어진다.

시끄러운 비명에 이웃에 있던 다른 죄인이 끼어든다. '보카야, 짖지 않고 소리 내는 걸로는 만족하지 못하냐?' 그렇다. 그의 이름은 보카(Bocca, '입')였다. 그래서 그렇게 시끄럽게 '짖었던' 것이다. 단테는 그 이름을 수치스럽게 세상에 전하겠다고 선언한다. 그러자 보카도 이웃의 신분을 폭로하며 분풀이한다. 방금 떠들어댄 놈 이름도 전해달라고, 프랑스 은화를 받아먹고 싶어 했던 두에라 놈이 여기 있더라 말하라고. 지금 지목된 사람은 부오소라는 인물이다. (앞에 독사 지옥에서 뱀으로 변한 죄인과 동명이인이다.)

이 부오소는 이탈리아 북부 크레모나의 영주로서, 시칠리아로 만프레디를 치러 가던 앙주의 샤를 1세를 돈 받고 통과시켜주었던 자다. (만프레디는 28곡 분열 지옥에서 소개됐었다. 황제 페데리코 2세의 아들로 시칠리아를 다스리다가 앙주의 샤를 1세에게 패배하여 죽었다. 그는 〈연옥편〉에서 상당히 인상적으로 다시 등장할 것이다.) 국가를 배신한 자들이 나오니까 다시 시야가 유럽 전체로 넓어지고, '역사가' 단테의 모습이 나온다. 단테의 '2권 분립론' 입장에서 보자면 황제와 교황은 각기 제 할 일을 잘해야 하는데, 지금 황제의 가족이 독일과 시칠리아-나폴리를 분점하고 있는 것을 그냥 두지 않고, 교황과 프랑스 세력이 짜고서 프랑스 군주로 하여금 황제의 영역을 공격하게 한 것이다. 그리고 두에라 출신 부오소는 그 와중에 프랑스 쪽에 붙어서 돈을 챙겼던 것이다.

자기 자신에 대해서는 입을 다물었던 보카가 이제 입이 터졌는지 주변 다른 죄인의 신분도 모두 폭로한다. 그가 거명한 사람 중 다른 세 명은 이탈리아 중북부 도시들이 교황파와 황제파로 나뉘어 싸우는 와중에 이득이나 앙심 때문에 자기 파당을 배신했던 자들인데, 한 명은 좀 특이하게 더 이전 시대 사람인데도 여기 끼어 있다. 저 앞에 31곡에 나왔던 롤랑의 뿔 나팔 사건 때, 사라센인들과 내통하여 롤랑을 죽게 했던 갸늘롱(Ganelon)이란 인물이다. 그는 샤를마뉴의 매제이기도 했으므로, 국가뿐 아니라 가족도 배신한 셈이니, 더 안쪽으로 갈수록 죄가 더 무거워지고 있는 게 확실하다.

상대의 머리를 물어뜯는 자, 우골리노 백작

계속 나아가던 단테는 한 구멍(buca) 안에 두 사람이 함께 얼어붙은 것을 본다. 한 사람은 자기 머리를 다른 사람의 머리 위에 얹어 마치 모자 쓴 것처럼 보인다. 위쪽에 붙은 사람은 다른 사람 머리를 허기진 듯 물어뜯고 있다. 지금 이곳은 일종의 구덩이, 우물이고, 그것은 일종의 입이다. 우리는 맨 마지막에 루시퍼가 죄인을 물어 씹고 있는 것을 보게 될 것이다. 지옥 전체는 그 모습을 위로, 더 위로 반복하며 확장한 것처럼 되어 있다. 많은 화가들이 지옥문을 맹수나 괴물의 입처럼 표현한 것도 그래서다. 그 괴물을 따로 형상화한 것이 케르베로스다. 앞에서는 그냥 지나왔는데, 사실은 31곡 마지막에도 안타이오스가 단테와 베르길리우스를 '루시퍼와 유다를 함께 삼키고 있는 심연(fondo)'에 내려놓았다고 표현했었다.

'루시퍼'는 원래 '빛을 가져오는 자'라는 뜻으로 샛별을 의미한다. 해 뜨기 직전에 샛별이 보이기 때문이다. 이것이 오늘날 '악마들의 왕'이란 뜻으로 굳어진 것은 대체로 흠정역(King James Version) 성서에서 〈이사야〉 14장에 나온 '샛별'의 첫 글자를 대문자(Lucifer)로 써서 인격화했기 때문이라고들 여기고 있다. 그리고 그렇게 된 이유는 흠정역 성서가, 서기 4세기에 성 히에로니무스가 번역한 라틴어판 성서(Vulgata)를 저본으로 삼고 있어서라고 한다. 단테도 이 라틴어 판본을 보아서 그런지, '루시퍼'를 '악마들의 왕'이란 뜻으로 사용하고 있다. (한데 정작 이 존재가 직접 등장하는 34곡에서는 '디스'라는 말로 지칭한다.) 이 단어를 이탈리아어 형태를 그대로 옮기자면 '루치페로'인데, 국내 번역에는 역자에 따라 '루키페르'(라틴어식)를 쓰기도 하고 '루시퍼'(영어식)를 선택한 분도 있다. 우리는 그냥 '루시퍼'로 하자.

저승은 예부터 일종의 구덩이로 표현되었다. 대표적인 것이 구약성서 〈창세기〉에서 요셉이 던져졌던 구덩이다. 그는 그 뒤에 이집트로 팔려가고, 거기서 다시 모함을 받아 감옥(이것도 '구덩이'로 표현되었다)에 갇힌다. 점점 더 깊은 구덩이로 들어가는 것이다. 나중에 요셉의 아버지 야곱이 대기근 때 아들이 있는 이집트로 가솔들을 이끌고 이주하는데, 하느님께서 그와 함께 '내려가겠다'라고 약속하신다. 나중에는 그의 후손들이 모두 다시 이집트를 떠나 '올라'오니, 이 이주 사건은 집단적인 저승 여행인 것이다.

단테는 지금 서로 머리를 물어뜯고 물어뜯기는 이 두 사람을 테바이 전쟁 때 비슷하게 행동했던 두 영웅과 비교한다. 튀데우스가 멜라닙포스의 골을 파먹었던 사건이다. 테바이를 공격한 일곱 전사 중 하나인 튀데우스는 테바이 쪽 전사 멜라닙포스에게 이미 치명상을 입은 상태였다. 한데 암피아라오스가 멜라닙포스를 잡아다가 튀데우스에게 넘겨주었다. 그러자 이제 자기가 살아남을 길 없다고 생각한 튀데우스는 복수심에 멜라닙포스의 골을 파서 먹었다. 한데 마침 그때 튀데우스를 위해 약을 구해오던 아테네 여신이 그 끔찍한 짓을 목격하고는, 혐오감에 그냥 돌아서버린다. 여신이 구해온 그 약을 썼더라면 상처도 치유받고 영원한 생명도 얻을 수 있었건만, 튀데우스는 지나친 행동으로 모든 것을 한꺼번에 놓친 것이다.

단테는 남의 머리를 물어뜯고 있던 죄인에게 청한다, 그렇게 증오하는 이유를 말해달라고, 혹시 정당한 분노라면 지상에 그의 이름을 전해주겠노라고. 잠시 후에 보면 알겠지만 이 사람은 피사의 귀족 우골리노다. 한데 여기서 단테가 그를 부르는 구절이 이 부근의 전체 성향을 다시 한 번 드러내준다. 상대가 '짐승의 표지'를 보이고 있다고 했기 때문이다.

좀 쉽게 말하자면 '짐승이라는 표시가 뚜렷한 행동을 하고 있다.'라는 뜻 이겠다. 여기서 '표지(segno)'는 '상징'이라고도 옮길 수 있으니, 사실 '짐 승'이란 말과는 잘 어울리지 않는다. 인간이 다른 짐승과 다른 것은 상 징과 언어를 사용한다는 특징이 있기 때문이니 말이다. 지금 이 죄인은 인간과 짐승 사이의 경계를 막 넘어서는 참이다.

제33곡

피사의 우골리노 백작, 손님을 배신한 자들

우골리노 백작이 탑에 갇혀 아사한 사연을 들려주다

다음 곡에 들어서도 앞 이야기가 계속 이어진다. 단테의 요청을 들은 우골리노는 자기 입을 희생자의 머리카락에 닦고는 이야기를 시작한다. 방금 지옥 하부가, 그리고 어쩌면 지옥 전체가 죄인을 삼키는 입이라고 했는데, 33곡의 맨 앞에 나오는 단어도 '입(bocca)'이다. 그리고 입을 머리카락에 닦은 것은, 남을 죽인 후에 무기를 상대의 머리카락에 닦으면 벌을 피할 수 있다는 옛 믿음이 반영된 것일 수 있다.

    여기서 우골리노가 들려주는 이야기는 우리의 동정심을 불러일으킨다. 그렇지만 독자는 이 사람도 국가를 배신한 죄로 지옥 밑바닥에 갇혀 있음을 기억해야 한다. 그리고 이 사람이 단테에게 거의 동정을 강요하는 듯한 태도를 보이는 것에도 주목해야 한다. 그가 당한 일은 딱하지만, 그 일을 당한 중심인물은 좀 의심스럽다. 그는 짐짓 고전적인 인물을 흉내 내어 얘기를 시작한다. 자기가 들려줄 이야기는 생각만 해도 마음을 짓누르는 아픔이라는 것이다. 이 구절은 아이네아스가 카르타고 여왕 디도의 청을 받아, 트로이아의 함락과 자기들 일행의 방랑 이야기를 들려주기 시작할 때의 첫마디를 흉내 낸 것이다.

하지만 우골리노는 지금 물어뜯기는 자에게 치욕을 주기 위해, 눈물을 흘리면서라도 이야기하겠다고 한다. 요지는 자기가 이놈(루지에리 대주교)을 믿었다가 계략에 걸려들어, 자신과 두 아들, 두 손자(원문에는 그냥 '아들들'로 표현되었다.)가 함께 탑에 갇혀 있다가 결국 모두 아사하고 말았다는 것이다. 그래서 그들이 갇혔던 탑에 '굶주림'이라는 이름이 붙었단다. (지금도 피사에 그 탑이 남아 있다.) 우골리노는 그 과정을 자세히 묘사한다. '자기들이 갇힌 지 여러 달 지났을 때, 그는 미래를 보여주는 악몽을 꾸게 된다. 그 꿈속에서 자신은 새끼 딸린 늑대고, 루지에리는 사냥꾼 우두머리로서 많은 사냥개들을 앞세우고 오고 있다.' 여기서 사냥개들의 이름으로 이용된 것은 당시의 유명한 가문들 이름이다. (《변신 이야기》의 악타이온 장면을 변형한 것이다. 아르테미스 일행이 목욕하는 것을 우연히 목격한 악타이온은 사슴으로 변해서 자기 사냥개들에게 찢겨 죽는데, 그 개들의 이름이 수십 개 이어지면서 장대한 목록시를 이룬다.) 꿈속에서 늑대들은 얼마 못 가 이 사냥개들에게 물어뜯긴다. 거기서 우골리노가 잠에서 깨어난다. 곁에서는 자기 자손들이 잠결에 울면서 빵을 달라고 잠꼬대를 하고 있다.

우골리노는 여기서 잠깐 말을 끊고서, 이런 얘기를 듣고서도 슬퍼하지 않는다면 그건 정말 무정한 일이라고 논평한다. (많은 학자들이 이것을 단테의 무반응에 대한 비난으로 해석한다.) 그러고는 다시 이야기를 이어간다. '곧 모두가 깨어나고, 늘 음식을 가져다주던 시간이 되어가고 있었는데, 각자 자기 꿈 때문에 뭔가 의구심들을 품고 있었다.' 아마도 우골리노는 사냥개 꿈 때문에, 자식들은 빵을 구걸하는 꿈 때문에 그랬던 모양이다. 앞에도 말했지만 옛사람들 생각에, 새벽에 꾸는 꿈은 진실한 꿈이니 말이다. 그때 밖에서 탑 입구에 못질하는 소리가 들린다. 우골리노는 그저 자손들의 얼굴을 바라볼 뿐이다. 자손들은 울었고, 그중 하나가 왜 그렇게 물끄러미 보고만 있느냐고 묻지만 우골리노는 대답하지 않는다. 우골리노가 침묵을 지키는 가운데 그렇게 하루가 지나고 다음 날 약간의 햇살이 비쳐들자, 그는 아들의 모습을 보고 자기도 그렇게 초췌하려니 생각한다. 비감한 심정에 그가 손을 물어뜯자 그들은 배가 고파 그러는 것이라면 자신들을 먹으라고 권한다. 아버지가 육신을 주셨으니, 그것을 벗기기도 하라고. 그제야 우골리노가 진정한다.

모두들 아무 말 없는 가운데 이틀이 더 지나고, 나흘째에 아들 하나가 죽는다. 그가 마지막으로 하는 말이 지금 이 장면의 의미를 잘 보여주는 듯하다. '아버지여, 왜 나를 돕지 않으십니까?' 이것은 그리스도께서 십자가 위에서 외치신 말씀(《마태복음》 27장)의 패러디다. 지금 여기 아들들은 거의 예수처럼 행동하고 있다. 자신들을 먹으라는 말은 성찬식에 대한 패러디로 보인다. 자식 하나가 던진, 왜 그렇게 보고만 있느냐는 질문 앞에도 '아버지여'라는 말이 붙어 있다. 어떤 학자는 이것이 예수께서 가르치신 기도('주의 기도')의 첫 구절과 같음에 주목한다. 따라서 여기서 우골리노가 할 일은 자식들과 함께 하느님께 기도를 드리는 일이었다는 것이다. (현대의 독자에겐 좀 의문스러운 해결책이다.) 물론 그전에 자식들을 이런 길로 끌어들인 것에 대해 사과하고. 그러지 않으면 적어도 자신들이 모두 죽으리라고 예상했다면 정적들에게 부탁해서 사제를 불러 마지막 참회라도 할 수 있지 않았겠느냐는 것이다. 하지만 여기 이 아버지는 스토아적 자부심에 그저 침묵을 지켰을 뿐이다.

결국 자식들이 닷새, 엿새째에 모두 죽고, 자신은 눈이 먼 채로 이틀 동안 그들을 불렀다고 한다. 한데 그다음 말이 또 논란을 불러일으킨다. '고통보다는 오히려 배고픔이 더 큰 힘을 지녔다.' 좋게 읽어주자면 '자식을 잃어서 고통스러웠지만, 너무 배가 고파 그 느낌을 유지할 수 없을 지경이었다.'라는 정도로 해석할 수도 있다. 하지만 혹시 이 우골리노가 자식들의 시신을 먹은 게 아닐까 하는 의구심도 있다. 어떤 학자는 옛사람들 사이에 '사람이 엿새를 굶으면 죽는다.'라는 믿음이 있었는데, 우골리노가 그 한계를 넘어서까지 살아 있었다는 것 때문에 식인설을 지지한다. 하지만 눈이 멀었다는 것은 그도 비축된 에너지가 다 떨어졌다는 뜻이니 꼭 그렇게 보아야 하는지 의문이다. 어쨌든 자식이 죽어가는 것을 어찌 손쓸 길도 없이 그저 무기력하게 바라보기만 했던 아버지의 처참한 심정이 전달되기는 한다. 어떤 학자는 이들의 굶주림을 사순절(부활절 이전 40일) 기간의 금식과 연관시키기도 한다. 어찌 보면 이 가족의 죽음은 '창조의 1주일'을 반대 방향으로 돌리는 것 같기도 하다. 공간이 갑자기 닫히고, 빛이 사라지고, 생명체가 하나씩 나타나야 할 때 하나씩 죽어가고, 창조를 매듭지을 날짜에 자손이 모두 스러지고…. 이런 식으로 보자면 마지막에 아비가 눈이 먼 것은 하느님께서 창조 후에 쉬셨다는 이야기의 패러디가 아닌가 싶기도 하다.

 이런 이야기를 하다가, 우골리노는 다시 분노가 솟구치는지 원수의 머리를 물어뜯는다. 그는 다시 뼈다귀를 물어뜯는 개에 비유되고 있다. 단테는 이제 피사에 대한 탄식으로 이 에피소드를 마무리한다. 그 도시는 아름다운 이탈리아의 수치라고, 이웃 도시들이 피사를 처벌하지 못한다면 차라리 아르노강 하구의 섬들이 강을 막아서 피사 사람들이 모두 익사해버렸으면 좋겠노라고. (피사는 아르노강 하류 끝부분에 있다.) 그러면서도 우골리노의 반역죄를 부정하지는 않는다. 하지만, 설사 그런 소문이 있다 해도 자식까지 십자가에 매달면 안 되었던 거라고 비판한다. 그러면서 이 도시를 '새로운 테바이'로 부른다. 앞에서 테바이에 성벽을 둘렀던 무사 여신들의 도움을 청했는데, 한편으로 그것과 짝이 맞으면서 다른 한편 그 기대와는 다른 결과가 여기 나왔다. 단테는 특히 우골리노의 손자들은 어려서 아무 죄가 없는데 피사 사람들이 이 아이들까지 죽였다고 비난한다. '십자가에 달리신 죄 없는 아드님!' 또 한 번 그리스도의 패러디다.

조금 전에 '함께 기도하기'가 우골리노가 할 일이었다는 주장을 보았는데, 그에 대해 조금 보충하자. 이런 해석을 지지하는 학자들은 이 일화의 여러 요소가 〈누가복음〉 11장에서 예수께서 '주의 기도'를 가르쳐 주시기 전에 든 비유와 일치하는 걸 지적한다. 어떤 사람이 저녁에 이미 잠자리에 들었는데, 이웃이 와서 문을 두드리며, 지금 손님이 오셨으니 빵을 몇 덩이만 빌리자고 청한다. 주인은 자기가 이미 문을 잠그고 잠자리에 들었으며, 아이들도 모두 집에 들어왔으니, 자기를 괴롭히지 말라고 거절한다. 하지만 이웃이 계속 문을 두드리고 귀찮게 굴자, 결국 상대의 뜻을 들어주었다는 것이다. 하느님께 드리는 기도도 그렇게 신을 좀 괴롭히는 의미가 있다는 것이다. 더구나 그분은 무정한 이웃도 아니니 좀 더 쉽게 기도를 들으시리라고. 그러면서 예수님은 자식이 빵을 달라는데 돌을 줄 자가 어디 있느냐는 말씀을 덧붙인다. 우골리노의 회고를 예수님의 비유와 비교해보면, 문이 잠기고, 자식들이 안에 있고, 문에서 시끄러운 소리가 나고, 자식들이 빵을 원하는 것 등의 일치섬이 있다. 따라서 우골리노는 좀 다르게 행동했어야 했고, 그랬다면 하느님도 그의 행동에 맞춰 보답하셨으리라는 것이다. 어쨌든 단테가 적극적으로 우골리노에게 찬동하지 않았으니, 우리도 우골리노의 말을 너무 곧이듣지는 말아야 할 것이다. 저승의 가장 깊은 곳에 처해 있으면서 또한 동정을 불러일으키는 죄인인지라 해석에 어려움이 있다. 좀 묘한 대목이다.

톨로메아, 손님을 배신한 자들-알베리고 수사

이제 단테 일행은 죄인들이 고개를 젖혀 얼굴을 위로 향하고 얼어붙은 곳에 도착한다. 앞의 죄인들은 그래도 눈물이라도 흘릴 수 있었지만, 이들은 아예 그럴 수조차 없다. 맨 처음에 쏟아낸 눈물이 얼음 뚜껑이 되어 눈을 봉해버렸기 때문에 새로운 눈물이 밖으로 배출될 길 없다. 혹시 눈물샘이 눈물을 흘려낸다면 얼음 뚜껑 내부에서 눈알이 더 짓눌리고 고통만 가중될 뿐이다. 사실 이 배신 지옥의 죄인들은 모두 얼음 속에 갇혀 있어서 네 구역 사이의 차이가 잘 느껴지지 않는데, 지금 이 구역을 보면 고개 숙인 정도가 다른 것에 나름대로 의미가 있겠다는 생각이 든다. 바로 눈물을 어떻게 처리하느냐는 것이다. 첫 구역 죄인들은 고개를 숙이고 있으므로 눈물을 흘리면 곧장 얼음판으로 떨어지기 때문에 자신에게 큰 해가 되지 않는다. 다음 구역에서 고개를 똑바로 세운 죄인들은 눈물을 흘리면 뺨을 타고 흐를 터이니, 얼굴에 계속 얼음이 더해져 간다. 고개를 젖힌 세 번째 구역에서는 첫 눈물이 눈 위에 뚜껑을 이루어 더는 눈물도 흘릴 수 없고, 혹시 눈물이 나면 눈알이 압박되어 고통이 더해진다.

한데 여기까지 왔을 때 단테는 어디선가 바람이 불어오는 걸 느낀다. 그래서 선생님께 묻는다. 이곳은 공기가 꺼져버린 곳 아니냐고, 누가 이런 바람을 일으키느냐고. 그러자 안내자는 직접 눈으로 확인할 곳에 이르게 될 거라고 답하신다. 한데 죄인 중 하나가 그 말을 듣고서 그들을 부른다. 단테 일행을 자기보다 더 낮은 곳을 배정받은 죄인인 줄로 착각한 그는 자기 눈의 얼음을 좀 떼어주면 자기 얘기를 들려주겠노라고 제안한다.

단테는 상대더러 먼저 신분을 밝히라고 요구한다. 그 후에 자기가 얼음을 떼어주지 않으면 자기는 얼음 바닥 밑으로 들어가는 게 마땅하리라고. 그러자 그 죄인은 자신을 알베리고 수사라고 소개한다. 단테는 그가 벌써 죽은 것에 놀란다. 그런데 그 영혼은 자기 육신이 지상에서 어떻게 되었는지는 알지도 못하고 큰 관심도 없는 것 같다. 그저 이곳 톨로메아에는 그런 특권이 있어서, 한 인간이 죽기도 전에 그의 영혼이 이리로 떨어지는 경우가 종종 있다고 설명할 뿐이다.

알베리고는 자기 형과 분쟁이 있었는데, 형을 잔치에 초대해서 우선 식사를 접대했단다. 그 후에 마치 디저트를 청하는 것처럼 '이제 과일을 내와라.'라고 하인들에게 명했는데, 그것은 손님들을 죽이라는 신호였다. 그렇게 해서 자기 형과 그의 자식을 죽였다. 이곳 톨로메아는 손님을 배신한 자들이 벌 받는 구역인데, 이자는 그냥 손님이 아니라 자기 친족이기도 한 사람을 죽였다. 역시 지구 중심으로 갈수록 여러 죄가 겹쳐지는 모양이다.

톨로메아(Tolomea)라는 이름이 어디서 유래했는지에는 두 가지 설명이 있다. 하나는 폼페이우스를 죽게 한 이집트 왕 프톨레마이오스 13세(클레오파트라의 오라비이자 남편)다. 폼페이우스는 파르살로스 전투에서 패배한 후 변장하고서 이집트로 도주하였다가, 프톨레마이오스가 보낸 자객들에게 죽었다. 말하자면 프톨레마이오스는 자신의 손님인 폼페이우스를 배신한 것이다. 이 이름의 유래로 꼽히는 다른 인물은 구약/성서 마지막의 〈마카베오상〉 16장에 나오는 사람으로, 자기 장인과 처남들을 초대해서는 죽였다는 또 다른 프톨레마이오스다. 《마카베오상》은 보통 개신교 성서에는 들어 있지 않은 이른바 '외경'에 속한다. 기원전 2세기에 유대 땅에서 셀레우코스 왕조와 싸운 마카베오 집안 형제들의 행적이 주된 내용이다. 헨델의 오라토리오 〈유다스 마카베우스〉에 그 이름이 들어 있다. 잔치에 초대되었다가 죽는 사람이 마카베오 집안의 마지막 지도자인 시몬이다.) 아마도 단테는 이 두 이름을 다 염두에 두고서, 이런 지명을 만들어내지 않았을까 싶다. (이름의 유래가 프톨레마이오스이기 때문에 영어권에서는 대개 '프톨로메아'라고 어원을 밝혀서 적는데, 우리말 번역들은 그냥 이탈리아어를 좇아 '톨로메아'라고들 부른다. 독일어 번역은 '톨로메아', 프랑스어 번역에서는 '프톨로메아'다.)

여기 알베리고 이야기 부근에는 나무와 과일이 많이 언급되는데, '알베리고(Alberigo)'라는 이름 자체가 '나무(albero)'에서 온 것이고, 또 그가 과일 디저트를 암호로 삼아서 범죄를 저질렀기 때문이다. 그는 자기를 '나쁜 과수원의 열매'라고 소개하고, 또 지금 '무화과 한 개마다 대추야자 한 개를' 받고 있다고 말한다. 무화과와 대추야자 얘기는 대체 무슨 뜻인지 이해하기 좀 어려운데, 대개 학자들은 대추야자가 무화과보다 훨씬 비싸기 때문에 '작은 죄에 대해 큰 벌을' 받고 있다는 말로 이해한다. (한국에서는 둘 다 수입 과일이어서인지 무게당 가격이 거의 같다.) 어쨌든 자기 상태를 표현하는 데서도 과일 은유를 사용하고 있다. 한편 이런 표현법의 바탕에는, '과일을 보고서 그 나무가 어떠한지 알 수 있다.'라고 하신 예수의 말씀과, 열매는 없고 잎만 무성한 무화과나무를 저주하신 예수의 행적이 깔려 있다. 하느님께 자신을 바치겠다고 수사가 된 사람이 속인조차 두려워하는 짓을 저질렀으니, 그는 열매 없는 무화과나무다.

조금 전에 단테는 알베리고가 이미 죽어 여기 있는 것에 놀랐는데, 알베리고의 설명에 따르면 그런 사람이 이곳에 여럿 있다. 어떤 영혼이 배신 죄를 지으면 악마가 바로 그의 육신을 빼앗아, 그 육체가 지상에서 지내는 동안 지배한다는 것이다. 이것은 '왜 악한 자가 얼른 죽어 지옥으로 떨어지지 않는가?' 하는 의문에 대한 답이다. 그 악인의 영혼은 벌써 지옥에 가서 벌 받고 있으며, 지상에서 잘사는 듯 보이는 것은 그저 껍데기일 뿐이라는 것이다. (현대인의 눈으로 보자면 이 해법은 '정신승리법'에 가까워 보인다.)

알베리고는 그 예로서, 바로 가까이에 있는 브랑카 도리아라는 인물을 가리킨다. 그는 벌써 몇 년째 이곳에 갇혀 있노라고. 그러자 단테가 반박한다, 자기는 바로 얼마 전에 그가 잘 먹고 마시고 잘 입고 잠도 잘 자는 것을 보았다고. 알베리고가 다시 반박한다. 미켈레 창케가 역청 끓는 구덩이에 도착하기도 전에 이 브랑카 도리아가 육체를 악마에게 빼앗겼다고, 그와 함께 배신 죄를 지은 친척 하나도 그랬다고. 여기 언급되는 미켈레 창케는 저 위의 부패 관리들의 지옥(22곡)에서, 고마타 수사와 더불어서 사르데냐를 늑탈한 것을 늘 즐겁게 회상하는 인간으로 그려졌었다. 사실은 미켈레 창케도 나름대로 피해자다. 바로 여기 언급된 브랑카 도리아가 그의 사위로서 제 장인을 죽였던 것이다. 한데 브랑카 도리아(1233~1325)는 실제로는 90세 넘어서까지 장수해서 심지어 시인 단테보다도 몇 년 더 살았다. 단테로서는 신의 정의가 얼른 이루어지지 않는 것을 이런 식으로 바로 잡고 싶었던 모양이다.

죄를 짓는 순간 그의 몸을 악마가 차지한다는 개념은 가룟 유다의 일화에서 비롯된 것이다. 예수께서 최후의 만찬 때 가룟 유다에게 음식 한 조각을 적셔 건네주시는데, 그가 그것을 받자 '즉시 사탄이 그의 속으로 들어갔다.'라고 되어 있다(《요한복음》 13장). 이어서 예수께서 그에게 '가서 네 할 일을 속히 행하라.'라고 하셨고, 그는 나가서 군사들을 이끌고 예수를 잡기 위해 돌아온다. 지금 순례자 단테가 가룟 유다 있는 곳에 가까워졌기 때문에 이렇게 그 인물에 대한 암시가 잦아지는 중이다.

이제 알베리고는 단테에게, 처음 약속을 지켜 자기 눈에서 얼음덩이를 떼어달라고 요구한다. 하지만 단테는 여기서 약속을 어기고 그냥 떠난다. 그런 죄인에겐 그러는 게 오히려 예의라고 생각해서다. 순례자 단테는 점점 하느님의 엄격한 정의와 일치해가고 있다. 그리고 앞에서 약속을 지키지 않으면 자기는 얼음 바닥 밑으로 들어가는 게 마땅하다고 했는데, 사실 그는 이 얼음 바닥을 뚫고 반대편으로 나가게 되어 있으니, 그 말이 꼭 거짓말인 것도 아니다. 한편 여기서 단테가 선생님의 허락을 구하지 않고 스스로 결정하고 실행하는 것을 강조하는 학자도 있다. 이제 단테가 전보다 훨씬 자율적으로 행동하고 있단 뜻이다.

이 일화의 마지막은 제노바에 대한 개탄이다. 악덕으로 가득한 그 도시가 왜 사라지지 않았느냐는 것이다. 그곳은 방금 소개된 브랑카 도리아의 고향이다. 그러면서 그가 로마냐의 사악한 영혼과 함께 있더라고 덧붙여서, 알베리고의 고향 지역에 대한 개탄도 덧붙였다. 알베리고는 파엔차 출신인데, 이 도시는 단테가 마지막 시기를 보낸 라벤나 바로 서쪽에 있다. 시인 단테의 시선이 점점 북쪽과 동쪽으로 더 멀리 뻗어나가고 있다.

제34곡

유데카, 은인을 배신한 자들의 영역, 루시퍼

은인을 배신한 자들은 얼음 밑에 갇혀 있다

34곡의 첫 구절은 기독교 송가에 한 단어를 첨가해서 만든 패러디 문구다. "왕의 깃발이 다가온다, 지옥 왕의!" 마지막에 붙은 '지옥 왕의(inferni)'가 바로 단테가 덧붙인 단어다. 원래는 십자가를 '왕이신 예수님의 깃발'이라고 표현한 것인데, 여기서는 멀리 보이는 루시퍼의 모습을 지시하는 걸로 이용했다. 그리고 이 구절은 베르길리우스가 단테에게 건네는 말 속에 들어 있다. 우리말 번역에서는 눈에 잘 띄지 않지만 라틴어로 된 문장이니, 로마 시민의 입에서 나오는 게 더 그럴싸하긴 하겠다. 그리고 보면 이 구절은 콘스탄티누스가 밀비우스 다리에서 막센티우스 군대와 싸울 때 앞세우고 나갔던 십자가 깃발을 암시하기도 하는 것이다. (보통 '깃발'이라고 하면 펄럭이는 천을 떠올리기 쉽지만, 이런 기는 이슬람 문화에서 나왔다. 로마시대의 기는 거의 피켓 같은 것이었다.) 그러니 방금 베르길리우스가 외친 것은 '보라, 십자가가 다가온다, 사탄의 십자가가!'라고 하는 기이한 문장이 된다.

선생님은 단테에게 그 '깃발'을 식별할 수 있는지 묻는데, 제자가 보기엔 안개 속에, 아니면 저녁 어스름 속에 멀리서 돌고 있는 풍차 같은 게 있다. 거기서 나오는지 바람이 세차게 불어온다. 단테는 달리 바람을 피할 길이 없어 안내자 뒤에 숨어서 따라간다. 자율성이 자라나고 있다고는 하지만 여전히 어린애 같은 데가 있다. (앞에서 언급하지 않았는데, 사실은 31곡 초반에 구덩이를 둘러싸고 있는 거인들에게 다가갈 때도 선생님이 단테를 진정시키기 위해 손을 잡아주었다.)

이 지역에서는 죄인들이 얼음 위로 얼굴을 내밀지도 못하고 아예 얼음 속에 머리까지 갇혀 있다. 그뿐 아니라, 모두가 몸을 똑바로 세운 것도 아니고, 얼음 속에서 거꾸로 선 자, 누운 자, 활처럼 휘어진 자 등 온갖 자세를 취하고 있다. 앞에서 얼음판 위로 얼굴을 내밀고서 취할 수 있는 세 가지 자세가 나왔는데, 아마도 이곳 죄인들 사이에도 어떤 등급이 있어서 여러 자세가 부여된 것이리라.

여기서 단테는 이들이 유리 속의 지푸라기 같았다고 표현했는데, 많은 학자들이 '지푸라기'라는 말에서 하느님의 심판에 따라 '알곡이 아니라 쭉정이'로 판정되었다는 의미를 읽어낸다. 이제 죄인들은 짐승의 단계를 넘어서 물건, 그것도 아주 하찮은, 거의 허섭스레기에 해당되는 수준으로 떨어졌다. 그것들은 하느님의 타작마당에서 걸러져서, 방앗간에는 들어가지도 못한 찌꺼기들이다. 여기서 조금 전 단테의 착각이 의미를 얻는다. 루시퍼를 보고서 풍차(방앗간)라고 여겼던 것 말이다.

얼어붙은 거인 루시퍼

이제 선생님은 뒤에 붙어 오던 단테를 앞서게 하고는 루시퍼를 소개한다. "보라, 디스다!(Ecco Dite)" 이 구절은 예수를 십자가에 못 박도록 내어준 빌라도가 대중에게 예수님을 소개하면서 했던 저 유명한 구절, '이 사람을 보라(Ecce Homo)'의 패러디다. 앞에 17곡에서 게뤼온이 등장하는 대목에서 시인 단테가 썼던 표현과 비슷하다. 그러니까 그 괴물은 지금 보는 이 우두머리를 달리 변형한 모습이었던 셈이다. 이 존재가 말하자면 베르길리우스가 안내를 맡은 여행의 '일차 목적지'라고 할 수 있는데, 선생님은 그를 소개하면서 기분이 좋아 보인다. 단테는 루시퍼를 '예전엔 아름다웠던 피조물'라고 표현했다. 그는 피조물이면서 자신의 창조주를 넘어서려 했다. 그 결과 아름다움을 잃었고, 그뿐 아니라 생명력까지도 잃었다. 이에 대해서는 잠시 후에 보자.

시인 단테는 자신이 거기서 얼마나 얼어붙고(gelato) 얼이 빠졌었는지 표현할 수가 없다고 회고한다. 여기서 벌써 앞서 알베리고에게 했던 약속이 이루어졌다. 그는 뼛속까지 얼음이 들어찬 상태가 되고 말았다. 그는 자신이 '죽은 것도 산 것도 아니'었다고 말한다. 이는 기본적으로 사도 바울이 하늘의 세 번째 층까지 갔을 때의 상태다. 앞에 제2곡에서 암시되었던 구절이다. '저는 바울도 아이네아스도 아닙니다.'라고 했을 때 말이다. 하지만 여기서는 그보다는 지금 보는 루시퍼의 상태에 더 가깝다. 루시피는 움직이긴 하니 죽은 건 아니다. 그러나 아무런 자율성도 의식도 없이 일종의 기계가 되어 하느님의 징벌 도구로 쓰이고 있을 뿐이다. 그러니 진정한 의미에서 살아 있는 것도 아니다.

루시퍼는 이곳 죄인들의 가장 전형적인 자세를 취하고 있다. 가슴 위쪽을 얼음 위로 드러내고 있는 것이다. 한데 단테는 그를 '고통의 나라의 황제'로 지칭하고 있다. 우리는 앞으로 천국에서 그리스도를 황제로, 천국을 일종의 궁정으로 표현하는 것을 자주 보게 될 것이다. 지금 보는 이 존재는 그 '참된 황제'를 일그러뜨리고 거꾸로 세운 반대 이미지인 것이다.

루시퍼의 크기는 앞에 본 거인의 크기와 비교된다. 그의 팔 하나를 거인 옆에 세우면, 단테 자신의 키와 거인의 키를 비교하는 것과 비슷하거나, 아니면 오히려 그 이상 차이가 나리라는 것이다. 앞에 간단히 계산했던 것처럼 거인이 인간들의 15배 크기라 하고, 보통 인간의 팔 길이의 2.5배 정도가 그 사람의 키라고 한다면, 루시퍼는 인간보다 적어도 약 560(15×15×2.5)배, 어쩌면 그 이상 크다는 것이다. 쉽게 사람 키를—옛사람들이 대체로 키가 작았고, 더구나 이탈리아 사람들은 지금도 그리 크지 않다는 걸 감안해서—170센티, 루시퍼가 600배 크다고 하면 1,020미터가 되겠다. (여기서 '팔(braccia)'이라는 게 '어깨에서 손끝까지'인지, 아니면 '팔꿈치에서 손목까지'인지도 불분명하다. 후자를 선택하면 루시퍼의 키가 더 커진다. 여러 학자들의 계산은 대략 600~1,300피트 사이에 있는데, 대충 200~400미터에 해당되겠다.) 잠시 후에 단테는 루시퍼의 입에 물린 자들을 보고 신분까지 구별하는데, 과연 그 정도 거리에서 각 사람을 분간할 수 있을지 의문이다. 루시퍼 키를 가장 작게 추정한 학자를 좇아서 200미터로 잡고, 상반신은 100미터, 얼음 밖으로 나온 부분은 50미터라고 한다면, 밑에서 25층 창문 앞에 선 사람을 올려보는 것과 비슷하니 좀 어려움이 있다. 그러니 숫자에는 너무 정확성을 요구하지 말고, 그저 루시퍼가 엄청나게 컸는데, 어떤 신비로운 능력에 의해서 단테가 마치 곁에서 보는 것처럼 죄인들을 자세히 살필 수 있었다는 정도로 넘어가자.

루시퍼의 세 입에 물린 세 죄인

루시퍼의 죄는 창조주께 '눈썹을 치켜세운' 것이다. 하느님께 불복종하고 저항했다는 걸 이렇게 표현했다. 그는 원래는 다른 창조물보다 월등하게 아름다웠지만 지금은 그만큼 다른 것보다 더 추하게 변했다. 모든 악과 고통은 다 여기서 비롯되었다고 한다.

한데 놀랍게도 그의 머리에는 삼면에 얼굴이 있다. 정면은 짙은 붉은색,—아마도 단테가 보기에—오른쪽은 누런색, 왼쪽은 검은색이었다. 우리는 앞으로도 세 가지 색의 조합을 보게 될 것이다. 하나는 연옥의 입구에 놓인 세 개의 계단이고, 다른 하나는 연옥산 꼭대기에서 만나는, 기독교의 세 가지 덕을 상징하는 여인들이다. 지금 여기 지옥에서 본 모습은 세 가지 덕의 패러디로 보인다. 그 덕들은 각각 믿음은 흰색, 소망은 녹색, 사랑은 붉은색으로 상징된다. 지금 여기 가운데의 시뻘건 색은 사랑의 변형이고, 누런색은 녹색의 변형, 검정색은 흰색의 반대다.

세 얼굴 밑에는 박쥐처럼 깃털 없는 거대한 날개가 한 쌍씩 돋아 있다. 이것은 기본적으로 에스겔이 환상 중에 본 천사 모습의 변형이다. 구약성서 〈에스겔〉 1장에는 네 개의 날개, 네 개의 얼굴을 가진 천사가 그려져 있다. 네 얼굴은 각각 사람, 사자, 황소, 독수리이다. 〈요한계시록〉 4장에도 이와 비슷하게 날개 달린 존재들이 등장하는데, 거기서는 이렇게 한 몸에 여러 얼굴을 가진 게 아니라 사람, 사자, 황소, 독수리가 제각각 날개 여섯 개를 달고 있다. 날개가 여섯인 존재는 〈이사야서〉 6장에도 등장한다. 단테는 일단 여기서 에스겔의 환상을 변형해서 쓰고, 사도 요한의 환상은 〈연옥편〉에서 사용하게 될 것이다.

지금 여기 보이는 루시퍼의 세 모습은 삼위일체 하느님의 패러디다. 그 얼굴의 색깔은 기독교 덕목들의 변형이다. 그의 전체적 형상은 옛 선지자가 보았던 천사 모습이 흉하게 바뀐 것이다. 루시퍼는 돛처럼 거대한 날개를 퍼덕이고 있다. (오뒷세우스의 마지막 항해 이야기를 들은 이후로 우리는 돛이라는 말에 좀 의구심을 갖게 된다.) 거기서 차가운 바람이 일어 코퀴토스 전체를 얼게 한다. 앞에서 단테가 어디서 이 바람이

오는지 물었을 때, 선생님께서는 그 근원을 직접 확인하리라고 했는데, 지금 이곳의 이놈을 가리킨 거였다. 루시퍼의 여섯 눈은 눈물을 흘리고, 그의 턱으로는 침과 눈물, 피가 함께 섞여 흐른다.

한데 그는 세 입으로 각기 죄인을 하나씩 짓씹고 있다. 마치 삼(아마)을 짓찧는 기계 같다고 되어 있다. 앞에서 단테가 루시퍼를 풍차로 오인했지만 완전히 틀리진 않은 셈이다. 루시퍼는 일종의 추수 장치인 것이다. 그의 현재 상태는, 예수께서 천국에 들어가지 못한 자의 행태로 묘사했던(《마태복음》 8장) '바깥 어두운 데로 쫓겨나 이를 가는' 꼴에 가깝다.

한데 그는 그저 이로 씹기만 하는 게 아니라, 손으로 죄인을 할퀴기도 한다. 이 과정으로 그는 삼을 거두어 섬유를 추출하는 과정에 더욱 가까워진다. 루시퍼가 팔이 몇 개인지 따로 얘기하지 않는 것으로 보아 아마 그냥 두 개인 모양이다. 그래서인지 깨물면서 동시에 할퀴기도 하는 것은 가운데 입에 물린 죄인에 한정된다.

이제 안내자께서 루시퍼의 입에 물린 세 죄인을 소개한다. 가운데 입에 물려 씹히면서 할퀴이기까지 하는 존재는 예수를 배신한 가롯 유다(이스카리옷 출신의 유다)다. 그는 머리부터 먹히고 있다. 나머지 둘 중에 검은 얼굴 쪽에 먹히는 자는 카이사르를 암살한 브루투스('브루투스여, 너마저도!')고, 다른 하나는 그의 동료인 캇시우스다. 이들은 카이사르의 후계자인 아우구스투스(옥타비아누스)의 군대와 맞서 싸우다 패배하고 차례로 자결했다(기원전 42년 필리피 전투). 이들은 다리부터 먹히고 있는 참이다.

시인 단테가 이렇게 카이사르 암살자들을 은인을 배신한 자로, 거의 가롯 유다급으로 설정한 것은 단테가 로마를 하느님 나라의 구현으로 보았기 때문이다. 카이사르는 그 나라의 중시조라고 할 수 있기 때문에, 그를 죽인 것은 은혜에 대한 배신이다. 여기서 브루투스는 말없이 그저 몸을 비트는 것으로 되어 있다. 그는 철학적 소양이 상당한 사람으로 키케로에게 많이 칭찬을 받았었다. 그래서 여기서도 거의 스토아 철학자처럼 행동하고 있다. 반면에 캇시우스는 체격이 좀 더 건장한 것으로 그려졌다.

어쩌면 여기 마지막에 브루투스를 등장시킨 것은 시인 단테가 다시 베르길리우스를 놀려먹으려는 것일 수도 있다. 《아이네이스》 6권에도 아이네아스가 저승에 간 장면에서 다른 브루투스가 굉장히 강조를 받고 있어서다. 그 다른 브루투스는 우리가 이미 4곡, 림보에서 만난 바 있다. 그는 우리가 지금 보는 이 카이사르 암살자의 조상으로, 로마가 왕정에서 공화정으로 넘어갈 때 공화정을 지키기 위해 자기 아들들을 처형시킨 인물이다. 《아이네이스》에서 그 인물은 '후대 사람들이 아무리 칭찬한다 해도, 불행한 사람'이라는 평을 받았다. 그것도 주인공이 크게 존경하고 의지하던 앙키세스, 즉 아이네아스의 아버지에게서 말이다.

어쩌면 독자 중에 이 루시퍼 장면에 좀 실망한 사람도 있을 것이다. 하느님과 맞섰던 가장 악랄한 죄인이라면 좀 더 엄청난 벌을 받아야 하지 않느냐고. 하지만 시인 단테는 자극적인 장면보다는 의미 깊은 장면을 선택했다. 앞에도 말했듯이 생명의 중심인 하느님으로부터 가장 먼 곳에 묶여서, 생명의 핵심이라고 할 자유의지는 완전히 상실한 채, 거의 기계가 되어 같은 동작을 반복하며, 신의 정의를 실현하는 도구 역할을 수행할 뿐이다. 곁에 누가 와 있는지도 의식하지 못하고, 아마 자기가 벌주는 존재들이 누구인지도, 자신이 누구인지도 알지 못할 것이다. 저승의 입구에 천국도 지옥도 저버린 자들이 있었다면, 그 가장 깊은 곳에는 살아 있지도 죽지도 않은 존재가 놓여 있다. 보통 사람은 생각해내지 못할 대단한 발상이다.

루시퍼를 붙잡고 지구 중심을 통과하다

이제 선생님은 모든 것을 보았다고, 떠나자고 말씀하신다. 또 다시 밤이 되었다고. 이들이 여행을 시작한 것은 금요일 밤이었는데, 이제 토요일 밤이 된 것이다. 반대편 길을 통해 다시 지상으로 올라가는 데 또 하루가 걸릴 것이다.

여기는 말하자면 또 하나의 절벽이다. 루시퍼가 일종의 절벽 역할에 사다리 역할까지 겸한다. 단테는 선생님의 명에 따라 선생님의 목에 매달리고, 선생님은 루시퍼의 날개가 펼쳐진 틈을 타서 그의 겨드랑이 털에 매달린다. 털이 무성한 루시퍼의 몸은 주변의 얼음층과 완전히 붙지 않았던지, 그 사이로 빠져나갈 수 있다. 그리로 통과하여 더 내려가서 허리가 튀어나온 부분에 도착했을 때, 안내자께서 숨을 몰아쉬며 방향을 반대로 돌린다. 단테는 혹시 오던 방향으로 다시 돌아가는 것인가 생각한다. 사실은 이제 지구 중심을 통과했기 때문에 중력 방향이 바뀌어, 반대 방향으로 가자면 조금 전까지 발 딛고 있던 쪽으로 머리를 두고 매달려 올라가야 하는 것이다. 하지만 선생님은 그런 상황을 자세히 설명하지 않고 그저 '이런 사다리로 수많은 악을 떠나야 한다.'라고만 말씀하신다. 여기서는 루시퍼가 거의 사다리 같은 역할을 했기 때문에 이런 표현이 별로 이상하지 않지만, 사실은 앞에서 게뤼온을 지칭할 때도 '사다리(scale)'라고 부른 적이 있다.(17곡 82행) 앞으로 우리는 연옥산에서 정말로 '사다리, 계단'들을 만나게 될 것이다. 모두 '야곱의 사다리'의 변형이다.

이들은 드디어 바위 틈서리 밖으로 나오게 된다. 아주 분명치는 않지만 반대쪽에서 루시퍼 주위를 얼음이 둘러싸고 있던 것처럼, 지구 중심을 지나면 바위가 그에게 바짝 붙어서 에워싸고 있는 모양이다. 그리고 베르길리우스는 루시퍼의 하체가 뻗어 있는 한 계속 단테를 매달고서 올라간 듯하다. 선생님은 일종의 선반 위에 단테를 먼저 올려놓고 자신도 틈서리에서 빠져나온다. 단테는 아직까지 자신이 지구 중심을 지니 반대쪽에 온 것을 모르고 있다. 아마도 약간 다른 방향으로 해서 다시 루시퍼가 있는 쪽으로 이동한 것으로 여기고서, 눈길을 돌렸더니 루시퍼의 다리가 보인다.

단테는 어리둥절한 상태다. 그 심정은 아마 자기가 지나온 지점이 무엇인지 모르는 사람이나 느낄 수 있으리라고 말한다. 사실은 안내자께서 방향을 돌릴 때, 도대체 어떻게 그럴 수 있는지 생각했어야 하는데, 주변이 온통 털뿐이고 아무 기준점도 없어서 그 변화를 잘 느끼지 못한 모양이다. 조금 전 루시퍼의 상체가 보이던 곳에서 그를 둘러싸고 얼음 벌판이 펼쳐지고, 그 위로 허공이 열려 있었던 것에 대칭되게, 이쪽에는 루시퍼의 다리를 둘러싸고 바위 평면이 펼쳐지고, 그 위로 적어도 어느 정도는 동굴 같은 공간이 열려 있는 모양이다. 이제 이곳부터는 천연 동굴처럼 통로가 나 있다. 이제 선생님은 단테에게 스스로 걷기를 명하신다. '해가 벌써 셋째 시간의 중간으로 가고 있다.' 지옥에 머무는 동안 시간은 늘 밤과 연관되어 언급됐다. 이제 지구 반대편으로 오자 이쪽은 현재 낮이고, 앞으로 시간은 늘 태양과 연관 지어 언급될 것이다. 앞에서도 말했지만 태양은 그리스도의 상징이다.

안내자께서 하신 말씀에서 '셋째 시간'이 뭔지 조금 모호한데, 두 가지 해석이 가능하다. 옛사람들은 대개 낮 시간을 해 떠서 해 질 때까지 열두 시간으로 나누되, 지금처럼 점 개념이 아니라 연장 개념으로 생각했다. 그러니까 해 뜨는 순간부터 한 시간 동안이 제1시, 그다음 한 시간이 제2시, 하는 식이다. 그 기준에 따르면, 춘분에는 6시에 해가 뜨는데 지금은 해 뜨고 두 시간 지나서 세 번째 시간의 중간을 향해 가니, 오전

8시 반이란 말이 된다.

한편 다른 기준도 있다. 수도원에서는 하루에도 여러 차례 예배(divine office)를 드리는데, 제3시가 지나고(해 뜨고 나서 세 시간이 지난 다음) 드리는 전례가 제3과(Terce)이기 때문에, 그 전례의 이름을 따서 낮의 첫 시간대(6~9시)가 '제3과시'로 불리기도 한다. 이 기준을 따른다면, 현재는 그 시간대의 중간이니 오전 7시 반이 된다.

단테는 여기서 자신의 의문을 좀 풀어주십사 부탁드린다. 얼음은 어디로 갔는지, 왜 루시퍼는 거꾸로 박혀 있는지, 시간은 어떻게 금방 밤에서 낮으로 바뀌었는지. 베르길리우스는 자기가 처음 루시퍼의 털을 잡고 내려오기 시작한 곳은 지구 중심 저쪽이고, 자신이 몸을 돌렸을 때는 벌써 중력의 중심을 통과한 이후였으며, 자신들은 지금 육반구의 반대쪽 반구 밑에 있노라고 설명한다. 그러면서 자기들이 떠나온 반구는 '거대한 마른 땅을 덮고 있으며, 그것의 꼭대기 아래서 죄 없이 태어나 죄 없이 사신 분이 돌아가셨.'라고 표현했다. 일단 여기서 '죄 없이 태어나 죄 없이 사신 분'은 예수다.

문제 되는 것은 지금 이 표현이 땅덩어리에 적용되는 것이냐, 아니면 그 땅덩이를 둘러싸고 있는 하늘에 적용되느냐 하는 것이다. 국내 번역들은 이것이 지금 단테가 도착한 곳과는 반대편의 지구 표면이라고 보아서, '거대한 마른 땅으로 덮여 있다.'라고 옮기고 있는데, 그러면 '그 꼭대기 아래서(sotto)'라는 말이 잘 이해되지 않는다. 국내 번역들이 따르는 해석을 좇자면 '그 꼭대기'가 바로 예루살렘이 되는데, 그러면 '예루살렘 아래서'라는 말이 이상하게 된다. 예수님은 '예루살렘에서' 돌아가셨지, '예루살렘 아래서' 그러지는 않았으니 말이다. 따라서 이 구절이 가리키는 '반구'는 지구를 감싼 천구로 보아야 할 것이다. (가장 가까운 달의 하늘로 보는 게 제일 낫겠다.) 그러면 '그 꼭대기'는 천정이 되고, 그 아래는 육반구의 중심인 예루살렘이 된다. 그리고 이렇게 되면 단테 일행이 지금 '반대편 반구 밑에(sotto)' 이르렀다는 말도 쉽게 이해된다. 이 '반구'를 땅덩어리라고 하면 '밑'이라기보다는 '맨 아래쪽' 정도로 폭넓게 읽어줘야 한다.

그리고 여기서 방금 단테가 지나온 배신 지옥의 제일 안쪽 구역 이름이 나온다. '너는 지금 유데카의 맞은편 표면을 이루는 작은 원 위에 서 있다.' 그 구역 이름은 가롯 유다의 이름을 딴 유데카다. 국내 번역들은 '주데카'로 적고 있는데, 이탈리아어 표기 'Giudecca'를 그대로 살리면 그렇게 되지만, 그러면 '유다'와의 연관이 약해진다. 예수를 배신한 자를 '주다(Giuda)'라 하지 않고 '유다'로 부르기로 했다면, 이 구역도 '유데카'로 부르는 게 좋겠다.

'유데카의 맞은편 표면을 이루는 작은 원'은, 은인을 배신한 자들이 얼음 속에 이런저런 자세로 완전히 머리까지 묻힌 그 구역에 짝이 되는, 루시퍼의 다리를 에워싼 바위 구역이라고 보아야 할 것이다. '반구'라고 옮긴 번역도 있는데, '원(spera)'이다.

여기까지가 단테의 첫째, 둘째 질문에 대한 답이다. 얼음은 어디로 갔는지, 왜 루시퍼는 발을 보이고 있는지 묻는 질문이었다. 안내자께서는 거기에 보충 설명을 덧붙인다. 루시퍼는 하늘로부터 지금 그들이 있는 반구 쪽으로 떨어져 내렸고, 지금도 그때 움직이던 방향대로 처박혀 있는 것이라고. 원래는 이쪽 반구에도 땅이 있었지만 루시퍼를 피하느라 반대편으로 움직여서 지구의 한쪽에는 땅만 모여 있고, 다른 쪽에는 물만 남게 된 거라고. 그리고 땅 속에 이런 공간이 생긴 것도, 땅이 루시퍼에게 닿기 싫어서 공간을 남기고 솟아오른 거라고. 그래서 육반구 반대편에 연옥산이 생겼다는 것이다.

  그곳에는 루시퍼가 반대편에서 차지하고 있는 공간만큼의 빈 공간이 있어 동굴을 이루었으며, 저 위쪽으로부터 시냇물이 졸졸대며 완만한 길을 따라 흘러내리고 있었다. 단테와 베르길리우스는 그 길을 거슬러 위로 올라간다. 쉬지도 않고 계속 올라간 끝에, 우선 동굴 입구 너머로 천체들이 움직이는 것을 본다. 마침내 밖으로 나와서 다시 보게 된다, 별들을. '별'이란 말이 〈지옥편〉의 마지막 단어다. 우리는 〈연옥편〉, 〈천국편〉도 같은 단어로 끝나는 걸 보게 될 것이다. '희극'답게 희망적인 끝맺음이다. 반면에 〈요한복음〉 13장에서 가롯 유다가 최후의 만찬 장소를 떠나서 밖으로 나가는 장면은 '그리고 밤이었다.'라는 표현으로 끝난다. 이제 단테의 지옥 여행을 모두 보았다. 연옥에서 그가 보고 겪는 일들은 다음 장에서 알아보기로 하자.

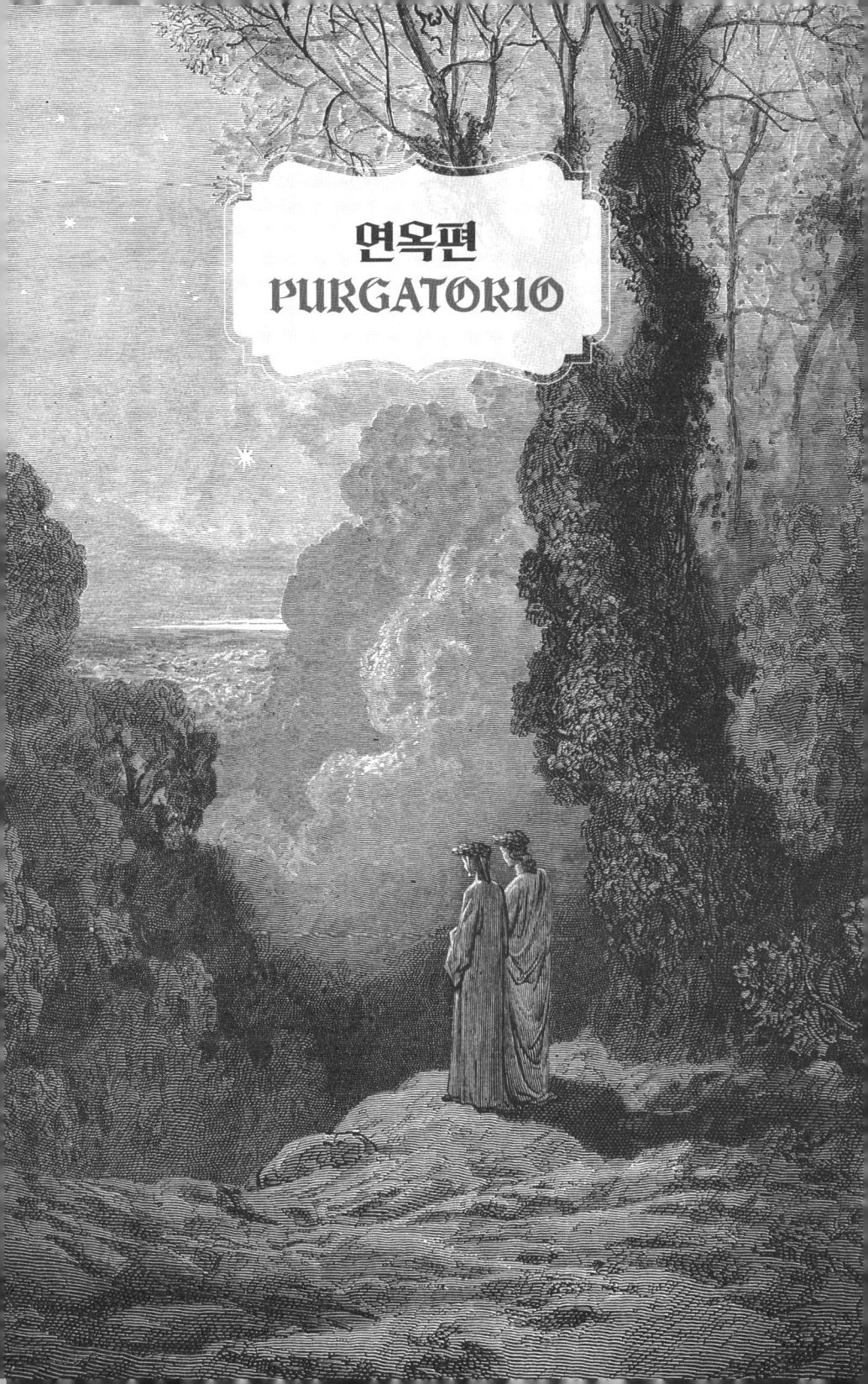

연옥편
PURGATORIO

부활절 아침에 연옥산에 도착하여, 카토와 만나다

〈지옥편〉 끝에서 우리는 단테가 다시 지표면으로 나온 것을 보았다. 이제 그는 같은 지구상이긴 하지만 우리가 사는 육반구의 반대편인 수반구 중심에 있고, 거기 솟은 연옥산을 오르게 될 것이다.

《변신 이야기》를 알아야 이해할 수 있는 서시
제1곡의 첫 12행은 〈연옥편〉 전체를 위한 서시(序詩)다. 단테는 무사 여신들(무사이, Musai)에게 기원을 드리고 있다. 자신이 '더 나은 물' 위로 달려가기 위해 재능의 쪽배의 돛을 펼쳤으니 자기를 도와달라는 것이다. '아니, 무사 여신이라니? 기독교 서사시에 웬 이교도 신?' 하는 의구심이 생길 수도 있지만, 이미 〈지옥편〉에서 설명했듯이 단테는 신화를 자유롭게 이용하고 있다. 그가 볼 때 신화는 나중에 기독교와 성서를 통해 분명하게 드러날 진리가 희미하게 그려진 것이다. 우리는 〈천국편〉 맨 앞에서도 시인이 아폴론의 도움을 청하는 걸 보게 될 것이다. 그 '아폴론'은 그리스도를 상징하고, 지금 여기 '무사 여신'은 '하느님의 영감을 전해주는 천사' 정도로 생각하면 되겠다.

그리고 〈천국편〉 초입에도 단테의 '배' 얘기가 나올 텐데, 예로부터 시인이 자신의 창작 또는 공연을 항해에 비기는 것은 꽤 흔한 관행이다. 그리고 여기서 벌써 〈연옥편〉과 〈천국편〉의 유사성이 나타나기 시작하는데, 우리는 《신곡》의 세 편이 어떤 점에서는 대칭되고, 또 어떤 점에서는 평행한 것을 보게 될 것이다. 말하자면 〈연옥편〉은 〈지옥편〉을 본떠서 만들었고, 〈천국편〉은 다시 〈연옥편〉을 본떠서 만든 셈이다.

다시 '서시' 본문으로 돌아가자. 시인 단테는 자신이 이제 두 번째 왕국을 노래하겠노라고 선언한다. 그곳은 '인간의 영혼이 하늘로 올라가기에 적합하도록 깨끗이 씻기는 곳'이란다. 이것이 '연옥'에 대한 규정이다. 그러면서 단테는 무사 여신들 중에 특히 칼리오페를 불러 '죽었던 시'가 다시 살아나게 해달라고 청한다. 그는 그동안 죽음의 영역인 지옥에 있었고, 그 사이에 그의 시도 '죽은' 상태였기 때문이다.

한데 왜 칼리오페인가? 칼리오페는 서사시를 담당한 무사이니, 일단 서사시 《신곡》을 잘 만들 수 있도록 도와달라는 뜻이 된다. 한데 여기엔 더 깊은 이유가 있다. 지금 이 구절은 단테가 많이 연구했던 《변신 이야기》 내용을 암시하는 것이다. 오비디우스 《변신 이야기》의 3분의 1이 지나는 대목에, 무사 여신들이 피에로스의 딸들에게 도전을 받고 음악 시합을 벌인다. 칼리오페가 무사 여신들의 대표로 나서서 페르세포네가 저승에 납치되었다가 돌아오는 이야기를 노래로 들려준다. 단테는 지금 지옥을 막 벗어난 참이다. 따라서 그의 노래를 돕기에는 저승에 대해 노래했던 무사 여신이 맞춤하다.

칼리오페에 대한 언급은 작품 속 시간과도 잘 맞아떨어진다. 단테가 지옥과 지하 세계를 벗어나 지표면에 나온 때는 1300년 부활절 아침이었다. 다시 계산해보자. 그가 저승 여행을 시작한 것은 금요일 저녁이었다. 지옥을 통과하는 데 만 하루가 걸렸기 때문에, 지구 중심에 도착한 때는 토요일 저녁, 거기서 지표면까지 올라오는 데 다시 만 하루가 걸렸다고 하면, 현재는 일요일 저녁이다. 한데 연옥산은 육반구의 중심인 예루살렘의 대척점에 있기 때문에 시간이 12시간 늦게 간다. 따라서 연옥산 현지 시간으로는 지금이 일요일 아침이다. 예수의 행로를 따라 성금요일 저녁에 지옥으로 들어갔던 단테는 이제 다시 예수의 길을 따라 부활절 아침에 지상으로 나온 것이다.

한편 칼리오페는 이 서시에서 '까치들에게 타격을 가한' 것으로 표현되어 있다. 이 구절 역시 《변신 이야기》를 암시하는 것이다. 앞에 말한 노래 시합 뒤에 피에로스의 딸들이 까치로 변했기 때문이다. 그러니까 지금 이 구절은 《변신 이야기》 내용을 모르는 사람에게는 어리둥절할 대목이다. 《신곡》을 읽기 전에 《변신 이야기》를 읽어두는 게 좋다.

태양과 샛별, 양자리와 물고기자리

이어서 연옥 자체에 대한 첫 묘사가 시작된다. 천체와 시간에 대한 언급이다. 지옥의 특징은 별이 보이지 않고, 시간을 알 수 없다는 점이었다. 앞으로 우리는 〈연옥편〉에서 거듭 천체와 시간에 대해 듣게 될 것이다. 시간의 틀을 벗어난 지옥이나 천국과는 달리 연옥에는 시간이 있고, 만회의 기회가 있다. 연옥이야말로 우리가 사는 이승과 가장 유사한 곳이다.

이제 막 해가 떠오르기 전이고 동쪽 하늘에 금성이 빛나고 있다. 금성은 어떤 때는 저녁에 서쪽 하늘에 보이고(개밥바라기), 어떤 때는 새벽에 동쪽 하늘에 보이는데(샛별), 학자들이 계산해본 결과 서기 1300년 부활절 무렵에는 금성이 저녁에 나타났다고 한다. 하지만 《신곡》이 완성된 것은 1300년으로부터 적어도 몇 년은 지난 시점일 터이니, 몇 년 전 봄에 금성이 동쪽에 보였는지 서쪽에 보였는지 그때까지 기억하고 있는 사람은 없었을 것이다.

단테가 볼 때 금성은 물고기자리와 동행하고 있었다. 앞으로 독자들은 황도12궁에 대해 여러 차례 듣게 될 것이다. (꼭 필요한 지식이어서 여기 설명하지만, 따라가기 너무 힘들다 싶은 분은 다음 단락을 건너뛰시기 바란다.)

태양은 1년 사계절을 거치면서 하늘에서 조금씩 옆으로 이동하는 듯 보인다. 현대적으로 설명하자면 지구가 태양을 중심으로 공전하고 있기 때문에 지구의 위치에 따라 태양의 배경에 있는 별자리가 달라지는 것이다. 이렇게 1년 동안 하늘에서 태양이 지나가는 위치를 12구간으로 나눠서, 그 배경에 있는 별자리를 '황도12궁'이라고 부른다. 예수님이 태어날 무렵 춘분점(춘분날 태양이 천구상에서 차지하는 위치)은 양자리에 있었다. 한데 지구의 자전축이 공전궤도면에 대해—마치 팽이가 돌면서 중심축이 조금씩 흔들리듯이—조금씩 흔들리며 돌아서 원운동(세차운동)을 하기 때문에, 자전축이 가리키는 방향(즉, 천구 북극)도 조금씩 옮겨가고, 춘분점도 옮겨가게 된다. 그래서 예수 탄생 무렵에는 춘분점이—우리가 남쪽을 향해 서서 볼 때—양자리 서쪽 끄트머리에 있었지만, 단테 시대에는 이미 춘분점이—양자리보다 한 구간만큼 서쪽에 있는—물고기자리로 옮겨와 있었다. (물고기는 흔히 그리스도의 상징으로 알려져 왔다. 희랍어로 '물고기(ichthys)'는 '예수(iesus) 그리스도(christos) 하느님의(theou) 아들(hyos) 구세주(soter)'의 첫 글자를 모은 것이기 때문이다. 그러니 물고기자리에 춘분점이 있다는 것은 예수의 승천 이후 시대가 바로 '물고기의 시대'라는 뜻이 된다.)

하지만 단테는 여전히 춘분점이 양자리에 있는 것으로 가정하고 있다. 태양은 그리스도를 상징하고, 그리스도는 '하느님의 어린양'이기 때문이다. 그래서 춘분이 막 지난 현시점에 태양은—낮에는 보이지 않는—양자리와 함께 떠오르고, 그 직전에 동쪽 하늘에 보이는 금성은 물고기자리와 동행하는 것이다.

네 개의 별과 카토

단테는 이제 막 해 뜨기 직전인 동쪽을 바라보고 있다가 남쪽으로 몸을 돌린다. 거기에 네 개의 별이 보인다. 시인은 이 별들은 '최초의 사람들' 외에는 아무도 보지 못한 것이라고 말한다. 아담과 하와(이브)가 이 연옥산 꼭대기의 에덴동산에 살다가 추방되어, 그 이후로 인류는 지구의 반대편에 살게 되었기 때문이다. 학자들은 대개 이 별이 세속의 네 가지 덕을 상징하는 것으로 보고 있다. 즉, 지혜, 용기, 절제, 정의이다. 이들은 낮 동안 해와 함께 하늘에 떠 있기 때문에, 낮을 지켜주는 덕목이라 할 수 있다. (어떤 학자는 네 개의 별이 남십자성이라고 해석하기도 하는데, 엄밀히 말하자면 남십자성은 북위 30도까지만 가도 보이기 때문에 '북반구에서는 볼 수 없는 별'에 해당되지 않는다. 사실 남십자성이 네 개의 덕을 상징한다면 꽤 그럴싸하긴 하다. 더구나 모양까지도 십자가 꼴 아닌가! 어쩌면 단테는 북반구에서도 충분히 남쪽까지 가면 남십자성이 보인다는 사실을 알았지만, 그냥 모른 척하고 이렇게 적었을 수도 있다. 어쨌든 유럽에서는 보이지 않는 별자리이니.)

단테는 다시 북쪽으로 시선을 돌리다가, 어느 틈에 노인 한 분이 곁에 다가와 있는 것을 발견한다. 나중에 밝혀지지만 이 사람은 우티카의 카토(기원전 95~46년)다. 사실 그는 50대 초에 자결했기 때문에 세상 떠날 때를 기준으로 하자면 중년이어야 하는데, 시인 단테는 그를 흰 수염을 길게 기른 노인으로 그렸다. 그리고 방금 본 네 개의 별이 그의 얼굴에 빛을 비춰주고 있었단다. 온갖 덕을 두루 갖춘 노인이란 뜻이겠다. 학자들은 이 노인이 모세를 모델로 만들어졌다고 추정한다.

노인은 단테 일행을 보고 호통을 친다. 지옥에서 도망쳐 나온 자들이 아니냐며. 베르길리우스는 얼른 단테에게 공손한 태도를 보이라고 촉구한다. 그러고는 카토를 향해, 자신이 베아트리체의 청을 받고 단테를 돕는 중이라고 설명한다. 이 사람은 아직 죽지 않은 사람인데, 자기가 그를 안내하여 지옥을 다 보여주었고, 이제 연옥에서 죄를 씻는 자들을 보여주려 한다고. (이것은 〈지옥편〉 1곡 마지막에 나온 것과 마찬가지의 '일정표'이다.)

베르길리우스는 지금 이 여행이 자유를 위한 것이라며, 카토도 자유를 위해 삶을 거절했으니 그 의미를 잘 알 것이라고 호소한다. 카토는 카이사르와 폼페이우스가 겨룰 때 폼페이우스 편에 섰던 사람으로서, 독재자가 되려던 카이사르에 맞서 공화정의 자유를 지키고자 애쓰다가, 대세가 카이사르 쪽으로 기울자 자결했다. (카토가 지키려던 것이 올바른 대의라면 그와 맞섰던 카이사르는 그릇된 길을 택한 사람이 될 텐데, 우리는 앞으로 카이사르가 좋은 모범으로 꼽히는 사례도 여럿 만나게 될 것이다. 《신곡》에서 카이사르의 역할은 양면적이다.)

이어서 베르길리우스는 카토에게 자신을 소개한다. 자기는 미노스의 판결에 묶여 벌받는 자가 아니며, 카토의 아내 마르티아와 같은 원(림보)에 거주하노라고. 그러고는 마르티아의 사랑을 생각해서라도 자신들을 용납해달라고 간청한다. 자기가 다시 림보로 돌아가면 마르티아에게 카토의 은혜를 전해주겠노라고. 이에 대한 카토의 대답은 무뚝뚝하기 그지없다. 자신이 아내를 사랑하긴 했지만, 그것이 자기 마음을 움직이지는 못한다는 것이다. 자신이 림보를 떠난 이후로 지옥과 연옥-천국은 무관하게 되었다고. 그리고 베아트리체의 요청이라면 그것으로 이유는 충분하니 다른 이유를 댈 필요는 없다고 말한다.

사실 여기서 베르길리우스가 카토의 아내 얘기를 꺼낸 것은 약간의 실수일 수 있다. 앞으로 다시 확인되겠지만 천국에서는 혼인 관계가 무효이기 때문이다. 그리고 한 가지 아이러니인 것은, 카토와 그의 아내 사이가 좀 얄궂은 점이 있다는 사실이다. 카토의 절친한 친구 호르텐시우스가 아내를 잃자, 카토는 자기 아내를 친구와 혼인시켜 돌보게 한다. 그러다가 호르텐시우스가 세상을 떠나자 다시 아내를 데려다가 자기 집에 살게 했다. 그러니 아내의 입장에서는 자기가 도구 취급당했다는 억울함이 있을 수 있다. 만일 카토도 아내의 그런 심정을 눈치채고 있었다면, 지금 여기서 그 아내 얘기를 꺼낸 것은 실수가 된다. 어쩌면 여기서 시인 단테가 약간의 농담을 섞어서, 자기 선생님 베르길리우스로 하여금 실수를 저지르게 한 것일 수도 있다. 순례자 단테는 선생님을 엄청나게 존경하지만, 시인 단테는 그 선생님을 꽤 자주 골려 먹는다. 앞으로도 이런 사례를 종종 보게 될 것이다.

카토는 베르길리우스에게 다음 할 일을 지시한다. 바닷가로 내려가서 단테에게 갈대를 둘러주고, 얼굴을 씻어주라는 것이다. 안개에 가린 눈으로는 첫째 천사 앞으로 갈 수 없다고. 아마도 단테가 지옥을 지나오면서 죄의 안개가 얼굴에 묻고 눈도 가린 모양이다. 그리고 민담에서는 거의 언제나 다른 차원으로 옮겨갈 때는 목욕과 옷 갈아입기가 수반되는데(나우시카아의 섬에 상륙한 오뒷세우스를 생각하라), 카토가 그에 해당하는 제의를 지시한 것이다. 그리고 진흙 위의 갈대는 단테를 두 번째 모세로 만들어주기도 할 것이다. (아기 모세가 바구니에 담겨 갈대 사이에 숨겨졌던 것을 기억하라.) 그 후에는 이쪽으로 돌아오지 말고 산으로 올라가야 하는데, 그 길은 태양이 가르쳐주리라고 한다.

얼굴을 씻고 갈대를 두르다

단테와 베르길리우스는 우선 응달을 찾아간다. 선생님은 풀 위에 내려앉은 이슬을 모아서 제자의 얼굴을 씻긴다. 일종의 세례다. 지옥의 먼지로 덮였던 얼굴이 제 색깔을 되찾는다. 그런 다음 더욱 아래쪽으로 해변으로 내려간다. 아마도 그들이 빠져나온 동굴은 해수면보다는 좀 높은 곳에 있었던 모양이다. 물결이 부딪히는 곳에 이르자, 선생님은 거기 난 갈대를 꺾어 단테의 허리에 둘러준다. 그러자 놀랍게도 방금 꺾인 자리에서 다시 갈대가 돋아났다.

지금 이 장면은 베르길리우스의 《아이네이스》에서 아이네아스가 저승을 방문하기 위해 황금가지를 꺾자 그 자리에 다시 가지가 돋아난 것을 본뜬 것이다. 그리고 여기서 갈대는 겸손을 상징한다는 것이 학자들의 중론이다. 갈대는 물결에 휘어지기 때문에, 다른 뻣뻣한 식물은 살 수 없는 바닷가에 살 수 있는 것이다. 이 연옥산에 도착한 영혼들은 이곳이 주는 시련을 갈대처럼 겸손하게 받아 견뎌야 한다. 한편 꺾인 갈대가 곧장 다시 돋아나는 것은 덕이란 것이 늘 새롭게 자라남을 상징한다고 해석하는 학자가 많다.

그리고 단테가 동굴 앞에서 바로 위쪽으로 향해 올라가지 않고 바닷가까지 내려가는 것도, 연옥행 배를 타고 온 사람들이 시작하는 바로 그 수준에서 출발한다는 의미가 있다. 원문 표현이 의미심장하다. 그들은 바닷가를 향해 '마치 길을 잃었던 사람들이 길 엇갈린 데까지 되짚어 가는 것처럼' 갔다고 되어 있다. 바닷가에서 출발하는 게 옳은데, 동굴 입구에서 바로 위로 올라가면 일종의 '부정 출발'이기 때문이다. 그리고 그 바닷가는 '그 물결을 항해한 사람은 누구도 돌아가지 못한 곳'이고, 베르길리우스는 '다른 분의 뜻에 따라' 단테에게 갈대를 둘러준 것으로 되어 있다. 이 두 구절은 〈지옥편〉 26곡에 그려진 오뒷세우스의 마지막 항해를 강력히 상기시킨다. 그는 연옥산을 보고서 거기서 돌아가지 못했고, '다른 분의 뜻에 따라' 최후를 마쳤다. 단테는 오뒷세우스가 실패한 곳을 무사히 넘어섰다, 높으신 분의 뜻에 따라서.

여기서 시인 단테가 카토를 연옥산의 문지기로 설정한 것은 독자들의 허를 찌른 놀라운 시도 두 가지 중 하나다. (또 하나 놀랍고 대담한 설정은 천국에 배치된 트로이아 전사 리페우스다.) 카토는 기독교 이전에 살았던 사람이기 때문에 천국에 갈 자격이 없다. 그런데 시인 단테는 그를 지옥에서 빼내는 정도가 아니라, 천국의 관문인 연옥산의 관리자로 세웠다. 작품에 그런 말이 나오지는 않지만, 아마도 대심판으로 연옥이 문을 닫게 되면 카토는 천국으로 옮겨가게 될 터이다. 기독교 사상가 누구도 떠올려본 적 없을 놀라운 발상이다. 우리는 연옥산 위로 올라갈수록, 천국에 갈 수 없는 베르길리우스의 우울을 자주 목도할 터인데, 카토의 지위 격상을 고려한다면 베르길리우스도 약간은 희망을 품을 수 있지 않을까 싶다.

천사의 배가 도착하다, 카셀라와 만나다

천사가 이끄는 연옥행 배가 도착하다

이제 예루살렘에서 볼 때 태양이 서쪽 지평선에 걸린 시간(예루살렘 시간으로 저녁 6시)이다. 밤은 태양과 정반대쪽에 있기 때문에, 이 순간에 예루살렘으로부터 동쪽으로 90도만큼 떨어진 갠지스강 위에 있다. (옛날 사람들은 예루살렘을 중심으로 그린 지평선의 동쪽 끝은 갠지스강, 서쪽 끝은 지브롤터라고 생각했다.) 그리고 춘분이 막 지난 현재, 태양은 양자리에 있기 때문에, 태양과 180도 위치에 있는 것으로 상정된 밤은, 황도12궁에서 양자리와 마주 보는 저울(천칭)자리에 있다. 한편 현재 단테가 있는 연옥산은 예루살렘의 대척점이기 때문에 막 해가 뜨려는 참이다(연옥산 시간으로 아침 6시).

단테 일행은 아직 바닷가에 머물러 있다. 어디로 가야 할지 몰라 머뭇거리는 모양새다. 그때 멀리 수평선에 한 줄기 빛이 나타난다. 놀란 단테가 선생님께 물어보려는 사이는 그 빛은—분노의 진흙강 위를 달리던 플레귀아스의 배처럼—엄청난 속도로 다가와, 더욱 눈부신 모습이 되었다. 가까워지는 것을 보니 뭔가의 양 옆구리와 그 아래쪽, 세 군데서 빛이 발산되고 있었다. 더욱 다가오자 그 빛나는 존재는 천사임이 드러난다. 약간 위쪽의 두 개의 빛은 두 날개에서, 그리고 약간 아래 중앙의 빛은 그의 얼굴에서 뿜어져 나오는 것이다. 연옥으로 향하는 영혼들을 배에 싣고 온 뱃사공 천사다.

베르길리우스는 단테에게 무릎을 꿇고 공손한 자세를 취하게 한다. 이 뱃사공은 노나 돛도 없이 자신의 날개로 공기를 휘젓는 것으로 되어 있다. (우리는 연옥산 꼭대기에서 날개를 위로 뻗은 또 다른 존재, 그리핀과 마주치게 될 것이다. 〈지옥편〉과 〈연옥편〉이 대칭된 것처럼, 〈연옥편〉 안에서도 앞뒤가 상응하고 있다.) 국내 번역에 이따금 이 천사가 '뱃머리에' 서 있는 것으로 옮겨져 있지만, '선미에(da poppa)' 서 있다고 해야 한다.

단테는 너무 눈이 부셔서 고개를 들지 못하고 아래만 보고 있다. 천사가 몰고 온 배 안에는 많은('백 명 넘는') 영혼이 타고 있다. 그들은 '이스라엘이 이집트에서 나오며'라는 시편(114편) 구절을 노래하고 있다. 이들은 이승에서, 말하자면 이스라엘 민족이 이집트에서 노예살이를 했던 것처럼, 죄의 노예(또는 육신의 노예)였다가 해방되었기 때문이다. (역으로 보자면, 이스라엘 민족의 이집트 체류는 일종의 집단적 저승 여행에 해당된다.) 그리고 이 노래는 이들이 도착한 땅에 맞춤하다. 이곳은 또 하나의 '모세', 카토가 지키는 영역이다.

천사가 십자가 성호를 그어주자 영혼들은 배에서 뛰어내리고, 천사는 다시 순식간에 떠나 가버린다. 이 천사는 지옥의 카론(그리고 플레귀아스)에 해당하는 역할을 수행 중인데, 그의 초연하고 기품 있는 태도는 지옥의 뱃사공과는 너무나도 다르다. '승객'들의 태도 또한 차이가 크다. 지옥의 승객들은 이를 갈며 자기 태생을 저주한 반면 연옥행 승선객들은 경건하고, 고요한 기쁨이 깃든 송가를 노래하고 있다.

친구 카셀라를 만나 그의 노래를 듣다

새로 도착한 영혼들은 신기한 듯 주변을 둘러본다. 이제는 해가 수면 위로 떠올랐다. 그 순간에 자오선을 차지하고 있던 염소자리는 빛을 잃고 만다. 양자리와 염소자리는 서로 직각방향에 놓여 있다. (우리가 북반구에서 양자리를 정면에 두고 볼 때, 그 바로 오른쪽부터 차례로 물고기자리-물병자리-염소자리가 있다.) 그래서 양자리가 동쪽 수평선에 나타나는 순간에 염소자리는 자오선(남반구에서 볼 때는 정북방)을 차지하고 있었다. 성서에서 양은 구원받은 영혼들, 염소는 저주받은 영혼들을 상징하기 때문에, 지금의 이런 천체 구도는 영혼들이 천국으로 향하는 사건과 잘 맞아떨어진다.

새로 온 사람들은 단테 일행에게 산으로 가는 길을 가르쳐달라고 청한다. 베르길리우스는 자신들도 방금 도착했노라고, 지금 올라갈 길보다 훨씬 험한 다른 길로 이곳에 왔노라고 답한다. 그제야 사람들은 단테가 살아 숨 쉬고 있음을 알아채고 놀라서 그를 에워싼다. 한데 공교롭게도 방금 도착한 영혼 중에 단테의 지인이 포함되어 있다. 그와 단테는 마주 껴안는다. 하지만 상대는 육체 없는 영혼이어서 단테가 상대에게 두른 팔은 자기 가슴으로 돌아올 뿐이다. 단테는 헛된 포옹을 세 번 시도한 뒤에야 물러서고, 상대는 그에게 미소를 보낸다. 림보를 떠나온 이후로 처음 만나는 미소다. (지옥의 특징 중 하나는 웃음이 없다는 점이다. 림보에서 마주친 네 시인이 단테와 인사 나누는 것을 보고 베르길리우스가 미소 지은 게 마지막이었다. 〈지옥편〉 4곡 99행)

상대는 단테의 친우 카셀라다. 그는 단테에게 왜 이 길을 가고 있는지 묻는다. 단테는 '언젠가 다시 이곳으로 돌아오기 위해서'라고 답한다. 자신이 아직 죽지 않은 몸이고, 나중에 천국으로 가기 위해 미리 겪어보는 여정이라는 뜻일 텐데, 이 특별한 혜택에 대해 카셀라는 전혀 놀라지 않은 모양이다. 그 곁의 영혼들도 별로 놀란 모습을 보이지 않는데, 아직 해가 완전히 뜨지 않아서일 수도 있다. 우리는 앞으로 단테에게만 그림자가 있는 것을 보고서 영혼들이 놀라는 장면과 자주 마주치게 될 것이다.

단테는 그에게 죽은 지 이미 시간이 꽤 흘렀는데 왜 이제야 이곳에 도착했는지 묻는다. 카셀라는 영혼들을 배에 태울지 거절할지는 뱃사공 천사의 권한에 맡겨져 있다고 답한다. 앞으로 알게 되겠지만, 이 연옥산에 도착한 영혼들도 본격적인 연옥에 들어가지 못하고 산 밑에서 한참 대기하는 경우가 있다. 그와 비슷한 전 단계 대기실이 '연옥행 터미널'에도 있는 모양이다. 그래도 그가 이번 기회를 잡은 것은 1299년 성탄절부터 1300년 부활절 사이의 대사면 덕분이란다. 이곳으로 오려면 테베레강 하구에 대기하고 있다가 배를 타게 된다고.

단테는 친구에게 노래를 청한다. 자신은 늘 그의 노래로 슬픔(또는 욕망)을 잠재웠노라고, 자신은 육체를 지닌 채 이곳까지 오느라 너무나 지쳤다고. 카셀라가 노래를 시작한다. '마음속에 내게 속삭이는 사랑은…' 단테와 베르길리우스, 함께 있던 영혼이 모두 흡족한 마음으로 그 노래를 듣고 있는데, 갑자기 카토가 나타난다. 그들의 나태함을 꾸짖고, 얼른 산으로 올라가서 죄를 씻으라고 호통을 친다. 영혼들은 놀란 비둘기들처럼 흩어져 달아난다. 단테도 얼른 바닷가를 떠난다.

독자들은 대체 이 장면의 의미가 무엇인지 좀 어리둥절할 텐데, 카셀라가 부른 노래 가사는 사실은 시인 단테가 실제로 지었던 시 구절이다. 그 시는 '철학의 여신'을 찬양하는 것이었다. 우리는 나중에 연옥산 꼭대기에서 단테가 베아트리체에게 꾸중을 듣는 장면을 보게 될 것이다. 거기서 그녀는 자기 죽은 뒤에 단테가 다른 여인을 사랑했다고 야단치는

데, 이는 실제로 다른 여자와 연애했다는 뜻이 아니라, 그가 기독교의 진리를 도외시하고 다른 학문에 몰두했다는 의미다. 그러니까 지금 단테가 다시 한 번 예전의 상태로 돌아가 철학에 애정을 바치는 참인데 카토가 야단쳐서 일깨운 셈이다.

 그리고 여기서 베르길리우스도 그런 단테를 자제시키지 않고 그 노래에 몰입해 있었으니, 안내자로서 역할을 제대로 하지 못한 셈이다. 우리는 이 부근에서 시인 단테가 자기 선생님의 실수를 그린 몇몇 장면을 더 보게 될 것이다. 연옥은 베르길리우스로서도 처음인지라, 적응하는 데 시간이 좀 걸리는 모양이다.

제3곡

연옥산 가장자리, 파문되었다가 뒤늦게 참회한 자들

육체 없는 영혼이 어떻게 고통을 느낄 수 있는지에 대해

단테와 함께 노래를 듣던 영혼들이 산 쪽으로 흩어져 달려가 버리고, 단테는 베르길리우스에게로 향한다. 안내자께서는 자기 책무를 다하지 못하고 노래에 홀렸던 것을 자책하듯 발길을 서두른다. 단테가 해를 등지고 산을 오르기 시작했을 때, 그는 자기들 앞에 그림자가 하나뿐인 것을 깨닫고, 혹시나 선생님이 자기를 버리고 가버린 게 아닌가 하고 놀란다. 그러자 선생님은 자신의 육체는 나폴리에 묻혀 있노라고 설명한다. 지금 이 구절은 도나투스가 서기 4세기에 기록한 '베르길리우스의 생애'에 기록된 묘비명을 인용한 것이다. '만토바가 나를 낳았고, 칼라브리아가 나를 데려갔고, 나폴리가 나를 가지고 있다.'라는 내용이다. 이 글귀는 현재 나폴리에 있는 '베르길리우스 무덤'(진짜 무덤은 아닌 듯하다.) 앞에 새겨져 있다.

    여기서 살짝, 죽은 자는 영혼뿐인데 어떻게 지옥에서 고통을 느낄 수 있는지에 대한 설명이 나온다. 하느님의 권능이 죽은 자의 영혼에게 두 번째 '몸'을 주어서 차가움, 뜨거움, 고통을 겪도록 하셨다는 것이다. 이 부분에서 따라가기 약간 어려운 논변이 나온다. 어떻게 그럴 수 있는지는 '세 위격 안에 계신 하나의 실체'(즉, 삼위일체 하느님)만이 알 수 있다고. 만일 인간이 이런 것을 다 이해할 수 있다면 성모께서 예수를 낳을 필요조차 없었을 거라고. 여러 철학자들은 이것을 이해하고자 했지만 이해는 못 하고 헛된 희망만 품었다고. 그러면서 베르길리우스는 착잡한 표정을 짓는다. 그 헛된 희망을 품었던 무리 가운데 자신도 포함되어 있기 때문이다.

느린 무리, 옳은 방향

이제 두 사람은 가파른 산비탈에 다다른다. 시인 단테는 이탈리아 북서부 해안 지형을 예로 들며, 그곳조차도 이 산비탈에 비하면 아주 편한 길이라고 평한다. 선생님도 당황하여, 날개 없이 올라갈 방법이 있는지 고심한다. (여기서 날개에 대한 언급이 나오는 것은 신플라톤주의와 연관이 있다. 이 학파의 가르침에 따르면, 우리 영혼은 말하자면 날개 치며 존재의 근원으로 찾아가야 하기 때문이다. 연옥과 천국에서 여러 단계로 위로 올라가는 여정은 '존재의 사다리'와 관련이 있으며, 그 바탕에는 아리스토텔레스 철학과 신플라톤주의가 깔려 있다.)

베르길리우스가 고개를 숙이고 생각에 잠긴 사이에, 단테는 고개를 들고 주변을 살피다가 왼쪽에서 어떤 무리를 발견하고 그들에게 길을 묻자고 제안한다. (다시 시인 단테가 자기 선생님을 골려 먹는 순간이다. 순례자 단테가 안내자보다 더 낫게 행동하고 있다.) 한데 그 무리는 걸음이 너무 느려서 단테 일행이 그리로 서둘러 다가가지만, 여전히 멀리 떨어져 있다. 베르길리우스는 그들에게 경사가 완만한 길을 가르쳐달라고 청한다. 한데 그들은 매우 과묵하다. 마치 소심한 양들처럼 고개를 숙이고서 그저 선두를 따라 움직일 뿐이다. 단테의 그림자를 보고 조금 놀라긴 하지만, 베르길리우스의 설명을 듣고도 그저 '오던 방향으로 다시 돌아가라.'라며 손등으로 밀치는 듯한 동작을 할 뿐이다. 이 부분은 사실 독자들이 좀 이해하기 어려운데, 단테 일행이 만난 이 사람들이 맑고 조용하긴 하지만 아무 생각도 없는 듯 그려졌기 때문이다. 학자들은 이 장면이 '느림과 알지 못함의 효용'을 보여주는 대목이라고 해석한다. 우리는 곧 매우 활동적인 무리와도 마주치게 될 텐데, 연옥산의 두 원칙은 '채찍과 재갈'로, 명상적인 삶과 활동적인 삶을 겸비해야 하기 때문이다. 이 두 요소는 연옥산 꼭대기에서 두 여성으로 다시 상징될 것이다.

여기서 베르길리우스는 '현자는 시간 낭비를 싫어한다.'라고 말하는데, 이것 역시 시인 단테가 슬그머니 선생님으로 하여금 실수하게 만든 장면이다. 이따금 시간을 들여야 하는 일도 있는데, 베르길리우스는 아직 그 사정을 다 파악하지 못한 것이다. 그는 방향도 잘못 잡았다. 지금 만난 무리는 산의 왼쪽에서 나타났는데, 베르길리우스는 그들에게로 달려갔다. 지옥에서와는 달리 이곳에서는 한 단계 올라갈 때마다 오른쪽으로 방향을 돌려야 한다. 이들이 오던 방향으로 다시 돌아가라고 한 것도 그래서다. 방향을 잘못 잡고서 서두르면 오히려 더 큰 손해가 생긴다.

만프레디와 만나다

한데 그 무리에서 한 사람이 단테에게 말을 걸며 혹시 자기를 알아보는지 묻는다. 준수하고 기품 있는 모습이다. 한쪽 눈썹 위에는 갈라진 흉터가 있다. 단테가 알아보지 못하자, 그는 자기 가슴 위의 상처를 보여주며 자신을 소개한다. 그는 페데리코(프리드리히) 2세의 아들 만프레디다. 나폴리와 시칠리아 왕국을 다스리다가 1266년 카를로 단조(앙주의 샤를)의 공격을 받아, 베네벤토 전투에서 죽었다. (〈지옥편〉에서 그의 아버지 페데리코 2세와 더불어 여러 차례 언급된 인물이다.) 이 만프레디는 다윗과 예수를 모델(미모와 흉터)로 그려졌다는 게 학자들의 중론이다. 만프레디의 적수였던 카를로 단조는 교황과 한패가 되어 신성로마 황제 집안에 해코지를 했기 때문에, 단테는 그를 매우 싫어하고 상대적으로 만프레디에게는 호의적 시선을 보내고 있다.

만프레디는 자신을 '황후 콘스탄차의 손자'로 소개한다. 자기 아버지가 더 유명하지만 그는 이단 지옥에 갇혀 있으니 입에 올리기 껄끄럽다. 우리는 이 콘스탄차를 천국에서 다시 보게 될 것이다. 만프레디는 우선 다른 콘스탄차, 아직 살아 있는 자기 딸에게 소식을 전해달라고 부탁한다. 사람들은 자기가 지옥에 갔을 거라고 말하겠지만, 사실은 이곳 연옥에서 천국 갈 날을 기다린다고. 그러면서 자신이 어떻게 죽었는지 설명한다. 치명적인 부상을 두 군데 입은 후에 하느님께 자기를 맡겼다는 것이다. 그래서 하느님은 팔을 펼쳐(아마도 십자가 모양으로) 자신을 받아주셨지만, 당시 교황 클레멘스 4세는 코센차 출신 추기경을 시켜 그의 시신을 강가에 버리게 했다는 것이다. (나폴리 부근 베네벤토에서 죽은 사람을 이탈리아 남부 칼라브리아 출신 추기경이 처리했다는 점에서, 만프레디의 죽음은—칼라브리아에서 죽고 나폴리에 묻힌—베르길리우스의 죽음과도 다소 연결된 듯하다. 시인 단테가 자기 선생님을 너무 놀려 먹어서 조금 보상을 주는 대목일 수도 있겠다.) 그러고는 왜 자신이 아직도 연옥산 밑에 머물고 있는지 설명한다. 파문당한 사람은 파문 기간의 30배에 해당되는 세월 동안 본격적 연옥 밖에서 기다려야 한다는 것이다. 다만 그 기간을 조금 줄일 방도가 있긴 하다. 지상에 남은 사람이 그를 위해 기도해주면 짧아지는 것이다. 만프레디는 마지막으로 다시 한 번 자기 딸 콘스탄차에게 소식을 전해달라고 청하며 말을 마친다.

연옥산 낮은 기슭, 영적으로 게으른 자들

좁은 길을 가다가 태양의 움직임에 대해 듣다

단테가 만프레디의 이야기를 듣고 있는 사이에 태양은 어느새 꽤 높이 올라가 있었다. 단테는 이야기에 몰두해서 그 사실을 모르고 있다가 뒤늦게 깨닫고는, 이 작은 사건을 영혼의 본성과 기능에 대한 고찰의 기회로 삼는다. 〈연옥편〉의 각 부분은 짧은 서시를 앞세우는 경우가 많은데, 제4곡도 마찬가지다. 4곡의 서시는 우리가 어떤 즐거움이나 슬픔에 몰두하면 영혼의 다른 기능(특히 시간을 측정하는 기능)은 잠시 마비된다는 내용이다. 그리고 이는 우리 속에—플라톤학파의 주장처럼—여러 영혼이 함께 들어 있는 게 아니라, 영혼이 한 덩어리이기 때문이라는 것이다. (플라톤은 《국가》 제9권에서 인간이 사람 모습의 꺼풀 속에 사람과 사자, 그리고 머리 여럿인 동물이 함께 들어 있는 존재라고 말하고 있다. 사람은 이성, 사자는 기개, 머리 여럿인 동물은 욕망을 나타낸다.)

어쨌든 이제 해는 50도나 올라선 상태다. 오전 9시를 조금 지났다는 말이다. (춘분에는 해가 오전 6시에 떠서 오후 6시에 지고, 한 시간마다 15도씩 이동한다.) 3곡에서 단테와 마주쳤던 무리는 단테 일행을 산으로 올라가는 길까지 안내하여 입구를 가르쳐주고는 떠나간다. 그 입구는 포도원 가시울타리 구멍보다도 좁아 보일 지경이다. 학자들은 이 표현의 배경으로 '좁은 문으로 들어가라' 하신 예수의 말씀(《마태복음》 7장)을 찾아낸다. 더구나 그분은 자신을 포도나무라고 하지 않았던가. 단테는 다시 이탈리아의 여러 험한 지형을 열거하며, 그곳들은 그래도 두 발로 갈 수 있는 곳이지만, 이곳은 날개가 필요하다고 다시금 '날개'를 강조한다. (단테의 성 알리기에리(Alighieri)는 '날개(ala)를 가진(gerere) 자로 해석할 수도 있다.) 단테 일행은 바위틈으로 들어가, 손과 발을 모두 이용해서 겨우겨우 좁은 통로를 따라간다. 간신히 바위 구멍을 벗어나 45도 이상의 경사면을 계속 올라간다. 단테가 너무나 힘겨워하자, 선생님은 어떤 바위 선반에서 잠시 쉬어가자고 제안한다.

단테는 동쪽을 내려다보다가 해가 왼쪽에서 비쳐드는 것을 깨닫고 깜짝 놀란다. 선생님은 만일 지금이 5, 6월이었더라면(태양이 쌍둥이자리에 있었더라면) 해가 큰곰자리 쪽(북쪽)으로 더 다가가 있었을 거라고 말한다. 지금 단테는 남반구에 있기 때문이다. 그곳에서는 해가 동쪽-북쪽-서쪽으로 움직여간다. 그리고 6월로 다가갈수록(즉 남반구의 겨울이 깊어갈수록) 태양의 고도가 낮아져서, 말하자면 더 북쪽으로 멀어진다.

여기서 베르길리우스는 지구의 모양과 연옥산의 위치를 설명한다. 시온산(예루살렘)과 연옥산은 서로 지구의 반대편에서 지평선을 공유한다는 것이다. 바로 그 때문에 태양이 움직이는 방향이 달라 보이는 거라고. (즉 북반구에서는 동쪽-남쪽-서쪽으로 해가 움직이는 듯 보이는 데 반해, 남반구에서는 동쪽-북쪽-서쪽으로 이동하는 걸로 보인다는 것이다.) 한데 여기서 태양이 이동하는 경로는 '파에톤이 마차를 몰고 제대로 따라가지 못했던 길'이라고 표현되어 있다. 다시 말하지만 파에톤은 천국으로 가는 잘못된 방법을 보여주는 예다.

그리고 여기에 '적도는 언제나 태양과 겨울 사이에 있다.'라는 표현이 나와서 이해하기 좀 어렵게 되어 있는데, '천구 적도는 현재 겨울인 반구와 그 시점의 태양의 일주궤도 사이에 있다.'라는 뜻으로 이해하면 되겠다. 예를 들어, 하지에 태양의 일주궤도는 북반구로 치우쳐 있고, 그 남쪽에 그 궤도와 평행하게 천구 적도가 있고, 더 남쪽, 즉 남반구는 겨울이다. 반대로 동지에 태양의 일주궤도는 남반구 쪽으로 치우쳐 있고, 그 북쪽에 천구 적도가 그 궤도와 평행하게 놓이고, 북반구는 겨울이다. 그러니 늘 '적도는 태양과 겨울 사이에' 있게 된다. 단테는 《신곡》에서 당시의 고급 지식을 총정리하고 있다.

이제 단테는 자신이 얼마나 더 가야 하는지 알고 싶어 한다. 모든 등반객의 관심사다. 선생님은 정확히 얼마나 걸릴지는 말해 주지 않고, 그저 이 산은 위로 올라갈수록 덜 힘하게 되어 있다고만 말한다. (어쩌면 선생님 역시 처음이기 때문에 잘 모를 수도 있겠다.) 그리고 마치 배를 타고 하류로 흘러가듯 쉽게 갈 수 있을 때면 이 고생이 끝날 것이라고. 모름지기 모든 종류의 수련이 다 이렇다고 하겠다.

친구 벨라콰와 만나다

한데 이때 누군가가 이야기에 끼어든다, 아마도 종착점에 닿기 전에 좀 쉬어야 할 것이라고. 놀라서 돌아보니 그들의 왼쪽(약간 안 좋은 함축이 있다.)에 큰 바위가 있고, 그 그늘에 여러 사람이 있었다. 조금 전에 끼어들었던 사람은 무릎을 껴안고 약간 지친 듯 고개를 박고 있다. 단테는 선생님께 그 사람이 정말 게을러 보인다고 논평한다. 그러자 상대가 고개를 들고는, 그렇게 유능한 사람이라면 한번 올라가 보라고 반박한다. 단테는 아직 모르고 있지만, 이 산은 해가 진 후에는 더 위로 올라갈 수 없다는 의미일 것이다. 물론 잠 안 자고 오른다고 해서 하루에 올라갈 수 있는 높이도 아니지만.

단테는 그 목소리를 듣고 상대가 누구인지 알아차린다. 살아서도 게을렀던 친구 벨라콰다. 단테는 너무나 반가워 달려들고 웃으며 말한다. 이제 더는 너 때문에 괴롭지 않다고. 이 말은 혹시 친구가 지옥에 떨어졌을까 봐 그동안 걱정했다는 뜻이다. 그러면서 여기서 지체하는 까닭을 묻는다. 친구는 평생을 하느님 뜻 밖에서 살다가 죽기 직전에야 회심한 사람은 자기 일생만큼을 연옥 문 밖에서 기다려야 한다고 설명한다. 물론 여기에도 약간의 기회가 있는데, 지상에 남은 사람이 기도로 도와주면 그 기간이 줄어든다는 것이다.

이런 이야기를 나누는 사이에 선생님께서는 단테를 재촉한다. 이미 태양이 자오선에 닿았다는 것이다. 이제 현지 시간으로 낮 12시다. 여기서 선생님은 다시 우리의 지리 지식을 시험한다. '밤이 모로코 해안에 발을 얹고 있다.'라고 덧붙였기 때문이다. 이제 예루살렘은 밤 12시이니, 거기서 서쪽으로 90도만큼 떨어진 모로코는 저녁 6시가 된 참이다. 제4곡은 태양과 시간 계산으로 빼곡하다.

연옥산 중간 기슭, 갑작스레 폭력적 죽음을 당한 자들

단테의 그림자가 시선을 모으다

단테가 다시 산을 오르기 시작하자, 주변의 영혼들이 그의 그림자를 보고 놀란다. 이런 상황은 앞으로도 몇 차례 되풀이될 것이다. 대개는 단테의 그림자가 '햇빛을 쪼갠' 것으로 표현되는데, 학자들은 대개 이것이 우리 육체의 연약함, 깨어지기 쉬움을 상징하는 거라고 해석한다.

하지만 이런 수군거림을 듣고서 단테가 지체할 때마다 선생님께서는 그런 말에 신경 쓰지 말고 전진하라고 재촉한다. 아마도 시인 단테는 자신에게 타인의 시선을 즐기는 성향이 있음을 스스로 의식하고, 조심하자는 뜻에서 이런 장면을 넣은 것 같다. 여기서 선생님은 '생각에 생각을 더하는 자는 목표에서 멀어진다.'라고 말씀하신다. 앞의 제4곡에서 명상을 강조한 것과는 좀 다른 태도인데, 제5곡에서는 활동을 강조하기 때문이다.

단테 일행은 도중에 다시 또 하나의 무리와 마주치게 된다. 이들은 〈미세레레〉를 노래하며 오고 있다. 연옥산에서는 새로운 단계에 다다를 때면 거의 언제나 성가가 동반된다. 지금 듣는 이 노래는 〈시편〉 51편(라틴어 성서로는 제50편)의 첫머리로서, 다윗이 하느님께 용서를 구하는 기원이다.

이 무리는 멀리서도 단테가 그림자를 지닌 것을 알아채고 두 사람을 전령으로 파견한다. 그들은 달려와서 어찌 된 일인지 묻는다. 베르길리우스가 단테는 육체를 지닌 채 여행 중이라고 확인해주자, 둘은 자기 일행에게로 순식간에 달려가고, 곧 전체가 고삐 묶이지 않은 말 무리처럼 달려온다. 이들의 기민함은 제4곡에서 마주쳤던 양 떼 같던 무리와는 대조적인데, 지금 이들은 명상적인 그 사람들과 대비되는 활동적인 삶을 상징한다.

선생님은 이들이 기도를 부탁하러 오고 있음을 눈치채고, 단테에게 멈추지 말고 계속 걸으며 들으라고 조언한다. 그들은 계속 따라오며 호소한다. 자신들은 폭력에 죽은 자들인데, 자기들 소식을 이승에 전해달라고, 자기들은 마지막 순간에야 하느님과 화해했노라고.

폭력에 죽은 세 영혼

단테가 각 사람의 사연 듣기를 청하자, 그중 셋이 자기 사정을 설명한다.

첫 번째 사람은 야코포 델 카세로다. 그는 이탈리아 북동부 마르케 지역의 파노(Fano) 출신으로 밀라노를 향해 가다가 파도바 부근에서 암살되었다. 그는 두 개의 도주로 중 하나를 선택했다가 죽음을 당하고 말았는데, 다른 길로 갔더라면 죽음을 피할 수도 있었단다. (이 말도 좀 상징적인 것으로 받아들여야 할 것이다. 우리 영혼 앞에도 죽음의 길과 삶의 길이 나란히 놓여 선택을 요구하는 것으로 말이다.)

지금 이 사람의 이야기는 독자들이 따라가기 부담스러울 정도로 수많은 지명과 인명으로 점철되어 있다. 야코포의 고향인 파노가 포함된 지역(마르케)도 '카를로의 왕국(나폴리 왕국)과 로마냐 사이'로 표현되어 있고, 파도바는 '안테노르들의 가슴팍'으로 지칭되며, 야코포를 죽이도록 암살자들을 보낸 이는 에스테 가문의 아초(〈지옥편〉 12곡, 폭력 지옥에 던져진 에스테의 오피초의 서자로서, 자기 아비를 죽이고 권력을 차지한 인물)다. 야코포가 선택할 수 있었던 두 길도 지명(오리아고, 미라)으로 적혀 있다. 학자들은 여기 소개되는 세 인물이 각기 특정 문학 장르의 특성을 보인다고 지적한다. 그 학설에 따르면, 방금 소개된 야코포 이야기는 '서사시'에 해당된다. 한데 서사시는 등장인물이 많고 사건이 복잡한 게 특징이다. 그래서 이 장면에 그렇게 많은 고유명사가 동원된 것이다. 그러니 독자들은 '아, 일부러 복잡하게 만든 부분이구나.' 하고 지나가면 되겠다.

야코포는 자신이 늪지대로 달아났다가 진흙과 갈대에 얽혀 쓰러졌다고 말한다. 지금 이 장면에 등장하는 세 인물은 차례로 저지대-산지-저지대에서 죽는 걸로 설정되어 있다. 그래서 이 세 장소를 모으면 연옥산과 같은 모습이 된다. 오비디우스가 《변신 이야기》에서 인물들의 이름을 교묘하게 배치하여 그 인물들 사이의 물리적 배치를 보여준 것처럼, 오비디우스를 잘 연구한 단테도 유사한 기술을 선보이고 있다.

사연을 들려주는 두 번째 영혼은 몬테펠트로 출신 부온콘테. 이 사람은 〈지옥편〉 27곡에 등장했던 몬테펠트로 출신 귀도의 아들이다. 그 귀도는 교황에게 '나쁜 조언을 했던 죄' 때문에 영원한 불 속에 갇혀 있었다. 귀도가 죽었을 때 프란체스코 성인께서 그의 영혼을 데리러 왔다가 악마의 논리적 주장에 밀려났다고 했다. 이번에 마주친 귀도의 아들 부온콘테에게는 그 반대 상황이 펼쳐진다. 일단 단테는 이 사람을 알고 있다. 그는 단테와 함께 캄팔디노 전투에 참여했다가 실종된 사람이다. 단테가 그에게 어디서 죽었는지 묻자, 그는 자신이 목에 부상을 입은 채 아르키아노강이 아르노강으로 흘러드는 곳까지 달아났었다고 술회한다. 출혈이 너무 심해 눈앞도 보이지 않는 가운데, 그는 성모님을 부르며 몸동작으로 자신의 참회를 드러내고자 두 팔을 가슴 앞에 엇갈려 십자가를 만든 채 쓰러졌단다. 천사가 그의 영혼을 거두어가려 하자, 지옥의 사자가 '그렇다면 몸뚱이는 내 마음대로 하겠다.'라며 폭우를 쏟아부어 그의 시신을 쓸어다가 아르노강에 처박고 퇴적물로 덮어버렸다. (그의 시신이 받은 대접은 제4곡의 만프레디의 경우와 유사하다. 이 두 죽음의 모델이 된 것은 《아이네이스》에서 아이네아스 일행의 키잡이 노릇을 하다가 이탈리아 상륙 직전에 죽은 팔리누루스다.) 여기서 부온콘테의 시신이 빗물에 씻기고 강물에 쓸리는 것은 일종의 '세례'라고 할 수 있다.

지금 이 이야기는 '비극' 장르를 모방한 것으로 평가된다. 분량에 비해 고유명사는 많이 쓰이지 않고, 이야기 전개가 매우 극적으로 구성되어 있다. 천사와 악마라는 두 배우까지 등장해서 직접화법으로 언어적 대결을 벌이기까지 한다. 그리고 지리적 배경으로는 산과 골짜기, 거기로 흐르는 강이 강조되었다.

사연을 들려주는 마지막 인물은 시에나 출신 여성 피아(Pia)다. 그녀는 조심스럽게 단테의 귀환을 축원하고는, 자신이 마렘마에서 남편에게 죽었노라고 짧게 말한다. 독자들은 이 이야기가 너무 짧고, 대체 이 여자를 어떻게 평가해야 할지 좀 어리둥절할 텐데, 학자 중에는 이 여성이 원수에 대한 증오를 넘어선 영적 고요함의 경지에 도달했다고 보는 사람이 많다. 그리고 이 일화는 보통 '비가(elegy)' 장르를 대표하는 것으로 평가된다. 한편 그녀가 죽음을 맞은 마렘마는 바닷가 늪지대에 있어서, 여기 소개된 세 일화가 이루는 산 모양을 완결한다.

제6곡

소르델로와 마주치다

6곡과 7곡은 같은 구조로 되어 있다. 앞과 뒤, 두 부분으로 나뉘어 앞에서는 신학적 논의를, 뒤에서는 정치적 상황을 다룬다.

영혼들이 기도를 청하는 이유

이제 여러 영혼이 단테에게 매달려 자신의 소식도 이승에 전해달라고 간청한다. 단테는 모두를 감당하기 어려워 약간은 건성으로 대하며 그곳을 빠져나온다. 여기서 단테는 자신을 차라(zara)라는 노름에서 큰돈을 딴 사람이 동료들에게 약간의 개평을 나눠주며 현장을 떠나는 것에 비유하고 있다. 어쩌면 단테는 자신이 그저 운이 좋아서(은총에 의해) '도박에 성공한 사람인 양 느꼈는지도 모르겠다. 이어서 당시로서는 꽤 유명했지만 현대 독자에게는 별로 중요하지 않은 인물이 여섯, 그리고 그들과 연관된 이름이 서넛 딸려 나온다. 우리에게는 좀 재미없는 부분이지만, 이 이름들이 없다면 단테는 자신이 순례자로서 마주쳤던 사람들에 대한 의무를 다하지 못한 게 된다.

마침내 무리에게서 벗어난 단테는 베르길리우스에게 질문을 던진다. 《아이네이스》에는 '기도로 하늘의 법을 바꿀 수 없다.'라고 나와 있는데,

이들이 저마다 기도를 부탁하는 이유는 무엇이냐는 것이다. 선생님의 답변 요지는, 예수 탄생 이전과 이후는 다르다는 것이다. 즉 자기 작품이 나온 기원전 1세기에는 자신의 말이 맞았지만, 현재는 사정이 달라져서 이들이 이렇게 기도를 요청하는 거라고. 지금 이 질문은 《아이네이스》 6권, 아이네아스의 저승 여행과 관련된 것이다. 아이네아스가 키잡이 팔리누루스의 혼령과 마주쳤을 때, 그는 자신에게 적절한 장례가 치러지지는 못했지만 아이네아스와 함께 배를 타고 저승 강을 건너게 해 달라고 청한다. 그때 아이네아스의 안내자인 시빌라 여사제가 팔리누루스를 꾸짖으며 했던 말이 '간청(기원, precando)으로써 신들의 운명을 굽힐 수 있다고 희망하기를 그치라.'라는 것이었다. (그러니까 만프레디와 부온콘테의 주검이 팔리누루스의 시신과 비슷한 상황에 처한 것은 바로 이 질문을 제기하기 위한 배경이었던 것이다.)

베르길리우스는 연옥의 존재들이 채워야 할 죄 씻음의 분량을 사랑이 한순간에 채워준다 해도 하느님의 정의가 훼손되는 것은 아니라면서, 자세한 내용은 나중에 베아트리체에게 들으라고 말한다. 산꼭대기에 가면 그녀를 만날 수 있을 거라면서. 그러자 단테는 갑자기 피로가 사라진 듯, 최대한 빨리 산을 오르자고 재촉한다. 선생님은 이 말에 동의하면서도, 곧 해가 질 것이고, 오늘 안에 꼭대기까지 올라갈 수는 없으리라고 말한다.

소르델로를 만나, 이탈리아의 상황을 개탄하다

그때 길가에 한 영혼이 사자처럼 기품 있는 모습으로 조용히 앉아서 그들을 지켜보고 있다. 잠시 후에 스스로 소개하듯 그는 만토바 출신 시인 소르델로다. 별로 유명하지 않은 사람인데, 그는 이 〈연옥편〉에서 〈지옥편〉 6곡의 차코(Ciaco)가 했던 것과 유사한 역할을 한다. 베르길리우스가 오르기 쉬운 길이 어디 있는지 묻자, 그는 질문에 즉답하지 않고 먼저 단테 일행의 고향과, 지상에서의 삶에 대해 묻는다. 베르길리우스가 예의 그 구절로 시작한다, '만토바가 (나를 낳았고)…' 단지 도시 이름만 나왔을 뿐인데 그 영혼은 벌떡 일어나 베르길리우스를 포옹한다. 자신도 만토바 출신이라고.

여기서 단테는 서로 동향이라는 것만으로도 정답게 대하는 이들을 보고서, 서로 불화하는 이탈리아 도시들에 대한, 제6곡의 나머지 절반을 차지하는 길고 긴 개탄을 시작한다. 우선 이탈리아 전체에 대한 비판이다. 그곳은 고통과 풍파, 분쟁이 그치지 않는 음란한 지역, 평화가 없는 곳이라고. 그렇게 된 이유는 황제와 교황의 2권 분립이 제대로 지켜지지 않아서다. 여기서 단테는 이탈리아를 말에 비유한다. '유스티니아누스가 그 말의 굴레(법)를 정비했지만, 현재 안장(황제의 자리)이 비어 있다. 황제를 안장에 모셔야 하는 사람들이 직접 고삐를 잡고 있어서 이 말은 박차로도 다스리기 어렵게 되었다.'

이어서 사태를 책임져야 하는 여러 존재를 불러 질책하는 형식으로 탄식을 계속한다. 단테가 가장 먼저 세 차례나 이름 불러 비난하는 사람은 당시의 신성로마 황제였던 알베르트(알브레히트) 1세다. 그는 자기가 안장에 앉아야 하는데, 이 말을 사납고 야만적인 상태로 버려두고 있다. 단테는 알베르트의 아버지 루돌프 1세도 자기 의무를 게을리했기 때문에, 이들의 후계자(하인리히 7세)가 하늘의 심판을 두려워하게 될 거라고 예언한다. (《신곡》이 배경으로 삼는 서기 1300년에는 아직 알베르트가 황제였다. 그는 1308년에 죽고, 하인리히가 그 뒤를 잇지만 단테의 기대를 많이 받았던 그 역시 1313년에 세상을 떠난다. 아마 이 구절은 1308년 이후(어쩌면 1313년 이후)에 쓰거나 수정했을 터이니, 단테가 그 뒤의 사건들까지 알면서도 모호하게 적은 것이다.)

이어서 현재 분쟁 중인 지역의 유력 가문 이름을 대면서 황제를 비난한다. 그중에는 베로나의 몬테키 가문과 카펠레티 가문이 들어 있어 관심을 끈다. 이들은 〈로미오와 줄리엣〉에서 대립하는 두 가문으로 유명하다(국내에는 몬테규와 카풀렛 가문으로 알려져 있다.). 이어서 오르비에토(본문의 모날디와 필리페스키 가문이 살던 지역), 산타피오라, 로마 등의 사정을 들면서 황제를 비판한다.

단테의 탄식은 '십자가에 달리신 하느님', 예수에게까지 향한다. (물론 '이런 표현이 허용된다면'이라는 조심스러운 조건을 붙이기는 했다.) 대체 당신의 정의는 어디로 갔느냐, 혹은 우리가 이해할 수 없는 어떤 깊은 뜻이 있느냐는 탄식이다. 도시마다 폭군과 악인으로 가득하기 때문이다.

마지막으로 단테의 최대 관심사인 피렌체를 비난한다. 그 도시가 합리적인 척하는 것을 빈정거리고, 다른 도시들과는 달리 정의를 지체 없이 실행한다고 나서는 것을 비웃는다. 시키지도 않은 짓을 벌이는 것도 비판한다. 자신들을 고대의 아테나이와 스파르타에 비기면서, 수시로 법과 제도, 화폐 등을 바꾸고 사람을 갈아대는 것도 공격한다. 결론적으로 이 도시는 이리 누워도 아프고 저리 돌려도 불편한 병든 여인에 비유된다.

제7곡

왕들의 계곡

소르델로가 왕들의 계곡으로 안내하다

얘기는 다시 현실로 돌아온다. 소르델로와 베르길리우스 사이의 인사가 세 번, 네 번 반복된 뒤, 소르델로가 이제야 상대가 누구인지 묻는다. 그러니까 그는 상대가 누구인지 알아보기도 전에 그저 동향 사람이라는 것만으로 그렇게 환대했던 것이다.

이제 베르길리우스가 자기 이름을 밝힐 차례인데, 그에 앞서 우선 자신이 천국에 들어갈 자격이 없음을 고한다. 자신은 예수 탄생 이전 사람이어서 기독교 신앙을 갖지 못했노라고. 그의 자기소개에는 천국에 들어갈 자격을 얻은 사람들을 향한 부러움과 자신의 운명에 대한 탄식이 적잖이 드러난다. 하지만 상대는 베르길리우스의 사정보다, 이런 문학적 거인과 마주친 것에 감격한다. 몸을 굽혀 시인의 무릎을 껴안는다. 라틴어를 탁월하게 만든, 이탈리아의 영예라고 찬양한다.

그러고는 약간 감정을 추스른 듯, 베르길리우스가 정말 지옥에서 왔는지, 어떤 '수도원'에서 왔는지 묻는다. 베르길리우스는 자신이 림보에 있다가 지옥의 모든 원을 거쳐 여기 왔노라고 답하는데, 림보와 거기 있는 사람들에 대한 꽤 긴 설명이 덧붙는다. 자기가 그곳에 있게 된 것은 어떤 일을 했기 때문이 아니라, 안 했기 때문이라고, 자신은 '높은 태양(그리스도)'에 대해 뒤늦게야 알게 되었노라고. 거기에는 고통이 아니라 탄식이 있을 뿐이며, 세례받기 전에 죽은 어린아이들도 함께 있다고. 그곳에 있는 사람들은 믿음, 소망, 사랑이라는 기독교의 덕은 갖추지 못했지만 다른 덕들은 실천한 이들이라고. 이렇게 자세히 설명하는 데는, 아마도 《신곡》이 나올 때까지 연옥과 림보 개념이 아주 널리 퍼지지는 않았기 때문에, 약간 계도의 목적도 있었던 듯하다.

그러면서 베르길리우스는 본격적 연옥에 얼른 도달할 길을 가르쳐 달라고 청한다. 이에 대한 소르델로의 대답은, 이 여행을 아이네아스의 저승 여행과 유사한 것으로 만들어준다. '우리에겐 정해진 자리가 없다.'라는 것이다. 이 말은 《아이네이스》 6권에서 무사이오스가 하는 말이다. 저승에서 그와 마주친 아이네아스가 자신의 아버지 앙키세스의 행방을 묻자, 무사이오스는 이 말로 대답을 시작했었다. 지금 '두 번째 아이네아스'인 단테가 자신의 '아버지', 존재의 근원을 찾으러 가는 길이니 '두 번째 무사이오스'도 있어야 한다.

하지만 소르델로는 이미 날이 저물어서 위로 올라갈 수 없다고 말한다. 베르길리우스가 밤 여행이 불가능한 이유를 묻자, 소르델로는—아마도 약간 위쪽의—땅바닥에 금을 긋고는 '해 진 뒤로는 이 금조차 넘어설 수 없다.'라고 말한다. 어둠이 의지를 사로잡아 힘을 잃게 한다는 것이다. 그래서 내려가거나 수평으로 돌아다니는 것은 가능하지만 올라갈 수는 없다고. 어쩌면 이런 설정은, 밤의 유혹 속에서 도덕적 발전은 거의 불가능하고 그저 현 수준을 유지하는 것만으로도 벅차다는 뜻일 수도 있겠다.

베르길리우스가 그러면 우리를 즐겁게 머물 만한 곳으로 안내해 달라고 청한다. 성서 내용을 모르는 사람이라면 그냥 지나치겠지만, 사실은 이 부근에 성서의 몇 가지 에피소드가 숨어 있다. 학자들은 소르델로가 땅바닥에 금을 그은 것에서, '간음한 여인' 에피소드를 찾아낸다. 유대교 지도자들이 예수를 시험하기 위해 간음하다 잡힌 여자를 끌고 나타난다. '모세는 그런 여자를 돌로 치라고 했는데, 당신은 뭐라고 할 것이냐?' 그러자 예수께서 '너희 중에 죄 없는 자가 먼저 쳐라.'라고 답하신 후, 몸을 구부려 땅바닥에 뭔가를 쓰신다. 양심에 가책을 느낀 무리가 하나씩 떠나고, 예수께서 몸을 일으켰을 때는 간음한 여인과 둘뿐이었다. 예수께서는 '나도 너를 유죄라 하지 않는다.'라고 말씀하며 여인을 떠나보낸다. 한데 시인 단테가 지금 굳이 이런 장면을 넣은 이유는 무엇인가? 혹시 '베르길리우스여, 나도 당신을 죄인으로 여기지 않습니다.'라는 뜻은 아닐까?

한편 지금 여기서 소르델로가 밤 지낼 곳으로 두 사람을 안내하는 장면에서 학자들은 '엠마오 가는 길' 에피소드를 찾아낸다. 예수의 죽음과 부활 직후의 사건이다. 예수께서 십자가에서 죽으신 후 그의 제자들은 뿔뿔이 흩어지는데, 그중 둘이 엠마오(엠마우스)라는 마을을 향해 가는 중에 어떤 진중한 동행을 만나고, 저녁이 되어 숙소를 찾아 헤어지게 되었을 때, 제자 중 하나가 그분께 같은 데 유숙하자고 청하는 대목이다. (그 제자들은 식사 자리에서 예수께서 축사하는 순간에야 동행자의 정체를 알아차리게 된다.) 그 사건을 현재의 상황과 맞춰보면, 이번에 예수의 역할을 하는 이들은 단테, 그리고 누구보다 베르길리우스다. (소르델로와 마주친 이후로 단테는 계속 입을 다물고 있기 때문에, 6~7곡의 주역은 베르길리우스라고 보아야 한다.) 이 두 장면에서 두 인물은 그리스도의 역할을 번갈아 수행하고 있다.

아름다운 계곡에서 왕들을 보다

그들은 산허리가 오목하게 파여 계곡을 이룬 곳에 다다른다. 그곳은 그 어떤 보석보다 아름다운 색채의 풀과 꽃으로 덮여 있고, 향기로 가득하다. 연옥산의 위아래가 서로 상응하게 구성되어 있어서, 위쪽의 에덴 동산과 짝이 맞게끔 이렇게 조성된 셈이다. 그곳에 머무는 영혼들은 저녁기도(만과, vespers) 시간에 부르는 성가를 부르고 있다. '살베 레기나(salve regina)', 여왕이여 평안하소서! 성모님을 찬양하고 도움을 청하는 노래다. 가사 속에 '이 슬픔의 골짜기'라는 말이 나와서 현재의 상황과 잘 맞는다.

소르델로는 아직 빛이 남아 있는 동안 이곳의 인물들을 소개하겠노라고 말한다. 대체로 13세기 유럽 주요 국가의 군주들이다. 내용도 좀 복잡하고 독자에게 부담스러울 수도 있지만, 단테가 유럽 보편사를 정리하는 중이라고 생각하시기 바란다. 전체적인 흐름은 13세기 지도자들이 그들의 자식보다는 그래도 좀 나은 통치자였다는 것이다.

제일 높은 곳에 앉은 사람은 루돌프 황제로, 6곡에서 단테가 한참 비난했던 알베르트 황제의 아버지다. 그는 자신이 마땅히 할 일을 다하지 못한 것을 후회하는 듯한 표정이지만, 어쩐 일인지 찬송에 참여하지 않고 있다. (시인 단테가 달리 설명하진 않았지만, 그를 쉽게 용서하지 않으려는 모양이다. 루돌프가 아직 본격적인 연옥에 들어갈 준비가 덜 된 듯한 모습으로 그렸다.) 소르델로는 그에게 비판적이다. '그가 치유할 수도 있었던 상처 때문에 이탈리아가 죽었다. 다른 사람이 살려내기엔 이미 늦었다.' (6곡에서 설명한 것처럼, 루돌프의 손자 하인리히 7세가 기대를 모았지만 1313년에 요절하고 만다. 지금 이 구절은 그 이후에 쓰거나 고친 대목일 가능성이 높다.)

한편 루돌프 곁에서 그를 위로하는 듯한 인물은 보헤미아 왕 오토카르다. 이 사람은 원래 루돌프와 싸우다 전사한 인물이다. 연옥에서는 전생의 원수들끼리도 서로 위로한다. 오토카르는 그래도 사치와 게으름에 빠진 그의 아들 벤체슬라우스보다는 나은 것으로 평가받는다. (서기 1300년에 벤체슬라우스는 아직 죽지 않은 상태였다.)

그다음엔 다시 두 사람이 짝지어 소개된다. 나바라 왕이었던 엔리코와 프랑스 왕 필립 3세다. 소르델로가 지금 멀리서 손가락으로 가리키며 설명하니, 외모에 대한 묘사가 들어가는 수밖에 없다. 그래서 엔리코는 '너그러워 보이는 자'로, 필립 3세는 '도망치다 죽은 납작코'로 그려진다. 필립 3세는 아라곤의 페드로 3세에게 패배하여 도주하던 중에 열병으로 죽었다. 이 둘이 함께 묶인 이유는 두 사람이 사돈지간이기 때문이다. 그들은 '프랑스의 악(필립 4세)'의 아비(필립 3세)와 장인(엔리코)이다. 둘 중 하나는 가슴을 치고, 다른 하나는 얼굴을 감싸고 한숨을 쉬고 있다. 필립 4세가 사악하고 더럽게 살고 있어서다. (필립 4세는 1314년 사냥 중에 멧돼지에게 받혀 죽는데, 나중을 위해서인지 시인은 그 사실을 여기서 밝히진 않는다.)

다음은 앞에서도 여러 번 언급된 카를로 단조(앙주의 샤를)와 아라곤 왕 페드로 3세다. 다시 외모 지적이다. 카를로 단조는 '남자다운 코'를 가졌고, 페드로 3세는 '아주 건장해 보인다.' 이 둘은 좋은 후계자를 얻지 못했다. 그들 뒤에 앉아 있는 젊은이가 페드로의 후계자가 되었더라면 좋았을 것을, 현재 권력을 차지한 자들은 그리 뛰어나지 못하다. (원문에는 이름이 나와 있지만 좀 복잡하니 그냥 지나가자.) 여기에 좋은 품성이 후대까지 이어지기는 어렵다는 논평이 나오고, 이는 나중 논의의 씨앗이 된다. 후계자 문제가 있기는 카를로 단조도 마찬가지다. 그의 아들 카를로 2세가 풀리아(이탈리아 남부)와 프로방스에서 폭정을 행하고 있기 때문이다.

여기서 소르델로는 갑자기 군주의 아내 이름을 끌어들여 독자를 혼란시킨다. 카를로 단조의 부인이었던 두 여자 이름을 대면서 그녀들보다 콘스탄차가 남편을 더 자랑스러워한다는 것이다. (즉, 소르델로가 보기에 카를로 단조보다는 페드로 3세가 더 나은 인물이라는 것이다.) 한데 이 콘스탄차는 앞에 3곡에서 마주쳤던 만프레디의 딸이고, 지금 여기 등장해 있는 페드로 3세의 부인이다. 만프레디는 카를로 단조에게 죽었다. 그러니 지금 이 두 군주도 어찌 보면 원수지간인 것이다. (카를로 단조가 페드로 3세의 장인을 죽였다.)

마지막으로 '단순한 삶을 살았던' 영국의 헨리 3세가 혼자 있는 것으로 그려지는데, 그는 다른 이들과 달리 자기보다 나은 후손을 보았단다. 그리고 제일 낮은 곳에는 몬페라토의 굴리엘모 7세가 있는데, 그 때문에 이탈리아 북부에 전쟁이 일어났단다. (그 전쟁에 휘말린 도시 중 하나가 알레산드리아인데, 이 도시는 저 유명한 이집트의 도시가 아니라 현재도 그 이름을 유지하고 있는 이탈리아 도시다.)

제8곡

두 천사가 뱀을 물리치다, 판사 니노와 만나다

앞의 두 곡이 거의 전적으로 베르길리우스에게 바쳐진 데 반해, 제8곡은 거의 전적으로 단테에게 집중하고 있다. 베르길리우스는 침묵하는 가운데 단테가 지인들을 만나 환담하는 것이 이 곡의 내용이다.

두 천사를 보고 니노를 만나다
이제 막 해가 저문 참이다. 그 시간의 분위기를 시인 단테는 고향 떠난 뱃사람, 또는 순례자의 심정을 빌어 묘사한다. 친구들과 이미 작별한 뱃사람이 가슴이 애틋해지고, 순례를 막 떠난 사람이 종소리를 듣고 사랑을 떠올릴 시간이라고. 우리는 앞으로 점차 이 '순례자'가 본향으로 다가가면서 발걸음이 점점 빨라지는 추세를 보게 될 것이다.

한편 여기 그려진 종소리는 '종과(compline)'를 알리는 신호라고 학자들은 말한다. 전체적으로 단테의 연옥 여행은 수도원의 성무일도에 맞춰져 있어서 각 시간에 맞춘 성가와 전례가 자주 등장한다. (성무일도는 해 뜰 때(1시과, prime), 해 질 때(만과, vespers), 그리고 그 사이의 3의 배수 시간(3시과, terce/ 6시과, sext/ 9시과, none)과 해 뜨기 한 시간 전(찬과, lauds), 해 지고 한 시간 후(종과, compline), 한밤중(조과, matins)

으로 나눠 하느님을 찬양하는 것으로 되어 있다.)

소르델로의 설명이 길어지자 순례자 단테도—아마도 독자들처럼—점차 주의가 흩어지기 시작한다. (독자와 등장인물의 정서가 일치하는 것은 《일리아스》 이래로 쓰인 기법이다. 예컨대 아킬레우스를 달래려 아가멤논이 약속한 선물의 '지루한' 목록은, 그것을 듣고 있는 아킬레우스의 '지루함'을 반영한다. 고전 작품을 충분히 읽지 못했을 단테가 이런 기법을 사용하는 것을 보면 천재들은 서로 통하는 모양이다.) 한데 그때 영혼 중 하나가 일어나 동쪽을 바라보며 노래를 선창한다. '빛이 다하기 전에 (당신께 간청합니다.) (te lucis ante terminum)' 종과에 부르는 찬양이다. 제7곡에서 들었던 '여왕이시여, 평안하소서'가 하루를 돌아보는 찬송이라면, 이 노래는 밤을 내다보는 것이다. 밤사이에 육신이 타락하지 않도록 도와주십사 청하는 노래이기 때문이다. 확실히 밤사이에는 이 산에서 아래로 내려가는 것, 혹은 수평 이동만 가능하다는 사실과 잘 맞는다.

이어 모두가 그 노래를 함께 부르는데, 이들의 태도는 누군가를 기다리는 것 같다. 시인 단테는 독자들의 주의를 환기한다, 눈을 날카롭게 뜨고 베일 속을 꿰뚫어보라고. 이 말은 〈지옥편〉 9곡에서 선생님이 단테의 눈을 가리는 장면에서 시인이 우리에게 보냈던 경고 말씀과 거의 같다. 〈지옥편〉과 〈연옥편〉은 (그리고 〈천국편〉도) 평행하게 구성되어, 유사한 위치에서는 유사한 내용이 나온다.

잠시 후 두 명의 천사가 높은 곳에서 내려온다. 불붙은 칼을 들었는데, 칼끝은 날카롭지 않고 뭉툭하다. 녹색 옷에 녹색 날개로 바람을 일으킨다. 소망의 빛깔이다. 천사 중 하나는 단테 일행 가까운 높은 곳에, 다른 하나는 그 맞은편 둔덕에 섰다. 그 천사들의 머리가 금발이라는 것까지는 확인되지만 얼굴은 너무 강한 빛 때문에 알아볼 수 없다. 소르델로가 설명한다. 저 두 천사는 마리아의 품에서 떠나왔다고. 곧 나타날 뱀으로부터 이 계곡을 지키러 온 거라고. 단테는 어느 쪽에서 뱀이 나타날지 몰라 두려움에 선생님 곁에 바짝 붙어 선다. (죄는 어디서나 올 수 있고, 그에 대한 일차 방어선은 지성이다.)

뱀이 얼른 나타나지 않아서인지, 소르델로는 계곡 아래로 더 내려가자고 제안한다. 그때 누군가 단테를 알아보는 듯한 모습이다. 단테의 지인이자 사르데냐의 재판관이었던 니노(Nino)다. 그는 지옥 거의 마지막 구역에서 다른 이의 머리를 뜯어 먹던 우골리노 백작의 외손자다. 우골리노의 친손자들은 탑에 갇혀 굶어 죽었지만, 외손자는 이곳 왕들의 계곡에 머물러 있다. 단테가 그에게 지옥에 있지 않아 다행이라고 인사하자, 니노가 묻는다, '머나먼 바닷물을 지나' 언제 이곳에 왔는지? 그러자 단테는 자신이—연옥행 배를 타고 바다를 지나온 게 아니라—지옥('슬픈 장소')을 거쳐 오늘 아침에 닿았노라고, 사실은 아직 죽지 않았노라고, 이 여행을 통해 더 나은 다른 삶을 얻으려는 참이라고 답한다. 소르델로와 니노는 그 말에 놀라 물러선다. 막 날이 저물었을 때 단테를 처음 보았기 때문에, 소르델로도 단테가 산 사람이란 걸 눈치 채지 못했던 것이다.

니노는 우선 코라도라는 사람을 불러 이 놀라운 발견을 알린다. 그러고는 단테에게 얼른 돌아서서는, 다시 이승으로 돌아가면 딸 조반나에게 알려서 자기를 위해 기도하게 해달라고 청한다. 그러면서 자기가 죽자 금세 재혼한 자신의 아내에 대해 개탄한다. 여자들의 사랑은 쉽게 사그라든다고, 하지만 자기 집안의 문장(갈루라의 수탉)이 새 남편의 문장(밀라노의 독사)보다 더 나으리라고. (학자들은 나중에 이 아내의 묘비에 두 문장이 모두 새겨진 것을 찾아냈다.) 사실 이 구절은 《아이네이스》에서 헤르메스가 아이네아스에게 디도를 버리고 떠나라고 재촉하며 했던 말('여자는 쉽게 변한다')을 바탕에 깔고 있다. 그리고 이 부분이 좀 길어진 이유는, 어쩌면 단테 역시 고향 피렌체에 남은 아내가 어찌 처신할지 다소 걱정이 되어서일 수도 있다.

밤의 세 별과 뱀을 보고, 코라도와 대화하다

그 순간 단테는 하늘로 눈을 돌려 새로 돋기 시작한 별들을 보고 있다. 특히 천구 남극에 가까워서 아주 느리게 움직이는 별들에 주목한다. 세 개의 또렷한 별이 보인다. 베르길리우스는 그것들은 새벽에 보았던 네 개의 별의 자리를 차지하고 있는 것이라고, 그 네 별은 지금 저 아래에 있다고 말한다. 이 세 개의 저녁별은 보통 기독교의 세 가지 덕목, 즉 믿음, 소망, 사랑을 뜻하는 것으로 풀이된다. 밤에는 죄의 유혹이 낮보다 더 커서, 세속적인 네 가지 덕목으로는 부족하기 때문에 지금 이 별들이 대신 나타난 것이다.

그때 소르델로가 '우리의 원수'를 보라며 손가락으로 한 곳을 가리킨다. 작은 계곡이 열린 곳에서 뱀 한 마리가 나타난다. 시인 단테는 그 뱀이 하와에게 선악을 알게 하는 열매를 주었던 놈과 유사하리라고 말한다. 역시 이 계곡은 연옥산 꼭대기의 에덴동산의 복제판이다. 그리고 단테가 이곳을 지나는 것은 인류의 역사를 처음부터 '다시 살기' 위해서고, 자기 작품을 보편사로 만들기 위해서다.

그 뱀은 풀과 꽃 사이로 머리를 쳐들고, 자기 등을 핥는다. 죄의 유혹은 풍요와 미색 사이에 숨어 있고, 죄는 자기만족에서 비롯하기 때문이다. 곧 두 천사가 날아오른다. 너무 빨리 솟구쳐서 단테는 출발 시점을 가늠하기 어려울 지경이다. 어쨌든 그 둘이 날아 닥치는 것을 느낀 뱀은 도망쳐버린다. 천사들은 다시 제자리로 돌아간다. 애초부터 천사의 칼이 뭉툭했던 것은 그들이 진심으로 싸울 생각이 없었기 때문이다. 이들은 밤중에도 신의 은총이 신도들을 죄의 유혹으로부터 지켜준다는 걸 보이기 위해 이곳에 등장한 셈이다.

이제 한바탕 소란이 가라앉자, 조금 전에 준비되었지만 아직 이뤄지지 않은 대화가 이어진다. 니노가 불렀던 인물이 계속 단테를 주시하고 있다가 말을 건넨다. 자기는 코라도 말라스피나라고, 혹시 마그라 계곡 인근의 소식을 알고 있느냐고. 자기는 집안사람('나 자신의 것')에게만 지나치게 애정을 쏟았기에 여기서 그 죄를 씻고 있단다.

단테는 그 고장에 가본 적 없지만 익히 들었고, 말라스피나 집안의 명성도 잘 알고 있다고 답한다. 말라스피나의 고향 마그라 계곡(Val di Magra)은 피렌체 서북쪽에 있는, 이탈리아 서해안을 향해 흘러내려가는 계곡이고, 그의 가문은 사실 훗날 시인 단테에게 큰 호의를 베푸는 집안이다. (당대의 독자들은 단테가 그곳에 가보지 않았노라고 하는 대목에서 피식 웃었을 수도 있겠다.) 단테는 이어서 그 집안이 재산에 있어서도, 귀족의 칼과 관련해서도 명성을 유지할 것이며, 사악한 지도자(아마도 교황 보니파키우스 8세)가 세상을 비틀어도 이 집안은 올바른 길을 가며 악을 경멸할 것이라고 예언한다. 10행 넘게 상당한 분량을 할애해서 큰 찬사를 보낸다. 예술가를 후원하면 이렇게 거의 영원한 칭찬을 보답으로 받을 수 있다.

상대도 단테에게 좋은 미래를 예언해 준다. 태양이 춘분점(양자리)으로 일곱 번 돌아오기 전에 단테의 좋은 뜻이 단테 자신에게 깊은 기억을 심어 주게 되리라는 것이다. 이 말은 단테가 1306년에 이 집안을 방문하여 환대받은 사건을 예언의 형식으로 기록한 것이다.

연옥편 | 제8곡

제9곡

단테의 첫 번째 꿈, 천사가 지키는 문을 통과하다

연옥산에서 처음으로 잠들다

9라는 숫자는 상징적 의미가 크다. 9를 지나면 단위가 달라지기 때문이다. 《신곡》의 어느 편이든 제9곡에서는 순례자 단테가 어떤 경계를 넘어서는 것으로 되어 있다. 〈지옥편〉 9곡에서는 천사가 디스의 성문을 열어주어 여행을 계속할 수 있었다. 〈천국편〉 9곡에서는 지구의 그림자가 드리운 마지막 하늘(금성천)을 지나게 된다. 지금 우리가 보고 있는 〈연옥편〉 제9곡에서는 단테가 연옥산에서의 첫 잠과 첫 꿈, 첫 깨어남을 겪게 된다.

이제 단테가 있는 곳은 밤이 깊어간다. 그 시간을 표시하기 위해 시인은 별자리를 이용하는데, 독자로서는 좀 따라가기 어려운 방식이다. 새벽(티토노스의 애인)이 동쪽에 빛나고, 그녀의 앞(이마)에 전갈자리가 반짝이고 있다고 되어 있다. '어? 밤은 그냥 건너뛰고 벌써 새벽이 되었다는 뜻인가?' 하는 의문이 생기는 순간이다. 더구나 그다음 문장에 '그리고 우리가 있던 곳에서는 밤이 세 걸음을 마치려는 참'이라고 되어 있어서 더욱 혼란이 생긴다. 방금 새벽이라더니, 밤 9시쯤이라고? 혹시 새벽에 대한 언급은 예루살렘을 기준으로 하는 말일까? 하지만 그러면 우선 '전갈자리'가 문제다. 지금 춘분을 막 지난 시점이기 때문에 태양도, 새벽도 양자리 부근에 있어야 하는데, 전갈자리는 그 반대쪽 천칭자리 곁에 있기 때문이다. 게다가 연옥산이 밤 9시라면 예루살렘은 아침 9시이니 새벽 운운하는 게 어색하다.

 한 가지 해결책은 여기 나온 '새벽'이 '해 뜨기 직전(Sun-Dawn)'이 아니라, '달 뜨기 직전(Moon-Dawn)'이라고 보는 것이다. 지금 막 보름날이 지난 시점이기 때문에 달은 태양과 마주 보는 천칭자리 부근에 머물러 있다. 따라서 그다음의 전갈자리 곁이다. 하지만 '새벽'이란 말을 그런 식으로 사용한—단테 말고라도— 다른 사례가 있는지 확실치 않다. 혹시 단테가 '엔뒤미온의 애인'(달)이라고 하려다가 실수로 '티토노스의 애인(새벽)이라고 쓴 것은 아닌가 모르겠다. 어쨌든 학자들도 난처해하는 대목이다.

 이제 육체를 지닌 단테는 졸음에 겹다. 사실 그는 금요일 저녁부터 한잠도 자지 못한 상태다. 그는 베르길리우스와 소르델로, 니노와 코라도에게 에워싸인 채 잠들고 만다.

단테의 첫 번째 꿈

이제 제비가 지저귀기 시작할 시간이고, '우리의 지성이 예언자같이 환싱을 보는' 시간이나. (옛날부터 초저녁 꿈은 거짓된 꿈이고, 새벽꿈은 진실한 꿈으로 알려져 있다.) 단테는 꿈 속에 자신이—제우스의 애인이 된 미소년—가뉘메데스처럼 독수리에게 붙잡혀 가는 것을 본다. 독수리가 그를 데리고 태양을 향해 너무나 가까이 다가가서, 그는 불타는 듯한 열기를 느낀다. 그 순간에 잠에서 깬 단테는 어리둥절하다. 자신이 잠들었던 곳이 아닌 다른 곳에 와 있는 데다가, 곁에는 다른 사람 없이 베르길리우스 한 분뿐이다.

  여기서 단테는 자신의 어리둥절함을, 어린 아킬레우스가 케이론과 함께 잠들었다가 깨어보니 그 사이에 자기 어머니 테티스가 스퀴로스섬에 데려다 놓아서 놀라는 것과 비교하고 있다. 단테는 '두 번째 아킬레우스'다. 우리는 곧 '테티스'에 해당되는 분에 대해 듣게 될 것이다. 하지만 아킬레우스는 결국 오뒷세우스에게 신분을 들켜서 트로이아 전쟁터로 가게 되고 거기서 죽는 반면, 이 '두 번째 아킬레우스'는 행복하게 천국에 이르게 될 것이다. 이처럼 고전 작품을 인용하는 경우에는 늘 패턴이 있다. '고전적 비극, 기독교적 희극'이라는 원칙이다. 희랍과 로마 고전에서 비극으로 끝난 것과 유사한 사건이 《신곡》에서도 벌어지지만, 결국 행복한 결말에 당도한다는 것이다. 그리고 단테가 아킬레우스 이야기를 이렇게 잘 아는 이유는 그가 로마 시인 스타티우스의 《아킬레이스》를 읽었기 때문이다. 우리는 그 스타티우스를 연옥산 중턱에서 만나게 될 것이다(제21곡).

  단테가 깨어났을 때는 이미 해 뜬 지 두 시간 이상 된 참이었다. 베르길리우스는 그가 잠든 사이에 있었던 일을 설명한다. 새벽에 루치아 성녀께서 찾아와서는 단테의 여행을 수월하게 만들어주겠노라고 그를 안아 옮겼다는 것이다. 그러고는 본격적 연옥의 입구를 가르쳐주고는 사라졌는데, 곧 이어 단테가 깨어났다는 것이다. 그러니까 단테가 '독수리'라고 생각했던 존재는 루치아 성녀였고, 그가 태양 가까이 갔다고 느낀 것은 이미 해가 떠서 그의 위에 내리쬐고 있어서였던 것이다. 그리고 무의식중에도 그는 자신이 하늘로, 하느님의 사랑을 받아, 하느님께로 간다는 것을 느끼고 있어서 자신을 가뉘메데스로 여겼던 것이다.

천사가 지키는 문을 통과하다

처음 잠에서 깨었을 때 두려움에 사로잡혔던 단테는 이제 확신을 갖고 연옥문을 향해 나아간다. 그 문은 마치 벽이 갈라진 틈인 양 좁고, 그 앞에는 과묵한 문지기가 앉아 있다. 문짝도 지킴이도 없이 활짝 열려 있어서 너무나도 쉽게 들어갈 수 있었던 지옥문과는 전혀 딴판이다. 문 앞에 앉은 천사는 칼을 뽑아 들고 있는데, 그 빛이 너무나 강렬해서 그쪽으로는 눈길도 향하기 어렵다. 천사는 단테 일행에게 답하기를 명한다. 무엇을 원하는지, 호위자가 있는지. 그러면서 경고를 덧붙인다, 올라가는 것이 해가 될 수도 있다고. 그러자 베르길리우스가 답한다. '하늘의 여인'께서 이쪽에 문이 있다고 가르쳐 주셨노라고. 그러자 문지기 천사의 태도가 누그러져서 앞으로 나아오기를 명한다.

   문 앞에는 계단이 세 층으로 놓여 있다. 맨 아래 칸은 하얗고 맑아서 제 모습이 그대로 비친다. 그다음 칸은 검고 거칠고 메마른 돌로 되어 있고 온통 금이 가 있다. 맨 위 칸은 피처럼 붉은 돌로 되어 있다. 학자들은 이 세 가지 색깔의 의미를 여러 가지로 추정하는데, 가장 설득력 있는 설명은 이렇다. 첫 칸은 '인간이 처음 창조되었을 때의 죄 없는 상태', 둘째 칸은 '죄를 지어 검게 물든 상태', 마지막 칸은 '우리 죄를 사하시는 그리스도의 피'를 상징한다는 것이다. 한편 색깔 설명은 잘되지 않지만, 이 세 계단이 고백-통회-죄 갚음이라는 세 단계를 보여준다는 해석도 있다.

   베르길리우스는 세 층의 계단으로 단테를 이끌어 가서는, 문을 열어 달라고 겸손히 청하기를 지시한다. 단테는 그 앞에 경건히 엎드려, 동정을 베풀어 문을 열어주십사 청한다. 그리고 그 전에 먼저 자기 가슴을 세 번 친다. 그러자 천사는 칼을 들어 단테의 이마에 P 자를 일곱 개 그려주며, 안으로 들어가 이 상처들을 씻으라고 명한다. 이 P 자가 무슨 뜻인지를 두고도 여러 해석이 있는데, 가장 좋은 해석은 '죄(peccata)'라는 것이다. 앞으로 단테는 7개의 층을 지나면서 일곱 가지 죄를 씻는 영혼들과 마주칠 것이고, 한 층을 지날 때마다 천사가 그 이마의 P 자를 하나씩 지워줄 것이다. 다른 유력한 해석으로는 '채찍(plaga)', 또는 '참회(penitentia)'라는 주장이 있다.

천사는 잿빛 옷을 입고 있었는데, 그 아래에서 열쇠 두 개를 꺼낸다. 하나는 금, 다른 하나는 은으로 되어 있다. 먼저 은으로 된 열쇠를, 이어서 금 열쇠를 문에 꽂는다. 그러고는 설명한다. 두 열쇠가 모두 돌아야 문이 열린다고, 한 열쇠(아마도 금 열쇠)가 더 귀중하지만 문을 열려면 다른 열쇠의 정교한 재주가 필요하다고. (학자들은 금 열쇠는 '권능'을, 은 열쇠는 '분별'을 상징한다고 본다.) 천사에게 이 열쇠를 맡긴 분은 베드로다. (그러니 결국 예수께서 주신 열쇠다.) 베드로 성인께서 당부하시길, 혹시 잘못 열어주는 한이 있더라도 아예 잠그지는 말라 하셨단다. 그러니까 다소 의구심이 있더라도 천국을 향해 죄를 씻으며 갈 기회는 누구에게나 허락하라는 뜻이다.

천사는 문을 열어주면서 명한다. 뒤돌아보지 말라고, 돌아보면 다시 쫓겨난다고. 이것은 민담에 자주 등장하는 모티프다. 저승을 다녀오는 자는 뒤를 돌아보면 악령에게 쫓기게 된다. (오르페우스가 뒤를 돌아보았다가 자기 아내를 다시 잃은 사건이 가장 유명하다.) 한편 이 명령은 성서와 관련해서도 해석이 가능하다. '쟁기를 잡고 뒤를 돌아보는 자는 천국에 합당치 않다.'라고 하신 예수의 말씀((누가복음) 9장)이 있어서다.

문이 열리면서 엄청난 소음이 일어난다. 시인은 그것을 '메텔루스가 밀려난 뒤에 타르페이아의 신전 문이 열릴 때'의 소음과 비교한다. 이 사건은 카이사르가 루비콘강을 건너 로마로 진격해서 국고를 털 때 있었던 일이다. 다시 '고전적 비극, 기독교적 희극'의 틀로 해석해야 한다. 카이사르의 행위는 개인적 권력욕에서 비롯한 것이지만, 단테의 진입은 신앙의 진보, 영혼의 성장을 위한 것이다.

   단테가 연옥문 안으로 들어서자, 노랫소리가 들린다. '하느님, 우리는 당신을 찬양합니다(Te, Deum laudamus).' 수도원에 신입자를 받을 때 부르던 성가다. 단테는 이제 연옥 수도원의 신입 수련자가 되었다.

연옥 제1층, 겸손의 모범이 새겨진 벽, 오만했던 죄인들

드물게 열리는 문을 통과해 '바늘구멍'으로 나가다

단테가 문 안으로 들어가자 뒤에서 문 닫히는 소리가 들린다. 시인 단테는 자기가 문 쪽으로 눈을 돌렸더라면 그 실수에 대해 핑계를 찾기 어려웠으리라고 말한다. 아마도 순례자 단테는 하마터면 고개 돌려 돌아볼 뻔했던 듯하다. 연옥(즉, 천국의 입구)으로 들어서는 것을 방해하는 요소가 곳곳에 숨어 있고, 자칫 실수하기 쉽다는 뜻이겠다. 여기서 단테가 들어선 문은 '잘못된 사랑(mal amor)'이 굽은 길(via)도 곧은(diritta) 듯 보이도록 만들어서, 드물게만 사용되는 문으로 표현된다. 앞으로 우리는 제14곡에서 이 연옥산의 구조가 '잘못된 사랑'에 맞춰진 것을 보게 될 것이다. 그리고 '굽은 길', '곧은 길'도 의미심장하다. 〈지옥편〉 제1곡에서 단테가 어두운 숲속에 갇힌 것은 '곧은 길을 잃었기' 때문이다.

길은 다시 암벽 사이로 올라간다. 선생님은 약간 요령을 부려서 암벽이 물러선 쪽으로 붙어서 가자고 제안한다. 경사가 가파르니 무턱대고 최단 경로로 가지 말고, 속도는 좀 느리더라도 힘이 덜 들게 지그재그로 올라가자는 뜻이다.

단테 일행이 바위틈을 빠져나왔을 때는, 이제 보름을 지난 지 좀 되어서 약간 이지러진 달이 서쪽으로 진 다음이었다. 그들이 빠져나온 바위 틈은 '바늘구멍'이라고 표현되었다. 예수께서 부자가 천국으로 가기는 낙타가 '바늘구멍'을 빠져나가는 것보다 어렵다고 하신 말씀(《마태복음》 19장)을 상기시키는 구절이다. (이 말씀이 진짜 낙타와 진짜 바늘구멍을 가리킨다면 너무 가혹하다. 이를 좀 완화하는 해석으로, 이 '바늘구멍'은 예루살렘에 있는 어떤 문의 별칭이라는 설, '낙타'가 아니라 '밧줄'이라는 설 등이 있다.)

첫째 둘레길의 조각, 겸손의 모범들
두 사람은 드디어 본격적 연옥의 첫째 층에 닿았다. 이 산은 중간중간 산허리가 깎여서 말하자면 '순환도로'가 7층으로 나 있고, 각 층에 일곱 가지 죄를 씻는 영혼들이 배정되어 있다. 한 층에서 다음 층으로 가는 길은 늘 가파른 바윗길이다. 두 사람이 처음 닿은 곳에서는 아무 영혼도 보이지 않아서, 그들은 어느 쪽으로 가야 하는지 망설인다. 산 중심 쪽으로는 절벽이 높이 솟아 있고, 거기서부터 산 바깥쪽으로 사람 키의 세 배 정도 너비의 평지가 산을 돌아가고 있다. 그 바깥쪽은 낭떠러지다.

산 중심 쪽 절벽은 하얀 대리석으로 되어 있고 놀라운 솜씨의 조각이 새겨져 있다. 단테는 그 솜씨를 '폴뤼클레이토스(기원전 5세기 조각가) 뿐 아니라, 자연도 부끄러워할 만큼 뛰어나다.'라고 평한다. 이미 〈지옥편〉 11곡(고리대금업이 하느님과 자연을 거스른다는 대목)에서 소개한 대로 인간의 기술은 자연을 본받고, 자연은 하느님의 솜씨를 본받는다. 따라서 지금 단테가 마주친 조각은 하느님 자신의 솜씨인 것이다.

조각으로 펼쳐진 이야기 중 첫째 것은 성모님이다. 앞으로 거듭 보게 되겠지만 우리는 각 층에서 따라야 할 모범과, 따르면 안 되는 반대 사례들을 마주칠 텐데, 그런 사례들은 어떤 때는 시각적으로, 어떤 때는 청각적으로 제시된다. 그리고 모범의 첫 사례는 거의 언제나 성모님의 일화다. 또한 많은 경우 이 사례들은 대개 홀수로 구성되어서 기독교/성서 전통 한 번, 희랍/로마 전통 한 번으로 두 전통이 번갈아 나온다. 모범은 기독교적인 사례가 숫자가 더 많게, 반대 사례는 이교도적 사례가 더 많게 짜여 있다. 그리고 아직 분명히 드러나지 않았지만, 단테 일행이 도착한 이 첫째 층은 오만의 죄를 씻는 곳이다. 그래서 오만의 반대인 겸손의 사례가 우리가 따를 모범으로 먼저 제시되는 중이다.

그 첫 장면은 수태고지다. 천사가 성처녀를 향해 인사말을 건넨다. '아베(Ave, 평안하소서)' 마치 그 목소리가 들리는 듯하다. 성처녀의 태도를 보면, 이 인사에 답하여 '보소서, 하느님의 여종(ancilla)입니다.'라고 말하는 것 같이 느껴진다. 이 조각은 너무 생생해서 마치 소리가 들리고, 향기가 전해지는 듯하다.

여기서 천사는 '오랫동안 금지되었던 하늘을 연' 존재라고 표현되었다. 아담이 죄를 지은 이후, 하늘과 그 하늘로 통하는 에덴동산이 인간에게 닫혀 있었기 때문이다. 이제 수태고지 이후 '두 번째 아담'인 예수께서 인간의 몸으로 태어나고, 십자가에 죽으심으로 해서 그 하늘이 다시 열리게 되는 것이다. 성처녀께서 '여종'이라는 단어를 쓴 것도 주목해야 한다. 잠시 후 우리가 따르면 안 되는 오만의 사례들도 보게 될 터인데, 그 배경에 같은 단어가 나오게 될 것이다.

단테가 첫째 조각에 너무 몰입해 있는 것을 본 선생님은 다음 것도 보라며 그를 오른쪽으로 이끈다. 이미 단테의 오른쪽에 서 계시던 선생님께서 방향을 제대로 잡았다. 이들은 앞으로 한 층 올라설 때마다 몸을 오른쪽으로 돌리게 될 것이다. 새로운 층에 막 도착했을 때는 산 중심을 보고 있기 때문에, 거기서 오른쪽으로 몸을 돌리고 전진하면 산 중심 쪽에 왼쪽 어깨를, 바다 쪽으로 오른쪽 어깨를 향한 채로─하늘에서 내려다볼 때─반시계 방향으로 진행하게 된다. 지옥에서 새로운 층으로 내려갈 때마다 왼쪽으로 방향을 돌리던 것과는 반대 상황이다. 이제 단테는 선생님이 서 계신 자리를 지나 더 오른쪽으로 가는데, 학자들은 이 구절에서도 시인 단테가 자신이 베르길리우스를 넘어섰다는 걸 은근히 표현했다고 본다.

다음 사례는 다윗왕이다. 전쟁에서 빼앗겼던 하느님의 거룩한 궤짝이 다시 이스라엘로 돌아오는 것을 보고서 기뻐서 춤을 추고 있다. 궤짝은 황소가 끄는 수레에 실렸는데, 이 모습은 '맡기지 않은 소임을 두려워하도록' 그려졌다고 한다. 이 말은, 길이 험해서 수레가 덜컹거리자 혹시 궤짝이 떨어질세라 웃사(Uzzah)라고 하는 사람이 그 궤짝을 붙잡았다가, 하느님의 노여움을 사서 그 자리에서 죽었다는 얘기를 암시한 것이다. 아니, 하느님을 돕자고 한 일인데, 그런 사람을 죽이다니! 본인은 좋은 의도였을지 몰라도 신의 뜻은 인간이 가늠하기 어렵다. 단테는 '2권 분립'을 주장했던 사람이니, 세속 군주가 종교적인 사안에 간섭하면 안 된다는 뜻으로 이 구절을 넣었을 가능성이 크다.

단테는 그 조각을 보면서 혹시 정말 소리가 들리는 것 아닌지 혹시 정말 향이 느껴지는 것 아닌지 의혹에 사로잡힌다. 자신의 눈은 소리가 들리고 향기가 느껴진다고 주장하고, 자신의 귀와 코는 아니라고 부정한다.

궤짝 앞에서 음악을 연주하며 춤추는 다윗은 '겸손한 〈시편〉 저자'라고 표현되었다. 그의 시적/음악적 재능과 겸손한 성품을 함께 담았다. 한편 궁전의 창문에는 다윗의 아내 미갈(Michal)이 오만하고 경멸하는 모습으로 그려져 있다. 이 미갈은 이스라엘의 첫 번째 왕인 사울의 딸로서 다윗의 아내가 되었다. 그녀는 다윗이 체통을 내려놓고 대중 앞에서 춤추고 노래하는 것을 비웃는다. 그녀가 남편을 비난하며 했던 말이 '왕께서 여종 앞에 알몸을 드러냈다.'라는 것이다(《사무엘하》 6장). 옛날 옷이 좀 허술해서, 이리저리 뛰면서 춤을 추면 옷 속의 맨몸이 더러 보이기도 하는데, 그걸 비판한 것이다. 시인 단테는 미갈이 성처녀와 같은 단어(여종, ancilla)를 사용한 것에 주목했다. (단테는 성 히에로니무스가 번역한 라틴어 성서를 읽었다.) 성처녀는 진심을 담아 순종하는 태도를 드러낸 것이지만, 미갈은 짐짓 자신을 낮추는 듯하면서 내심 군주의(그리고 자신의) 체면을 더 중시한 것이다.

단테는 미갈 뒤쪽의 장면을 보기 위해 계속 오른쪽으로 더 이동한다. 이제 선생님의 재촉 없이도 자신의 힘만으로 발전하기 시작한 셈이다. 그다음에 새겨진 장면은 로마 황제 트라야누스가 한 과부의 청원을 들어주는 이야기다. 트라야누스는 서기 1세기 말부터 2세기 말까지 이어지는 '현명한 다섯 황제 시대'의 둘째 황제다. 단테는 '그의 덕성이 그레고리우스 교황을 움직여 위대한 승리를 거두게 했다.'라고 적고 있는데, 트라야누스보다 약 500년 뒤에 재위했던 그레고리우스 1세께서 죽은 황제를 되살려 세례를 주었다는 얘기다. 우리는 〈천국편〉에서 이 황제를 다시 보게 될 것이다. 기독교 공인 이전의 로마 황제가 천국에 있게 된 것은 바로 이 기적 때문이다.

다시 조각 작품이 전해주는 이야기로 돌아가자. 시인 단테는 이 이야기를 한 편의 연극처럼 그렸다. 황제는 전쟁터로 향하는 중이다. 그의 주위에는 기사들이 빼빼하고 황금독수리 군기가 흔들린다. 황제 앞을 가로막은 여인이 자기 아들의 억울한 죽음을 호소하며 복수해주기를 청한다. 황제는 전쟁에서 돌아오면 해결해 주겠노라고 약속한다. 여인의 대답이 당돌하다. '혹시 돌아오지 못하면 어찌할 것인지?' 옛날에는 우연히 들은 말이 일종의 전조로 여겨졌기 때문에 이런 불길한 언사를 내뱉었다가는 죽임을 당할 수도 있었다. 하지만 황제는 태연하게 '그러면 내 후임자가 처리해줄 것이다.'라고 답한다. 그러자 여인은 '그렇게 되면 그게 어찌 당신의 선행이 되겠습니까?'라는 말로 반박한다. 그래서 결국 황제가 굴복하여 여인의 원한을 풀어준 다음에 전쟁터로 떠났다는 것이다.

사실 조각 작품에서 말소리가 들리지는 않았을 터이니 실제로 이런 대사가 들리는 듯한 것은 순례자 단테가 놀라운 상상력을 지녔기 때문이겠다. 시인 단테도 좀 심했다 싶었는지, 이 조각은 '새로운 것이라곤 전혀 본 적 없는 분(즉 모든 것을 이미 다 보신 분)'께서 만드셨고, 지상에는 없는 새로운 솜씨라고 했다. 혹시 현대의 '움직이는 그림'을 벌써 만드셨던 것일까?

학자들은 단테가 벽에 새겨진 조각을 들여다보는 장면의 바탕에, 《아이네이스》에서 카르타고에 도착한 아이네아스가 헤라 신전의 벽화를 구경하는 장면이 깔려 있다고 본다. 거기엔 트로이아 전쟁 장면이 그려져 있었고 아이네아스는 그것을 보다가 눈물을 흘린다. 하지만 여기서 단테는 조각 솜씨와 그 주제에 기뻐하고 있다. 이 역시 '고전적 비극, 기독교적 희극'의 한 사례다.

오만한 자들은 바위에 목을 눌린다
단테가 겸손의 사례들을 보고 있는 사이에 선생님께서 부르신다. 느리게 움직이는 많은 사람이 있다고, 그들에게 길을 물어보자고. 단테는 그들이 사람이라는 것을 믿지 못한다. 바위가 너무나 짓누르고 그 밑의 사람은 너무나 웅크려 그 둘이 잘 구별되지 않았던 것이다. 시인 단테는 개탄한다. 어리석은 인간들은 자신들이 결국은 나비가 될 것이긴 하지만 아직은 애벌레인데 마음만 벌써 높이 떠 있다고. 그것은 마음의 눈이 멀어서 후퇴를 전진으로 믿는 거라고. 그러면서 지금 돌에 눌린 채 행진하는 자들을 '인간 모양 기둥'에 비유한다. 가장 참을성 있는 사람이라도 눈물 흘리며 더는 못 하겠다고 말하는 듯한 꼴이어서다. 단테는 별달리 설명하지 않지만, 연옥에서도 지옥에서와 마찬가지로 '지은 대로 벌받음(contra passo)'의 원칙이 관철되고 있다. 거만하게 목을 꼿꼿이 세우고 살던 자들은 그 뻣뻣하던 목이 돌에 눌려 강제로 겸손의 자세를 취하게 된 것이다.

제11곡

알도브란데스코, 오데리시, 프로벤차노

오만했던 자들의 기원

"하늘들에 계신 우리 아버지(padre nostro)시여!" 오만의 연옥에 있는 자들이 돌을 짊어지고 가면서 기원한다. 예수께서 가르쳐주신 '주의 기도(Pater Noster)'를 확대 변형한 것이다. 여기서 '하늘들'이라는 복수 형태는 고대와 중세의 하늘 개념을 반영한 표현이다. 하늘이 여러 층으로 나뉘어 있다는 믿음이다. 그래서 희랍어 신약성서에도 복수 형태로 나와 있다.

    한편 오만했던 영혼들은 기도 맨 마지막에 '다만 악에서 구하소서'를 외치고는, 이것이 자신들을 위해서가 아니라 지상에 남은 자들을 위한 기원이라고 밝힌다. 자신들은 이미 연옥에 와 있기 때문에 더는 죄를 지을 가능성이 없기 때문이다. 여기서 시인 단테는 그들이 지상의 우리를 위해 기도하니, 우리도 그들을 기도로 도와야 한다고 역설한다. 우리는 이미 연옥산 아래의 대기자들에게서 그런 요청을 많이 들었다.

    베르길리우스는 그들에게 다음 층으로 올라가는 길을 묻는다. 이런 요청에는 늘 '호의 구하기(petitio benevolentiae)'가 앞에 붙는데, 이번 요청에는 '정의와 자비가 그대들 짐을 벗겨주기를' 기원하는 구절이다.

이 정의와 자비는 연옥산의 두 가지 원칙이다. 한편으로 하느님의 은총과 용서가 주어지지만 그게 공짜는 아니고, 우선 벌을 좀 받아서 하느님의 정의를 채워야 하는 것이다.

누군가가 답하기를 자기들을 따라 '오른쪽으로 가면' 산 사람도 올라갈 수 있는 길이 있다고 말한다. 아직은 이 '오른쪽'이 무슨 뜻인지 분명치 않지만 나중에 보면 산 중심을 보고 바다를 등지고 섰을 때 오른쪽이란 뜻이다. 목이 눌려 고개를 들지 못하는 그 영혼은 자신을 소개한다. 자기 아버지가 굴리엘모 알도브란데스코라고. 그는 집안 혈통과 조상의 업적을 믿고 오만하여, 다른 이들을 경멸하다가 자기 일가를 불행에 빠지게 하고는 자신은 현재 이런 꼴이 되어 있단다. 이제 오만의 무서움을 깨달은 그는 자기 이름을 거의 마지막에야 덧붙인다. 그의 이름은 움베르토다.

오데리시가 예술과 문학, 정치 분야를 돌아보다

그러자 다음 사람이 고개를 간신히 들어 단테를 알아보고 그를 부른다. 그는 세밀화 분야의 달인 오데리시다. 이곳 영혼들과 함께 고개를 숙이고 가던 단테도 그를 돌아본다. 단테의 이런 자세는 자신에게 오만의 성향이 있음을 인정하고 미리 벌을 받기 위해서다. 우리는 앞으로 단테가 자신이 가장 두려워하는 곳은 바로 이 오만의 둘레길이라고 밝히는 걸 보게 될 것이다.

단테가 오데리시의 빼어났던 솜씨를 칭찬하자 그는 말을 가로막는다. "형제여!" 우리는 앞으로 이 표현이 약한 비판의 의미로 사용되는 걸 여러 번 볼 것이다. '그대와 나는 형제나 다름없는데 왜 그런 말을 하느냐?' 하는 뜻이다. 이어서 그는 볼로냐의 프랑코가 자기보다 세밀화 솜씨가 더 낫다고, 자기가 생전에는 교만해서 프랑코에게 불친절했노라고 고백한다. 그나마 아직 더 죄를 지을 수도 있었을 때 하느님께로 돌아서서 이곳에라도 와 있는 것이라고.

그러면서 그는 인간의 영광이 그저 짧은 순간만 지속되는 것을 개탄하고는 미술과 문학 분야에서도 비슷한 경향이 있음을 지적한다. 한때는 치마부에(Cimabue)가 최고의 화가였지만 현재는 조토(Giotto)의 명성이 앞선다고. 한편 시에서는 한 귀도(Guido)가 다른 귀도에게서 영광을 빼앗았고, 그 둘도 다른 시인에게 뒤지게 될 것이라고.

여기 암시된 세 시인이 누구인지는 좀 불분명한데, 처음 영광을 차지했던 이는 귀도 귀니첼리(1276년 사망)고, 그 뒤를 이은 이가 〈지옥편〉 10곡에서 언급된 귀도 카발칸티(1300년 사망), 마지막은 아마도 단테 자신으로 보는 것이 다수설이다. 여기서 발언자는 오데리시로 되어 있지만, 그의 입에 이런 말을 넣어준 것은 시인 단테다. 그러니 독자들로서도 '이거 좀 오만한 거 아닌가?' 하는 의혹을 품게 된다. 오만을 씻는 곳에서 자못 오만하게 자기를 높이고 있으니, 아닌 게 아니라 단테는 나중에 이 둘레길로 다시 오게 될 가능성이 커 보인다. 하지만 시인 단테는 자기 재능을—어디까지나 객관적으로, 어쩔 수 없이—의식하고 있다.

오데리시는 명성은 그저 짧은 순간뿐이고, 설사 천년간 명성을 유지한다 해도 우주의 순환 주기에 비하면 찰나에 불과하다고 선언한다. 그러고는 자기 앞에 밭은 걸음으로 가고 있는 영혼 하나를 지목한다. 한때 그는 시에나의 주인으로 토스카나 전역에서 유명했지만 지금은 아무도 그에 대해 얘기하지 않는다고, 인간의 영광은 그저 풀잎 같다고.

방금 지목된 사람은 프로벤차노 살바니다. 단테는 그가 벌써 여기까지 올라와 있는 것에 놀란다. 살바니는 죽기 직전까지 참회를 미루지 않앉던가! 혹시 누가 기도로 도와준 것인가? 오데리시는 살바니가 자기 친구를 감옥에서 구해내기 위해 수치를 무릅쓰고 길거리에서 모금운동을 했었다고 설명한다. 그러니까 본래 오만한 인간이지만 친구를 위해 오만을 잠시 접어두고 자신을 낮은 자리에 두었기 때문에 다소간 보속이 되었다는 말이다. 그러면서 오데리시는 단테의 운명에 대해서도 한마디 덧붙인다. 살바니가 겪은 감정을 단테 자신도 곧 느끼게 될 것이라고. 이제 곧 단테도 추방과 모멸을 겪을 것이기 때문이다.

제12곡
오만의 사례가 새겨진 바윗길

12곡은 크게 두 부분으로 구성되어 있다. 전반부는 단테가 계속 길을 가다 바닥에 새겨진 조각 작품을 만나서 들여다보는 내용이다. 이 부분에서는 그림 속 일화가 꽤 복잡하기 때문에 설명할 게 많다. 후반부는 단테가 천사를 만나고, 이마에 적힌 P 자 하나가 지워지는 내용이어서 분량에 비해 설명할 것은 적다.

조각으로 새겨진 오만의 사례들

단테는 오데리시 곁에서 '같은 멍에를 함께 진 두 마리 황소처럼' 나란히 길을 간다. 잠시 후 '각자 자신의 배를 저어 가야 한다.'라는 선생님의 말씀에 따라 그와 헤어지고 다시 몸을 일으켰지만, 단테의 마음은 여전히 조금 전처럼 겸손함을 유지한다. 이어서 선생님은 단테의 시선을 발아래로 향하게 한다. 바닥에는 여러 존재의 모습이 새겨져 있다. 이제 오만했던 인물들, 우리가 따르면 안 되는 반대 사례들을 볼 차례다. 이들은 영혼들이 짐을 진 채로 고개 들지 않고도 확인할 수 있게 되어 있다. 겸손의 모범들은 억지로 고개를 들어야만 볼 수 있었다. 겸손은 어렵고 오만은 쉽기 때문이다.

연옥 전체에서 최초로 소개되는 반대 사례는 사탄(루시퍼)이다. 그는 '다른 창조물보다 고귀하게 창조된' 존재지만 하느님께 반란을 일으켰다가 '하늘로부터 번개처럼 아래로 떨어지는' 모습으로 새겨져 있다. 그다음은 브리아레오스다. 그는 팔이 100개인 존재로 제우스에게 저항하다가 벼락에 죽은 것으로 알려져 있다.(이것은 《아이네이스》 10권에 나오는 내용이다. 헤시오도스의 《신들의 계보》에는 반대로 브리아레오스가 제우스를 도운 것으로 되어 있다.) 그다음은 올림포스 신들에게 도전했던 거인들이다. 이들은 사지가 찢겨 있고, 아폴론, 아테네, 아레스가 제우스와 함께 무장한 채로 그들을 내려다보는 것으로 새겨졌다. 한편 그 곁에는 니므롯이 바벨탑 사업이 실패한 것에 당황하여 자기 동료들을 바라보는 장면이 있다.

네 개의 사례는 '성서(사탄)-신화(브리아레오스)-신화(거인들)-성서(니므롯)'의 순서로 소개된다. 그리고 여기 소개된 존재들은 모두 지옥의 제일 깊은 곳과 그 구덩이 둘레에 배치되어 있었다. 시인 단테는 이들이 돌바닥에 새겨진 모습을 무덤의 묘사와 비교하고 있는데, 아닌 게 아니라 지옥은 일종의 무덤이니 비유가 잘 맞아떨어진다. 그리고 네 사례는 각각 3행씩 묘사되는데, 각 단락의 첫 단어는 모두 '나는 보았다(vedea)'이다. 그다음 네 개의 사례는 모두 '오(O)!'로 시작되며, 이어지는 네 사례는 '보여주었다(mostrava)'로 시작되어 이들의 첫 글자만 모으면 '인간(uom)'이 된다. (원래 로마에서는 대문자 V가 현대의 u와 v 역할을 모두 맡았다.) 우리 인간들의 오만함에 경계를 보내는 사례들이어서다.

다시 단테가 마주친 바다 조각들로 돌아가자. 그다음 네 사례는 주인공을 불러 개탄하는 식으로 '오!'로 시작된다. 첫 사례는 니오베다. 그녀는 일곱 아들과 일곱 딸이 죽은 것을 슬프게 보고 있다. 이 여성은 자기가 레토만큼 훌륭한 자식이 일곱씩이나 있으니, 여신보다 7배 더 행복하다고 자랑했다가, 아들은 모두 아폴론이 활로 쏘아 죽이고, 딸은 모두 아르테미스가 쏘아 죽였다. 두 번째 사례는 이스라엘의 첫 왕이었던 사울이다. 그는 여러 무리한 행동으로 신의 은총을 잃고 결국 전투에 패하여 자기 칼로 자결했다. 그다음은 직물 짜는 솜씨를 자랑하며 아테네에게 도전했다가 거미로 변한 아라크네다. 마지막은 솔로몬의 아들인 유대 왕 르호보암이다. 그는 젊은 동료들의 말만 듣고 백성들에게 가혹한 세금을 물렸다가 나라의 80퍼센트 가까이를 잃었다. 그는 현재 겁에 질려 마차 타고 도망치는 모습으로 새겨져 있다. 이 넷은 '신화(니오베)-성서(사울)-신화(아라크네)-성서(르호보암)'의 순서로 소개되었다. 이 가운데 니오베 이야기와 아라크네 이야기는 오비디우스의 《변신 이야기》에서 빌려온 것이다.

이어서 다시 네 개의 사례가 묶여 소개된다. 첫째는 암피아라오스의 아들 알크마이온이다. 이미 〈지옥편〉 20곡에서 보았지만, 암피아라오스는 오이디푸스의 두 아들이 권력을 놓고 서로 싸울 때, 폴뤼네이케스의 편에 가담해서 테바이를 공격했던 영웅이다. 그는 예언자여서 자기들의 원정이 성공하지 못할 것을 알고 있었기 때문에 이 전쟁에 참여하지 않으려 했다. 한데 그의 아내 에리퓔레가 폴뤼네이케스에게서 목걸이를 받고 남편을 전쟁터로 보내버렸다. 암피아라오스는 두 가문이 분쟁하다가 화해하면서 정략결혼을 했는데, 그의 아내가 말하자면 친정과 시댁 두 가문에 모두 속해 있기 때문에, 앞으로 다시 분쟁이 생기면 에리퓔레가 결정하기로 맹세했었다. 그래서 아내의 결정대로 테바이 전쟁에 참여했고, 결국 거기서 죽었다.(전사한 것은 아니고, 땅이 갈라지면서 지하로 사라져버렸다.) 그는 전쟁터로 떠나기 전에 자기 아들에게, 자신이 돌아오지 못할 터이니 어머니를 죽여 복수하라고 미리 일러두었다. 그래서 지금 단테가 보는 이 바닥 조각에, 알크마이온이 '자기 어머니에게 그 장신구가 얼마나 비싼 것인지' 보여주는 참이다. 즉, 문제의 목걸이가 어머니의(그리고 아버지의) 목숨을 대가로 치를 정도로 비싼 것이란 말이다. 여기서 오만한 사람은 알크마이온이 아니라, 그의 어머니 에리퓔레라고 보아야 할 것이다.

그다음 장면은 예루살렘 성전을 약탈하려 했던 앗쉬리아 왕 산헤립이 결국 자기 자식들에게 죽는 모습을 보여준다. 다음으로 맛사게타이족 여왕 토뮈리스가 페르시아 왕 퀴로스의 머리를 피에 담그는 모습을 보여준다. 퀴로스는 기원전 6세기에 근동을 모두 통일하고는 마지막에 맛사게타이족의 나라를 침공했다가 전사했다. 이 묶음의 마지막은, 여성인 유디트가 자기 고향에 쳐들어온 앗쉬리아 장군 홀로페르네스를 목 베어 죽인 사건이다. 이 네 사례는 '신화(알크마이온)-성서(산헤립)-신화(토뮈리스)-성서(유디트)'의 순서로 짜여 있다. (기독교/성서 전통과 다른 신화/고전 소재는 그냥 '신화'라고 하자.)

여기까지 세 묶음의 일화들을 보았는데, 그중 신화적 내용들은 단테에게 크게 영향을 끼친 고전 작품에서 빌려온 것들이다. 첫 묶음의 브리아레오스는 《아이네이스》에서, 둘째 묶음의 니오베와 아라크네는 《변신 이야기》에서 소재를 가져왔다. 한편 방금 본 세 번째 묶음의 알크마이온 이야기는 스타티우스의 《테바이스》에서 빌린 것이다. 서기 1세기 후반에 활동했던 이 시인은 우리가 잠시 후에 직접 만나게 될 것이다(제21곡).

이렇게 도합 12개의 일화를 조각 작품으로 보여준 후, 전체의 마지막에는 트로이아의 멸망이 그려진다. 그것은 재와 폐허가 되어 있다. 단테는 "오!" 하는 감탄사를 넣어, 이 도시를 위해 탄식한다. 그 조각은 트로이아의 낮고 비천한 모습을 보여준다고. 트로이아를 수식하는 전형적인 형용사는 '높은(오만한)'이다. 트로이아의 함락은 《아이네이스》에 자세히 그려져 있기 때문에, 단테는 다시 시인 베르길리우스에게로 돌아온 셈이다. 이 마지막 단락에서는 앞에 반복되었던 세 단어(vedeva, O!, mostrava)를 각 행의 첫 단어로 사용하고 있다.

단테는 다시 그 조각의 솜씨에 경탄한다. 거기서 죽은 자는 죽은 듯했고, 산 자는 산 것 같았다. 시인 단테는 반어적으로 우리에게 경고한다. 계속 잘난 척하면서 고개 뻣뻣이 쳐들고 그냥 지나가라고, 우리가 얼마나 사악한지 고개 숙여 확인할 필요 없다고.

천사를 만나 이마의 표시 하나를 지우다

단테는 바닥에 새겨진 그림을 보면서 꽤 먼 거리를 걸었다. 그가 깊은 생각에서 빠져나왔을 때는 시간도 벌써 많이 흘러 있었다. 선생님께서 이제 그만 고개를 들라고 명하신다. 천사가 다가오고 있다고. 시간은 '여섯째 시녀가 돌아올 때', 즉 해 뜨고 여섯 시간 흐른 정오 무렵이다.

그때 흰옷 입은 천사가 다가온다. 그 얼굴은 새벽별이 떨리는 듯하다. 두 팔과 날개를 펼치고서 '이쪽에 쉽게 올라갈 수 있는 층계가 있다.'라고 말한다. 그러면서 인간은 위로 날아가기 위해 태어났는데, 너무나 약한 바람에 떨어진다고, 여기로 초대받는 자가 너무나 드물다고 개탄한다. (이 구절이 천사의 발언인지, 시인 단테의 탄식인지를 두고 학자들 사이에 논란이 있다.)

천사는 두 사람을 암벽 갈라진 데까지 안내한다. 이어서 날개가 단테의 이마를 스친다. 천사가 가르쳐준 길 역시 상당히 경사진 좁은 바윗길인데, 시인은 그것을 피렌체 남쪽의 교회(산 미니아토 알 몬테) 언덕으로 올라가는 길과 비교하고 있다. 원래는 그 교회 가는 길도 더 가파르게 나 있었는데, 후에 조금 완만하게 고쳤다고. 여기서 단테는 그 공사가 이루어진 때를 '공문서와 잣대가 확실하던 시절'이라고 표현했다. 자기 고향 도시의 타락상에 대한 탄식이 깔린 표현이다.

단테 일행이 그 바위틈으로 들어서는 순간 노랫소리가 들린다. "마음이 가난한 사람은 행복하도다." 앞에 말한 것처럼 단테의 연옥 일정은 한편으로 성무일도에 맞춰져 있고, 다른 한편 예수께서 말씀하신 8복(《마태복음》 5장)에도 맞춰져 있다. 원래는 여덟 가지 복인데, 그것을 단테가 약간 변형해서 일곱 개로 바꾼 것이다. 방금 나온 것은 8복의 첫째 것과 일치한다. '마음이 가난하다'라는 것은 아마도 가난한 사람의 심정을 이해한다는 뜻인 듯하다. 그런 사람은 오만에 빠지지도 않을 것이다.

단테는 이 노래를 들으면서 지옥의 입구에서 들었던 통곡 소리를 떠올리고 두 영역의 차이를 뼈저리게 느낀다. 그러면서 왠지 자신의 몸무게가 가벼워진 것 같은 느낌을 받는다. 선생님께 말씀드리자, 베르길리우스께서는 단테의 이마에서 P 자가 하나 지워졌으며 나머지도 희미해졌노라고 가르쳐 주신다. 앞으로 글자들이 계속 지워질 것이고, 그의 발은 좋은 의지에 사로잡혀 피곤을 느끼지 못할 거라고. (어떤 학자는 단테가 지옥에서는 의지를 교정하고, 연옥에서는 의지를 완성하며, 연옥산 꼭대기부터 지식을 교정하고, 천국에 가서 지식을 완성하는 것으로 도식화하기도 한다.) 그제야 단테는 자기 이마를 손으로 더듬어보고, 거기 새겨졌던 글자 중 하나가 사라진 것을 알게 된다. 그 모습을 보면서 안내자께서 미소 짓는 것이 첫 층의 마지막 장면이다.

연옥 제2층, 질투의 둘레길에서 사랑의 사례를 듣다

13곡도 12곡과 마찬가지로 두 부분으로 이루어졌다. 전반부에서는 질투의 반대인 사랑의 사례를 듣는다. 후반부에서는 질투의 둘레길에서 죄를 씻는 영혼들과 만나 이야기를 나눈다.

질투의 둘레길에서 사랑을 외치는 목소리를 듣다
단테는 연옥산의 다음 층에 도착한다. 전보다 높은 곳으로 올라왔으므로 둘레길 전체의 지름이 줄어서 길이 좀 더 굽어 보인다. 주변에는 아무 표지도 없고 아무 영혼도 없어 보인다. 길이고 벼랑이고 모두 창백한 색깔이다. 학자들은 이 잿빛이 '질투의 색깔'이라고 해석한다.

   어느 쪽으로 가야 하는지 베르길리우스도 난감해하다가 오른쪽으로 몸을 돌리고는 태양을 길잡이로 삼겠노라고 선언한다. 전에도 얘기했지만 오른쪽은 이성의 방향이고, 태양은 그리스도를 상징한다. 이들은 아침에 해를 등지고 동쪽에서 산을 오르기 시작했다. 첫째 층에 도착해서는 오른쪽으로 방향을 잡았다. 정오쯤에 다시 산 중심 쪽을 마주보면서 북쪽에서 산을 올랐고, 지금 다시 오른쪽으로 방향을 돌렸다. (해는 북서쪽에서 비추고 있다.)

1마일 정도 길을 갔을 때, 정령들이 날아 지나가며 '사랑의 식탁'으로 초대하는 말을 전한다. 단테 일행은 지금 질투의 연옥에 도착했으며, 사랑은 질투의 반대이기 때문에 이 목소리들이 '우리가 따라야 할 모범'으로서 사랑을 제시하는 참이다. 첫째 정령은 "저들에게 포도주가 없다."라는 말을 반복하며 지나간다. 모범의 첫 사례는 거의 언제나 성모님이기 때문에, 지금 이 발언도 성모님의 것이다. 예수께서 어머니와 함께 갈릴리 지방 가나(Cana)의 혼인 잔치에 갔을 때 얘기로, 잔치 자리에 포도주가 떨어지자 성모께서 예수님께 뭔가 조치를 취해주라고 청하시는 말씀이다. 이는 타인의 잔치가 망쳐지지 않도록 배려하는 것이니, 질투와는 반대인 사랑의 표현이다. 예수께서는 아직 자신의 때가 오지 않았다고 약간의 반론을 제기하지만, 결국 물을 포도주로 바꾸는 기적으로 이 잔치를 돕는다(《요한복음》 2장).

그 뒤를 이어 둘째 정령이 지나간다. 그의 외침은 "나는 오레스테스다."라는 것이다. 이는 오레스테스의 친우 필라데스의 발언이다. 트로이아 전쟁 때 희랍군 전체를 지휘했던 아가멤논은 전쟁 후 집에 돌아오자마자 자기 부인에게 죽는다. 한데 옛날에 가족이 피살되면 반드시 복수를 해야 하기 때문에, 아가멤논의 아들 오레스테스는 자기 어머니를 죽이는 수밖에 없었다. 그러자 어머니를 죽인 죄 때문에 복수의 여신들에게 쫓기게 되고, 광기에 사로잡힌다. 신의 뜻을 물었더니 흑해 북쪽의 타우리케에 가서 여신상을 훔쳐 오면 광기가 낫는다는 신탁이 내린다. 그것을 훔치러 갔다가 오히려 자신이 붙잡히고, 이방인을 신에게 제물로 바치는 그곳 풍습에 따라 죽임을 당할 처지에 몰린다. 그때 오레스테스와 동행했던 친우가 자신이 오레스테스라고 우기면서 대신 죽기를 청한다. 바로 그 발언을 재현한 것이 방금 정령이 지나가며 외친 소리다. 그러니까 자신만 살겠다는 이기심과 질투가 아니라, 자기희생적 사랑을 보여주는 발언이 우리에게 모범으로 제시된 것이다. (이 일화의 가장 널리 알려진 판본은 에우리피데스의 《타우리케의 이피게네이아》지만, 단테는 이 이야기를 키케로의 《우정에 관하여》에서 읽은 듯하다. 키케로는 로마 작가 파쿠비우스의 작품을 인용했는데, 에우리피데스 판본과는 약간 다르다. 두 친구가 타우리케 왕에게 붙잡히자, 필라데스는 자신이 오레스테스라고 주장한다. 이는 에우리피데스 작품에는 없는 내용이다.)

영문 모르는 단테가 선생님께 그 의미를 묻는 사이에 세 번째 목소리가 지나간다. "너희를 해친 사람을 사랑하라." 이는 원수까지 사랑하라 하신 예수의 말씀(《마태복음》 5장)을 변형한 것이다. 이 세 가지 모범은 '성서-신화-성서'의 순서로 제시되었다.

선생님은 조금 전 단테의 질문에 답하신다. 이 둘레길은 질투를 채찍질하는 곳이며, 그 채찍은 사랑을 꼬아서 만든 것이라고. 여기서 '채찍'은 우리에게 모범으로 주어진 사례들을 가리킨다. 한편 베르길리우스는 '재갈'에 대해서도 덧붙인다. 단테가 '용서의 통로'에 닿기 전에 재갈에 대해서도 듣게 될 것이라고. 여기서 '재갈'은 우리가 따르면 안 되는 반대 사례들을 가리킨다. 그 얘기까지 듣고 나면 단테는 다시 P 자를 하나 지우고(용서받고) 다음 층으로 가는 통로로 들어서게 될 것이다. 이 연옥산을 규제하는 두 원리는 '채찍과 재갈'이다.

시에나 출신 사피아와 이야기를 나누다

그때 베르길리우스는 암벽을 따라 기대어 앉은 사람들을 발견한다. 바위와 똑같이 잿빛 옷을 입었다. 그들은 천사와 성인 들을 불러 외치며 도움을 청하고 있다. "마리아여, 미카엘이여, 베드로여, 모든 성인들이

여!" 다가가서 보니, 그들의 눈은 철사로 꿰매져 있고 몸에는 속죄자들이 걸치는 거친 말총 매듭 옷이 둘려 있다. 단테는 그들을 동정하여 눈물을 흘린다. 한 가지 다행인 것은 이들이 이승에서 하듯 서로를 적대시하기보다는 서로 부축하듯 어깨를 기대고 있다는 점이다.

상대는 자기를 보지 못하는데, 자신만 본다는 게 미안해서 단테가 선생님을 돌아보자, 스승께서는 단테의 마음을 알아채고 질문 던지는 것을 허락한다. 그러고는 혹시나 단테가 절벽으로 떨어질세라 자신이 바깥쪽에서 걸으며 제자를 보호한다.

단테는 그 사람들이 얼른 '양심의 더께를' 벗어던지기를 축원하면서, 혹시 여기 이탈리아 사람이 없는지 묻는다. 그러자 한 사람이 대답한다. "오, 나의 형제여!" 앞에 말했듯 살짝 비판이 담긴 호칭이다. 이어지는 말이 그 의미를 밝혀준다. "우리는 모두가 참된 도시의 시민입니다." 그러니까 이곳의 영혼들은—원래부터, 그리고 지금도—모두 하느님의 나라 시민인데 왜 굳이 생전의 고향을 따지느냐는 것이다. 오히려 이승에 살 때는 '시민' 신분이 아니라 일시적인 '순례자'였다고.

단테는 그에게 다가가 이름과 고향을 묻는다. 상대는 '현명하다'라는 뜻을 지닌 이름, 사피아(Sapia)다. 그 여성은 자기가 잘되는 것보다 남이 불행해지는 것을 더 즐거워했었단다. 그녀가 들려주는 자신의 가장 큰 질투 사례는 자기 고향 사람들이 전투에서 패한 것을 즐긴 일이다. 자세한 사연은 나오지 않지만 그녀는 자기 고향이 미웠던 모양이다. 피렌체의 교황파와 시에나의 황제파 사이에 벌어졌던 콜레(Colle) 전투에서 자기 고향 시에나 사람들이 추격당하는 꼴을 보고 더할 수 없는 희열을 느꼈단다. (앞서 오만의 둘레길에서 만났던 프로벤차노 살바니가 바로 이 싸움에서 전사했다.) 더구나 자기는 하느님이 두렵지 않다고 외치기까지 했다고 고백한다. 그렇지만 그녀는 삶이 끝날 무렵 회심했고, '빗 장수 베드로'라는 수사가 기도로 도와주어 벌써 이곳에 와 있노라는 것이다. (시인 단테가 여기서 고향 도시의 패배라는 주제를 도입한 것은 아마 자신에게도 자기를 쫓아낸 고향 피렌체가 잘못되기를 바라는 마음이 있음을 감지하고, 그것을 경계하기 위해서였으리라.)

자기 사연을 들려준 사피아는 단테의 신분을 묻는다. 누구기에 눈도 꿰매이지 않고, 숨도 쉬느냐고. 단테는 얼른 자기도 나중에 이 둘레길을 완전히 피하지는 못하리라고 인정한다. 하지만 그가 질투보다 더 두려워하는 죄는 오만이다. (시인 단테는 자기가 잘난 것을 의식하지 않을 수가 없다.)

사피아는 단테의 안내자가 누구인지도 궁금해한다. 단테는 그 안내자가 자기 곁에 말없이 함께한다고만 답하고, 혹시 자기가 이승으로 돌아왔을 때 해줄 일은 없는지 묻는다. 사피아는 자기 친척들 사이에 자기 이름을 '잘(ben)' 되살려달라고만 청한다. 그녀는 아마도 자기 친척들이 자신이 지옥에 떨어진 걸로 믿고 있다고 생각한 모양이다. 그렇지만 그녀가 마지막에 덧붙인 말이 얄궂다. '그 친척들은 작은 항구(탈라모네)를 구입해서 바다로 나아가려는 헛된 희망을 품고 있다. 그것은 시에나 지하로 흐른다는 강(디아나)을 찾는 작업만큼이나 헛된 일이다. 특히 벌써 제독을 자처하는 자들이 제일 잃을 게 많다.' 이 구절 때문에 사피아가 여전히 질투에 사로잡혀 있다고 보는 학자까지 있지만, 연옥에서 죄를 씻는 영혼이 그러기야 하겠냐는 입장이 더 많다. 시인 단테는 같은 토스카나 사람으로서, 꼭 자기 고향은 아니어도 주변 도시들의 허황한 계획에 일침을 가하고 싶었던 모양이다. 우리는 다음 곡에서 단테의 비판이 이탈리아 중북부 지역 전체를 대상으로 삼는 걸 보게 될 것이다.

연옥편 | 제13곡

제14곡

귀도 델 두카가 여러 도시를 비판하다, 질투의 사례들

귀도 델 두카가 아르노강 주변 도시들을 비난하다

단테가 사피아와 이야기 나누는 것을 주위의 두 영혼이 주목한다. 살아 있는 몸으로 마음대로 돌아다니고 눈도 멀쩡한 이 순례자가 누구인지 의문을 품는다. 둘 중 한 사람(귀도 델 두카)이 동료의 재촉을 받고서 단테에게 질문을 던진다. 어디서 온 누구인지?

단테는 자기 이름이 널리 알려지지 않았으니 말해도 소용없을 거라고 겸양한다. 오만의 둘레길에 배정될 것을 걱정하는 사람답다. 그러면서 자기 고향을 매우 암시적으로 둘러 밝힌다. 아펜니노산맥의 산 이름을 하나 대고, 거기서 나온 시냇물이 토스카나를 관통하여 100마일 정도 흐른 지점 부근이 자기 고향이라고.

두 사람은 단테가 말하는 게 아르노강이라고 제대로 이해했지만, 그가 뭔가 무서운 일이라도 감추듯 둘러말하는 것에 의아해한다. (학자들은 이 장면이 스타티우스의 《테바이스》에서 오이디푸스의 아들이 자기 신분을 얼버무리는 대목에서 빌려온 것이라고 본다.) 귀도는 아르노강의 계곡이 아예 사라져버렸으면 좋겠다며, 그 강을 따라 펼쳐진 도시들을 비판한다. 그의 표현들도 단테의 표현처럼 매우 모호하다. 조금 쉽게 바꾸자면 이렇다. 아펜니노산맥의 가장 높은 지대에서 바다까지 이르는 아르노강의 인근에서는 장소 때문인지, 습성 때문인지 사람에게서 덕이 달아나고, 주민들은 모두 짐승같이 변했다. 처음엔 강이 돼지들 사이를 지나간다(카센티노 계곡, 욕망). 그다음엔 남쪽을 향해 흐르며, 제 힘보다 더 짖어대는 강아지들 사이로 지나간다(아레초, 언쟁). 강은 점점 커지면서 늑대 사이로 지나간다(피렌체, 탐욕). 그 이후에 함정조차도 두려워하지 않는 여우들을 만난다(피사, 기만).

귀도가 동료의 자손에 대해 예언하다

이렇게 각 도시의 특성을 드러내어 그 도시의 악덕을 표현한 다음, 귀도는 자기 동료(리니에르 다 칼볼리)의 자손에 대한 안 좋은 미래를 예언한다. 그 자손은 1303년 피렌체 행정관으로서 단테가 망명하게 되는 계기를 제공하는 인물, 풀치에리 다 칼볼리다. 귀도의 눈에는 그 풀치에리가 '잔혹한 강가에서 늑대들의 사냥꾼'이 되어 공포를 불러일으키는 것이 보인다. (지옥의 맨 밑바닥에서 만났던 우골리노의 꿈과도 유사하다.) 그 손자는 산 자의 고기를 팔고, 더러는 죽이고 자신도 명예를 잃으리라고 예언한다. 그가 망친 숲은 천년 동안 다시 우거지지 못할 것이다. (하지만 시인 단테의 예언과는 달리, 불과 200년 뒤에 피렌체는 이탈리아 르네상스의 선도자가 되었다.)

그 말을 듣던 다른 영혼이 당황하고 낙담하는 것을 보고서 단테가 그들의 신분을 묻는다. 이번에도 귀도가 대답한다. 하지만 먼저 다소 빈정거리는 기색을 감추지 않는다. 단테가 자신은 하지 않으려는 행동을 남에게 요구한다고. 학자들 사이에서는 이 두 사람이 단테의 현상태를 질투하는지 아닌지 의견이 엇갈린다. 하지만 나로서는 그냥, 이들이 다소 짓궂은 데가 있는 개성적 인물이라 보고 싶다. 둘의 성향도 대조적이다. 하나는 나서서 말하기 좋아하고, 다른 하나는 뒤에서 부추길 뿐 본인이 직접 나서지는 않는다. 어찌 보면 〈지옥편〉 10곡의 파리나타와 카발칸티와 유사하다.

귀도는 단테에게 자기 이름을 밝히고, 생전의 자기 악덕도 자인한다. 자기는 남이 즐거운 것을 보면 얼굴이 납빛이 되었었다고, 그래서 이런 수확을 얻었노라고. 그러면서 개탄을 덧붙인다. 사람들은 왜 '타인과 공유할 수 없는 것'에 그토록 집착하는지!

귀도가 로마냐 지역 여러 집안의 쇠락을 탄식하다
귀도는 이어서 자기 동료의 이름을 밝히고는, 그의 후손들은 조상의 가치를 제대로 이어받지 못했다고 평가한다. 이 평가는 귀도의 두 번째 개탄으로 이어진다. 이번에는 아르노강이 지나가는 토스카나와는 산맥을 사이에 두고 동쪽에 펼쳐진 지역 로마냐의 가문들이다.

먼저 그 지역의 동서남북 경계들을 강과 산, 바다로 획정한다. 유명하던 가문을 곡식밭에 비유하여, 이제 독초가 가득하여 경작이 불가능해졌다고 탄식한다. 또한 옛 위인들의 이름을 나열한다(우리에겐 별로 알려지지 않은 인물들이어서 다 따라갈 수 없다.). 크고 작은 도시와 마을들의 이름, 그 소읍들을 주도하던 가문들의 이름이 빼곡하게 나온다. 그들은 고결한 줄기였지만 거기서 나온 후손은 잡풀에 불과하다. 사랑과 예절이 그 조상들을 고취하여, 노고로써 편안함을 일구었지만 그 후손들은 사악해져 버렸다. 후손이 없는 집안은 오히려 복 받은 셈이다. 악한 후손을 낳은 집안은 곤경에 빠져버렸다. 대가 끊기는 가문은 행운이다. 악도 끊어질 것이기 때문이다.

약 30행에 걸쳐 인명과 지명이 빽빽한 목록을 읊은 후에, 귀도는 단테에게 떠나달라고 청한다. 스스로 울고 싶어졌기 때문이다. 단테는 처음에 택한 방향으로 계속 진행하는데, 조금 전 이야기를 나눈 영혼들이 반대하지 않는 것으로 보아 그 방향이 옳다는 확신을 품게 된다.

정령들이 질투의 사례들을 외치다

두 사람을 향해 마주 달려오는 목소리가 있다. 천둥 치듯 외치고 사라진다. "누구든 마주치는 사람이 나를 죽일 것입니다." 이것은 자기 형제 아벨을 죽인 최초의 살인자 카인이 했던 말이다. 그는 하느님께서 자기가 바친 제물은 받지 않고 아벨의 것만 받은 데 분개하여 형제를 죽였다. 구약성서 〈창세기〉에 나오는 일화다.

이어 천둥 같은 다른 목소리가 다가온다. "나는 돌로 변한 아글라우로스다." 아글라우로스는 자기 자매 헤르세가 헤르메스의 사랑을 받는 것을 질투하여 길을 가로막다가 돌로 변한 여자다. 오비디우스의 《변신이야기》에 소개된 일화다. 아글라우로스가 자기 자매를 질투한 것은 카인이 자기 형제를 질투한 것과 대구를 이룬다.

단테는 방금 들은 게 무슨 의미인지 묻고자 선생님께로 다가선다. 베르길리우스는 그 말씀들이 일종의 '재갈'이어서 우리를 그 한계 안에 머물게 하는 것이라고 설명한다. 하지만 인간들이 낚시의 미끼를 물듯이 악의 유혹에 넘어간다고, 굴레나 박차도 모두 소용없다고 탄식한다. 14곡에는 농경의 비유와 더불어 짐승 비유가 아주 많이 사용되고 있다. 대체로 말 다루는 장치들이 언급되었지만, 어떤 학자는 매사냥 비유로 해석하기도 한다. (매를 길들일 때도 처음에 눈을 꿰맨다고 한다.)

베르길리우스의 맺음말은, 하늘이 주위를 돌며 영원한 아름다움을 보여주는데 인간들의 눈은 그저 땅으로만 향했다는 탄식이다. 이 발언은 다음 곡의 이미지로 이어진다. (베르길리우스의 말씀은, 하늘의 운동은 모든 층이 똑같지 않지만 그럼에도 신적인 아름다움을 보여준다는 의미인 듯하다. 위의 두 질투 사례는 신의 '편애', 또는 운명의 '불공평함'을 받아들이지 못한 것이라 할 수 있다. 하지만 우리에게는 하늘의 각 층처럼 저마다의 몫이 있으니, 그것에 만족하고 거기서 자기만의 기쁨을 찾아야 한다.)

질투의 본성, 단테가 용서의 사례를 환상으로 보다

눈부신 천사를 만나고 다음 층으로 올라가다

15곡의 첫 구절은 '언제나 아이처럼 즐겁게 놀이하는 둥근 하늘'이다. 그 하늘에서 해는 서쪽 수평선까지 세 시간 거리(45도)만큼 떨어져 있다. 단테 일행은 연옥산의 북쪽 테두리를 반시계 방향으로 돌고 있기 때문에 이제 뉘엿뉘엿 기울어가는 해를 마주 보면서 가고 있다. 그러다가 단테는 태양보다 더 밝은 빛이 자기 이마를 누르는 것을 느낀다. 단테는 손으로 차양을 만들어 그 빛을 막아보려 애쓴다. 하지만 마치 거울에 반사되는 강한 빛을 받는 것 같다. (이 천사는 하느님의 빛을 반사하는 '거울'이다. 사실은 우리 모두가 하느님의 사랑을 받아 다른 이에게 되비추는 '거울'들이다.) 선생님은 그 빛이 자기들을 더 위로 올려보내기 위해 오는 전사라고 가르쳐준다. 곧 그 빛이 즐거움이 될 것이라고.

이 부분에 살짝 입사각과 반사각이 같다는 광학 지식이 삽입되어 있어서 독자를 어리둥절하게 한다. 사실은 조금 전에 시간을 표현할 때도, 현재 태양과 서쪽 사이의 거리가 '아침 9시에 동쪽과 태양 사이 거리만큼'이라고 했다. 말하자면 자오선을 중심으로 동서로 45도씩 떨어진 두 개의 시간대를 대비함으로써 빛이 거울에 반사되는 모양을 우주적으로 보여주었다. 이 이미지는 질투의 반대인 사랑에도 걸맞고(우리는 하느님의 사랑을 반사한다.), 앞으로 만날 분노의 둘레길과도 연관된다. 분노는 전통적으로 '해를 입은 만큼 갚아주려는 마음'이기 때문이다. 악에는 악으로 반사하는 것이다.

천사는 부드러운 목소리로 덜 가파른 계단이 있는 곳을 가르쳐준다. 두 사람이 그 계단 길로 들어서자, 뒤에서 천사가 노래한다. "타인을 불쌍히 여기는 자는 행복하도다." "승리한 그대 기뻐하라." 앞의 말은 예수께서 언급하신 여덟 가지 복 중 하나다. 타인에 대해 동정심을 갖는 이(긍휼히 여기는 자, 자비를 베푸는 자)는 자신도 신의 동정을 받게 된다는 것이다. 뒤의 구절은 단테가 질투라는 죄를 씻은 것을 축하하는 뜻으로, 이런 사람은 천국에서 상을 받는다는 〈마태복음〉 5장 말씀을 덧붙인 것으로 보인다. 분명 여기서 천사가 P 자를 또 하나 지워줬을 텐데, 시인 단테는 그 장면을 건너뛰고 그냥 지나간다.

우리가 진정으로 바라야 할 것

다음 층까지 올라가는 데는 시간이 걸리므로, 단테는 조금 전 두 사람과의 대화에서 생긴 의문을 해소하고자 한다. 귀도가 '공유가 금지된 것'이란 표현을 사용했는데, 그 말이 무슨 뜻인지 물은 것이다. 베르길리우스의 설명은 이러하다. 귀도가 그런 말을 한 것은 우리로 하여금 자기처럼 질투의 죄인이 되지 말라는 의도에서였다. 즉 '나누면 몫이 줄어드는 것'에 욕망을 두지 말라는 것이다. 그러니까 욕망의 대상 중에는 남과 공유해도 몫이 줄어들지 않는 게 있고, 공유가 아예 불가능하거나 대상을 쪼개어 조금씩 나눠 갖는 수밖에 없는 게 있는데, 사람들은 후자에 더 욕망을 품고 있다는 것이다. (공유가 아예 불가능한 것으로는 일부일

처제에서의 배우자 같은 것이겠고, 나눌 수는 있지만 몫이 줄어드는 것으로는 재산이나 권력 등이 되겠다.) 이런 대상에 욕망을 품으면 남이 더 많이 가질 때 그것을 질투하게 된다. 반면에 우리가 하늘로 눈을 돌리고 은총과 구원을 갈망한다면 이것들은 공유가 가능한 것이고, 여럿이 나눠도 몫이 줄어들지 않는 것이다. 그래서 천국에서는 '내 것'보다는 '우리 것'이라고 말하는 사람이 더 많을수록 각자가 더 많은 선을 소유하게 된다.

단테가 다시 질문한다. 더 많은 사람이 나눠 가질수록 각자가 더 풍부하게 되는 일이 어떻게 가능한 것인지? 다시 베르길리우스가 설명한다. 단테가 이해하지 못하는 건 지상의 사물을 위주로 생각하기 때문이다. 천국의 무한한 선은 사랑을 향해 달려간다. 이는 햇빛이 빛을 반사할 수 있는 물체(거울)를 향해 가는 것과 마찬가지다. 마주친 사랑이 클수록 거기서 다시 발산되는 선도 커진다. 더 많은 사람이 더 크게 사랑할수록 선과 사랑을 서로에게 되돌려주고 그래서 선이 더욱 커진다. (거울이 많을수록 빛이 증폭된다는 주장인데, 신에게서 빛이 무한 공급된다면 물질과 에너지의 보존에 대해 알고 있는 현대인이라도 받아들일 수 있는 논변이다.)

베르길리우스는 나중에 베아트리체가 궁금증을 충분히 풀어주리라며, 단테 이마에 아직 남아 있는 나섯 상처도 얼른 사라지게 하라고 격려한다. 시인은 앞에서 건너뛴 장면(P 자 지우기)을 여기서 보충해 넣었다.

온화함의 모범들

그 사이 두 사람은 다음 층에 도착한다. 단테는 곧장 환상에 사로잡힌다. 지금 도착한 분노의 층에서 우리에게 모범이 되어줄 온화함의 사례들이다.

첫째 환상은 어떤 성전에 사람들이 많이 있고, 한 여인이 어린 아들을 부드럽게 질책하는 장면이다. 부모님이 그 아이를 한참 찾았다고. 이것은 어린 예수님의 일화다. 유대인들의 명절에 온 가족이 예루살렘의 성전을 찾아 참배하고는 집으로 돌아가는데, 아이가 보이지 않는다. 처음에는 그냥 일행 중에 있겠거니 생각하다가 나중까지 만날 수가 없어서, 할 수 없이 아이를 찾으며 성전까지 되짚어갔다. 아이는 성전에서 원로들과 성경에 대해 토론 중이고, 어른들이 아이의 명민함에 감탄하고 있었다. 거기에 나타난 성모께서 아들 예수를 부드럽게 질책하는 것이 방금 단테가 본 모습이다. 설사 야단칠 일이 있더라도 분노를 폭발시켜서는 안 된다는 충고다. 〈누가복음〉에 나오는 일화다. 늘 그렇듯이 모범의 첫 사례는 성모님이다.

그다음 환상은 좀 더 연극적이어서 '대사'가 많다. '배우'는 두 명이다. 한 여인이 분개하여 눈물까지 흘리며 남편을 충동한다. '감히 우리 딸을 껴안은 무례한 인간을 처벌하시오.' 그녀는 페이시스트라토스(기원전 6세기 아테나이의 통치자)의 아내다. 그녀는 자기 남편이 '신들(아테네와 포세이돈)도 차지하려고 싸운 도시, 온갖 학문이 찬란한 도시'의 최고 권력자임을 자랑스럽게 여기고 있다. 한 청년이 그 집 딸을 사랑해서 포옹한 것을 두고 분개하여 엄벌을 주장한다. 그러나 남편은 너그럽고 평온하게 대답한다. '우리 가족을 사랑하는 사람을 처벌한다면, 우리를 미워하는 사람들은 어떻게 대해야 할까?' 페이시스트라토스는 권력을 독점한 참주였기 때문에 그와 그의 가족을 싫어하는 시민도 많았다. 자신을 지지하지 않는 시민까지 포용하고 함께 가야 하는 것이 지도자의 숙명이다. 하물며 호감을 보이는 사람에게 어찌 벌을 내리겠냐는 것이다.

세 번째 환상에는 등장인물이 많다. 분노에 타오르는 사람들이 한 젊은이에게 돌멩이를 던지며 "죽여라."라고 외치고 있다. 하지만 돌을 맞고 있는 젊은이는 하늘로 눈길을 향하고서, 박해자들을 용서해 달라고 기도한다. 이것은 〈사도행전〉에 기록된 '최초의 순교자' 스테판의 일화다.

그 순간 단테가 환상에서 깨어난다. 안내자께서는 단테가 눈을 감고 비틀거리며 반 마일 이상 걸었다고 얘기해 준다. (우리는 연옥산 꼭대기에서 〈요한계시록〉의 저자가 이와 비슷하게 눈을 감고 걷고 있는 것을 보게 될 것이다.) 단테는 자신이 본 것을 말씀드리고 싶다고 하지만, 베르길리우스는 이미 알고 있다고 한다. 그것은 영원한 샘(하느님)에서 흘러나오는 평화의 물을 받아들이게 하는 환상이라고.

이제 두 사람은 석양을 마주 보며 걷는다. 그때 그들에게 밤처럼 검은 연기가 다가온다. 그들은 달리 피할 곳이 없으므로 그 어둠 속에 갇히고 만다.

연옥 제3층, 분노했던 죄인들이 연기 속에 갇히다

16곡은 거의 전적으로 롬바르디아 출신 마르코라는 인물의 발언으로 채워져 있다. 그가 영혼이 처음 생겨나서 욕망을 향해 가는 과정을 설명하는데 약간 따라가기 어렵다. 마르코는 단테의 분신(alter ego)으로 여겨진다.

짙은 어둠에 묻혀 마르코 롬바르도를 만나다

단테는 지금 만난 어둠이 지옥의 어두움보다도, 구름에 가려 별빛 하나 없는 밤보다도 더 두텁다고 전한다. 그뿐만 아니라 이 어둠은 눈을 매우 자극하는, 쓰라리고 거친 털 같은 느낌이어서 눈을 뜰 수조차 없다. 선생님은 단테를 자신의 어깨에 기대게 해주신다. 눈먼 사람처럼 베르길리우스의 선도를 받아 나아가던 단테는, 평화와 동정을 구하는 목소리를 듣는다. "하느님의 어린양이여(Agnus Dei), 우리를 불쌍히 여기소서!" 이렇게 '어린양', '선도' 같은 개념이 나오는 것은, 잠시 후에 목자 역할을 하는 교황과 그의 양 떼가 등장하기 때문이다.

단테는 이것이 영혼들의 목소리인지 묻는다. 선생님은 분노의 매듭을 풀며 가는 영혼들이라고 답하신다. 그때 영혼 하나가 이들의 대화에 끼어든다. 당신들은 누구기에 산 채로 길을 가며 이야기를 나누느냐고. 단테는 그 영혼에게 동행하기를 청한다. 상대는 갈 수 있는 데까지 동행하겠노라고 답한다. 이 둘레 사람들이 죄를 얼른 씻기 위해 검은 연기를 벗어나지 않으려 하기 때문에, 그 연기가 퍼진 범위까지만 함께하겠노라는 말이다. 단테는 자기가 아직 살아 있는('죽음이 풀어버리는 직물에 싸인') 사람이며, 지옥을 거쳐 이곳에 왔노라고, 하느님께서 특별한 방법으로 천국을 보여주려 하신다고 설명한다. 그러면서 상대의 신원을 묻는다. 그러자 상대는 자신이 롬바르디아 출신 마르코라고, 지금은 누구도 거들떠보지 않는 덕을 사랑했었노라고, 단테가 위층으로 올라가려면 지금 가는 길로 똑바로 전진하라고 답한다. 그러면서 나중에 자신을 위해 기도해달라고 청한다.

세상에 덕이 사라진 것은 교황의 권력 독점 때문이다
그러자 단테가 질문을 던진다. 전에도 그런 의문이 있었지만, 방금 마르코의 말을 들으니 묻는 걸 자제할 수가 없다고. 세상에서 덕이 사라지고 악이 충만한 이유가 무엇이냐고.

마르코의 대답은 '형제여!'로 시작한다. 자신들도 지금 어두운 연기 속에 갇혀 있지만, 단테가 사는 세상도 어둠 속이긴 마찬가지여서다. 마르코는 우선 사람들이 모든 일을 필연인 양 하늘 탓으로 돌리는 것을 비판한다. 하지만 정말 그렇다면 자유의지는 사라져버리고, 선에 대해 기뻐하고 악에 대해 탄식하는 게 부당한 일이 되고 만다. 하늘이 인간 영혼에 최초의 움직임을 부여하는 것은 사실이지만, 모든 움직임을 다 규제하는 건 아니다. 한발 양보해서 하늘이 모든 움직임을 다 일으켰다 하더라도, 하늘은 우리에게 선과 악을 구별할 능력과 자유의지를 주었기 때문에, 그것을 잘 기르면 처음에는 천성을 이기기에 좀 벅차더라도 결국에는 모든 것을 이긴다. 우리가 더 큰 힘과 더 나은 본성 밑에 놓이면 더 자유롭게 된다. 하늘이 거기까지 참견하는 건 아니다.

이렇게 먼저 사람들의 잘못된 생각을 지적한 다음, 앞에서부터 차근차근 제대로 된 설명을 제시해 나간다. 하느님은 영혼이 생겨나기도 전에 그것을 사랑하신다. 영혼은 유치하게 울고 웃는 계집아이같이 순진하여 아무것도 모른 채 창조주에 의해 움직여져서 자기를 즐겁게 해주는 것을 향해 돌아선다. ('계집아이'라는 말에 불만을 가질 독자도 있겠지만, 일단 영혼(anima)은 여성형이다. 그리고 이 단어는 15곡 초반에 '사내아이처럼 놀이하는 하늘'이라는 표현에 대구가 된다.) 영혼은 처음엔 아주 사소한 좋음에 이끌리는데, 그때 안내나 재갈이 돌려세우지 않으면 속아서 그 사소한 것을 따라가버린다. 그래서 재갈 역할을 할 수 있는 법이 있어야 하고, 최소한 참된 도시(하느님 나라)의 탑 정도는 분간할 줄 아는 왕이 있어야 한다.

여기서부터 마르코의 주제는 현실 정치로 향한다. 법은 있지만 아무도 관리하지 않는다. 목자가 되새김질은 하지만 발굽이 갈라지지 않았다. (구약성서에는 되새김질하고 발굽이 갈라진 짐승만 먹도록 규정되어 있다.) 여기서 '목자'는 대개 교황을 가리키는 말로 여겨진다. 전통적으로 교황의 지팡이는 위쪽이 소용돌이 모양인데, 목자들이 사용하는 지팡이를 본떠서 그런 것이다. 한편 '발굽이 갈라지지 않았다.'라는 것은 선과 악을 구별할 줄 모른다는 뜻으로 해석된다. 이렇게 지도자가 지상의 선만 추구하는 것을 보고서 속인(양 떼)들도 그런 먹이만 찾아다니는 것이다. 결론적으로 세상을 사악하게 하는 것은 인간 본성이 타락해서가 아니라, 잘못된 통치 때문이다.

여기서 시인 단테는 마르코의 입을 통해 다시 '2권 분립'을 주창한다. 로마가 잘 운영될 때는 두 개의 태양이 있었다고. (흔히 교황파가 주장하듯 '교황은 태양, 황제는 달'이 아니다.) 그런데 지금은 한 태양(교황)이 다른 태양(황제)을 꺼뜨리고, 칼(황제권)을 목자 지팡이에 합쳐 버렸다. 이런 권력 독점은 악을 향해 갈 수밖에 없다. 상호 견제가 없어지기 때문이다. 시인 단테는 벌써 '견제와 균형'이라는 현대 민주주의의 원리를 선취하고 있다.

마르코는 여기까지 일반론을 펼치고는, 좀 더 구체적으로 자기 고향인 롬바르디아의 도덕적 타락을 예로 이용한다. 롬바르디아는 황제 페데리코 2세가 교황파의 반대에 부닥치기 전까지는 예절과 명예가 있었지만, 지금은 부끄러움도 모르는 고장이 되었다고. 그러면서 이 시대를 꾸짖는 노인 셋이 있다고 말한다. 구체적 이름을 대지만 우리로선 잘 모르는 인물들이다. 마르코는 마지막으로 다시 한 번 강조한다. 교회가 두 권력을 한데 섞어서 자신과 임무를 더럽혔다고.

단테는 이제야 이스라엘의 제사장 지파가 따로 땅을 배분받지 못했던 이유를 알겠노라고 말한다. 종교적 제의를 관장한다는 게 벌써 하나의 권력이기 때문에 다른 권력을 더해주지 않았다는 뜻이겠다. 그러면서 세상을 꾸짖는다는 세 노인 중 게라르도라는 분이 누구냐고 묻는다. 그러자 마르코는 토스카나 사람이 어떻게 그를 모를 수 있냐면서, 약간 퉁명스럽게 게라르도가 딸 가이아 때문에 얻은 별명 외에 다른 칭호는 모르겠다고 말한다. 학자들은 마르코가 게라르도에게 '즐거운(gaio)'이란 수식어를 붙여주는 거라며, 대체로 좋은 뜻으로 해석한다. 15곡 맨 앞에 나온 '즐겁게 놀이하는 하늘'과 연결되는 해석이다. (아버지는 훌륭하지만 딸은 환락에 빠졌다는 해석도 있다.)

그때 멀리 천사가 보이고, 마르코는 더는 함께하지 못한다며 되돌아가 버린다.

제17곡

분노의 사례들, 연옥의 구조

분노의 사례들을 상상 속에 보다

단테는 짙은 안개에 싸여 있다가 안개가 엷어지면서 태양을 희미하게 보게 되는 것처럼, 어둠을 점차 벗어나서 막 저물려는 해를 보게 된다. 하지만 단테는 곧 상상 속으로 빠져든다. 시인 단테는 그 상상이 어찌나 힘이 강한지 수천 개의 나팔이 주위에서 불어도 깨닫지 못할 정도였다고 적고 있다.

단테가 상상 속에 본 첫 모습은 '노래하는 것을 가장 즐기는 새(나이팅게일)로 변한 여인의 잔인함'이다. 이 일화는 《변신 이야기》에 나오는 것으로 프로크네와 필로멜라 이야기다. 희랍 북부의 트라케 왕인 테레우스와 결혼한 아테나이 공주 프로크네는 자기 동생이 너무나 보고 싶어 남편에게 동생을 데려오게 한다. 테레우스는 처제인 필로멜라를 데려오다가 도중에 겁탈하고 그녀가 혹시 발설할까 두려워 혀를 자르고 숲속의 오두막에 가둔다. 필로멜라는 자기가 당한 일을 직물에 무늬로 짜 넣어 언니에게 전달한다. 언니는 사실을 알고는 동생을 구해내고는 남편에게 복수하기 위해 남편을 꼭 닮은 아들 이튀스를 죽여서 아비에게 먹인다. 남편이 두 여자를 죽이겠다고 칼을 빼어 들고 추격할 때, 도망치던 두 여인과 추격자 남편 모두 새로 변했다고 한다. 시인 단테는 프로크네가 나이팅게일로 변했다는 판본을 따르고 있는데, 필로멜라가 '멜로디를 좋아함'이란 뜻이어서 나이팅게일로 변한 것은 동생이고, 언니는 제비로 변했다는 판본도 있다. 어쨌든 시인 단테는 여기서 남편에 대한 분노 때문에 자식까지 죽이고 자신은 새로 변한 여성을 '따르면 안 되는 사례'로 제시한 것이다.

단테가 본 두 번째 장면은 오만한 표정으로 십자가에 못 박힌 인물 하만이다. 그는 구약성서 〈에스더〉에 나오는 인물로 페르시아의 대신이다. 그는 유대인인 모르드개가 자신에게 충분히 존경을 표하지 않았다고 앙심을 품고서 유대인을 모두 죽이려 획책하다가, 유대 출신 왕비 에스더의 탄원에 움직인 아하수에로스왕에 의해 처형된다. 그가 매달린 십자가는 원래 모르드개를 처형하려 준비해 놓은 것이었다.

단테가 본 세 번째 환상은 《아이네이스》의 한 장면이다. 라티움의 공주 라비니아가 자기 어머니 아마타의 자결을 애곡하는 모습이다. 아마타는 자기 딸을 투르누스와 결혼시키고자 했지만, 라티누스왕이 아이네아스와의 혼인을 추진하자 그것에 극렬히 반대하고, 마지막엔 투르누스가 전사한 줄 알고 스스로 목숨을 끊는다. 이렇듯 분노는 자신까지도 죽이는 것이다.

천사의 안내를 받아 태만의 둘레길로 오르다

이때 단테의 눈에 예전에 경험해 보지 못한 강한 빛이 비치고, 그는 상상에서 깨어난다. 단테는 잠에서 깨어난 사람처럼 자기가 어디 있는지 알고자 애를 쓰는데, '이쪽에 올라가는 길이 있다.' 하는 목소리가 들린다. 단테는 이번에는 그 목소리의 주인공이 누군지 눈으로 확인하고 싶은 욕망에 사로잡히지만, 마치 태양이 빛으로 스스로를 가리듯 상대도 빛 속에 가려져 있다. 베르길리우스는 천사가 자발적으로 위로 올라가는 통로를 가르쳐 주었노라고 설명한다. 단테가 계단으로 한 걸음 올라서자, 천사는 날개를 움직여 단테의 얼굴을 스치며 외친다. "사악한 분노 없이 평화를 이루는 자는 복이 있도다."

이제 해는 지고 별들이 보이기 시작한다. 단테는 계단이 끝나고 다음 층이 시작되는 곳에 다다라 있다. 그는 다리에서 힘이 빠져나가는 것을 느낀다. 주변에서 혹시 어떤 소리라도 들릴까 귀를 기울이다가 선생님께 묻는다. 이곳은 어떤 죄를 씻는 곳인지.

베르길리우스는 일단 지금 막 도착한 둘레길의 역할을 밝힌다. 여기는 선에 대한 사랑이 합당한 정도까지 이르지 못했던 것을 채우는 둘레길이다. 즉, 하느님에 대한 사랑이 충분치 못했던 사람들이 죄를 씻는 곳이란 말이다.

연옥산의 구조와 그 원리

그런 다음 베르길리우스는 연옥산 전체의 구성 원리를 설명한다. 〈연옥편〉 전체 33곡의 딱 한가운데인 17곡에 걸맞은 주제다. 인간이 죄를 짓게 되는 이유는 뜻밖에도 사랑 때문이다. 창조주에게나 피조물에게나 사랑이 없었던 적은 없다. 그 사랑은 자연적인 것이거나 정신에서 나온 것이다. 자연적인 사랑에는 오류가 없지만, 정신에서 나온 사랑은 잘못될 수 있는데, 이는 그릇된 대상으로 향한 경우거나, 정도가 지나친 경우, 혹은 모자란 경우다. 사랑이 일차적인 선(하느님)으로 향하고, 이차적인 선에 대해서 절제하면 문제가 생기지 않는다. 반면에 대상을 잘못 잡거나(악을 지향하거나), 아니면 대상은 제대로 잡았지만 그 정도가 지나치거나 부족하면 죄가 생긴다. 따라서 덕의 씨앗도 사랑이고, 악습의 씨앗도 사랑이다.

먼저 대상을 잘못 잡은 경우, 즉 악(나쁜 것)을 원하는 경우를 살펴본다. 누가 나쁜 일을 원한다면 그 나쁜 일을 당할 존재는 셋뿐이다. 즉, 자기 자신이거나 타인이거나 아니면 창조주다. 한데 누구도 자신을 증오하지 않는다. 그리고 피조물은 창조주를 미워할 수 없다. 따라서 누가 나쁜 것을 원한다면, 그것은 자신도 창조주도 아닌 타인에게 그런 일이 생기기를 원하는 것이다. 이렇게 타인에게 안 좋은 일이 일어나기를 원하는 마음은 세 가지 방식으로 나타난다. 첫째, 타인의 낮음을 통해 내가 높아지기를 원하는 마음(오만), 둘째, 자기가 추월당했을 때 상대의 추락을 바라는 마음(질투), 셋째, 자신이 부당하게 해를 입었다고 생각해서 복수하고 싶은 욕망(분노). 이 세 가지 사랑(욕망)은 이미 지나온 세 개의 둘레길에서 벌받는 것을 보았다.

다음으로 대상은 옳지만 사랑의 방식과 정도가 잘못된 네 가지 경우를 설명한다. 우선 영혼에 평화를 주는 선(하느님)을 어설프게나마 인식하고 그것을 지향하긴 하는데, 그 정도가 약했던 경우(태만) 지금 도착한 둘레길에서 죄를 씻는다. 그 위의 세 층은 이차적인 선에 지나치게 몰입한 죄를 씻는 곳이다. 이런 이차적인 선들은 인간을 참으로 행복하게 만들어주는 게 아니다. 그와 대비되는 일차적인 선은 참으로 좋은 것이고, 행복 자체여서 우리를 행복하게 한다. 그것은 다른 선의 근원(뿌리)이자, 목적(열매)이다. (단테가 여기서 소개하는 일차적인 선은 플라톤의 '선의 이데아'와 아리스토텔레스의 최종적 선인 행복 개념을 합친 것이다.)

베르길리우스는 이차적 선에 몰입한 죄 세 가지가 어떻게 나뉘는지 앞으로 만날 둘레길에서 단테 스스로 알아보라고 말한다. 미리 말하자면 그 세 가지는 탐욕(돈에 대한 욕망), 식탐, 음란이다. 돈과 음식, 성적인 활동은 우리가 삶을 이어가자면 꼭 있어야 하는 것이니 그에 대한 욕구를 완전히 없앨 수는 없지만, 그 정도가 지나치면 죄가 되는 것이다.

연옥 제4층, 사랑의 본성, 태만했던 자들

18곡은 두 부분으로 나뉜다. 앞부분은 17곡에 이어 연옥산의 구조와 연관된 문제, 즉 사랑의 본성 문제를 다룬다. 뒷부분은 태만의 둘레길에서 벌받는 사람들과의 만남을 그린다.

사랑의 본성
설명을 마친 선생님은 단테가 만족하는지 살핀다. 단테는 내심 더 묻고 싶은 게 있지만 선생님을 너무 괴롭히는 것 같아 처음엔 망설인다. 선생님께서 눈치 채고 다시 기회를 허락한다. 단테는 사랑이란 대체 어떤 것이기에 선행과 악행의 근원이 되는지 묻는다. 베르길리우스는 지성을 집중하라고, 그러면 인도자를 자처하는 소경들의 오류가 드러나리라며 설명을 시작한다.

인간의 마음(animo)은 무엇이건 얼른 사랑하게 만들어졌다. 이 마음을 활동하게 만드는 것은 즐거움이다. 즐거움이 끌어당기면 마음은 자기가 좋아하는 것을 향해 움직인다. 이때 우리 인식능력은 대상에서 영상을 끌어내어 마음이 그 대상을 향해 돌아설 때까지 계속 영상을 확대한다. (비근한 예로, 좋아하는 사람이 생기면 계속 그 사람 생각이 난다.) 그래서 마음이 그 대상으로 이끌리면 그 이끌림이 바로 사랑이고, 이렇게 즐거움으로 인해 우리 속에 새로이 결합된 것이 바로 본성이다. (어떤 대상이 내게 좋은 느낌을 주어서 자꾸 생각나고 그래서 그리로 이끌리면 그게 사랑이고, 이 사랑이 아예 성향으로 자리 잡으면 그게 본성이 된다는 말이다.)

불이 위로 올라가는 이유도 마찬가지다. 불에게는 자신의 질료가 최대한 오래 지속될 곳을 향해 올라가려는 형상이 부여되어 있는 것이다. (아리스토텔레스의 질료-형상 이론이다. 질료는 사물의 재료이고, '형상'은 그 사물을 특징 있게 만들어주는 특성이다. 불의 경우에는 우리 눈에 보이는 모습이 질료이고, 위로 올라가는 성질은 '형상'이다.)

이제 사로잡힌 마음은 열망(disire) 속으로 들어가게 되는데, 이 열망은 영혼의 움직임이다. 이 움직임은 대상이 자신을 만족시키기까지 멈추지 않는다. 따라서 모든 사랑은 자체로 칭찬받을 자격이 있다고 하는 사람들은 진리를 알지 못하는 것이다. (이런 '애정 지상주의자' 중 하나가 이전의 단테였다.) 질료는 언제나 좋은 것으로 보일 수 있다. 하지만 밀랍이 좋다고 해서 거기 찍힌 도장이 늘 좋은 건 아니다. (여기서 밀랍은 질료, 그 위에 찍힌 도장은 형상이다.)

그러자 단테는 다른 의문을 제기한다. 사랑이란 게 밖으로부터 주어지는 거라면 일이 잘되든 잘못되든 영혼에게 책임을 물을 수 없는 것 아닌가 하는 얘기다. 베르길리우스는 일단 자신은 이성적인 것만 설명할 수 있으며 그 이상은 신앙의 영역이니 베아트리체에게 들으라고 말한다. 이어지는 그의 설명은 이렇다.

형상은 질료와 연결되어 있으면서도 구별된다. 그 형상은 작용에 의해 지각된다. 식물이 살아 있음을 잎이 푸른 것을 보고 알듯이, 형상은 그 결과를 통해서 입증되는 것이다. 기본 관념에 대한 이해(근본 지성)나 기본적 욕구 대상에 대한 애정(근본 의지)은, 벌이 꿀을 모으는 본능을 지닌 것처럼 우리 속에 들어 있다. 이 최초의 의지는 칭찬이나 비난의 대상이 되지 않는다. 한데 이 최초의 의지에 다른 모든 의지가 맞춰지도록 하는 능력(고급 지성)이 또 있다. 이 능력은 우리에게 충고를 주기도 하고, 어떤 일을 할지 말지 허용하기도 하고 가로막기도 한다. 이 능력이 좋은 사랑과 나쁜 사랑을 받아들이기도 하고 걸러내기도 하기 때문에, 바로 이 능력이 우리의 잘잘못을 평가하는 기준이 된다.

이런 능력이 있다는 건 우리에게 타고난 자유가 있다는 뜻이다. 이 자유를 알아본 선구자들이 우리에게 남겨준 것이 바로 도덕률이다. 좋건 나쁘건 모든 사랑이 필연으로부터 생겨나긴 했지만 우리에겐 나쁜 사랑을 억제할 능력이 있다. 이 고귀한 능력이 바로 자유의지이다. 베르길리우스는 나중에 베아트리체가 그에 대해 설명해줄 것이라며 그때를 위해 잘 기억해두라고 충고한다.

밤중에도 달리는 사람들

이제 한밤중이다. 보름을 막 지나 하현으로 변해가는 달이 동쪽에 떠오르고 별들이 조금 희미해지는 참이다. 단테는 잠이 들락 말락 하면서 이런저런 꿈이 보이기 시작한다. 그때 뒤에서 달려오는 사람들 때문에 졸음이 달아난다. 그들은 마치 테바이의 박쿠스 신도들 같은 기세로 질주하고 있다. 맨 앞에서 달리는 두 사람이 두 가지 모범 사례를 외친다. '마리아께서는 산중으로 달렸다.' '카이사르는 스페인으로 달렸다.'

앞의 것은 〈누가복음〉에 나오는 사례다. 성처녀 마리아에게 그녀가 성령으로 잉태했음을 알린 천사는, 마리아의 친척인 엘리사벳 역시 아기를 가졌다고 전해준다. 그 아기는 장차 세례자 요한이 될 것이다. 그 소식을 들은 마리아는 얼른 일어나 엘리사벳을 찾아간다. 우리도 이렇게 좋은 일을 얼른 실행해야 할 것이다. 두 번째 사례는 카이사르가 폼페이우스와 싸우기 위해 우선 마르세유를 공격하고, 곧장 스페인의 일레르다(Ilerda, 현재의 Lerida, 바르셀로나 서쪽)로 진군한 것을 가리킨다. 카이사르는 천국을 지상에 약하게나마 구현했던 나라, 로마제국을 세우기 위해 이렇게 열심을 보였다. 여기서도 우리가 따라야 하는 모범은 기독교적인 것이 앞세워졌다.

이렇게 두 사람이 외치자, 그 뒤를 따라 달리는 다른 사람들이 합창하듯 그 말을 받아 외친다. '어서어서 서둘러라!' 베르길리우스는 그 영혼들에게 위로 올라가는 통로가 어디 있는지 묻는다. 영혼 중 하나가 자신들을 따라오라고 말한다. 자신들은 빨리 가려는 욕망 때문에 멈출 수가 없다고. 그러면서 자신을 소개한다. 그는 '빨간 수염(바르바로사)' 황제인 프리드리히 1세(1190년 사망) 시절에 베로나의 산 제노 수도원장(게라르도)이었단다. 그러니까 단테보다 약 100년 전에 활동하던 사람이다. 그는 자신이 관리하던 수도원과 관련된 현재 상황을 하나 언급하고 지나간다. 지금 죽음에 아주 가까이 다가간 어떤 인물이 권력을 이용해서, 서자로 태어난 데다가 몸도 마음도 성치 않은 자기 아들을 그 수도원의 우두머리 자리에 앉혔으며, 나중에 그 때문에 통곡하게 되리라는 것이다. 당대의 독자들은 그게 누구 얘기인지 다 알았고, 현대의 학자들도 그 둘의 이름을 찾아냈지만 별로 중요한 인물이 아니니 신경 쓰지 않아도 된다. 일단 적어두자면, 그들은 베로나 영주 알베르토 델라 스칼라(1301년 사망)와 그의 서자 주세페(1292년 수도원장 취임)다.

게라르도가 달려 지나가고 다른 사람들도 다 지나간 다음, 맨 뒤에 달리는 두 사람이 다시 외친다. 이번에는 우리가 따르면 안 되는 나쁜 사례들이다. 우선 모세를 따라 이집트를 떠나서 바다가 갈라지는 걸 직접 보았지만 요르단강을 건너기 전에 죽은 사람들, 그리고 아이네아스와 함께 트로이아를 떠났지만 용기가 없어 시칠리아에 남은 사람들이다. 이들은 좋은 일을 시작하긴 했지만 참을성이 부족해서 과업을 끝까지 완수하진 못한 자들이다.

나쁜 예 중에 기독교/성서 전통이 먼저 나온 것은 여기뿐이다. 그리고 좋은 예이건 나쁜 예이건 이렇게 짧게 지나가는 경우도 달리 없다. 태만의 둘레길에서는 외치는 사례에서조차 약간 태만의 기색이 비친다.

태만 죄를 씻는 무리가 지나가고 나자, 단테에겐 다시 여러 생각이 꼬리를 물고 그 생각들은 꿈으로 바뀐다.

제19곡
연옥 제5층, 땅에 들어붙은 탐욕의 죄인들

19곡도 앞뒤로 나뉘어, 앞부분에서는 단테의 꿈을, 뒷부분에서는 탐욕죄를 지은 죄인들과의 만남을 다룬다.

단테의 두 번째 꿈
이제 새벽이다. 기온은 한껏 떨어지고 동쪽 하늘에는, 땅점쟁이(땅에 우연적인 지점들을 표시하고 그것을 이어서 점치는 자)들이 가장 좋은 것으로 여기는 모양의 별자리가 올라오고 있다. 이 별자리는 양자리 바로 앞의 물고기자리 앞부분과 그보다 더 먼저 떠오른 물병자리 끝부분을 연결한 것으로, 이것이 보이면 두세 시간 안에 양자리와 함께 해가 뜬다는 뜻이다. 차가운 공기와 헛된 점술에 대한 언급은 상서롭지 못한 꿈의 묘사로 이어진다.

단테의 꿈속에 외모가 추하고 몸의 기능이 온전치 못한 여인이 나타난다. 눈은 사팔뜨기이고 다리는 뒤틀렸으며, 손도 뭉개져 있고 말도 더듬는다. (오늘날의 기준으로 보자면 '정치적으로 올바르지 못한' 표현이 들어 있지만, 7백 년 전의 글이니 양해하자.) 한데 단테가 그녀에게 주목하자, 그 여인은 자세를 바로잡아 일어서고, 얼굴은 발그레 사랑스럽게 변한다. 발성도 자유롭게 되어 노래를 부른다. 시선과 손 모습에 대한 언급은 없지만 전체적인 분위기로 보아, 모든 게 온전하게 변한 듯하다.

단테는 그녀에게서 시선을 떼지 못하고 노래를 듣는다. 그녀는 자신을 달콤한 세이렌이라고 소개한다. 오뒷세우스도 자기 노래를 들었노라고, 자기에게 오는 사람은 흠뻑 취해서 떠나질 못한다고. 그때 갑자기 한 성스러운 귀부인이 나타나서 그녀를 가로막는다. 그러고는 베르길리우스를 두 차례 부른다. "베르길리우스여, 베르길리우스여, 이 여인은 누구인가?" 그러자 베르길리우스는 그 성스러운 귀부인만 응시하며 단테에게 다가온다. 그는(또는 그 귀부인은) 세이렌의 옷자락을 찢는다. 세이렌의 배가 드러나고 악취가 퍼진다. 그 악취에 단테가 잠에서 깨어난다.

베르길리우스는 단테가 깨어난 것을 보고는, 자신이 그를 세 번이나 불렀노라고 말한다. 그러니까 단테가 꿈속에 들은 '베르길리우스여'는 '단테여'라는 부름이 변형된 것이었던 모양이다. 잠시 후에 보면 알겠지만, 단테가 꿈속에 본 세이렌이 오늘 단테가 통과할 세 개의 층을 종합해서 보여주는 상징이다. 앞으로 남은 것은 탐욕-식탐-음란의 둘레길인데, 그 죄악들은 육체에 대한 집착에서 나온 것이니 음란으로 대표되고, 그래서 음탕한 여인으로 형상화된 것이다. 단테가 처음에 본 흉한 꼴이 이런 욕망의 본모습인데, 인간이 육체적 쾌락에 집착하면 그 흉한 것도 점차 아름답게 보이기 때문에 그녀가 아름다운 여인으로 변한 것이다. 그녀의 참모습을 폭로한 성스러운 귀부인은 누구인지 밝혀져 있지 않다. 아마도 연옥에서의 첫 밤에 이미 단테를 도왔던 루치아 성녀일 가능성이 크지만, 베아트리체가 나타난 것이라 해도 큰 문제는 없겠다.

베르길리우스는 단테에게 다음 층으로 올라갈 입구를 찾아보자고 제안한다. 단테 일행은 해를 등지고—아마도 산의 북쪽 둘레를 따라—서쪽을 향해 걷기 시작한다. 단테는 생각에 잠겨 고개를 숙이고 몸을 굽힌 자세다. 이들이 곧 도착할 탐욕의 둘레길 죄인과 유사하다. 천사 하나가 그들을 맞아 위로 올라갈 길을 가르쳐주며, 날개를 스쳐 단테 이마의 P 자 하나를 지워준다. 그러고는 '8복' 중 하나를 읊어준다. '애통하는 자는 복이 있나니, 그들은 위로를 받을 것이다.' 단테는 곧 이전 자신의 죄를 애통하는 사람들과 마주칠 것이다.

    단테는 비탈길을 오르면서도 계속 생각에 잠겨 있다. 우리는 이미 그 의미를 살펴보았지만, 단테 자신은 아직 꿈속에 본 환상이 무슨 뜻인지 모르고 있기 때문이다. 선생님은 단테가 본 여인이 앞으로 마주칠 사람들로 하여금 눈물을 흘리게 만든 존재이고, 그 마녀의 정체가 드러난 사건은 사람이 어떻게 그런 죄에서 벗어나는지(즉 하늘의 도움이 있어야 육체의 욕망에서 풀려날 수 있음을) 보여준 것이라고 풀이해준다. 그러면서 단테에게 하느님께서 하늘의 회전과 함께 돌리시는 참된 매력(직역하면, 매를 유혹하는 꼬임 먹이)에 시선을 고정하라고 충고한다. 단테는 신호를 받은 매처럼 의욕적으로 비탈을 올라 다음 층에 도착한다. 《신곡》에서는 매사냥의 이미지가 많이 쓰이고 있다.

땅바닥에 달라붙은 탐욕의 죄인들

이제 단테 일행은 다섯 번째 층에 도착했다. 그곳 사람들은 모두 얼굴을 땅에 대고 눈물을 흘리며, 자신의 영혼이 땅바닥에 달라붙었노라고 고백하고 있다. 하지만 그 말은 탄식과 섞여 있어서 알아듣기 힘들 정도다. 베르길리우스가 그들에게 더 위로 올라갈 길을 가르쳐달라고 청하자, 누군가가 오른쪽 어깨를 바다 쪽으로 향하고 진행하라고 조언한다. 이제까지 해 왔던 대로 반시계 방향으로 산 둘레를 돌라는 말이다.

단테는 그 사람에게 다가가 신분을 묻는다. 그는 제노바 출신의 교황 하드리아누스 5세다. 교황 자리에 오른 지 겨우 38일 만에 서거한 인물이다. 그는 자신이 교황이 된 이후에야 그 자리가 얼마나 무거운 짐인지 깨달았다 한다. 특히 죄의 흙탕물을 피하고 싶은 사람에겐 더욱 큰 부담이 되는 직위다. 그래서 열망하던 최고 지위까지 올라갔지만 그 자리에서도 그의 마음은 편치 않았단다. 이런 명예나 욕망이 헛된 것임을 그제야 깨달았고 천국에 대한 소망을 품게 되었다는 것이다.(원문에 '그래서 이곳(이것)에 대한 사랑이 불붙었다.'라고 되어 있어서 국내 번역에 '돈 욕심'이란 주석이 붙었는데, 그보다는 '천국 또는 연옥에 대한 열망'으로 보는 게 옳을 것이다. 40일도 안 되는 짧은 시간에 돈 욕심을 부려 봤자 얼마나 부릴 수 있었겠는가?) 그렇지만 벌써 그 이전에 지은 죄가 많아 이곳에서 이런 벌을 받는다면서 지금 여기서 씻고 있는 죄가 무엇인지 설명한다. 바로 탐욕이다. 탐욕스러운 자들은 시선을 마땅히 두어야 할 곳, 즉 하늘로 향하지 않고 지상의 재화에 주목했기 때문에, 연옥산에서도 눈길을 땅에 고정하고 손도 발도 움직이지 못한 채 엎드려 있는 참이다.

단테는 이 전직 교황에게 무릎을 꿇어 경의를 표하고자 하지만, 상대는 얼른 눈치 채고 만류한다. 여기서 늘 나오는 점잖은 질책의 호칭이 다시 쓰인다. '형제여!' 하느님 앞에서는 최고의 사제건 속인이건 모두 평등하게 죄인이고 종이기 때문이다. 그러면서 이 전임 교황께서는 〈마태복음〉의 한 구절을 인용하신다. '천국에서는 시집가고 장가드는 일이 없다.'라는 예수의 말씀이다. 이는 원래 부활을 부정하는 사두개파 사람들이 예수를 시험하기 위해 던진 질문, 즉 여러 차례 결혼했던 여인이 나중에 부활하면 이전 남편 중 누구의 아내가 되어야 하느냐는 것에 예수께서 답하신 말이다. 그러니까 교황께서 이 구절을 인용하신 의도는, 절대자 앞에서는 이승의 부부 관계건 사제-신도 관계건 모두 빛을 잃으니 예전 지위를 들먹이지 말라는 뜻이겠다. 우리는 이미 연옥산 밑에서 카토가 비슷한 발언을 하는 걸 보았다.

 교황께서는 자기가 시간을 아껴야 하니 그만 떠나달라고 요구한다. 다만 지상에 아직 알라자라는 조카딸이 있다고 덧붙이는데, 그녀에게 알려서 기도로 도와달라는 뜻을 이렇게 간접적으로 표현했다. 기도 부탁의 대상은 늘 여성이다. 그녀는 단테를 많이 도와준 말라스피나 집안으로 시집갔다. 앞의 제8곡에서 소개된 코라도 말라스피나의 가문이다.

제20곡
청빈의 사례들, 카페 왕조의 악행, 탐욕의 사례들

단테는 아직도 더 묻고 싶은 게 있지만 한시바삐 죄를 씻겠다는 교황의 의지에 양보한다. 이 둘레길에는 죄인들이 너무 많아서 단테와 베르길리우스는 간신히 빈 곳을 찾아 앞으로 나아간다. 돈에 대한 욕심이야말로 인간을 죄로 이끌어가는 가장 강력한 유혹이기 때문이다. 시인 단테는 탐욕이라는 '암늑대'를 저주하고, 그것을 쫓아낼 존재가 언제야 올 것인지 탄식한다. 우리는 이미 이 짐승이 단테를 위협하는 것을 〈지옥편〉 제1곡에서 보았다.

탐욕 없이 청빈했던 사례들

땅바닥에 붙어 죄를 씻는 영혼들 사이로 조심조심 나아가던 단테 일행은 이제 우리가 따를 모범을 외치는 사람과 마주친다. 첫 사례는 언제나 그러하듯 성모님이다. 성모께서 마구간에서 아기를 낳으신 것이 바로 우리에게 가난한 삶을 권고하는 모범이다. 성서의 사례 다음에는 고전 시대의 사례가 이어진다. 이 두 번째 모범은 에페이로스 왕 퓌르로스의 뇌물을 거절했던 로마 장군 파브리키우스다. 그는 상대가 보낸 코끼리 선물을 돌려보낸 것으로 유명하다. 마지막 모범은 다시 기독교 전통에서 끌어온 것이다. 성 니콜라우스께서 이웃의 가난한 처녀들을 도운 일이다. 덕분에 그 처녀들은 불명예스러운 직업에 종사하지 않고 결혼도 할 수 있었단다. 이분은 바로 산타클로스의 원형이다. 이분은 서기 3세기에 소아시아 남서부에서 활동했는데, 그의 유해 일부가 이탈리아 남부의 바리(Bari)로 옮겨지면서 그 도시의 수호성인이 되었기 때문에 '바리의 성 니콜라우스'라고 불리기도 한다.

카페 왕조의 탐욕과 악행에 대한 비판

단테는 이렇게 좋은 모범을 외치는 사람이 누구인지, 왜 그 사람 혼자만 이렇게 외치고 있는지 궁금해한다. 단테가 차후의 보상(지상에 돌아가서 기도로 돕는 것)을 약속하며 질문을 던지자, 상대는 자기가 대답하는 것은 보상을 위해서라기보다는 단테에게 죽기도 전에 이 산을 올라가게 허락하신 저 은총 때문이라며, 길고 긴 이야기를 시작한다.

우선 자기 신분을 밝힌다. 그는 프랑스 카페(Capet) 왕조의 시조인 위그 카페나. 그에게서 가지가 자라서 시방 기독교 세계에 넓게 그늘을 드리웠지만 좋은 열매는 기대하기 어렵단다. 하지만 언젠가 플랑드르가 그들에게 복수할 수 있기를 그는 바라고 있다. 이 말은 1299년에 카페 왕조의 필립 4세가 플랑드르를 점령한 사실을 암시하는 것이며, 지금 여기 '예언'한 것처럼 1302년에 플랑드르가 프랑스 세력을 몰아내게 된다.

사실은 위그 카페가 처음 권력을 차지한 것도 계략의 결과였다. 원래 그는 백정의 아들이었는데, 카롤링거 왕조의 다른 후손이 모두 죽고 수도사 하나만 남은 것을 보고 권력을 가로챘다는 것이다. (하지만 학자들은 위그 카페 자신이 아니라 그의 아버지가 백정의 아들이었다고 한다.) 그래도 처음엔 그 집안이 그다지 나쁜 통치자는 아니었는데, 프로방스에서 엄청난 지참금이 들어오면서부터 무력과 속임수, 약탈이 시작되었단 다. 앙주의 샤를 1세가 프로방스 출신 베아트리스와 결혼하면서 프로방 스가 프랑스 왕가에 귀속된 것이다. 그 후로 이 집안은 노르망디를 포함 해서 여러 지역을 차지하고, 나폴리 왕국까지 진출한다. 앙주의 샤를 1 세 때에 샤를에 맞서서 나폴리 왕국과 시칠리아 왕국을 지키고자 했던 인물이 페데리코 2세의 손자이자 만프레디의 조카인 콘라트 5세(코라디 노, 코라도)이다. 그가 잡혀서 참수되면서(1268년) 호엔슈타우펜 왕가는 이탈리아에 대한 영향력을 잃고 가문 자체도 사실상 사라지게 된다.

위그 카페는 앙주의 샤를이 코라디노를 죽인 것을 지적하고, 또 그 가 토마스 아퀴나스를 암살했다고 비난한다. 아퀴나스는 리옹의 종교회 의에 참석하고자 길을 떠났다가 로마 남쪽 포사누오바에서 죽었다(1274 년). (대개는 단테가 암시하듯 독살된 게 아니라, 나귀를 타고 가다가 나 무가 쓰러지는 바람에 머리를 다치고 그게 악화되어 죽은 것으로 알려 져 있다.)

여기까지 자기 집안의 지나간 악행을 고발한 위그 카페는 이제 앞으 로 일어날 악행을 예언하기 시작한다. 곧 다른 샤를(필립 4세의 동생인 발루아의 샤를)이 나와서 자기 집안이 얼마나 사악한지 알게 해주리라 는 것이다. (그는 단테의 정적들로 하여금 단테 정파를 추방하도록 부추 긴 인물이다.) 위그 카페는 이 샤를을 예수를 팔아먹은 가룟 유다에 비 긴다. 그는 무기를 직접 사용하지 않고 단지 유다가 가지고 놀던 창(언 어)만으로 피렌체의 배가 터지게 만들 것이라고. 하지만 그는 땅도 얻지 못하고 죄와 오명만 얻게 될 것이다. 이 말은 가룟 유다가 결국 스스로 목을 매달았다가 땅에 떨어져 배가 터져 죽고, 그가 예수를 팔고 받았 던 돈으로 사람들이 밭을 사서 나그네 묘지로 사용하게 된 사실을 암시한 것이다.

이어서 또 다른 후손의 악행을 예언한다. 그자는 해전에서 포로가 되었다가 풀려난 수치스러운 경력의 소유자, 앙주의 샤를 2세다. 그는 해적이 여자 노예를 사고팔듯이 자기 딸을 팔아 이득을 볼 것이다. 이 말은 샤를 2세가 자기 딸 베아트리스를 에스테의 아초 8세(앞에 제5곡에서 살인 교사범으로 소개된 인물)와 결혼시켜서 큰 재산을 얻은 것을 가리킨다.

하지만 이 모든 일을 능가할 다른 악행이 기다리고 있다. 이른바 '아냐니 따귀 사건'이라는 것이다. 프랑스 왕의 앞잡이들이 교황 보니파키우스 8세를 폭행한 사건이다. 위그 카페는 그 사건을 그리스도의 수난에 비긴다. 백합(프랑스)이 알라냐(아냐니)에 들어오고, 그리스도께서 대리자의 몸으로 붙잡히실 것이라고, 그분이 다시 조롱당하고, 식초와 쓸개를 맛보고, 도둑들 사이에서 죽임당하실 것이라고. 단테는 보니파키우스 8세를 매우 싫어했지만, 그래도 신께서 세우신 교황에게 속인이 이런 식으로 물리적 폭력까지 가하면 안 된다는 뜻이다.

이 부근에서 시인 단테는 계속 '보인다(veggio)'라는 표현을 반복하여, 위그 카페가 생생하게 미래를 목격하고 있는 것으로 그렸다. 그리고 이어서 '새로운 빌라도'는 무법하게 성전 안에서 탐욕의 돛을 펼치리라고 예언한다. 이는 필립 4세가 교황의 허락도 없이 성전 기사단을 해산하고 재산을 압류한 사건(1312년)을 가리키는 것이다. 이 사건은 보니파키우스 8세의 후임인 클레멘스 5세 때 일어나는데, 보니파키우스 8세는 앞에 말한 폭행 사건 이후 심리적 충격 때문인지 시름시름 앓다가 한 달 만에 서거했다.('선종(善終)'이란 단어를 쓰기 곤란한 상황이다.) 필립 4세는 성전 기사단의 재산을 차지하고자 기사들을 고문하고, 이단으로 몰아 화형까지 시켰다.

탐욕의 사례들

주님께서 이런 탐욕과 악행에 대해 복수해 주시길 기원하면서 한 매듭을 지은 위그 카페는, 앞에서 단테가 제기했던 다른 질문에 답하기 시작한다. 앞에 단테가 들었던 것, 즉 가난의 모범인 성모님에 대한 언급 등은 낮에 외치는 것이고, 밤에는 탐욕의 사례들을—아마도 천사에게서—듣고 반복해서 외친다는 것이다. 우리가 따르면 안 되는 이 반대 사례 중 첫째는 디도의 오라비 퓌그말리온이다. 그는 재산이 탐나서 누이의 남편을 죽였다. 그는 배신자 겸 도둑 겸 친족 살해자다. (이 퓌그말리온은 조각상을 사랑해서 결국 인간 여성으로 변한 조각상과 결혼하게 되었다는 퓌그말리온과는 동명이인이다.) 두 번째 반대 사례는 만지는 대로 황금이 되게 해달라고 신에게 빌었다가 봉변을 당한 미다스다. 이어서 구약시대에 전리품을 몰래 빼돌렸다가 민족 전체에 재난을 불러온 아간(Achan), 신약시대에 교회에 바칠 재산을 숨긴 탓에 급사한 아나니아스와 삽피라, 예루살렘 성전을 약탈하려다가 천사의 말발굽에 걷어차인 헬리오도로스, 자기에게 맡겨진 트로이아 왕자 폴뤼도로스를 죽인 폴뤼메스토르, 그리고 파르티아로 진격했다가 목이 베이고 그 입에 녹은 황금이 부어졌다는 크랏수스의 사례가 이어진다. 이 탐욕 죄의 목록은 희랍/로마 전통이 둘, 기독교/성서 전통이 셋, 다시 희랍/로마 전통이 두 개, 이렇게 대칭적으로 짜여 제시되었다.

사실 단테가 물은 것은, 왜 다른 사람 아닌 위그 카페가 성모님의 모범을 외쳤는지 하는 것이었는데 거기에 부가된 다른 얘기가 좀 길었다. 마지막에야 원래의 질문으로 돌아간다. 모두가 함께 외치는데, 자신이

다른 이들보다 더 높은 목소리로 외쳐서 두드러지게 들린 거라고.

이제 단테와 베르길리우스는 다시 길을 떠난다. 그런데 갑자기 산이 떨리고 사방에서 함성이 일어난다. 단테는 땅이 흔들리는 것을 레토가 해(아폴론)와 달(아르테미스)을 낳기 전에 델로스섬이 흔들리던 것과 비교한다. (델로스는 원래 떠다니는 섬이었다고 한다. 아마도 지진이 잦아서 그런 얘기가 생긴 모양이다.) 단테는 그 함성의 구체적인 내용이 '지극히 높은 곳에서는 하느님께 영광!'이라는 것을 알아듣는다. 이는 예수께서 태어나실 때 목자들이 들은 천사의 외침인데, 단테는 마치 그 목자들처럼 한동안 멈춰서 움직이지 못한다.

그러다가 영혼들이 다시 엎드려 통곡하기 시작하자, 둘은 여정을 재개한다. 단테는 지금 이 사태가 무엇인지 너무나도 알고 싶었지만 선생님께서 서두르는 것을 보고 감히 묻지도 못하고 그저 걸음을 재촉할 뿐이다.

제21곡

스타티우스와 만나다

스타티우스가 진동과 함성에 대해 설명하다

단테는 방금 느낀 진동과 영혼들의 함성이 대체 무엇 때문인지 궁금하기 짝이 없다. 시인 단테는 이 궁금증을 '사마리아 여인이 청했던 물'이 아니면 채울 수 없을 정도였다고 적고 있다. 신약성서 〈요한복음〉에 나오는 일화다. 예수께서 물 긷는 여인에게 '당신이 주는 물은 곧 다시 목마르게 하지만 내가 주는 물은 영원히 목마르지 않게 할 것이다.'라고 하셨고, 여인은 자기에게도 그 물을 달라고 청했던 것이다. 그러니까 지금 단테는 하늘이 보내시는 은총으로나 채워질 갈증을 느끼는 참이다. 하지만 선생님께서는 엎드린 사람들 때문에 길이 혼잡해서 발길을 평소보다 더 서두르고, 단테는 질문할 틈도 없이 그 뒤를 따른다.

한데 그들 뒤에서 한 영혼이 다가와 인사를 건넨다. 이 인물은 부활하신 그리스도께서 엠마오(Emmaus)로 가던 두 제자에게 나타나듯 그렇게 다가온 것으로 그려졌다. 이미 제7곡의 소르델로 일화에서 소개했던 사건이다. 이 이미지는 《신곡》에서 여러 번 이용된다.

새로운 동행이 인사를 건넨다. "형제들이여, 그대들에게 평화가 있기를!" 《신곡》에서 '형제여!'는 대개 온화한 비판을 담고 있지만, 이번에는 비판 아닌 동지애의 표현으로 쓰였다. 반면에 베르길리우스의 응대에는 이에 대한 반박이 담겼다. "나를 영원한 귀양으로 보내신 오류 없는 법정이 그대에게는 평화를 주시길!" 이는 '당신은 나를 형제라 부르지만, 나는 사실 천국에 들어갈 자격을 인정받지 못한 자요.' 하는 말이다. 더구나 그런 판정을 내린 하느님께 오류가 없다는 사실이 더욱 쓰라리다.

새로운 동행자는 그 대답을 의아히 여긴다. 하느님께 가는 영혼이 아니라면 어떻게 이 오르막을 가고 있느냐는 것이다. 그러자 베르길리우스는 단테 이마의 P 자를 가리키며, 이 사람은 천사가 그려준 표식을 지니고 천국으로 가는 길이라고 가르쳐준다. 그는 아직 죽지 않은 사람이라고. (여기서 단테가 아직 죽지 않았다는 것은 '클로토가 정해준 실을 아트로포스가 아직 끊지 않았다.'라고 표현되었다. 대개는 운명의 실을 클로토가 잣고, 라케시스가 자로 재고, 아트로포스가 끊어서 우리의 수명이 정해지는 것으로 알려져 있는데, 여기서는 라케시스를 생략하고, 아트로포스가 실을 끊으면 숨도 끊어지는 것처럼 그렸다. 라케시스는 나중에 혼자만 따로 언급될 것이다.)

그러면서 베르길리우스는 자신에 대해서도 소개한다. 단테의 영혼은 아직 죽은 자들의 영혼처럼 볼 능력이 없어서 자신이 인도하는 중이라고. 자신은 지옥의 가장자리(림보)에서 왔으며, 능력이 닿는 데까지만 안내하려 한다고. 그러고는 단테가 정말로 묻고 싶었던 것을 대신 물어준다. 왜 그렇게 산이 요동하고, 저 아래까지 한꺼번에 함성을 질렀는지.

상대는 우선 이 연옥산에서는 규칙에 어긋나는 일은 일어나지 않는다고 전제한다. 그러면서—단테가 제9곡에서 통과한—천사의 세 계단 위쪽에서는 기상 현상이나 지진이 일어나지 않는다고 말한다. 다만 이곳이 흔들리는 것은 그동안 죄를 씻던 영혼이 천국을 향해 출발할 때

뿐이라는 것이다. 그러면서 연옥산의 다른 원칙 한 가지를 소개한다. 한 둘레에 머물던 영혼이 다른 둘레로 이동하는 기준인데, 그것은 '그의 의지가 그것을 원할 때'다. 그전까지 그 영혼을 붙잡아두는 것도 그의 의지다. 옛날에 지상에서 죄를 지으려는 의지가 있었던 것처럼, 이 연옥에서는 정의로운 형벌을 받고자 하는 욕구가 그를 제어한다.

다음으로 이 새로운 인물은 베르길리우스의 질문에 직접적인 답을 제시한다. 조금 전에 산이 울렸던 것은 바로 자기 때문이라고. 자신이 드디어 죄 씻음이 끝나고 천국으로 출발하게 되어서였노라고. 자기는 이 탐욕의 층에 5백 년 넘게 엎드려 있었다고.

스타티우스의 자기소개

이제 베르길리우스는 상대의 신분을 묻는다. 그리고 그가 그렇게 오래 이곳에 붙잡혀 있었던 이유도. 이런 질문을 받는 인물들이 흔히 그러하듯, 상대는 자기 이름을 좀 뒤로 미루고 먼저 자신의 시대를 설명한다. 그는 티투스 황제가 유다가 팔아먹은 피(예수의 죽음)에 대해 복수하던 시절에 살았다. 즉 예루살렘 함락(서기 70년) 무렵이 그의 활동 연대다. 그는 시로써 명성을 얻었고, 그 덕에 자기 고향 툴루즈에서 로마로 진출하여 계관시인이 되었단다. 그의 이름은 스타티우스다. (하지만 단테 시대 이후에 스타티우스의 고향이 툴루즈 아닌 나폴리로 밝혀졌다.) 스타티우스는 자신이 테바이에 대해 노래했으며 아킬레우스에 대해 노래하다가 두 번째 짐과 함께 쓰러졌다고 말한다. 그는 오이디푸스의 두 아들이 서로 싸우는 내용의 서사시 《테바이스》를 썼으며, 《아킬레이스》라는 작품을 1천 행 정도까지 쓰고는 죽었다. 시인 단테가 지옥의 아래쪽으로 갈수록 테바이 이야기를 점점 더 많이 이용한 것은 바로 스타티우스의 영향 때문이다. 우리는 이미 〈연옥편〉에서도 몇 차례, 단테가 그의 작품에 나오는 일화를 인용한 것을 보았다. 이제야 그 원본의 작가와 만난 것이다.

한데 스타티우스는 여기서 그치지 않고, 자신의 영감의 원천까지도 밝힌다. 이전에도 수많은 시인들을 비춰주었던 불꽃, 베르길리우스의 《아이네이스》가 그의 문학적 어머니이고 유모였다는 것이다. 그러면서 자신이 베르길리우스와 동시대에 살 수만 있었더라면, 이곳 탐욕의 층에 1년 정도는 더 붙잡혀 있더라도 마다하지 않았으리라고 토로한다.

그 말을 들은 단테는 당장 자기 안내자의 신분을 밝히고 싶었지만, 선생님께서는 눈짓으로 그러지 말라고 명하신다. 단테의 의지는 그 명에 복종하고자 했지만, 웃음이나 울음은 의지보다는 감정을 따르기 마련인지라, 그의 눈에 웃음이 나타나고 말았고, 예민한 시인은 그것을 포착했다. 먼저 단테의 힘든 노정이 잘 끝나기를 축복하여 자신의 호의를 드러내 보인 후에, 그의 얼굴에 웃음이 스쳐 간 이유를 묻는다. 자신이 존경하고 사랑하는 두 선배 시인의 상반되는 요구에 단테가 난처해한다. 마침내 선생님께서 양보하신다. 단테에게 상대의 질문에 답해주라고 허락하신다.

단테는 자기 웃음에 다른 뜻이 있는 건 아니었다고, 이분이 바로 당신에게 힘을 주었다는 그분, 베르길리우스라고 밝힌다. 그 말에 스타티우스는 베르길리우스 앞에 엎드린다. 그의 무릎을 껴안으려 한다. 교황 앞에 몸 숙였던 단테보다 오히려 더 깊은 존경의 자세를 취한다. 베르길리우스의 만류 말씀은 교황님과 비슷하다. "형제여, 하지 마시오. 우리는 모두 동등한 그림자이니." 그제야 스타티우스가 몸을 다시 일으킨다. 자기 행동을 설명한다. 자신이 베르길리우스에 대한 뜨거운 애정 때문에 둘의 그림자를 단단한 것인 양 여겼다고. 이 부분은 《아이네이스》 6권에서 저승에 간 아이네아스가 아버지 앙키세스를 만나 껴안으려 하는 장면을 바탕에 깔고 있다. 이미 소르델로 장면(제6곡)에서 비슷한 사건이 있었는데, 거기서는 그냥 두 영혼이 포옹하는 것으로 되어 있었다. 그러니까 영혼들끼리도 포옹이 아예 불가능한 건 아니지만, 베르길리우스가 여기서 말린 것은 포옹이라기보다는 '지나친 존경'이었던 모양이다. 죽은 다음에는, 특히 하느님 앞에서는 모두가 평등하기 때문이다.

연옥 제6층, 절제의 모범들

그다음 장면은 일종의 '점프 컷' 방식을 썼다. 단테 일행이 천사와 마주치는 장면은 생략하고, 그냥 '어느덧 천사는 뒤에 남고, 내 얼굴에서는 P자가 하나 더 지워졌다.'라고 되어 있다. 그 천사는 다시 '수정된 8복'을 읊어주었다. 정의에 목마른 사람은 행복하다고. 원래 〈마태복음〉에 기록된 예수의 말씀은 '정의에 굶주리고 목마른 사람'이라고 좀 더 긴 표현을 썼는데, 여기서 약간 줄인 것이다. 시인 단테도 이런 생략을 의식해서, 천사의 목소리가 '목마른'에서 끝났다고 적고 있다. 이는 한편 조금 전 제21곡 초반에 단테가 '사마리아 여인이 원했던 물'에 대한 갈증을 언급한 것에 맞춘 것이고, 또 '굶주림'은 다음 층으로 올라가는 길목에 다른 천사가 언급하도록 아껴두자는 뜻인 듯하다. 그리고 이런 '성서 인용의 점프 컷'은 조금 전에 보여준 '장면 묘사의 점프 컷'과도 잘 어울린다.

스타티우스가 탐욕의 둘레에 있었던 이유, 기독교인이 된 계기
이제 단테는 발걸음이 전보다 훨씬 가벼워진 것을 느낀다. 제4곡에서 선생님께서 격려하며 예고하신 대로다. 단테는 자신이 모범으로 삼았던 두 분 시인의 뒤를 따르며 그들의 이야기를 듣는다. 베르길리우스께서는 자신이 림보에서 이미 풍자 시인 유베날리스를 만나 스타티우스가 자기를 향해 품고 있는 존경심과 애정에 대해 들었노라고, 그래서 자신도 스타티우스를 향해 애정을 품게 되었다고 말한다. 그러면서 친구 간에 그렇듯 솔직하게 물을 터이니 답해 달라며, 약간 껄끄러운 질문을 던진다. 즉, 지혜로운 시인께서 어쩌다가 탐욕의 둘레길에 붙잡히게 되었는지 하는 것이다.

이 질문에 스타티우스가 미소를 보인다. 조금 전 단테가 보였던 미묘한 웃음에 대한 회심의 반격인 셈이다. 그러고는 자기가 탐욕의 둘레에 붙잡혔던 것은 이승에서 탐욕스러웠기 때문이 아니라 오히려 그 반대, 즉 '지나치게 욕심을 덜 부렸기 때문'이라고 설명한다. 이 '절제 없음' 때문에 수천 달 동안 그곳에 붙잡혀 있었다고. 우리는 이미 〈지옥편〉에서도 탐욕과 낭비가 같은 곳에서 벌받는 것을 보았다. 지금 여기 사용된 개념은 아리스토텔레스의 '중용'이다. 덕이란 양극단의 중간인데, 절제의 미덕은 낭비와 인색의 중간인 것이다.

그러면서 스타티우스는 자신이 어떻게 낭비 죄로 지옥에 던져지는 걸 피했는지도 덧붙여 설명한다. 이 또한 베르길리우스 덕택이다. 자기가 《아이네이스》에서 '왜 황금에 대한 신성한 욕심이 인간의 가슴을 이끌지 못하는가?'라는 구절을 읽고서, 금전에 대한 욕구도 신성할 수 있다는 걸 알았노라고. 원래 《아이네이스》의 이 구절은 황금에 눈이 어두워 살인을 저지른 자에 대한 개탄이었고, 문맥에 맞춰 읽자면 '황금에 대한 저주받은 탐욕이 인간을 이끌어가지 못할 곳이 어디(무엇)이던가!'라고 해석해야 한다. 그런데 '어디(quid)'에는 '왜'라는 뜻도 들어 있고, '저주받은(sacra)'은 동시에 '신성한'이란 의미도 담고 있기에, 스타티우스가 다른 뜻으로 읽을 수 있었던 것이다. 그는 낭비 죄와 함께 자신의 다른 죄들도 깨닫고 회심했으며, 그래서 이 연옥산에 올 수 있었다.

그러자 베르길리우스가 두 번째 질문을 던진다. (여기서 베르길리우스는 '목가(牧歌) 시인'으로 지칭되는데, 그가 10편으로 된 목가를 남기기도 했지만 그보다는 지금 그가 일종의 목자 역할을 하고 있기 때문인 듯하다. 게다가 잠시 후에 《목가》의 중요 구절 하나가 인용된다.) 스타티우스가 《테바이스》를 쓸 무렵에는 아직 기독교인이 아닌 듯 보였는데, 그 후 어떤 계기로 기독교인이 되었느냐는 질문이다. 물론 《테바이스》라는 제목을 직접 대지는 않고, '이오카스테의 두 겹 슬픔을 노래할 때'라고 했다. 이오카스테는 오이디푸스의 아내이고, 그녀의 '두 겹 슬픔'이란 두 아들(폴뤼네이케스와 에테오클레스)이 동시에 서로 찔러 죽고 죽인 사건을 말한다. 《테바이스》는 서기 1세기 말에 나온 작품이어서 베르길리우스가 직접 읽을 수는 없었지만, 림보에까지 그 줄거리와 명성이 알려져 있는 모양이다. 기독교인이 되는 것도 '돛을 펼쳐 어부를 뒤따르는' 것으로 표현되어 있다. 앞으로 보겠지만 단테는 시를 만드는 작업도, 그것을 읽는 행위도 모두 항해에 비기고 있다. 여기서는 신앙을 받아들이는 것을 출항에 비기고, 지도자 어부를 따라서 자신도 어부가 되는 것에 비유하고 있는데, 예수께서 제자들을 부르면서 '내가 너희로 하여금 사람을 낚는 어부가 되게 하리라.'라고 말씀하신 것을 바탕에 깐 표현이다.

이 질문에 대해 스타티우스는 자기를 시인으로 만든('파르나소스의 샘물을 마시게 한') 사람도 베르길리우스고, 하느님께로 이끈 이도 베르길리우스라고 고백한다. 그러면서 베르길리우스의 《목가》에 나오는 문장을 한 소절 읊는다. 이제 새로운 시대가 열리고 정의가 돌아온다, 인류의 첫 시기(황금시대)가 다시 돌아오며, 하늘의 새 자손들이 내려온다는 내용이다. 이 구절은 《목가》 제4편으로 예부터 그리스도의 탄생에 대한 예언으로 해석되던 시구다. 하지만 정작 시인 베르길리우스 자신은 그 의미를 모르고 있었으니, 그는 '등불을 뒤로 향하고 뒷사람들에게 빛을 비춰주는 사람' 역할을 한 셈이다.

이렇게 큰 줄거리를 그려 보인 스타티우스는 이어서 세부의 색깔을 채워 넣기 시작한다. 자기가 살던 시대에는 이미 기독교 신앙이 퍼져나가고 있었는데, 시인 베르길리우스가 써놓은 것과 새로운 전도자들의 말이 일치하기에 스타티우스는 이들을 찾아다니는 것을 습관으로 삼게 되었단다. 도미티아누스 황제(재위 81~96년)가 기독교를 탄압할 때도 그들을 동정하여 도움을 주었으며, 《테바이스》를 절반 넘게 쓸 무렵에 이미 자신도 기독교에 입교하여 세례를 받았지만 탄압에 대한 두려움 때문에 겉으로는 이교도인 척하면서 살았다는 것이다. 그리고 이런 미지근한 태도 때문에 연옥산의 넷째 둘레(태만의 둘레)에서 400년 이상 벌을 받았단다. (스타티우스는 죽은 지 약 1200년 된 상태인데, 그 시간 대부분을 태만의 둘레와 낭비의 둘레에서 보낸 셈이다.)

림보에 있는 영혼들의 2차 명단

이번에는 스타티우스가 질문할 차례다. 그는 다른 시인들이 어디에 배치되었는지 알려달라고 청한다. 그가 궁금한 사람은 희극 시인 테렌티우스(기원전 2세기)와 플라우투스, 카이킬리우스(둘 다 기원전 3~2세기), 그리고 바리우스(베르길리우스의 《아이네이스》를 정리한 시인)이다. ('바리우스'보다는 '바르로(Varro)'라고 읽기를 주장하는 학자도 있다. 바르로는 비극 시인이기 때문에, 서사시를 대표하는 스타티우스와 함께 비극, 희극의 '고상한 이야기 장르'의 구색이 맞는다.)

스타티우스의 질문은 몇몇 로마 시인들에 한정되어 있지만, 베르길리우스는 거기에 몇을 더하고 희랍 시인들의 행방까지도 밝혀준다. 방금 이름이 나온 시인들은 모두 림보에 있으며, 그들 말고도 페르시우스(서기 1세기 로마의 풍자 시인)도 거기 있으며, 희랍 출신 에우리피데스, 안티폰, 시모니데스, 아가톤 등도 함께 있다고 대답한 것이다. 시모니데스는 서정 시인, 에우리피데스와 아가톤은 비극 시인이다. 한편 여기 언급된 안티폰은 동명의 아테나이 연설가라기보다는 시칠리아 쉬라쿠사이에서 디오뉘시오스 1세 때 활동했던 비극 시인으로 보는 게 나을 듯하다. 시인 단테는 여기서―스타티우스와 베르길리우스를 통해 간접적으로―자신에게 영향을 끼친 옛 선배 작가들에게 경의를 표하고 있다. 지금 이 여정은 시인 단테가 어쩌다가 문학인이 되었는지, 그 근원을 찾아가는 여행이기도 하다.

이어서 베르길리우스는 스타티우스의 작품 속에 나오는 인물들 중 다수가 림보에 머물고 있다고 전한다. 우선 《테바이스》에 등장하는 인물로, 국가의 명을 어기고 오라비를 매장했던 안티고네, 폴뤼네이케스의 아내였던 데이퓔레, 튀데우스의 아내이자 디오메데스의 어머니인 아르게이아, 안티고네의 동생 이스메네, 그리고 테바이로 원정을 떠나는 영웅들에게 랑기아 샘물을 가르쳐준 휩시퓔레 등이다. (아르고호의 모험에 등장하는 휩시퓔레가 왜 이 대목에 언급되는지 의아해할 사람도 있을 텐데, 그녀는 이아손 일행이 렘노스를 떠난 후, 전에 여자들이 궐기해서 남자들을 모두 죽일 때 자기 아버지 토아스를 빼돌린 것이 탄로 나서 고향에서 추방된다. 그녀는 아르고스에서 종살이를 하다가 테바이 원정군과 마주치고, 그 후 자기 아들들도 만나게 된다.)

한데 이 명단의 끝에 문제 되는 이름 하나가 덧붙는다. 테바이 예언자인 테이레시아스의 딸 만토다. 너무 오래전에 나와서 대개의 독자는 잊었겠지만, 이 여성은 거짓 예언자들의 무리와 함께 지옥의 제8원 넷째 구렁을 돌고 있었다. 그러면 단테가 혹시 전에 적은 것을 잊고서 이렇게 모순되게 써놓은 걸까? 하지만 시인 단테가 앞의 내용을 깜빡하기는 쉽지 않다. 만토는 그곳뿐 아니라 베르길리우스의 고향 만토바와 관련해서도 여러 차례 언급되기 때문이다. (시인 단테는 등장인물 베르길리우스의 입을 통해 시인 베르길리우스가 《아이네이스》에 적은 것을 반박하게까지 했었다.) 어떤 학자는 〈연옥편〉에 언급된 이 만토는 실재했던 인물이 아니라 작품 속 인물이라고 보기도 한다. 그렇다면 시인 단테가 실재 인물과 문학적 가상 인물을 따로 설정해서 미묘한 유희를 즐기고 있다고 봐야 하는데, 다른 사례가 없으니 이런 섬세한 설명은 따라가기 좀 어렵다. 나로서는 혹시 단테가 호메로스를 본받아서 자기도 하나쯤 틀린 구절을 일부러 넣은 게 아닌가 싶다. (《일리아스》에는 앞에 죽은 전사가 뒤에 다시 등장하는 대목이 있다.)

베르길리우스는 자신의 발언이 후대의 독자들에게 어떤 골칫거리를 안겼는지 전혀 의식하지 않고서, 《아킬레이스》 속 인물들의 행방에 대해서 이야기를 이어나간다. 아킬레우스의 어머니인 테티스도, 아킬레우스가 여자 옷을 입고 스퀴로스섬에 숨겨져 있을 때 그와 사랑을 나눴다는 데이다메이아도 림보에 함께 있다는 것이다.

식탐 둘레길에서 따를 모범들

이제 단테 일행은 비탈을 다 올라 다음 둘레길에 이르렀다. 시간은 이제 오전 10시를 막 지난 참이다. 베르길리우스는 전에 그랬듯 오른쪽 어깨를 바다 쪽으로 향하고 산을 돌자고 제안한다. 이제 이런 일에 익숙해 있으므로, 단테도 확신을 갖고 선생님을 뒤따른다.

얼마 지나지 않아 이들은 길 한가운데에 나무 한 그루가 서 있는 것을 발견한다. 향기로운 열매가 그득한 나무다. 한데 수형이 예사롭지 않다. 나무줄기가 위로 갈수록 굵어져서 누구도 올라갈 수 없게 되어 있었던 것이다. 한편 길 옆의 절벽에서는 맑은 물이 쏟아져 내려 나무 위로 퍼지고 있었다. 일행이 나무 가까이로 다가가자 나뭇잎 사이에서 경고의 목소리가 들린다. 이 나무 열매를 먹지 말라고. 흡사 구약성서에서 아담에게 하셨던 하느님의 말씀과도 같다.

나무는 이어서 우리가 따를 모범을 제시한다. 늘 그렇듯 첫 사례는 성모님이다. '마리아께서는 먹는 것보다는 결혼식이 제대로 완성되기를 더 원하셨다.'라는 것이다. 이는 가나의 혼인잔치에서 포도주가 떨어지자, 성모님께서 아들 예수께 부탁해서 물을 포도주로 만든 사건을 암시한다. 성모님의 말은 그저 잔치용 음료가 필요하다는 게 아니라, 혼인이라는 성사를 온전히 마치자는 것이었단 뜻이다.

두 번째 사례는 로마의 전통에서 가져왔다. 옛 로마 여인들은 음료로서 물을 마시는 데 만족했다는 내용이다. 감찰관 카토 같은 이들이 찬양하는 공화정기 로마의 단순하고 질박한 생활에 대한 언급이다.

세 번째 사례는 다시 기독교/성서 전통으로 돌아왔다. 다니엘과 그의 친구들은 바빌론 왕이 제공하는 이방 음식을 거절하고도 건강과 아름다움을 유지했다는 것이다. 이는 〈다니엘서〉에 나오는 내용으로, 바빌론으로 끌려간 유대 민족의 엘리트들이 왕에게 봉사하기 위해 발탁되어 훈련을 받을 때 일이다. 다니엘과 그의 친구들이 유대 민족은 먹을 수 없는 음식을 거부했고, 담당 관리가 난처해하자 시험을 제안했다. 그 결과, 며칠간 채식을 하고도 건강과 미용이 뛰어난 것을 보고서 담당 관리도 다니엘의 식사 방식을 인정하게 되었단다.

네 번째 사례는 전설적인 황금시대 때의 관행이다. 그 시대에는 사람들이 도토리도 기꺼이 먹었고, 개천의 물도 달게 마셨다는 것이다. 이는 황금시대의 풍요를 좀 다른 식으로 해석한 것이다. 물질이 풍부해서가 아니라 사람들이 쉽게 만족했기 때문에 풍요했다는 말이다. 앞에서 베르길리우스의 《목가》에 나오는 새로운 황금시대를 언급했으니, 이미지 연결이 꽤 그럴싸하다.

다섯째 사례는 세례자 요한이다. 그는 바위틈의 꿀과 메뚜기를 먹었지만 위대하고 영광스러운 예언자가 되었다. 이 다섯 개의 모범은 성서와 희랍 및 로마 전통이 한 번씩 번갈아 배치되었고, 성서 내용도 신약-구약-신약으로 균형 있게 배치했다.

제23곡

식탐 죄를 씻는 죄인들, 포레세

식탐의 둘레에서 뼈만 남은 자들과 마주치다

단테는 도대체 누가 그런 말을 하고 있는지 찾기 위해, 마치 조류 수집가(또는 관찰자)처럼 나뭇잎 사이를 뚫어지게 올려다본다. 하지만 베르길리우스는 시간을 유용하게 쓰자며 발길을 재촉한다. 어쩌면 나무 자체가, 혹은 거기 달린 열매가 외친 것일 수도 있겠지만, 중요한 것은 그 내용이지 발언의 주체가 아니란 뜻이겠다.

이어서 이들은 울음 섞인 노래를 부르는 무리와 마주친다. 그 노래는 "주여, 나의 입술을"이라는 다윗의 기도문이다. (《지옥편》 제1곡에서 단테가 베르길리우스를 향해 외쳤던 "나를 불쌍히 여기소서."에 이어지는 구절이다.) 이들은 입을 음식 먹는 데만 사용했던 죄인들이어서, 이제 그것을 찬양을 위해 사용하며 이전 죄를 씻는 참이다.

이들은 마치 순례자 무리가 생각에 잠긴 채 앞선 무리를 추월하는 것처럼 무심하게 지나간다. 그들의 눈은 움푹 파이고 창백한 얼굴에 뼈가 드러나도록 여윈 모습이다. 시인 단테는 그들을 《변신 이야기》에 나오는 에뤼식톤에 비긴다. 이 에뤼식톤은 식당을 짓겠노라고 신성한 나무를 베었다가 걸신에 들려 모든 것을 팔아먹고, 결국 자신의 팔다리를 뜯어 먹고 죽었다는 인물이다. 또 한편 단테는 이들이 예루살렘이 포위되었을 때 제 자식을 잡아먹었다는 사람 같다고도 생각한다. 그들의 눈구멍은 보석 빠진 반지 같고, 두 눈과 코, 광대뼈가 OMO 글자처럼 보일 지경이다. (omo는 '인간'이란 뜻이다. 우리가 절제하지 못하면 신적인 특성을 잃고 그저 인간적 특성만 드러나게 된다는 뜻일 수 있겠다.)

단테는 아직 이들이 이런 꼴이 된 이유를 알지 못하지만, 곧 과일과 물의 냄새 때문이라는 것을 알게 된다. 단테가 궁금증을 품고서 이들을 주시하고 있는 사이에, 한 영혼이 그를 알아보고 탄성을 지른다. 단테는 그 목소리를 듣고서 그가 친우 포레세임을 알아본다. 포레세는 자기 외양에는 신경 쓰지 말라면서, 단테가 여기에 온 연유가 어떠한지, 동행자들은 누구인지 묻는다.

친구 포레세에게 식탐 연옥 설명을 듣다

하지만 단테는 자신의 궁금증이 더 급하다. 먼저 포레세가 죽었을 때 자신이 느꼈던 슬픔을 되새기고 포레세의 현재 모습에 대한 고통을 토로하며, 그렇게 변화한 이유를 설명해 달라고 요구한다. 포레세는 순순히 양보한다. 자신들이 '정도를 넘어서 목구멍의 즐거움을 좇았기에' 여기서 배고픔과 갈증으로 죄를 씻는 것이라고 설명한다. 방금 본 나무의 열매 냄새, 그 위로 퍼지는 물 냄새가 그들의 욕망을 다시 일깨우고, 그들은 떠났다가는 다시 그 나무로 돌아와서 그 고통을 느끼면서 이전 죄를 씻어낸다는 것이다. 여기서 그들을 다시 이끄는 욕망은 '그리스도께서 '엘리'라고 말하게끔 했던 그 욕구'라고 표현되어 있다. 이 말은 예수께서 십자가에 달려 죽을 때 마지막으로 외쳤다는 '엘리 엘리 라마사박다니(하느님 하느님, 왜 나를 버리십니까?)'를 가리킨 것이다. 포레세는 그 외침이 목마름에서 나온 것으로 해석한 셈이다. (예수의 이 외침이 정말 목마름 때문이라면 아마도 그 목마름은 영적인 갈증이라고 해석해야 할 것이다.)

단테는 다음 질문을 던진다. 포레세가 죽은 지 겨우 5년밖에 되지 않았고, 죽기 직전에야 회심한 것으로 아는데 어떻게 벌써 여기까지 올라와 있느냐는 것이다. 자기는 이보다는 더 아래에서 그를 만날 줄 알았노라고. 그러자 포레세는 자신의 아내 넬라가 눈물 어린 기도와 한숨으로 자기에게 기다리는 시간을 면제시켜주어 이곳까지 얼른 올라올 수 있게 해주었다고 답한다.

여기서 포레세의 화제는 피렌체 여성의 복장과 처신에 대한 비난으로 바뀐다. 정숙한 자기 아내는 외로운 처지라는 것이다. 피렌체의 바르바자 구역 여자들은 같은 이름인 사르데냐의 바르바자 여자들보다도 오히려 더 성적으로 문란하다고. 그러면서 그는 이제 곧 피렌체 여자들이 가슴을 드러내고 다니는 것을 금지당할 것이라고 예언한다. 그 여자들이 곧 자신들에게 닥칠 일을 알게 된다면 애곡했을 것이라고. (1310년에 새로운 주교가 복장을 단속하게 되는데, 그 조치를 여기 반영했다.)

사실 성적 문란에 대한 개탄은 다음 층인 음란의 둘레에서 나오는 게 더 나을 텐데, 지금 여기 등장한 것은 아마도 식욕과 성욕이 긴밀한 관계이기 때문일 것이나. 너무나 아담과 하와가 열매를 먹었다는 나무와 비슷한 게 등장했으니, 그들의 나체를 떠올리기도 쉽다. 물론 벌거벗었던 최초의 인간들에게 음란죄는 없었지만. 한편 다음 구절을 보면 이 포레세가 단테와 매우 특별한 관계였다는 암시가 있는데, 어떤 학자는 이 둘이 뭔가 성적 모험을 함께한 게 아닐까 하는 추측까지 하고 있다. 그렇게 되면 포레세의 이 개탄이 이번 만남에 더욱 맞춤하게 된다.

이제 포레세는 처음 질문으로 돌아간다. 모두가 보고 있듯이 단테에 겐 그림자가 있으니 어찌 된 사연인가? 단테는 일단 자신과 포레세가 아 주 특별한 관계였음을 다시 한 번 강조한다. 나중에라도 이번 만남은 가 슴 아픈 기억이 될 것이라고. 그러면서 자신이 보름달이 뜬 날부터 선생 님의 안내를 받아, 산 채로 지옥을 지나 지금 연옥산을 올라가는 길이 라고 설명한다. (여기서 지옥은 '참으로 죽은 자들의 깊숙한 밤'이라 표 현되었고, 연옥은 '세상이 비틀어놓은 그대들을 곧게 만드는 산'으로 지 칭되었다.) 그리고 선생님은 베아트리체 있는 곳까지만 안내하고 떠날 것 이라고 덧붙인다. 단테는 마지막에야 이제까지 아껴둔 그 선생님의 이름 을 댄다. '저분은 베르길리우스다.' 그리고 또 하나 자신의 자랑스러운 동 행을 소개한다. 바로 저 사람이 이 산을 벗어나게 되어 조금 전에 산이 진동한 거라고.

식탐 죄인들의 목록, 보나준타, 탐식의 사례들

24곡은 크게 두 부분으로 되어 있다. 앞부분은 단테와 포레세, 보나준타, 다시 포레세와 단테의 말로 이어지는 대화다. 뒷부분은 새로운 나무와의 만남이다.

단테 일행은 서로 이야기를 나누면서도 걸음을 늦추지 않는다. 식탐 연옥의 죄인들은 단테의 그림자를 보고서 놀란다. 비쩍 말라 거의 표정이 드러나지 않던 얼굴에서조차 놀라는 기색이 보인다.

단테는 포레세에게 저분들이 더 빨리 갈 수도 있지만, 자기 때문에 좀 느리게 가는 것이라고 설명한다. (원문 '저분은 다른 이유가 아니라면 더 빨리 갔을 것이다.'에는 다른 해석의 여지도 있다. 즉, 베르길리우스와 스타티우스가 이야기를 나누느라 좀 느리게 가는 거라는 해석인데, 이미 24곡 첫머리에 '이야기 때문에 늦는 건 아니'라고 했으니 이 해석은 배제해야 할 것이다.)

단테는 포레세에게 두 가지를 답해달라고 청한다. 우선, 포레세의 누이 피카르다가 어디에 있는지, 그리고 이 둘레에 좀 특별한 사람이 있는지 물은 것이다. 포레세는 피카르다가 천국('높은 올림포스')에 있다고 답한다. 우리는 그녀를 천국의 첫 번째 층(제3곡)에서 보게 될 것이다.

지금 여기 〈연옥편〉 24곡에서 포레세가 그녀에게 붙이는 수식어('아름다움과 착함 중 어느 것이 더한지 모를')는 시인 단테가 그녀를 얼마나 높게 평가했는지 보여준다. 혹시 단테가 그녀를 이성으로 좋아한 게 아닐까 하는 의혹이 독자에게 생길 수도 있는데, 〈천국편〉에 보면 그녀는 수녀원에 들어갔다가 억지로 끌려나와 결혼을 한 것으로 되어 있으니 그런 의혹은 떨쳐버려도 되겠다. 그보다 피카르다가 여기 언급된 이유는 다소간 절제 없이 행동했던 포레세에게(그리고 그와 유사한 우리에게) 모범으로 제시하기 위한 것이리라.

식탐 연옥에 있는 죄인들의 목록

포레세는 단테의 두 번째 질문에 답하기 시작한다. 우선 이곳에서는 모두가 비쩍 말라서 모습이 비슷비슷해 보이기 때문에 누구를 지적해도 큰 차이가 없으리라고 전제한다. 그러면서 처음으로 가리킨 사람은 보나준타(Bonagiunta)라는 시인이다. 《신곡》은 일종의 저승 여행 기록인데, 이러한 여행에 빠지지 않는 요소 중 하나가 자신의 과거와의 대면이다. 다른 경우에 저승 여행자 대부분은 과거는 이미 돌이킬 수 없이 흘러가버렸고, 그는(그리고 우리는) 과거 자신의 선택의 결과를 감내하는 수밖에 없다는 뼈아픈 진실을 확인하게 된다. 하지만 기독교 서사시인 《신곡》에서는 본인의 참회와 친구들의 도움 기도로 지난 과오를 돌이키고 만회할 여지가 조금 남아 있기 때문에 그 공식이 딱 들어맞지는 않는다. 대신 시인 단테는 과거와의 대면을 기회 삼아 자기가 어쩌다가 현재의 모습이 되었는지, 자신이 시인이 되는 데 기여한 모범과 반면교사들을 돌아보고 있다. 보나준타는 문체에 있어서 단테(청신체파)와는 대립하는 시파(시칠리아파)의 주역이었다.

포레세는 보나준타에 대해 길게 얘기하지 않고, 주로 성직자, 공직자였던 다른 죄인들을 열거한다. 투르 출신의 교황 마르티누스 4세를 비롯해서 추기경, 대주교, 집정관 등 좋은 와인과 미식을 즐기던 이들이다. 더러 맛집을 찾아다니기도 하는 현대인으로서는 '이게 뭐 그리 큰 죄인가?' 하는 의문이 들 수도 있지만, 아마도 중세에 식탐이란 자기 몫 이상으로 소비하는 것, 자기 차례가 아닌데 남을 밀쳐내고 좋은 것을 앞질러 차지하는 것, 주변의 궁핍을 돌아보지 않고 제 욕구만 앞세운 것 등이 모두 포함된 죄였던 듯하다.

한편 단테의 시선은 여전히 시인 보나준타에게 머물러 있다. 그는 굶주린 목소리로 어떤 여성의 이름을 겨우 중얼거린다. 젠투카라는 여인인데, 당시로서는 아직 결혼도 하지 않은 상태이지만 그녀로 인해 루카라는 도시가 좋은 인상을 주리라는 예언이다. 하지만 젠투카는 별로 유명한 인물이 아니어서 학자들도 누구인지 적시하지 못하고 있다. 아마도 포레세의 누이 피카르다처럼 이곳 죄인들의 모범이 될 만한 품성을 지녔지만, 우리에게 전해질 만큼 유명해지진 못했던 것 같다.

하지만 보나준타의 관심 역시 죄인들에게 모범을 제시하는 것보다는 시인 사이의 문학 토론에 있는 모양이다. 단테의 시구 한 절을 읊으며, 그 시를 지은 사람이 바로 당신이냐고 확인한다. '사랑을 이해한 여인들이여!'라는 구절이다. 그 질문에 단테는 사랑이 숨결을 불어넣어줄 때 그저 그것을 포착해서 형상을 부여했을 뿐이라고 답한다. 상당히 겸손하게 들리는 이 대답에 보나준타는 큰 깨달음을 얻은 듯 반응한다. 이제야 자기네 시파가 무엇을 놓쳤었는지 알겠노라고, 단테는 사랑을 바짝 따라가면서 그것이 불러주는 대로 받아 적었는데 자신들은 그것을 못했노라고. 얼핏 보기엔 문체 차이가 크지 않은 듯 보이지만, 질적인 차이가 있었다고. 그러면서 자기 파에 속한 다른 시인 둘의 이름(공증인 렌티니, 귀토네 다레초)도 대는데, 현대인으로서는 기억하기 좀 어려운 사람들이다. 귀토네의 이름은 나중에 한 번 더 나올 것이다.

이제 다른 사람들은 나일강에서 겨울을 나는 철새들처럼 줄지어 지나가버린다. 포레세는 그들이 먼저 가게 놓아두고 자신은 약간 뒤처져 가면서 단테와 못 다한 이야기를 나눈다. 그는 단테가 언제쯤 이 연옥산으로 다시 돌아오게 될지 묻는다. 단테는 이곳에 다시 오자면 시간이 좀 걸리겠지만(시인 단테는 1300년으로부터 21년을 더 살았다.) 마음속으로 늘 이곳을 생각하겠노라고 답한다. 이승은 날로 선을 잃어가면서 언제든 멸망할 것처럼 보이기 때문이다.

그러자 포레세는 이승을 위해 희망적인 미래를 예언한다. 몇 년 안에 '가장 죄 많은 자가 짐승 꼬리에 매달려 끌려가는' 것을 보게 되리라는 것이다. 이는 대체로 포레세의 형제이기도 한 검은 궬프(극렬 교황파)의 우두머리 코르소 도나티의 죽음(1308년)을 암시하는 것으로 해석한다. 전설에 따르면 그는 말에 얽혀 끌려가다 죽었다. 물론 다른 해석(어떤 성직자나 정치가의 재난 등)도 가능하다. 일단 주류 해석을 따라 그 인물이 도나티라고 보자면, 이 집안에도—높으신 페데리코 황제 집안처럼—극악한 죄인과 평범한 사람, 거의 성녀급 인물이 모두 포함되어 있는 것이다. 자라난 환경은 비슷해도 저마다의 선택에 따라 종착점이 달라진다.

포레세는 계속 단테와 동행하자면 소중한 시간을 너무 많이 잃겠다면서 작별하고 떠나간다. 앞서 포레세가 속도를 늦췄을 때는 달리기에 지친 사람으로 그려졌었는데, 여기서는 제일 먼저 적들의 전열로 돌진하는 기사에 비유되고 있다.

식탐 연옥의 반면교사들

단테가 자기 친구의 모습을 멀리서 눈길로 뒤쫓고 있을 때, 다시 새로운 나무 한 그루가 보인다. 이 식탐 둘레길의 죄인들이 그 나무를 에워싸고 애원하는 모습을 보이고 있다. 나무는 마치 어린아이들이 원하는 물건을 높이 들고 자극하며 계속 애원을 유도하는 어른처럼 거동한다. 죄인들은 낙심하여 떠나간다. 단테 일행이 다가가자, 나무가 외친다. 다가오지 말라고, 하와(이브)가 열매를 따 먹은 나무는 저 위에 있으며 이 나무는 거기서 나온 것이라고. 여기서 하와는 말하자면 첫 번째 식탐 죄인으로, 우리의 반면교사이다.

단테 일행이 나무와 암벽 사이로 지나가는데, 다시 나무가 외친다. 술에 취해 테세우스 일행과 싸웠던 켄타우로스들을 기억하라고, 그리고 기드온의 부하들을 기억하라고. 그들은 시냇물을 손으로 떠서(절제하며) 먹지 않고 직접 입을 대고(무절제하게) 빨아들였고, 그래서 하느님의 전쟁에 참여할 기회를 잃었다. 여기서는 좀 특이하게 우리가 따르면 안 되는 사례들이 '성서-신화-성서'의 순으로, 성서 사례가 하나 더 많게 구성되었다.

이제 생각에 잠겨 길을 가는 세 사람 앞에 새빨간 천사가 나타난다. 그는 다음 층으로 가려면 여기서 오르막으로 접어들어야 한다고 가르쳐 준다. 단테가 그 천사의 곁을 지날 때 봄꽃 가득한 들판처럼 천상의 암브로시아 향내를 풍기는 날개가 그를 스쳐 지나간다. 거의 메마른 사막 같던 식탐 둘레길을 주파해낸 사람들에게 주는, 생명과 윤택함의 보상이다. 이어서 천사는 '정의에 굶주린 사람은 행복하다.'라는 8복의 말씀 하나를 읊어준다. 한데 그 앞에는 '맛에 대한 사랑이 지나친 욕망으로 연기를 뿜지 않고'라는 한정 어구가 붙어 있다. 우리는 일종의 굶주림을 가지고 살아야 하는데, 그 대상이 육체적 미각이 아니라 신적 정의여야 한다는 것이다.

연옥 제7층, 영혼의 발생과 성장에 대한 설명, 순결의 모범들

25곡의 앞부분 3분의 2 정도는 식탐 연옥 영혼들이 어떻게 그렇게 마를 수 있는지 설명한다. 중세의 발생학과 영혼 생성론, 사후 영혼의 상태가 길게 해설된다. 마지막 3분의 1은 새로운 층에서 음란죄를 씻는 영혼들이 불길 속에 갇혀 자신들의 모범을 찬송하는 것을 보여준다.

영혼들이 마를 수 있는 이유1-육체는 영혼을 따른다
이제 정오를 지난 시점이어서 자오 선에는 황소자리가 걸쳐 있고, 태양은 양자리와 함께 약간 서쪽으로 옮겨간 상태다. 단테 일행은 다급한 필요에 몰린 사람들처럼 서둘러 다음 층으로 가는 통로를 올라간다. 길이 좁기 때문에 셋은 한 줄로 가고 있다. 단테는 베르길리우스께 질문하고 싶은 것이 있지만, 몇 번이나 망설인다. 새끼 황새가 날개를 펼쳤다가도 감히 둥지를 떠나지 못하고 다시 날개를 접는 형국이다. 선생님께서 그것을 눈치 채고 질문을 허락하신다. 이미 한껏 당긴 활시위를 놓으라고.

단테는 방금 지나온 층의 영혼들이 어떻게 그렇게 야윌 수 있는지가 의문이다. 연옥은 먹을 필요가 없는 곳 아닌가? 어차피 이 산에 머무는 영혼들은 모두 식사를 하지 않았을 텐데, 유독 그 층에서만 그렇게 야원 이유는 무엇인가? 선생님께서는 일단 비유를 들어 말씀하신다. 장작이 모두 타버렸을 때 멜레아그로스가 어떻게 죽었는지 생각하면 된다는 것이다.

멜레아그로스는 칼뤼돈 멧돼지 사냥을 주도했던 영웅이다. 그가 처음 태어났을 때 운명의 여신이 나타나서 타고 있는 장작을 가리키면서, '이 장작이 다 타면 아이가 죽을 것이다.'라고 예언했단다. 그래서 그의 어머니 알타이아가 그 장작의 불을 꺼서 잘 보관해 두었다 한다. 한데 칼뤼돈에 나타난 괴물 멧돼지를 제압했을 때, 그 멧돼지의 머리와 가죽을 누가 가질 것인지를 두고 다툼이 일어난다. 멜레아그로스는 그것을 멧돼지에게 처음 부상을 입힌 처녀 사냥꾼 아탈란테에게 주고자 했다. 그러자 그의 외삼촌들이 나서서 항의했다. 그 멧돼지에게 결정타를 넣은 사람은 멜레아그로스이니, 그 자신이 그걸 갖든지 아니면 가족의 권리에 따라 외삼촌들이 가져야지 왜 남에게 명예를 넘기느냐는 것이다. 말다툼은 무력으로 번지고, 결국 멜레아그로스가 외삼촌들을 죽이게 된다. 그 소식을 들은 알타이아는 자기 오라비들의 죽음에 분노하여 아들의 목숨이 달린 장작을 불에 던진다. 그리고 그 장작이 다 타버리는 순간 멜레아그로스도 죽었다 한다.

그러면 여기서 영혼들이 마른 것은 멜레아그로스와 장작의 관계를 보면 이해된다고 한 베르길리우스의 말은 대체 무슨 뜻일까? 멜레아그로스의 장작은 어떤 사람의 생명이나 힘이 외부의 물건에 의지한다는 '외부 영혼'이라고들 말한다. 이 개념에 따르면 우리의 생명은 영혼보다는 육체(장작)에 달렸다는 것 같다. 하지만 연옥에 있는 영혼들은 육체는 지상에 두고 왔고 그 육체는 거의 스러졌을 터이니, 베르길리우스의 논리를 따르자면 이 영혼들도 스러지는 게 옳지 않을까?

여기서 베르길리우스는 한 가지 비유를 더 든다. 거울에 비친 우리 모습은 우리가 움직이는 대로 따라 움직인다는 것이다. 실물과 거울 속 이미지의 관계는 우리 영혼과 육체의 관계와 같다. 따라서 이 새 비유에 따르면 육체의 상태는 영혼의 상태를 따른다는 게 된다. 그러면 앞에 본 멜레아그로스 이야기도 조금 달리 해석해야겠다. 그의 '외부 영혼'인 장작은 정말로 영혼이고, 멜레아그로스의 육체는 그것의 그림자였던 것이다.

영혼의 발생과 성장 단계

여기서 베르길리우스는 후배 시인 스타티우스에게 답변을 일임한다. 스타티우스는 감히 선배이자 스승인 베르길리우스 앞에서 자기가 영원한 진리를 설명하는 게 외람되다 느끼지만, 스승의 명을 거역할 수도 없으니 시도해보겠노라고 운을 뗀다. 그는 일단 자신이—'왜?'는 그냥 넘어가고—'어떻게'에 대해서만 밝혀보겠노라고 선언한다. 사실 '왜?'에 해당되는 지식은 신에게만 귀속되고, 우리 인간들에게는 감춰져 있는 경우가 많다.

이제 스타티우스가 한참 설파하는 내용은 중세의 발생학이고 영혼론이다. 그 요지는 다음과 같다. 남성의 혈액 속에는 특별히 '완벽한 피'가 있는데, 다른 피는 혈관 속으로 흡수되지만 이 피는 심장에서 인간의 어떤 지체든지 만들 수 있는 능력을 부여받는다. 이렇게 정제된 피는 성적인 기관으로 내려가서, 여성의 자궁('자연의 그릇') 속으로 떨어져 거기서 다른 피와 만나게 된다. 여성의 피는 수동적이고, 남성의 피는 능동적이다. 남성의 피는 여성의 피를 뭉쳐서 질료로 삼고, 그것이 활동하게 만든다. 여기까지가 '발생학'이다. 정자, 난자의 생성과 수정, 수정란의 세포분열 과정을 그럭저럭 설명해주고 있다.

거기부터 영혼론이 시작된다. 이제 활동하기 시작한 능동적인 힘은 식물적 영혼이다. 물론 진짜 식물의 영혼은 이미 완성된 것이지만, 인간의 영혼이 되기 위해 막 출발한 '식물적 영혼'은 아직 미완이다. 다음 단계는 해면처럼 움직이고 느끼는 단계(동물적 영혼)다. 이제부터 이 영혼은 자신이 완성할 잠재적 능력들을 위해 신체 기관들을 조성하기 시작한다. (아리스토텔레스의 목적론의 영향이 확연하게 느껴지는 대목이다.)

다음 단계는 동물적 영혼이 인간적 영혼으로 바뀌는 것인데, 스타티우스는 이 대목은 이해가 꽤 어렵다고 강조한다. 현명했던 아베로에스도 여기서 실수했다는 것이다. 그는 가능 지성(possibile intelletto)을 영혼(anima)으로부터 분리했는데, 가능 지성이 담길 신체 기관을 확인하지 못해서 그런 것이다. (여기서 '영혼'은 생명과 감각, 운동의 주체이고, '지성'은 이해와 추론의 주체이다. 이 둘이 분리되면 결국 영혼의 불멸이 부정된다. 시인 단테는 지금 자신이 림보에 모셨던 큰 철학자를 깎아내리는 참이다.)

이전 세대의 잘못을 지적한 시인 단테가 스타티우스의 입을 통해 제시하는 진리는 이러하다. 엄마 뱃속의 태아에게 뇌가 형성되면 신께서 거기에 새로운 입김을 불어넣으신다. 그러면 이 입김은 뇌 속에서 이미 활동 중이던 영혼(동물적 영혼)을 자신 속에 흡수해서 하나의 단일한 영혼을 형성한다. 그러면 그것은 생명을 유지하고(식물적), 동시에 감각을 가지며(동물적), 또한 자신을 돌아보게(반성적) 된다. 이는 태양열이 포도즙과—나란히 있거나 대체하는 게 아니라—결합해서 포도주가 되는 것과 같다.

이제 스타티우스 '조교'의 강의는 세 번째 단계로 접어든다. 죽음 뒤에 우리 영혼에게 일어나는 일이다. 한 인간이 죽으면('라케시스의 실이 다하면') 영혼이 육체를 벗어나는데, 그때 영혼은 인간적 능력(생명, 감각, 운동)과 동시에 신적 능력(이해, 추론)을 잠재적으로 갖추고 있다. (여기서 '잠재적'이라고 한 것은 이 영혼이 육체와 분리되어서 일시적으로 실행 능력을 잃었기 때문이다.) 또한 육체의 교란이 없기 때문에 영혼은 기억과 지성, 의지에 있어 이전보다 더 날카롭고 활동성이 향상된 상태다.

이렇게 육체와 분리된 영혼은 어떤 설명할 수 없는 놀라운 방법에 의해 지옥행, 또는 연옥행 강가로 도착한다. 그곳에 가면 영혼의 형성력이 주위로 비쳐나가고, 그 주위에는 살았을 때와 똑같은 제2의 몸이 생겨난다. 이는 비에 젖은 대기 속에 빛이 비쳐 무지개를 만드는 것과 마찬가지다. 영혼이 공기를 질료로 삼아 형상을 부여했기 때문이다. 이후로 그 공기 육체는 불과 함께 불꽃이 움직이듯 영혼이 가는 대로 따라다니게 된다. 이렇게 공기로 이루어졌기 때문에 이 육체는 '그림자'라고 부른다. (앞에도 말했지만 지옥에서는 '그림자(ombra)'라는 표현이, 연옥과 천국에서는 '생명(vita)'이란 표현이 훨씬 자주 쓰인다.) 이 새로운 몸은 시각을 포함해서 모든 감각을 다 갖추고, 언어능력과 감정 표현 능력까지도 갖추고 있다. 따라서 욕망과 감정에 따라 모습이 바뀐다.

스타티우스는 '이것이 그대가 궁금해하던 바로 그 이유다.'라고 말을 맺는데, 총명한 단테에겐 충분할지 몰라도 우리로서는 약간의 보충이 필요하다. 즉, 식탐 연옥의 영혼들은 이전에 지나친 배부름을 추구했던 죄로 이제 배고픔의 감정을 강렬하게 느끼게 되었고 그것이 외적으로 비쩍 마른 모습으로 나타난 것이란 말이겠다. 영혼이 배가 고파서, 그림자인 공기 육체에도 그 배고픔이 드러난 것이다.

음란죄를 멀리한 모범 사례들

스타티우스가 길고 긴 이론을 펼치는 사이에 일행은 다음 층에 이르는 계단 길을 다 올랐다. 언제나 그러하듯 이들은 오른쪽으로 방향을 돌리고 반시계 방향으로 진행한다. 그 둘레길에서는 절벽이 바깥으로 불을 뿜고, 바다 쪽 길 가장자리에서는 바람이 위로 불면서 그 불길을 위로 휘어지게 만들어 좁은 통로를 남기고 있다. 이렇게 불길과 낭떠러지 사이로 지나가게 되자 베르길리우스께서는 각별히 조심하며 진행하자고 당부하신다. 음란의 둘레길을 지나기가 이렇게 아슬아슬한 것은 음란죄가 특히 범하기 쉽고, 한순간에 인간을 파멸시킬 수 있기 때문이다.

거기서 단테는 불길 속을 걸으며 하느님의 관대함을 노래하는 무리를 목격한다. 단테는 그들 쪽으로 눈길을 한번 던지고, 다시 자기 발밑을 확인하면서, 호기심과 안전을 동시에 확보하는 어려운 과업을 수행한다. 불 속의 영혼들은 자기들이 모범으로 삼는 사례들을 외친다.

첫 사례는 늘 그러하듯 성모님이다. 천사에게 수태고지를 받았을 때 성처녀께서 하셨던 대답, "나는 남자를 모르노라."를 외친다. 하느님께 허락받지 못할 성적인 행동은 하지 않겠다는 뜻이겠다. 이들은 다시 한번 성가를 부르고는 두 번째 사례를 외친다. 아르테미스가 제우스의 유혹에 넘어가 임신한 칼리스토(헬리케)를 쫓아낸 것을 찬양하는 것이다. 《변신 이야기》에 나오는 이 사례에서는 사실 제우스가 비열하고 칼리스토는 좀 억울하게 보이는데, 시인 단테는 아마도 정숙한 여성이라면 유혹이나 위협을 당할 상황 자체를 미리 피해야 한다는 옛날식 사고를 따른 듯하다. 다시 노래가 지나가고 세 번째 사례가 외쳐진다. 이번에는 좀 일반적인 것으로, 덕과 혼인에 따라 정조를 지킨 모든 아내와 남편이 그들의 모범이다.

이곳의 영혼들은 자신들의 가슴속에 한때 타올랐던 것 같은 뜨거운 불길 속에서, 자기들 이마 위의 마지막 P 자를 지우고('마지막 상처를 아물게 하고') 있다.

음란의 사례들, 귀도 귀니첼리, 아르노 다니엘

두 종류의 음란죄인이 따르면 안 될 사례를 외치다

단테 일행은 한 줄로 위태로운 길을 통과한다. 베르길리우스는 조심하기를 거듭거듭 강조하신다. 이제 저녁이 다가와 태양은 오른쪽에서 비추고 있다. 단테의 그림자가 불길 위로 드리워져 불꽃은 더욱 붉어 보인다. 불 속의 죄인들은 단테가 마치 진짜 같은 육신을 지니고 있는 것에 놀란다. 그중 몇이 불 밖으로 몸을 내밀지 않으면서 최대한 다가와 질문한다. 우선 그가 다른 두 사람 뒤에 가는 게 발이 느려서가 아니라 그분들에 대한 존경심 때문일 거라고 추측한다. 그들은 지금 불에 타는 것 못지않게 궁금증 때문에 목이 타고 있다. 단테가 어떻게 해서 마치 죽지 않은 사람처럼 태양을 가로막고 있느냐는 것이다.

단테가 그 말에 답하려는 순간 새로운 사람들이 나타난다. 불길 속에 그들과 반대 방향에서 오는 사람들이 있었던 것이다. 문맥으로 보아 먼저 말을 건 사람들은 단테와 마찬가지로 반시계 방향으로 움직이는 사람들이고, 새로 나타난 사람들은 시계 방향으로 움직이는 자들인 모양이다. 학자들은 시계 방향이 자연에 반하는 방향이라고 보고 있다.

두 방향의 행렬이 마주치자 이들은 마치 개미들처럼 서로 짧게 입을 맞추고는 곧장 헤어져 가던 길을 간다. 서로 헤어지자마자 그들은 외친다. 새로운 무리는 '소돔과 고모라!' 하고 소리친다. 다른 무리는 파시파에가 가짜 암소 속에 들어가 황소와 짝지은 것을 외친다. 마치 서로 반대 방향으로 이동하는 철새 무리처럼 다른 무리와 마주칠 때마다 그들은 자신에게 어울리는 말을 외치고 노래를 되풀이한다.

다른 무리가 가버리자, 조금 전에 다가왔던 사람들이 다시 다가든다. 단테는 자신이 현재 피와 뼈를 지닌 채로 지나고 있음을 밝힌다. 자기가 더는 눈먼 삶을 살지 않기 위해 천국으로 여행하는 중이며, 저 위의 여성(아마도 베아트리체)이 은총을 베풀어 아직 죽지 않은 채 연옥을 지나는 중이라고. 그러면서 자신이 나중에 기록할 수 있도록 그들이 누구인지, 조금 전에 지나간 사람들은 누구인지 말해달라고 청한다.

불 속의 영혼들은 도시에 도착한 시골 사람처럼 어리둥절해하지만, 곧 한 사람(귀도 귀니첼리)이 나서서 답한다. (이 부근에는 서로 상대를 존중하고 상대의 소망이 얼른 이뤄지기를 축복하는 발언이 매우 자주 등장한다. 이제 죄 씻음이 거의 끝난 사람들이어서 그런 모양이다.) 조금 전에 지나간 무리는 동성애 죄를 지은 자들이다. 그래서 자기들을 부끄럽게 만들어 죄를 얼른 씻으려 '소돔!'이라고 외치면서 가는 중이다. 구약성서 〈창세기〉에, 소돔과 고모라는 동성애 죄 때문에 하늘에서 유황불이 떨어져 멸망한 도시로 그려져 있다.

그리고 여기서 동성애는 '그 때문에 카이사르가 '여왕'이라고 불렸던 죄'로 표현되어 있다. 카이사르도 사실은 동성애적 행동을 한 적이 있어서, 개선식 때 시민들이 '왕이시여!'라고 외치자, 행진 중이던 병사들이 자기들끼리 '여왕이라 해야지!' 하며 웃었다는 얘기가 전해진다. 《신곡》에서 카이사르는 좋은 모범으로도 잘못된 사례로도 이용된다.

연옥편 | 제26곡

한편 지금 단테 앞에 있는 무리는 이성애자로서 음란했었는데, 인간으로서 법도를 따르지 않고 짐승처럼 정욕을 추구했기 때문에 파시파에의 이름을 외친 것이다. 크레테 왕비였던 파시파에는 바다에서 솟아오른 황소에게 반해서 나무로 가짜 암소를 만들고 그 안에 들어가서 그 황소와 결합했고, 그렇게 해서 머리는 소, 몸은 사람인 미노타우로스를 낳았다. 우리는 이미 폭력 지옥 앞에 간판처럼 서 있던 미노타우로스를 보았다. 국내 번역본 중에는 지금 여기서 단테와 같은 방향으로 가는 사람들은 짐승과 결합하는 죄를 지었다고 해설된 경우도 있는데, 그건 좀 심한 해석이다. 학자들은 대개 '짐승처럼 지나치게' 성욕을 추구했던 죄인이라고 보고 있다.

지금 여기서 두 무리가 외친 구호는 사실상 반면교사 사례들이다. 두 사례 중 하나는 성서 전통에서, 다른 하나는 희랍/로마 전통에서 인용되었다. 그리고 해설 과정에 카이사르의 사례(희랍/로마 전통)도 살짝 곁들여 있어서, 사실상 세 개의 반대 사례가 소개된 셈이다.

불길 속에 타고 있는 시인들

상대는 시간이 부족해서 많은 사람을 소개할 수는 없다면서 우선 자기를 소개한다. 그는 시인 귀도 귀니첼리다. 우리는 벌써 오만의 둘레길(11곡)에서 그의 이름이 암시된 것을 보았다. '이전에 뛰어났던 두 명의 귀도' 중 하나로, 다른 귀도는 귀도 카발칸티였다.

귀도 귀니첼리는 자기가 생의 마지막에 도달하기 전에 일찌감치 회심해서 지금 이곳까지 와 있노라고 말한다. 단테는 자기에게 큰 영향을 끼쳤던 이 선배 시인과 마주친 기쁨을, 이아손의 두 아들이 자기들의 어머니 힙시퓔레와 마주쳤을 때의 기쁨에 비기고 있다.

휩시퓔레는 옛날 렘노스 여인들이 일제히 궐기해서 남자들을 모두 죽일 때 자기 아버지를 몰래 빼돌렸고, 나중에 그 사실이 탄로 나서 고향에서 추방되었다. 그녀는 네메아에서 뤼쿠르고스왕의 하녀로 일하게 되는데, 마침 오이디푸스의 아들 폴뤼네이케스와 함께 테바이 원정을 떠나는 사람들이 그녀와 마주쳐 샘으로 안내해 달라고 부탁한다. 그녀가 왕의 아들 오펠테스를 풀밭에 눕혀놓고 샘에 다녀온 사이에 뱀이 그 아이를 죽이고, 휩시퓔레는 처벌받을 위기에 처한다. 하지만 테바이 원정대 일곱 영웅이 개입해서 그녀를 지켜주고, 그 후로 죽은 아이를 기리는 운동경기(네메아 경기)가 생겨났다고 한다. 나중에 이아손과 휩시퓔레 사이에 태어난 에우네오스와 토아스가 찾아와 자기들의 어머니와 상봉하게 된다. 이 일화도 스타티우스의 《테바이스》에 전해진다. 시인 단테는 현재 상황을 '뤼쿠르고스의 슬픔(오펠테스의 죽음) 속에 두 아들이 어머니(휩시퓔레)를 만났을 때'와 비교하고 있어서 이 이야기를 모르는 사람은 좀 따라가기 힘들다.

 단테는 이 선배 시인을 껴안고 싶었지만 불길 때문에 그러지는 못한다. 자신과 다른 시인들에게 큰 영향을 끼친 거의 아버지 같은 분을 주시하면서 한참을 그와 동행한다. 그러고는 그를 늘 섬기겠노라고 다짐한다. 이 후배 시인을 알지 못하는 귀도가 그 이유를 묻자, 자신이 영향받은 그 문체(청신체) 때문이라는 취지로 대답한다. 그러자 귀도는 이곳에 있는 다른 훌륭한 시인을 소개한다. 그 사람은 아르노 다니엘이다. 귀도는 이 다니엘이 흔히 사람들이 높이 치는 보르넬보다 훨씬 더 나은 시인이라고 평한다. 오만의 둘레길에서 그랬던 것처럼 시인 단테는 여기서—귀도의 입을 통해—중세 문학의 거장들의 서열을 정하고 있다. 귀도는 전에 많은 칭찬을 들었지만 사실은 대단치 않은 또 하나의 시인으로 귀토네 다레초를 지적한다. 이 귀토네는 24곡에서 보나준타의 개탄 속에 등장했었다. 보나준타 자신도 귀토네도, 단테처럼 사랑이 불러주는 것을 받아 적지 못했다는 회고였다. 이렇게 두 번이나 깎아내린 것을 보면 시인 단테는 귀토네가 꽤나 싫었던 모양이다.

귀도 귀니첼리는 단테에게 나중에 자신을 위해 주기도문('주의 기도')을 한 번만 읊어달라고 부탁한다. 전부는 필요하지 않으니, 연옥에 있는 사람에게 필요한 정도만 읊으면 된다고. 이 말은 이미 11곡의 오만의 둘레길에서 바위를 지고 가는 사람들이 설명해 주었던 것과 유사하다. '다만 악에서 구하소서.'라는 마지막 구절은 연옥산의 영혼들이 아니라, 지상에 남은 자들을 위한 구절이라는 것이다. 이런 부탁을 남기고서 귀도는 다시 불 속으로 깊이 들어가 버린다. 그런 그의 모습을 시인 단테는 물고기가 물속으로 들어가는 것 같다고 적었다. 〈지옥편〉(15곡)에서 브루네토 라티니의 뒷모습과도 비슷하지만 여기서는 처연하다기보다 거의 활기 넘치는 느낌이다.

이제 단테는 귀도가 가리킨 사람에게로 다가간다. 이 사람 아르노 다니엘은 프로방스 출신이어서 여기서 그가 하는 말은 《신곡》 원문에 중세 프로방스어로 적혀 있다. 하지만 이탈리아어에도 있는 표현들을 많이 써서 내용을 따라가기 아주 어렵지는 않다. 그는 우선 자기 이름을 말하고, 자신의 현재 상황(울고 있다), 과거(어리석었다), 미래(즐거운 희망)를 언급한 후에, 자신의 아픔을 기억해달라 부탁한 후 불 속으로 사라진다. 시인 단테는 자기에게 좋은 영향을 끼친 선배 시인들을 이런 식으로 영원한 존재로 만들었다.

제27곡

불의 장벽을 통과하다, 단테가 레아를 꿈에 보다

단테 일행이 불의 장벽을 통과하다

27곡은 시간에 대한 설명으로 시작한다. 예루살렘('창조주의 다른 모습인 그리스도가 피를 흘린 곳')에는 아침 해가 돋고 있다. 예루살렘으로부터 서쪽으로 90도에 위치한 스페인('에브로 강가')은 지금 한밤중('저울자리 아래')이다. 예루살렘에서 동쪽으로 90도에 위치한 갠지스강은 한낮의 햇살에 뜨거워지고 있다. 다른 구절은 비교적 쉽게 이해가 되고, 저울자리가 양자리와 정반대쪽에 있어서 춘분 무렵 태양과는 180도 정면에서 마주보고 있나는 것만 알면 되겠다.

지금 단테가 있는 연옥산은 예루살렘의 대척점이므로 해가 저무는 참이다. 그때 또 한 명의 천사가 일행 앞에 나타나 "마음이 깨끗한 사람은 행복하다."라고 노래한다. 연옥산의 일곱 층에 맞춰 변형된 8복 중 하나다. 그 천사는 길을 가로막고 있는 불의 벽을 가리키며 말한다, 이 불길에 깨물리지 않고는 더 나아갈 수 없다고, 불 속에 들어가서 저 너머의 노랫소리를 들으라고. 지금 천사가 명한 것은 '불의 세례'에 해당되는 것이다. 세례자 요한은 자기가 주는 물세례와 대비해서 나중에 오실 분(예수)이 베풀어 줄 불세례를 예언했었다. 그리고 아마도 여기서 천사가 단테의 이마에 있던 마지막 P 자를 지워주었을 텐데, 그 과정은 그냥 생략했다.

천사의 명을 들은 단테는 벌써 죽어(또는 생매장되어) 무덤에 묻힌 사람처럼 창백해진다. 그는 두 손을 맞잡아 앞쪽으로 뻗으며 불길을 막는다(또는 두 손을 깍지 끼고 그 위로 몸을 굽힌다). 조금 전 불 속에서 고통스러워하던 영혼들의 모습이 상기된다. 단테가 이렇게 두려워하는 데는 이유가 있다. 시인 단테는—1300년에는 아직 아니었지만, 2년 뒤에—궐석재판에서 화형 선고를 받기 때문이다.

동행하던 두 시인은 단테를 설득하려 애쓴다. 베르길리우스는 단테에게 조금 고통스럽긴 하겠지만 절대로 죽지는 않을 거라고 확언한다. 전에 게뤼온을 타고 지옥 밑으로 내려갈 때도 무사했는데, 지금 하느님께 훨씬 가까이 온 마당에 무슨 위험이 있겠냐고 달랜다. 이 불길 속에 천 년 동안 머물더라도 털끝 하나 타지 않으리라고 보장한다. 그러면서 정 믿지 못하겠으면 일단 옷자락을 불에 넣어 시험해보라고 권한다.

단테도 그러고 싶은 마음이 있지만 몸이 꼼짝하지 않는다. (천국으로 가는 마지막 관문을 통과하기가 그토록 힘들다는 뜻이겠다.) 베르길리우스께서는 최후의 수단을 동원한다. 이 장벽만 넘어서면 베아트리체를 만날 수 있다고. 그러자 단테의 고집스러움이 부드러움으로 바뀐다. 시인 단테는 그 과정을 《변신 이야기》에 나오는 퓌라무스와 티스베의 마지막 장면에 비기고 있다. 죽어가던 퓌라무스가 "티스베"라는 이름을 들은 순간, 감겼던 눈을 다시 뜨고 마지막으로 자기 연인을 알아보았던 것이다.

바빌론에 사는 퓌라무스와 티스베는 서로 이웃하지만 사이가 안 좋은 부유한 두 집안의 젊은 남녀다. 그들은 멀리서 서로 눈짓으로, 그리고 갈라진 벽 틈으로 소식을 전하다가, 처음으로 교외에서 만나기로 한 날 일이 잘못되어 둘 다 죽는다. 남자는 여자가 사자에게 죽은 줄 알고 칼로 자결하고, 이어서 여자도 남자의 칼로 스스로 찔러 죽는다. 그리고 두 사람의 피가 그 곁의 뽕나무에 튀어 그 이후로 뽕나무 열매가 검붉게 변했다고 한다. 이 이미지는 《신곡》에서 아주 여러 차례—좋은 의미로도 나쁜 의미로도—이용된다. 둘은 이렇게 비극적인 최후를 맞았지만 단테와 베아트리체는—불의 벽에 틈을 내고서—행복하게 만나게 될 것이다. '고전적 비극, 기독교적 희극'의 또 다른 사례다.

단테의 태도가 돌변한 것을 보고서 베르길리우스께서는 약간 놀리는 어투로 말한다. '가지 말고, 그냥 여기 머물까?' 여기서 선생님은 단테를 마치 '사과 한 알에 굴복한 아이처럼' 대하고 있다. 이는 《향연》이란 작품에서 시인 단테가 소년이 어른이 되어가면서 욕망이 변해가는 과정을 제시한 것에 맞춘 표현이다. 어린아이는 처음엔 사과 한 알을 원하고, 그에 만족한다. 조금 자라면 작은 새를 원한다. 그 다음엔 말 한 마리, 이어서 여자, 작은 부, 더 큰 부, 이렇게 욕구가 커진다고 한다(《향연》 제4권). 앞서 식탐의 둘레길에서 단테가 나뭇잎 사이에서 목소리가 어디서 들리나 살필 때, '작은 새를 쫓느라 인생을 허비한 사람처럼'이란 표현을 썼던 것도 이와 관련이 있다.

이제 베르길리우스는 자신이 앞장서서 불 속으로 들어선다. 그러면서 스타티우스에게 단테를 앞세우고 맨 마지막에 들어오라고 명하신다. 단테는 도망칠 길도 없이 두 시인 사이에 끼어 불길로 들어간다. 한데 어찌나 뜨거운지, 곁에 끓는 유리가 있었더라면 그 안으로 뛰어들어 식히고 싶을 정도였단다. 베르길리우스는 단테를 다독이기 위해 베아트리체에 대한 얘기를 계속하신다. 불길 저 너머에서는 노랫소리가 들린다. 그 소리에 집중하며 불길을 견디고 밖으로 나왔을 때, "오라, 내 아버지의 복을 받은 자들이여!"라는 환영의 말씀이 들린다. 최후의 심판 때 우리가 들을 말이고, 피렌체 세례당 천장에 쓰여 있는 말이기도 하다.

조금 전 그들에게 환영의 인사말을 건넨 천사는 너무나 빛이 강해서, 단테는 그를 볼 수조차 없다.(어쩌면 여기서 마지막 P 자가 지워졌을 수도 있다.) 그분은 더 어두워지기 전에 계단을 오르라 명하시고, 단테 일행은 지는 해를 등지고 언덕길을 올라간다. 몇 계단 가지 못해 자신의 그림자가 스러지는 것을 보고서 단테는 해가 졌음을 알아차린다.

단테의 마지막 꿈

전에 말했듯 이 연옥산에서는 해가 지고 나면 위로 올라갈 수 없다. 누가 길을 막아서가 아니라 '즐거움과 능력'이 사라져서다. 이제 세 사람은 계단을 한 칸씩 차지하고 눕는다. 두 분 선배 시인께서 위아래에, 그리고 단테가 가운데에 자리를 잡는다. 시인 단테는 그 모습을 낮에 그늘에서 쉬는 염소에, 밤에 들판에서 자는 가축에 비긴다. 자신은 염소고, 두 분 시인은 목동이라는 것이다. 성서에서 염소는 대개 좋지 않은 의미로 쓰인다. 예를 들어 최후의 심판은 '양과 염소를 나누는' 순간이다. 현실에서도 염소들은 양처럼 유순하기보다 제멋대로인 경우가 많다. 두 분 시인은 염소처럼 달아날 가능성이 있으면서 또한 보호가 필요한 단테를 위아래에서 지키고 있다.

연옥산의 한 층에서 다른 층으로 올라가는 계단 길은 좁은 틈새에 나 있기 때문에 그 속에서 위를 올려보면 하늘이 아주 조금밖에 보이지 않는다. 하지만 이제 천국에 바짝 가까워서 그런지 별들이 훨씬 크고 밝아 보인다. 단테는 그 별들을 올려보다가 잠이 든다. 샛별('퀴테레이아')이 동쪽에 빛날 무렵 그는 꿈속에서 아름다운 여인을 본다. 그녀는 들판에서 꽃을 꺾으며 노래하고 있다. 자신의 이름은 레아라고, 자신을 치장하기 위해 화환을 만드는 중이라고, 반면에 자기 동생 라헬은 늘 거울 앞을 떠나지 않는다고.

레아와 라헬은 구약성서에서 나오는 야곱의 두 아내다. 라헬은 야곱에게 더 사랑을 받았지만 처음에 아이를 낳지 못하다가 나중에야 둘을 낳았고, 둘째를 낳다가 일찍 세상을 떠나고 말았다. 반면에 레아는 남편의 사랑을 많이 받지는 못했지만 여러 아이(6남 1녀)를 낳았고 그중 하나가 가족의 우두머리가 되었다. 학자들은 지금 이 대목에서 레아는 활동적인 삶을, 라헬은 명상적인 삶을 상징하는 걸로 해석한다.

단테는 레아의 노래를 듣다가 잠에서 깨는데, 이전의 두 번과 비교하면 많이 발전한 모습이다. 연옥에서의 첫 밤엔 루치아 성녀의 품에 안긴 채 한참을 올라가서, 해가 뜬 지 꽤 지나서 겨우 깨어났고, 둘째 밤엔 세이렌 꿈을 꾸다가 베르길리우스께서 여러 차례 이름 부르며 깨워서야 겨우 잠을 떨쳤다. 이제 셋째 밤을 지나고 나서는 어둠이 가시자마자 누가 깨우지 않아도 제힘으로 눈을 떴다. 시인 단테는 자신을 집에 돌아갈 길이 멀지 않은 순례자에 비기고 있다. 이제 그는 자신의 참된 고향인 천국에서 멀지 않다.

두 분 시인은 벌써 깨어 있다. 이곳의 영혼들은 따로 수면이 필요치 않은 듯 보이니, 아마도 두 분은 전혀 주무시지 않았을 수도 있다. 베르길리우스께서 오늘의 일정을 설명하듯 말씀하신다. 사람들이 열심히 찾아다니는 '사과'가 오늘 단테의 배고픔을 진정시키리라고. 앞에서 '사과 한 알'이 언급된 것은 지금 이 장면을 위해서였던 것이다. (아담이 따 먹은 사과와 대비되는 '그리스도의 사과'다.)

단테는 위로 날아오르고 싶은 욕망에 사로잡힌다. 벌써 걸음에 날개가 돋은 것 같다. 연옥산 밑에서 선생님께서 예언하신 말씀이 옳았다.

이 산은 높이 올라갈수록 몸이 가벼워지는 곳이었다. 단테는 이제 신플라톤주의의 개념에 맞게 날개를 치며 존재의 위 단계로 올라가는 영혼이다. 그의 가족 이름(Alighieri)에 걸맞게 날개를 달았다.

계단의 마지막 부분은 달려서 올라, 이제 모든 계단이 다 저 아래 있게 되었을 때 베르길리우스께서는 단테에게 마지막 훈화를 하신다. 학자들이 보통 '졸업식 축사'라고 부르는 말씀이다. 한편 어머니 같고, 또 아버지 같은 그분은 "아들아"라는 말로 시작하신다. 단테는 일시적인 불(연옥)과 영원한 불(지옥)을 보았다. 이제는 베르길리우스도 알지 못하는 곳에 이르렀다. 그동안은 베르길리우스가 지성과 기술로써 그를 인도했다. 이제부터는 기쁨이 단테를 이끌어야 한다. 이제 곧 베아트리체가 찾아올 것이니 그 사이 이곳에 앉아 있어도, 주변을 걸어 다녀도 좋다. 이제는 안내자의 허락을 기다릴 필요가 없다. 그의 의지(arbitrio)는 자유롭고 바르고(dritto) 건강하니 그것을 따르면 된다. 이 축사의 마지막에 베르길리우스는 단테에게—언어적으로—'왕관과 주교관(corono e mitrio)'을 수여한다. 단테는 모든 것을 넘어섰기 때문이다. 시인 단테의 2권 분립 이론을 생각하면 지금 이 순간 순례자 단테에게서 작은 규모로 우주적 정의가 실현되고 있다.

어떤 학자는 단테의 여정을 이렇게 정리한다. 지옥에서는 의지를 교정하고, 연옥의 일곱째 층까지는 의지를 완성하고, 연옥산의 꼭대기부터 천국의 제9층까지는 지성을 교정하고, 천국의 마지막 층에서는 지성을 완성한다고. 현재 단테는 의지가 완성되어, 말하자면 공자께서 말씀하신 '원하는 대로 행해도 죄를 짓지 않는(종심소욕불유구, 從心所欲不踰矩)' 상태가 되었다.

지상 낙원에서 마텔다를 만나다

레테 너머의 마텔다와 마주치다

단테 일행이 도착한 곳은 너무나도 아름다운 동산이다. 우거진 숲 사이로 아침 햇살이 비쳐 들고 사방에서 흙 향기가 뿜어져 나온다. 감미로운 미풍이 이마를 스친다. 부드러운 동풍이 불어 잔가지들이 서쪽으로 향하고 있다. 가지 끝에 앉은 온갖 새들이 즐겁게 노래를 쏟아낸다. 단테는 이곳의 풍광을 라벤나 동쪽 키아시(클라세) 바닷가에 비기고 있다.

단테는 계단이 끝나는 둔덕에서 숲속으로 내려선다. 천천히 진행해서 이제는 뒤를 돌아보아도 자신이 어디로 들어왔는지 알 수 없는 곳에 이른다. 〈지옥편〉 첫 장면의 어두운 숲과도, 자살자의 숲을 멀리 벗어나 폭력 지옥의 불비 내리는 모래밭에 들어설 때와도 비슷하지만, 주위 분위기는 완전히 딴판이다.

그의 앞에 시냇물이 하나 나타난다. 그 시내는 오른쪽(남쪽)에서 왼쪽(북쪽)으로 흐르고 있다. 그곳은 영원한 나무 그늘 아래 있어서 해도 달도 비쳐들지 않지만 그 검은 물은 맑디맑다. 뒤에 밝혀지지만 지금 단테가 도착한 곳은 주인 없이 버려진 에덴동산이다. 구약성서에 보면 이 동산에서 네 개의 강이 발원한 것으로 되어 있다. 그중 티그리스와 유프라테스는 우리도 잘 아는 것이지만, 나머지 두 강 기혼과 비손은 대체 어떤 것을 가리키는지 불분명하다. 아마도 지금 이 시내는 그 강들을 모방한 것이리라. 물론 단테는 다른 이름을 붙이고 다르게 의미를 부여했다. 이 시내는 레테다.

그때 단테는 시내 건너편에서 아름다운 여인 하나가 노래하며 꽃을 꺾고 있는 것을 발견한다. 역시 새벽에 꾸는 꿈은 참된 것이었다! 단테는 그녀에게 시내 앞으로 다가와 자신이 그 노래를 들을 수 있도록 해주기를 청한다. 그러면서 그녀를 하데스에게 납치당하기 직전의 페르세포네에 비긴다. 지금 나타난 여인은 마텔다인데, 그 이름은 〈연옥편〉이 거의 끝나는 대목에야 소개된다. 한데 여기서 단테가 마텔다를 페르세포네에 비긴다면 자신은 하데스의 위치에 놓는 것 아닌가? 학자들 사이에는 현재 단테가 외적 매력에만 끌리는 상태인지를 두고 논의가 있다. 어쩌면 이제 시인 단테가 자신의 일생을 돌아보면서 자기가 지나치게 활동적인 생활에만 몰입했던 시기를 이런 식으로 재현하고, 잠시 후에 베아트리체에게 꾸중 듣는 이유를 미리 보여주는 것일 수도 있겠다.

마텔다는 단테의 청을 거절하지 않고 춤추는 듯한 동작으로 방향을 돌리고 다가온다. 눈길을 내리깐 채 노래를 들려주고는 눈을 들어 단테를 바라본다. 단테는 그녀의 눈빛을 베누스가 예상치 못하게 에로스의 화살에 찔렸을 때에 비긴다. 아름다울 뿐 아니라 사랑이 넘치는 눈빛이었단 뜻이다. 그녀의 손에는 꽃들이 들려 있다. 씨앗도 없이 스스로 생겨나는 꽃들이다. 마치 신부와도 같은 이 모습에, 단테는 자기 둘 사이를 가르는 시냇물이 너무나도 원망스러웠다고 토로한다. 그 순간 그 작은 시내는 서로 그리워하는 레안드로스와 헤로 사이를 나누던 헬레스폰토스 해협만큼이나 밉살스럽다. 한데 이 해협은 전에 크세륵세스가 건넜었고, 지금도 여전히 인간의 오만함을 억제하는 곳으로 소개되어 있다. 그러니 아무리 상대가 매력적이고 그 앞을 가로막는 시냇물이 얄밉더라도, 적어도 당분간 필요한 조건이 충족될 때까지는 그것을 건너면 안 되는 억제선인 것이다.

레안드로스와 헤로 이야기는 오비디우스의 《여인들의 편지》에 소개되어 있다. 풍랑이 심하던 날, 사랑하는 여인 헤로를 보기 위해 헤엄쳐 바다를 건너던 레안드로스는 결국 목숨을 잃고 만다. 한편 크세륵세스는 기원전 480년 헬레스폰토스 바다에 다리를 놓고 200만 넘는 대군을 이끌어 희랍을 침공하지만 살라미스 해전에서 대패하고 만 페르시아 왕이다. 그의 이야기는 헤로도토스의 《역사》에 자세히 소개되어 있다.

마텔다가 에덴동산에 대해 소개하다
마텔다는 이곳이 인류의 첫 보금자리였다고 소개한다. 그러면서 이제 하느님의 빛이 단테의 지성으로부터 안개를 거둬주리라고 예고하며 무엇이든 물으라 한다. '지성의 교정'이 시작되는 참이다.

단테의 첫 질문은 이 동산을 스쳐 가는 바람과 그 바람이 일으키는 나뭇잎 소리, 그리고 강물의 존재에 관한 것이다. 자신이 최근에 얻은 지식에 따르면 이 연옥산에는 기상 현상이 없다고 했는데, 이 어찌 된 일인지? (강물이 흐른다는 것은 비가 내린다는 뜻이다.) 마텔다는 이 장소에 대한 설명으로 시작한다. 하느님은 다른 무엇도 필요 없고 자신만으로도 충분히 기쁘신 분인데, 인간의 선을 위해 인간을 선하게 만들고, 이 동산을 천국의 평화에 대한 보증으로 주셨다. (인간이 삶을 잘 마치면 천국에서 이 같은 평화를 영원히 누린다는 걸 보여주고자 하셨다는 뜻.) 한데 인간은 스스로 잘못해서 이 동산에 잠깐만 머물다 추방되었다.

이어서 단테가 연옥산에서 새로 얻은 지식이 그릇된 것이 아님을 재확인한다. 이 연옥산은 너무나도 높고 천사의 문으로 가로막힌 곳이므로, 저 아래쪽의 물이나 땅에서 뿜어져 나와 열기를 좇는 기운이 이곳까지 도달하지 못한다. (지수화풍에 대한 언급이다.) 지상과 격절된 이곳의 공기는 우주의 여러 하늘 중 끝에서 두 번째 것(원동천)이 회전하는 데 따라 함께 회전한다. 하늘의 층들 사이에는 막힌 곳이 없기 때문이다. 그 움직임이 숲을 흔들고, 흔들린 나무에 의해 이 동산의 공기가 생명력을 얻어 그것을 널리 흩어놓는다. 그렇게 되면 저 아래 세상도 이 하늘의 능력과 자신의 능력에 맞춰 다양한 나무를 낳는다. 그러니 씨앗도 없이 어떤 식물이 생겨나더라도 놀랄 필요가 없다. 이 동산에는 온갖 씨앗이 가득하여, 지상에 없는 열매도 열리기 때문이다. (단테는 물과 바람에 대해서만 물었는데, 마텔다의 답변은 지상의 나무들이 어디서 생겨났는지까지 포괄하고 있다. 앞에 식탐 연옥의 나무가 자신은 저 위의 나무에서 나온 것이라고 했을 때도 이런 과정을 암시한 것이었다. 이는 존재의 근원으로부터 차례로 등급 낮은 존재들이 흘러나온다는 (유출한다는) 신플라톤적 세계 발생론과도 잘 어울린다.)

마텔다의 답변의 뒷부분은 강물에 대한 것이다. 이 강물은 지상의 강처럼 수증기가 냉기에 응결되어(비가 되어) 다시 채워지는 샘에서 나온 게 아니다. 이 강은 영원한 원천에서 나오는 것인데, 두 줄기로 흘러나가고 흘러나간 만큼 하느님의 의지에 따라 다시 채워진다. 지금 보고 있는 강은 사람에게 죄에 대한 기억을 없애주는 것이고, 저쪽에 있는 다른 강은 선행의 기억을 되살려주는 것이다. 이 강의 이름은 레테, 다른 강의 이름은 에우노에다. 한데 이 둘을 모두 맛보지 않으면 그 효력이 발생되지 않는다.

끝으로 마텔다는 단테가 묻지 않은 것까지 선물 삼아 설명해준다. 황금시대를 노래했던 시인들이 마음속으로 꿈꾸던 곳이 바로 이곳이다. 인간이 이곳에 살 때 그들은 순수했고, 이곳의 날씨는 언제나 봄날이고 늘 온갖 과일이 맺힌다. 그리고 이 강물이 바로 사람들이 '넥타르(신들의 음료)'라고 부르던 것이다.

그 말에 단테는 두 선배 시인들 쪽으로 몸을 돌린다. 그분들도 얼굴에 미소를 담고 있다. 자신들도 모르고서 노래했던 것들의 참모습이 무엇인지 이제야 깨달은 것이다. 단테는 다시 마텔다에게로 몸을 돌린다.

성서를 상징하는 행렬과 마주치다

교회의 역사를 보여주는 행렬과 마주치다

설명을 마친 마텔다는 곧 다시 노래로 돌아간다. '이전의 죄가 덮어진 자들은 복되다.'라는 내용이다. 레테 강물을 마시게 된 이들에게 보내는 축복이다. 이어서 그녀는 마치 님프처럼 시내를 거슬러(단테가 볼 때 왼쪽에서 오른쪽으로) 걷기 시작한다. 단테 역시 그녀를 따라 잰걸음으로 좇는다. 채 백 걸음도 가지 않아 시내가 동쪽으로 굽어지고, 단테 역시 동쪽을 보고 걷게 되었다. 거기서 얼마 가지 않았을 때, 마텔다는 단테에게 주의를 기울이라 촉구한다. 다시 여기 "형제여"가 등장한다. 단테는 자신에게 긴 설명을 해주고, 이어서 노래를 불러주던 그녀가 '마치 사랑에 빠진 것처럼' 보였었다. 그러한 단테의 감정을 눈치 채고 마텔다가 경고하는 셈이다.

그 순간 갑작스레 한 줄기 빛이 숲의 사방으로 퍼진다. 단테는—연옥산에 대한 자신의 지식과는 달리—혹시 번개가 치는 것인가 의심한다. 한데 이 빛은 번개 빛처럼 순식간에 사라지지 않고 오래 지속되면서 점점 밝아진다. 이어서 감미로운 음악이 울려 퍼진다. 이 순간 단테에게는 하와(이브)가 경솔하게 지식의 열매를 따 먹은 것에 대한 원망이 생겨난다. 그녀가 무지의, 혹은 복종의 너울을 참고 견뎠더라면 인류는 이런 즐거움을 지금까지 누리고 있었을 텐데!

단테는 아직도 더 많은 희열이 다가오기를 기대하고 있다. 그때 대기가 불붙듯 붉어지며 감미로운 노랫소리가 들린다. 시인 단테는 이 대목에서 무사 여신들을 불러 자신이 그 장면을 제대로 전달할 수 있게 해 달라고 기원한다. 단테는 자기가 배고픔과 추위, 밤샘을 참아내며 글을 썼지만, 그것으로 부족하니 도움을 달라고 청한다. 헬리콘산에서 샘이 솟아나고, 우라니아와 다른 무사 여신들이 함께 도와 달라고, 이번 주제는 생각하기도 힘든 것이라고. 앞으로 우리는 〈천국편〉에서도 단테가 '불가능한 것을 시도'하는 걸 자주 보게 될 것이다. 여러 차례 설명한 대로, 단테가 여기서 이교도 신들을 부르는 것은 그냥 표현상 그런 것이다. 하느님께 도움을 청하는 걸 이렇게 표현했단 말이다. 단테가 볼 때 신화란 기독교의 진리가 다른 모습으로, 좀 약하게 드러난 것이기 때문이다.

이어서 멀리 황금으로 된 나무 일곱 그루가 보이는 듯하다. 하지만 좀 더 다가가 보니 그것은 일곱 개의 촛대였다. 그리고 조금 전에 들었던 노래의 가사는 "호산나"(기쁨과 찬양의 외침)였다. 그 촛대 위로는 불꽃이 보름달보다 더 밝게 빛나고 있었다. 놀란 단테는 선생님을 향해 몸을 돌린다. 베르길리우스 역시 단테 못지않게 놀란 모습이다. 이 일곱 촛대는 내게 기독교의 일곱 은사, 또는 일곱 성사를 나타내는 것으로 해석된다. 이제부터 이교도로서는 이해할 수 없는 상징들이 연이어 나오니, 베르길리우스도 그저 놀라는 수밖에 없다.

단테가 다시 촛대 쪽으로 시선을 돌리니, 그 촛대의 행렬은 결혼식 때 신부가 움직이는 것보다 더 느리게 다가오고 있다. 여기서 마텔다가 부드럽게 꾸짖는다. 왜 촛불에만 주의를 집중하고 그 뒤에 오는 것은 눈여

겨보지 않느냐는 것이다. 그 촛대들 뒤에는 사람들의 행렬이 오고 있다. 그들은 너무나도 하얀 옷을 입고 있었다. 그들의 옷이 시내에 비쳐 반사되어 단테의 왼쪽 옆구리까지도 하얗게 빛날 지경이다. 단테는 좀 더 앞으로 전진해서 시내 건너편으로 그 행렬이 최단 거리로 보이는 데까지 다가간다. 행렬의 앞에 선 촛대가 불길의 흔적을 허공에 남겨서 일곱 가닥의 띠가 멀리까지 뻗쳐 있다. 마치 무지개('태양의 활')나 달무리('델리아의 허리띠') 같은 빛깔이다. ('델리아는 '델로스의 여신'이란 뜻으로, 델로스에서 태어난 아르테미스를 가리키는 말이다.) 단테는 여기서 촛불의 긴 흔적을 '깃발'이라고 부르고 있는데, 이는 지금 나타난 행렬이 '그리스도의 군대'이기 때문이다. 이것은 지상의 교회를 상징하는데, 그 교회는 '싸우는 교회'다. 그 '깃발'은 뒤로 한없이 길게 늘어졌고, 일곱 빛깔의 전체 폭은 열 걸음 정도였다.

그 불꽃 흔적('아름다운 하늘') 밑으로 24명의 장로가 백합꽃 화관을 쓴 채 둘씩 짝지어 걸어오고 있다. 학자들은 이들이 구약성서를 나타내는 존재라고 해석한다. 옛날에는 구약성서를 모세오경 5권, 역사서+예언서 8권, 문학서 11권으로 분류했기 때문이다. (물론 신약성서 〈요한계시록〉에 24장로가 등장하는 것도 이와 연관되어 있다.) 이들의 옷이나 화관이 흰색인 것은 이것이 믿음을 나타내기 때문이다. 이들은 오실 그리스도를 기다리고 있다. 그들은 '아담의 딸 중 행복하신 분', 성모님을 찬양하고 있다.

그들 뒤로는 네 마리 짐승이 따르고 있다. 초록 잎사귀를 머리에 두르고 짐승마다 여섯 날개를 갖췄으며 그 날개에는 눈들이 가득했다. 단테는 그 눈들이 마치 소가 된 이오를 지키던 아르고스의 눈 같았다고 하면서, 시간이 없어서 자세히 묘사하기는 힘들다고 말한다. 그저 구약성서 〈에스겔(에제키엘)〉(1장)을 읽어보라고 권고한다. 이는 그 동물들이 각기 사람, 사자, 송아지, 독수리의 모습을 하고 있다는 뜻이다. 이 동물들은 보통 신약성서 맨 앞의 4복음서를 상징하는 것으로 해석된다. 〈마태복음〉은 그리스도의 인성을 보여주므로 '사람', 〈마가(마르코)복음〉은 그리스도의 부활에 중점을 두어 '사자'(사자는 눈을 뜨고 잔다고 믿어졌다.), 〈누가복음〉은 희생으로서의 그리스도를 보여주므로 '황소', 〈요한복음〉은 더 높은 시각에서 예수의 행적을 내려다보므로 '독수리'라는 게 비교적 따라가기 쉬운 의미 부여다. 베네치아의 산마르코 성당 주변에 사자 조각상이 여럿 있다는 것과, 사도 요한이 〈계시록〉을 쓸 때 독수리가 함께했다는 전설을 참고하면 다소 도움이 되겠다.

단테는 자기가 직접 목격한 네 동물의 모습이 에스겔이 적은 것과 일치하지만 다만 날개 숫자는 사도 요한이 기록해 놓는 것과 일치한다고 말한다. 에스겔은 자기가 환상 속에 본 천사들이 네 개의 날개를 갖추고 있다고 적었는데, 〈요한계시록〉(4장)에는 네 짐승의 날개가 여섯인 것으로 그려져 있다. 이 동물들이 초록색인 것은 소망을 나타낸다. 봄이면 초록이 물들고 희망도 자라나니 기억하기 어렵지 않다.

네 마리 짐승은 바퀴가 둘 달린 개선식 수레를 에워싸고 있다. 그것을 끄는 짐승은 그리핀(그리폰, 그립스)이다. 앞부분은 독수리, 뒷부분은 사자이고, 두 날개가 높직이 위로 솟아 있는데, 머리 위에 펼쳐진 불꽃 흔적이 이쪽에 세 개, 저쪽에 세 개, 두 날개 사이에 한 개 들어가게끔 날개를 세워 그 흔적을 끊지 않으며 전진하고 있다. 독수리 부분은 황금, 사자 부분은 흰색과 붉은색이 섞였다. 독수리는 그리스도의 신성을, 사자는 그리스도의 인성을 나타내고, 황금은 신적인 성격, 흰색은 그리스도의 살, 붉은색은 그리스도의 피를 상징하는 것으로 해석된다.

시인 단테는 이 수레에 비하면 한니발을 물리친 아프리카누스나 로마에 황제정을 확립한 아우구스투스의 개선식 수레도 그만큼 아름답지는 못했다고 말한다. 심지어 태양신의 수레조차도 그보다는 초라했으리라고 과장한다. 그러면서 이 기회에 다시 한 번 하느님께로 가는 잘못된 길을 보여준다. 땅의 여신('테라')이 기원해서 제우스가 그 수레를 태워버렸다고. 태양신의 아들 파에톤은 자기 아버지의 마차를 몰고 나갔다가 온 세상에 불을 냈다. 그러자 대지의 여신이 제우스에게 호소했고, 제우스가 벼락을 던져 파에톤을 태워 죽인다. 시인 단테는 파에톤이 하느님께 가는 잘못된 방법을 보여주는 것으로 여겨 자주 그 이미지를 이용하고 있다.

그리핀이 끄는 수레 오른쪽 바퀴 곁에는 세 여인이 춤추며 행진하고 있다. 기독교의 세 가지 덕(믿음, 소망, 사랑)을 상징하는 여인들이다. 한 여인은 너무나 빨개서 불 속에 있으면 알아보지 못할 정도다. 빨강은 사랑을 상징한다. 다른 여인은 에메랄드로 만들어진 양 초록색이다. 소망의 상징이다. 마지막 여인은 방금 내린 눈처럼 하얗다. 믿음의 상징이다. 때로는 하얀 여인, 때로는 빨간 여인이 춤을 이끈다. 오른쪽이 왼쪽보다 더 나은 것으로 여겨져서 기독교의 덕을 보여주는 존재들이 오른쪽에 배치되었다.

왼쪽 바퀴 곁에는 자줏빛 옷을 입은 네 여인이 춤을 추고 있다. 세속적인 네 가지 덕(지혜, 용기, 절제, 정의)을 상징하는 존재들이다. 자줏빛은 고대부터 존귀한 색깔이다. 네 여인 중 하나는 눈이 셋이다. 지혜의 여신이다. 지혜란 과거, 현재, 미래를 아는 것이기 때문이다.

그 뒤로는 신약성서의 나머지 부분을 상징하는 인물들이 행진한다. 먼저 두 노인이다. 이들은 각기 〈사도행전〉과 '바울 서신'을 상징한다.

〈사도행전〉은 〈누가복음〉 저자인 누가(루카스)가 썼다. 그러니까 여기 등장하는 인물(또는 생물)들은 기본적으로 성서 각 부분의 저자가 아니라 성서의 각 작품들을 상징하는 것이다. 하지만 그래도 더러는 저자 자신의 모습을 반영하고 있다. 지금 보는 두 노인은 근엄하고 진지한 분위기는 같지만 차림새는 서로 다르다. 한 분은 힙포크라테스의 가족처럼 보인다. 그는 의사인데, 이 직업은 '자연이, 가장 사랑하는 동물(인간)을 위해 만든' 것이다. 〈사도행전〉의 저자인 누가가 의사이기 때문에, 〈사도행전〉도 이런 인물로 그려진 것이다. 다른 한 분은 무서운 칼을 들고, 의사와는 반대되는(즉 치유하기보다는 베어내는) 일을 하시는 듯하다. 사도 바울(파울루스, 바울로)은 '성령의 칼'을 들고 있는 모습으로 그리는 것이 관행이다.

그 둘의 뒤에는 소박하게 차려입은 네 노인이 있다. 이들은 '목회 서신'을 상징한다. 신약성서에서 바울 서신을 제외한 다른 서신들을 이렇게 부르는데, 분량도 좀 적기 때문에 이들은 '소박하게 차려입었다.' 그들 모두의 뒤에는 예리한 얼굴의 노인이 혼자서 잠에 취한 채로 걷고 있다. 〈요한계시록〉을 상징하는 인물이다. 이미 앞에 〈요한복음〉이 나왔지만, 이 인물은 요한이라는 저자가 아니라 〈요한계시록〉이라는 작품을 상징하기 때문에 따로 그려졌다. (요한은 목회 서신에 속하는 요한 1서, 2서, 3서의 저자이기도 하니, 인물로 따지자면 요한은 세 번 등장하는 셈이다.) 그는 환상 속에 세상의 끝 날을 보았기 때문에 잠에 취한 것으로 표현되었다. 이들 일곱 명도 앞의 사람들처럼 흰옷을 입고 있지만, 이들의 화관은 장미와 다른 빨간 꽃으로 되어 있어서 조금 멀리서 보면 얼굴 윗부분이 불타는 것처럼 보인다. 빨강은 사랑을 상징하는 색깔이다. 예수 이후의 시대는 특히 성령의 시대로, 성령은 사랑으로 표상된다. (성부는 권능, 성자는 지혜로 표상된다.)

  수레가 시내 건너 단테 앞에까지 이르렀을 때, 어디선가 천둥소리가 들리고, 행렬은 깃발과 함께 그 자리에 멈춘다.

베아트리체와 만나다

베아트리체 나타나고, 베르길리우스 떠나다

이제 일곱 촛대가 멈춰 선다. 원문은 약간 어려운 표현으로 되어 있다. 일곱 촛대가 '첫째 하늘의 일곱 별'이라고 지칭되었다. '첫째 하늘'이란 천국을 이루는 10개 층 중에서 맨 바깥에 있는, 하느님이 계시는 정화천(empyrio)을 가리킨다. 우리가 보는 별들은 바깥부터 세 번째 층인 항성천에 붙박여 있다. 첫째 하늘에는 별이 없으며, 따라서 '첫째 하늘의 별'이란 말은 상징적인 표현이다. 이 '별'은 떠오르지도 지지도 않는다. 그것을 가리는 '안개'는 죄악뿐이다. 이 '별'은 마치 우리들 세상에서 북두칠성이 키잡이를 항구로 안내하는 것처럼, 우리에게 자기 의무를 깨닫게 해준다. 그러니까 이 일곱 촛대는 하느님께서 우리에게 주시는 어떤 지침, 일종의 은사라고 하겠다.

그 촛대들이 멈추자, 촛대와 그리핀 사이에 행진하던 원로(구약성서)들이 몸을 돌려 그리핀을 향해 선다. 원로 중 하나가 "신부여, 레바논에서 이리로 오라."라고 세 번 외치자 모두가 따라 한다. 이 구절은 구약성서 〈아가(Song of Songs)〉의 한 구절이다. 이 작품은 연애시 모음인데, 거기 그려진 사랑이 인간과 신의 관계를 상징하는 걸로 해석되어 정경에 속하게 되었다. 지금 외친 노인도 〈아가〉를 상징하거나, 아니면 그 저자인 솔로몬의 대역으로 보는 게 옳겠다.

이 외침과 함께 그리핀이 끄는 수레 위에서 100명 넘는 천사가 일어선다. 이들이 일어서는 모습은, 최후의 심판 때 나팔 소리를 듣고 죽은 자들이 무덤에서 일어서며 할렐루야를 외치는 것에 비유되고 있다. 그들은 "오시는 그대, 복된 자로다!"라고 외치며 주위로 꽃을 뿌린다. (여기서 외치는 말은 모두 라틴어로 적혀 있는데, '복된 자(benedictus)'는 남성형으로 되어 있다. 신랑을 축복하는 구절이다. 그 신랑을 단테로 읽는 것은 좀 심한 해석이고, 그보다는 베아트리체가 한편으로 여성의 측면을, 다른 한편으로 남성의 측면을 지니고 있다고 보는 게 좋겠다. 이 베아트리체는 실제로 살았던 여성이라기보다는 기독교의 진리를 표상하는 존재다.)

그다음 말은 누가 한 것인지 나와 있지 않은데, 모두가 함께 외친 것으로 보는 게 좋겠다. "오, 그대들 두 손 가득 백합을 다오!" 이 구절은 《아이네이스》 6권에서 저승을 방문한 아이네아스 앞에서 앙키세스가 미래에 태어날 영혼 중 마르켈루스에게 보내는 찬사다. 마르켈루스는 아우구스투스의 조카인데, 황제의 후계자로 지명되었지만 일찍 죽었다. (여기까지 단테를 안내하고 이제 곧 림보로 돌아갈 베르길리우스를 기리기 위해, 시인 단테는 베르길리우스의 작품 구절을 천국의 무리가 외치는 것으로 설정했다.)

그 외침에 수레 위에 한 여인이 나타난다. 단테는 그 모습을 해 뜨는 장면에 비유하고 있다. 맑은 하늘에 동녘이 장밋빛으로 물들고, 막 떠오른 태양이 희미한 안개에 가려 한동안 바라볼 수 있는 것 같은 모습이다. 천사들이 위로 던진 꽃이 다시 떨어지며 이룬 꽃의 구름 속에, 하얀 베일, 올리브 가지를 두른 초록 웃옷, 생생한 불꽃색의 의상을 갖췄다. 잘 보이지 않지만, 그리고 그녀가 떠나가고 시간이 벌써 꽤 흘렀지만 단테는 오랜 사랑의 거대한 힘을 느낀다. (단테는 동갑인 베아트리체를 아홉 살 때 처음 보고 사랑을 느꼈다 한다. 그녀는 다른 사람과 결혼했다가 1290년에 죽었다.) 어린 시절 자기를 꿰뚫었던 그 힘이 그의 눈을 흔들자, 단테는 선생님을 향해 왼쪽으로 몸을 돌린다. 마치 꼬맹이가 무섭거나 슬플 때 의지하고자 엄마를 찾는 것과 같다. 그는 선생님께 토로하고 싶다. 자신의 모든 피가 떨린다고, 옛 불꽃의 자취를 다시 알아보겠노라고.

하지만 베르길리우스는 이미 등을 돌리고 떠나는 참이다. 베아트리체가 도착했으니 이제 자신의 소임은 끝났다고 생각한 모양이다. 이미 '졸업식 축사에서 단테에게 당부할 말은 모두 다 전했다. 단테는 여기서 자신이 베르길리우스에게 바치는 헌사를 절절하게 적어두었다. 그를 '아버지'라고 부른다. 하와 때문에 인류가 잃었다가 지금 단테가 일시적으로 다시 찾은 이 낙원도 단테의 뺨이 눈물로 젖는 것을 막지 못한다.

베아트리체가 단테를 꾸짖다

갑자기 엄격한 목소리가 들린다. "단테여!" 시인 단테는 자기가 어쩔 수 없이 여기에 자신의 이름을 적는다고 변명한다. 《신곡》 전체에서 유일하게 저자의 이름이 직접 등장하는 대목이다. 그만큼 중요한 순간이란 말이겠다. 베아트리체는 아직은 울지 말라고, 다른 고통에 울어야 한다고 경고한다. 그녀의 기품과 위엄은 큰 함대를 이끄는 제독에 비유되고 있다. 그녀는 수레 위에서 강 건너의 단테를 내려다보고 있다. 그녀의 얼굴은 잘 보이지 않는다. 올리브 가지와 베일이 가리고 있어서다. 여왕같이

의젓하면서도 가장 중요한 말은 아직 감춰둔 듯하다. 그녀는 자기 신분을 밝힌다. "진실로 나는, 진실로 나는 베아트리체요."

그다음 말엔 약간의 빈정거림이 담겼다. 어떻게 이곳엘 다 왔냐고, 인간이 이곳에서는 행복했었다는 걸 몰랐냐고. 인간이 타락하기 전에 에덴동산에서 누리던 그 행복에 대해 전혀 관심도 두지 않던 단테가 어떻게 이곳에 나타났는지 반어적으로 묻는 참이다. 단테는 부끄러워 눈길을 내리깐다. 시선이 시냇물에 닿자 거기 비친 자기 모습에 오히려 부끄러움이 더해진다. 그는 눈을 아예 풀밭으로 돌린다. 여기서 단테는 베아트리체를 엄격한 어머니에 비기고 있다. 그녀의 자애로움은 한편 엄격하고 쓰라리기 때문이다.

베아트리체가 입을 다물자 천사들이 노래한다. "주여, 당신께 소망을 두었으니…." 원래 이 구절은 구약성서 〈시편〉의 내용을 모아 이은 것(70편+31편)으로, 그 음에 '나의 발들을 널찍한 곳에 두셨나이다.'라는 구절로 이어지는데, 천사의 노래는 '나의 발들을'에서 끝나고 말았다. 아직 단테의 발이 든든한 곳에 서지 못했기 때문이리라.

이렇게 매서운 베아트리체의 질책에 주위의 천사('영원한 회전의 가락에 맞춰 노래하는 자들')들이 단테의 편을 들어준다. 왜 그렇게 심하게 꾸짖느냐고. 그제야 단테에게서 눈물이 터진다. 그 눈물은 아펜니노 산맥에 쌓인 눈이 북동풍에 굳어졌다가 남풍에 녹으면서 물방울이 촛농처럼 떨어지는 것에 비유되고 있다. 고통 어린 한숨과 눈물이 가슴으로부터 입과 눈으로 쏟아져 나온다.

베아트리체는 먼저 천사들을 향해, 자신이 단테를 꾸짖는 이유를 설명한다. 우선 그들이 '영원한 낮 속에 늘 깨어 있어서' 그들 눈에는 세월이 걸음을 감추지 못하지만, 단테에겐 그렇지 못하다고 전제한다. 단테는 죄와 벌이 같은 크기라는 걸 좀 더 잘 깨달아야 한다고.

　이어지는 베아트리체의 설명은 시인 단테의 '고백록'이다. 단테의 잘못은 자신의 능력을 엉뚱하게 사용한 것이다. 인간이 어떤 능력을 지니게 되는 데는 별과 함께 회전하는 하늘의 작용도 있고, 성스러운 은총 덕분이기도 하다. 단테는 새로운 삶을 살면서 놀라운 성과를 얻을 만한 잠재력을 부여받았다. 한데 땅의 힘이 좋을수록 거기 나쁜 씨앗이 뿌려지면 사납고 거친 열매가 맺는 것처럼, 단테라는 좋은 토양은 안 좋은 결과를 낳았다. 인생의 첫 시기(9~25세)에는 베아트리체의 모습이 그를 올바른 방향으로 인도했다. 둘째 시기의 문턱에서 베아트리체가 세상을 떠나자 단테는 자신을 다른 이에게 의탁하고 말았다. (다른 여자를 사랑했단 뜻이 아니라, 기독교의 진리를 떠나 철학에만 관심을 두게 되었다는 말이다.) 베아트리체는 육신에서 영혼으로 상승하고 아름다움과 덕성이 더욱 커졌는데, 그런 그녀를 저버리고 그릇된 선의 외양을 뒤쫓은 것이다. 베아트리체는 꿈이나 다른 방법으로 단테를 계도하려 했으나 별로 소용이 없었다. 결국 지옥('망해버린 사람들')을 보여주는 것 외에는 방법이 없어서, 베아트리체 자신이 지옥의 입구까지 가서 울면서 베르길리우스에게 안내를 부탁했다. 지금 단테가 참회도 없이 레테 강물을 마신다면 하느님의 말씀이 어그러지게 될 것이다.

제31곡

단테가 죄를 고백하고 레테를 건너다

단테가 자신의 죄를 고백하다

이와 같이 단테를 질책한 베아트리체는 단테에게 대답을 요구한다. 변명하라는 게 아니라, 죄를 시인(고백)하라는 말이다. 단테는 답하고 싶지만 소리가 제대로 나오지 않는다. 시인 단테는 이런 상황을 석궁으로 화살을 날리는 것에 비유한다. 시위를 너무 팽팽하게 하면 석궁 몸체에 금이 가면서 화살이 힘을 잃고 중간에 떨어지는 것과 같다고.

그러자 다시 엄한 질문이 이어진다. 단테가 품었던 베아트리체에 대한 사랑은 최고선을 사랑하게끔 그를 이끌었었다. 그런데 어떤 웅덩이와 사슬을 만났기에 그 사랑을 벗어던졌는지, 그를 다른 데로 이끈 이익이나 유혹이 어떤 것이었는지 묻는 것이다.

단테는 베아트리체의 모습이 눈앞에서 사라지자 자신이 거짓 즐거움의 외양에 홀려서 그리로 발길을 돌렸노라고 고백한다. 베아트리체는 약간 누그러진 듯 설명한다. 자기 죄를 고백하지 않고 침묵하거나 부인해도 심판자 하느님께서는 다 알고 계신다고. 하지만 스스로 고백하고 자신을 책망하는 경우엔 처벌도 경감된다고.

그러면서 단테로 하여금 부끄러움을 느끼도록, 그리고 앞으로 세이렌의 유혹을 듣더라도 강하게 저항할 수 있도록 단테가 갖어야만 했지만 가지 못한 길을 소개하겠노라고 말한다. 전에 그녀가 갖췄던 아름다움은 자연이나 예술이 주지 못하는 기쁨을 단테에게 주었었다. 그런 최고의 기쁨조차도 그녀가 죽음으로써 사라져버렸는데, 다른 덧없는 것들이 어떻게 단테를 욕망으로 이끌 수 있겠는가. 단테는 그릇된 것들이 첫 화살을 날렸을 때 거기 가만히 있지 말고 얼른 일어나서 베아트리체의 길로 갔어야 했다. 한데 단테는 날개를 접은 채, 젊은 여자나 덧없는 다른 새로운 것들의 화살 앞에 그냥 앉아 있었다. 이런 짓은 어린 새들이나 하는 것이다.

단테는 야단맞는 어린아이처럼 눈을 내리깐 채 가만히 듣는다. 베아트리체가 그에게 고개를 들라 명한다. 한데 표현이 좀 얄궂다. "수염을 들어요." 그는 어린이가 아니란 말이다. 성인답게 자신의 과거 잘못을 정면으로 직시하라는 것이다. 그는 아프리카에서 오는 남풍이나 자기 고장의 북풍에 참나무가 뽑히는 것보다 더 힘들게 고개를 든다. (이 대목은 《아이네이스》 가운데 아이네아스가 디도의 애원과 비난에 굳게 버티는 장면에서 표현을 빌려왔다. 아프리카도 '야르바스의 땅'이라고 《아이네이스》에 나오는 왕 이름을 썼다. 아이네아스는 부당한 애원 앞에 버텼지만 단테는 정당한 질책 앞에 굴복해야 한다.)

단테가 레테 강물을 마시다

단테 역시 '수염을 들라.'라는 말에 담긴 비판을 감지하고 있다. 단테가 겨우 얼굴을 들었을 때, 그는 천사들이 꽃 뿌리기를 그쳤음을 깨닫는다. 베아트리체는 이제 그리핀('두 본성을 지닌 동물')에게 시선을 보내고 있다. 아직 그녀가 강 건너에 있고 베일도 쓰고 있지만, 단테는 그녀가 그 어떤 때보다 더 아름다운 것을 알아본다. 예전에 그녀가 다른 여자들을 능가했던 그 격차보다, 현재의 아름다움이 그녀의 과거 아름다움을 앞서는 격차가 더 크다 할 정도다. 그러자 참회의 고통이 단테의 가슴을 찌른다. 자신이 추종했던 모든 것이 증오스럽게 여겨진다. (여기서 아름다움은 상징적인 것으로 이해해야 한다. '이런 예쁜 여자를 두고 다른 여자들을 쫓아다녔다니!' 하는 속된 감정이 아니다. 거듭 강조하지만 베아트리체는 기독교의 진리를 상징하는 존재다.)

단테는 죄의식에 짓눌려 정신을 잃는다. 그가 정신을 차려보니, 마텔다가 위에서 내려다보고 있다. 그녀는 단테가 정신을 잃고 있는 동안 강을 건너온 모양이다. (《지옥편》에서 단테가 정신을 잃은 채 아케론강을 건넌 것과 짝이 되는 장면이다.) 그녀는 단테에게 자신을 잡으라고 하더니, 그를 강물 속에 목까지만 잠기도록 담근다. 뒤에서 그를 배처럼 끌면서 가볍게 강 위로 나아간다. 분명치 않지만 아마도 마텔다는 물 위를 스치며 날듯이 지나는 모양이다. 단테가 맞은편 기슭에 닿자, "나를 씻어주소서." 하는 노래가 들린다. 기록하기도 기억하기도 불가능할 만큼 달콤한 노래다.

강을 건너자 마텔다는 단테의 머리를 껴안고 강물 속에 담근다. 단테는 그 물을 마시지 않을 수 없다. 그냥 강물 속에 머리까지 잠기게 해서 건네는 방법도 있었겠지만, 이렇게 두 단계로 나눈 것은 아마도 단테의 여행에 맞추느라 그런 것 같다. 강을 건너는 것은 지옥과 연옥을 통과하는 과정을 상징하고, 머리를 담그고 물을 마시는 것은 조금 전에 거친 질책과 고백의 단계를 상징한다는 것이다.

이제 마텔다는 온몸이 젖은 단테를, 세속의 덕을 나타내는 네 여인에게로 데려간다. 그들은 단테 위로 팔을 뻗는다. (아마도 그 손들이 십자가 형태를 이루었을 것으로 학자들은 추정한다.) 그러면서 자기들을 소개한다. 자기들이 여기서는 님프의 모습을 하고 있지만 하늘에서는 별이라고. 베아트리체가 세상에 내려가기 전에 벌써 자기들이 그녀의 시녀로 정해졌노라고. (베아트리체는 온갖 덕을 갖춘 채 세상에 내려갔다는 뜻이 되겠다.) 그들은 단테에게 다음 단계를 미리 알려준다. 이제 곧 단테는 베아트리체 앞으로 가게 될 터인데, 그녀의 깊은 눈빛을 제대로 보게끔 다른 세 여인이 그의 눈을 날카롭게 해줄 것이라고.

그렇게 노래하며 네 여인은 단테를 그리핀의 가슴 앞으로 데려간다. 그러고는 단테에게 베아트리체의 에메랄드 눈을 마음껏 보라고 권한다. 그 눈은 예전에 사랑(아모르)이 그를 향해 화살을 겨눈 곳이다. 단테는 더할 수 없는 열망으로 그녀의 눈을 들여다본다. 한데 그 눈은 그리핀에게 고정되어 있다. 베아트리체의 눈 속에 '두 가지 본성을 지닌' 그 동물이 여러 모습으로 되비치고 있다. (신께서 여러 모습으로 우리에게 나타나신다는 의미가 되겠다.) 단테는 대상은 그대로인데 반영된 모습이 계속 변하는 것을 보고서 놀란다.

단테가 한편 놀라고 한편 기뻐하며 볼수록 계속 더 보고 싶어지는 동안, 기독교의 덕을 상징하는 세 여인이 천사의 노래에 맞춰 춤추며 다가온다. 그 내용은 베아트리체에게 단테에게로 눈길을 돌리라고 촉구하는 것이다. 단테는 그녀를 보기 위해 많은 길을 걸은, 그녀에게 충실한 사람이라고. 그 앞에 입술이 보이도록 베일을 거두어, 지금 그녀가 감추고 있는 두 번째 아름다움을 보게 해달라고. 단테의 강 건너기, 강물 마시기가 두 단계로 이루어진 것처럼, 베아트리체의 아름다움이 드러나는 과정도 두 단계로 되어 있다. 우선 베일을 쓴 채로, 다음엔 베일을 거두고서.

시인 단테는 이제 완전히 드러난 베아트리체의 모습을 그리기 전에 자신의 능력이 부족함을 고백한다. 그녀는 살아 있는 영원한 빛의 찬란함 그 자체다. 파르나소스산의 그늘을 벗어난 적 없어서 얼굴이 창백해지고(시를 연구하느라), 그 샘물을 아무리 많이 마신(시상이 넘치는) 시인이라 해도 조화로운 하늘 아래 베일 벗은 베아트리체의 모습을 옮기자면 마음이 어지러울 거라고. 마침내 진리 자체를 보게 된 사람의 황홀경을 이런 식으로 표현했다.

제32곡

상징적으로 그려진 교회의 타락과 변형

단테는 지난 10년간의 목마름을 단번에 해소하려는 듯 베아트리체를 뚫어지게 응시한다. (앞에도 얘기했지만 베아트리체는 1290년에 세상을 떠났다.) 너무나 몰입해서 다른 감각은 모두 사라져버린 듯하다. 그의 눈길도 다른 대상은 전혀 거들떠보지 않고 그녀의 얼굴로만 집중되어 있다. 그녀의 미소가 '옛날의 그물'로 그의 눈을 이끈다. 그러자 단테 왼쪽에 서 있던 세 여인이 경고한다. 단테가 너무 한곳에만 시선을 고정했다고. 그들은 단테가 다시 외양에 대한 집착으로 빠져들 위험을 눈치 챈 것이다. '그물'이란 표현도, 아레스와 아프로디테가 바람피우던 현장에서 잡혔던 그 장치를 상기시킨다.

단테는 계속 더 보고 싶지만 억지로 세 여인 쪽으로 눈을 돌린다. 하지만 처음엔 그들을 제대로 볼 수가 없다. 베아트리체라는 '큰 빛'에 시력이 맞춰졌기 때문에 상대적으로 '작은 빛'을 보려면 다시 적응 과정이 필요한 것이다. 단테는 이제 자신이 앞에 봤던 그 행렬(군대)이 오른쪽으로 방향을 돌려 일곱 촛대를 앞세우고 동쪽으로 돌아가는 것을 본다.

그리핀이 아담의 나무에 수레를 묶고 떠나다

이제 수레 앞부분의 대열('구약성서')이 모두 방향을 돌려 떠났다. 여인들은 원래의 바퀴 곁으로 돌아가고 그리핀도 수레를 끌고 방향 돌려 전진한다. 하지만 그리핀의 날개는 여전히 꼿꼿이 서서 깃털 하나 움직이지 않는다. 단테와 스타티우스는 마텔다와 함께 수레의 오른쪽 바퀴('더 작은 원을 그리는 바퀴') 곁에서 이동한다. 기독교의 덕을 더 중시하겠다는 뜻이겠다.

그렇게 에덴동산을 죽 통과한다. 이 동산은 '뱀을 믿었던 여인의 죄 때문에 비어 있는 높은 숲'이라고 표현되었다. 하와가 뱀의 유혹에 넘어갔고 그래서 여기서 쫓겨났기 때문이다. 화살 날아가는 거리의 세 배(아마도 아담에서 예수까지 이르는 계보의 세 단계)만큼 이동했을 때, 베아트리체는 수레에서 내린다. 모두가 "아담"이라고 중얼거리며 어떤 나무를 에워싼다. 그 나무에는 잎도 꽃도 전혀 없다. 가지들은 위로 올라갈수록 더욱 넓어지고 있는데, 그 높이는 밀림에 사는 인도 사람조차 놀랄 정도다. (그러니까 식탐의 둘레길에서 마주친 나무는 이 나무를 닮아서 아래보다 위쪽이 굵은 줄기를 지녔던 것이다.)

무리는 그리핀에게 외친다. "그리핀이여, 그대는 이 달콤한 맛의 나무를 부리로 쪼지 않으니 행복하도다. 그것은 나중에 배를 뒤틀리게 하니까요." 그러자 그리핀이 답한다. "이와 같이 하여 모든 정의의 씨앗이 간직되도다." 그리핀의 말은 예수께서 세례자 요한에게 하신 말씀을 인용한 것이다. 예수께서 세례를 받으러 오시자 세례자가 자신은 그럴 자격이 없다면서 사양한다. 그러자 예수께서 '이와 같이 하여 정의를 실현하자.'라고 설득한다(《마태복음》 3장). 즉 자신이 하느님의 일을 공적으로 수행하기 위해서는 이런 과정이 필요하단 뜻이다. 그 말을 들은 세례자는 예수의 말씀에 따라 세례를 베푼다. 여기서 그리핀이 말한 '이와 같이 하여'가 무엇을 가리키는지 좀 불분명한데, 일단 첫째 아담은 나무 열매를 먹었지만 두 번째 '아담'인 그리스도는 그러지 않았다(불순종하지 않았다)는 뜻일 수 있다. 한편 이 말은 바로 다음에 그리핀 자신이 보여줄 행동(수레 묶기)을 가리키는 것일 수도 있는데, 이 역시 첫째 해석과 연결된다. 예수께서는 하느님께 불순종하지 않고 자신을 십자가에 못박히도록 내어주셨기 때문이다.

이제 그리핀은 자신이 끌고 온 수레의 끌채를 그 나무 가까이로 당기어 줄기에 묶는다. 한데 그 끌채는 '바로 그 나무에서 나온 것'이라고 설명되어 있다.(혹은 '그 나무의 가지로' 끌채를 나무에 묶었다고 해석하기도 한다.) 전통적으로 그리스도의 십자가는 아담이 열매를 따 먹은 바로 그 나무로 만든 것으로 알려져 있다. 그리고 지금 끌채와 나무줄기는 십자 모양으로 연결되었다. 이는 그리스도께서 십자가에 달린 사건을 상징한다. 우리는 지금 하느님 왕국의 역사가 재현되는 것을 보고 있는 참이다.

그러자 이제까지 황량하던 나무가 생생한 색깔을 띠며 변해간다. 시인 단테는 이것을 봄날('태양이 물고기자리 뒤의 빛(양자리)과 함께 비출 때')에 초목이 날로 자라고 자신의 색깔을 찾아가는 것에 비기고 있다. 이제 그 나무의 색깔은 장미보다는 좀 덜하고, 오랑캐꽃보다는 더한 색조를 보인다. 무리는 이 세상 것과는 전혀 다른 노래를 부르는데, 단테는 그것을 이해하지도 못할 뿐더러 끝까지 듣지도 못한다. 중간에 정신을 잃었기 때문이다. (앞에서 〈지옥편〉의 앞부분과 〈연옥편〉의 뒷부분이 서로 상응한다고 말했는데, 〈지옥편〉 초반에 단테가 두 차례(아케론 강가에서, 그리고 파올로와 프란체스카의 얘기를 듣다가) 정신을 잃었던 것에 상응하는 사건이 여기 일어나고 있다.)

시인 단테는 자신이 정신 잃는 모습을, 소로 변한 이오를 지키던 아르고스가 헤르메스의 쉬링크스 이야기를 듣다가 잠이 드는 것에 비기고 있다. 하지만 《변신 이야기》에서는 비극적 결말인 것이, 여기서는 행복한 결말에 도달할 것이다. 단테가 여기서 정신을 잃은 것은 아마도 십자가 사건의 논리를 이해하기 어렵다는 의미일 것이다. 그는 아르고스처럼 백 개의 눈을 뜨고 주시했지만 하느님의 정의, 그리고 그리스도의 순종과 희생을 이성으로 따라잡지 못하고 놓치고 만 것이다.

수레가 여러 차례 공격당하고 변형되다
이제 강렬한 빛이 비치며 단테를 깨우는 소리가 들린다. 시인 단테는 다시 자신의 처지를 예수님의 변모 사건에 초대되었지만 그 위용에 압도되었던 세 명의 제자에 비긴다. 베드로와 야고보, 요한이 하늘에서 나는 소리에 정신을 차리고 보니, 예수님 곁에 있던 모세와 엘리야는 사라지고, 예수의 옷도 조금 전에 희게 빛나던 그 의상이 아닌 원래 것으로 돌아와 있었던 것이다. 단테는 그 제자들처럼 정신이 들었고, 또 다시 마텔다가 위에서 내려다보고 있는 것을 발견한다.

　단테는 혹시 베아트리체가 가버렸을까 봐 걱정하며 그녀의 행방을 묻는다. 다행히 베아트리체는 새로 잎이 돋은 나무의 뿌리 위에 앉아 있다. 무리의 대부분은 그리핀을 따라 감미로운 노래를 부르며 위로 올라가고 있다. (그리스도의 승천을 상징하는 사건이다.) 베아트리체는 수레를 지키기 위해 남은 것 같았다. (이 수레는 모세가 이집트에서 나올 때 만든 언약궤를 재현하고, 우리를 구해줄 구원의 방주인 교회를 상징하기도 한다.) 일곱 여인은 베아트리체를 둘러싸고 있는데, 어떤 바람에도 꺼지지 않는 '등불'을 각기 들고 있다. 이 '등불'은 앞에 본 일곱 촛대다.

베아트리체는 단테의 미래를 예언하며 명한다. 단테는 이 숲에 잠깐만 머물게 될 것이고, 이후에 동료 시민이 되어 그리스도와 함께 베아트리체가 있는 곳에서 영원히 살게 될 것이라고. 그러니 악한 세상에 도움이 되게끔, 앞에 있는 수레를 잘 보고서 세상에 돌아가면 그것을 글로 쓰라는 것이다. 여기서 '이 숲'이라는 말은 에덴동산을 가리키기도 하고, 현실의 교회(수레)가 있는 지상을 가리키는 말이기도 하다. 단테는 이 동산에 6시간 정도 머물게 되며, 지상에서의 삶도 길어야 35년 정도(실제로는 21년) 남았다.

단테는 베아트리체에게 헌신하는 마음으로 그녀가 주시하는 곳을 함께 바라본다. 이제 지상 교회의 변화가 상징적으로 펼쳐지기 시작한다. 우선, 갑자기 하늘 꼭대기에서 번개 떨어지듯 독수리('제우스의 새') 한 마리가 내리꽂으며 나무의 새 잎과 꽃, 껍질을 쪼고 부순다. 이어서 수레에 부딪쳐 그것을 뒤흔들어놓는다. 그다음엔 비쩍 마른 여우 한 마리가 수레에 뛰어든다. 베아트리체가 여우를 꾸짖자 그것은 잽싸게 달아난다. 학자들은 보통 이 독수리를 로마제국의 박해로 해석한다. 한편 여우는 이단을 상징하는 것으로 본다. 그러면 여우를 쫓아낸 베아트리체는 이단과 싸우는 교회의 지성이라 하겠다.

그런 다음에는 다시 독수리가 앞서 왔던 그 경로로 닥쳐와서는 수레 안에 깃털을 남기고 가버린다. 그러자 하늘에서 괴로워하는 소리가 들린다. '나의 쪽배가 나쁜 짐을 실었구나!' 하는 탄식이다. 이는 콘스탄티누스가 로마제국의 서쪽을 교회에 희사한 사건을 의미한다. (《지옥편》 19곡에서 설명했듯, 중세에는 '콘스탄티누스의 기증서'라는 문서가 전해지고 있었다. 하지만 나중에 조작 문서로 밝혀졌다.) 교회가 부자가 되는 바람에 오히려 안 좋은 일들이 생기게 되었다는 말이다.

이어서 두 바퀴 사이의 땅이 갈라지면서 용 한 마리가 나와서 꼬리로 수레 바닥을 찔렀다가, 말벌이 침을 빼듯 꼬리를 뺀다. 그러자 수레 일부가 부서져 딸려 나온다. 용은 그것을 끌고 가버린다. 이는 교회의 분열(또는 이슬람교 확산)을 가리키는 것으로 해석된다. (《지옥편》 초입에 세 마리 짐승이 등장한 것처럼 여기도 세 종류의 짐승이 나왔다.)

남은 수레에는 앞에 독수리가 남긴 깃털이 증식한 듯 온 수레에 깃털이 덮인다. 그 속도가 어찌나 빠른지 숨 한 번 쉬는 것보다 더 빠를 지경이다. 그 깃털은 '좋은 의도로 제공된' 것으로 그려진다. 즉 콘스탄티누스의 호의적인 선물이다. 비옥한 땅이 오히려 잡초로 뒤덮이기 쉬운 법이다.

이제 수레('성스러운 구조물') 자체가 변화하기 시작한다. 여기저기 머리가 돋아난 것이다. 우선 끌채 위에 세 개. 여기에는 황소처럼 뿔이 둘씩 나 있다. 그리고 수레 사면에 머리가 하나씩. 이것들에는 뿔이 하나씩 나 있다. 도합 머리 일곱, 뿔은 열 개다. 이는 〈요한계시록〉(13장)에 그려진 괴물과 일치한다. (《지옥편》 19곡에도 비슷한 구절이 있었다.) 대개 일곱 머리는 일곱 가지 죄, 열 개의 뿔은 십계명을 어긴 것으로 해석한다.

그 수레 위에는 어디서 왔는지 창녀 하나가 나타나서 버티고 앉아 주위에 음탕한 눈길을 보낸다. 그 곁에는 거인 하나가 서서 그녀를 지킨다. 둘은 서로 입을 맞춘다. 여기서 창녀는 타락한 교황, 거인은 세속 권력을 상징하는 것으로 해석된다. 구체적으로 창녀는 보니파키우스 8세, 또는 그의 후임 클레멘스 5세를, 거인은 필립 4세를 상징하는 것으로 보기도 한다. (클레멘스 교황은 필립 4세의 후원에 힘입어 교황 지위를 얻었고, 교황청을 아비뇽으로 옮겼다.)

한데 그 창녀가 단테에게로 눈길을 돌리자, 거인은 그녀를 채찍으로 마구 때리더니, 의심과 분노 속에 이미 괴물이 된 수레를 풀어서 숲속으로 끌고 가버린다. 그 숲은 장벽이 되어 더는 창녀도, 기이한 야수도 보이지 않게 된다. 여기서 창녀가 단테에게 눈길을 준 것은 시인 단테가 자신의 중요성을 과장한 것이라기보다는, 그가 교회의 이성을 상징하거나 피렌체라는 도시를 상징하고 있기 때문이라고 보아야 한다. 수레가 숲속으로 사라지는 것은 교황청이 프랑스로 옮겨진 '아비뇽 유수'를 강력히 암시한다.

  단테가 여기서 목격한 이상한 사건은 기독교 교회의 역사를 상징적으로 다시 보여주는 것이라 하겠다. 지금 우리가 본 제32곡은 〈연옥편〉 전체에서 가장 긴 곡(canto)이다.

제33곡

베아트리체의 설명, 단테가 에우노에 강물을 마시다

교회의 상징이 다른 데로 끌려가는 것을 보고서 베아트리체 주위의 여성들이 눈물을 흘리며 성가를 부른다. "하느님, 이방인들이 닥쳐왔습니다." 이 노래는 원래 〈시편〉 79편 첫 구절로, 기원전 587년 느부갓네살 왕의 예루살렘 성전 파괴를 슬퍼하는 내용이다. 즉, 지금 프랑스 세력이 교회를 침해한 것을 저 옛날의 참사에 비긴 것이다.

베아트리체는 한숨지으며 그 노래를 듣는다. 예수께서 십자가에 달렸을 때 그 밑에 선 성모와도 같은 안색이다. 노래가 그치자 베아트리체가 말한다. "잠시 후 그대들은 나를 보지 못할 것이고, 또 잠시 후 그대들은 나를 다시 볼 것이오." 이 말은 예수께서 제자들에게 하신 말씀(〈요한복음〉 16장)으로, 그리스도의 죽음과 부활, 그리고 승천과 재림을 예고하는 것이다. 지금 베아트리체는 예수의 대역으로 행동하고 있다.

이제 베아트리체는 일곱 여인을 앞세우고, 스타티우스와 단테, 그리고 마텔다 자기 뒤를 따르게 했다. 우리가 앞에 보았던 큰 행렬의 소규모 재현이다. 그렇게 열 걸음을 나아가더니, 단테를 자기 가까이로 부른다. "형제여, 왜 질문하지 않나요?" 이번 '형제여'는 이제 단테가 베아트리체와 거의 동등한 지위에 닿았다는 뜻이 되겠다. 그리고 조금 전에 본 사건의 의미를 완전히 이해했는지 물은 것이다.

　단테는 존경하는 윗사람 앞에서 그러하듯 말이 잘 나오지 않지만 애써 소리를 낸다. 베아트리체가 이미 그의 필요와 거기 유익한 것을 알고 있으니 처분에 맡기겠다고. 그러자 베아트리체는 단테에게 두려움과 부끄러움을 벗어버리라고 권고한다. 그래야 꿈꾸는 자처럼 말하지 않을 수 있다는 것이다. 이제 안내자의 역할이 베르길리우스에게서 베아트리체에게로 넘어왔기 때문에, 단테가 계속 지금처럼 부끄러워하면 그의 지성을 교정해야 하는 베아트리체의 임무가 어려움에 처한다.

수레의 변형과 피랍에 대한 설명

이제 베아트리체가 설명을 시작한다. 본문 속의 사물이나 생물이 어떤 의미인지를 모두 가르쳐주는 건 아니기 때문에 일반인으로서는 약간 따라가기 어려운 설명이다. 우선 수레('뱀이 부서뜨렸던 그 그릇')를 끌고 가버린 창녀와 거인에 대한 언급이다. 하느님의 복수는 '수파(suppa)'를 두려워하지 않는다는 것이다. '수파'란 살인자가 피해자 가족으로부터 보복당하는 것을 피하기 위해 쓰던 주술적인 방편이다. 즉, 죽은 자의 무덤에서 9일 동안 특별한 케이크 (또는 포도주 적신 빵)를 먹으면 된다는 것이다. 따라서 하느님께 '수파'가 통하지 않는다는 말은 하느님께 해 끼친 인간은 반드시 복수를 당한다'는 의미다.

　이어서 독수리에 대해 언급한다. 수레에 깃털을 남겨서 그 수레가 괴물로 변하고 결국 악당들의 희생이 되게 만든 그 독수리에게 후계자가 아주 없진 않으리라고. 여기서 '독수리의 후계자'가 좋은 것인지 나쁜 것인지에 대해서 다소 논란이 있지만, 이어지는 내용으로 보아 좋은 뜻이라는 게 다수설이다. 즉, 아마도 행운의 별들이 온갖 방해를 벗어나 우리에게 가까이 와 있으니, 곧 때가 되어 '5백과 열과 다섯'이 도둑 창녀와 거인을 죽일 것이라는 예언이다. 여기서 515라는 숫자가 의미하는 게 무엇인지가 또 어려운데, 로마의 표기법으로 500은 D, 10은 X, 5는 V이기 때문에 515는 DXV가 된다. 이 중 둘째와 셋째 글자 순서를 바꾸면 라틴어로 '지도자, 통치자'(dux)라는 뜻이 된다. (로마에서는 U 자가 따로 사용되지 않고, V를 자음 v로도, 모음 u로도 이용했다.) 즉 어떤 훌륭한 통치자가 나와서 교회와 세속 권력의 야합을 교정하게 되리라는 예언이다. 시인 단테가 누구를 생각하고 이런 구절을 썼는지는 그저 추정만 할 뿐인데, 가장 유력한 설은 '하인리히 7세'다. 그는 1312년 로마로 와서 신성로마제국 황제 대관식을 치렀지만, 그다음 해에 세상을 떠나고 말았다. 한편 달리 해석하는 학자는 이 통치자가 다시 오실 그리스도라고 보기도 한다.

베아트리체도 자기의 설명이 좀 모호하고 어렵다는 것을 의식하고 있다. 자기 말이 '테미스나 스핑크스의 말처럼' 들릴지 모르겠지만, 곧 사실이 확인해주게 될 것이라고 확언한다. 테미스는 원래 '법도'를 나타내는 여신이지만, 동시에 대지모신이고 예언의 신이기도 하다. 이 여신은 대홍수 끝에 살아남은 두 사람(데우칼리온과 퓌르라)에게 '어머니의 뼈를 어깨 너머로 던져라.'라는 신탁을 내린 것으로 유명하다. 여기서 '어머니'는 대지, '뼈'는 돌을 의미하는 것으로 밝혀진다. 두 사람이 각기 돌을 던지자, 남자가 던진 돌은 남자로 변하고 여자가 던진 돌은 여자로 변했다고 한다. 《변신 이야기》에 나오는 일화다. 스핑크스 역시 모호한 수수께끼를 냈던 것으로 유명하다. '아침에는 네 발, 점심에는 두 발, 저녁에는 세 발인 것은?' 오이디푸스가 찾아낸 답은 '인간'이었다. 스타티우스의 《테바이스》를 상기시키는 구절이다.

그리고 '사실들이 이 예언의 의미를 밝혀주리라.'라는 말도 신화적으로 표현되어 있다. 원문에 따르면, '사실이 나이아데스가 되어 양 떼나 곡물에 피해를 주지 않고서' 수수께끼를 풀어주리라는 것이다. 한데 '나이아데스(Naiades)'는 물의 요정들이기 때문에 독자들을 어리둥절하게 만든다. 오늘날엔 이것이 텍스트 전수 과정에 생긴 문제라고들 보고 있다. 원래 '라이오스의 자손(Laiades)' 즉 오이디푸스를 가리키는 말인데, 어떤 사람이 필사 도중에 잘못해서 L 자를 N 자로 적었고, 시인 단테도 그렇게 적힌 사본을 읽었다는 말이다. 양 떼와 곡물에 대한 언급은 짧게 표현한 이야기로, 오이디푸스가 수수께끼를 풀어서 스핑크스가 죽자, 땅의 여신 테미스가 거대한 여우를 보내서 목초지와 농경지를 황폐하게 만들었다는 것이다.

이어서 베아트리체는 단테에게 권고한다. 지금 본 것을 잘 기억했다가 지상의 사람들에게 전달하라고. 특히 '두 번이나 약탈당한 나무'를 기억하라고. 이 말이 무슨 뜻인지에 대해서도 여러 해석이 가능하지만 '그대도 보았듯'이란 말이 붙어 있어서, 독수리가 나무를 공격한 것과 거인이 그 나무에서 나온 수레를 끌고 가버린 것을 가리킨다는 해석이 주류다. (용이 수레를 공격한 것을 꼽는 해석도 있지만, 한 번은 나무 자체를, 다른 한 번은 그 나무에서 나온 수레를 공격하는 게 더 나아 보인다.) 이어서 베이트리체는 이 나무가 하느님만이 사용하기 위해 창조된 것이기 때문에, 누구든 이 나무를 약탈하거나 꺾으면 하느님 자신에게 해를 입히는 것이라 경고하고서, 아담을 그 예로 든다. 그는 이 나무 열매를 먹었다가 그 형벌을 대신 받을 분(그리스도)을 5천 년 이상 기다렸다고. 구약성서에 아담은 지상에서 930세까지 산 것으로 기록되어 있다. 그는 또 림보에서 그리스도께서 구해주실 때(즉 십자가에서 죽어 저승에 오셨을 때)까지 4천 년 이상 기다린 것으로 되어 있다.

    지금 보는 이 나무가 '뒤집혀' 있는 것도 바로 그런(먹거나 꺾지 못하게 하려는) 이유라고 설명한다. 그래서 이 나무가 위로 갈수록 가지가 많아진 것이다. 그러면서 우리가 이런 이치를 이해하는 데 방해되는 다른 생각들을 피렌체를 관통하는 아르노강의 지류에 비긴다. 남쪽에서 북쪽으로 흘러 피렌체 서쪽에서 아르노강으로 합류하는 엘사 강물은 석회 성분이 많아서 그 물에 닿는 사물을 석회로 덮어버린다. 그리고 퓌라모스와 티스베 이야기도 여기 다시 이용된다. 그 두 사람의 피가 오디를 물들인 것은 쾌락이 우리 마음을 물들이는 것의 상징이다. 이처럼 쾌락에 물들지 않으면 이 나무를 맛보는 걸 금하신 하느님의 정의, 그분의 도덕적인 의도를 알 수 있다고.

에우노에 강물을 마시고, 천국으로 올라갈 준비를 마치다

하지만 베아트리체는 아직 단테의 지성이 미덥지 않다. 그의 지성이 '(엘사에 잠긴 것처럼) 돌이 되고, (오디처럼) 어둡게 물들어' 있다고 평가한다. 그가 베아트리체의 말을 듣고 눈부셔하는 것을 보고는, 그 내용을 몸에 그려서라도 가져가라고 촉구한다. 이는 옛날 성지순례를 마친 순례자가 지팡이에 종려나무 잎을 감아서 가져가는 것에 비긴 표현이다.

    단테는 적어도 베아트리체의 모습은 자신의 머리에 새겨졌지만, 자기가 들은 것이 지성의 너머로 날아가버려서 이해되지 않는다고 답한다. 기억은 하겠지만 아직 이해의 단계에는 도달하지 못했단 뜻이다. 그러자 베아트리체는 자신이 그렇게 어렵게 이야기한 이유를 설명한다. 단테가 그동안 추종했던 학파라는 게 어떤 수준인지 알게 하려고 그랬다고, 그 이론이 베아트리체의 말을 어디까지 따라올 수 있는지 보이려 했다고. 그들의 길이라는 것은 성스러운 길로부터, 마치 땅과—열 겹의 하늘 중에서—제일 바깥 하늘의 차이만큼 떨어져 있다는 것이다.

이에 대한 단테의 대답이 놀랍다. 자기가 베아트리체에게서 멀어진 적이 있었는지, 양심의 가책을 느꼈었는지 전혀 기억나지 않는다는 것이다. 베아트리체는 미소 지으며 답한다. 오늘 단테가 레테 강물을 마셨기 때문에 그런 거라고. 하지만 연기가 있으면 불이 있음을 알 수 있듯, 망각하고 있다는 사실 자체가 다른 일에 몰두했었다는 증거라고 지적한다.

이제 태양은 자오선에 이르러 걸음이 느려졌다. 앞장서서 가다가 새로운 것을 발견하면 걸음을 늦추는 안내자들처럼 일곱 여인은 어떤 그늘 아래 발을 멈춘다. 거기 나뭇잎 우거진 가지 아래 차가운 개울이 있다. 단테는 같은 샘물에서 발원하여 두 갈래로 갈라지는 유프라테스와 티그리스를 본다. (구약성서 〈창세기〉에는, 에덴동산에서 네 개의 강이 시작되는 것으로 나와 있다. 나머지 둘은 비손Phison과 기혼Gihon이다. 이 둘은 어떤 강을 가리키는지 불분명하다.) 그러니까 단테는 레테 강물을 따라 상류로 거슬러 올라가서, 그것이 다른 강과 갈라졌던 지점에 다다른 것이다.

단테는 새로 마주친 강의 이름을 묻는다. 베아트리체는 마텔다에게 질문하라고 말한다. (여기에 처음으로 '마텔다'라는 이름이 나온다.) 그러자 마텔다는 마치 아직 그것도 설명해주지 않았냐는 질책을 피하기라도 하는 듯, '이미 말해주었다.'라고 재확인한다. '혹시 레테 강물이 잊게 만든 건 아니겠지요?' (이 대목은 그냥 마텔다의 이름을 가르쳐 주기 위한 설정인 것 같다.)

그러자 베아트리체가 다시 설명한다. 아마도 단테가 다른 데(본인 입으로 밝히기 좀 난처하지만, 아마도 베아트리체의 아름다움에) 관심을 기울이느라 잊은 모양이라고, 이 강은 에우노에라고. 그러면서 마텔다에게 단테를 데려다가 그의 능력을 되살려달라고 청한다. 한데 여기에 '늘 하던 대로'라는 말이 붙어 있어서, 마텔다의 역할을 짐작할 수 있게 해준다. 그녀는 에덴동산에 상주하며, 천국으로 가는 사람들에게 두 강물을 맛보게 하는 직무를 맡고 있는 것이다.

그러자 마텔다는 충실한 영혼이 그러하듯 단테를 붙들고, 스타티우스에게도 따라오라 명한다. 여기서 시인 단테는 자신이 그 물을 마시는 장면은 생략하고, '아무리 마셔도 배부르지 않은 그 달콤한 물'에 대해 노래하기에는 지면이 부족하다고 변명한다. '두 번째 편(cantica)을 위해 정해놓은' 종이가 가득 찼다는 것이다. 《신곡》의 세 편은 뒤로 갈수록 조금씩 분량이 늘어나도록 설정되어 있는데, 〈지옥편〉보다 〈연옥편〉이 더 길고, 〈연옥편〉보다 〈천국편〉이 약간 더 길게 되어 있다. 〈지옥편〉과 〈연옥편〉의 차이가 35행인 데 반해, 〈연옥편〉과 〈천국편〉은 차이가 크지 않아서 겨우 3행 차이 난다. 그러니 〈연옥편〉을 더 늘이기도 곤란하겠다.

시인 단테는 자신이 그 강물로부터 다시 나왔고, 새롭게 태어난 나무처럼 위로 올라갈 준비가 되었다고 선언한다, '별들을 향해.' 〈연옥편〉 또한 〈지옥편〉, 〈천국편〉과 마찬가지로 '별'이란 말로 끝난다.

천국편
PARADISO

〈천국편〉은 크게 두 부분으로 나뉜다. 천국은 열 개의 하늘 층으로 구성되어 있는데, 전체 10개의 하늘 중에서 밑의 7개는 '행성'의 이름이 붙어 있고, 그 위의 세 층은 별도의 이름이 붙어 있다. 한편 밑의 일곱 층은 다시 두 부분으로 나뉜다. 제일 아래 세 층은 지구의 그림자가 닿는 것으로 되어 있다. 그러면 지옥과 연옥이 크게 세 층으로 나뉜 것에 상응한다. 지옥은 크게 '무절제-폭력-기만'으로 구성되어 있었다. 연옥은 '대기 장소-일곱 층-에덴동산'으로 나뉘어 있었다.

천국의 아래쪽 일곱 층은 각각 믿음-소망-사랑, 그리고 지혜-용기-정의-절제의 원리에 따라 구성되어 있다. 맨 아래 세 층은 기독교의 세 가지 덕에 약간씩 문제가 있(어 보이)는 사람들의 영역이다. 그 위의 네 층에는 기독교의 세 가지 덕을 모두 갖추고 그 위에 세속적인 네 가지 덕 중 어느 하나가 더욱 빛난 인물들이 배치되어 있다.

단테가 지상을 떠나다

〈천국편〉 제1곡은 세 부분으로 되어 있다. 우선 12행에 걸친 주제 선언, 다음으로 24행 길이의 기원, 그리고 단테가 달의 하늘로 올라가는 사건.

천국에서 본 것을 노래하노라

1곡 초반에 단테는 아직 연옥산 꼭대기에 있다. 1곡은 이번 편의 주제를 선언하는 것으로 시작한다. 자신이 천국 가장 높은 곳까지 갔었는데, 완전히 다 기억하진 못하지만 그래도 기억 속에 남은 것을 노래 소재로 삼겠다는 말이다. 여기서 '천국 가장 높은 곳'은 '하느님의 영광의 빛을 가장 많이 받는 곳'이라고 표현되어 있다. 신플라톤주의에 따른 존재의 등급들이 있는데 그 등급의 가장 높은 데 갔었다는 뜻이다. 그리고 자신이 그 여행 내용을 많이 잊은 것은, 우리 지성이 원하는 것에 가까이 갈수록 더욱 깊이 가라앉기 때문이란다. 우선 여기 '가라앉다'라는 표현이 쓰인 것은, 잠시 후에 보게 될 달의 하늘의 이미지와 연관되어 있다. 달은 늘 물과 관련되어 있기 때문이다. 《신곡》의 각 곡은 그 앞뒤의 이미지를 예고하거나 되풀이하는 경우가 많다.

삼위일체의 도움을 기원함

그다음엔 기원이 이어진다. 이미 〈지옥편〉과 〈연옥편〉에서 본 적 있는 '신에게 도움 청하기'이다. 여기서는 아폴론을 부른다. 이미 익숙해졌겠지만, 아폴론은 그리스도를 상징한다. 특히 그냥 아폴론이 아니라 '좋으신 아폴론'이어서, 우리가 익숙한 신화 속 아폴론(어쩌면 '나쁜 아폴론')과는 다른 존재라는 느낌을 준다. 그러고는 자기의 마지막 노역(labor)으로 월계관을 얻도록 알맞은 그릇이 되게 해달라고 청한다. 여기서 '노역'은 헤라클레스의 고역을 암시한다. 〈지옥편〉에서 여러 번 암시되었듯 단테는 두 번째 헤라클레스다. 한편 '그릇(vas)'은 사도 바울을 가리키던 표현('선택된 그릇', 〈지옥편〉 2곡 28행)이다. 그리고 이 단어는 '배'라는 뜻이 될 수도 있는데, 잠시 후 2곡에서 단테는 자신의 작업을 항해에 비유하고 있다.(전통적인 비유다. 아폴로니오스 로디오스가 아르고호 영웅들의 모험을 노래하면서 자신도 함께 항해를 떠났던 것으로 표현했다.)

시인 단테는 이제까지는 파르나소스의 한 봉우리로 충분했지만 이제부터는 다른 봉우리의 도움이 필요하다고 말한다. 파르나소스는 델포이의 아폴론 성역 뒤에 있는 산으로, 두 개의 봉우리가 유명하다. 그중 하나(퀴르라)는 보통 아폴론에게, 다른 봉우리(뉘사)는 디오뉘소스('뉘사산의 제우스')에게 속한 걸로 알려져 있는데, 단테는 뉘사를 무사 여신들에게 배정했다. 그러니까 이전에는 뉘사의 도움만으로도 충분했는데, 이제는 아폴론의 도움이 필요해서 그를 부른다는 것이다. '천국편'을 노래하는 데 그냥 예술적인 재능만으로는 부족하고, 좀 더 영적인 도움이 필요하다는 뜻이겠다.

단테는 아폴론이 이전에 했던 일을 일깨우면서 그와 비슷한 일을 해달라고 청하는데, 그 모델이라는 게 좀 얄궂다. 즉 '마르쉬아스를 껍질로부터 벗겨낸 것처럼' 해달라는 것이다. 마르쉬아스는 아폴론에게 음악 시합으로 도전했다가 패배하여 껍질이 벗겨져 죽었다는 사튀로스다. 《변신 이야기》에 자주 나오는 일화로 신들의 무자비함을 보여주는 이야기인데, 이것을 모범으로 삼다니! 이미 〈연옥편〉(9곡) 해설에서 얘기했지만, 단테에서 고전 작품의 사례가 나오면 거의 언제나 통하는 공식이 있다. '고전적 비극, 기독교적 희극(classical tragedy, christian comedy)'이다. 여기서 '희극'은 우습다는 뜻이 아니라, 행복한 결말이라는 뜻이다. 그러니까 단테가 신께 청하는 것은 '마르쉬아스와 비슷한 데가 있으면서도 결말은 행복한 사건'인 것이다. 여기서 마르쉬아스의 껍질이 벗겨진 것은 단테가 세속의 짐을 벗어 놓고 하늘로 올라가는 사건의 모델로 이용되었다. 그러면 단테가 천국에 갈 때, 혹시 육체는 벗어놓고 영혼만 올라간 게 아닐까 하는 의혹이 생길 수도 있는데, 사실 이게 상당한 논란거리였다. 잠시 후에 문제 되는 구절이 나오는데, 자신이 달의 하늘로 올라갈 때 영혼뿐이었는지는 하느님만이 아신다고 말한 것이다. (이 구절은 사도 바울의 발언을 흉내 낸 것이다. 바울은 자기가 천국이 세 번째 층까지 갔었는데, 그때 '몸 안에 있었는지 몸 밖에 있었는지는 하느님만이 아신다.'(〈고린도후서〉 12장 2절)라고 했던 것이다.)

다시 단테의 기원으로 돌아가자. 그는 이제 삼위일체의 다른 위격들도 불러 도움을 청한다. '숨결(성령)을 불어넣으소서, 성스러운 힘(성부)이여.' 그러고는 자신이 월계관을 얻으리라는 기대를 표명하는데, 일단 여기서는 그 월계수 잎을 '페네오스의 잎사귀'라고 표현한 것만 설명하면 되겠다. 월계수는 요정 다프네가 아폴론의 사랑을 거절하고 나무로 변한 것이다. 다프네는 페네오스 강물 신의 딸이기 때문에 월계수는 '페네오스의 나무'다.(페네오스는 희랍의 중부에서 동쪽 바다로 흘러드는 강이다. 올림포스산 바로 남쪽에 있다.)

첫째 하늘로 올라감

여기까지가 사건 진행과는 무관한 시인 단테의 발언이었다면, 이제부터는 순례자 단테의 행적이 그려진다. 우선 시간 배경을 설명한다. 독자들에게 약간 어려운 천문학적 표현이 나온다. '네 개의 원이 세 개의 십자가를 이루는 곳에 태양이 떠올랐다고 했다. 여기서 '네 개의 원'은 가로 방향으로 세 개의 원, 세로 방향으로 한 개의 원이다. 가로 방향 원은 지평선(관찰자가 제자리에서 360도 회전하는 동안 눈길로 이어 긋는 테두리), 천구 적도(천구의 북극과 남극으로부터 같은 거리에 있는 지점을 연결한 선), 황도(천구상에서 태양이 일 년 동안 옮겨가는 길, 지구가 태양 주위를 돌 때 그 배경에 보이는 별자리를 연결한 선)다. 세로 방향 원은 '이분(二分)선'이라고도 하고 '주야평분선'이라고도 하는데, 천구의 남북극과 두 개의 분점(춘분점과 추분점)을 이은 선이다. 그러면 세로 방향 원이 가로 방향 원 셋을 가로지르면서 세 개의 십자가가 생긴다. 하지만 이것은 개념적으로 나눈 것이고, 사실은 춘분날 해 뜨는 시점에 그 세 십자가는 한 점에 모여 있다. 천구 적도와 황도가 만나는 점이 바로 춘분점인데 춘분날에는 태양이 그 춘분점에 있고, 해 뜨는 순간에 태양(춘분점)은 바로 지평선에 놓이기 때문이다.

그 성스러운 점에서 해가 떠오르면, '가는 길도 좋고 동행하는 별들도 좋다.'라고 시인은 덧붙인다. 여기서 '가는 길이 좋다'라는 건, 이날 태양이 하늘에서 이동하는 경로(일주운동)가 천구 적도와 일치하기 때문이다. 남으로도 북으로도 치우치지 않는다. '동행하는 별들도 좋다'라는 건, 낮에는 보이지 않지만 이날 태양의 배경에 양자리가 놓여 있기 때문이다. 서양 사람들은 춘분점을 좋아해서, 천지창조도 춘분날 시작되었고 수태고지도, 그리스도의 부활도 춘분날 일어난 사건이라고 보았다. 겨울이 끝나고 봄으로 접어드는 시기이니 희망을 상징하기 좋다. 더구나 예수 탄생 무렵에는 춘분점이 양자리에 있었기 때문에 '하느님의 어린 양'이라는 개념과 잘 어울린다. 사실은 지구의 세차운동(자전축의 요동) 때문에 북극성도 춘분점도 조금씩 변화하고, 단테 시대엔 이미 춘분점이 물고기자리로 옮겨갔는데도 그것을 짐짓 무시하고(또는 모르고서) 이렇게 그렸다.

어쨌든 이 성스러운 위치에서 해가 떠오른 다음, 단테가 현재 있는 반구가 거의 모두 하얗게 되었을 때, 즉 정오 무렵에 안내자 베아트리체는 왼쪽으로 몸을 돌린다. 연옥산이 있는 남반구에서는 해가 동쪽-북쪽-서쪽으로 움직이는데, 동쪽을 보고 있다가 북쪽으로 태양을 향해 몸을 돌렸다는 뜻이다. 이제 단테도 그녀를 본받아 태양을 바라본다. 이미 단테의 능력이 상당한 수준에 다다라서인지, 그는 지상에서 할 수 있는 것보다 훨씬 오래 해에 시선을 고정한다 그 태양은 마치 두 개의 해가 겹친 것처럼 불꽃을 튀기며 빛난다. 하지만 아주 오래 그 빛을 견딜 수는 없기 때문에, 곧 단테는 시선을 베아트리체에게로 향한다. 그러면서 스스로 내면에 어떤 변화가 일어난 것을 느끼는데, 그것을 두고 '글라우코스가 약초를 맛보고서 바다 신들의 동료가 되었을 때 같았다.'라고 표현했다. 이는 《변신 이야기》에 소개된 일화를 인용한 것이다. 글라우코스라는 어부가 물고기를 잡아 나중에 정리하려고 해변 풀밭에 던져두었다. 한데 이 물고기들이 주변의 풀을 뜯어 먹더니 갑자기 힘을 얻어 펄떡거리며 바다로 뛰어들어 달아나 버렸다. 이를 신기하게 여긴 글라우코스가 자기도 그 풀을 뜯어 먹자, 그도 변화하여 바다 신이 되었다. 시인이 이 일화를 끌어들인 것은, 자신이 어떤 특별한 은총에 의해 글라우코스처럼 육체를 지닌 채로 신적 세계로 가게 되었음을 암시하기 위해서다. 바로 여기에, 앞서 잠깐 언급한 구절이 나온다. '하늘을 다스리시는 사랑이여, 내가 당신이 마지막에 만드신 그 부분(영혼)뿐이었는지는 당신만이 아십니다.'

이제 단테는 하늘의 회전 속으로 이끌려 올라간다. 그 경계선은 아름다운 화음을 동반한 불꽃의 호수 같다. 연옥산 꼭대기로 진입할 때 불의 장벽을 통과한 것과 유사하다. 한편 이 부근 설명에는 살짝 아리스토텔레스 개념이 숨어 있다. 하느님은 열망됨으로써 하늘을 회전시키신다고 한 것이다. 이른바 '부동의 원동자' 개념이다. 하느님이 애써 세계를 돌리는 것이 아니라, 세계가 하느님을 열망하여 저절로 돈다는 것이다.

하지만 단테는 자신이 이미 하늘로 올라가고 있음을 깨닫지 못하고, 이 화음과 빛이 대체 무엇인지 궁금히 여긴다. 베아트리체는 그가 벌써 지상을 떠났다고 설명한다. 그러자 새로운 의문이 단테를 사로잡는다. 육체를 지닌 자신이 어떻게 가벼운 원소인 공기와 불보다 더 위로 갈 수 있느냐는 것이다. 이에 대한 베아트리체의 설명이 꽤 어렵다. 〈천국편〉 들어서서 처음 마주치는 '깔딱고개'다. (이 부분은 읽기에 좀 어려우니, 벅차다 싶은 분은 큰 뜻만 새기고 그냥 넘어가기를 권고한다.) 그 요지는 대략 이러하다. '이 우주 안에는 여러 등급의 존재가 있는데, 그것들은 저마다 자신에게 주어진 자리를 향해 가고자 한다. 이따금 거짓 쾌락에 이끌린 잘못된 움직임(번갯불이 지상으로 떨어지는 것처럼)이 있긴 하지만, 방해물(죄)을 벗어나면 제자리로 향하는 게 당연하다. 단테가 하늘로 올라가는 것은 물이 아래로 흐르고, 불이 위로 솟는 것과 마찬가지로 자연스러운 일이다.'

제2곡

월천-달의 얼룩 설명

2곡은 크게 세 부분으로 되어 있다. 독자를 향한 충고, 천국 첫째 층 도착, 그리고 달의 얼룩에 대한 설명. 이 중 셋째 부분의 분량이 3분의 2 이상이다.

독자에게 주는 충고

〈지옥편〉 1곡에서 저승 여행이 시작되었다가 2곡에서 다시 약간의 지체가 있었던 것처럼, 〈천국편〉 2곡에서도 약간의 지체가 발생한다. 이번에는 순례자 단테의 망설임 때문이 아니라, 시인 단테의 발언 때문이다. 시인은 우리들 독자를 향해 한편으로 경고를, 다른 한편으로 약속을 보낸다.

　우선 경고다. 자기 배를 뒤따르는 쪽배들은 넓은 바다에 닿기 전에 해변으로 돌아가라는 것이나. 노중에 난테의 선노를 놓지고 길 잃을 수 있기 때문이다. 시 짓기, 또는 시인의 공연이 일종의 항해라는 것은 앞에서 말했다. 〈연옥편〉 초반에도 그런 암시가 있었는데, 한 가지 달라진 점은 〈천국편〉에 이르자 단테의 배가 좀 더 커졌다는 것이다. 〈연옥편〉 1곡에서는 단테 자신의 배가 쪽배였다. 시인은 자신의 성장을 스스로 느끼고 있다.

다음으로 약속이다. 단테는 자신이 이전엔 아무도 가본 적 없는 바다를 항해하겠노라 선언한다. 그러면서 1곡에 나왔던 이미지를 재활용한다. 그 항해를 아폴론이 이끌고 무사이들이 북두칠성을 보여주리라는 것이다. 거기에 새로운 이미지 하나가 덧붙는다. 아테네(미네르바)가 바람을 일으켜 준다는 점이다. 이어, 천사의 빵(천국의 양식)을 갈망하는 자들이라면 자신의 배 흔적이 사라지기 전에 바짝 붙어 따라오라고 격려한다. 그러면 그들은 놀라운 일들을 목격하리라고, 아르고호 영웅들이 이아손이 밭 가는 것을 보았을 때보다 더욱 놀라게 되리라고. 아르고호 이야기는 〈천국편〉 33곡에도 다시 등장할 텐데, 이렇게 〈천국편〉 시작과 끝에 두 번이나 이 모험을 인용하는 이유가 있다. 단테는 그 사건이 기원전 13세기에 있었던 것으로 보고 있는데, 그러면 예수 탄생을 중심으로 단테 시대로부터 과거 방향으로 같은 시간만큼 떨어진 일이 된다. 말하자면 그 사건은 인류 문명 전 기간의 맨 앞을, 자신의 여행은 맨 뒤를 각기 차지하는 것이다. 아르고호가 인류의 지리적 활동 범위를 극적으로 확장했다면, 자신의 여행은 인류의 영적 영역을 비약적으로 넓히는 계기가 될 것이다. 슬쩍 지나가는 이미지에 엄청난 야심이 숨겨져 있다.

달의 하늘에 당도하다

단테는 순식간에 하늘의 맨 아래층에 도착한다. 1곡 마지막에 설명했듯 하느님 왕국에 대한 타고난 열망 때문이다. 그의 속도는 '뒤엣것을 먼저 말하기(hysteron proteron)'라는 수사법을 통해 표현된다. 그는 마치 '화살이 목표에 맞고, 날아가고, 시위를 떠난 것처럼 빠르게' 새로운 장소에 도착했던 것이다. 이런 수사법은, 너무 빨리 일어나서 어떤 단계가 먼저

인지 분간이 안 되는 경우에 자주 사용한다.

거기 펼쳐진 광경은 우선 시각적으로 단테를 놀라게 한다. 베아트리체는 드디어 (밑에서부터 헤아려서) 첫 번째 하늘에 도착했다고 선언한다. 그것은 햇빛 받은 다이아몬드처럼 눈부시고 단단하고 치밀하다. 단테는 흠 없는 구름 속으로 자신이 들어간 듯한 느낌을 받는다. '단단한 구름'이라니! 이 놀라운 현상을 단테는 '물에 빛살이 비친 것'에 비유한다. (이 사건이 신비로운 것이 되자면 단테는 육체를 지닌 채로 여행해야 한다.) 그리고 이는 예수께서 신이면서 동시에 인간인 상황과도 같은 것이다. 천국에서는 지상에서 인간들이 그냥 신앙으로 믿었던 것을 증명조차도 필요 없이 직접 눈으로 확인할 수 있다. (그래서 제33곡에서 단테는 삼위일체와 그리스도의 두 가지 본성을 눈으로 직접 보게 된다.)

달의 얼룩에 대한 설명
단테는 지상의 인간들이 '카인의 가시 짐'이라고 부르는 달의 얼룩이 어떻게 생긴 것인지 묻는다. 이 질문이 여기 나오는 이유는, 멀리서 볼 때는 얼룩이 있었는데 정작 달에 들어가서 보니 맑은 다이아몬드 같기 때문이다. 베아트리체는, 감각에 의지해선 알 수 없는 일들에 대해 인간은 그릇된 개념을 지니게 마련이라고 운을 뗀다. 감각의 뒤만 따라가서는 이성도 멀리 날 수 없다는 것이다. 그러면서 우선 단테 자신이 어떻게 생각하는지 되묻는다.

이제 달의 얼룩에 대한 두 번째 설명(양적 설명)이 전개되고 반박된다. (첫 번째 설명(신화적 설명)은 '카인이 지고 다니는 가시 짐'이다.) 단테는 달에만 해당되는 게 아니라 좀 더 일반적으로 모든 천체에 해당될 듯한 설명을 제시한다. 여기 높은 데서 다양하게 보이는 대상들은 모두 재료의 밀도에서 차이가 있기 때문에 그러한 게 아닐까 하는 것이다. 이 답안은 곧 베아트리체에 의해 반박된다. 우선 달을 (밑에서부터 헤아려) 여덟 번째 하늘, 항성천과 비교한다. 거기 있는 다양한 붙박이별들은 모두 질과 양에서 차이가 난다는 것이다. 따라서 천체들이 같은 원리로 이루어져 있다면 달의 현상을 그저 양(재료의 두께 차이)으로만 설명하는 건 문제가 있다고.

 그런 다음 단테의 답변을 다시 두 가지 경우로 나누어 자세히 따져본다. 정리하자면 이렇다. '달을 이루는 재료가 어디는 빽빽하고 어디는 성기다면, 성긴 부분에 아예 구멍이 뚫려 있거나(1), 아니면 그 부분이 얇긴 하지만 구멍까지 뚫리진 않았거나(2) 둘 중 하나다. 한데 일식이 일어나서 달이 해를 가렸을 때, 빛이 빠져나오는 구멍은 보이지 않으니 첫 번째 경우(1)는 아니다. 그러면 거칠게 만든 종이에서 볼 수 있듯이 어디는 재료가 두툼히 겹쳤고 어디는 비교적 얇게 겹쳤다고 해보자(2). 이 경우 일단, 재료가 성기게 배치된 부분이라 하더라도 그 성긴 상태가 바탕까지 계속되지는 않는다고, 즉 어느 정도 깊이에서는 성긴 상태가 끝나고 재료가 치밀한 부분이 그 밑에 있다고 보아야 한다(2-1). 이와 유사한 것이 납판에 유리를 입힌 거울인데, 거기서도 빛이 유리(성긴 재료)는 투과하지만 결국 납판(치밀한 재료)에 부딪혀서 빛이 반사된다. 그러니 이 경우에도 얼룩은 생기지 않는다. 다시 이에 대한 반론으로 가능한 게 하나 있다. 거울의 유리 밑에 놓인 납판이 완전히 평평하지 않아서, 어디는 유리 표면에 가깝고, 어디는 표면에서 멀고, 그래서 먼 데서 반사된 부분은 어두워 보인다고 하자(2-2). 이 대안은 거울로 실험해 보면 다시 반박된다. 거울 세 개를 준비해서 두 개는 우리에게 가까이 놓고, 하나는 그것들보다 멀리 놓아보자. 그 앞에 피사체를 놓고 적절한 조명을 가하면, 멀리 있는 거울에서도 크기는 작지만 밝기는 같은 상이 반사될 것이다.' 사실은 밝기도 좀 차이가 나겠지만 현대에도 일반인들로서는 그 차이를 확인하기 어렵다.

베아트리체는 이렇게 단테의 답안을 반박한 다음 정답을 제시하는데, 우선 자기가 설명의 햇살을 비추면 단테에게서 냉기와 희뿌연 상태가 사라지고 맑은 물처럼 되리라고 예언한다. (햇볕에 눈이 녹아 물로 변하는 것에 비유하는데, 원문을 읽으면 대체 이 얘기는 왜 하는 것인지 어리둥절할 수 있다.) 달은 물과 관련되기 때문에 이 첫째 하늘에서는 물의 비유, 물에 해당되는 표현이 많이 나온다.

베아트리체는 우선 범위를 넓혀 우주와 천국의 구조를 설명한다. '하늘은 여러 층으로 되어 있는데, 제일 바깥에 하느님 자신이 계시는 평화의 하늘(정화천)이 있다. 그 바로 안쪽에 움직이는 첫 번째 하늘(원동천)이 있고, 그 안쪽에 여러 붙박이별들로 구성된 하늘(항성천)이 있다. 그 하늘은 자신 안에 포괄된 항성들과 더 밑의 하늘들(행성들의 하늘)을 존재하게 하고 힘을 나누어준다. 그러면 그 밑의 하늘들은 다시 저마다의 방식으로 그 힘을 더 밑으로 내려 보낸다.' 이렇게 일단 물리적 하늘들의 작용을 보인 후에, 이것을 다시 인간 비슷한 모습으로 그려 보인다. 여러 하늘의 순차적인 영향은 천사들(복된 원동자들)이─대장장이에게시 망치 기술이 나오듯─숨결을 불어넣는 것으로 표현되기 때문이다. 이런 두 가지 방식의 설명은 나중에 원동천에서 천사들의 위계를 설명할 때 다시 한 번 등장할 것이다. (거기서 천국은 우선 3차원적으로 말하자면 큰 유리공 안에서 점점 반경이 작아지는 여러 개의 유리공들처럼 그려진다. 이는 2차원적으로 맨 바깥 하늘이 하나의 중심점으로 응축되고 다른 하늘들은 그 점을 둘러싸고 점점 반경이 넓어지는 여러 동심원인 것처럼 설명된다. 그리고 그 원들은 천사들의 품계를 나타낸다.) 베아트리체는 이렇게 우주 전체에 대해 설명한 다음, 다시 달의 얼룩 문제로 돌아온다. 대체적인 뜻은 이렇다. '인간의 몸 안에서 영혼이 각 기관에 퍼져 각각의 임무를 수행하는 것처럼, 하느님의 선함은 온 세상에 퍼져 힘과 생명을 준다. 그 선한 본성은 그 원천이 즐겁기 때문에 밝게 빛나는데, 부분마다 힘과 역할이 다르기 때문에 밝기도 다르다.' 사실 이 부분도 읽기 상당히 어렵기 때문에 일반 독자로서는 그저 《신곡》은 달의 얼룩에 대해 양적 설명이 아니라 질적 설명을 주고 있다는 정도로만 기억하면 될 것 같다. 하느님의 힘과 영감이 위의 하늘로부터 아래로 전달되는데, 세상 각 부분의 역할이 달라서 부여받은 힘도 다르고 그에 따라 밝기도 다르다는 것이다.

제3곡
월천-서원을 채우지 못한 자들

3곡은 크게 두 부분으로 나뉜다. 단테와 베아트리체의 대화, 그리고 단테가 피카르다를 만나는 장면. 피카르다 장면은 다시 둘로 나뉜다. 자신에 대한 소개와 콘스탄차에 대한 소개다.

단테가 천국에 거주하는 영혼을 영상으로 착각하다

3곡의 가장 뚜렷한 특징은 단테가 어떤 일을 하려다가 중단하거나, 어떤 생각이 맞는 것 같지만 그렇지 않다는 전개가 거듭되어, '하지만(ma)'이라는 단어가 여러 차례 나온다는 점이다. 아마도 이곳이 서원을 지키려 했지만 중도에 그친 사람들의 영역이어서겠다.

단테는 베아트리체의 가르침에 감사를 표하고자 한다. 하지만 거기에 한 영혼이 나타나는 바람에 이 의도는 실행되지 못한다. (여기서 베아트리체는 단테의 가슴을 따뜻하게 데우는 태양에 비유되고 있다. 앞에 베아트리체가 단테를 눈이 녹아 맑은 물로 변한 것처럼 만들어주겠노라 약속한 것이 실현된 셈이다.)

단테는 처음에 자기 앞에 나타난 영혼이 물이나 거울에 비친 영상인 줄로 착각한다. 그곳에서 영혼들은 아주 또렷한 모습을 지니지 않고 있어서다. 다음 하늘에 가면 상대가 웃음 짓는 것 외에는 개인적 특징을 알아볼 수 없게 되고, 더 위의 하늘에서 만나는 영혼들은 너무나 눈부시게 빛나서 그 뒤의 모습은 분간할 수 없게 된다. 단테는 자기가 거울을 보는 건가 싶어서 뒤돌아본다. 하지만 실물에 해당되는 게 보이지 않자, 어찌 된 영문인지 알고자 베아트리체에게로 향한다. 베아트리체는 단테가 처음 본 모습이 실물이며, 이들은 서원을 다 이루지 못해 이곳에 배정되었다고 설명한다. (잠시 후에 보면, 사실은 이들도 하느님 곁에 머물고 있는데, 이번 하늘의 특성을 보이기 위해 잠깐 내려온 거라는 설명이 나온다. 학자들은 단테가 애초에는 천국의 각 층에 거주자가 있는 것으로 그렸다가 나중에 내용을 수정했는데, 죽기 전까지 충분히 고치지 못해 약간 어색한 데가 생겼다고 추정한다.)

환속 수녀 피카르다와 대화하다

단테는 베아트리체의 권고에 따라, 자기 앞에 나타난 영혼 중 특별히 얘기를 나누고 싶어 하는 듯한 분을 향해 말을 건넨다. 이름을 가르쳐 달라고, 당신들의 몫은 어떤 것인지 알려달라고. 상대는 자기들이 올바른 욕망을 향해서는 문을 닫지 않는다는 말로 시작한다. 이들은 동정 수녀로서, 평생 결혼하지 않겠노라 서약했던 이들이다. 그래서인지 이 부근에는 성적 욕구와 절제에 대한 암시가 많이 나타난다. 질문을 던지는 단테는 '지나친 욕망에 어쩔 줄 모르는 사람처럼' 그려졌다. 그리고 상대는 마침 단테도 알던 사람으로, 단테의 처사촌인 피카르다(Piccarda)이다. (우리는 이미 그의 오라비를 연옥에서 만난 적이 있다. 식탐의 둘레길에서 마주쳤던 포레세, 단테의 친구이자 서로 비방 시를 주고받았던 그 사람이다. 단테는 거기서 벌써 피카르다가 어디 있는지 궁금히 여겼고, 포레세는 그녀의 선함과 아름다움을 상기시켰었다.) 그녀 모습은 천국에 걸맞게 이전보다 훨씬 아름다워진 상태지만 단테는 그녀를 알아본다. 지옥이 죄인들의 모습을 짐승처럼 흉하게 변형시키듯이, 천국도 그 거주자들을 아름다운 쪽으로 변형시키는 것이다.

피카르다는 자신들이 '가장 느린 이 천구'에서 행복하게 지낸다고 말한다. 천국의 열 개 층을 이루는 하늘들은 서로 다른 속도로 회전하고 있는데, 맨 바깥쪽 하늘(정화천)은 고요와 평화 속에 정지해 있고, 그 바로 안쪽의 원동천이 가장 빠르게 회전하는데, 이후로는 안쪽 하늘일수록 점점 속도가 느려져서 제일 안쪽의 하늘이 가장 느린 것으로 되어 있다. 한데 이들이 이 낮은 하늘에 배치된 이유는 서원의 일부를 채우지 못했기 때문이다. 하지만 그들은 그런 배정을 슬퍼하거나 아쉬워하지 않고 오히려 즐거워한다.

단테는 피카르다에게 혹시 더 높은 하늘에 배정되었더라면 하는 아쉬움이 있는지 질문한다. 그녀는 '형제여'라는 말로 대답을 시작한다. 연옥에서도 여러 번 나왔을 때는 약간의 질책이 섞인 호칭이었지만 여기서는 평등을 상징하는 단어다. 피카르다의 요지는 자신들의 의지는 하느님의 의지와 완전히 일치하기 때문에 현재 상태 이외의 다른 것은 바라지 않는다는 것이다. 하지만 원문은 여기서 좀 어려운 설명으로 이어진다. 대체적인 뜻은, 천국의 존재들은 필연적으로 사랑 속에 있어야 하는데, 하느님을 사랑한다는 것은 그의 뜻과 일치하는 것이어서 그 상태가 복됨의 본질이라는 것이다.

단테는 이제 천국 어디서나 동등한 행복을 누린다는 것을 알았지만, 다른 질문거리가 떠오른다. 피카르다가 이루지 못한 서원이 구체적으로 어떤 것이냐는 의문이다. 친척 간이긴 하지만 상대의 사연을 다 알지는 못하는 모양이다. 피카르다는 자신이 키아라(클라라) 수녀회 소속으로, 그리스도를 신랑으로 모시고 평생을 보내기로 서원했었다고 밝힌다. 그렇지만 가문의 남자들이 억지로 그녀를 끌어내었다고, 그 후의 삶이 어떠했는지는 하느님이 아신다고. 이 마지막 구절은 앞에서 우리가 본 적이 있다. 〈연옥편〉에서 남편에게 피살된 영혼 피아가 그런 표현을 썼던 것이다. 모든 것을 용서한 차분하고 평온한 발언이었다. 여기서도 그렇다. 수도자다운 순명(順命)이다.

황제의 부인이었던 콘스탄차

이어서 피카르다는 자기 곁의 다른 영혼('다른 광채')을 소개한다. 콘스탄차. 그녀 역시 원래 수녀였다가 세속으로 끌려나와 일종의 강제 결혼을 당했다. 한데 본인 집안도 남편 집안도 유럽 최고의 귀족 가문이다. 자기 집안은 시칠리아 왕가, 남편 집안은 신성로마제국 황제 가문이다. 그녀는 황제 하인리히(헨리, 엔리코) 6세의 아내가 되어 프리드리히(페데리코) 2세를 낳았다. (이 아들에 대해서는 이미 이단 지옥에 갇혀 있다고 들었다.) 피카르다는 그녀가 억지로 결혼했지만 '마음속 베일은 벗지 않았다.'라고 증언한다.

그리고서 이들은 〈아베 마리아〉를 노래하며 떠나가는데, 마치 '물속으로 물건 가라앉듯' 했다고 표현되었다. 다시 달과 관련된 물이 나왔다. 우리가 지금 살펴보고 있는 제3곡은 그 바탕에 나르킷소스 이야기를 깔고 있다. 앞에서 단테가 피카르다 일행을 거울에 비친 상으로 잘못 생각했다는 대목에서도, 나르킷소스가 물에 비친 자기 모습을 실물로 착각했던 것과는 반대 현상이라고 설명했다. 지금 여기 '아베(ave)'라는 인사말은 나르킷소스를 사랑하던 에코 이야기와 연결된다. 에코는 그 아름다운 소년에게 거절당한 후 동굴에 숨어 목소리만 남게 되었다는 요정이다. 그녀는 나르킷소스가 시들어 죽으며 물속의 자신에게 '안녕(vale)' 하고 인사하는 것을 되울려준다. 그러면서 그녀 역시 나르킷소스와 작별하는 것이다. 한데 지금 여기 나온 '아베'는 만남과 축복의 인사(수태고지 때 천사의 첫 마디)이니, '고전적 비극'과는 반대 것이다. 다시 '기독교적 희극'이다. 단테는 이제 시선을 베아트리체에게 향하고 새 질문을 던지려 한다. 그러나(ma) 그녀의 모습이 너무나 눈부시다.

제4곡

월천-별과 영혼, 타인의 압력 문제

4곡에서는 다른 사건이나 만남이 이뤄지지 않고, 단테와 베아트리체 사이에 질의응답만이 오간다. 여기서 다뤄지는 문제는 크게 두 가지다. 하나는 타인의 폭력이 나의 공을 줄일 수 있느냐는 것이고, 다른 하나는 영혼이 별에서 오고 거기로 돌아가느냐는 것이다.

두 질문 사이에 선 단테
단테는 두 가지 질문 사이에서 어떤 것을 먼저 물을지 망설인다. 그 망설임을 세 가지 직유법으로 표현했다. 양쪽으로 같은 거리만큼 떨어진 두 가지 음식을 두고 고심하다 굶어 죽는 사람, 사나운 두 마리 늑대 사이에서 어디로 도망칠지 고심하는 어린 양, 두 마리 사슴 중 어느 것을 쫓아가야 할지 결정하지 못하는 사냥개. 알고 싶은 욕구가 있으니 그걸 식욕에 빗대는 건 이해하기 어렵지 않다. 한데 두 가지 위험 사이에서 고심한다는 비유는 대체 왜 나온 걸까? 잠시 후에 드러나지만, 이 의문들에 대해 잘못 답하면 위험에 처할 수 있어서다.

단테의 궁금증을 알아챈 베아트리체가 두 의문을 차례로 해결해 준다. 여기서 그녀의 행동은 다니엘이 느부갓네살왕의 분노를 풀어준 것에 비유되고 있다. 구약성서 〈다니엘서〉에 나오는 얘기다. 바빌론 왕 느부갓네살(네부카드네자르)이 뭔가 중요한 꿈을 꾸었는데 도무지 그 꿈 내용이 생각나지 않았다. 그래서 해몽가들을 모아놓고, 그 꿈이 어떤 것인지 알아내고 해몽하지 못하면 모두 죽이겠다고 위협한다. 남의 꿈을 알아맞힐 수는 없기 때문에 모두가 죽게 되었는데, 다행히 다니엘이 하느님의 영감으로 그 일을 해냈다. 왕이 꿈에 본 것은 거대한 신상인데, 그것의 머리는 황금, 가슴은 은, 배는 청동, 다리는 철로 되어 있고, 발가락은 흙이었다. (이미 〈지옥편〉에서 본 내용이다. 저승 강들의 근원인 크레테의 노인상과 같은 꼴이다.) 그러자 왕이 기뻐하며 그 꿈의 의미는 무엇이냐고 물었다. 다니엘은 황금으로 된 머리는 느부갓네살의 치세고, 다른 부분은 다음 세대를 나타낸다고 답했다. 그러자 왕은 다니엘을 제외한 나머지 해몽가들은 모두 죽이라고 명했다. 하지만 다니엘이 간청하여 다른 이들도 죽음을 면했다.

여기서 왕의 분노는 '그로 하여금 부당하게 날뛰도록 만들었던' 것으로 그려졌다. 하지만 단테의 의문은 분노도 아니고 부당하지도 않고, 기억이 안 나는 것도 아니며, 미래에 대한 예언도 아니니, 두 사례가 그리 잘 들어맞지는 않는다. 한 가지 일치하는 것은 두 사건에 포함된 어떤 위험이다. 별것 아닌 듯 보이는 의문에 뭔가 위험한 데가 있다는 것을 곧 베아트리체가 지적한다. 맨 처음에 두 마리 늑대 사이에 놓인 어린 양 비유가 나온 것도 이런 위험 때문이겠다. 학자들은 왕의 분노가 해소된 것처럼 단테의 의문도 해소된다는 점에 주목하자고 제안한다. 그리고 지금 이 맥락보다 좀 더 넓게 보자면, 단테의 여행 전체가 일종의 꿈이라는 점도 고려할 수 있다(이 점은 33곡에서 다시 강조된다.). 이 '꿈' 역시 제대로 해석해야 우리를 안전하게 만들어줄 것이다. 물론 그 '꿈'을 관장하시는 분의 분노는 부당하지 않고 정당할 것이다.

베아트리체는 먼저 단테가 품고 있는 두 가지 의문을 요약한다. 하나는, 나에게 좋은 의지가 여전히 남아 있는데 타인들이 억지로 그 의지의 실현을 막았다면, 그래도 내가 책임을 져야 하느냐는 것이다. 다른 하나는, 플라톤의 《티마이오스》에 영혼들은 별에서 나왔다가 다시 그리로 돌아간다고 했는데, 방금 두 여성의 영혼이 정말로 별로 돌아간 것같이 보이니, 플라톤 말이 맞느냐는 것이다.

영혼은 자신의 별로 돌아가는 것인지

베아트리체는 두 번째 의문이 더 위험한 것이니 그것을 먼저 다루자고 제안한다. 그래서 이 문제가 4곡 중간 정도까지 다뤄지는데, 내용이 꽤 길고 또 약간 어렵다. 그 요지는 이렇다. '천국에 있는 존재는 누구든지 다 같은 하늘에, 하느님 곁에 머물고 있다. 다만 그 생활이 감미로운 정도가 다를 뿐이다. 방금 만났던 영혼들은 이 하늘이 낮은 등급이라는 것을 보여주기 위해서 잠깐 방문했던 것이다. 그리고 이런 방식을 사용한 것은 인간이 주로 감각을 통해 이해하기 때문이다. 하느님의 손이나 발에 대한 언급도, 천사들이 인간 비슷한 모습으로 그려지는 것도 그래서다. 플라톤이 《티마이오스》에서 철학자 티마이오스의 입을 빌려 우주의 영혼에 대해 설명한 것은 이와 다르다. 그는 자연이 육체에 대해 형상 노릇을 하도록 영혼을 내려보낼 때(육체는 질료, 영혼은 형상), 그 영혼을 별에서 떼어 보내며, 생명체가 죽으면 영혼이 다시 자기 별로 돌아간다고 했다. 티마이오스는 자기가 말한 게 실제로 일어나는 일이라고 생각한 모양이고—그래서 틀렸지만—사실 조금 다르게 해석하면 그의 말도 다소 맞는 면은 있다. 즉, 그의 본뜻은 천구들이 인간 영혼에 영향을 끼치기 때문에, 영혼이 잘되거나 잘못된 것에 대해 하늘에게 책임을 돌릴 수 있다는 것이라고 보면 된다. 한데 사람들이 이 말을 잘못 이해해서, 별들을 신으로 생각하고 거기에 제우스, 헤르메스, 아레스(마르스) 같은 이름을 붙였던 것이다. 마지막 구절을 보면 이 문제의 위험성은 그에 대한 답이 잘못되면 우리가 잘못된 신을 섬기게 된다는 점인 듯하다. 한데 학자들은 여기서 더 큰 위험을 찾아낸다. 영혼이 별의 영향 하에 있다면 인간의 자유의지가 사라진다는 점이다. 그러면 도덕도, 죄와 벌의 문제도 사라져 버린다. 게다가 영혼이 육체보다 먼저 존재한다는 생각은 서기 540년 콘스탄티노플 종교회의에서 퇴출되었다. 즉, 이제는 이단적 발상이 된 것이다.

한편 이 설명에서 '영혼이 육체에 대해 형상 노릇을 한다.'라는 것은 사실 아리스토텔레스의 개념인데, 플라톤 저술에 나오는 것처럼 얘기했다. 《티마이오스》에서는 우주 제작자(데미우르고스)가 먼저 신적 존재인 우주와 지구, 여러 별들을 만들고, 그 별들에게 영혼의 특정 부분(이성)들을 나눠주면서 그것을 다시 생명들에게 부여하도록 명한다. 생명체를 이루는 다른 부분들, 그러니까 영혼의 나머지 부분(욕망과 기개)과 육체를 만드는 일은 별들에게 일임한다. 이 별들의 숫자는 생명의 숫자와 같으며, 우리가 죽으면 영혼은 다시 자기 별로 돌아간다.

타인의 폭력이 나의 공을 줄어들게 할 수 있는지

이제 베아트리체는 조금 덜 위험한 다른 문제로 향한다. (하지만 분량으로 보면 이 문제도 앞엣것 못지않게 중요하다.) 그녀는 먼저, 천국의 정의가 사람들 눈에 부정의로 보인다면, 그것은 사람들을 죄짓게끔, 이단으로 향하게끔 만드는 근거가 아니라, 오히려 신앙으로 향하게 하는 근거라고 선언한다. 그녀의 답을 요약하자면, 누군가가 타인의 폭력에 침해되었다면 그건 당한 사람 자신의 의지도 어떤 식으로든 거기 동조한 탓이라는 것이다. 왜냐하면 의지라는 것은 스스로 그럴 의도가 없는 한 스러지지 않기 때문이다. 이것은 마치 누가 불이 위쪽으로 솟지 못하게 억지로 막는다 하더라도, 그런 방해가 사라지면 그 본성 때문에 결국은 불이 위로 향하게 되는 것과 같단다. 따라서 폭력이 성과를 거뒀다는 건, 당한 사람이 그에 굴복했다는 뜻이다.

이렇게 한번 불의 이미지가 사용되자, 다음 비유들도 불과 연관된다. 베아트리체는 주장한다. 앞에 본 두 사람도 본인 의지만 강했으면 다시 수도원으로 돌아갈 수 있었다고, 라우렌티우스 성인과 무키우스 스카이볼라가 그랬다고. 여기서 라우렌티우스(세인트 로렌스)는 철판 위에 구워져 순교했다는 3세기 사제다. 그분은 고문자들을 향해 '이쪽은 다 잘 익었으니 다른 쪽으로 돌려 구우라.'라고 지시했단다. 한편 무키우스 스카이볼라도 기백에서는 뒤지지 않는 인물인데, 그는 로마 공화정 초기에 에트루리아 왕을 암살하려다 붙잡혔다. (에트루리아 왕국이 로마에서 쫓겨난 이전 왕가의 복귀를 압박해서 그랬다.) 그는 오른손을 불속에 넣고 손이 타는데도 태연한 얼굴로 말했단다. 자신 같은 사람이 로마에 수백 명 있다고, 자기를 죽여 봐야 소용없다고. 이에 놀란 에트루리아 왕은 그를 치료해서 돌려보냈으며, 그는 이후로 오른손을 쓸 수 없어서 '왼손잡이(스카이볼라)'라고 불리게 되었다. 사실 이런 초인적 존재들을 본받으라는 건 너무 심한 요구인 듯한데, 베아트리체도 그런 굳은 의지는 드물다는 걸 인정하긴 한다. 그러나 피카르다의 경우 어쨌든 당장의 압박이 사라졌으면 다시 원래 자리로 돌아갔어야 한다는 것이다. 하지만 이미 결혼한 상태라면 수녀원에서 다시 받아줄지도 의문이고, 본인 스스로도—강제에 의한 것이긴 하지만—순결 서약을 어겼으니 돌아갈 수 없다고 생각했을 듯하다. 어쨌거나 베아트리체는 방금 본 두 영혼이 끝까지 굳게 버티진 못했다고 평가한다.

절대의지는 굽히지 않았지만 상대의지는 굽힌 경우
베아트리체는 자기 답변이 단테의 마음속에 새로운 의문을 불러일으켰음을 감지한다. 그 문제는 단테 혼자서는 풀 수 없는 것이다. 앞서 피카르다의 소개에 따르면, 콘스탄차는 수녀 베일에 대한 애정을 끝까지 유지했다는데, 베아트리체는 그녀가 의지를 굽혔다고 말했다. 이 두 주장은 상충한다. 그런데 하느님 곁에 있는 자들은 거짓을 말할 수 없다 하니, 이를 어찌 해결할 것인가?

베아트리체는 우선, 사람이 아주 큰 위험을 피하기 위해 평소라면 못할 일을 어쩔 수 없이 행하는 수가 있다고 전제한다. 대표적인 예가, 어머니를 살해했던 알크마이온이다. 그의 어머니가 아버지를 죽게 만들었기 때문이다. 〈지옥편〉에서 여러 번 인용된 《테바이스》 내용이고, 〈연옥편〉 12곡 부분에서도 설명했지만, 다시 정리하자면 이렇다. 오이디푸스의 두 아들이 왕권을 놓고 서로 싸우는데, 나라에서 쫓겨난 폴뤼네이케스가 처가의 도움을 받아 고향 도시로 진격한다. 예언자 암피아라오스는 그 원정이 실패할 것을 알고서 가담하지 않으려 했지만, 그의 아내 에리퓔레가 폴뤼네이케스에게서 하르모니아의 목걸이를 받고 남편을 넘겨버린다. 암피아라오스는 결혼할 때 아내의 말을 따르기로 맹세했기 때문에(원수지간인 두 집안이 화해하면서 자식들을 결혼시켰는데, 앞으로 분쟁이 다시 생기면 두 집안 모두에 속한 여자가 결정하기로 약속했었다.) 전쟁에 참여하는 수밖에 없었고, 결국 거기서 죽게 된다. 그러한 미래를 내다본 암피아라오스는 자기 아들 알크마이온에게, 나중에 어머니를 죽이도록 지시했고, 결국 아들이 그 지시를 이행한 것이다. 옛사람들은 가족에 대한 의무를 경건(pietas)이라고 했는데, 알크마이온은 아버지를 향해 경건하기 위해, 어머니를 향해서는 불경건을 행한 셈이다.

이어서 베아트리체는 절대적 의지와 상대적 의지를 나누고, 콘스탄차의 절대적 의지는 굴복하지 않았으나 겉으로 드러나게 저항하면 더 큰 해악이 생길 수 있으므로 그걸 피할 만큼은 굴복해주었다고(상대적 의지) 설명한다. 앞서 예로 든 알크마이온도 이와 유사하게 행동한 걸로 보아야 할 것이다. (한데 이 부분도 읽기 어렵다. '절대적 의지'라는 단어는 사용했지만, '상대적 의지'는 우리가 보충해야 하기 때문이다. 절대적 의지와 '다른 것'이라는 표현은 나온다.) 그래서 피카르다가 콘스탄차에 대해 한 말('그녀의 의지는 굴복하지 않았다.')도 진실이고, 베아트리체가 한 말('두 여인은 폭력에 동조했다.')도 진실이 된다.

이제 이전의 의문에서 해방된 단테는, 진리가 빛을 비춰주지 않으면 지성만으로는 충분치 않음을 고백한다. 진리에 도달한 상태를 제 보금자리에서 휴식을 취하는 길짐승에 비긴다. (4곡이 동물 비유로 시작했으니 동물 비유로 끝나는 것이다.) 그러면서도 또 새로운 의문을 제기한다. 서원을 깨뜨릴 수밖에 없을 때 다른 것으로 그 서원을 보상하면 되지 않느냐는 것이다.

그 순간 베아트리체의 눈은 사랑과 성스러움으로 찬란히 빛나고, 단테는 그 빛을 견디지 못하고 눈을 내리깔고 만다. 단테의 일시적 실명이다. 이 실명은 앞에서 살짝 천사에 대한 언급에서 예고되었다. 앞에선 그냥 지나갔지만, 인간의 약함 때문에 천사들도 인간 모습으로 그려진다고 했을 때, 토비아스를 시켜 그의 아버지 토빗의 눈 먼 것을 치료하게 했던 라파엘 천사가 언급되었다. 그리고 이와 비슷한 사례가 24곡에 다시 제시되는데, 사도 바울이 그리스도의 빛에 실명했다가 아나니아스의 도움으로 회복하는 이야기다. 다시 단테는 '두 번째 바울'이 되고 있다. (어떤 학자는 혹시 단테가 베아트리체를 위해서만 시를 쓰겠다고 서원했지만 그러지 못해 죄책감을 가졌고, 그래서 그 눈길을 견디지 못하는 거라고 해석하기도 한다.) 천국에서 여러 번 반복되는 단테의 실명은, 〈지옥편〉에서 여러 차례 반복된 단테의 혼절의 개선된 판본이다.

제5곡

월천-깨뜨린 서원의 보상 문제, 수성천 진입

진리를 보는 능력은 사랑을 느끼게 하고 눈을 빛나게 한다

5곡에 들어서면 베아트리체는 우선 자신의 눈이 왜 그렇게 빛나는지 설명한다. (나중에 단테도 얻게 될) 온전한 시력은 어떤 좋은 것을 보면 그 좋음을 인식하고, 그렇게 인식한 만큼 그것에게로 끌리고, 그래서 빛이 난다는 것이다. 한데 단테의 지성 속에 벌써 그런 빛이 보이기 시작하고, 베아트리체로서는 그게 또 기뻐서 더욱 눈을 빛냈던 것이다. 어떤 사물에든 그런 빛이 들어 있으면 그것은 보는 사람으로 하여금 사랑을 느끼게 하고, 그리로 이끌리도록 만드는데, 이따금 우리 욕구를 다른 쪽으로 이끄는 대상들도 그 빛의 흔적을 다소간 지니고 있기 때문에 그런 효과를 낳는 것이다. (이 부근은 베아트리체 자신의 인식과 눈빛, 단테의 인식과 눈빛, 그리고 여타의 매력 있는 대상 속 빛의 흔적 등이 잇달아 언급되고, 능동태와 수동태가 엇갈리기 때문에 직접 읽자면 무슨 말인지 알아듣기 꽤 어렵다.)

신과의 약속을 다른 것으로 바꿀 수 있는지-더 큰 것으로 바꿀 수는 있다

이제 4곡 마지막에 단테가 던진 질문에 대한 답이 주어진다. 우선 일반적인 언명이다. '하느님께서 인간에게 주신 선물 중 가장 큰 것은 자유의지'라는 것이다. 인간이 신께 무엇인가 서원할 때, 그는 이 자유를 이용하여 뜻을 밝히는 것이고, 신께서도 거기에 동의하신 것이다. 따라서 서원의 가치가 얼마나 큰 것인지도 온전한 시력을 가진 자에게는 너무나도 또렷이 보인다. (바로 이 논변을 준비하느라 조금 전에 눈빛과 시력 얘기가 나왔던 것이다.) 하느님과 인간 사이에 계약(서원)이 이루어졌으면, 이는 자유의지라는 귀한 선물이 희생으로 바쳐졌다는 뜻이다. 그 사람이 그 선물을 마지막으로 사용한 게 바로 그 계약이란 말이다. 따라서 나중에 그 서약을 어기고 다른 것으로 바꿔 바치겠다는 건, 자신의 자유의지를 신께 반납해놓고 그것을 다시 회수해서 좋은 데 쓰겠다는 태도다. 이는 마치 훔친 물건을 좋은 일에 쓰겠노라는 것과 마찬가지로 억지 주장이다.

 이어서 베아트리체는 당시 교회의 관행을 비판한다. '거룩한 교회'가 서원을 다른 것으로 바꾸는 걸 허용하고 있다는 점이다. 여기서 '거룩한 교회'라는 말은 반어법으로 쓰인 것으로 보는 학자들이 많다. 계속되는 베아트리체의 설명은 이렇다. '서원은 하느님께 바치는 희생인데, 그 희생은 두 가지 본질적인 구성 요소를 담고 있다. 하나는 희생되는 대상이고, 다른 하나는 하느님과의 계약 자체이다. 대상은 바뀔 수 있어도 계약을 이행하지 않는 건 있을 수 없다. 대상을 바꿀 때도 자의로 결정할 게 아니라, '하얀 열쇠와 노란 열쇠'(예수께서 베드로에게 주신 이성과 권위)를 모두 사용하지 않으면 안 된다. 새로 바치는 희생물은 예전에 약속했던 것의 1.5배 이상이어야 한다. 따라서 전에 저울이 완전히 기울어질 정도로 큰 것을 바치기로 했으면, 다른 것으로는 도저히 그 약속을 대체할 수 없다. 그러니 하느님께 함부로 약속을 드리면 안 된다.'

그러고는 신께 잘못된 서원을 했던 사람들의 예를 든다. 우선 성서 (《사사기》)의 사례다. 입다(Jephtha)라는 장군이 자신이 승리하면 제일 먼저 마중 나오는 존재를 신께 제물로 바치겠다고 서약한 것이다. 한데 그를 맞이한 존재는 사랑하는 그의 딸이었다. 그는 결국 그 딸을 신께 바치고 만다. 하지만 베아트리체는 이 '약속 이행'을 비판한다. 그 무모한 서원을 지키기보다는 차라리 그냥 자신의 잘못을 인정하고 하느님께 벌을 받는 쪽이 더 나았으리라는 것이다. 이어서 베아트리체는 희랍 신화 속의 유사 사례를 제시한다. 트로이아 원정을 위해 좋은 바람을 얻고자 자기 딸 이피게네이아를 제물로 바친 아가멤논이다. 베아트리체는 그가 어떻게 행동해야 했는지 따로 언급하진 않지만 앞의 사례를 보면, 그 역시 다른 방도를 찾았어야 할 것이다. 베아트리체의 마지막 경고는, 그러니 함부로 약속하지 말고, 성서와 교회 지도자들의 의견을 따르라는 것이다. 하지만 여기에는 조건이 하나 붙어 있다. '다른 사악한 탐욕이 외치더라도' 어리석은 양 떼처럼 행동하지 말고, 인간답게 행동하라는 것이다. 이 마지막 말은 (돈을 받고 서약을 면제해주던) 당시 교회에 대한 경고로 해석된다.

수성의 하늘로 올라가다

설명을 마친 베아트리체는 다시 춘분점(현재 태양이 있는 곳, '세계가 가장 활발한 곳')을 향해 눈길을 돌린다. 이제 천국의 다른 층으로 이동할 때가 온 것이다.

단테와 베아트리체는 곧 수성의 하늘에 당도한다. 그를 맞이하기 위해 수많은 영혼이 몰려오는데, 단테는 그것을 '양어장 물고기들이 먹이를 향해 달려드는' 것에 비유하고 있다. 여러 축복받은 영혼들을 겨우

사료 부스러기나 얻어먹으러 몰려나오는 물고기 떼에 비기는 게 좀 건방지다 싶을 수도 있겠지만, 아마도 이 비유는 '내가 너희로 하여금 사람을 낚는 어부가 되게 하리라.'라고 하신 예수의 말씀(《마태복음》 4장)과 연결시켜야 할 것이다. 지금 단테는 베드로 못지않은, 예수의 수제자 역할을 수행 중이다.

 그 수많은 빛들은 단테를 가리켜 '우리의 사랑을 증가시킬 자'라고 지칭한다. 천국의 기쁨은 하느님의 사랑을 반사하여 계속 그 사랑을 늘려가는 데 있다. 그 빛나는 영혼 중 하나가 미소 지으며 무엇이건 질문하라고 허락한다. 단테는 그가 누구인지, 왜 이 하늘('다른 빛 때문에 보이지 않는 천구', 즉 태양 가까이에 있는 수성)에 배정되었는지 묻는다. 그러자 상대는 기쁨으로 더욱 빛이 강해져, 조금 전의 미소조차 보이지 않게 된다.

제6곡
수성천-유스티니아누스 황제와 만남

로마 독수리의 이동과 유스티니아누스의 업적

조금 전 단테에게 말을 걸었던 영혼은 서기 6세기 동로마의 황제였던 유스티니아누스다. 그는 얼른 자기 이름을 가르쳐주지 않는다. 《신곡》의 등장인물들이 자주 사용하는 기법으로, 독자를 (그리고 순례자 단테를) 애태우는 것이다. 그는 우선 로마를 상징하는 독수리가 어떻게 세상을 떠돌았는지 꽤 장황하게 소개한다. (엄밀히 말하자면 '독수리 깃발'이라고 해야겠지만, 원문에 그냥 '독수리'라고 되어 있다. 그리고 깃발이라고 했지만 펄럭이는 건 아니고, 거의 피켓 같은 형태다.) 그것은 우선 아이네아스를 따라 동쪽에서 서쪽으로 이동했다. 트로이아가 멸망한 다음 아이네아스가 이탈리아로 이주한 것을 이렇게 표현했다. 아이네아스도 '라비니아를 차지했던 옛사람'이라고 돌려 말했다. 〈지옥편〉 림보 부분에서 소개했듯 라비니아는 결국 아이네아스와 결혼하게 되는 이탈리아 공주다. 아이네아스는 그녀를 차지하기 위해 전쟁을 치렀다. 여기서 이 공주는 거의 권력의 상징처럼 소개되고 있다.

한데 그 독수리 깃발을 콘스탄티누스가 다시 동쪽으로 데려갔다(서기 330년). 한데 이 이동은 태양과는 반대 방향으로 움직인 것이므로

'하늘의 진행을 거슬러'라고 표현되었다. 서쪽 로마를 버리고 콘스탄티노플(뷔잔티온, 현재의 이스탄불)로 수도를 옮긴 것에 대한 약간의 비판이다. 그 후 '백 년, 또 백 년, 그리고 더 오래' 그 새는 자신이 출발했던 산 가까이, 유럽 끄트머리에 머물렀단다. '자신이 출발했던 산'은 트로이아 뒤의 이데산이고, '유럽 끄트머리'는 유럽의 동쪽 끝인 콘스탄티노플이다. 그런 다음 그 독수리는 자신의 손에 들어왔단다(서기 527년 즉위).

이렇게 9행에 걸쳐 독수리의 행방을 묘사하고 나서 자기 신분과 이름을 밝힌다. 그는 황제였던 유스티니아누스다. (신분은 과거형으로, 이름은 현재형으로 밝혔다. 천국에서 과거의 신분은 별로 중요치 않기 때문이다.) 그가 자기의 주된 업적으로 내세우는 것은 '법률에서 지나치고 쓸데없는 부분을 삭제한 것'이다. 여기서 시간을 거슬러, 그 업적 이전 자신의 신앙 상태에 대해 보고한다. 그는 단성론자였다가 교황 아가페투스의 가르침을 받아 믿음을 교정했단다. 단성론(Monophysitism)은 그리스도에게 신성과 인성이 함께 있다는 것을 부정하고, 오로지 신성만 있다는 입장이다. 즉 그리스도는 '인간이면서 동시에 신'이 아니라, 오로지 신일 뿐이라는 것이다. (사실은 이 황제의 아내였던 테오도라가 단성론자였고, 황제 자신은 서방교회와 단성론적인 동방교회 사이를 중재하려 애썼을 뿐인데, 단테가 이렇게 적었다.)

어쨌든 황제의 말에 따르자면, 이렇게 서방교회의 공식 입장과 일치하게 된 이후에는 군사적 업무는 벨리사리우스에게 일임하고 자기는 로마법을 정비하는 일에 몰두했다고 한다. 그러자 하늘의 오른손이 그와 함께했다고 한다. 벨리사리우스가 게르만족이 차지했던 옛 로마의 서쪽 영역 중 지중해 연안은 거의 모두 되찾았기 때문이다.

독수리 깃발의 역사

유스티니아누스는 앞에서 자기가 누구인지 밝히는 방편으로 잠깐 언급한 독수리 깃발에 대해 할 얘기가 더 남아 있다. 현재 그 깃발을 이용해 먹으려는 자들을, 또 한편 그것에 맞서면서 부당한 짓 하는 자들을 고발하려는 것이다.

우선 그 깃발을 영광되게 하기 위해 얼마나 많은 덕과 수고가 투입되었는지 회고한다. 사실상 로마 역사와 그 뒤를 잇는 신성로마제국 역사에 대한 개관이다. 황제가 제일 먼저 꼽는 것은 팔라스의 죽음이다. 나중에 도시 로마가 자리 잡는 곳에 있었던 도시국가(팔란테움) 출신으로, 아이네아스를 도와 전쟁을 치르다 죽은 청년이다. 그 후 이 독수리 깃발은 아이네아스의 아들 아스카니우스가 세운 알바롱가에 3백 년 이상 머물렀다. 그 나라는 '세 명이 세 명과 맞싸우던 날'까지 지속되고, 그 후로는 로마와 통합되었다. 로마의 호라티우스 3형제와 알바롱가의 쿠르티우스 3형제가 국가를 대표해서 대결했던 사건을 가리키는 말이다. 그 후에는 왕정시대를 지나는데, 이 시기는 '사비니 여인들의 불행에서부터 루크레티아의 고통까지'라고 표현되었다. 로마 창건자인 로물루스의 동료들이 축제를 벌여서 거기 구경 온 사비니 여인들을 납치해 아내로 삼은 사건이 로마 왕국의 시작이고, 루크레티아가 로마 일곱 번째 왕의 아들에게 겁탈당하고 자결한 사건이 로마가 공화정으로 넘어간 계기이기 때문이다.

그다음엔 로마가 당했던 주요 침략들을 상기시킨다. 우선 기원전 390년에 로마를 침공해서 요새만 제외하고 도시 전체를 차지했던 브렌누스. 그리고 기원전 3세기 초에 이탈리아 반도 남부를 휩쓸었던 퓌르로스. (이 사람은 〈지옥편〉에서 뜨거운 피의 강에 잠겨 있던 사람일 수도 있다.) 이런 침략자들에 대항해서 싸웠던 토르콰투스, 킨킨나투스, 그리고 여러 데키우스와 여러 파비우스들을 꼽는다. 그런 다음 로마 최대의 위기였던 한니발 전쟁 때 이 깃발을 앞세우고 스키피오가 싸웠던 것, 또 기원전 1세기 초에 폼페이우스가 해적을 소탕한 사건, 거기에 단테의 고향인 피에솔레가 카틸리나 반란 사건에 연루되어 로마에 의해 파괴된 사건(기원전 63년)도 하나 덧붙인다.

이어서 내전 상황들이다. 주로 카이사르의 행적을 따라간다. 그가 이 깃발을 앞세우고 갈리아와 게르마니아를 정벌한 일, 루비콘강을 건넌 일, 폼페이우스파를 무찌르기 위해 스페인과 희랍으로 향한 일, 소아시아를 거쳐 이집트에 다다르고, 아프리카 북쪽 해안을 따라 누미디아에 이르고, 다시 스페인으로 진격한 일 들을 꼽는다. 카이사르 암살 이후엔 그 깃발이 옥타비아누스와 함께한다. 그는 우선 카이사르 암살자인 브루투스와 캇시우스를 제압하고, 이어서 안토니우스와 겨뤘다. 마지막엔 그 깃발이 클레오파트라를 자살하게 하고, 홍해까지 다다른 것을 회고한다. 그 후엔 전쟁이 그치게 되었다고.

그다음은 기독교 초기 시대의 사건이다. 이 깃발은—카이사르부터 헤아려서—세 번째 황제 티베리우스 때 역사 전체를 통틀어 가장 빛나는 업적을 이루게 되는데, 하느님의 정의가 이 황제의 손에 하느님의 분노의 복수를 내신하는 영광을 주었기 때문이다. 그런 다음 나중에 그 깃발은 티투스와 함께 옛 죄에 대한 복수를 복수하러 갔었다. (이해하기 어려운 구절이어서 제7곡에 이에 대한 자세한 설명이 나온다. 일단 간략히 언급하자면, 티베리우스 때 있었던 '하느님의 분노를 위한 복수'는 예수의 죽음을 가리킨다. 한편 티투스 때 있었던 '옛 죄에 대한 복수에 대한 복수(far vendetta de la vendetta del peccato antico)'는 예루살렘의 함락을 가리킨다.)

그런 다음 중세에 대한 언급으로 넘어간다. 6세기 이후 약 200년간 게르만족의 일파인 롬바르디가 북부 이탈리아를 차지하고 가톨릭교회를 압박했는데, 마침내 샤를마뉴가 독수리 날개 아래 승리하여(774년) 교회를 구했다. (롬바르디족은 대체로 아리우스파였다. 예수가 하느님의 아들이고 다른 피조물들보다 앞서 존재하긴 하지만, 성부에 의해 창조된 존재라고 믿는 종파다.)

여기까지 역사를 정리한 유스티니아누스는, 현재 이탈리아를 분열시키는 두 파당을 비난한다. 한쪽(교황파)은 독수리 깃발을 거슬러 노란 백합(프랑스의 문장)을 내세운다. 다른 쪽(황제파)은 독수리 깃발을 독점하려 한다. 그중 누가 더 크게 잘못하는 것인지 알기 어려울 정도다. 유스티니아누스는 여기서 해결책을 제시한다. 황제파는 차라리 다른 깃발을 내세워 술책을 버리는 게 좋겠다. 독수리 깃발과 정의를 분리시키는 자는 그 깃발을 잘못 따르는 것이기 때문이다. 한편 카를로 단조 2세(Carlo II D'angio, '새로운 카를로')는 교황파와 함께, 독수리 깃발을 넘어뜨리려 해서는 안 된다. 더 강한 사자의 가죽도 벗겼던 그 독수리 발톱을 두려워해야 한다. 하느님께서는 그 깃발을 버리고 백합을 택하지 않을 것이다.

명성을 좇은 사람들이 머무는 수성, 로메의 업적

이제 유스티니아누스는 이 별의 성격을 설명한다. 이곳은 명예와 명성이 자신들을 좇도록 열심히 활동했던 사람들의 영역이다. (얼핏 보기엔 좋은 뜻인 듯도 하지만, 학자들은 이들이 소망이 부족했다고 보고 있다.) 욕망이 제대로 된 길을 벗어나 그쪽으로 기울어지면 참된 사랑의 빛이 저 위를 향해 좀 덜 솟구치는 것은 당연하다. 하지만 이들도 지금 보상받은 게 자신들의 공덕에 비례하여 적절하기 때문에 기쁜 상태다. 이러한 하느님의 정의는 불평등의 감정을 전혀 일으키지 않는다. 여러 목소리가 어우러져 달콤한 합창을 이루듯, 천국의 영혼들은 서로 다른 자리에서 조화를 이루고 있다.

마지막으로 유스티니아누스는 이 하늘에 함께 머무는 다른 영혼을 소개한다. 프로방스의 베랑제 백작의 집사였던 로메라는 인물이다. 그는 백작의 네 딸을 모두 좋은 혼처로 시집보냈는데(그중 하나가 카를로 단조 1세의 아내 베아트리스), 다른 이들의 모함을 받고 백작 자신에게도 의심받아 가난하고 쓸쓸한 삶을 마쳤다. 이는 모두 타인의 선행을 자신의 손해로 생각하는 사람들 탓이다. 이 로메가 10을 5와 7로 만들어주었지만, 백작은 그에게 해명을 요구했다. 그래서 로메는 주군을 떠나 가난한 노인으로 빵 한 조각을 빌어먹으며 살았다. 그의 진심을 알았더라면 세상은 지금보다 더욱 그를 칭찬했을 것이다.

여기서 로메(이탈리아어로는 로메오, 즉 로미오)라는 인물이 크게 칭찬받는 것에 대해, 학자들은 그 이름이 '로마 순례자'란 뜻이기 때문이라고 본다. 이는 로마 출장 중에 축출된 단테 자신을 상징한다는 것이다. 단테 역시 피렌체라는 도시의 '집사'로서 도시에 좋은 일을 많이 했지만, 횡령 혐의까지 받았다. 한편 10을 12로 불러주었다는 말을 5와 7로 나눠서 표현한 것은—물론 운율을 맞추기 위해 좀 돌려 말한 것일 수도 있겠지만—나로서는 신약성서에 나오는 '오병이어' 기적, '칠병이어' 기적과 연결해서 설명하고 싶다. (다른 학자가 이렇게 설명한 것은 아직 찾지 못했고, 그냥 나의 제안이다.) 그 바탕에는 다윗이 사울을 피해 달아날 때, 제사장에게 들러서 하느님 앞에 바쳤던 12개의 떡(진설병) 중에 5개를 얻어간 사건이 있다. 다윗의 자손인 예수께서 보리떡 다섯 개로 5천 명을 먹이고도 열두 바구니가 남은 것은, 자기 조상 다윗처럼 하느님 앞의 12개에서 5개를 취했지만 여전히 12개가 남았다는 뜻이다. 빵 7개로 4천 명을 먹이고 일곱 광주리가 남았다는 것은, 하느님 앞에 다윗이 남기고 간 일곱 개의 빵을 소비했지만 여전히 그 일곱 개가 그대로 남아 있었다는 뜻이다.

수성천-'정당한 복수'와 그리스도의 죽음에 대한 질문

마지막으로 유스티니아누스는 '호산나' 하면서, 이 하늘을 비추시는 하느님을 찬양한다. 그러고는 춤을 추는데 그 빛은 두 겹으로 되어 있다. (학자들은 이 '두 겹의 빛'이, 유스티니아누스의 두 특성, 즉 인간의 대표이면서 또한 제국의 황제임을 보여준다고 해석한다.) 주위의 다른 빛들도 그에 맞춰 함께 춤추다가 순식간에 사라져 버린다.

십자가 사건은 '정당한 복수'다

이제 베아트리체와 둘만 남게 된 단테는 간절히 묻고 싶은 게 있지만, 상대에 대한 존경심에 고개를 숙이고 있다. 하지만 베아트리체는 이미 그 의문의 내용까지도 눈치 채고 있다. 유스티니아누스가 들려준 독수리의 행적에서 '올바른 복수가 올바르게 복수되었다.'라는 게 무슨 뜻이냐는 것이다.

베아트리체는 위대한 진리(gran sentenza)를 밝히겠노라고 선언하고는 긴 설명을 시작한다. 아담('어머니에게서 태어나지 않은 그 사람')은 자기 의지를 억제하려는 재갈을 견디지 못했고 그럼으로써 자신과 후손들까지 저주받게 만들었다. 그 이후 인류는 오류 속에 쇠약한 채 누워 있었다. 그러다가 마침내 '하느님의 말씀'(로고스)이 기꺼이 지상으로 내려오셨다. 이 '말씀'(성자)은 창조주(성부)에게서 멀어진 인간 본성을, 영원한 사랑(성령)의 단번의 실행으로써 한 인격 속에 자신과 결합시켰다. (그리스도는 인성과 신성이 결합된 존재라는 뜻이다.) 인간 본성은 처음 창조되었을 때는 순수했다. 하지만 스스로 자신을 낙원에서 추방했다. 진리의 길과 '자신의 생명'에서 벗어났기 때문이다. (그리스도는 '길이요, 진리요, 생명'이다.) 따라서 이 본성(인성)을 기준으로 보자면 십자가 형벌이 부당한 게 아니다. 하지만 그 본성과 함께 묶이신 위격(그리스도의 신성)을 기준으로 보면 십자가 형벌은 절대적으로 부당한 것이다.

그래서 한 행위(십자가 사건)에서 여러 결과가 동시에 딸려 나왔다. 그리스도께서 십자가에서 죽으신 것은 하느님도 기쁘게 하고 동시에 유대인들도 기쁘게 했다. (하느님은 아담의 죄에 대한 징계가 마침내 이루어졌다는 의미에서 '기뻐'하신 거고, 유대인들은 자신들의 양심을 찔러대던 골칫거리가 사라져서 기뻐한 것이다.) 그때 땅이 떨리고 하늘이 열렸다. (천국 문이 열리고, 림보에 있던 영혼들 일부가 천국으로 옮겨갔다.)

베아트리체는 여기까지 설명한 후, 이제 사람들이 '정의로운 법정에 의해 정의로운 복수가 보복(복수)받았다.'라고 말하더라도 이해하기 어렵지 않을 거라고 덧붙인다. 똑똑한 단테야 이 정도로 말해도 알아듣겠지만 독자로서는 아직도 '정의로운 복수가 보복받았다.'라는 뒷부분이 이해되지 않는다. '정의로운 복수'는 그리스도께서 십자가에서 죽으신 게 하느님의 정의에 걸맞은 일종의 '복수'라는 뜻이다. 인간의 대표인 아담이 죄를 지었는데 인간으로서는 그걸 갚을 길이 없다. 그래서 하느님 자신(예수)이 대신 죽음으로 갚아주신 것이다. 한편 '보복받았다'라는 건 유대인들에 대한 언급이다. 그들이 예수를 십자가에 못 박아서 자신들도 모르게 하느님의 정의를 실현했지만, 동시에 이는 또 하나의 죄를 지은 행동이다. 그래서 '보복'이 필요한 것이고, 그 보복을 이뤄낸 집안이 베스파시아누스와 티투스 가문인 것이다.

이 부분을 해석하는 데는 '복수를 복수하다(vendetta vengiata fu)'가 동족목적어를 사용해서 그냥 '복수를 실행하다'의 뜻인지, '한 복수 행위에 대해 또 한 번의 복수가 이루어진다'라는 뜻인지 결정해야 하는 어려운 문제가 있다. 국내 번역은 대부분 전자로 해석했다. 나로서는 '정의로운 복수'라는 말은 그냥 그리스도의 죽음을 가리키고, '정의로운 복수에 대한 복수'는 예루살렘의 함락을 가리킨다고 해석하고 싶다. (6곡에는 좀 더 분명하게 '복수'라는 명사를 두 번 사용해서 동족목적어로 해석될 여지가 없다. a far vendetta corse/de la vendetta del peccato antico) 유대인에 대한 언급이 나온 것도 그래서다. 십자가 사건이 그리스도의 신성에 비추어보면 절대적으로 부당한 일이라는 언급도 이 두 번째 복수가 정당하다는 의미다.

예수의 죽음 이외에는 다른 해결책이 없었다

이제 베아트리체는 단테의 마음속에 생겨나는 다른 의문을 포착한다. 하느님께서 인간을 구원하는 데 하필 그런 방식을 택한 이유가 무엇이냐는 의문이다. 베아트리체는 단테가 이런 의문을 품는 것은 아직 사랑의 불꽃으로 성숙되지 않아서라고 전제하고 설명을 더한다. 이 설명의 앞부분은 약간 추상화된 창조의 과정인데, 여기서 가장 중요한 개념은 인간에게 부여된 자유의지다. 모든 질서를 훌쩍 뛰어넘는 하느님의 선(좋으심)은 불꽃처럼 밖으로 영원한 아름다움을 펼쳐낸다. 이 선으로부터 매개자 없이 직접 번져 나온 것(행성들)은 시간적 한계가 없다. 하느님의 선이 눌러 찍은 자국이 사라지지 않기 때문이다. 하느님의 선으로부터 매개자 없이 직접 쏟아져 내린 것(자유의지)은 완전히 자유롭다. 그 이후에 새롭게 만들어진 것(질료)의 영향을 받지 않기 때문이다. 인간은 그 선물을 받을 자격을 인정받았다. 그런데 거기서 조금이라도 부족하면 인간은 존엄함에서 추락하게 된다. 한데 죄악이 인간의 자유를 빼앗고 최고의 선(하느님)을 닮지 않게 만든다. 그 죄 때문에 하느님의 빛이 다소라도 흐려지고 그에 따른 빈 곳을, 사악한 쾌락에 대한 올바른 보속으로 채우지 않으면 존엄함은 다시 찾을 수 없다. 아담이 죄를 짓는 순간, 인간 본성은 존엄함에서 추락했다.

   이를 해결하는 방법은 둘 중 하나다. 하느님이 독자적으로 관용을 베풀어 용서하시든지, 아니면 인간이 제힘으로 자기 어리석음을 치유하든지. 하지만 인간은 한계를 가진 존재여서 충분히 보속할 길이 없다. 이미 이전에 위로 올라가려고 불복종했었기 때문에 이제 와서 몸을 아래로 낮추려 해도 그럴 수 없는 것이다. 따라서 남은 방법은 하느님께서 직접 해결하는 것뿐이다. 한데 하느님께서는 한 가지만이 아니라 두 가지 원칙을 모두 적용하기를 택하셨다. 즉, 자비와 정의다. 이는 어떤 업적이 그것을 이룬 자에게 더욱 기쁜 것이 되자면 거기서 자기 마음의 선함(좋음)이 더 많이 드러날수록 더 좋기 때문이다. 그래서 하느님께서도 인간에게 완전한 삶을 돌려주고, 위로 들어 올리는 데에 자신의 방법을 모두 이용하고자 하셨다. 즉, 인간을 그냥 용서하기보다는 자신을 내어주는 쪽을 선택하신 것이다. 하느님이 인간의 모습을 취하여 정의 원칙을 충족시킨(대신하여 벌을 받으신) 것이다. 마지막 밤과 첫날 사이에 벌어진 그토록 높고 장엄한 진전은 전에도 없었고 앞으로도 없을 것이다. (여기서 시인 단테는 특별히 '마지막 밤과 첫날 사이'라고 '뒤엣것을 먼저 말하기(hysteron proteron)'라는 수사법을 사용했다. 하느님께는 영원이 하루 같기 때문이다.)

베아트리체는 이런 설명을 듣는 단테에게 또 다른 의문이 생겨나고 있음을 눈치 챘다. 그 질문은 이런 것이다. '하느님의 좋으심이 피조물들에게 주어졌다면, 물, 불, 흙, 공기와 그 혼합물들도 썩지 않아야 하는 것 아닌가? 한데 이런 것들은 왜 썩는가?' 베아트리체는 이 질문에 답하기 위해 존재의 등급을 나눈다. 지금 단테가 와 있는 천국의 여러 하늘과 거기 있는 천사들은 완전한 존재다. 반면에 4대 원소와 그 혼합물들은 하느님께서 창조하신 힘들(별 같은 천상의 존재들)에게서 형식을 부여받는다. 질료도 하느님에 의해 창조된 것이고, 별들 안에서 형식을 부여하는 힘들도 창조된 것이다. 동물적, 식물적 영혼은 성스러운 빛이 잠재력 있는 복합체로부터 이끌어낸다. 반면에 인간적 영혼은 하느님('최고의 자비')께서 직접 불어넣어주신다. 그래서 인간은 그분을 사랑하고 영원히 그리워하는 것이다. 여기서 우리는 육체의 부활 가능성을 확인할 수 있다. 최초의 인류인 아담과 하와가 창조될 때 육체가 어떻게 만들어졌는지 생각해보면 분명하다. (요약하자면, 사물이 소멸하는 것은 질료와 형상의 결합이 풀어지기 때문이라고 말하는 것이다. 질료 자체나 그 형상은 소멸되지 않는다.)

금성천-카를로 마르텔로와 만남

금성천으로 올라가다

이제 단테는 금성의 하늘로 올라간다. 그래서 8곡 서두는 금성의 이름에 대한 신화적 설명으로 시작한다. 옛사람들은 퀴프로스 출신의 아름다운 여신(아프로디테, 베누스)이 셋째 주전원을 돌면서 인간들에게 광적인 사랑을 비춰준다고 믿었다. (주전원epicycle은 '행성들이 지구를 완전한 원을 그리며 돌고 있다.'라는 믿음이 관찰과 잘 맞지 않는 것을 해명하기 위해 생긴 개념이다. 행성이 직접 지구를 중심으로 원운동 하는 게 아니라 어떤 점을 중심 삼아 회전하는데, 그 중심점이 다시 지구를 중심 삼아 회전한다는 것이다.) 사람들은 그 여신에게 제물도 바치고, 그녀의 어머니는 디오네, 그의 아들은 쿠피도(에로스)라고 섬겼으며, 쿠피도가 디도의 품에 안겨 있었다고 말했다. (아프로디테는 바다의 거품에서 솟아났다는 얘기도 있고, 그냥 제우스와 디오네 사이에 태어났다는 판본도 있다. 쿠피도가 디도의 품에 안긴 사건은 《아이네이스》 1권에 나온다.) 사람들은 바로 이 여신의 이름을 금성('태양이 뒤따르면서, 또는 앞서가면서 구애하는 별')에 붙였다.

단테는 그 별의 하늘로 진입하는 것을 그 당시에 바로 깨닫진 못했지만, 베아트리체가 더욱 아름다워진 것을 보고서 장소가 달라졌음을 알아차린다. 베아트리체가 더 아름다워졌다기보다는 오히려 단테의 눈이 그녀의 아름다움을 알아보는 데 더욱 민감해졌다고 보아야 할 것이다. 단테의 지성이 완성되어감에 따라 베아트리체로 대표되는 하느님의 진리가 더욱 명확히 눈에 들어온다.

단테는 그 하늘의 빛 속에 다른 빛들이 돌며 움직이는 것을 감지한다. 마치 목소리들이 서로 다른 음색으로 구별되는 것처럼 특색 있는 빛들이다. 어떤 빛은 빠르고 어떤 빛은 느린데, 단테는 그것이 내적인 시력의 차이 때문이라고 생각한다. 그 빛들은 세라핌 천사들이 있는 곳(가장 높은 하늘, 정화천)에서부터 금성의 하늘로 내려오고 있었는데, 그 속도가 바람보다 빨랐다. 먼저 도착한 빛들이 '호산나' 찬양을 시작한다. 시인 단테는 그 이후로 그 음악을 다시 듣고 싶다는 갈망이 사라진 적 없다고 회고한다.

시칠리아와 나폴리 왕국에 대한 카를로 마르텔로의 탄식

위에서 내려온 빛 가운데 하나가 다가와 말을 건넨다. 무엇이건 단테의 질문에 답해주겠노라며, 자신들은 '저 천상의 군주들(principi celesti)'과 함께 같은 열망으로, 같은 원으로 함께 회전하고 있단다. 한데 단테는 이미 《향연》에서 이 '천상의 군주들'을 가리켜 '지성으로 셋째 하늘을 움직이는 그대들이여'라는 표현을 쓴 적이 있다. 문맥상 '천상의 군주'는 이곳 세 번째 하늘을 관장하는 천사(권품천사, Principatus)로 보는 게 가장 낫다. 하지만 지금 여기 나타난 존재들은 평소에 최고천의 하느님 곁에 있는데, 단지 지금 이곳이 어떤 곳인지 소개하기 위해 임시로 내려온 것이다. 지금 이들은 자신들의 지위와 역할을 밝히는 중이다.

단테는 질문해도 되는지 베아트리체에게 허락을 구하고 그녀의 호의적인 눈길을 확인한 후, 우선 상대의 신분을 묻는다. 그는 카를로 단조 2세의 아들인 카를로 마르텔로(샤를 마르텔)다. 하지만 그의 이름은 직접 나오지 않는다. 지금 이 부분은 서로에 대한 애정과 기쁨이 넘치는데, 이는 단테가 아마도 이 젊은 왕자와 만나 친교를 나누었기 때문이겠다. 하지만 그는 단테를 만난 바로 이듬해에 죽었다(1295년, 25세).

마르텔로의 긴 탄식은 자신의 요절에 대한 아쉬움으로 시작한다. 자기가 조금만 더 살았더라면 여러 나쁜 일들이 생겨나지 않았으리라는 것이다. 그러면서 지금 자신의 모습이 단테에게 잘 보이지 않는 것은 기쁨이 자기 주위를 감싸고 있어서라고 설명한다. 그는 이를 누에가 비단 고치에 싸인 것에 비유하는데, 우리는 이와 유사한 비유('인간은 나비가 될 애벌레')를 이미 〈연옥편〉 오만의 둘레길(10곡)에서 본 적이 있다.

마르텔로는 단테가 그를 매우 사랑했던 것을 상기시킨다. 자신이 더 오래 살았더라면 단테에게 잎만 무성한 겉보기 사랑이 아니라 결실 있는 실질적 사랑을 주었으리라고 아쉬워한다. 그는 자신이 물려받기로 되어 있었던 여러 지역을 강과 도시, 곶 등의 이름으로 그려 보인다. 프로방스와 이탈리아 남부와 시칠리아 동부, 그리고 헝가리가 그의 통치를 받을 예정이었다. 이 중에 특히 시칠리아에 대한 묘사에 《아이네이스》의 영향이 물씬 드러난다. 동남부의 곶인 파키노와 동북부 곶인 펠로로를 언급하고, 아이트나 화산을 '튀폰 때문이 아니라 유황 때문에 연기에 뒤덮인' 곳이라고 표현했다. 그리고 마르텔로가 이렇게 큰 지면을 얻은 것은 그의 이름이 《아이네이스》 6권의 저승 여행에 나오는 마르켈루스와 같다는 점도 작용했을 것이다. 《연옥편》 30곡에서 소개했듯, 마르켈루스는 아우구스투스가 자기 후계자로 점찍었던 조카인데, 아쉽게도 일찍 세상을 떠나고 말았다. 《아이네이스》에는 그에 대한 애도가 상당히 비중 있게 표현되어 있다.)

마르텔로는 자기 집안의 잘못된 통치 때문에 시칠리아에서 폭동이 일어나고(1282년, 팔레르모 만종 사건) 시칠리아 대부분의 통치권이 아라곤 왕가로 넘어간 것, 이후 자신의 동생(로베르토, 1309년 즉위)이 기용한 스페인 계통 관리들의 탐욕과 인색함 때문에 나폴리 왕국 백성들이 가난해지는 것에 대한 탄식을 덧붙인다. 로베르토가 왕이 된 사건은 단테가 천국에 도착한 시점에는 아직 일어나지 않았으므로, 마르텔로가 미래를 내다보고 미리 경고하는 형식으로 되어 있다. 즉, '자신을 위해서나 남을 위해서나 이미 무거운 배(아마도, 세금)에 짐을 더 싣지 말아야 한다.'라는 것이다. 그는 자기 집안은 원래 너그러운 혈통인데, 동생은 탐욕스럽게 태어났다면서, 신하를 기용할 때에라도 돈 욕심 큰 자를 피하라고 충고한다.

지금 이 부분은 〈연옥편〉 7곡과 연관되어 있다. 왕들의 계곡에서 카를로 단조 1세와 아라곤의 페드로 3세가 대화를 나누는 장면이다. 페드로 3세는 카를로 단조 집안으로부터 시칠리아 통치권을 탈취한 아라곤 왕이다. 하지만 그가 아무 자격도 없었던 것은 아니다. 그는 앙주 집안 이전에 시칠리아를 다스렸던 만프레디의 사위이기 때문이다. 《신곡》의 각 편에는 비슷한 위치에 비슷한 내용이 배치되어 있다. 〈지옥편〉에서도 제6곡에 차코가 피렌체의 정치 상황을 비판하는 내용이 나왔었다.

훌륭한 조상에게서 열등한 후손이 나오는 이유

단테는 자신이 마르텔로의 설명을 듣고 매우 기뻤다고 치하하며, 또 하나의 문제를 해명해달라 청한다. 마르텔로의 얘기를 들으면서 새로운 의문이 생겼기 때문이다. 즉, 어떻게 좋은 씨에서 나쁜 열매가 나올 수 있느냐는 것이다.

마르텔로의 답은 이러하다. 하늘을 돌리고 유지하시는 분(하느님)은 자신의 섭리가 이 거대한 실체(하늘)들 속에서 '형성하는 힘'이 되게끔 하셨다. 그리고 그분의 마음은 본성(자연)들을 예견할 뿐 아니라 본성들의 좋음도 함께 예지하고 계신다. 그 섭리는 화살이 예정된 목표에 날아가 맞는 것처럼, 미리 본 것을 이루신다. 따라서 단테가 지금 통과하고 있는 이 하늘들이 이뤄내는 결과도 완벽한데, 별들을 움직이는 지성들이 완전하고, 그 지성들을 만든 최고의 지성도 완벽하기 때문이다. (그러니까 완전하신 하느님의 섭리에 의해 여러 층의 하늘과 별들이 만들어졌기 때문에, 하늘의 영향에 의해 이뤄지는 일들도 완벽하다는 것이다.)

마르텔로는 단테에게 더 설명이 필요한지 묻는다. 단테는 그럴 필요 없다고 답한다. 자연에 필연적 과정을 따라갈 능력이 결여된 경우는 없기 때문이란다. 그러자 마르텔로는 단테에게 역으로 질문을 던진다. 지상의 인간이 도시에 속하지 않으면 더 불행해지느냐는 것이다. 단테는 그렇다고, 증명할 필요도 없다고 대답한다. 마르텔로는 두 번째 질문을 던진다. (소크라테스가 제자와 나누는 문답과 유사하다.) 시민들이 서로 다른 임무를 수행하며 서로 다르게 살지 않을 수 있느냐는 것이다. 그러고는 스스로 답한다. 그렇지 않다고. 아리스토텔레스가—아마도 《정치학》에서—그렇게 쓰지 않았냐고.

마르텔로의 결론은 이렇다. 결과들(시민들의 역할)이 서로 다르려면 뿌리도 서로 달라야 한다. 그래서 어떤 사람은 솔론(기원전 6세기 아테나이 현자)으로 태어나고, 누구는 크세륵세스(기원전 5세기에 희랍을 침공했던 페르시아 왕)로, 누구는 멜기세덱(아브라함을 접대했던 존귀한 제사장)으로, 누구는 하늘을 날다 아들을 잃은 다이달로스 같은 존재로 태어난다. 이와 같이 '회전하는 본성'(천구의 영향)은 인간이라는 밀랍을 눌러 찍는다. 그 본성은 자기 일을 잘 수행하지만 집안을 따로 가리지는 않는다. 그래서 에서(에사오)와 야곱처럼 형제여도 성격이 서로 다르게 되는 것이다. 로마 건립자 로물루스(퀴리누스)는 사실 천한 아버지에게서 생겨났기 때문에 미화해서 마르스의 아들이라고 부르는 것이다. 하느님의 섭리가 특별히 개입하지 않는 한 하늘이 준 본성이 그대로 유지된다.

마지막으로 마르텔로는 자기가 단테를 좋아하는 만큼 한 가지를 더 가르쳐주겠다고 한다. 한 본성이 자신과 맞지 않는 운수와 마주치면 제 영역을 벗어난 씨앗처럼 시련을 겪게 된다고, 그러니 토대에 신경을 써야 좋은 사람들을 얻게 될 것이라고. 그러니까 타고난 천품도 중요하지만 환경을 좋게 만들어주어야 개개인의 가능성이 만개한다는 것이다.

마르텔로는 현재 각 사람의 지위와 능력이 걸맞지 않은 것을 개탄한다. 길을 허리에 두르도록 태어난 사람을 종교로 보내고, 설교에 적합한 자를 왕으로 삼고 있다고. 이는 그냥 일반적인 세태에 대한 탄식일 수도 있지만, 학자들은 특히 마르텔로의 동생 중 주교가 된 사람도 있고, 왕이 되었으면서 설교를 남긴 이도 있어서 이렇게 말한 것이 아닌가 보고 있다.

제9곡

금성천-쿠니차와 폴코를 만남

시인 단테는 마르텔로의 딸(또는 동명의 아내) 이름을 불러 탄식한다. "아름다운 클레멘차여!" 마르텔로가 자기 후손이 당할 배신에 대해 얘기해주었다는 것이다. (마르텔로의 자식이 물려받을 나라를 마르텔로의 동생이 가로챘다.) 하지만 마르텔로는 단테에게 그 사건을 발설하지 말라고 부탁한다. 말없이 침묵 속에 그냥 시간이 흐르게 두라고. 그저 불행 뒤에 당연한 통곡이 오리라고. 그렇게 말하고는 마르텔로의 영혼이 저 위로 떠나간다. 모든 것을 충분히 채워주시는 선(하느님)을 향하여. 시인 단테는 인간의 영혼이 그러한 선에서 마음을 돌려 헛것에 현혹되고 있음을 개탄한다.

쿠니차가 이탈리아 북동부에 닥칠 죄악상을 예언하다

그때 다른 광채 하나가 다가온다. 그 영혼의 기쁨은 벌써 빛의 밝기에서 드러난다. 단테는 이번에도 베아트리체의 허락을 얻어 그 빛에게 청한다. 자신의 바람을 이뤄달라고, 자신의 생각이 상대 안에 반사된다는 증거를 보여달라고. 즉, 자기의 의문을 다 알고 있을 터이니 그에 대답해달라는 것이다.

그 영혼은 자기 내부에서 선을 꺼내어 베푸는 데서 기쁨을 느끼는 듯 말하면서 자신의 고향을 여러 강과 지명으로 소개한다. 그녀는 현재 베네토 지역 로마노 언덕에 근거지를 둔 에첼리노 집안의 쿠니차다. 그녀는 자기 가문을 별로 영광스럽게 포장하지 않는다. 거기서 불타는 횃불이 내려와서 인근에 큰 공격을 가했었다고 말한다. 이는 이미 〈지옥편〉 12곡, 피의 강에 몸을 담그고 있었던 로마노 출신 에첼리노 3세가 페데리코 2세의 지원을 받아 세력을 크게 확장한 일을 가리킨다. 이 쿠니차는 네 번이나 결혼한 것으로 알려져 있는데, 그녀가 이 하늘에서 빛나는 것은 금성이 자기를 이겼기 때문이란다. (금성천은 사랑과 관련해서 다소 문제가 있(어 보이)는 사람들의 하늘이다. 카를로 마르텔로를 묘사할 때도 '사랑'이 강조되었다.) 그녀는 이제 자신의 운명에 대해 여유롭게 양보한 상태다. 우리가 연옥 입구에서 만났던 피아와 유사하다.

쿠니차는 자기 곁의 영혼을 더 높인다. (그는 프로방스어로 시를 쓴 탁월한 시인 폴코인데, 그에 대해서는 잠시 후에 다루자.) 그의 명성이 시라지려면 '이 해를 도는 백 년'에 다섯 곱을 더해야 할 거라고 단언한다. ('5백 년'이라고 보는 건 좀 짧다 싶어서, 학자들은 '1300년의 다섯 배'가 아닐까 생각하고 있다.) 그러면서 후대에 명성을 남기려면 사람이 뛰어나야 한다고, 현재의 인간들은 그걸 생각지 않는다고 개탄한다. 이어지는 꽤 긴 발언은 다시 주로 강 이름을 이용한 지역별 예언이다.

먼저 베로나 주변. 이곳 사람들은 매를 맞고도 아직 후회하지 않고 있다. 곧 주변 늪의 색깔이 핏빛으로 바뀔 것이다. 다음으로 베네치아 바로 북쪽의 트레비소. 이곳을 다스리는 자는 고개를 들고 있지만 그를 잡을 그물이 마련되어 있다. ('선한 게라르도'가 다스리던 트레비소의 영주 자리는 그의 아들에게 승계되지만 그는 1312년에 피살된다.) 끝으로

펠트레. 그곳의 불경스러운 목자가 비열하게 페라라 사람들을 배신하여 엄청난 피를 흐르게 할 것이다. (1314년 펠트레의 주교는 자기에게 피신한 황제파 사람들을 적에게 넘겨 모두 죽게 만든다.)

쿠니차는 저 위의 하늘에는 좌품천사(Troni)라는 거울이 있어서, 그 거울을 통해 심판의 하느님이 자신들에게 비춰지기 때문에 이렇게 말하는 거라고 설명한다. 그러고는 침묵 속에 다른 뭔가에 몰두한 듯하다가, 조금 전에 떠나온 원으로 돌아간다. 아마도 자기 고향 사람들의 불행한 미래를 생각하느라 그랬던 모양이다.

마르세유 시인 폴코가 자신을 소개하다

이어서 다른 영혼이 다가온다. 조금 전에 쿠니차에 의해 소개된 폴코(Folco)라는 시인이다. 그는 기뻐서 루비처럼 빛난다. 금성의 하늘은 특히 즐거움, 기쁨과 연관되어 있다. 시인 단테는 천국의 기쁨이 웃음처럼 빛나는 데 반해, 지상에서는 슬픔이 그림자를 드리운 것을 안타까워한다. 단테는 폴코에게, 당신은 천사('여섯 날개로 수도복을 삼는 경건한 불꽃')들과 함께 노래하고 있으니 자신의 소원을 채워달라고 청한다. 무엇이건 물어보라는 요청도 기다리지 않겠노라고. 이 대목에서 현대에도 연애 문구로 많이 이용되는 '내가 그대 안에, 그대 안에 내가 있다면'이란 구절이 나온다.

폴코는 먼저 자기 고향을 소개한다. 그의 지리적 묘사는 자못 야심적이고 시야가 넓다. 먼저 세계를 두루 도는 오케아노스에서 시작한다. 그 강이 지중해라는 '계곡'으로 들어서서, 저 멀리 동쪽으로 수평선 끝에 보이는 곳(팔레스타인)까지 가면, 그곳이 자오선 밑에 놓일 때에 처음 출발한 곳(지브롤터)은 서쪽 수평선 끝에 보인다. 그 '계곡'의 남쪽과 북쪽에는 서로 불화하는 대륙이 놓여 있는데, 자기는 그 북쪽 대륙의 해안에 살았던 사람이다. 자기 고향은 이탈리아의 마그라 계곡(토스카나와 제노바 사이)과 스페인의 에브로강 중간 지점이다. 그 지점과 마주보면서 동시에 해가 뜨고 지는 곳은 아프리카 북쪽 해안의 부지(Bougie)다. 한편 그의 고향은 기원전 49년 카이사르 군대에 의해 학살을 당한 곳이기도 하다. (《연옥편》 18곡, 태만의 둘레길에서 언급된 카이사르의 행적이다.)

풀코는 이제 금성과 자신의 인연을 설명한다. 자신이 이 별의 인장을 받은 것처럼, 이 별도 그에게 눌려 찍힌 자국을 지니고 있다. 그는 한 여인을 뜨겁게 사랑해서 그 열정을 노래로 남겼던 것이다. (《연옥편》 26곡, 음란의 둘레길에서 만났던 아르노 다니엘이 이 풀코의 시를 인용해서 작품을 만들었다.) 풀코는 자신의 사랑을 고대의 유명한 연애 사건들과 비교한다. 아이네아스를 사랑했던 디도('자기 남편 쉬카이오스와 아이네아스의 아내 크레우사를 괴롭게 했던, 벨로스의 딸')도, 데모폰에게 실언당한 필리스('로도페 여인')도, 이올레를 가슴에 담아둔 헤라클레스도 자기만큼은 아니었다고 말한다.

하지만 여기서는 그 때문에 후회하기보다는 미소를 짓는단다. 더는 죄책감이 없어서가 아니라, 모든 것을 질서 짓고 섭리하시는 권능 때문이다. 천국에서는 그토록 큰 사랑이 예술에 장식을 더해주는 것(사랑 때문에 예술이 발전하는 것)을 관조하고, 그것을 통해 천국이 지상의 삶을 이뤄가는 선을 분간한다. 시인 단테가 폴코에게 큰 지면을 허락하고, 사랑이 예술에 끼치는 좋은 영향을 강조하는 것은 자기도 비슷한 경험이 있어서일 것이다. 정치적 판단이나 예술적 논평을 심도 있게 전개하는 인물은 단테의 모습을 조금씩 나눠 갖고 있다.

라합과 대비되는 사실상의 간통자들

폴코는 이어서 자기 곁에 또 다른 인물을 소개한다. 이스라엘 민족이 가나안 땅으로 들어갈 때 여리고성에서 정탐꾼들을 숨겨주었던 기생 라합이다. 폴코는 그녀가 이 하늘에 속함으로써 이 층을 아주 높은 등급으로 만들어주었다고 찬양한다. 이곳은 지상의 그림자가 닿는 마지막 하늘인데, 라합은 이곳에 다른 이들보다 일찍 도착했다. 그리스도께서 저승에 가셨을 때 그녀를 구해냈던 것이다. 예수께서 두 손바닥(palma)에 못 자국을 얻으며 이뤄낸 승리의 종려 가지(palma)로서 그녀는 어느 하늘에든 올라가는 게 당연했다. 교황은 이제 기억도 하지 않는 거룩한 땅에서 그녀가 여호수아의 첫 영광에 도움을 주었기 때문이다. ('여호수아'라는 이름은 '예수'의 다른 형태이다. 학자들은 이 부분에 단테의 원래 구상이 흔적을 남긴 남긴 것으로 추측하고 있다. 라합이 마치 이곳에 상주하는 영혼인 것처럼 표현되어 있어서다. 애초에는 층별로 거기 맞는 영혼들이 상주하는 걸로 구상했다가, 나중에 모든 영혼이 하느님 곁 정화천에 머무는 것으로 수정했다는 말이다.)

폴코는 이제 화제를 피렌체의 타락상으로 돌린다. 그는 피렌체를 악마('창조주에게 처음 등 돌렸던 자')가 세우고, 질투가 눈물을 자아내는 곳이라고 표현한다. 어쩌면 피렌체는 나팔에 무너질 여리고성과 같은 곳이다. 폴코는 무엇보다 피렌체 금화('저주받은 꽃')의 악영향을 비판한다. 그것이 목자를 늑대로 만들고 양들을 방황하게 한다고. 그 때문에 복음서와 박사들의 글이 버림받고, 모두가 오로지 법령만 연구한다고. 성직자들도 거기에 몰두해서 예수의 고향 나자렛 같은 곳은 생각도 않는다고. 하지만 베드로의 추종자들이 죽음을 당했던 바티칸과 로마는 곧 이런 '간통'에서 해방될 것이라고.

바티칸의 베드로 대성당은 원래 네로의 대경주장이 있던 자리에 세워졌다. 그곳은 사도 베드로와 그의 제자들이 순교한 곳이다. 폴코의 마지막 말은 특히 교회의 탐욕이 간통이나 마찬가지라는 뜻이다. 〈지옥편〉 19곡(성직매매자의 영역)에서도 '물 위에 앉은 여인'이 머리 일곱 괴물과 간통하리라는 예언이 있었고, 연옥산 꼭대기(〈연옥편〉 32곡)에서도 탕녀와 괴물의 간음을 보았다. 바티칸이 간통에서 자유롭게 되리라는 말은 일단 곧 닥칠 보니파키우스 8세의 죽음(1303년)을 가리킨다고 보면 되겠다.

제10곡

태양천-토마스 아퀴나스와 만남

10곡에서 단테는 하늘의 네 번째 층에―밑에서부터 헤아려서― 들어가게 되는데, 이곳부터는 지구의 그림자가 미치지 않는다. 여기부터 위를 향한 네 층은 각기 지혜, 용기, 정의, 절제의 틀에 맞춰 인물들이 배치되어 있다. 세 부분으로 나뉜 〈천국편〉의 둘째 부분이 시작되는 참이다.

 태양의 하늘은 다른 부분보다 길다. 쉽게 계산해서 10개의 하늘을 전체 33곡 사이에 지나가야 하므로, 한 하늘 층에 세 곡 남짓 지면을 배정하면 될 텐데, 지난 세 층에서는 아홉 곡만 사용했다. 반면에 태양천에는 네 곡 반(제10~14곡 중간)이 배정되어 있다. 이전에 비해 1.5배 정도의 분량이다. 단테 자신이 지식인이어서 특히 학자들을 많이 소개하고 싶었던 모양이다.

 태양천의 전체적인 구도는 각기 당대의 대표적인 두 학파, 도미니쿠스 수도회와 프란체스코 수도회를 대표하는 인물이 나와서 상대편을 칭찬하고 자기 학파를 비판하는 구도로 되어 있다. 그 앞과 뒤에는 토마스 아퀴나스가 인물을 소개하고 단테의 의문에 답하며, 마지막에는 솔로몬의 영혼이 천국의 지혜를 전해주는 것으로 되어 있다.

천국 둘째 부분의 서시

이제 새 단계가 시작되기 때문인지, 시인 단테는 폴코와 어떻게 헤어졌는지는 생략하고 곧장 새로운 서시를 제시한다. 삼위일체를 모두 담은 표현법으로 일종의 '현판'을 먼저 만들어 세운다. '만물의 시초이자 표현할 길 없는 권능'(성부)은 자신의 아들(성자, 지혜)을 바라보시며, 한 분과 다른 분이 영원히 숨 쉬는 사랑(성령)으로 천사의 마음과 공간 속에 존재하는 모든 것을 질서 있게 만드셨다는 것이다. (여기서 '한 분과 다른 분이'는 동서교회의 대립을 불러온 '그리고 아드님으로부터(filioque)' 논쟁에서 서방교회의 편을 드는 표현이다. 성령이 성부에게서만이 아니라, 성부와 동시에 성자에게서 비롯한다는 교리다.)

그래서 이 우주와 그 속의 질서를 보는 사람은 하느님을 조금이라도 맛보는 수밖에 없다는 것이다. 그러면서 시인 단테는 독자를 부른다. 자신과 함께 춘분점('하나의 운행이 다른 운행과 부딪치는 곳')을 바라보라고. 하느님 자신도 그것을 너무나 사랑해서 거기서 눈을 떼지 않는 그 명장의 기술(로고스)에 경탄하라고. 거기서 '행성들을 운반하는 비스듬한 원'(황도)이 세상을 충족시키기 위해 어떻게 가지 쳐 나가는지 보라고. (춘분점과 추분점에서 황도와 천구적도가 X 자 모양으로 교차하기 때문에 '가지 친다'라는 표현을 쓴 것이다.)

만약 황도와 천구 적도가 비스듬히 엇갈리지 않았더라면 하늘의 많은 힘은 헛되게 되었을 것이다. 그러면 계절이 사라질 터이니 지상의 거의 모든 능력이 죽을 것이다. 그리고 황도가 천구 적도('곧은 길')와 이루는 각도가 더 멀거나 더 가까웠다면 북반구와 남반구 사이에 계절의 조화가 사라졌을 것이다. (여름과 겨울이 더 길거나 더 짧아져서 사계절 사이의 균형이 무너졌을 것이란 말이다.)

중간 서시의 마지막 부분은 시인 단테의 잔치 초대다. 충분히 즐기려면 맛보기로 내놓았던 것을 되새기며 그대로 앉아 있으라고. 하지만 자신은 모든 주의를 글의 소재에 집중해야 해서 시중을 들 수 없으니 각자 알아서 먹으라고.

태양의 하늘로 들어가다

이제 태양천으로 막 진입하려는 순간이어서 그런지, 이 부분에서는 태양을 표현하는 말이 자못 장엄하다. '온 세상에 하늘의 권능을 눌러 찍으며 우리를 위해 자기 빛으로 시간을 측정하는 가장 위대한 자연의 관리자'라고 했다. 여러 수식어가 길게 붙은 전통 국가의 통치자처럼 지칭했다. 태양은 지금 춘분점에서 '그것이 매일 조금씩 더 일찍 나타나는 나선형'(일주 궤도)을 따라 돌고 있다. 단테는 사실 벌써 그 태양과 함께 있는 중인데 금성천에서 태양천으로 올라가는 걸 알지 못했다. 마치 '아, 내가 생각을 하고 있구나.'라고 느끼기도 전에 생각이 떠올라 있는 것과 마찬가지다. 그렇게 순식간에 단테는 베아트리체의 안내를 받아 '좋은 곳에서 더 좋은 곳으로' 이동했다. 그녀의 행동은 시간 속에 전개되지 않는 듯했다.

시인 단테는 자신의 재능으로는 거기서 본 것을 상상하게 만들기 어렵지만 그저 믿고 노력하라고 독자를 격려한다. 우리가 그곳 모습을 상상하기 어려운 것은 태양보다 밝은 것을 본 적이 없기 때문이다. 그곳에선 하느님(성부)께서 자신이 어떻게 숨결을 불어넣고(성령) 어떻게 아들을 낳으시는지(성자) 직접 보여주고 그곳 구성원들을 만족시킨다. 지금 단테가 도착한 태양천에는 지혜가 두드러지는 영혼들이 모여 있다. 지식의 근본은 하느님을 아는 것이기 때문에, 여기서는 삼위일체에 대한 암시가 많이 나온다.

　베아트리체는 단테에게 이 하늘로 들어 올리고 감각할 수 있게 해주신 하느님의 은총에 감사하라고 촉구한다. 그 말에 응하는 단테의 집중과 헌신은 베아트리체마저 일식 속에 망각하는 게 아닐까 싶은 정도였다. 그러자 베아트리체가 미소를 보내고, 이제 단테는 주변의 다른 대상까지 볼 수 있게 된다.

토마스 아퀴나스가 빛의 왕관 속 현자들을 소개하다

단테는 압도적인 광채들이 자기 둘 주위를 왕관처럼 둘러싸고 감미로운 목소리로 노래하는 것을 보고 듣는다. 그 모습은 마치 대기가 습할 때 달('레토의 딸')이 빛살로 허리띠(달무리)를 만드는 것 같았다. 그 노래는 보석 같아서, 직접 거기로 날아가서 들을 날개가 없는 사람이라면, 누가 그걸 묘사해주길 바라느니 차라리 벙어리에게서 듣기를 원하는 게 나을 정도다. 이 광채들은 마치 북극성 주위의 별들처럼 천천히 단테와 베아트리체 주위를 세 번 돌고는 멈춘다. 그 모습은 마치 무도회의 여인들이 춤추기를 잠시 멈췄지만 무리에서 벗어나지는 않은 채 새로운 음악이 시작되기를 기다리는 것 같았다. (여러 개의 직유를 사용해서 굉장히 공들여 표현한 대목이다.)

　그 광채 중 하나가 나서서 말을 시작한다. 그는 천국의 존재들이 늘 그러하듯 단테의 궁금증을 꿰뚫어 보고 있다. 단테가 자신들을 둘러싼 이 '화환' 속에 어떤 나무가 꽃 피고 있는지 알고 싶어 하는 중이라고. 그러면서 자기가 단테의 궁금증을 풀어주는 게 마땅하다 여긴 이유를 대는데, 거기에 얼핏 놓치기 쉬운 어떤 핵심이 담겨 있다. 단테의 내부에서는 은총의 빛이 늘어나 너무나도 빛나고 있는데, 그 빛은 사랑에 의해 더욱 커지는 것이란다. 앞에서도 잠깐 비슷한 구절이 나왔지만 천국의 존재들은 일종의 거울이어서 하느님의 빛을 반사하고 그럼으로써 그 빛을 증폭하는 역할을 한다는 뜻이다. 그러한 단테의 목마름을 해소해주지 않는 자는 마치 물이 바다로 흘러들기를 거부하는 것이나 마찬가지란다.

이렇게 운을 뗀 영혼은 자기가 도미니쿠스 수도회('양들이 길을 잃지만 않으면 좋게 살찌는 곳')에 소속되었던 토마스 아퀴나스(1226~1274)이며, 자기 오른쪽에 있는 존재는 자신의 형제이자 스승인 쾰른의 알베르투스(알베르투스 마그누스, 스콜라 철학자)라고 소개한다. 이어서 다른 학자들을 여러 칭찬의 표현을 덧붙여 소개하는데, 현대인이 다 따라가기는 좀 어렵다. 우선 12세기 법학자 그라치아노. (그의 교회법은 20세기 초까지 사용되었다.) 그리고 12세기 성서학자 피에트로 롬바르도. 그는 〈누가복음〉에 그려진 가난한 과부처럼 자기 재능을 교회에 바친 것으로 그려진다. 그 곁의 다섯 번째 광채는 '가장 아름다운 빛'이라는 특별한 수식을 받는다. 그의 소식을 듣고자 아래 세상이 간절히 원한다고. 그는 깊은 지혜를 가졌던 존재로, 성서가 진리를 전한다면 '그 사람만큼 넓게 보는(veder tanto) 두 번째 인물은 태어나지 않았다.'라고 한다. 이 사람은 솔로몬이다. 인생 후반에 이방 여인들을 아내로 들이고 그들의 신을 섬겼기 때문에 그가 과연 천국에 들어갔는지 의구심을 품은 사람이 많았다. 솔로몬을 소개하는 구절은 나중에 단테의 질문으로 논의 소재가 될 것이다.

그다음은 천사의 본성과 임무를 연구했던 아레오파고스 의원 디오뉘시오스(생 드니). 이 사람은 사도 바울의 설교를 듣고 개종한 아테나이 사람(서기 1세기)이다. (하지만 실제로 《천사론》을 쓴 사람은 서기 5

세기에 살았던 것으로 보여, 현대의 학자들은 그 저자를 '거짓 디오뉘시오스'라고 부른다.) 그다음 사람은 '기독교 시대의 변호인'이라고 소개되는데, 대개 5세기 역사가 호노리우스라고들 본다. 단테는 그의 역사책을 많이 이용했다. 한데 '이 사람의 논의를 아우구스티누스도 유용하게 썼다.'라고 되어 있어서 약간 의구심을 자아낸다. 아우구스티누스가 천국에 있다면 여기서 소개되는 게 가장 좋을 텐데, 왜 그를 직접 소개하지 않고 이런 식으로 그냥 지나갔느냐는 것이다. 물론 천국의 모든 존재를 다 자세히 소개하는 건 아니니 큰 문제는 아니다. (이 성인의 이름은 제32곡에 누가 하느님 곁 어느 자리에 앉았는지 소개하는 대목에 다시 한 번 지나치듯 등장한다.) 아우구스티누스는 자신이 《신국론》에서 전개한 사상이 역사 속에 실제로 이뤄지고 있음을 호노리우스의 역사책이 확인해준 걸로 여겼다.

그다음, 여덟 번째로 소개되는 사람은 《철학의 위안》의 저자 보에티우스다. (시인 단테는 그의 저서를 폭넓게 이용했다. 학자들은 여러 부분에서 보에티우스의 인용과 암시를 찾아낸다.) 그는 '모든 선을 다 보았기 때문에, 그에게 귀 기울이는 사람은 이 거짓된 세상을 또렷이 볼' 수 있단다. 그의 육신은─단테 시대에도, 그리고 지금도─파비아의 치엘다우로('황금 하늘') 성당에 묻혀 있다. 그는 순교하여 이곳의 평화로 옮겨왔다. (6세기 초에 활동했던 보에티우스는 단테처럼 라벤나에 살다가 동로마와 내통했다는 혐의를 받고 처형되었다. 당시 라벤나는 과거 서로마 영역의 정치적 중심 도시였다.)

다음으로 7세기 세비야의 이시도루스, 8세기 영국의 베데, 12세기 생빅토르의 리샤르가 3행 안에 빠르게 소개되고, 13세기 파리에서 활동했던 아베로에스 추종자 시제르가 좀 길게 소개된다.

여기까지 소개된 학자는 도합 열두 명으로 서기 1세기부터 13세기까지 망라했다. 이렇게 소개를 마치자, 아침 기도 시간에 시계가 울려 우리 영혼을 사랑으로 부풀게 하듯, 둘러선 그 빛들이 움직이며 감미롭고 조화롭게 노래한다. (기계식 시계는 13세기에 발명되어 단테 시대엔 아직 신기한 물건이었다.)

제11곡

태양천-성 프란체스코의 생애

이러한 학자들의 영혼을 대하여, 시인 단테는 인간들의 무분별한 관심사를 개탄한다. 인간의 논리는 결함이 많다고. 사람마다 각기 법률, 의학, 성직을 추구하고, 저마다 통치에, 또는 약탈과 계략에 전념하고, 누구는 애쓰고, 누구는 육체의 쾌락에, 누구는 게으름에 빠져 있다고.

하지만 단테는 이런 것에서 벗어나 베아트리체와 함께 천국에서 환대를 받고 있는 참이다. 이제 빛들은 처음 위치로 돌아가, 마치 촛대 위의 촛불들처럼 조용히 멈춰 있다. 그러자 토마스 아퀴나스의 영혼이 단테의 의문을 알아차리고 설명을 시작한다. 그는 하느님의 영원한 빛을 반사하듯이, 단테의 생각과 그 원인을 꿰뚫어 보고 있기 때문이다. 단테가 의아하게 여기는 구절은 두 개다. 하나는 도미니쿠스 수도회를 '양들이 길을 잃지만 않으면 좋게 살찌는 곳'이라고 표현한 것이고, 다른 하나는 솔로몬을 소개하면서 '그 사람만큼 넓게 보는 두 번째 인물은 태어나지 않았다.'라고 한 말이다.

아퀴나스가 프란체스코 성인의 생애를 소개하다
여기서 아퀴나스는 우선 도미니쿠스와 프란체스코 두 분을 개략적으로 소개한다. 하느님의 섭리는 지혜로써 세상을 다스리는데, 그 지혜는 너무나 깊어서 피조물들의 시선은 그 안으로 많이 들어가지도 못해서 꺾이고 만다. 그 섭리는 교회가 그리스도께로 돌아갈 수 있도록, 그리고 스스로 확신을 갖고 그분에 대한 신뢰를 품을 수 있도록 두 명의 '왕자(principi)'를 보내셨다.(여기서 교회는 '큰 외침과 함께 축복된 피로써 혼인하신 분의 신부'라고 표현되었다. 교회는 그리스도의 신부이고, 예수께서 십자가 위에서 창에 찔리고 마지막 죽으실 때 크게 외치셨기 때문이다. 그 외침의 내용은 복음서 작가마다 다르게 전한다. '하느님, 왜 저를 버리십니까?', 또는 '다 이루었다.') 두 '왕자' 중 한 분(프란체스코)은 열정이 세라핌 천사 같은 분이었고, 다른 분(도미니쿠스)은 지혜에 있어서 케루빔 천사 같은 분이었다.(천사들의 위계에 대해서는 원동천에서 살펴보자.)

두 분은 같은 목적으로 활동하셨기 때문에 한 분을 칭찬하면 그것이 다른 분에게도 해당되어, 아퀴나스는 프란체스코 한 분만 소개하겠노라고 한다. 먼저 프란체스코 성인이 태어난 아시시에 대한 묘사인데, 주변의 강과 산, 언덕, 여러 도시의 이름을 이용하고 있어서 현대의 우리로서는 따라가기 좀 어렵다. 그저 페루자(아시시 서쪽)라는 도시가 그나마 덜 낯설다. 어쨌든 이곳 언덕에서, 마치 갠지스에서 해가 떠오르듯, '태양'이 태어났단다. (지금 단테가 머물러 있는 곳이 태양천이기 때문에 이런 표현을 선택한 것 같다.) 그러니 그 도시를 제대로 표현하자면 아쉐시(Ascesi, 아시시의 옛 이름)라기보다는 '오리엔테'(해 뜨는 곳)라고 부르는 게 합당하다는 것이다.

그분은 젊었을 때 벌써 자신의 덕성으로 세상에 위안을 주기 시작했다. 프란체스코 수도회를 대표하는 덕목은 청빈인데, 프란체스코 성인께서는 젊어서 가난과 '결혼'하고 그 때문에 아버지와 충돌했다. 프란체스코는 교회에 재산을 바치는 문제로 자기 아버지와 불화했고, 결국 자신의 속옷까지 벗어주고 결별했다고 한다. 여기서 가난은 '마치 죽음을 대하듯 그 누구도 즐거움의 문을 열어주지 않는 여인'이라고 표현되었다. 아시시의 성당에는 프란체스코 성인이 가난의 여신과 결혼하는 장면이 벽화로 그려져 전해진다. 그리스도께서 주례로서 한가운데 서서 신랑과 신부를 이어주고 계신다.

아퀴나스는 이어서 '가난'에 대해 긴 설명을 덧붙인다. 그녀는 첫 남편(예수)을 여의고 천백 년 이상 쓸쓸하게 무시당하며 지냈다. 온 세상에 두려움을 주던 카이사르가 가난한 어부 아뮈클라스를 찾아갔을 때, 그 어부는 이 권력자를 보고도 전혀 놀라지 않았는데, 이런 일화도 사람들이 가난을 대하는 태도에 영향을 미치지 못했다. 또 성모께서 밑에 서 계신 가운데 예수께서 십자가에 달렸을 때, 가난도 예수와 함께 그 십자가 위에서 울었지만 이런 충직함과 용기도 사람들의 태도를 바꾸지 못했다. (시인 단테는 〈연옥편〉에서 자주 그랬던 것처럼, 청빈의 두 모범을 제시하는 참이다. 하나는 가난을 부끄러워하지 않은 아뮈클라스, 다른 하나는 벌거벗고 세상을 떠나신 그리스도다.)

이렇게 남녀 사이의 애정 문제처럼 이야기를 진행하다가, 아퀴나스는 자신이 말하는 '연인들'이 프란체스코와 가난이라고 밝힌다. (위의 설명을 읽은 독자는 '이미 다 알고 있는 걸 왜 마치 비밀 가르쳐주듯 생색을 내나?' 싶겠지만, 원문은 궁금증이 계속 쌓이다가 여기에서야 해소되게 짜여 있다.) 그러고는 이어서 프란체스코에게 가담한 초기 수도자들의 목록을 제시한다. 프란체스코 성인께서 가난과 화합하여 즐거움과 행복을 누리는 것을 본 사람들이 그에게 합류하기 시작했다. 성자께서는 이들을 데리고 교황(인노켄티우스 3세)을 찾아가 수도회 인가를 구두(口頭)로 얻어낸다. 그다음 교황(호노리우스 3세)은 그 인가를 문서화해준다. 이후 성인께서는 순교를 각오하고 복음을 전하러 술탄을 찾아가지만(4차 십자군 때), 이들이 개종하기엔 너무 설익었다고 판단하고 이탈리아로 돌아온다. 그러고는 '그리스도에 의해 마지막 인준을' 받는다. 성인의 두 손과 두 발, 가슴에 성흔(예수께서 죽으실 때 받은 상처의 흔적)이 나타난 것이다. 성자께서는 그 흔적을 2년간 몸에 지니고 있다가 세상을 떠났다.

프란체스코 성인께서는 세상을 떠나면서 동료들을 상속자 삼아 가난을 맡기셨고 그녀를 충실히 사랑하라 일렀다. 그분의 영혼은 천국('자신의 왕국')으로 돌아갈 때, 가난의 품에서 떠나가면서 육체를 위한 관(棺)조차도 사양하셨다.

여기 소개된 프란체스코의 생애는 그리스도의 생애 주기에 맞춰 그려졌다. 그분이 오시길 기다림(Advent)-탄생(Nativity)-대중 앞에 모습을 드러냄(Epiphany)-승천(Ascention)의 순서다.

도미니쿠스 수도회에 대한 비판

이렇게 프란체스코 성인을 소개한 아퀴나스는 단테의 원래 의문으로 돌아간다. 우선 '베드로의 배'(교회)를 제대로 목적지로 이끌어갔던, 프란체스코의 동역자가 누구였는지 생각해보라고 질문을 던진다. 바로 그분이 자기 집안의 '가장'이라고. 그 도미니쿠스 성인의 명을 잘 따르면 좋은 짐을 실을 수 있다고. 하지만 그의 양 떼는 다른 먹이에 대한 탐욕 때문에 여러 목초지로 흩어졌다. 그 양들은 멀리 갈수록 젖이 빈 채로 돌아오게 된다. 물론 목자 곁에 남은 양도 없진 않지만 그 숫자가 너무 적다.

여기서 아퀴나스는 갑자기 나무와 가지의 비유를 이용한다. (앞에 언급된, 단테를 둘러싼 '화환'과 그 안의 '꽃 피는 나무' 비유와 연관이 있다.) 이제 단테는 그 수도자들이 어떤 나무에서 갈라져 나갔는지 알 것이고, '길만 잃지 않으면 좋게 살찌는 곳'이 무슨 의미인지도 알았을 것이라고.

태양천-보나벤투라와 만남

아퀴나스의 영혼이 말을 마치려는 순간 빛의 고리가 회전하기 시작하고, 그것이 한 바퀴를 다 돌기 전에 다른 빛의 고리가 또 나타나서, 두 겹의 원이 함께 회전하며 노래한다. 그 감미로운 노래는 우리가 아는 무사 여신이나 세이렌을 훌쩍 넘어서는데, 그 차이가 원래의 빛과 반사된 빛의 차이 같았단다.

시인 단테는 이 두 원의 빛깔을 쌍무지개에 비긴다. 헤라가 이리스에게 명령을 내려 구름 사이에 두 겹 무지개가 생길 때, 안쪽 무지개가 반사(반향)되어 바깥쪽 무지개가 생겨나는 것과 같다고. (대개 쌍무지개는 안쪽 것이 원본이고 바깥 것은 그것의 반사 복제본이어서, 바깥 무지개는 색깔 배치가 보통 무지개와는 반대 순서로 되어 있다.) 여기서 '반향'이란 말은 나르킷소스를 사랑하다 스러진 요정 에코('사랑 때문에, 햇살에 안개 스러지듯 스러진 여인')의 목소리로 표현되었다. 한편 이 무지개의 성서적 기원도 함께 소개된다. 하느님께서 노아에게 다시는 인류가 물로 멸망하지 않으리라는 약속의 증표로 무지개를 주셨다는 것이다.

마치 쌍무지개처럼 빛의 두 고리('영원한 장미들의 화환')가 단테와 베아트리체를 돌면서 바깥 것이 안의 것에 화답한다. 이렇게 빛과 빛, 노래와 노래가 어우러지다가, 마치 눈들이 즐거움에 의해 함께 움직여져 한꺼번에 뜨이고 또 감기는 것처럼 일시에 잠잠해졌을 때, 새로 도착한 빛 가운데서 목소리가 들린다. 단테는 나침반이 극을 향하듯 그리로 돌아선다.

보나벤투라가 도미니쿠스의 생애를 소개하다

그 영혼은 말한다. 자신을 아름답게 만들어준 사랑이 그러도록 이끌어서 이야기하는 것이며, 먼저 말씀하신 이가 프란체스코에 대해 좋게 말했기 때문에 자기도 도미니쿠스를 소개하려 한다고. 그 두 분은 같은 목적을 위해 싸웠고, 두 분의 영광이 함께 빛난다고. 이 말을 하는 빛은 프란체스코 수도회에 속했던 보나벤투라인데, 그의 이름은 거의 마지막에 나온다.

  방금 시인 단테가 상호 대칭적인 쌍무지개 비유를 사용했는데, 아퀴나스의 발언과 보나벤투라의 발언도 서로 대칭되는 구도로 짜여 있다. 아퀴나스가 자기와 함께 온 빛들을 먼저 소개하고 이어서 프란체스코의 생애를 들려준 것과 반대 순서로, 보나벤투라는 우선 도미니쿠스의 생애를 들려주고, 이어서 자기와 함께 온 빛들을 소개한다. 그래서 두 발언자의 이름도 아퀴나스는 발언 서두에, 보나벤투라는 발언 끝부분에 나오게 된 것이다.

  보나벤투라는 지상의 교회를 군대에 비긴다. 교회('그리스도의 군대')는 다시 '무장'하기 위해 큰 대가(그리스도, 또는 사도들의 죽음)를 치렀다. 그러고도 느릿느릿—아마도 이단들 때문에—겁먹은 채 극소수만이 그 깃발을 따랐다. 하지만 '언제나 지휘하시는 황제'(그리스도)께서 위험에 처한 그 군대를 돌봐주셨다. 무슨 자격이 있어서가 아니라 그저 은총으로 그러하신 것이다. 그러다가 두 수호자를 보내셔서 교회('자신의 신부')를 도우셨는데, 그들의 행동(프란체스코)과 말(도미니쿠스) 때문에 방황하던 자들이 회개했다.

도미니쿠스는 스페인의 대서양 연안 도시 칼레루에 출신이다. 그래서 유럽에 봄을 가져오고 새잎을 틔우는 서풍(제퓌로스)이 일어나는 곳이라고 표현했다. 그리고 '해 뜨는 곳'에서 태어난 프란체스코와는 반대로 '이따금 해 지는 곳'에서 태어났다고 했다. 해 지는 곳은 연중에 계속 변화하는데, 하지(또는 춘분, 추분) 때 칼레루에 쪽 수평선 끝에서 해가 지기 때문이다. 그의 고향 도시의 표장은 '사자가 위쪽에도 아래쪽에도 그려진' 방패다. 거기서 태어난 도미니쿠스는 기독교 신앙을 향해서는 애정 깊은 연인이며 성스러운 투사로서, 자기편에게는 너그럽지만 적에게는 혹독했다.

수태되었을 때 벌써 그의 정신은 활력이 가득해서 자기 어머니로 하여금 예언하게 만들었다. 그의 어머니는 횃불을 입에 문 개 꿈을 꾸고서 아기를 낳았다고 한다. 그래서 그의 이름이 '주님의 개(Domini+canis)'라는 것이다. 유아세례를 받을 때('신성한 샘물에서 그와 신앙 사이에 혼인 의식이 완결될 때') 그 둘은 서로를 구해주기로 약속했다('지참금으로 주었다'). 즉 그는 늘 기독교 신앙을 수호하기로 맹세했다는 말이다. 프란체스코 성인께서 '가난과 결혼'한 것처럼 도미니쿠스는 '신앙과 결혼'한 것이다.

그때 그의 대모('그를 위해 대신 동의해준 여인')는 꿈에 그와 그의 후계자들(도미니쿠스 수도회)에게서 나올 놀라운 결과를 보았다. 도미니쿠스의 이마에 별이 있는 것을 보았던 것이다. 아이가 세상을 인도하는 별과 같은 존재가 된다는 뜻이겠다. 그의 이름도 그의 참모습을 드러내주는데, 성령께서 천국에서부터 움직여 가서, '그를 완전히 소유하신 분'

의 소유격을 따서 이름 짓게 했기 때문이다. 그의 이름을 설명하는 다른 방식은 '주님의 수호자(Domini+custos)'이다.

한편 보나벤투라는 도미니쿠스를 그리스도께서 자신의 농장을 돕도록 택하신 농부로 규정한다. 도미니쿠스는 그리스도의 하인이자 사자로서의 모습을 보여주었다. 그가 보인 최초의 애정은 그리스도의 명령을 향한 것이었다. 도미니쿠스는 어려서부터 자주 밤에 깨어나 바닥에 앉아 있었는데, 마치 '나는 이 일을 행하러 여기 왔노라.' 하는 듯한 모습이었다. 그의 아버지 이름이 펠릭스('행복')라는 것도, 그의 어머니 이름이 요안나('은총을 받은 여인')라는 것도 어원대로 들어맞는다. 사람들이 숨 가쁘게 법학자를 쫓아다니는 세상에서 그는 참된 만나를 위한 스승이 되었고, '농부가 게으르면 금방 시드는 포도원'을 돌아다녔다.

그 후에 도미니쿠스는 교황에게 이단과 싸울 권한을 허락받았다(1205년). 여기서 보나벤투라는 교황의 지위를 '전에는 가난한 의인들에게 더 너그러웠던 의자', '자리 자체보다는 거기 앉은 자 때문에 타락한 의자'라고 표현해서 역대 교황들을 비판하고 있다. 그리고 도미니쿠스가 다른 이들처럼 교회 부담금이나 수입 배분, 십일조 따위를 요구하지 않았다는 점도 부각했다. 그가 청한 것은 지금 단테를 둘러싸고 있는 빛('스물네 식물')의 씨앗을 지키기 위해 싸울 수 있도록 허락해달라는 것뿐이었다. (다시 식물의 비유가 사용되었다. 태양은 식물을 성장시키니, 태양천에서 사용하기 적절한 비유다.)

이제 도미니쿠스는 사도의 직분과 함께 학식과 의지로써, 마치 깊은 원천이 격류를 쏟아내듯 활동하며 특히 이단의 '줄기들'을 뒤흔들었다. 특히 저항이 강한 곳에서 더욱더 활발했다. (툴루즈를 중심으로 한 알비(Albi)파를 정벌한 것을 가리킨다.) 나중에 그에게서 여러 지류가 생겨나 가톨릭의 밭이 물을 흠뻑 머금고, 수목들이 훨씬 싱싱해졌다.

보나벤투라가 프란체스코 수도회를 비판하다
이제 보나벤투라는 도미니쿠스를 교회라는 두 바퀴 수레의 한쪽 바퀴로 비유한다. 그 바퀴 덕에 교회는 자신을 지키고 내전에서 승리했다. 한편 다른 바퀴(프란체스코)의 탁월함은 이미 아퀴나스가 분명하게 밝혀주었다.

한데 그 바퀴의 맨 바깥 테두리(초기 수도자들)가 만든 자취는 버림을 받았다. 버캐가 있던 곳에 곰팡이가 피었다. (프란체스코 수도회는 청빈을 강조하기 때문에 여기 겉보기로는 가난과 연관된 듯한 두 미생물 종류가 비유로 쓰였다. 버캐는 포도주 술통에 생기는 좋은 미생물 껍질이고, 곰팡이는 해로운 미생물의 흔적이다. 이 비유는 태양천의 특징인 농경적 분위기와도 연관된다.) 그 수레바퀴의 자취를 따라 곧게 가던 가족(수도자들)은 이제 완전히 돌아서서 전에 앞에 있던 것을 뒤에 두고 있다. 머지않아 가라지가 곳간에서 쫓겨나 한탄할 때면 잘못된 경작의 수확이 어떤 것인지 알게 될 것이다. (예수께서 최후 심판을 추수로 비유하신 것을 인용했다. 〈마태복음〉 13장.)

보나벤투라가 볼 때 프란체스코 수도회의 문제는 옛 규정을 자의적으로 변경한 데서 생겼다. 그래서 이렇게 비난한다. 자기들 수도회의 규정집을 한 장 한 장 살펴보면, '나는 이전 그대로의 나다.'라고 적힌 것을 발견할 거라고. 현재 대립하는 두 파벌의 근거지를 거명하며 이들이 모두 규정을 잘못 해석하고 있다고. 한쪽(수도파, conventuali)은 규정을 피해 달아나고, 다른 한쪽(영성파, spirituali)은 규정을 너무 좁게 해석한다는 것이다.

두 번째 빛의 고리 속 영혼들

이렇게 자기가 속한 프란체스코 수도회의 현재 상태를 비판한 다음 자기를 소개한다. 우리는 이미 다 알고 있지만, 그는 바뇨레조 출신의 보나벤투라다. 그는 자신이 여러 큰 직책을 맡으면서 언제나 '왼쪽에 대한 관심'은 밑에 두었다고 말한다. 독자로서는 이미 지옥과 연옥을 지나면서 익숙해졌겠지만 왼쪽은 열등한 쪽으로 되어 있다. 그러니까 자신이 세속적 이익이나 쾌락 등은 멀리했다는 것이다.

이어서 그는 자신의 곁에 있는 영혼들을 소개하기 시작한다. 우선 프란체스코 성인의 직속 제자 두 사람을 거명한다. 앞에 제11곡에서 아퀴나스가 프란체스코 수도회의 초기 역사를 소개하는 중에 언급한 초기 수도자 명단의 확장이다. 이어서 12~13세기 학자들이다. 신학자인 생빅토르의 위고와 '책을 삼키는' 페트루스, 나중에 교황이 된 논리학자 '스페인의 페드로'. 그러고는 시간을 훌쩍 뛰어 과거로 돌아가서 구약성서의 예언자 나단(다윗의 실책을 비난했던 사람), 4세기 대주교 요한 크리소스토모스('황금의 입'), 11세기 신학자 안셀무스(《신은 왜 인간이 되었나?》의 저자. 앞에 나온 '정의로운 복수' 부분은 안셀무스의 논리를 반영한 것이다.), 그리고 '몸을 낮춰 첫째 학문을 손질한' 4세기 문법학자 도나투스(《베르길리우스의 생애》 저자). 마지막엔 9세기 신학자 라바누스와 12세기 '예언자' 칼라브리아의 조아키노가 소개된다. 이런 목록의 첫 자리와 마지막 자리는 특히 눈에 띄기 때문에 영광의 자리라고 할 수 있는데, 지금 여기서는 교황을 공격했던 조아키노를 마지막에 두어서, 아퀴나스의 무리 마지막에 정통 교회와 맞섰던 시제르를 배치한 것과 상응하게 만들었다.

마지막엔 자신이 이 발언대에 서게 된 계기 설명이다. 토마스 아퀴나스의 열렬한 애정과 명료한 말솜씨가 자기를 움직여서, 자기가 도미니쿠스라는 '용사(paladin)'를 칭찬하게 되었노라고. 이 무리도 마찬가지 이유에서 함께 온 것이라고.

제13곡
태양천-아퀴나스의 두 번째 발언

보나벤투라의 발언이 끝나자 빛으로 이루어진 두 겹 원은 회전하며 아름다운 노래를 시작한다. 시인 단테는 자기가 본 것을 이해하려면 상상력을 최대로 동원하라고 권고한다. 이 부근에는 '상상력'이란 단어가 여러 번 반복된다.

두 겹 빛의 고리가 회전하며 노래하다

시인 딘테는 외친다, 상상해보라고. 우선 당시 사람들이 가장 밝은 등급으로 꼽았던 열다섯 개의 별이 서로 다른 구역에서 하늘을 비추는 것을 떠올려야 한다. 다음으로 북두칠성('밤낮으로 하늘 품을 가득 채우고 바퀴 축을 돌리면서도 스러지지 않는 마차')을 떠올려야 한다. 마지막으로 북극성('최초 회전이 그 주위를 도는 축')이 속한 작은곰자리 '나팔의 입'(두 개의 별)을 상상해야 한다. 그러면 모두 스물네 개의 별이 된다(15+7+2=24).

그 스물네 개의 별이 이중의 원을 이루고 있다고. 아리아드네('미노스의 딸')가 테세우스에게 버림받고 죽음의 냉기를 느끼게 되었을 때, 그리고 이어서 디오뉘소스가 도착해서 그녀를 아내로 맞이했을 때, 하늘에 나타났던 왕관자리 같은 모습을 떠올리라고. 이 두 겹 빛의 고리가 자기를 에워싼 채, 하나가 시작하면 다른 하나가 뒤따르며 춤추는 것을 상상하면, 그나마 그 성좌의 그림자 비슷한 것을 떠올린 셈이라고. 하지만 이 모습은 우리 경험을 한참 넘어서기 때문에 그 차이가 마치, 하늘 중에서 가장 빠른 층(원동천)의 속도와 토스카나에서 가장 느리게 흐르는 키아나강의 속도 차이와 비슷하다고. (키아나강은 〈지옥편〉 29곡에서 위조자들의 피부병을 말라리아 환자에 비길 때 언급된 적이 있다.)

시인 단테는 빛의 고리의 시각적 형상과 운동에 이어 그들의 노래 주제를 밝힌다. 그들은 박코스(디오뉘소스)나 파이안(아폴론)에 대해서가 아니라, 하느님의 본성 속에 있는 세 위격(성부, 성자, 성령), 그리고 한 위격(성자) 속에 있는 신성과 인성을 노래했다고. 앞에 말했듯 태양천은 지혜의 층이고, 하느님을 제대로 아는 것이 모든 지식의 근본이다. 이 지식은 〈천국편〉 마지막에 다시 확인될 것이다.

아퀴나스가 솔로몬의 지혜와 완전한 인간에 대해 해명하다

노래와 원무가 제 몫을 다 채웠을 때, 그 빛들은 멈춘다. 그들은 여전히 임무(cura)가 남아 있음을 기뻐하며 단테와 베아트리체를 주목하고 있다. 그러자 앞에 프란체스코의 생애를 소개했던 아퀴나스의 영혼이 다시 나선다. 사랑이 자신을 이끌어, 이미 이삭 하나를 타작해서 씨앗을 갈무리한 것에 뒤이어 다른 이삭을 타작하라 한다며, 단테가 마음속으로 품고 있는 다른 의문에 답하기 시작한다.

사실 그 문제는, 이미 앞에서 단테가 그 의문을 품고 있음을 아퀴나스 자신도 잘 알고 있다면서 내놓았던 두 개 중 하나다. 즉, 아퀴나스가 솔로몬을 소개하면서 '그 사람만큼 넓게 보는 두 번째 인물은 태어나지 않았다.'라고 한 것이다. 한데 아퀴나스가 단테의 두 의문 중 하나('떠나지만 않으면 좋게 살찌는 곳')에 대해 막 설명을 마친 참에 두 번째 빛의 고리가 도착했다. 그 후 보나벤투라의 발언이 길게 이어지는 바람에 두 번째 의문은 답할 기회가 없었다. 이제 두 번째 의문을 해명할 차례다. (그래서 '두 번째 타작'이라고 한 것이다. 다시 농경적 비유다.)

아퀴나스는 단테가 속으로 생각하는 반례까지 꿰뚫어 보고 있다. 즉 '아담이나 예수 그리스도가 더 넓게 보는 인물 아닌가?' 하는 의구심 말이다. 그래서 그는 우선 단테의 속생각을 풀어 보인다. 먼저 아담에 대해 여러 정보를 넣어서 많이 돌려 말한다. 아담은 하와('그녀의 입맛 때문에 온 세상이 대가를 치른, 아름다운 뺨')를 만들려고 갈비뼈를 뽑아낸 가슴이란다. 다음으로 그리스도를 소개하는 데서도 가슴이 강조된다. 그 가슴이 창에 찔림으로써 단번에('처음에도 나중에도') 모든 죄를 보속하여 정의의 저울이 한쪽으로 기울어지도록 만들었다고. 여기서 하느님에게서 아담이 나오고, 아담에게서 하와가 나오고, 그녀에게서 인간이 고통이 나오는 점진적 과정은 잠시 후 펼쳐질 우주 여러 등급의 생성 과정에 상응하게 서술되었다.

그러고는 이제야 단테의 직접적 의문을 공표한다. 이 두 사람을 만드신 힘(하느님의 능력)이 인간 본성이 소유하기에 합당한 빛이라면 그게 얼마든 이들에게 완전하게 부여하지 않았냐고. 그러니 솔로몬 속에 담긴 선을 가진 사람은 없었단 말이 이상하지 않느냐고. 그러면서 자신이 하는 말을 잘 이해하면 단테의 생각도 자신의 말도 모두 원의 중심처럼 진리 속에 있게 된단다. 자기 말이나 단테의 믿음이나 모두 맞는 것이란 뜻이다.

아퀴나스의 설명은 이러하다.(하지만 여기 펼쳐진 것은 실제 아퀴나스의 이론이 아니라, 알베르투스 마그누스의 학설이라는 게 학자들의 설명이다.) 불멸의 존재나 필멸의 존재나 모두 주님(성부)께서 사랑하여(성령) 낳으시는 그 이데아(성자)의 빛 아닌 것이 없다. 비춰주시는 분(성부)에게서 나오는 살아 있는 빛(성자)은 그분(성부)과도, 그리고 이 두 분과 함께 셋을 이루는 사랑(성령)과 분리되지 않는다. 그 빛은 자신의 좋음(선)을 통해 아홉 개의 실체(아홉 천사, 아홉 하늘)에, 마치 거울에서 그러하듯 빛을 모아주신다. 그러면서도 영원히 하나로 남아 계신다.

그 빛은 여러 층의 하늘을 거쳐 마지막 가능태에게까지 내려와 일시적인 우연물들을 만든다. 이 우연적 사물들은 어떤 것은 씨가 있고(생물), 어떤 것은 씨가 없다(무생물). 그것들의 질료('밀랍')와 그것에 형태를 주는 것('이끄는 것', 하늘의 영향력)은 언제나 한 가지 상태에 머물러 있지 않고, 이데아의 표식 아래서(즉, 같은 종의 표시를 지니면서도) 더 빛나기도 하고 덜 빛나기도 한다. 그래서 같은 종류의 나무에서도 좋은 열매, 나쁜 열매가 맺히고, 인간들 개개인이 서로 다른 재능을 갖고 태어나는 것이다. 만일 밀랍도 완벽한 상태고, 하늘의 힘도 최고의 위치에 있는 경우라면, 인장(형상)의 밝음은 완전하게 드러날 것이다. 하지만 자연은 언제나 저 위에서 온 빛을 불완전하게 비춰준다. 마치 기예를 갖고 있지만 손이 떨리는 예술가와 비슷하다.

그렇지만 뜨거운 사랑(성령)이 최초의 권능(성부)의 밝은 빛(성자)을 배치하고 각인하면 그 존재는 거기서 온전한 완벽함을 얻는다. 그런 식으로 옛날 진흙이 가장 완벽한 인간(아담)을 만들었고, 또 그렇게 해서 동정녀가 잉태하였다. 따라서 아담과 예수 그리스도처럼 인간의 본성이 완벽한 경우는 달리 없었고 앞으로도 없을 것이다. 그러니 단테가 품고 있는 생각은 맞는 것이다.

그렇다면 '솔로몬 같은 사람이 없었다.'라는 말은 무슨 뜻인가? 이에 답하려면, 하느님께서 솔로몬에게 '원하는 것이 있으면 청하라.' 하셨을 때 그가 어떤 위치에 있었는지, 그리고 그가 지혜를 달라고 청한 이유는 무엇인지 알아야 한다. 그는 그때 왕이었고, 왕에게 필요한 것을 요구한 것이다. 그는 천사의 숫자를 알고자 하지도 않았고(신학적 지혜), 필연이 우연과 함께 필연을 이루는지 알려 하지도(철학적 지혜), 혹시 최초로 움직여진 것이 존재하는지(철학적 지혜), 반원에서 직각 없는 삼각형을 만들 수 있는지(수학적 지혜) 알려 하지도 않았다.

그러니까 '견줄 바 없는 이의 지혜'라고 한 것은 왕의 현명함을 가리킨 것이다. 그리고 그런 사람은 '태어나지 않았다'라고 한 것도 왕들 중에 그런 사람이 없다는 뜻이다. 왕의 지위를 차지한 자의 숫자는 많지만 그 중에 훌륭한 이는 적어서다. 이렇게 구별해서 이해하면, 아퀴나스가 한 말과 단테의 믿음이 일치하게 된다. '최초의 아버지'(아담)와 '우리가 사랑하는 분'(그리스도)이 완벽한 인간이라는 단테의 생각도 오류가 아닌 것이다.

아퀴나스가 성급하게 판단하는 자들을 비난하다

아퀴나스는 단테에게 지금 이 논의를 '발에 납덩이처럼' 달아서, 앞으로 혹시 잘 모르는 것을 긍정하거나 부정할 때면 좀 느리게 움직이라고 충고한다. 세세한 내용을 잘 분간하지 않고 긍정하거나 부정하는 자는 어리석은 자 중에서도 가장 하급이라고. 성급한 판단은 잘못되기 쉽고, 그 후에는 감정(자기주장에 대한 애착)이 이성을 얽어매게 된다고. 아퀴나스는 여기서 속담 하나를 인용한다. 진리를 낚으려 하지만 기술은 없는 자가 해변을 떠나면, 아예 해변으로 돌아가지도 못하기 때문에, 허탕친 것 이상의 나쁜 일을 당한다고. (단테의 생각과 아퀴나스의 말이 일치한다는 대목에서는 활쏘기 비유를 사용했고, 여기서는 낚시 비유를 썼다. 농경에 이어 수렵 채집의 분위기다.)

이제 아퀴나스는 명민했지만 성급한 판단을 내렸던 인물들을 꼽아본다. 말하자면 얼마 전에 본 '빛의 화환'에 포함될 수도 있었지만 그러지 못한 사람들이다. 그리스 철학자인 파르메니데스(기원전 6세기)와 그의 제자 멜리소스. 이들은 질료-형상 이론에서 잘못된 추론을 했다고 아리스토텔레스의 비판을 받았다(《자연학》 1권). 그리스 수학자 브리손(기원전 4세기). 이 사람은 원과 사각형 이론 때문에 아리스토텔레스의 비판을 받았다 한다. 그리고 초기 기독교의 이단자들인 사벨리우스(서기 3세기)와 아리우스(4세기). 사벨리우스는 삼위일체 교리를 거부했고, 아리우스는 앞에 말했듯 그리스도가 창조된 존재이며 성부와 완전히 같지는 않다고 주장했다. 그 밖에도 성서의 모습을—거울에 비친 게 아니라 칼날에 비친 것처럼—왜곡시킨 자들도 아퀴나스에 의해 포괄적으로 비난받는다.

마지막으로 아퀴나스는 좀 더 일반적인 예를 들며 성급한 판단을 경계한다. 성급한 자는 곡식이 익기도 전에 미리 수확을 계산하는 자들과 마찬가지다. 겨우내 마르고 거칠던 가시덤불에서 나중에 장미가 피어나는 수도 있다. 바다를 잘 달려온 배가 항구에 들어서다가 가라앉는 경우도 있다. 설사 누가 훔치거나 기부하는 것을 보았다 하더라도, 거기서 하느님의 섭리를 보았다고 믿지는 않는 게 좋다. 누구든 간에 높이 올라서는 것도 추락하는 것도 모두 가능하기 때문이다.

제14곡

태양천-솔로몬과 대화함, 화성천 진입

아퀴나스가 말을 마쳤을 때 단테는 한 가지 이미지를 떠올린다. ('내 마음속으로 툭 떨어졌다.'라고 표현했다.) 둥근 그릇 안의 물을 안에서, 혹은 바깥에서 뭔가로 때렸을 때, 동심원이 중심에서 가장자리로, 또는 가장자리에서 중심으로 퍼져나가는 이미지다. 베아트리체의 말과 아퀴나스의 말이 그토록 서로 유사했기 때문이다.

그러자 베아트리체는 단테의 마음에 떠오른 또 다른 의문을 얼른 전달해준다. 단테는 태양천에서 내내 입을 다물고 있다. 현자들이 그의 마음속을 너무나 잘 알고 있어서다. 이번 질문은 아주 심각한 건 아니다. 지금 여기 있는 영혼들은 빛에 감싸여 있는데, 이 빛이 영원히 그들과 함께하는지, 만약 함께한다면 나중에 대심판 때 육체를 되찾으면 육체의 눈이 그 빛을 감당할 수 있는지 하는 것이다.

빛들은 다시 회전하며 놀라운 가락으로 자신들의 기쁨을 보여주었다. 마치 원무를 추던 사람들이 좀 더 큰 기쁨에 밀리고 끌리면 일시에 목소리를 높이고 더욱 흥겹게 춤추듯. 단테는 그 분위기를 영원히 내리는 은총의 비가 주는 청량함이라고 표현한다. 우리가 지상에서 죽는 것은 그곳에 살기 위해서인데, 이를 슬퍼하는 사람은 그 청량함을 보지 못한 거라고. 그 노래의 내용은, '자신은 아무것에게도 에워싸이지 않으면서 모든 것을 에워싸시는, 셋과 둘과 하나 속에 영원히 다스리시며 영원히 사시는 그 하나와 둘과 셋'이다. 세계를 자신 안에 담고 계시는 삼위일체 하느님(셋과 하나), 그리고 인성과 신성을 갖추신 성자(둘)란 말이다. 셋-둘-하나와 하나-둘-셋이 단테의 이미지처럼 대칭적으로 표현되었다. 아퀴나스와 보나벤투라의 발언에서도 그랬다. 시인 단테는 태양천 부분에 굉장히 공들였다.

솔로몬이 천국의 빛과 대심판 이후 육체 상태를 설명하다

이런 내용을 영혼들은 세 번 노래했다. 그 멜로디는 모든 공적에 대해 합당한 보상이 될 만큼 아름다운 것이었다. 그러고 나서 두 원 중 작은 쪽에서 가장 밝은 빛이 겸손한 목소리로 말하는 게 들렸다. 마치 성처녀를 방문한 천사의 목소리 같았다.

솔로몬의 영혼이 단테의 의문에 직접 답해주는 참이다. 그의 설명도 단테의 이미지처럼 대칭적인 순서를 따른다. 천국의 축제를 길게 누릴수록 영혼들이 지닌 사랑은 영혼의 주위에서 옷처럼 더욱 빛난다. 그 밝기는 각 영혼의 열정에 따르고, 그 열정은 영혼이 본 것(visione)을 따른다. 그가 보는 것은, 그의 가치보다 더 크게 주어진 은총을 따른다.

한데 영혼들이 영광스럽고 성스럽게 변화한 육체를 다시 입게 되었을 때, 영혼들의 모습은 가장 완벽하고 가장 사랑스러울 것이다. 그 이유는 앞의 것과 역순으로 소개된다. 최고의 선(하느님)이 무상으로 주시는 빛(은총), 우리가 그분을 뵙는 데 조건이 되는 빛은 더욱 커진다. 그러면 보는 것(지성)도 커진다. 그러면 그것에 불붙은 열정(의지)도 더 커진다. 따라서 거기서 나오는 빛살도 더 커진다. 하지만 마치 숯이 열기로 불꽃을 태우면서도 자기 모습을 그대로 유지하는 것처럼, 현재 영혼들을 감싸고 있는 광채는 지금은 흙에 덮여 있는 육체에 의해 더욱 빛나게 될 것이다. 그리고 그 빛은 육체와 재결합한 영혼을 피곤하게 하지도 않는다. 육체 기관이, 즐거움을 주는 모든 것에 대해 더욱 강해지기 때문이다.

곁에서 솔로몬의 답변을 듣고 있던 영혼들이 일제히 '아멘' 하고 외친다. 그들은 어서 자신의 육체와 재결합하고 싶어 하는 듯 보였다. 단테는 그저 자신만을 위해서가 아니라, 자기들이 영원한 불꽃이 되기 전에 사랑했던 어머니와 아버지, 그리고 다른 사람들을 위해서 그런 것으로 짐작한다.

화성천으로 진입하여 빛의 십자가와 마주치다

한데 이때, 먼저 있던 빛에 다른 빛이 겹쳐서 지평선 밝아오듯 보인다. 마치 초저녁 하늘에 별들이 나타나기 시작하면서 진짜 별이 나타난 건지 잘못 본 건지 불분명할 때 같았다. 그러더니 새로운 실체가 확연히 보이고, 세 번째 원이 이미 있던 두 원 바깥을 에워싼다. 시인 단테는 여기서 그것을 '성령의 진정한 반짝임'이라고 표현했다. 그러면 그 안쪽의 두 원은 각기 성부와 성자가 된다. 태양의 하늘에서 단테가 확인한 진리가 시각화된 것이다. 단테는 그 빛의 눈부심을 견디지 못한다.

그때 단테는 베아트리체가 너무나 아름답게 미소 짓는 것을 본다. 자신이 기억하지 못하고 남겨둔 것으로 여겨야 할 정도다. 그러다가 다시 볼 수 있는 힘을 되찾았을 때 그는 자기가 다음 하늘로 올라와 있음을 깨닫는다. 그가 그렇게 생각한 이유는 그 웃음 짓는 행성(화성)이 마치 불처럼 붉어서였다, 평소에 보던 것보다 훨씬 더 붉었다. 단테는 마음속으로 새로운 은총에 대한 감사의 번제(희생물 전체를 태워 바치는 제사)

를 하느님께 바쳤다. 그리고 곧 자신의 제사가 받아들여졌음을 알아차렸다. 두 개의 빛줄기로 이루어진 광채가 눈앞에 나타났던 것이다. 그것은 너무나도 붉게 빛나서, 단테는 외친다. "오, 저들을 이렇게 장식하시는 헬리오스여!" (이제 와서 설명할 것도 없지만, 여기서 태양신 헬리오스는 하느님을 가리키는 말이다.)

그 빛들은 마치 은하수처럼, 깊은 화성에 모여서 가로세로 길이가 같은 십자가 모양을 이룬다. (화성천 안에 화성이 박혀 있는 것으로 상정한 듯하다.) 시인 단테는 이들의 모습을 '원의 사분선들이 연결되어' 만들어진 꼴이라고 표현했다. 그리고 그 십자가에는 그리스도의 모습이 빛났다고 보고한다. 그러면서 자기의 기억이 재능을 앞선다(이긴다)고 말한다. 기억 속에는 또렷한데 그걸 제대로 묘사할 능력이 없다는 뜻이다. 나중에 제33곡에서, 단테는 기독교의 핵심 진리를 눈으로 직접 보게 되는데, 그것은 원 속에 들어 있는 인간의 모습이다. 지금 이 장면과 이미지로 연결된 것이다.

여기서 시인 단테는 독자의 양해를 기대한다. '자기 십자가를 지고 그리스도를 따르는' 사람이라면, 자기가 그 빛 속에 그리스도의 모습이 타오른 걸 보고도 제대로 전달하지 못하지만 용서해줄 것이라고. 우리가 알게 된 진리는 실천해야 완성되는 것이기 때문에 '자기 십자가를 진' 실천적 신앙인이라면 이론적 전달력이 미비한 것 정도는 양해해줄 것이다.

그 빛의 십자가는 가만히 고정된 것이 아니라, 그 속의 빛들이 가로축의 이 끝(이쪽 뿔)에서 저 끝(저쪽 뿔)으로, 세로축의 위에서 아래로 움직이며 서로 만나고 스치며 강하게 빛났다. 그 모습은 차양의 틈으로 햇빛이 비쳐 들면 먼지 입자들이 이리저리 움직이는 것과 같았다. (단테 시대에는 아직 루크레티우스의 《사물의 본성에 관하여》가 대중적으로 알려지지 않았는데, 거기 나오는 것과 똑같은 비유를 사용하고 있어서 학자들이 놀라는 대목이다. 루크레티우스는 빛줄기 속 먼지의 움직임을 원자의 운동에 대한 유비로 이용했다.)

그리고 태양의 하늘에서와 마찬가지로 이 운동은 감미로운 음악을 동반하고 있다. 단테는 노랫말은 다 알아듣지도 못하면서 그 음악에 사로잡힌다. 간신히 알아들은 가사는 '일어나소서'와 '승리하소서'였다. 그제야 비로소 이것이 고귀한 찬가로구나 하고 깨닫는다. 단테는 거기에 매료된다, 여정이 거기에 이르도록 그토록 달콤한 사슬은 없었기에. (베아트리체가 점점 더 아름다워지는 것처럼, 단테가 듣는 음악도 점점 더 달콤해지고 있다.)

시인 단테는 다시 자신의 표현에 대한 양해를 구한다. 자기가 지금 이 장면을 너무나 달콤하게 그리고 있어서 '혹시 이 사람이 베아트리체는 잊은 것인가?' 하는 의구심이 생길 수도 있을 거라고. 베아트리체의 눈은 위로 올라갈수록 더욱 아름다워지는데, 화성천에 도착해서는 자기가 아직 그녀의 눈을 들여다보지 않아서 이렇게 말하는 것이라고.

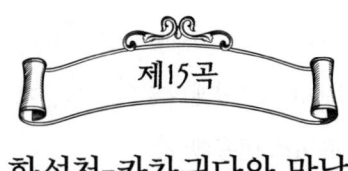

화성천-카차귀다와 만남

이제 빛의 십자가에서 들려오던 노래가 그친다. 시인 단테는 하느님의 사랑 담긴 온화하신 의지가 그 노래를 중지시켰다고 말한다. 여기서 그 십자가는 '감미로운 뤼라', 그리고 '하늘의 오른손이 조이고 늦추는 성스러운 현'이라고 표현되었다.

단테는 그 십자가를 이루는 영혼들이 자신에게 질문할 기회를 주기 위해 한마음으로 침묵한 것으로 생각한다. 이들이 이렇게 호의를 보이는데도, 덧없는 것을 사랑하느라고 그 사랑을 벗어던지는 자라면 영원히 괴로워하는 게 마땅하다고 여긴다. (방금 태양천의 영혼들의 빛과, 나중에 그들이 되찾을 육체가 옷에 비유되었기 때문에 그 이미지를 이어 여기서도 '벗어던지다'라는 표현을 썼다. 《신곡》에서 한 곡과 그 다음 곡은 유사한 이미지에 의해 서로 연결된 경우가 많다.)

단테가 지금 도착한 화성천은 방금 지나온 태양천보다 더 큰 지면을 부여받았다. 14곡 중간부터 18곡 중간까지 무려 네 곡을 차지한다. 이는 단테의 정치적 관심을 반영하는 것이라 보아야 할 것이다. (옛날 통치자들은 대개 군인이기도 했다.) 그는 지식인이자 당대를 살아가며 최대한 사회를 개선하기 위해 애썼던 실천자였기 때문이다. 방금 14곡 끝에 언급한 '자기 십자가를 지고 그리스도를 따르는' 사람은 사실 단테 자신의 초상일 수 있다.

단테의 조상인 카차귀다를 만나다

그때 갑자기 빛의 십자가 속에 있던 빛 하나가 빠르게 움직이기 시작한다. 시인 단테는 그 움직임을 천문 현상에 비유한다. 갑자기 불꽃이 휙 지나가며 사람들의 눈길을 끌면서, 마치 어떤 별이 자리를 옮기는 것처럼 보이지만, 다시 보면 처음 불꽃이 시작되었던 곳에서 사라진 별은 없고, 움직이던 그 빛도 그저 잠시만 지속되다 마는 것 같다고. 아마도 좀 길게 보이는 별똥별이나, 아니면 현대에 파이어볼이라고 부르는 현상을 가리키는 듯하다. 마치 그런 현상처럼 빛의 십자가의 가로축의 오른쪽 뿔에 있던 빛이 십자가 발치로 달려 나왔다. 그 '보석'은 자기가 속한 띠를 벗어나지 않고 빛줄기를 통과했기 때문에 마치 설화석고 뒤의 불처럼 보였다.(옛날에는 반투명한 준보석 설화석고를 파내서 조명등으로 이용하기도 했다.) 그러니까 가로축을 따라 중심까지 움직인 다음에, 수직 방향으로 맨 아래까지 내려왔다는 말이다.

  시인 단테는 이것이 베르길리우스의 《아이네이스》(6권)에서 앙키세스의 혼령이 엘뤼시움(좋은 저승)에 찾아온 자기 아들 아이네아스를 맞이하는 장면과 길이 있다고 말한다. (《지옥편》에서 여러 번 암시되었듯 단테는 '두 번째 아이네아스'다.) 지금 단테를 맞이하는 빛은—곧 스스로 소개하겠지만—단테의 고조부 카차귀다(Cacciaguida)이다. 이분이 후손을 맞아 건네는 인사말은 라틴어로 되어 있다. "오, 나의 핏줄이여, 넘치는 하느님의 은총이여, 대체 누구에게, 너에게처럼 하늘 문이 두 번 열렸던가?" 이 문장을 구성하는 부분들은 대개 《아이네이스》 6권의 여기저기서 끌어온 것이다. (그중에는 카이사르를 묘사하는 구절도 들어 있다. 시인 단테는 자신을 '두 번째 카이사르'로도 만들고 있다. 그가 오만의 연옥을 두려워하는 것도 당연하다.)

단테는 예상치 못한 사태에 놀라 베아트리체를 돌아본다. 그녀 눈 속의 미소를 보고서 다시 더 크게 놀란다. 혹시 자신이 은총의 끝까지, 천국 끝까지 도달한 게 아닐까 싶을 정도로 미소가 불타고 있었기 때문이다. (바로 이 구절을 위해, 14곡 마지막 부분의 변명을 넣은 것이다.)

한편 다가온 불빛은, 보기에도 즐겁고 듣기에도 즐겁지만 단테가 이해할 수 없는 뭔가 심오한 말씀을 건네신다. 그 영혼이 일부러 그런 게 아니라, 그분의 생각이 인간의 표적을 넘어서는 것이었기 때문에 필연적으로 그러한 것이다. (이 부분엔 활쏘기 비유를 사용했다. 지금 도착한 화성천이 전사들의 영역이니 적절하다.) 이렇게 '불타는 애정의 화살이 다 소모되고' 나서 그분의 말씀은 보통 인간의 지성이 맞출 수 있는 표적 수준으로 내려왔다. 그래서 단테가 처음 이해한 말은 '축복받으소서, 나의 씨앗에게 그토록 호의를 베푸신 셋이자 하나시여!' 하는 경배의 말씀이었다.

이어서 카차귀다는 자신이 '운명의 책'에서 단테가 이곳을 방문하리라는 사실을 읽고서 오랫동안 기다렸노라고 말한다. (여기 '운명의 책'이라 한 것은 원문에 '흰 것이든 검은 것이든 결코 변함없는 큰 책'이라고 되어 있는데, 천국에 실제로 어떤 책이 있다는 뜻일 수도 있지만 '하느님 자신'을 이렇게 표현한 것으로 보기도 한다. 천국의 영혼들은 하느님 자신을 보고 그분의 지식을 공유한다.) 그는 자신의 오랜 소망('배고픔')을 만족시킨 단테와 그를 이끌어준 베아트리체('높이 날도록 날개를 입혀준 분')에게 감사를 표한다.

이 조상님은 단테가 의문이 있으면서도 표현하지 않는 것을 꿰뚫어 보고, 또 그렇게 입을 다물고 있는 이유까지도 알고 있다. 즉, 단테는 '하느님('최초이신 분')을 통해서 내 생각이 조상님께로 흘러들고 있겠지.'라고 생각하고 있다는 것이다. 단테는 '하나를 배우면 거기서 다섯, 여섯을 끌어내는 사람'이다. 조상님이 알아챈 단테의 질문은 두 가지, 즉 '나를 영접하는 이 영혼은 누구인가? 그리고 그가 이렇게 기뻐하는 이유는 무엇인가?' 하는 것이다. 조상님은 자신이 이렇게 그를 꿰뚫어 볼 수 있는 이유를 먼저 설명한다. 이곳의 영혼들은 '어떤 이가 생각을 하기도 전에 그 생각이 드러나는 거울'(하느님의 마음)을 보고 있어서다.

하지만 조상님은 단테가 제 뜻과 원하는 바를 분명하게 말로 표현하기를 명하신다. 그럼으로써 자신이 지키고 있는 성스러운 사랑을 채워 달라고. 아마도 후손의 목소리를 직접 듣고 싶다는 뜻이겠다. 단테는 시선으로 베아트리체의 허락을 구한다. 그녀의 미소는 단테의 의지에 '날개'를 키워준다. 지금 나타난 카차귀다는 단테 집안에 '알리기에리'라는 성을 물려주신 분이다. 이 단어는 '날개(ala)를 지닌(gerere)'이란 뜻으로 풀 수 있다. 그래서 이 부근에 날개에 대한 언급이 많은 것이다. 지금 단테는 '제대로 날고 있는 이카로스'이고, 베아트리체는 '제대로 지도하는 다이달로스'다.

카차귀다가 자기 생애를 소개하며 피렌체의 옛 생활방식을 칭찬하다

이제 단테가 질문을 시작한다. 요지는 '당신은 누구입니까?'지만, 서론이 좀 길다. 자신의 표현력이 자기 의지를 따라가지 못해 충분한 감사를 표하지 못한다는 내용인데, 현대 독자가 따라가기 좀 어렵다. '최초의 동등함'(삼위일체 하느님)이 이곳 영혼들에게 나타나자마자(즉 천국에 도착하자마자), 그 영혼들의 사랑과 지성은 그들 속에서 같은 무게가 된다. 그들에게 빛과 열기를 주시는 하느님은 더할 수 없이 평등하게 그것을 나눠주시기 때문이다. 반면에 필멸의 인간들의 의지와 논리(표현 수단)는 '날개의 깃털'이 서로 다르다. 단테 자신도 그런 불균등함에 잡혀 있어서 조상님의 환대에 그저 마음으로 감사드릴 뿐이다. 그러니까 단테의 좌우 날개가 균형이 맞지 않는다는 것이다. 애정, 감성, 의지를 나타내는 왼쪽 날개는 충분하지만, 지성과 논리를 나타내는 오른쪽 날개는 아직 충분히 성장하지 못한 것이다. 앞에 〈연옥편〉 끝부분에 말한 것처럼 단테는 지옥과 연옥에서 의지를 교정하고 완성했으며, 지금 천국을 통과하면서 지성을 교정하고 완성해가는 중이다.

이런 꽤 긴 변명 끝에 마침내 본래의 질문이 나온다. '당신의 이름을 가르쳐 주십시오.' 그러면서 상대를 '이 보물을 빛내는 살아 있는 토파즈'라고 부른다. 〈천국편〉에는 여러 보석이 등장한다. 그 보석마다 의미가 부여되어 있어서, 모든 것 하나하나를 정리하고 저마다 의미를 부여하던 중세적 사고를 보여준다. (논의가 너무 복잡해질 테니 보석의 의미들은 따지지 말기로 하자.)

조상님께서는 자신이 단테라는 잎사귀가 발원한 뿌리라고 답한다. 그의 가문 이름도 자기에게서 생겨났다고. 그리고 단테의 증조부인 자기 아들은 연옥산의 첫째 둘레를 백 년 넘게 돌고 있다고. 단테는 기도('너의 할 일')로써 그를 도와야 한다고.

이렇게 일단 단테의 궁금증을 만족시킨 후, 카차귀다는 자신이 살던 옛 피렌체의 소박한 고귀함을 그려 보인다. 그때는 피렌체의 성이 더 작았으므로, '지금도 제3시와 제9시를 알리는 소리가 들리는' 곳이라고 표현했다. 〈지옥편〉 끝부분에서 얘기했지만 옛날에는 낮 시간을 열두 조각으로 나눴다. 해 뜨는 순간과 해 지는 순간이 양 끝이고, 해가 정남쪽에 있는 때가 중간이니, 그 시간들은 하늘을 보면 알 수 있을 것이고, 오전의 중간인 제3시와 오후의 중간인 제9시에 종을 치면 낮 시간이 크게 네 조각으로 나뉘는 셈이다.

이 조상님에 따르면 그 시절엔 평화와 검소함, 정숙함이 있었다. 사람들이 몸치장을 요란하게 하지도 않았고, 딸을 결혼시킬 때도 그 나이나 지참금이 적정한 정도를 크게 벗어나지 않았단다. (이카로스가 너무 높지도 너무 낮지도 않게 중간으로 날아가야 했던 것과 유사하다.) 그때는 가족을 결여한 집(가족이 떠난 집, 또는 너무 넓은 집)도 없었다. 앗쉬리아 왕 사르다나팔루스(기원전 7세기)처럼 밀실에서 은밀한 짓(지나친 사치나 음란)을 하는 이도 없었다. 그때는 아직 피렌체의 화려함이 로마의 화려함을 능가하지도 않았다. 유력 가문의 가장도 소박하게 꾸미고, 여성들도 화장이나 의복에 신경 쓰기보다는 실잣기에 힘썼다. 그녀들은 자기가 가족묘에 묻힐 것을 확신하고 있었고, 남자들이 프랑스로 떠나서 버림받는 일도 없었다. 여자들은 요람을 돌보고 엄마 아빠는 아기들이 말을 배울 수 있게 얼렀다. 여인들은 실을 뽑으며 자기 도시의 근원(트로이아, 피에솔레, 로마)에 대해 서로 들려주었다. 요즘에 훌륭한 남녀(킨킨나투스나 코르넬리아)에 대해 얘기하면 모두 놀라는 것과 대조되게 그 당시엔 **못된** 남녀에 대한 얘기를 들으면 모두 놀랐다.

그렇던 시대에 그런 시민들 가운데 자신이 태어났단다. 그리고 단테 시대에도 있던 세례당에서 세례를 받아 기독교인이 되면서 동시에 '카차귀다'라는 이름을 받았다는 것이다. (이분의 성은 이 발언의 맨 앞에, 개인 이름은 뒤쪽에 배치되어 있다.) 이어서 자기 형제들 이름과 아내 이름을 댄다. 그녀의 고향에서 단테 집안의 성이 유래했다고.

카차귀다의 자기소개 마지막은 그가 이 천국 층에 배치된 이유를 보여준다. 그는 콘라트 황제(콘라트 3세)에게 발탁되어 그와 함께 십자군 전쟁에 나섰다가 전사한 것이다. 여기서 예루살렘 성지는 '의당 너희 것이어야 하는데 목자(교황)들이 잘못해서 그쪽 백성이 빼앗아간 정의로운 권리'라고 표현되었다. 그리고 여기서 이슬람교도는 '저급한 민족(gente turpa)'이라고 표현되었는데, 학자들은 일부다처제 때문에 이런 것이라고 본다. 또 카차귀다 자신의 순교는 '그것을 사랑해서 많은 영혼이 타락하는 그 거짓된 세상'에서 풀려나서 평화를 향해 온 것으로 표현했다.

제16곡
화성천-카차귀다의 과거 회상

이제 단테가 조상님께 화답할 차례인데, 시인은 우선 자신이 이승에서 혈통을 자랑삼는 사람들을 아주 이상히 여기지 않게 되었다고 토로한다. 자신이 천국('입맛이 뒤틀리지 않는 곳')에서 자신의 혈통에 긍지를 느꼈기 때문이다. 이승은 우리의 애정이 약해지는 곳이고, 저마다 자기 핏줄이 고귀하다 말한다. 그렇지만 시인은 다시 인간의 자랑이 시간이 가면 스러진다는 것을 경고한다. '시간이 가위를 들고 돌면서 영광의 망토를 잘라내고' 있다는 것이다.

단테는 자랑스러운 조상님을 향해 존칭(voi, 존경을 나타내는 2인칭 복수)을 사용하기 시작한다. 그러자 조금 떨어져 선 베아트리체가 미소를 보내는데, 마치 기니비어가 처음 실수로 빠져들 때 기침했던 여인 같았단다. (《아서 왕 이야기》에서 기니비어가 랜슬롯에게 처음 사랑의 말을 건넬 때, 동행했던 맬러홋 부인이 기침으로 자신의 존재를 상기시켰다 한다.) 천국에서 모든 영혼은 평등한데 단테가 자기 조상이라고 존대법을 썼기 때문이다. 그동안 자주 본 '형제여!'에 해당하는 온화한 비판이다. '그러한 자긍심마저도 헛된 것입니다!'라고.

옛 피렌체의 상황과 뛰어난 인물들

하지만 단테는 베아트리체의 경고를 슬쩍 무시하고 존칭을 세 번이나 잇달아 사용하며 자신의 기쁨을 표현한다. 당신 덕분에 내가 더 높아지고 더 자신 있게 발언하게 되었다고. 그는 자신을 일종의 수도관에 비유한다. 여러 흐름이 자기 속으로 밀려들어서, 터지지 않으려면 기쁨을 표출하는 수밖에 없다고. (수도관 직유는 이미 《변신 이야기》에도 나오기 때문에 단테도 그에 익숙하다.) 그러면서 다시 자세한 질문을 던진다. 카차귀다의 조상은 누구고, 그의 어린 시절은 어떠했는지, 그 당시 피렌체('성 요한의 양 우리')는 어느 정도 크기였는지, 당시에 높은 자리에 오를 만했던 인물은 누구였는지 등.

그러자 카차귀다는 숯불이 바람에 더욱 타오르듯, 광채도 더 아름답고 목소리도 더 감미롭게 되어 답한다. 단테 시대에 쓰던 것보다 옛날 말투다.

우선 자신이 태어난 시기에 대한 좀 더 자세한 설명이다. 그의 어머니는 지금은 성스럽게 천국에 계시는데, 그분이 자신을 낳은 때는 수태고지(가브리엘 천사가 '아베'라고 말한 날)로부터 화성('이 불타는 행성')이 580번 사자자리로 돌아왔을 때였단다. 화성의 공전주기는 약 687일이므로 카차귀다가 태어난 해는 서기 1091년이 된다(687×580÷365=1091). 여기서 특별히 사자자리를 언급한 것도 카차귀다가 전사이기 때문이다. 그가 태어난 집은 조상 대대로 살던 곳으로 피렌체 동쪽 구역의 첫 부분이었다. (축제 때 도시의 서쪽에서 출발한 경주자가 '마지막 6구역 중에서 처음 도착하는 부분'이라고 표현했다.) 하지만 자기 조상이 어떠했고 어디서 왔는지는 말하지 않고 그냥 지나가는 게 좋다고 한다. 몰락하여 한미한 집안 출신이란 뜻일 수도 있지만, 가문을 자랑삼는 것은 천국에 어울리지 않아서가 더 큰 이유겠다.

　이제 카차귀다는 범위를 넓혀서 당시 피렌체 상황을 설명하기 시작한다. 많은 지명과 인명이 나오지만 현대인은 따라가기 어려우니 고유명사를 빼고 간추리면 이렇다. 그 당시 피렌체의 남자 성인('무기를 지니고 다닐 수 있는 자') 인구는 단테 시대의 5분의 1 정도였다. (피렌체의 남북 경계선을 베키오 다리 곁의 마르스상과 세례자 요한의 세례당으로 표현했다.) 지금은 주변 여러 지역 출신이 섞여 있지만, 당시에는 하급 일꾼까지 모두 순수 피렌체 출신이었다. 카차귀다는 여기서, 주변 지역과 경계를 분명히 하고 인구 유입을 막는 게 저들의 악행을 시내로 받아들여 견디는 것보다 낫다는 '이주민 반대 정책'을 제안한다. 그러면서 지금이라도 성직자들('세상에서 가장 빗나간 자들')이 신성로마제국 황제를 향해 계모 노릇을 그치고 너그러운 어머니처럼 대하면, 피렌체로 들어와 여러 사업을 벌이고 있는 타 지역 출신은 천한 제 고장으로 돌아갈 것이라 한다. 그러면서 지금은 떠나버린 여러 가문 이름을 대며, 진작 그랬더라면 그 집안들이 제자리에 그냥 있었을 거라고 한탄하다.

　이런 탄식의 마지막은 좀 일반적인 교훈이다. 사람들이 뒤섞인 게 이 도시의 불행의 근원이라고. 이는 몸에 지나친 음식 같다고. 똑같이 눈이 멀었다면 양보다는 황소가 먼저 쓰러진다고. 한 자루의 칼이 다섯 자루보다 더 잘 베는 경우노 있다고. 그러고는 지금은 사라져버린 도시들의 이름을 댄다. 이렇게 도시들도 없어지니 한 집안 혈통이 끊어지는 건 대단치도 않다는 것이다. (앞에 순례자 단테가 가문에 대한 자부심을 표현한 것은 이렇게 간접적인 비판을 당하기 위해서였다.) 이제 다시 일반적 교훈으로 돌아간다. 세상 모든 것에는 죽음이 있다. 좀 오래가는 것이라 하더라도, 우리 인생이 짧기 때문에 그 죽음이 보이지 않는 것뿐

천국편 | 제16곡

이다. 달의 운행에 따라 밀물 썰물이 생기듯, 피렌체의 운명도 그러하다.

카차귀다는 그러니 한때 유명했던 피렌체 인물이 있었다는 걸 밝혀도 이상하지 않을 것이라며, 다시 우리가 따라가기 어려운 여러 인물의 이름을 댄다. 자신이 누구누구도 보았다는 것이다. 이제는 몰락해버린 탁월한 시민과 그들의 집안이 현재는 새로운 악당들이 차지한 지역에 살았다고. (이 부근에는 '이미(già)'라는 단어를 반복적으로 사용해서, 가버린 세월을 강조하고 있다.) 여러 가문이 몰락한 원인(오만, 약자 무시, 강자 숭배 등)을 중간중간 적시하고, 더러는 이름 대신 각 가문의 문장을 이용하여 표현하기도 한다.

마지막엔 이탈리아가 분열로 빠져든 계기가 된 가문과 무산된 결혼에 대해 한탄한다. 차라리 그 집안이 피렌체로 이주하지 않았더라면, 남의 말을 듣고 파혼하지 않았더라면, 파혼에 대해 '정당한 앙갚음'도 없었더라면, 그랬더라면 지금 슬퍼하는 많은 사람이 행복했을 것이라고. 《〈지옥편〉 28곡에서 잠깐 설명했지만, 교황파와 황제파가 나뉜 계기는 파혼 사건이었다. 부온델몬티 가문이 피렌체로 이주해서 자리 잡았고, 그 집안의 부온델몬테가 아미데이 집안 딸과 결혼하기로 했다. 하지만 구알드라다 도나티의 충고에 따라 파혼했고, 여자 집안에서는 분노하여—분열 지옥에서 벌받고 있는—모스카의 주장대로 부온델몬테를 살해했다.》 하지만 피렌체는 마지막 평화를 누리던 시기에 베키오 다리를 지키는 '부서진 돌'(일부만 남은 마르스 신상)에 희생 제물을 바치고 말았다.

하지만 카차귀다는 그 사건이 일어나기 전에 세상을 떠났기 때문에 사실 눈물 흘릴 이유가 없었단다. 자기가 살던 시기에는 사람들이 올바르고 명예로웠으며, 그때는 백합이 뒤집힌 채 깃대에 매이지도 않았으며, 분열 때문에 피로 붉게 물들지도 않았었다고. '뒤집힌 백합'이란 표현은 1266년 교황파의 승리 이전에는 붉은 바탕에 흰 백합이 피렌체의 상징이었는데, 그 이후 흰 바탕에 붉은 백합으로 바뀌었단 뜻이다.

제17곡

화성천-카차귀다가 단테의 미래를 예언함

단테가 자신의 미래에 대해 묻다

이러한 말씀을 듣는 동안 단테에게는 또 다시 묻고 싶은 게 생긴다. 하지만 약간 주저하고 있다. 그러한 자신의 입장을 그는 '거슬리게 들은 것을 확인하고자 클뤼메네에게 갔던 자'에 비긴다. 이는 《변신 이야기》에 나온 일화로, 파에톤이 친구인 에파포스의 의심 담긴 말을 듣고 자기 친아버지가 누구인지 어머니(클뤼메네)에게 물은 것을 가리킨다. 어머니는 그가 태양신의 아들이라고 확언하지만, 파에톤은 제가 들은 것을 직접 확인하고자 태양신을 찾아간다. 그가 조금 멀리서 주저하고 있는데, 태양신이 먼저 그를 불러 혈통을 확인해준다. 거기서 그쳤으면 좋으련만, 태양신은 아들에게 무엇이건 원하는 대로 청하라고, 뭐든지 들어주겠노라고 맹세한다. 그래서 단테도 여기서 '그 때문에 지금도 아비들이 자식에게 인색하게 되었다.'라는 말을 덧붙였다. 파에톤이 태양 마차를 몰아보겠노라고 청해서, 결국 온 세상에 불이 나고 파에톤은 제우스의 벼락에 죽었기 때문이다. (시인 단테는 파에톤 이야기를 여러 곳에서 이용했는데, 흥미롭게도 뒤에서부터 점차 앞으로 가면서 이야기 조각이 조금씩 나왔다. 〈지옥편〉에서는 게뤼온 장면에 파에톤이 마차를 몰면서 느끼던 공포심이 인용되었고, 〈연옥편〉에서는 태양이 움직이는 길을 파에톤이 잘 따라가지 못했다고, 또 파에톤의 마차도 그리핀의 마차만은 못했다고 했었다. 지금 여기서는 파에톤이 자기 아버지를 찾아간 장면, 이에 앞서 자기 어머니에게 질문한 장면을 보여준다. 단테가 자신의 근원을 찾아가듯 '잘못된 단테'에 해당하는 파에톤도 이야기의 근원을 향해 나아간다.)

그러니 여기 파에톤 얘기를 끼워 넣은 것은, 단테가 지금 태양신 앞의 파에톤처럼 주저하고 있다는 뜻도 되지만, 다른 한편 그가 더 알고 싶어 하는 것에는 어느 정도의 위험이 포함되어 있다는 뜻도 되겠다. 한데 단테가 약간 주저하는 것을 조상님('조금 전에 단테를 위해 위치를 옮긴 거룩한 등불')도, 베아트리체도 눈치 채고 있다. 베아트리체는 단테를 격려한다. 내부의 불꽃을 드러내라고, 안에 있는 '도장 자국(interna stampa)'이 밖으로 드러나게 하라고. 물론 지금 곁에 있는 두 분은 단테의 속생각을 다 알고 있으니, 그가 말로 표현한다고 해서 그들의 지식이 더 늘어날 건 없다. 그저 단테가 자기 갈증을 밖으로 표현하는 데 익숙해져서 앞으로도 '물을 잘 얻어 마실' 수 있게 하자는 의도다.

단테는 우선 조상님이 자기 생각을 다 들여다보고 있다는 걸 인정한다. 그분은 '모든 시간이 현재화되어 있는 곳'(하느님)을 보고 있어서, 그 지식이 확실한 것은 마치 지상의 사람들이 삼각형에는 두 개의 둔각이 포함될 수 없음을 아는 것과 같다고. 그래서 조상님은 이 세상에 일어나는 우연적인 일들은 그게 완성되기도 전에 아실 거라고. 그러고는 자신이 여기까지 오는 길에 불길한 예언을 들은 바 있다고 밝힌다. (〈지옥편〉 15곡, 불비 내리는 모래밭에서 브루네토 라티니가 불길한 미래를 암시했었다.) 하지만 그래도 자기는 운명의 타격 앞에 반듯함을 잃지 않겠노라고. 그러니 어떤 운명이 기다리는지 얘기해 달라고, '미리 본 화살은 천천히 날아오기' 때문이라고.

단테가 추방될 것을 듣다

카차귀다가 빛 속에 숨은 채, 그러나 사랑 담긴 자신만의 웃음으로 빛나며 답한다. 그분의 말씀은 분명하고 또렷하여, 기독교 시대 이전('죄를 없애주시는 하느님의 어린양이 죽음당하기 전')에 어리석은 자들이 빠졌던('끈끈이에 붙었던') 모호한 말('언어의 미로')과 같지 않았다. 즉 신탁처럼 여러 해석이 가능한, 불분명한 게 아니었단 뜻이다.

이승의 일들은 '물질이라는 작은 책'을 벗어날 수 없는 우연적인 것인데, 그것은 영원한 시선(하느님의 눈길) 앞에 고스란히 드러나 있다. 그렇다고 해서 그게 필연이 되는 건 아니다. 이는 마치 물 흐름을 따라 내려가는 배를 누가 높은 데서 보고 어디로 갈지 미리 안다 해서 그 배가 그 관찰자의 조종을 받는 건 아닌 것과 마찬가지다. 즉 어떤 일이 일어날지 누가 미리 아는 것과, 그 일이 행위자의 선택의 여지 없이도 꼭 그렇게만 일어나야 한다는 건 다르다는 말이다.

카차귀다는 우선 지금 전하려는 지식이 자신의 것이 아님을 밝힌다. 그것은 오르간 음악처럼 달콤한 가락이 그 근원(하느님)으로부터 자기 귀로 다가오기 때문이다.(단테는 중세의 '얼리어댑터'다. 시계, 나침반, 오르간 등 여러 새로운 발명품을 적극적으로 활용하고 있다.) 조상님이 전해주는 단테의 미래사 중 첫 번째 것이 가장 뼈아프다. '너는 피렌체를 떠나야 한다.' 그는 곧 추방자가 될 것이다. 카차귀다는 단테의 추방을 힙폴뤼토스가 아테나이에서 쫓겨난 것에 비긴다. 그를 쫓아낸 자는 '냉정하고 신의 없는 계모'다. 이는 테세우스의 아내 파이드라가 전실 자식인 힙폴뤼토스를 유혹하려다가 거부당하고 자살하면서 그를 모함하는 편지를 남긴 탓에 결국 힙폴뤼토스가 고국에서 쫓겨난 사건을 가리킨다. 단테의 고향 피렌체도 마치 계모인 양 그를 쫓아낼 것이다.

이 사악한 계획을 세우고 결정한 곳은 교황청('그리스도가 매일 거래되는 곳')이다. 보니파키우스 8세가 그 주도자다. 한데 그런 일을 당하고도 오히려 피해자가 더 비난을 받게 될 것이다. (이 부분에 '으레 그러하듯come suol'이란 말이 붙어 있어서 서글프다. 피해자가 잘못한 거라고 덮어씌우는 관행은 오래고 잘 변치 않는다.) 하지만 곧 그것을 갚아주는 복수가 어느 쪽이 진실한지 증언하게 될 것이다. (대개 보니파키우스의 죽음을 가리키는 구절로 본다.)

망명의 가장 쓰라린 점은 바로 자기가 사랑하는 모든 것을 저버려야 한다는 점이다. 앞으로 단테는 남이 주는 빵이 얼마나 짠지 알게 될 것이다. 남의 집 계단을 내리고 오르는 일이 얼마나 힘든지 체험할 것이다. (원문에 '내려가고 올라가는 게'라고 되어 있다. 어떤 학자는 '이제 집으로 돌아가나 보다.' 하고 그동안 의탁했던 집을 떠나지만, 희망이 무산되어 다시 그 집으로 돌아가는 심정을 이렇게 표현한 걸로 보기도 한다.) 무엇보다 단테를 힘들게 할 일은 그와 함께 추방되는 같은 파당이 사악하고 어리석다는 점이다. 그들은 광기와 포악함으로 단테와 맞서게 될 것이다. 그러니 단테는 자신만의 당파를 따로 만드는 게 나을 것이다. (대개 혼자만의 '1인 당파'를 암시하는 것으로 해석된다.)

단테를 도와줄 사람들과 작품 《신곡》이 받을 대접

카차귀다는 여기까지 좀 일반적으로 얘기했지만, 이제 좀 더 구체적으로 단테를 후원할 가문을 소개한다. '사다리 위에 신성한 새'를 갖고 있는 롬바르디아 가문(베로나의 델라 스칼라 가문)에 속한 이가 그에게 호의를 베풀 것이다. 남들은 요청을 받고도 한참 뒤에야 응하지만, 그 사람은 단테가 요구하기도 전에 먼저 도움을 베풀 것이다.

게다가 그 집안에서 다른 뛰어난 인물이 생겨나 단테를 도울 것이다.(처음 도움을 준 바르톨로메오 델라 스칼라의 동생 칸그란데라는 게 거의 확실하다. 〈지옥편〉 제1곡에서 악행을 없앨 '사냥개'로 추정된 인물이다. 그는 화성('이 힘센 별')의 영향을 받아 두드러진 업적을 남길 것이다. 아직은 그가 태어난 지 아홉 해밖에 되지 않아서 사람들에게 알려지지 않은 상태다. (칸그란데는 1291년생으로 단테가 천국을 여행한 1300년에 만 아홉 살이었다.) 하지만 곧 그는 육체적 수고와 금전적 희생을 가볍게 여기고 덕성으로 눈부시게 빛날 것이다. 그 인물의 존엄함은 널리 알려져서 적들도 인정하게 될 것이다. 그에 의해 부자와 빈자의 처지가 바뀔 것이다.

여기서 새 인물이 빛나게 될 시한을 표시할 때 '가스코뉴 사람이 높은 하인리히를 속이기 전'이란 표현을 썼다. 프랑스 출신의 교황 클레멘스 5세가 하인리히 7세를 회유하여 이탈리아로 오게 한 다음, 그를 배신한 사건(1312년) 이전이란 말이다. 칸그란데는 1312년에 베로나 영주가 되었다. 지금 이 구절이 그 이후에 쓰인 것임을 알 수 있다.

그러면서 조상님은 지금 들은 것을 마음에만 간직하고 발설하지 말라고 이른다. 아마도 사람들이 왜 진작 그 얘기를 안 했느냐고 항의할까 봐 넣은 구절이겠다. 그러고는 일종의 '주석'을 덧붙인다. 지금 말하는 것들은 몇 년 뒤에 숨어 있는 함정이라고. 그러니 이웃을 질투할 필요 없다고. 단테는 저들의 배신행위가 징벌되는 것보다 더 오래 살 것이라고. 단테는 보니파키우스 8세(1303년 별세)보다, 그리고 클레멘스 5세

(1314년 별세)보다 더 오래도록 살아남았다. 또한 두 교황에게 지옥이 배정된 것과는 달리 단테에겐 천국이 예정되어 있다. 어떤 학자는 《변신 이야기》 마지막 구절을 상기하기도 한다. '나는 살아남으리라(vivam)'라는, 한 단어로 된 묵직한 선언이다.

조상님이 말씀을 마치자, 단테는 의혹에 빠진 사람처럼 조금 더 조언해주시기를 청한다. 상대가 올바른 것을 볼 뿐 아니라 단테를 사랑하는 분이기 때문이다. 세월이 타격을 입히기 위해 자신을 향해 질주하고 있는데, 부주의하면 더욱 심각한 해를 입으니 미리 '무장시켜' 달라고. 설사 내 사랑하는 고향은 빼앗기더라도 다른 것(아마도 명예)은 나의 시를 통해 잃지 않으리라고. (오비디우스의 영향을 받은 게 거의 확실한 구절이다. 《변신 이야기》의 마지막, 방금 말한 '나는 살아남으리라' 앞에, 자신의 영원한 명성과 영혼의 불멸에 대한 구절들이 꽤 길게 펼쳐져 있다.)

단테가 지닌 의혹은, 혹시 자신이 쓰려는 작품이 사람들의 눈 밖에 나면 어쩔까 하는 것이다. 그가 지옥에 내려가고, 연옥산을 오르고, 천국을 지나며 깨달은 것을 전하면 사람들은 그것을 쓰게 느낄 것이다. 그렇다고 자기가 겁먹고 진실을 포기하면 후대 사람들 사이에서 생명력을 잃을 것이다.

이 말을 듣고 조상님이 미소 지어 그 빛이 더욱 휘황해진다. 햇살 받은 황금 거울 같다. (이제부터 하느님의 뜻을 받아 '반사'한다는 의미나.) 그분의 답은 이렇다. 자신에 대한, 또는 타인에 대한 부끄러움 때문에 흐려진 양심이라면 이 작품을 읽고서 쓰라리게 느낄 것이다. 그렇지만 단테는 여기서 본 것을 모두 거짓 없이 밝혀야 한다. '긁을' 필요가 있는 사람은 그냥 긁도록 하라. 처음에는 맛이 거슬리겠지만 소화되면 생명을 주는 양분이 될 것이다. 《요한계시록》(10장)의 유명한 구절을 뒤집은 말이고, 《철학의 위안》 초반(3권)에 나오는 말이다.) 단테의 작품은 높은 꼭대기를 더욱 혹독하게 때리는 바람과 같다. 단테에게 공격을 받으면 그것은 오히려 명예로운 일이다. 그동안 단테가 지옥, 연옥, 그리고 천국에서도 명성 높은 영혼과만 마주친 것은, 사람들은 자신이 잘 모르는 예는 잘 받아들이지 않기 때문이다.

이 마지막 부분은 《신곡》의 내용에 반발할 사람들은 주로 이 책에 그려진 유력자의 가족이겠기에 덧붙은 듯하다. 시인 단테는 그들의 방해로 혹시 자기 작품이 묻히게 되지나 않을까 염려한 모양이다. 조상님은 여기 언급된 것만으로도 영광인 줄 알라고 반박하는 참이다.

제18곡

화성천-뛰어난 전사들, 목성천 진입

이제 조상님('축복받은 거울')은 혼자 생각에 잠기고, 단테 역시 방금 들은 좋은 말('단 것')로 미래의 불행에 대한 예언('신 것')을 늦이고 있다. 베아트리체가 단테를 위로한다. '상처를 가볍게 해주시는 분' 곁에 자기가 있다는 걸 생각하라고. 그 말을 들은 단테가 베아트리체에게로 눈을 돌리자, 그 눈 속에 나타난 사랑에 표현력도 기억력도 모두 사라질 지경이다. 그저 말할 수 있는 것은, 그녀를 볼 때 그의 감성이 모든 욕구로부디 자유롭게 되었다는 것, 그리고 그녀의 얼굴에 '영원한 즐거움'이 반사되어 '2차적으로' 자신을 가득 채웠다는 것뿐이다.

하지만 베아트리체는 단테에게 다른 것도 보라고 충고한다. 천국은 자기 눈 속에만 있는 게 아니라고. 단테가 다시 조상님께로 눈길을 돌리자, 우리가 사랑에 사로잡히면 그 감정이 얼굴에 드러나듯, 광채 속에 빛으로 묻힌 그에게서도 뭔가 더 말하고자 하는 욕구가 비쳐난다.

카차귀다가 화성의 영혼들을 소개하다

조상님은 자기 곁의 영혼들을 소개하기 시작한다. 우선 자신이 속한 이 다섯째 하늘을 '꼭대기로부터 살고 언제나 열매 맺으며 잎이 지지 않는 나무의 다섯째 자리'라고 표현한다. '꼭대기로부터'라는 말은 '뿌리를 맨 바깥 하늘에 두고 거꾸로 자라는'이란 뜻으로 보는 학자도 있고, '꼭대기(정화천)로부터 양분을 공급받는'이란 뜻으로 보는 이도 있다. 앞의 뜻이라면 식탐 연옥의 나무, 그리고 그리핀이 수레를 묶었던 나무와도 비슷하다. 어쨌든 이곳에는 지상에다 '모든 무사 여신을 살찌울 정도로' 명성을 남긴 존재들이 있단다. 찬양의 시를 끝도 없이 받을 정도로 명성이 높았단 뜻이겠다.

그러면서 앞에 있는 십자가의 팔을 보라 명한다. 자기가 지명하는 영혼이 구름 속의 재빠른 불(번개)처럼 움직일 거라고. 그러고는 여호수아의 이름을 부른다. 그러자 빛 하나가 십자가를 가로지르는데, 어찌나 빠른지 호명이 먼저인지 움직임이 먼저인지 알기 어려울 정도다. 이어서 마카베오를 부르자, 다른 빛이 빙빙 돈다. 마치 즐거움의 채찍에 맞은 팽이 같다. 이 둘은 구약성서의 인물들이다. 여호수아는 모세의 뒤를 이어 이스라엘 백성을 가나안 땅으로 인도하고, 그 지역을 평정하였다. 마카베오는—〈지옥편〉 33곡에서 설명했듯, 개신교에서는 성스러운 문서로 인정하지 않는—'외경' 〈마카베오상〉에 나오는 인물로, 기원전 2세기 시리아 왕 안티오쿠스 4세에 맞서 유대 민족을 수호한 전사다.

다음으로 중세 초기의 두 인물이 소개된다. 이슬람의 진격을 막아 유럽을 지킨 샤를마뉴와 롤랑이다. 이어서 중세 무훈시에 나오는 기독교 전사 기욤과 르누아르, 1차 십자군에 참여했던 고드프루아, 그리고 시칠리아에 노르만 왕조를 세우고 사라센의 공격을 막아낸 로베르 귀스카르가 소개된다. (로베르 귀스카르가 치렀던 전투에 대해서는 〈지옥편〉 28곡, 분열 지옥의 참상과 비교하여 한 번 소개된 적 있다.) 그러고는 카차귀다 자신도 다른 빛들과 뒤섞여 너무나도 아름다운 빛의 예술을 보여주신다. 이것이 애정 깊은 조상님의 작별 인사다. 이미 충분한 충고와 축복의 말을 전했으므로, 베르길리우스가 그랬듯 따로 고별사를 덧붙이지 않고 '쿨하게' 떠나가신다.

목성천에 진입하여 빛의 글자와 독수리를 보다

단테가 베아트리체를 향해 몸을—오른쪽으로—돌리자, 그녀는 다시 이전보다 훨씬 더 아름다워져 있다. 이렇게 베아트리체가 더욱 아름답게 보이는 것은 그녀의 기쁨이 더욱 커져서일 수도 있지만 단테의 눈이 더욱 밝아져서라고 해도 된다. 그다음 구절이 그것을 입증한다. 시인 단테는 자신이 그녀의 더 커진 아름다움을 보면서 자신의 회전이 더욱 확장된 것을 느끼는데, 이를 '선을 행하는 사람이 점점 더 많은 기쁨을 느끼며, 자신의 덕행이 나날이 성장하는 걸 느끼는' 것에 비기고 있다.

이어서 단테는 베아트리체의 얼굴빛이 순간적으로 바뀌는 것을 본다. 마치 부끄럼 타던 사람이 얼른 그 부끄럼을 벗어던지고 흰 안색을 되찾을 때 같다. 붉은 화성을 벗어나 온화한 햇성, 희게 빛나는 목성에 도착했기 때문이다.

대개 천국의 다른 층에 도착하면 약간의 준비 과정을 거쳐 그곳 영혼들을 만나게 되는데, 이번에는 따로 준비할 것도 없이 즉각적으로 영혼의 불빛이 들이닥친다. 마치 물가의 새들이 떼 지어 날며 원을 그리거나 다른 모양을 이루듯이, 이 빛들은 노래하며 여러 글자를 만들어 보인다. 우선 D, I, L을 알아볼 수 있다. 이렇게 여러 글자를 보여준 끝에 빛들의 움직임이 멈춘다. 마지막 글자 M의 모양을 여전히 유지한 채로 잠시 그대로 멈춰 서 있다.

시인 단테는 미뤄둔 도입 구절을 이제야 펼쳐 보인다. 무사('페가수스가 만든 샘의 여신')를 불러 도움을 청한다. 자기가 목성천에서 본 그 형상을 제대로 표현하게 해달라는 것이다. 단테가 거기서 본 것은 도합 35개의 글자였고, 그 내용은 '정의를 사랑하라, 땅을 다스리는 자들이여(DILIGITE JUSTITIAM QUI JUDICATIS TERRAM)'이다. 빛들은 여전히 마지막에 만들었던 M 자 모양 속에 머물러 있다. 마치 목성은 은으로 되어 있고 거기에 금장식이 덧붙은 것 같다.

그러더니 글자가 변화하기 시작한다. 우선 또 다른 빛의 무리가 M 자의 윗부분으로 내려온다. 이들은 '자신에게로 이들을 이끄시는 좋음'(하느님)을 찬양하고 있다. 이어서 불타는 통나무를 때리면 불티가 흩어지는 것처럼, 이 빛들이 흩어지며 일부는 높이, 일부는 그보다 낮게 올라간다. 각각의 빛은 그들을 '불붙이시는 태양'(하느님)이 정하신 대로 조금씩 다르다. 움직임이 멈췄을 때 단테는 또렷하게 그려진 독수리의 목과 머리를 본다. 시인 단테는 여기서 그런 예술품을 만드신 분을 찬양한다. 그런 그림을 그린 분은 하느님('스스로 인도자가 되시는 분')이라고. 우리는 여러 하늘('둥지')을 거쳐 흘러오는 형상력이 그분께 있음을 알 수 있다고.

그런 다음, 이전에 있던 M 자가 백합 형상을 거쳐 독수리 날개로 변화한다. (원문에 '백합꽃이 된 것에 만족한 듯 보이던'이라고 되어 있다. 아마도 M 자가 어떤 식으로 변한 듯한데, 그냥 M 자 자체를 백합이라고 해석했을 수도 있다. 이 백합은 대개 피렌체를 상징하는 것으로 보는데, 프랑스를 나타내는 것일 수도 있다. 개개의 문장(紋章) 아래 통치했던 왕들이지만, 결국—약하게나마 하느님 나라를 지상에 이루려 했던—제국의 대의를 위해 하나가 되었다는 뜻이겠다.)

정의의 분노를 청하는 단테의 기원과 탄식

단테는 지금 지혜를 상징하는 태양천, 용기를 상징하는 화성천을 거쳐, 정의를 상징하는 목성에 와 있다. 이제 목성에 걸맞은 기원이 나올 차례다.

시인 단테는 우선 목성을 찬양한다. 인간 세상의 정의는 목성이 장식하는 하늘(목성천)이 이뤄낸 것(effetto)임을 많은 '보석'들이 보여주었다는 것이다. 이어서 '목성의 움직임과 권능이 시작되는 정신'(하느님)께 기원한다. 목성의 빛을 흐리는 '연기'가 나오는 곳을 주목하시라고. 기적과 순교에 의해 세워진 성전 안에서 거래가 이뤄지는 것에 다시 한 번 분노해달라고. (예수께서 성전에서 장사하는 자들을 쫓아내신 일이 있기 때문에 '다시 한 번'이라 한 것이다.)

이어서 단테 자신이 그때 눈앞에 보고 있던 목성의 영혼들('하늘 군대')에게도 기원한다. 지상에서 사악한 모범을 따라 길 잃은 자들을 위해 기도해달라고. 옛날 사람들은 칼로(정당한 방법으로) 싸웠으나, 지금은 적들을 교회에서 축출하는 방식(파문)으로 싸운다고. 여기서 '파문'을 '아버지께서 누구에게도 거부하지 않던 빵을 빼앗는' 것으로 표현했다. 파문당한 사람은 성찬식(영성체)에 참여할 수 없기 때문이다. 화성천에서 크게 칭찬받은 칸그란데도 요한 22세에게 파문된 적이 있다.

그러고는 어떤 성직자를 향하여 강한 비판을 퍼붓는다. 그를 '곧 다시 지우기 위해 기록하는 자'라고 부른다. 신자를 파문했다가 금세 돈을 받고 파문을 취소해주었다는 뜻이다. (이 성직자가 요한 22세라는 게 다수설이지만, 보니파키우스 8세라는 주장도 있다. 하지만 단테가 죽기 직전에 〈천국편〉을 완성했다면, 이미 20여 년 전에 죽은 보니파키우스 8세보다는 당대의 교황 요한 22세가 공격 대상이라고 보는 게 낫겠다.) 단테는 그 성직자가 '포도밭을 망치고' 있다고 비난한다. 그 포도밭은 베드로와 사도 바울이 순교로써 이룬 것이다. 사실 그 두 분은 여전히 '살아계시다.' 그러면서 시인 단테는 그 성직자가 응수할 말까지 예상하고 있다. 아마 '나의 굳건한 소망은 오로지 세례자 요한뿐이다. 나는 어부나 사도 바울은 모른다.'라고 할 거라고. 여기서 세례자 요한은—〈지옥편〉 30곡 위조자들의 구렁에서 말했듯이—피렌체 금화에 새겨진 문양이고, 따라서 '돈'을 상징한다. 교황이 돈만 밝히고, '사람을 낚는 어부' 베드로나 사도 바울은 안중에도 없다는 뜻이다.

이 부분에서 세례자 요한은 '혼자 살기를 원했고, 춤 때문에 순교로 끌려간 사람'이라고 표현되었다. 그분은 광야에서 혼자 지냈었고, 헤롯왕이 자기 동생의 아내를 취한 것을 비판했다가 체포되었는데, 헤롯왕의 새 아내의 딸 살로메가 멋진 춤을 춘 것에 대한 상으로 세례자의 목을 원해서 죽게 되었다.

제19곡

목성천-구원의 문제, 현실 통치자 비판

시인 단테는 다시 자기 앞에 있던 그 빛의 독수리에게로 방향을 돌린다. 독수리는 날개를 펼친 채 앞에 있다. 그것을 구성하는 빛들은 루비와 같다. 그런데 그 독수리가 말하기 시작한다. 너무도 놀라운 일이어서, 시인 단테는 이런 일은 그 어떤 목소리도 전한 적 없으며, 그 누구도 잉크로 적은 적 없다고, 그 어떤 환상도 이런 걸 본 적 없다고 단언한다. 독수리의 어법은 좀 특이하다. 여럿이 모였으니 '우리'라는 말을 써야 하는데, 마치 한 덩어리인 것처럼 '나'라는 표현을 사용한다. 천국에서는 공동의 것을 제 것처럼 생각한다는 뜻이겠다.

독수리를 이루는 영혼들은 일인칭 단수로 자신을 소개한다. 자기는 정의롭고 의무에 충실(pio)했기 때문에 이곳에서 찬양받고 있는데, 그 영광은 어떤—인간적 또는 세속적—욕망도 이길 수 없을 정도라고. 또한 자기가 기억을 지상에 남겼는데, 사람들이 그걸 칭찬하면서도 따르지는 않는다고. 이런 말을 전하는 독수리의 목소리도 여럿의 합창이 아니라 단일한 음성이다. 시인 단테는 그것을, 숯이 타오를 때 거기 쌓인 숯은 여럿이지만, 밖으로 뿜어져 나오는 열기는 한 덩어리로 느껴지는 것과 비교하고 있다.

정의로운 자가 기독교를 믿지 않았으면 구원받을 수 없는지

여기서 단테는 하느님의 정의와 관련된 간절한 궁금증을 피력한다. 먼저 그 빛의 독수리를 '영원한 즐거움의 영속적인 꽃'이라고 부른다. 그러면서 그들의 '향기'가 자기에게는 단 하나로 보인다고 말한다. 이어 자신이 지상에서 크나큰 '굶주림'에 시달렸노라고, 배고픔을 면케 할 그 어떤 음식도 찾지 못했노라고, 숨결로써 그것을 풀어달라고 청한다. (조금 전 18곡 끝부분에 '하느님의 빵' 비유가 나왔기 때문에 여기서도 그 이미지가 계속 이어지고 있다.) 자신이 이렇게 청하는 이유도 덧붙인다. 하느님의 정의가 하늘의 다른 '왕국들'(천국의 여러 층)을 거울로 만들면(빛을 비추면), 이 하늘도 아무 손실 없이('베일에 가려짐 없이') 그 정의를 포착하기 때문이란다. 지금 이 글에서는 소제목으로 단테의 질문 내용을 적어놓았지만, 그 질문이 직접 단테의 입에서 나오지는 않는다. 이곳 영혼들은 그의 마음속을 꿰뚫어 보고 있기 때문에 말로 표현할 필요도 없는 것이다.

그러자 빛의 독수리는 머리 덮개를 벗은 매가 머리를 흔들고 날개치며 제 뜻을 알리고 아름다움을 뽐내는 것처럼, 꼭 그렇게 행동한다. (《신곡》에는 매사냥 이미지가 자주 쓰였다. 옛 귀족과 상류층은 매사냥에 익숙했기 때문이다.) 여기에 천국 영혼들만이 아는 노래가 어우러진다. 사실 이 독수리는 아예 '하느님의 은총에 대한 찬미로 짜인' 것으로 그려져 있어서, 시각적인 것과 청각적인 것이 혼합된 '공감각적 존재'다.

빛의 독수리는 문제를 확실히 하지 않은 채 답을 주기 시작한다. 독자로서는 얘기가 어디로 가는 것인지 몰라서 어리둥절할 수밖에 없는데, 하느님의 지혜는 인간의 이해력을 넘어선다는 게 요지다. 독수리는 일단 우주가 하느님의 권능을 담기에 작은 그릇임을 선언한다. 우선 그 하느님은 '세상의 테두리에 컴퍼스를 돌리는 분'이다. 그분은 우주 안에 보이는 것과 보이지 않는 것들을 배치하시는데, 그분의 권능을 우주에 새길 때, 그분의 말씀이 무한한 잉여 속에 머물지 않게 할 수가 없었다. (부정어가 겹쳐서 얼른 이해하기 어려운 문장인데, 하느님의 전능을 일종의 '무능'으로 표현한 것이다. 하느님의 능력은 무한해서 유한한 세상에 자국을 남기고도 무한한 만큼 여전히 남았다는 뜻이다.)

이런 사실은 모든 피조물 가운데 최고였던 루시퍼('최초의 오만한 자')가 빛을 기다리지 않아 설익은 채로 추락한 데서도 분명히 드러난다. (루시퍼는 이 세계가 하느님의 전부인 줄 알고 자신이 최고라고 여겼지만, 하느님의 능력은 여전히 무한히 더 남아 있었고, 우리는 그 빛을 계속 받으며 익어가야 하는 것이다.) 그러니 루시퍼보다 못한 모든 피조물('작은 본성')은 '스스로 잣대가 되고 끝도 없으신 그 좋음'(하느님)과 비교하면 아주 작은 그릇이라 할 것이다. (전체적으로 우주-최고의 피조물-보통의 인간으로 논의 범위가 좁혀지는 중이다.)

따라서 우리 인간의 시선이라는 것은 기껏해야, '온 사물을 가득 채우시는 지성'(하느님의 빛)의 한 가닥 빛줄기에 해당하는 것이다. 그래서 본성상 우리 시각은 그분이 드러내 보여주시는 것을 넘어서, 그분의 원천까지 들여다볼 능력이 없다. 이 정도 시력을 가지고서 우리가 영원한 정의를 들여다보아도, 마치 바다를 들여다보는 것과 같다. 해안에 가까운 곳이라면 바닥이 보이기도 하지만, 한바다로 나가면 그럴 수 없다. 바닥이 없는 것은 아니지만 깊어서 시야에서 감추어져 있는 것이다. 전혀 혼란되지 않은 고요한 하늘로부터 온 것이 아니라면, 빛이 아니라 어둠이거나 육신의 그림자, 또는 육체의 독이다.

이렇게 인간 이해력의 한계를 한참 설파한 독수리는 단테가 품고 있는 의문을 분명히 하기 시작한다. 이제 '살아 있는 정의가 숨어 있던 처소가 드러났다. 단테가 거듭 질문했던 그것이다. 즉, 기독교가 전파되지 않은 곳(예를 들면 인더스 강변)에서 선하고 순수하게 살았던 사람이 기독교 신앙 없이 죽었다면, 그 사람에게 벌을 내리는 게 어떻게 정의일 수 있느냐는 물음이다.

이제 독수리는 구약성서 〈욥기〉 마지막에 나오는 하느님의 논변과 비슷한 것을 구사한다. '코 앞 밖에 보지 못하는 주제에, 겨우 의자에 앉아서 천 마일 밖을 내다보려는 너는 대체 누구냐?' 독수리는 혹시 성서가 없었더라면 이런 의문도 있을 수 있겠다고 인정한다. 하지만 성서가 있지 않은가! 독수리는 한탄한다, 땅에 속한 짐승들의 정신이 조잡한 것에 대해. 그러고는 '그 자체로 좋으신 최초의 의지는, 자신과 다르지 않은 최고의 좋음'으로부터 떠난 적이 없다고 선언한다. 얼른 따라가기 어려운 표현인데, 하느님은 선하시고 그 의지도 언제나 선하여, 결코 부정의할 수 없다는 의미로 보인다.

그러고서 정의가 무엇인지 규정한다. 하느님의 선하신 의지에 화합하는 것이 바로―화합한 정도만큼만―정의란 말이다. 창조된 좋음이 그분('절대적인 좋음')을 잡아당기는 게 아니라, 그분이 빛을 비춰주셔야 우리가 선을 낳을 수 있다는 것이다.

여기서 독수리는 둥지 위에 떠서 돌고 있는 어미 황새에 비유되고, 단테는 먹이를 얻어먹은 새끼 황새에 비유된다. 단테는 올려보고, 독수리 형상은 그것을 이루는 영혼들의 의지에 따라 날개를 퍼덕인다. 독수리는 맴돌며 노래한다. 자신의 노래가 단테에게 이해 불가능한 것처럼, '영원한 심판'도 인간들에게 이해 불가능할 것이라고.

여기서 잠시 말을 멈추었던 독수리는 이제 '영원한 심판'의 원칙을 설파하기 시작한다. 그리스도에 대한 믿음 없이는 누구도 이곳 천국으로 올라온 적이 없다고. 이것은 그리스도께서 십자가에 못 박히기 이전과 그 이후 모두 해당하는 원칙이다. (그러니까 기독교 전파 이전 사람과, 기독교가 전파되지 않은 곳 사람이라면, 아주 특별한 예외가 아니면 천국에 들어올 수 없다는 뜻이다.) 그렇다고 해서 기독교 전파 이후에, 기독교 지역에서 그리스도를 불렀던 사람이라고 해서 무조건 천국에 들어오는 건 아니다. 그런 사람 중에 많은 자가 대심판 때, 기독교를 몰랐던 사람보다 하느님으로부터 더 멀리 있게 될 것이다. 그런 기독교인을 저 에티오피아 사람(구약성서의 시바 여왕이나 〈사도행전〉 8장의 간다게) 이 비난할 것이다. 그때에 두 친구 중 하나는 영원한 부자가 되고, 다른 이는 영원한 가난뱅이가 될 것이다. 생명의 책에 사람들의 모든 잘못이 적힌 것을 보면 페르시아인들이 기독교 국가의 왕들을 꾸짖을 것이다.

생명의 책에서 비판받을 통치자들

이렇게 일반적인 말씀을 들려주신 끝에 독수리는, 생명의 책에 곧 적히게 될 이름들을 구체적으로 대면서 통치자들을 비판하기 시작한다. 그 내용은 대체로 〈연옥편〉 6~7곡과 〈천국편〉 8곡의 연속선상에 있다. 시인 단테가 당대의 통치자들을 평가하는 대목이다.

우선 신성로마제국 황제인 알베르트 1세가 곧 보헤미아('프라하 왕국')를 파괴할 것(1304년)을 예언한다. 이어서 필립 4세가 화폐를 위조해서 센강 위에 고통을 초래할 것을 예언한다. 여기서 필립 4세는 '멧돼지가 덮쳐서 죽을 자'로 표현되었다. 1314년에 일어나게 되는 사건이다. 그는 전쟁 비용을 마련하려고 귀금속 함량이 떨어지는 화폐를 주조해서 혼란을 불러올 것이다. 다음으로 잉글랜드와 스코틀랜드 통치자들이 오만해져서 자기 영토의 경계 너머로 전쟁을 벌일 것을 예언한다. 대개 잉글랜드의 에드워드 1세와 스코틀랜드 왕 로버트의 분쟁을 가리키는 것으로 보고 있다.

이어지는 말씀은 모두 다소 모호한 표현으로 이뤄져 있어서 예언서의 분위기를 풍긴다. 그 책에는 또 '용기를 모르기도 하고 원하지도 않았던' 보헤미아 왕(벤체슬라우스 4세)과 스페인 왕(카스티야의 페르디난도 4세)의 나약함과 호사스러움이 적힐 것이다. 그다음은, 약간 돌려 표현했지만 우리에게 꽤 익숙한 집안의 사람, 카를로 단조 2세다. 다리를 절었던 그는 예루살렘 왕이란 칭호를 요구했기 때문에 '예루살렘의 절름발이'라고 지칭된다. 그의 선행은 1점(로마 글자로 I), 악행은 1000점(로마 글자로 M)이 될 것이다.

그다음은 시칠리아('앙키세스가 긴 생애를 마친 불의 섬')를 통치하는 중인 아라곤의 페데리코 2세(1272~1337)다.(독자에게 더 익숙한 페데리코 2세는 신성로마제국 황제로서 호헨슈타우펜 왕가 사람이다. 그는 이미 죽은 지 한참 되어(1250년 사망), 이단 지옥에서 석관 속에 불타고 있다.) 이 젊은 페데리코 2세는 탐욕과 비열함이 지나쳐서, 생명의 책의 한정된 공간에 그의 못된 행위를 다 적자면 단어를 생략해야 할 것이다.

이어지는 두 사람은 유럽 왕가의 족보에 익숙한 사람마저 당황하게 한다. 둘의 이름(하이메 2세)이 같기 때문이다. 독수리의 말에 따르면, 그들은 이름난 가문과 두 개의 왕관에 먹칠을 했다. 이들은 방금 언급한 페데리코 2세의 숙부와 형제로서 스페인 계통의 두 왕이다. 숙부인 하이메(자코모)는 페드로 3세의 동생으로 마요르카와 미노르카의 왕(재위 1262~1311)이다. 한편 페데리코 2세의 형제는 페드로 3세의 둘째 아들인 하이메 2세다. 그는 페데리코 2세 이전에 시칠리아를 다스리다가, 아라곤을 맡았던 자기 형 알폰소가 죽자 왕위를 물려받았고, 그 이

후 시칠리아 통치권은 페데리코 2세에게 넘어간다. ((연옥편)) 7곡에 이들의 이름이 나왔는데, 거기서는 얘기가 너무 복잡해질까 봐 그냥 지나쳤다. 이들의 조상이 후손을 걱정하는 대목이었다.) 숙부 하이메는 프랑스 왕의 모험에 가담했다가 통치권을 잃은 적이 있고, 조카 하이메 2세는 시칠리아 통치권을 자신의 장인 카를로 단조 2세에게 넘기려다가 시칠리아 백성들의 반발과 교황의 개입으로 실패했기 때문에 이들이 가문에 먹칠을 했다고 하는 것이다.

마지막은 그냥 나라 이름으로, 그것도 3행 안에 세 명을 얼른 언급하고 지나간다. 포르투갈, 노르웨이, 라쉬아(크로아티아 인근)의 왕들이다. 세 번째 왕은 특히 베네치아 화폐를 위조한 것으로 특정된다.

지금 이 발언은 빛의 독수리가 전해주는 예언인데, 원문을 보면 석 줄마다 첫 글자를 같은 것으로 세 번 반복한다. 앞서 이 독수리가 여러 글자로 변하며 문장을 만들던 것에 맞춰져 있다. 그 글자들은 L, V, E로, 이것들을 모으면 '고통(lue)'이란 뜻이 된다. 이제 마지막으로 앞으로 있을 일과 반대되는 가정법을 앞세워, '만일 이렇게만 된다면 이 나라들은 행복할 텐데!'라는 감탄문을 덧붙인다. 헝가리는 행복할 것이다, 악정만 피한다면! 나바라(피레네 산중의 왕국, 1304년 프랑스에 통합됨)도 행복할 것이다, 에워싼 산들이 막아준다면! 그리고 이런 예언에 대한 증거가 필요하다면 퀴프로스(니코시아와 파마고스타)를 보라고 말한다. 그곳은 벌써 짐승에게 지배되고 있다고. 마지막에 언급된 '짐승'은 프랑스계인 '뤼시냥의 앙리 2세'라는 인물인데 거의 이름이 알려지지 않은 사람이다. 빛의 독수리의 개탄은 신성로마제국 황제로 시작해서 아주 사소한 통치자로 끝났다. '데크레센도'의 방법이다. 세계가 점점 나쁜 쪽으로 변해간다는 의미다.

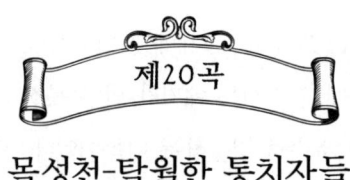

목성천-탁월한 통치자들

해가 떨어지면 하늘에 별들이 빛나기 시작하듯, 독수리가 말을 그치자 그것을 이루는 빛들이 더욱 반짝이며 아름다운 노래를 부르기 시작한다. 너무나 아름다워서 지금은 기억도 할 수 없을 정도다.

목성천에 속한 훌륭한 통치자들

노래가 그치자 독수리의 목과 부리를 통해 다시 시냇물의 속삭임 같은 것이 들린다. 독수리 형상의 눈 부분을 자세히 보라는 권고다. 여기서 독수리의 눈은 '세상의 독수리들에 있어 태양을 보고 견디게 하는 부분'이라고 되어 있다. 독수리는 태양을 마주 바라볼 수 있다는 믿음이 표현된 것인데, 지금 이 독수리는 태양이신 하느님의 빛을 받아 견디고 또 반사하는 존재이니 이미지가 잘 연결된다.

    지금 독수리가 자기 눈 부분을 잘 보라는 이유는, 거기에 이 하늘 층에 속한 영혼 중 가장 뛰어난 이들이 모여 있어서다. 연옥산에서도 우리가 따르면 안 되는 나쁜 사례들과 우리가 따를 모범이 나란히 제시되었었는데, 천국에서도 비슷한 진행이어서, 말하자면 제19곡에서 현재의 나쁜 사례들이 나오고, 여기 20곡에서는 옛날의 좋은 모범들이 제시되는 참이다.

제일 먼저 눈동자를 이루는 영혼을 소개한다. 그는 거룩한 영에 대해 노래한 가객이자 성궤를 이 마을에서 저 마을로 옮겼던 사람, 다윗이다. 오만의 연옥에서 벽에 새겨져 있던 그림 내용대로다. 한데 덧붙여 그를 수식하는 구절이 약간 어렵다. 그는 지금 자신의 업적에 대한 보상을 받고 있는데, 그것이 한편으로 하느님의 은총에 의한 것이고, 다른 한편 자신의 의지(노력)의 결과라는 것, 그리고 그 의지가 어느 정도였는지를 깨닫고 있다는 것이다. (인간의 노력이 이룬 부분은 아주 적다는 의미일 수도 있고, 그럼에도 의지 또한 중요하다는 뜻일 수도 있다. 시인 단테가 독자들을 격려하려고 쓴 구절이라면, 의지도 중요하다는 쪽으로 해석하는 게 좋겠다.)

다음으로 눈썹을 이루고 있는 다섯 영혼을 소개한다. 부리에 가장 가까운 영혼은 트라야누스 황제다. 이분도 오만의 연옥 벽에 새겨져 있던 그림 내용에 맞춰 '자식 잃은 과부를 위로한' 사람으로 소개되어 있다. 이미 〈연옥편〉에서 설명했지만 대개의 독자는 그것을 잊고 다시 놀랄 것이다. '아니, 이 사람은 이교도가 아니었던가?' 그래서 이런 의문을 해소해주는 구절이 덧붙어 있다. 그는 이 '달콤한 삶과 그 반대 삶을' 모두 겪어봐서, 그리스도를 따르지 않으면 어떤 대가를 치르는지 잘 알고 있다는 것이다. 즉, 그는 지옥을 겪다가 이곳 천국으로 옮겨왔다는 뜻이다. 〈연옥편〉 제10곡에서 설명했듯이, 교황 그레고리우스 1세께서 그를 살려내어 세례를 주었다는 전설이 있다.

독수리 눈썹에서 두 번째 위치이고, 높이로는 가장 높이 솟은 부분에 있는 영혼은 구약성서 〈열왕기하〉에 나오는 히스기야왕이다. 그는 '진정한 뉘우침으로 죽음을 늦춘' 사람이다. 이사야 예언자가 그에게 곧 죽을 거라고 예언하자, 하느님께 빌어서 수명을 15년 늘렸다. 독수리는 그가 지금, 타당한 기도가 오늘 일을 내일로 미룰 수 있지만, 영원한 심판은 변치 않는다는 것을 알게 되었다고 평한다. 즉 그가 기도로 이룬 것은 사실, 영원한 심판에 비하면 사소한 일이었다는 말이다.

그 옆에 있는 영혼은 콘스탄티누스 황제다. 그는 '의도는 좋았지만 나쁜 결과를 낳은' 사람으로 소개된다. 그가 '독수리 깃발과 법률을 가지고 저 목자(실베스테르 교황)에게 양보하면서' 그리스도인이 되었다는 것이다. 이는 콘스탄티누스가 서로마 지역을 교황에게 넘기고 자신은 콘스탄티노플로 이주한 것을 가리킨다. 시인 단테는 그 사건 때문에 교회가 부자가 되어 타락하게 되었다고 믿고 있다. 물론 그의 선행으로 악이 생겨났지만, 그것이 본인에게 해가 되지는 않아서 지금 이곳 천국에 와 있다.

다시 눈썹이 아래로 기울어지는 부분을 차지하고 있는 빛은 단테보다 약 1백 년 전에 시칠리아를 다스렸던 굴리엘모('좋은 윌리엄')다. 지금 살아 있는 카를로 단조 2세와 아라곤의 페데리코 2세를 원망하는 땅(시칠리아)이 그를 아쉬워하고 있다.

눈썹을 구성하는 다섯 영혼 중 마지막이 매우 놀랍다. 지금 옛 통치자들을 소개하고 있는 빛의 독수리도, 오류에 빠진 세상에서는 이 사실을 잘 믿지 않으리라는 것을 인정한다. 그 영혼은 트로이아 전사 리페우스다. 대개의 독자들은 '이 사람이 대체 누구인가?' 싶을 텐데, 그는 《아이네이스》 2권에서 트로이아 함락 과정에 아이네아스와 함께 희랍군에 대항하다가 전사하는 인물이다. 사실 이 사람을 등장시킨 것은 시인 단테가 자신의 스승인 베르길리우스의 구절을 반박하기 위해서다. 《아이네이스》에는 이 리페우스가 '매우 정의로운 사람이었지만 신들의 눈에는 달리 보였다.'라고 나와 있다. 하지만 시인 단테는 '아닙니다. 하느님의 눈에도 그가 정의롭게 보였습니다. 보십시오, 하느님은 그를 천국에 두셨습니다.'라고 논박한 것이다. 1300년을 사이에 두고 스승과 제자가 대화를 주고받는 참이다. 어쩌면 《신곡》 전체에서 가장 놀라운 장면이다.

트라야누스와 리페우스에 대한 설명

마치 종달새가 하늘로 솟구치며 노래하다가 그치는 것처럼, 독수리 형상이 조용해진다. 단테의 마음속에는 의혹이 번지고 있지만, 처음엔 독수리가 좀 더 설명해주지 않을까 기다린다. 그러다가 참지 못하고 '이게 어떻게 된 일입니까?' 하고 질문을 던진다. 그러자 기다렸다는 듯 독수리를 이루는 빛들은 한바탕 즐겁게 빛나다가, 대답을 해준다. 단테가 독수리의 말을 불신하진 않지만 대체 어째서 이렇게 되었는지는 알지 못한다고. 어떤 사물의 이름만 알고 그것의 본질(quiditate)은 알지 못하는 사람과 같다고.

독수리는 일반적 언명으로 시작한다. 하늘의 왕국은 뜨거운 사랑과 생명 넘치는 열망에 의해 침노를 당한다는 것이다. 〈마태복음〉 11장에 나오는 구절이다. 거기에 설명이 붙어 있다. 이것들(사랑과 열망)은 하늘의 의지까지도 이기는 것이라고. 여기서 다시 독자에게 의혹이 생긴다. '아니, 하느님의 의지가 패배를 당하는 수도 있나?' 그 의혹을 해소하기 위해 다른 설명이 덧붙는다. 이는 하느님이 지기를 원하시기 때문이라고, 이렇게 패배함으로써 하느님은 오히려 은총에 있어 승리하신다고. 그러니까 어떤 이가 천국에 대한 열렬한 사랑과 소망을 품고 있으면, 하느님께서 그것에 굴복해주신다는 것이다. 힘이 부족해서가 아니라 그러기를 원하셔서, 은총으로 그런다는 것이다. 이렇게 사랑과 열망으로 천국으로 뚫고 들어오는 자들은 일종의 '침략자'들이다. 보통이라면 천국에 들어올 수 없는 이들이었기 때문이다.

이렇게 일반 원칙을 천명한 후에 구체적 문제로 들어간다. 단테가 지금 의혹을 품는 대상은 독수리 눈썹의 첫째(트라야누스)와 다섯째(리페우스)라고. 그들은 사실 이교도인 채로 육체를 벗어난 게 아니라고. 하나(리페우스)는 앞으로 수난당하실 그리스도를, 다른 하나(트라야누스)는 이미 수난당하신 그리스도를 믿었다고. (원문에는 그냥 '그리스도'라고 되어 있지 않고, '그리스도의 발'이라고 되어 있다. 십자가에서 못에 꿰뚫린 발을 가리키는 것이다.)

먼저 트라야누스에 대해 좀 더 자세히 설명한다. 그의 영혼은, 거기서라면 그 누구도 좋은 의지로 돌아설 수 없는 곳, 즉 지옥으로부터 돌아와 자신의 육체('뼈')와 재결합했었다. 이는 열렬한 희망에 주어진 상이었는데, 그 희망이 하느님께 올려진 기도에 힘을 주었다고 한다. (이 희망은 그를 다시 불러올린 그레고리우스 교황이 품은 희망이라고 보아야 할 것이다. 이미 지옥(아마도 림보)에 떨어진 트라야누스로서는 그런 희망을 품어도 소용없는 단계에 가 있었고, 조금 전에 '지옥에서는 누구도 좋은 의지로 돌아설 수 없다.'라고 했기 때문이다.) 한편 그다음 구절에, 그 열렬한 희망에 의해 힘을 얻은 기도가 '그의 의지'를 움직였다고 했는데, 이것을 '하느님의 의지'로 볼 수도 있고, '트라야누스의 의지'로 볼 수도 있다. (번역자마다 다른 선택을 한다. 하느님의 의지로 보는 사람은 '사랑과 희망이 하느님의 의지를 이긴다.'라는 구절을 근거로 내세우고, 트라야누스 본인의 의지로 보는 사람은 '지옥에서는 누구도 좋은 의지로 돌아설 수 없다.'라는 구절을 근거로 내세울 수 있다. 이승으로 돌아오기가 어려워서 그렇지, 일단 이승으로 돌아온 다음에는 좋은 의지를 향해 돌아서는 게 가능하기 때문이다.)

　트라야누스의 영혼은 잠시 육신으로 돌아와서는, 자신을 도울 수 있는 그분(하느님)을 믿었고, 참된 사랑에 타올랐단다. 그러고는 다시 죽어서 그의 영혼이 천국으로 온 것이다. 그러니까 트라야누스는—아마도 그레고리우스의—소망과, 본인의 사랑의 힘에 의해 천국을 침략한 것이다.

　이어서 독수리는—아마도 더 어려운—리페우스 문제를 다룬다. 이 사람은 '피조물들은 들여다볼 수조차 없이 깊은 샘에서 솟아난 은총 덕분에, 지상에 살 때 자신의 모든 사랑을 정의에 두었다. 그러자 하느님께서 두 번째 은총을 내려, 그로 하여금 미래에 있을 우리의 구원을 미리 볼 수 있게 해주셨다. 그는 이것을 믿었고, 그 이후 이교의 악취를 참지 못하고 잘못된 길로 가고 있는 사람들을 꾸짖었다고 한다. (이 부분은 시인 단테의 창작이다.) 그는 믿음, 소망, 사랑('수레 오른쪽 바퀴 곁의 세 여인')을 품었고, 이것이 그에게 말하자면—그 당시로서는 아직 생겨나지 않았던—세례의 역할을 했다는 것이다.

　빛이 독수리는 마지막으로 하느님의 예정에 경탄을 보낸다. '최초의 원인'(하느님)을 보지 못하는 사람들에게 그 예정의 뿌리는 아득히 먼 곳에 있다고. 그러면서 인간들에게 판단에 신중하기를 충고한다. 이미 선택되어 천국에 있는 영혼들조차도 모든 것을 아는 건 아니라고. 하지만 이 영혼들은 그러한 결함도 즐겁게 여긴다. 그늘은 하느님이 원하시는 것을 원하고 있기 때문이다.

　독수리가 이렇게 단테에게 가르침을 주는 동안, 트라야누스와 리페우스의 영혼은 마치 두 눈이 동시에 깜빡이듯 독수리의 말에 맞춰 빛을 반짝이고 있었다.

제21곡

토성천-다미아노와 만남

단테는 이제 눈과 마음을 베아트리체에게 고정한다. 이제까지의 패턴에 따르면 베아트리체가 이전보다 훨씬 아름답게 미소 짓고, 이어서 단테는 자신이 다음 하늘 층으로 올라가 있음을 발견해야 할 것이다. 한데 이번에는 그 패턴이 깨진다. 베아트리체는 웃지 않는다. 그러고는 설명한다. 만일 자신이 여기서 미소 지으면, 단테는 제우스의 벼락을 본 세멜레처럼 타서 재가 되어버릴 것이라고. 자신이 아름다움을 절제하지 않으면, 인간의 능력은 번개에 부서지는 나뭇가지처럼 될 거라고.

    이렇게 말하는 이유는 지금 도착한 토성천이 절제의 덕을 지닌 영혼들의 영역이어서다. 베아트리체는 이제 단테가 일곱 번째 하늘에 와 있음을 알린다. 한데 토성 자체는 '불타는 사자의 가슴 밑'에서 세상을 비추는 것으로 표현되었다. 행성은 붙박이별들을 기준으로 볼 때 그 위치가 계속 바뀌기 때문에 1300년에 토성이 어디에 있었는지 당시의 독자도 기억하지 못할 텐데, 이미 화성천에서 카차귀다가 자기 출생일을 밝힐 때도 수태고지 이후 화성이 사자자리로 몇 번이나 돌아왔는지를 계산했었다. 한편 여기서 사자자리를 '불탄다'라고 한 것은 사자의 가슴에 있는 으뜸별 레굴루스가 밝게 빛나기 때문에 이렇게 말한 것이라 하며,

이 '불'이 토성의 차가움을 다소 누그러뜨려 주는 것으로들 본다. (옛사람들이 토성을 차게 본 것은 주로 색깔 때문이지만, 실제로도 토성의 표면 온도는 영하 180도 정도다.)

베아트리체는 단테에게 정신을 눈 뒤에 고정하고, 이 '거울'(토성천)에 나타나는 모습을 반사하라고 충고한다. 우리 영혼은 하느님의 은총과 사랑을 반사하는 거울이어서다. 단테는 이제 다른 것들에도 주의를 돌려서, 베아트리체를 보는 기쁨과 토성천의 모습을 보는 데서 얻는 기쁨의 균형을 맞춘다.

빛의 사다리를 내려온 다미아노와 섭리의 깊이를 논하다

단테는 눈이 닿지 않을 정도로 높이 솟은 황금빛 사다리를 본다. 여기서 토성천은 '소중한 지도자(caro duce)의 이름을 지닌 채 세상을 돌고 있으며, 그 지도자 아래서 모든 악이 죽었던' 것으로 표현되어 있다. 그 지도자는 희랍어로는 크로노스, 라틴어로는 사투르누스라고 불리는 존재다. 제우스 이전에 크로노스가 다스릴 때가 바로 황금시대였다는 얘기가 있어서 이렇게 표현한 것이다. 시인 단테는 신화 속 크로노스가 그리스도의 모습을 약하게 그린 것으로 보는 셈이다. 한편 토성천을 수정(크리스탈)이라고 불러서, 보석으로 천국 여러 층을 지칭하는 관행을 이어가고 있다. 그리고 여기 보이는 사다리는 구약성서 속 야곱의 사다리의 재현이고, 존재의 근원인 하느님으로부터 유출되어 여러 등급을 가진 세계가 생겨나는 것을 시각적으로 보여주는 장치다.

그 사다리를 통해 여러 빛이 쏟아져 내려오는 것이 보인다. 하늘의 모든 빛이 몰려오는 것 아닌가 싶을 정도다. 한데 그 빛들이 어떤 층에 이르자 그들 중 일부는 다시 올라가고, 일부는 올라갔다가 내려오고, 일부는 그 자리를 맴돌고 있다. 마치 아침 해 뜰 무렵 갈까마귀 떼의 움직임 같다. 그중 단테에게 가장 가까이 다가온 빛이 밝아지자, 단테는 그 영혼이 품은 사랑을 느끼고서 베아트리체의 대화 허락을 기다린다. 처음에는 베아트리체가 가만히 있기에, '이번에는 질문하지 않는 게 좋겠구나.'라고 생각하는데 그 찰나, 그녀가 단테의 열망을 해소하라고 허락한다. 아마도 이곳이 절제와 명상의 층이기 때문에 베아트리체도 잠시 침묵했던 모양이다.

단테가 그 빛에게 던지는 질문은 두 가지다. 우선 그 영혼이 이렇게 가까이 다가온 이유는 무엇인지, 그리고 다른 하늘에서는 찬양의 음악이 울려 퍼졌는데, 이곳은 왜 조용한지 물은 것이다. 그 영혼은 두 번째 것부터 답한다. 자기들이 노래하지 않는 것은 단테가 아직 인간의 청각을 지니고 있기 때문이라는 것이다. 베아트리체가 여기서는 웃음을 보여주지 않은 것과 마찬가지라고. 즉 자신들의 음악을 단테의 감각으로는 감당할 수 없기 때문이라는 것이다.

이어서 첫째 질문에 대한 답을 주는데, 단테로서는 약간 실망스럽다. 무슨 특별한—예를 들면 카차귀다 같은—개인적 인연이 있어서 이렇게 환대하는 건 아니란다. 저 위쪽에는 더 큰 사랑이 불타고 있는데, 그 지고의 사랑(carità)이 섭리에 얼른 복종하게 하여 자신이 이리로 온 것이라고.

그러자 단테는 자신도 '자유로운 사랑이 영원한 섭리를 따르기에 충분하다는 것'을 잘 안다고 화답한다. 여기서 '자유로운 사랑'이라는 것은 하느님의 깊으신 사랑을 반사하는 '마주 사랑'이라 할 것이다. 하느님은 강제력으로 세상을 운용하는 게 아니라, 피조물들이 그분을 사랑하여 스스로 운동함으로써 이 세계가 현재 모습이 된 것이다. 그러니까 피조물들의 '자유로운 사랑'이 섭리(하느님의 지혜)에 자발적으로 봉사한다는 것이다. 거기까지는 단테도 잘 알고 있는데, 지금 궁금한 것은 왜 하필 지금 앞에 와 있는 영혼이 그러한 임무를 위해 예정된 것인지이다.

그 빛은 빙그르르 회전하여 기쁨을 표현하고는, 하느님의 빛이 자신 속으로 비쳐들어 자기의 빛과 합쳐서 하느님을 보게 해준다고 밝힌다. 그렇게 해서 자신의 시력이 밝은 만큼 빛도 더욱 빛난다고. 하지만 하느님을 직접 보고 있는 세라핌 천사라도 지금 그 질문에는 답하지 못한다고, 그것은 영원한 질서의 심연 속에 있어서 피조물의 시선이 가서 닿을 수가 없다고 답한다. 그러면서 앞으로 단테가 인간 세계로 다시 돌아가면 사람들에게 이런 사실을 일러주어 누구도 감히 그런 것을 목표 삼지 않도록 하라고 조언한다. 하늘에서 빛나던 마음도 땅에 가면 연기를 뿜을 정도이니, 하늘에서도 불가능한 것이라면 지상에서는 당연히 더욱 불가능하다는 것이다.

다미아노가 자신의 삶을 소개하다

이제 단테는 피조물로서는 이해할 길 없는 너무 깊은 문제는 포기하고 좀 더 겸손하게, 상대의 신분을 묻는다. 더 높은 하늘에서 온 빛은, 자신의 부모나 고향 따위는 건너뛰고 자신이 머물던 수도원의 위치와 주변 지형을 그려 보인다. 그 수도원이 있는 곳은 단테의 고향에서 멀지 않다. 이탈리아의 동서 해안의 중간에 위치한, 천둥소리가 저 아래서 들릴 정도로 높은 바위산인 카트리아에—다른 성인이나 성물은 모시지 않고—오직 하느님만 모시는 수도원이 있다. 거기서 그는 단순한 음식으로 생활하며 추위와 더위를 견디고 명상에 전념했었다. 그 수도원에서 많은 영혼이 이 토성천으로 왔다. 하지만 지금은 그 수도원도 황폐해지고 말았다.

여기까지 얘기하고서야 자기 이름을 댄다. 그는 피에트로 다미아노다. 그는 '죄인 피에트로'라는 이름으로 아드리아 해변의 '노스트라 돈나(Nostra Donna)' 교구를 관장했었다. 그는 자기가 생애 막바지에 부름받고 이끌려 나와 추기경 모자('악에서 더 나쁜 악으로 계속 옮겨가고 있는 모자')를 쓰게 되었다고 말한다.

이렇게 자신의 삶을 소개한 다미아노는 이어서 당대의 성직자들에 대해 개탄한다. 베드로('게바', Cephas)도 바울('성령의 큰 그릇')도 아무 집에서나 주는 대로 먹고, 야윈 채 맨발로 돌아다녔는데, 현재의 목자들은 몸이 너무 무거워서 수행원들이 떠받치고 다닐 지경이라는 것이다. 외투 자락도 어찌나 긴지, 타고 있는 말을 다 가릴 정도여서 두 마리 짐승을 한 거죽이 덮고 있다고 할 정도다. 그러면서 이것을 참으시는 하느님의 인내에 대해 탄식한다.

여기까지 얘기했을 때, 단테는 수많은 불꽃이 계단을 내려와 더 가까이서 맴돌고, 돌 때마다 더욱 아름다워지는 것을 본다. 그 빛들은 다미아노 주위를 둘러싸고 엄청난 함성을 울린다. 그것은 천둥처럼 단테를 압도한다. 아마도 단테가 다미아노의 설명을 들으며 조금씩 성장해서 이제 그 소리를 견딜 수 있기 때문에 빛들이 함성을 지른 모양이다. 이 천둥소리는 앞에 다미아노의 수도원 밑에 울리던 천둥과 이미지로 연결되어 있다.

제22곡

토성천-성 베네틱투스와 만남, 항성천 진입

그 소리에 단테는 크게 놀란다. 마치 어린아이가 자신의 가장 믿음직한 의지처인 엄마에게로 몸을 돌리는 것처럼 베아트리체를 찾는다. 그녀는 창백해진 아이를 달래듯 부드러운 말로 위로한다. 천국에서는 모든 일이 좋은 열성에서 나온다고. 그러면서 다시 한 번 자신이 미소 짓지 않은 것, 그리고 이곳 영혼들이 노래하지 않는 것에 대해 해명한다. 이 정도 함성에도 놀라니, 노래와 웃음을 어떻게 견뎠겠냐고. 그리고 이 함성 속의 기도를 이해한다면, 단테가 죽기 전에 보게 될 복수에 대해 분명히 알 것이라고. 독자로서는 얼른 알아채기 힘들지만, 단테가 놀란 것은 그 함성에 분노가 서려 있었기 때문이다. 그 분노는 현재의 성직자들을 향한 것이다. 그러면서 베아트리체는 하늘의 응징('칼')이 지상의 사람들이 보기엔 너무 이르거나 아니면 너무 뒤늦은 것으로 보이지만, 그건 사람들의 바람에 맞춰 그렇게 보이는 거라고 설명한다. 하늘의 응징이 더디 오기를(아니면 오지 않기를) 바라는 자에게는 그것이 너무 이른 듯 보이고, 얼른 징계가 이뤄지기를 원하는 자에게는 그것이 너무 느린 듯 보인다는 말이다. 학자들은 지금 이 구절이 좀 더 구체적으로 보니파키우스 8세의 죽음(1303년)과 클레멘스 5세의 죽음(1314년)을 암시한다고 보기도 한다. 이 모두 단테가 '죽기 전에' 일어날 일이다.

그러면서 베아트리체는 단테에게 이곳에 있는 다른 영혼들도 돌아보라고 권고한다. 단테가 눈을 돌리니 백 개의 빛 동그라미들이 앞에 서 있다. 그들은 서로의 빛으로 인해 더욱 아름답다. 단테는 소망의 뾰족한 자극을 억누르며, 혹시 질문하는 것이 지나치지 않을까 망설이는 사람처럼 서 있다. 그는 절제의 하늘에 걸맞게 행동하는 참이다.

베네딕투스 성인이 토성천 영혼들을 소개하다

그 빛('진주') 중 가장 빛나는 진주가 앞으로 나선다. 만일 단테가 자신들이 보듯이, 자기들 사이에 타고 있는 사랑(carità)을 본다면 주저하지 않았으리라며, 단테가 속으로 품고 있는 의문에 답해주겠노라고 한다. 이분은 자기 이름을 스스로 말하지 않지만, 중간에 그가 세운 유명한 수도원 이름이 나오기 때문에 옛날 독자 대부분은 그가 누구인지 알 수 있었다. 그는 베네딕투스 성인(480~547)이다. 태양의 하늘에서 소개된 두 수도회의 창시자들(도미니쿠스와 프란체스코)이 12~13세기 사람들인 데 비해, 이분은 그들보다 약 7백 년 전 사람이다. 베네딕투스는 서기 500년 앞뒤에, 도미니쿠스와 프란체스코는 서기 1200년 앞뒤에 사신 분들이라고 기억하면 좋다. (이 세 분은 알파벳순으로 태어났다. 아우구스티누스는 서기 400년 앞뒤에 사셨으니, 여기에도 알파벳순이 적용된다. 보에티우스 또한 베네딕투스와 거의 동시대인이다.)

베네딕투스 역시 자신의 고향이나 부모에 대해 얘기하지 않고, 자기가 세운 수도원의 위치부터 밝힌다. 이탈리아 중부에 있는 몬테카시노가 그곳이다. 그 산꼭대기에는 원래 이교도(아폴로와 디아나) 신전이 있었는데, 자기가 그곳에 그리스도를 모셨다고 한다. 그러고는 주변 도시를 모두 이교에서 구해냈단다.

이렇게 첫 수도원을 세운 경위를 밝히고는, 자신과 함께 있는 다른 수도원 창립자들을 소개한다. 4세기에 활동한 마카리우스, 11세기에 살았던 로무알두스 등. 현대의 독자들은 잘 모르는 사람들이다.

베네딕투스 성인이 수도원의 타락을 개탄하다

단테는 성인께서 보여주시는 애정과 친절함에 자신의 믿음이 활짝 피어난다고 고백하고, 혹시 빛에 가려진 성인의 참모습을 볼 수는 없겠냐는 청을 드린다. 하지만 성인께서는 그 소원은 마지막 하늘 층에 가야 이뤄질 것이라고 점잖게 거절하신다. (여기서 단테는 '아버님(padre)'이라는 존칭을 쓰지만, 성인께서는 '형제여'라는 말로 온화하게 교정해주신다.)

그러면서 그 마지막 하늘에 대해 설명해주신다. 그곳에서는 모든 소원이 다 이뤄지는데, 그 이유는 거기서는 소원들이 완벽하고 성숙하며 온전하기 때문이다. 그 하늘 층은 공간 안에 있지 않으며, 그것이 중심 삼아 회전하는 축도 없다. 지금 이곳에 온 영혼들의 사다리는 그곳까지 닿아 있다. 그래서 단테가 그 끝을 볼 수 없는 것이다. 이는 야곱이 보았던, 천사들이 오르내리던 바로 그 사다리다.

여기서 성인의 말씀은 수도원의 타락으로 방향을 돌린다. 이제는 누구도 그 사다리를 올라가기 위해 땅에서 발을 떼는 일조차 시도하지 않는다. 베네딕투스께서 만드신 수도원 규칙은 버려졌고, 수도원 담장은 악의 소굴이 되어버렸다. 수도자들의 두건 외투는 썩은 밀가루가 담긴 자루처럼 되었다. 하느님의 뜻을 거역하는 정도를 비교하자면, 고리대금업조차도 교회 수입에 대한 탐욕('수도자들을 미치게 만드는 열매')에는 미치지 못한다. (이 토성천은 절제와 관조의 영역이어서 그런지 식물의 비유가 많이 쓰이고 있다. 꽃과 열매가 여러 차례 언급된다.) 교회에 들어온 수입은 사실 하느님의 이름으로 구하는 사람들 것이지, 성직자의 친척이나 더 추한 다른 자들의 것이 아니다. 이런 사태가 생긴 것은, 지상에서는 시작이 좋아도 그게 열매 맺을 때까지 유지되지 못하기 때문이다. (여기서 다시 식물 비유를 썼다. 아리스토텔레스의 목적론 철학에서 자주 나오는 참나무와 도토리 비유다. 도토리가 싹터서 다시 도토리를 맺을 때까지 지속되기 어렵다고.)

성인께서는 여기서 교회의 역사를 되짚어본다. 베드로는 황금과 은 없이 시작했다. 베네딕투스 자신도 기도와 금식으로 시작했다. 프란체스코는 겸손으로 시작했다. 그러면서 어떤 수도회든 시작과 결말을 비교하면 흰색이 검어진 것을 발견할 것이라고 탄식한다. 옛적, 하느님의 뜻에 따라 (여호수아가 가나안으로 들어갈 때) 요르단강이 흐름을 멈추고, (모세가 이집트를 떠날 때) 홍해가 갈라졌던 일이 현재의 상황이 개선될 전망보다는 오히려 덜 신기할 지경이라는 것이다.

항성천으로 올라가다

그렇게 말하고는 성인께서는 동료들의 빛 무리로 합류한 다음, 모두가 회오리바람처럼 돌면서 위로 올라간다. 베아트리체도 눈짓으로 단테를 재촉하여, 그들 뒤를 따라 사다리를 오르게 한다. 그녀의 힘에 의해 단테는 지상의 그 어떤 것보다 더 빠르게 움직인다. 시인 단테는 그 개선 행렬로 다시 돌아갈 수 있기를 원하여 지금도 자주 죄를 뉘우치고 자기 가슴을 친다며, 얼른 거기로 돌아가기를 기원한다.

단테는 이제 손가락을 불 속에 '꺼내고 넣는 것보다' 더 빠르게 쌍둥이자리('황소자리 뒤의 별자리')로 들어간다. (재빠름을 표현하기 위해

'뒤엣것을 먼저 말하기' 수사법을 사용했다.) 쌍둥이자리는 단테의 탄생 별자리로 알려져 있다. 시인 단테는 이 별자리에게 감사를 표한다. 자신의 재능은 모두 거기서 나왔다고. 그래서 지금 항성천으로 들어가게 되자 바로 이 별자리 구역으로 자신이 할당되었다고. (각 사람은 태어날 때 하늘 상태의 영향을 받는다. 현대식으로 하자면 환경의 영향을 이렇게 표현했다고 해도 되겠다.) 시인 단테가 기원하는 것은 지금 자신이 가고 있는 이 험한 길을 잘 넘어설 수 있게 해달라는 것이다.

거기서 베아트리체가 단테를 격려한다. 이제 그는 축복됨(salute)의 마지막 단계에 가까워졌으니, 눈을 더 맑고 날카롭게 해야 한다는 것이다. 그러면서 먼저 발아래 세상을 내려다보고, 그것이 어떠한지 보라고 권고한다. 1곡 앞에서 설명했듯, 천국은 크게 두 부분으로 나뉘는데, 그 아래쪽인 일곱 행성의 하늘은 이제 다 지나왔고, 그 윗부분으로 진입하는 참이다. 그래서 이렇게 새롭게 준비시키는 것이다.

지금 베아트리체가 단테에게 뒤를 돌아보게 하는 이유가 하나 더 있다. 이제 곧 천국의 무리가 단테를 맞이하러 내려올 것이다. 기쁘게 다가오는 그들을 단테도 최대한 기쁘게 맞이하기 위해서도 일종의 지식이 필요한 것이다.

단테가 일곱 하늘과 지구를 내려다보다

아래를 내려다본 단테는 웃음을 참기 어려웠다. 지구가 너무 보잘것없어서다. 그래서 시인 단테는 지금(작품을 쓰고 있는 시점)도, 이 세상을 하찮게 여기는 입장에 찬동하고, 지상의 것 이외의 다른 것을 생각하는 게 옳다고 믿고 있단다.

단테는 하늘 층을 아래서부터 위로, 신화적 이름을 동원하여 되돌아본다. 먼저 '레토의 딸'(아르테미스, 달)을 본다. 자기가 전에는 달의 얼룩을 보고, 그 재료가 희박하거나 빽빽해서 그런 거라고 생각했었지만, 지금 위에서 내려다보니 전혀 그림자 없이 빛나고 있다. 그다음으로 두 층을 건너뛰어 태양('휘페리온의 아들')을 언급한다. 그런 다음 다시 달과 태양 사이의 하늘로 돌아가는데, 수성과 금성을 상징하는 신들의 어머니 이름으로 그것을 표현한다. 마이아(헤르메스=메르쿠리우스의 어머니)와 디오네(아프로디테=베누스의 어머니)가 태양 가까이서 움직이고 있다는 것이다. 내행성인 수성과 금성은 지구에서 볼 때 태양으로부터 일정한 각도 이상 벗어날 수 없기 때문에 '태양 가까이서'라고 표현한 것이다.

이제 그 위층의 외행성들을 둘러볼 차례인데, 여기서도 한 층을 건너뛰어 먼저 목성(윱피테르=제우스)을 기준으로 삼는다. '제우스'(목성)가 자기 아버지(크로노스=사투르누스, 토성)와 자기 아들(아레스=마르스, 화성) 사이에서 그들을 조절하고 있다는 것이다. (여기서 '조절하다(temperar)'는 '늦추다'로 옮길 수도 있다. 태양으로부터 멀어질수록 공전 주기가 늘어나기 때문에, 단테는 목성이 화성과 토성을 느리게 만든다고 본 것이다.)

단테는 그 행성들이 지구에 비해 얼마나 크고, 얼마나 빠르고, 또 얼마나 멀리 떨어져 있는지를 실감한다. 하지만 마지막에 단테의 눈길은 다시 지구로 돌아온다. 그는 그 '타작마당'의 언덕과 강어귀까지 샅샅이 알아본다. 이제 그는 베아트리체에게로 시선을 되돌린다.

항성천-그리스도와 성모의 방문

23곡에서 항성천 여행이 본격적으로 시작된다. 이 하늘에 대한 내용은 〈천국편〉 전체에서 길이가 가장 길다. 22곡 종반에 시작해서 27곡 종반에야 끝나니, 무려 다섯 곡에 이르는 셈이다. (별이 많은 하늘이라서 그렇다고 기억하면 좋다.) 잠깐 다른 하늘과 비교하자면, 그 앞의 토성천은 명상과 절제의 하늘답게 두 곡도 채 안 되게(21곡과 22곡의 3분의 2) 아주 짧았다. 그리고 더 앞의 목성천은 세 곡에 약간 못 미쳐(18곡 3분의 2와 19, 20곡) 비교적 짧게 짜여 있었다. 그 아래의 태양천과 화성천 내용이 상당히 길다는 건 이미 얘기했다.

23곡은 《신곡》 전체에서 가장 조용한 부분이다. 그저 천국의 행렬이 내려왔다가 그리스도와 성모님은 먼저 떠나시고, 사도들만 남게 된다. 이 곡에서 가장 크게 강조되는 것은 성모에 대한 찬양이다.

그리스도의 빛을 보고, 베아트리체의 미소를 견디게 되다
이제 베아트리체는 마치 어미 새가 새끼들을 먹이기 위해 동이 트는 것을 바라보듯, 태양이 가장 느리게 움직이는 듯 보이는 곳(아마도 예루살렘 위의 천정)을 주시하고 있다. 뭔가 열망하며 다소 긴장한 모습이다.

그러한 그녀를 보면서 단테 역시 아직 자기 것이 아닌 뭔가를 바라며, 기대 속에 벌써 만족감을 느끼고 있다.

잠깐 사이에 하늘이 더욱 빛나고, 베아트리체가 말한다. 그리스도의 개선 행렬이 오고 있다고, 이 천구들의 회전에서 거둬들인 온갖 결실을 동반하고 있다고. 그 순간 베아트리체의 얼굴은 다시 기쁨으로 충만하여 불타오른다. 이어서 단테는 다른 찬란한 빛을 보게 된다. (원문에서는 베아트리체의 기쁜 표정에 대한 언급 바로 다음에, 연결사 없이 이 새로운 빛에 대한 묘사가 시작되기 때문에, 지금 이것이 베아트리체의 미소를 그리는 것인지 아닌지, 독자에게 약간 혼란이 생길 수 있다.) 이 새로운 빛은 천국의 행렬을 이끌고 이곳을 방문하신 그리스도다. 시인 단테는 그 모습을 우선 별들('온 하늘을 채색하는 영원한 님프들')을 동반하고 나타난 보름달('트리비아', 삼거리와 달의 여신)에 비기고, 이어서 다른 모든 천체('수천의 등불, 하늘의 눈들')에 빛을 주는 태양에 비긴다.

단테는 이 새로운 빛('찬란한 실체, 살아 있는 빛')을 감당할 수 없다. 베아트리체는 단테에게 이 빛이 그리스도('막을 수 없는 힘, 하늘과 땅 사이에 길을 열어주신 지혜와 권능')라는 것을 약간 돌려 설명한다. 단테의 정신은 이제 견디지 못하고 자신 밖으로 튀어나간다. 이는, 마치 번개가 구름 속에 머물러 있을 수 없어 거기서 튀쳐나와서는, 위로 올라가는 불의 본성을 벗어나 지상으로 떨어지는 것과 같았다. (분명하게 표현하지는 않았지만, 단테가 여기서 잠깐 정신을 잃은 것 같다.) 그러자 베아트리체가 그에게 눈뜨기를 명한다. 이제 더 강한 빛을 보았으니, 자신의 미소를 견딜 수 있을 거라고. 그 순간 단테는 조금 전에 본 것을 기억하려 애쓴다. 마치 잊어버린 꿈 내용을 기억해내려 애쓰는 사람 같다. 하지만 그저 베아트리체가 해준 이 고마운 말이나 비망록에 기록해둘

뿐이다.

단테는 베아트리체의 미소라도 잘 묘사하려 애쓰지만 그것마저도 힘에 벅차다. 폴림니아와 다른 무사 여신들이 젖 먹여 키운 모든 시인의 혀를 다 동원한다 해도, 베아트리체의 미소와 성스러운 모습을 천분의 일도 노래하기 어려울 지경이었다. 시인 단테는 여기서 자신의 결의를 밝힌다. 길이 갑자기 끊어지면 그것을 건너뛰는 수밖에 없다고. 그렇더라도 독자들은 비난하지 마시라고, 주제가 너무 무겁고 그것을 짊어질 자기 어깨는 너무 흔들린다고. 지금 자기가 가는 길은 거대한 배로 물길 가르며 떠나는 대담한 항해고, 자기는 몸을 아끼지 않는 사공이라고.

그리스도와 성모께서 위로 돌아가고 빛들이 찬양하다

자주 그러했듯 베아트리체는 단테에게 이제 눈을 돌려 그리스도와 함께 내려온 무리를 보라고 명한다. 그 무리는 '그리스도의 빛살 아래 피어나는 꽃밭'으로 지칭된다. 특히 성모님('그 안에서 말씀이 육신이 되신')은 장미로, 사도들은 성모님의 향기에 의해 좋은 길로 들어선 백합들로 표현된다. 그 충고를 따라 단테가 눈길을 돌리지만 아직 그 눈의 힘이 약하여 상당히 벅차다.

단테는 자기가 보는 모습을 마치 구름 사이로 햇살이 비쳐들고, 자기는 구름 그림자 아래서 그 햇빛 아래 꽃핀 들판을 보는 것에 비기고 있다. 이제 광채의 근원은 보이지 않고, 위에서 비치는 빛에 다른 무리가 빛나는 것을 본다. 그리스도께서 단테의 눈이 약한 것을 배려하여 더 위의 하늘로 다시 올라가셨기 때문이다. 단테는 베아트리체의 충고대로 성모님께 특히 주목한다. 단테는 사실 그분을 향해 아침저녁으로 늘 기도해왔었다.

그때 좀 작은 불꽃이 내려와 성모님('살아 있는 별') 주위를 왕관처럼 맴돈다. 성처녀에게 그녀가 성령으로 잉태했음을 알린(수태고지) 천사 가브리엘이다. 그가 성모님('사파이어')을 찬양하는 음악과 비교하면 지상의 음악이란 것은 구름을 찢는 천둥소리에 불과하다. 가브리엘은 자신을 '사랑의 천사'로 소개한다. 그는 자신이 뱃속에 '우리의 소원'(그리스도)을 품으셨던 분에게서 숨결처럼 뿜어 나오는 즐거움 주위를 돌고 있노라고 노래한다. 여기서는 성모님 자신이 일종의 기쁨과 즐거움의 원천이 되어 있다. 가브리엘은 성모께서 다시 아드님을 따라 맑은 불의 하늘로 올라가 빛날 때까지 그녀 주위를 돌 것이라고 선언한다.

가브리엘의 노래가 그치자, 다른 빛들이 '마리아'라는 이름을 울려 퍼지게 한다. 이제 성모께서 다시 저 위의 하늘로 올라가신다. (성모 승천의 재현이자, 연옥산 꼭대기에서 보았던 행렬의 반복이다.) 단테는 하늘의 다음 층인 원동천을 올려보지만 그의 시선은 거기 닿지 못한다. 여기서 원동천은 '가장 활기 있고 가장 뜨겁게 타오르며, 모든 회전을 감싸는 당당한(real, 왕다운) 외투'라고 표현되었다. 이 원동천 바깥에는 하느님 자신이라고 할 수 있는 불의 하늘만이 있고, 원동천이 그 밑의 모든 하늘 층에 회전력을 주기 때문이다.

그리스도와 함께 왔던 다른 불꽃들(사도들)은 불길을 위로 뻗치고 성모를 향한 애정을 드러내 보인다. 마치 아기가 젖을 충분히 먹은 후 엄마에게 애정을 품고서 팔을 뻗는 것 같은 모습이다. 그들은 '하늘의 여왕이시여(regina coeli)'라는 찬양을 보낸다. 여기서 시인 단테는 '지상에서 씨 뿌리는 자'들이었던 사도들을 위해, 천국의 곳간에 얼마나 큰 풍요가 쌓여 있는지 감탄한다. 그들은 '바빌론 유수' 속에 황금을 외면했지만, 거기서 '울며 거둔' 보물을 지금 여기 살면서 누리고 있다고.

마지막으로 단테는 특별히 사도 베드로를 강조한다. '영광의 열쇠를 가진' 분이 옛사람과 새로운 시대 사람이 섞인 무리 속에 개선 행진 하고 있다고.

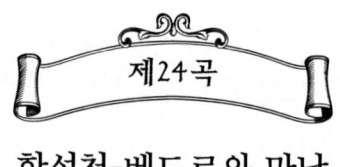

제24곡
항성천-베드로와 만남

여기서 베아트리체는 사도들을 향해 단테에게 '이슬'을 나눠주기를 청한다.(부자와 거지 나사로 이야기 모티프를 끌어다 썼다.) 당신들은 하느님의 어린양(그리스도)의 큰 잔치에서 풍족하게 먹고 있지 않느냐고, 단테는 죽음을 맛보기 전에 천국의 식탁에서 떨어지는 것을 먹는 은총을 입었다고. (이방 여인이 짐짓 은총을 거부하는 예수께 했던 말을 인용했다. "개들도 주인의 식탁에서 떨어지는 것을 먹습니다.") 당신들은 하느님이라는 샘물에서 언제나 마시고 있지 않느냐. 이 사람은 늘 샘물을 생각하고 그리워하고 있다.

그 말을 들은 영혼들은 혜성처럼 세찬 불꽃을 내뿜으며 회전한다. 마치 시계의 톱니바퀴들이 축 위에서 도는 것과 같다. 그 바퀴 중 어떤 것은 너무 느리게 돌아서 거의 움직이지 않는 듯 보이고, 어떤 것은 날아가는 듯 빠르게 돈다. 꼭 그같이 불꽃들은 저마다 속도가 달랐다.

베드로가 단테의 믿음을 시험하다

그중 가장 밝은 불빛이 앞으로 나선다. 그는 베아트리체 주위를 세 번 돌며 노래하는데, 시인 단테는 자기가 그걸 전달할 능력이 없다고 고백한다. 인간의 형상력과 언어 표현은 그런 섬세한 '주름'을 표현하기엔 너무 칙칙하기 때문이다. 그 불꽃은 이제 멈춰서 베아트리체에게 숨결을 보내며 답한다. ('숨결을 보내다'도 부활 후의 그리스도의 행적을 암시하는 구절이다.) 그녀가 경건하게 청하기에, 그녀의 애정에 감동하여 자신이 앞으로 나섰노라고. 그는 사도 베드로다.

베아트리체는 주님께서 그에게 이 천국에서 가져간 열쇠를 맡기셨던 것을 상기시킨다. 그리고 그가 믿음으로 바다 위를 걸었으니(《마태복음》 14장), 단테의 믿음을 시험해달라고 부탁한다. 사실 단테가 통과해야 하는 시험은 세 가지다. 그가 '옳게 사랑하고 옳게 바라고 믿는지' 하는 것이다. 즉 사랑, 소망, 믿음을 모두 시험받아야 하는데, 베드로라면 어느 덕목이든 다 잘 알아보긴 할 것이다. 그의 눈은 '모든 것이 그대로 드러나는 곳'(하느님)을 보고 있기 때문이다. 하지만 천국은 무엇보다 진정한 믿음을 보고서 시민을 받아들이니, 베드로가 믿음에 대해 시험하는 게 좋을 것이다.

단테는 마치 졸업 시험에 임하는 학생처럼 대기하고 있다. 선생이 문제 해결보다는 논증을 목표로 질문을 던질 때 학생이 그러하듯, 온갖 논리를 준비하여 답할 채비를 하고 있는 참이다.

베드로의 첫 질문은 믿음을 어떻게 정의하느냐는 것이다. 질문을 받은 단테는 얼른 베아트리체에게 눈길을 던져 발언 허락을 구한다. 그녀는 그에게 '내면의 샘에서 물을 흘려보내게' 눈짓한다. 이 구절은 아마도 베아트리체로 표상되는 '하느님의 영감'이 단테에게 지혜를 주어 답할 수 있게 해주었단 뜻이기도 하겠다. 단테는 먼저 하느님의 은총을 기원한다. "나로 하여금 대장(primopilo, 으뜸 창잡이)에게 고백하게 하는 은총이시여, 내 생각을 잘 표현하게 해주소서!"

그러고는 사도 바울('베드로와 함께 로마를 좋은 길로 이끈 형제')의 말씀을 인용하여 답한다. "믿음은 우리가 소망하는 것들의 실체(sustanza)이고, 눈에 보이지 않는 것들이 실재한다는 증명(argomento)입니다."(《히브리서》 11장. 사실 《히브리서》의 저자는 바울이 아니라는 학설이 강력히 제기되어 있다.)

베드로께서는 그냥 옛 성인의 말씀을 인용하는 것에 만족치 않으신다. 중요한 두 개념을 좀 더 자세히 설명하라고 요구하신다. 왜 사도 바울이 믿음을 실체들 가운데, 그리고 증명들 가운데 두었는지 말해보라는 것이다. 단테의 답은 이렇다. 천국에서는 본모습을 그대로 보여주는 심오한 일들이 저 아래 세상의 눈에는 숨겨져 있다. 따라서 이것들의 존재는 그저 믿음 속에만 있다. 그리고 그 위에 소망이 세워진다. 그래서 실체라고 부르는 것이다. (실체라는 말에는 '바탕에 놓인다(substare)'는 뜻이 들어 있다. 그래서 그 위에 소망이 얹히는 일종의 기반 역할을 하는 것이다.) 또한 그 너머의 것은 보지 못한 채 믿음에서부터 추론을 시작해서 논리를 구성해야 하기 때문에, 이 믿음 자체가 증명이다.

베드로는 단테의 답변을 칭찬한다. 그렇게 잘 이해한다면 궤변가에게 넘어가지 않을 것이라고. 하지만 이렇게 머리로 이해한 믿음을 단테가 실제로 지니고 있는지가 문제다. 여기서 '돈을 멀리하셨던' 베드로께서는 뜻밖에도 믿음을 돈(주화)에, 그 내용은 주화의 순도와 무게에 빗대어 말씀하신다. 단테가 정상적인 돈의 요건을 파악하고 있다는 건 확실하지만, 실제로 주머니에 그 돈을 지니고 있는지는 별개의 문제다. 단테는 자신의 믿음이 '문양도 확실하고, 광채나 형태도 의심할 나위 없이 또렷'하다고 고백한다.

베드로 성인께서는 다시 그 믿음이 어디서 왔는지를 물으신다. 단테는 신구약성서('옛 양피지와 새로운 양피지') 위에 쏟아부어진 성령의 비가 논증이 되었다고 답한다. 이에 반대하는 다른 증명들은 모두 무뎌 보일 정도로 날카로운 논증이었다고.

이에 대한 베드로의 반격이 예리하다. 성서가 하느님의 말씀이라는 건 어떻게 입증하느냐는 것이다. 단테는 성서를 뒤따르는 사건(기적)들이 그 증거라고 주장한다. 그 기적들은 자연적으로는 일어날 수 없는 일이라고. (이런 기적을 '자연 스스로가 쇠를 달구고 모루를 때리진 못한다.'라고 표현했다.)

다시 베드로의 반격이다. 단테가 증거라고 내세우는 기적들은 다 성서에 나오는 것 아니냐고, 성서가 참되다는 걸 입증해야 하는데 성서 내용을 증명이랍시고 내놓으면 어떻게 하냐는 것이다. 그러자 단테는 귀류법을 동원한다. 만일 기적이 없었는데 세상이 기독교를 받아들였다면 바로 그게 기적일 거라고. 이 기적에 비하면 다른 기적은 가치가 백분의 일도 되지 않는다고. 그다음 말은 약간 대인논증의 함축이 있다. '당신도 가난하고 배고픈 채 포교에 나섰으니까요.' 이 말은 '당신이 어려운 가운데서도 선교 활동을 시작한 게 바로 기적 아니냐.'라는 뜻이겠다. (현실 교회에 늘 비판적인 단테는 이 와중에도 '전에는 좋은 포도나무였던 것이 지금은 가시나무가 되었다.'라고 성인께 보고드린다.)

단테의 답변에 온 천국이 하느님을 찬양하는 노래로 메아리친다. 베드로께서 칭찬하기도 전에 다른 영혼들이 공감의 반응을 보인 것이다. 하지만 베드로 사도께서는 만만치 않다. 사랑과 은총 덕분에 믿음의 일반 개념에 대해서는 충분히 잘 말했지만, 아직도 단테 개인의 믿음의 출처와 내용을 확인해야 한다는 것이다. (여기서 베드로는 과수원의 나무들을 가지 하나하나, 잎사귀 하나하나 검사하는 지체 높은 감독관(남작)으로 그려져 있다.) 단테는 사도 베드로가 예수의 부활을 확인하고자, 젊은 요한보다 먼저 무덤 속에 들어갔던 것을 상기시킨다.(《요한복음》 20장) 당신은 그 정도로 믿음을 가졌던 대상을 이제는 직접 눈앞에 보고 있지 않느냐. (그러니 단테 자신의 믿음까지도 잘 들여다보고 있지 않느냐, 왜 자꾸 입증을 요구하느냐고 항변하는 듯하다.)

이제 단테는 신앙고백을 시작한다. 그는 사랑과 소망으로써, 자신은 움직이지 않으면서 온 세상을 움직이시는 하나이자 영원한 하느님을 믿는다. (피조물들은 창조주를 사랑하고 그를 바라서 그분을 향해 움직인다.) 단테의 이런 믿음은 한편으로 물리적이고 형이상학적인 증명에 근거한 것이고, 다른 한편 성서('모세와 예언자들과 시편들, 복음서와 사도들의 글')에 근거한 것이다. 그리고 단테는 영원한 삼위일체를 믿는다. 셋이면서 하나인 그분께는 단수와 복수가 모두 합당하다. 이것은 복음의 교리가 단테의 마음에 새겨준 것이다. 바로 이것들이 불씨가 되어 단테의 가슴속에는 불꽃이 확장되고 별처럼 빛나게 된 것이다.

그러자 베드로의 영혼은, 주인이 좋은 소식을 전한 한 종에게 하듯, 노래하며 단테를 세 바퀴 돌아 축복해준다.

제25곡

항성천-야고보의 시험, 요한과 만남

이제 한 고비를 넘었다. 어찌면 세 가지 시험 중 가장 어려운 것이다. 시인 단테는 다소 마음이 놓이는지 이야기 맥락을 벗어난 중간 서시를 덧붙인다. 자신이 《신곡》을 쓰는 데 여러 해가 걸렸고, 이 작품은 자신을 야위게 만들었노라고. 그리고 하늘과 땅이 함께 자신을 도왔노라고. 혹시 이 작품이 자신의 적들을 이길 수 있다면 자신은 고향('세례받았던 샘물')으로 돌아가 월계관을 받으리라고. 그는 다른 목소리, 다른 털을 갖춘 시인으로 귀환하리라고. (여기서 단테의 적들은 늑대로, 단테 자신은 잠자다 우리 밖으로 쫓겨난 어린양으로 비유되어 있다.) 시인 단테가 고향을 그리워하는 것은 거기서 세례를 받음으로써 자신이 하느님을 알고, 믿음을 얻게 되었기 때문이다. 24곡에서 베드로 성인께서 단테의 이마 주위를 세 번 돈 것도 그 믿음 덕분이라고. (베드로의 불꽃이 단테 머리 주위를 돈 것은 일종의 대관식이다. 단테는 교회의 수장이 둘러준 관을 썼다.)

야고보가 단테의 소망을 시험하다

조금 전 베드로가 나왔던 그 빛의 고리에서 다른 빛 하나가 다가온다.

베아트리체가 그를 소개한다. 그분을 위해 아래 세상에서 갈리시아를 순례한다고. 갈리시아는 스페인 북서부 지역이다. 야고보 성인의 유골을 모신 콤포스텔라 교회로 가는 순례길, 저 유명한 산티아고('성 야고보') 길이 그리로 뻗어 있다.

베드로의 빛은 야고보의 빛을 맞이하여 함께 하늘의 양식을 찬양함으로써 인사를 나눈다. 이 두 빛의 춤은 한 쌍의 비둘기가 서로를 맴돌며 애정을 표현하는 것에 비교되고 있다. 이제 두 빛이 함께 단테 앞에 멈춰 있다. 단테는 그들의 빛이 눈부셔서 얼굴을 들기 힘들다.

베아트리체는 야고보 성인께 단테의 소망을 시험해달라고 부탁한다. 한데 여기 일반인들은 잘 모르는, 조금 어려운 문제가 숨겨져 있다. 베아트리체는 야고보를 우선 '우리 왕국(basilica)의 은총을 기록하신 분'이라 부르고는, 이어서 예수께서 특별히 더 사랑하신 세 명의 제자 가운데 야고보도 속해 있었다고 칭송한다. '천국의 은총을 기록했다'라는 표현은 신약성서 〈야고보의 편지(야고보서)〉의 기록자라는 말이다. 그 다음 말은 예수의 가장 중요한 세 제자 베드로, 야고보, 요한을 가리키는 말이다. 한데 예수의 '3대 제자'에 속해서 변화산에서 예수께서 모세와 엘리야를 만날 때(〈마태복음〉 17장)도 동행하고, 겟세마네 동산에서 예수께서 기도할 때(〈마태복음〉 26장) 지근거리에 있었던 이는 세베대(Zebedee)의 아들로서 '큰 야고보'라고 부른다. 반면 〈야고보서〉의 저자는 예수의 열두 제자에 속하긴 하지만 별로 두드러지지 않았던 알페오(Alpheus)의 아들로 대개는 '작은 야고보'라고 한다. 게다가 신약성서에는 예수 주변 인물 중에 야고보라는 이름을 가진 이가 한 명 더 있어서 더욱 혼란을 일으킨다. 이 세 번째 인물은 예수의 동생인 야고보다. 그는 예루살렘의 첫 번째 주교로, 이 사람이 〈야고보서〉의 저자라는 학설도 있다. 그러니 일단 〈야고보서〉 저자가 누구인지를 밝혀야 하고, 그 사람과 예수의 주요 제자를 구별해야 하는 것이다. 여기서는 두 명, 또는 세 명이 뒤섞여 있는데, 어떤 학자는 단테가 문제를 알면서도 일부러 모호하게 쓴 게 아닐까 추정하기도 한다.

어쨌든 베아트리체가 야고보에게 이런 일을 부탁하는 이유는, 예수께서 세 제자를 다른 이보다 더 많이 사랑하실 때마다 그가 소망(spene)을 나타냈기 때문이란다. 그러자 야고보 성인은 단테에게 고개를 들라고 명하신다. 지상을 떠나 천국으로 올라가는 자는 천국 영혼들의 빛을 감당할 정도로 성숙해야 한다고. 그러자 단테는 눈길을 '산을 향해' 든다. 천국에 따로 산이 있어서라기보다는 이게 〈시편〉(121편)에서 소망을 나타내는 구절이어서 이렇게 표현한 것이다.

한편 야고보도 자기가 이런 부탁을 들어주는 이유를 명시한다. 하느님께서 단테에게 미리 천국을 보여주시니 그 은총에 호응해야 한다는 것이다. 이 부분에서는 거의 모든 용어가 왕궁과 귀족 세계에 맞춰져 있다. 하느님은 '우리의 황제', 천국은 '가장 비밀스러운 궁정', 천국의 영혼들은 '백작들'이다. 그리고 그는 단테가 이 시험을 통과한 후에 할 일도 명시한다. 이 '궁정'의 참모습을 보고서 단테 자신도 소망을 계속 지니고, 사람들 사이에도 그것을 심어주라는 뜻이다. 이 소망이 지상의 사람들로 하여금 참되게 사랑하게 만든다고.

야고보가 던지는 질문은 세 가지다. 소망이란 무엇이고, 그것이 단테의 마음속에 어떻게 꽃피고 있으며, 그것은 어디서 왔느냐는 것이다. 한데 단테가 입을 떼기도 전에 베아트리체가 둘째 문제를 대신 풀어준다. 하느님도 아시듯이 교회에 속한 자 중에 단테만큼 소망을 지닌 이는 없다고. 이번에는 표현들이 군사적인 용어들로 이뤄져 있다. 하느님은 '우리의 전열을 비추시는 분'이고, 교회는 '싸우는 교회'다. 단테의 큰 소망이 이미 받은 보답은 '전투가 끝나기도 전에 이집트에서 나와 예루살렘을 직접 본' 것이다. 그러니까 단테는 일종의 십자군 전사이고, 또한 모세를 따라서 이집트를 떠난 사람이다.

베아트리체는 야고보가 단테에게 질문을 던진 이유도 더욱 분명하게 밝혀준다. 즉, 성인께서는 지식을 얻기 위해서가 아니라, 소망이라는 덕이 그분께 얼마나 기꺼운 것인지 단테가 나중에 지상 사람들에게 전하게 하려고 이 질문을 던졌다는 것이다. 그러면서 단테에게는 이 문제들이 어려울 것도 없고, 답할 수 있다는 걸 자랑삼지도 않으리라고 보증한다. 이제 나머지 두 문제는 단테 자신이 답을 할 것이다.

단테는 마치 자신 있는 문제를 만난 제자가 스승께 제 능력을 보이고자 얼른 답하는 것처럼 답안을 제시한다. 우선 소망의 규정이다. 소망이란 미래의 영광을 확신을 갖고 기다리는 것이다. 그리고 소망을 낳는 것은 하느님의 은총과 자신의 이전 공덕(사랑)이다.

이어서 셋째 질문, 단테가 품은 소망은 어디서 왔는지에 대한 답이다. 여러 원천이 있지만 대표적인 것은 둘이다. 우선 구약성서에서는 다윗('최고 지도자duce에 대한 최고의 찬양자cantor')이 쓴 〈시편〉(Teodia, 하느님 찬양)이다. 그는 '당신의 이름을 아는 자들로 당신께 소망을 두게 하소서'(9편 10절)라고 적었다. 단테와 믿음을 공유한 모든 사람이 그것을 알고 있다. 소망의 두 번째 원천은 야고보의 편지다. (학자들이 찾아낸 구절은 '시험을 참는 자에게는 생명의 관을 주실 것이다.'이다. 〈야고보서〉 1장 12절) 단테는 자신이 그 말씀의 씨앗(물)으로 가득 차서 다른 사람들에게도 비를 내려주고 있다고 고백한다.

이러한 답을 들으면서 야고보의 영혼은 번개처럼 섬광을 여러 차례

번뜩인다.(예수께서 야고보와 요한을 '번개의 아들들'이라고 부르신 적이 있다.) 성인께서는 자신이 죽을 때까지 소망과 동행했으며, 지금도 그 소망을 향한 사랑으로 타오르고 있다고 말한다. 여기서도 군사적 용어를 사용하여, 죽는 것은 '싸움터를 떠나는' 것에, 그리고 죽어서 영광을 얻은 것은 '종려나무 가지를 상으로 받는' 것에 비기고 있다. 한데 단테도 소망을 즐거이 여기니, 성인께서는 단테에게 애정과 동료의식을 느낀다. 그래서 그에게 숨결을 내뿜으며, 그 소망이 단테에게 약속한 것이 무엇인지 얘기해주면 좋겠노라고 말씀하신다.

단테는 다시 한 번 신구약성서가 자기 소망의 근거임을 밝힌다. 성서는 하느님께서 친구 삼으신 자들을 위해 징표(목표)를 보여주는데, 그 징표들이 뜻을 가르쳐준다고. 우선 예언자 이사야의 말씀(《이사야서》 61장)에 사람들이 '자기 땅에서 두 겹 옷을 입을' 것이라고 했다. '자기 땅'은 천국에서의 '달콤한 삶(dolce vita)'을 의미하고, '두 겹 옷'은 부활 후에 재결합할 육체와 영혼이다. 이어서 단테는 신약성서에서 〈요한계시록〉(7장)을 인용한다. '당신의 형제'(세베대의 아들 요한)가 얘기한 '흰 옷'이 그것을 더욱 분명히 보여준다는 것이다. 그러니까 단테가 품은 소망은, 미래에 천국에서 완전한 육체와 영혼을 갖춘 채 하느님의 영광에 동참하는 것이다.

단테가 이렇게 답하자, 위에서 '저들로 하여금 당신께 소망을 두게 하소서'라는—아마도 천사들의—찬양이 들린다. 그러자 지금 앞에 모인 영혼들이 모두 함께 찬양으로 화답한다.

사도 요한의 영혼이 합류하다

이제 단테 앞에 있던 영혼 중 하나가 더욱 빛을 발한다. 시인 단테는 만일 그런 빛이―겨울철에 태양의 반대편에 있는―게자리에 있었더라면 밤 없이 낮만 계속되어 겨울 한 달이 하루가 되어버릴 것이라고 말한다. 그러니까 새로운 빛이 태양만큼이나 밝았다는 말이다.

이 빛은 이미 앞에 나와 있던 두 빛에게로 다가간다. 시인 단테는 그 모습을, 허영심에서가 아니라 결혼을 축하하기 위해 춤추는 무리에 합류하는 처녀에 비긴다. 한편 베아트리체는 이들의 축하를 받는 신부처럼 조용히 서 있다. 그러다가 단테에게 새로운 빛을 소개한다. 그는 '우리 펠리컨의 가슴에 기대었던' 사람이고, 그리스도께서 십자가 위에서 그에게 큰 임무를 맡기셨던 그 사람이다. 옛사람들은 펠리컨이 그 가슴에서 피를 내어 새끼들에게 먹인다고 믿었기 때문에, 이 새는 가슴을 창에 찔린 채 우리에게 피를 내어주신 그리스도의 상징이 되었다. '펠리컨의 가슴에 기대다'라는 표현은 사도 요한이 최후의 만찬 때 예수의 가슴에 기대어, 주님을 배반할 자가 누구인지 물었던 것(《요한복음》 13장)을 가리킨다. '십자가 위에서 맡기신 큰 임무'는 예수께서 요한에게 자기 어머니(성모 마리아)를 보살펴달라고 부탁했던 것(《요한복음》 19장)을 가리킨다.

베아트리체는 눈길을 다른 데로 돌리지 않고 계속 요한의 불꽃을 주시하고 있다. 단테도 그것을 따라 하는데, 마치 맨눈으로 일식을 관찰하려 애쓰다가 원하는 것을 제대로 보지 못하는 자와 같다. 그러자 그 불꽃이 단테를 책망한다. 왜 여기 있지 않은 것을 보려고 애쓰느냐고. 자기 육신은 흙이 되어, 영원한 계획과 우리의 숫자가 맞게 될 때까지 그대로 있을 것이라고. 이는 사도 요한이 육체를 가진 채로 승천했다는 전설을 부정하는 구절이다. 이 전설은 하느님께서 구원받을 자의 숫자가 모두 채워질 때까지 죽은 자들의 부활을 미뤄두실 것인데, 그날까지는 요한의 육신도 영혼과 다시 결합하지 못할 거라 말한다.

그러면서 천국('축복받은 수도원')에 육체를 지니고 올라온('두 겹 옷을 입은') 존재는 둘뿐이라고 밝힌다. 즉 육체를 지닌 채 승천하신 예수와 성모, 두 분뿐이란 말이다.(구약성서에는 에녹과 엘리야가 산 채로 하느님께 간 것으로 되어 있는데, 시인 단테는 이들을 짐짓 무시하고 있다.) 요한 사도께서는 이것을 지상에 제대로 전하라고 명하신다.

그러면서 불꽃의 회전이 멈추고, 세 불꽃이 숨결을 내쉬며 찬양하던 것도 멈추었다. 여기서 이들의 움직임은 배를 젓던 노꾼들이 휘파람 신호에 일제히 동작을 멈추는 것에 비유되고 있다. 그때 단테는 다시 베아트리체에게로 눈을 돌리는데, 너무 밝은 빛을 보아서 시력을 잃은 듯 느끼고는 혹시나 곁에 있는 그녀를 다시 보지 못하는 게 아닐까 걱정한다.

항성천-요한의 시험, 아담과 만남

요한이 단테의 사랑을 시험하다

사도 요한께서는 단테 눈의 마비 상태가 일시적임을 단테보다 더 잘 알고 있다. 단테에게 그 사실을 알려 순례자의 마음을 안심시키는 한편, 그가 눈이 보이지 않는 동안을 선용하자고 제안하신다.(이 부근에서는 '말하다' 대신에 '숨을 내쉬다'라는 표현을 주로 사용하고 있다. '숨쉬다(spiro)'가 '희망을 품다(spero)'와 비슷한 단어여서다. '살아 있는 한 희망은 있다(dum spiro, spero.)'라는 속담도 있다.) 그러고는 베아트리체에게 아나니아스의 손길과 같은 힘이 있다고 확언한다. 아나니아스는 사도 바울이 처음 하느님의 빛을 보고 눈이 멀었을 때, 그에게 세례를 베풀고 시력을 회복시켜준 분이다(〈사도행전〉 9장). 〈지옥편〉 초입에 자신은 사도 바울이 아니라고 했던 단테가 지금 여기서 '두 번째 바울'이 되어 있다.

요한은 단테의 사랑이 어디로 향해 있는지('무엇을 겨누고 있는지') 묻는다. 단테의 대답도 우선은 자기 시력에 대한 발언으로 시작된다. 자기의 눈은 베아트리체가 사랑의 불길을 동반하고 단테 자신에게로 들어오는 문이니, 그녀가 원하는 대로 치유하도록 일임하겠노라고. 이어서 요한의 질문에 답변한다. 자신은 크든 작든 모든 사랑을 성서에서 읽었는데, 그 성서의 시작과 끝('알파와 오메가')은 하느님의 좋으심('이 궁전을 기쁘게 하시는 선')이라는 것이다. 그러니까 자기 사랑의 지향점은 성서를 읽고 확신하게 된 바, 하느님의 좋으심이라는 말이 되겠다.

사도 요한께서는 단테에게 좀 더 자세히 설명하라고('더 가는 체로 거르라고') 요구하신다. 단테로 하여금 '그런 과녁을 향해 활을 당기게' 한 것은 무엇이냐는 질문이다. 이제 단테가 제시하는 자기 사랑의 출발점은 두 가지로 늘어나 있다. 하나는—다소 뜻밖에도—철학적 논증이다. 다른 하나는 천국에서 내려가는 권위(성서와 교리)다. 이 두 가지에 의해 사랑이 자신 안에 새겨질 수밖에 없었단다.

이어지는 설명은 따라가기 약간 어렵다. 좋음이란 것은 좋다고 파악되는 순간 사랑을 일으키며, 좋음이 클수록 그것에 대한 사랑도 커진다. 따라서 이러한 증명이 기초로 삼는 진리를 파악한 영혼이라면 이 탁월한 좋음(본질)을 사랑하지 않을 수 없다. 이 좋음은 얼마나 탁월한지, 이것 바깥의 다른 좋음은 이 빛에 속한 한 가닥 빛줄기에 불과하다 할 정도다.

이렇게 논리적인 설명을 제시한 단테는, 이런 진리를 자신에게 전해준 이는 어떤 철학자라고 고백한다. 그는 '모든 영원한 실체들이 처음 사랑하는 것(즉 자신의 창조주)을 보여준 사람'이라고 표현하고 있다(아리스토텔레스, 또는 플라톤). 즉, 최초의 피조물들은 자신의 창조주를 사랑하는 수밖에 없다는 말이다. 그 창조주가 피조물들에게 좋음을 나눠주었기 때문이다.

이렇게 우선 '철학적 논증'을 펼치고서, 이어 '권위'에 대해 언급한다. 하느님께서는 모세에게 '내가 네게 모든 좋음을 보여주리라.'라고 말씀하셨는데(《출애굽기》 33장 19절), 진실한 저자이신 이 하느님의 목소리가 그 좋음을 밝혀준다고. 이어서 단테는 사도 요한의 저술(《요한복음》과 《요한계시록》)도 자기 사랑의 근원으로 제시한다. 그러면서 그 고귀한 책은 천국의 신비를 아래 세상에 외치되, 다른 모든 포고를 능가하는 것이었다고 말한다. 단테가 지금 여기 인용한 두 작품은 성서의 시작과 끝이다. 〈출애굽기〉를 포함한 모세오경이 '알파', 그리고 신약성서 마지막의 〈요한계시록〉이 '오메가'에 해당하는 것이다.

그러자 사도께서 단테의 논지를 요약해주신다. "그러니까 너는 지성과 합치하는 권위를 통해 네 사랑의 으뜸을 하느님께로 향하는 것이로구나." 그러면서 그 밖의 다른 원인은 없는지 물으신다. 그를 하느님에게로 이끌어가는 다른 '끈', 그를 물고서 놓지 않는 다른 '이빨'은 없는지. 여기서 단테는 사도('그리스도의 독수리')께서 자신에게 무엇을 고백시키고자 하는지 깨닫는다. 이어지는 그의 고백은 이러하다. 사실은 여러 가지 것이 자신을 하느님을 사랑하게끔 몰아갔다고. 우주의 존재와 나의 존재, 그리고 나를 살리려 그리스도께서 겪으신 죽음, 그리고 모든 신자가 희망하는 부활과 천국의 행복 등이 그랬노라고. 이 모든 것이 합쳐져서 앞에 말한 '살아 있는 지식'과 더불어 자기를 비뚤어진 사랑의 바다에서 건져, 올바른 사랑의 해변에 놓았다는 것이다. (이 부분에서 〈지옥편〉 초입의 어두운 숲, 〈연옥편〉 초입의 바닷가 이미지가 함께 상기되고 있다. 하느님에 대한 사랑의 근거도, 처음엔 성서, 이어서 철학, 나중엔 우주 자체와 기독교의 역사, 신자들의 공동체가 모두 포함되는 식으로, 점층적-확장적으로 표현되었다.) 이제 단테는 자신이 영원한 정원지기(그리스도)의 꽃밭에 무성한 모든 잎들을, 거기 베풀어진 좋음 때문에, 그 좋음만큼 사랑한다고 고백한다. 천상의 좋음과 그에 대한 사랑이 지상으로 퍼져나가는 기적의 순간이다.

단테의 이러한 고백에 베아트리체를 포함해서 그곳의 모든 영혼이 노래로 찬동을 표한다. "거룩, 거룩, 거룩하도다!"

아담의 영혼이 자신의 삶을 소개하다

이 찬송과 더불어 단테가 시력을 회복한다. 베아트리체 눈의 빛살이 단테 눈 속의 모든 티끌을 씻어낸 것이다. 그 과정은 잠든 사람의 눈에 강렬한 빛이 비쳐 그의 눈꺼풀과 그 밑의 조직을 차례로 통과하는 것에 비유되고 있다. 어쩌면 눈에 여러 겹 막이 씌어 실명했던 사람에게서 그 막들이 벗겨지는 것과도 비슷하다. 단테는 처음엔 마치 갑자기 잠에서 깨어난 사람처럼 주위 것을 잘 알아보지 못한다. 하지만 곧 이전보다 훨씬 더 잘 보게 되고, 자기 곁에 다른 빛이 하나 더 다가와 있음을 발견한다.

놀라는 그에게 베아트리체가 소개한다. 지금 여기서 '최초의 권능이 창조하신 최초의 영혼'이 자기 창조주를 즐겁게 관조하고 있노라고. 단테는 마치 바람에 탄력을 얻은 나뭇가지처럼 힘을 얻어 질문한다. (여기서 더는 베아트리체의 허락을 구하지 않는 것이, 연옥산 꼭대기에서 베르길리우스께서 단테에게 뜻대로 행하라 하신 상황과 유사하다.) 아담을 부르는 호칭에 여러 함축이 들었다. "유일하게 익은 채로 생겨난 열매여, 모든 신부가 딸이자 며느리인 옛 아버지여!" 그러면서, 아담은 단테 자신의 마음속을 들여다보고 있으니, 질문받을 것도 없이 그냥 자기 궁금증을 풀어달라고 청한다.

아담의 영혼은 단테에게 기쁨을 주는 것이 본인에게도 기쁨이기에, 빛이 움찔거리는 듯 보인다. 마치 짐승 위에 천을 씌워놓았을 때 그 밑에서 짐승이 움직이면 그 느낌이 바깥으로 드러나는 것과 유사하다. (아담이 최초의 '동물'이고, 이어서 창조된 다른 동물들에게 이름을 주었기 때문에 이런 비유를 쓴 것이겠다.) 아담은 단테의 말을 재확인해준다. 자기가 단테의 생각을 다 아는 것은 하느님을 들여다보고 있기 때문이라고. 그 지식은 단테가 가장 확실하게 아는 것보다 더 확실하다고. 하느님이라는 거울은 그 안에 세상 모든 것을 다 비추고 있는데, 세상의 다른 거울은 그분을 완전히 비출 길이 없다고.

그러면서 단테의 의문을 정리해준다. 아담이 에덴동산에 살게 된 일 (즉, 인간 창조)은 얼마나 오래전에 있었던 것인지, 아담이 그곳에 있기를 즐거워한 게 얼마나 오랫동안인지, 그가 하느님의 분노를 일으킨 진짜 원인은 무엇인지, 그리고 아담이 처음 만들어낸 언어는 어떤 것인지 등이다. 그러고는 셋째 질문에 대한 답부터 제시한다. 사실은 선악을 알게 하는 나무 열매를 먹은 게 추방의 진짜 이유가 아니라는 것이다. 그보다는 오히려 하느님께서 정하신 한계를 넘어선 것이 문제라고. 그러니까 특정 행위가 아니라, 그 바탕에 깔린 오만과 불순종이 문제였다는 것이다.

다음으로 첫째 질문에 답한다. 자기는 림보('베아트리체가 베르길리우스를 이끌어낸 곳')에서 4302년 동안 이 천국을 그리워했으며, 그전에 지상에서는 930년을 살았단다. 이 계산에 따르면 아담은 기원전 5198년생이다. 예수께서 십자가에서 죽음을 당한 후 저승에 가서 아담의 영혼을 이끌어낼 때(서기 34년), 그는 5232년째 존재하는 중이었다. (이는 에우세비오스라는 신학자의 계산을 따른 것이다.)

그리고 넷째 질문에 대한 답이다. 자기가 사용했던 언어는 바벨탑 사건 이전에('니므롯의 백성이 해낼 수 없는 일에 몰두하기 전') 이미 사라졌단다. (이 말로써 시인 단테는 자기가 《속어론》에서 히브리어가 최초의 언어라고 주장했던 걸 철회하고 있다.) 그러면서 아담은 일반 원칙을 하나 제시한다. 인간의 취향은 하늘의 흐름에 따라 늘 새로운 것을 추구하기 때문에, 이성의 결과가 영원히 지속되는 경우는 없다는 것이다. 언어를 사용하는 게 인간의 본성이지만, 자연은 인간이 어떤 선택을 하든 그냥 내버려둔다고. 그래서 하느님의 이름도 아담이 죽기 전에는 I(아마도 야훼, 또는 여호와)라고 불리다가, 나중에는 El(아마도 엘로힘)이라고 불렸다. 이런 변화는 당연한 것이다. 인간의 관행이란 것은 나뭇잎처럼 졌다가 다시 피게 마련이기 때문이다.

마지막으로 아담은 두 번째 질문에 답한다. 자기가 에덴동산에 머문 것은 첫째 시간부터 해가 새로운 사분원으로 들어서는 여섯째 시간까지였을 뿐이었다고, 처음엔 순수했지만 곧 부정직해졌다고. 그는 단지 6시간 동안 에덴동산에 머물렀던 것이다. (그래서 시인 단테도 자기가 연옥산 꼭대기에 6시간 머문 것으로 설정했었고, 잠시 후에 보면 알겠지만 이 항성천에도 6시간 머무는 것으로 설정되어 있다.)

항성천-베드로의 현실 교회 비판, 원동천 진입

이제 온 천국이 찬양하여, 성부 성자 성령의 영광을 노래한다. 단테에겐 온 우주가 미소 짓는 듯 보인다. 보고 듣는 중에 취한 듯한 느낌이 마음 속으로 스며든다. 단테는 행복감과 기쁨을 느끼며, 사랑과 평화로 가득한 삶을, 완전한 풍요를 찬미한다.

베드로의 영혼이 교회의 부패를 비판하다
단테 앞에 있던 네 불꽃 중 베드로의 영혼이 더욱 밝아지기 시작한다. 그의 빛은 목성 같은 노란빛에서 화성 같은 붉은빛으로 바뀐다. 그러자 합창이 그친다. 이 대목은 '각자에게 순번과 임무를 배분하시는 섭리'가 침묵을 내렸다고 표현되어 있다. 잠시 후에 원동천에서 천사의 위계와 임무를 다룰 걸 예비하는 구절이다.

　베드로 성인께서는 단테에게 자신의 색깔이 바뀐 것에 놀라지 말라고 말씀하신다. 자기가 발언하는 동안 다른 모든 영혼이 마찬가지로 색이 변할 것이라고. 그러면서 현재의 교황을 비판한다. 하느님의 아들께서 보시기엔 지금 교황 자리가 비어 있는 것 같다고. 그 자리는 예수께서 베드로에게 맡기신 자리다. 그래서 성인께서는 그것을 "내 자리, 내

자리, 내 자리"라고 세 번 반복한다. 그는 예수를 세 번 부인한 후에 참회했고, 나중에 부활하신 예수께 '내 양을 치라.'라는 명을 세 번 받았으니(《요한복음》 21장), 이렇게 세 번 반복하는 게 꽤 적절하다. 베드로는 교황이 이 성인의 무덤을 피와 악취의 시궁창으로 만들었다고, 그 사실을 악마('천국에서 추락한 사악한 놈')가 즐거워하고 있다고 비난한다. 베드로 성인은 로마의 테베레강 서편 네로의 경기장 부근에서 순교했는데, 그의 무덤 위에 베드로 대성당이 세워졌다. 현재의 대성당은 단테 시대 이후에 지어졌지만, 옛 성당의 위치도 현재와 거의 같다.

베드로의 영혼이 여기까지 말하자, 온 천국이 아침노을, 또는 저녁노을처럼 물든다. 모두가 분개한 것이다. 베아트리체도 얼굴빛이 바뀌었는데, 시인 단테는 그 모습을 정숙한 여인이 남의 잘못에 대해 듣는 것만으로도 낯빛이 바뀌는 것과 비기고 있다. 그리고 그 모습을 예수께서 죽을 때 일식이 일어난 것과 비교하고 있다.

이제 베드로는 목소리까지 변하여 옛 성직자들의 순교에 대해 회고한다. 베드로에서 시작해서 모두 일곱 명의 순교자 교황의 이름이 나온다. 이들은 황금을 위해서가 아니라 천국의 행복한 삶을 위해 죽었으며, 이미 그전에 교회를 위해 많은 눈물을 흘렸었다. 그들은 교회가 지금처럼 분열되어 일부는 교황 편에(교황의 오른쪽에), 일부는 그 반대편에 앉기를 바라서 죽은 것이 아니었다. 그리고 그리스도께서 베드로에게 맡기신 열쇠는 기독교인끼리 싸우는 교황의 깃발 문양에 쓰라는 게 아니었다. 또한 베드로가 새겨진 인장은 거짓된 사업적 거래에 사용하라고 준 것도 아니었다. 이 때문에 베드로의 영혼은 이따금 불꽃을 뿜으며 분노하고 있단다.

이어서 베드로 성인께서는 하느님의 노여움을 일깨우며, 그저 가만히 계시지 말라고 청원한다. 목자의 옷을 입은 늑대들이 온 목장에 득실거리고 있다고. 그러면서 서기 1300년의 시점에서 보자면 아직 일어나지 않은 미래 일을 예언한다. 카오르와 가스코뉴 사람이 우리의 피를 마시려 하고 있다고. (카오르 출신의 요한 22세와 가스코뉴 출신의 클레멘스 5세를 가리키는 게 거의 틀림없다. 요한 22세는 단테가 죽을 때 5년째 재위 중이었으며, 단테가 죽은 뒤로도 12년이나 더 살았다.) 그렇지만 베드로는 하느님의 섭리가 스키피오를 시켜서 로마의 영광을 지켰던 것처럼, 이제 곧 도움이 오리라고 기대한다. 〈지옥편〉 31곡에서 잠깐 소개했지만, 스키피오는 한니발의 고향 카르타고를 역공해서, 결국 그를 패배시켰다.

마지막으로 베드로의 영혼은 단테에게 지상에 돌아가면 여기서 들은 것을 감추지 말고 전하라고 명하신다. 그런 다음 천국의 영혼들이 하느님 곁으로 올라가기 시작한다. 시인 단테는 그것을 한겨울('태양이 염소자리에 있을 때')에 수증기가 얼어 눈이 되어 떨어지는 것의 반대 현상으로 표현한다. 이번에는 증기(열기)들이 송이송이 창공을 장식하며 상승한 것이다. 단테는 그것을 시선이 더 닿을 수 없을 때까지 눈으로 뒤따른다.

지구를 내려다보고 원동천으로 올라가다

이제 베아트리체는 단테에게 아래를 내려다보고 그가 얼마나 회전했는지를 확인하라고 명한다. 단테는 제22곡에서 항성천으로 들어선 직후에, 그동안 지나온 일곱 행성의 하늘을 돌아보았었다. 이제 단테는 자기가 그 사이에 '첫째 기후대(clima)의 중앙에서 끝까지 활꼴 전체'를 지나왔음을 깨닫는다. 여기서 '첫째 기후대'란 적도와 평행하게 지구 위에 띠를 그려서 표시한 여러 기후대 중, 적도에 가장 가까운 열대기후대를 가리킨다. (춘분과 추분에 태양의 일주궤도는 천구적도와 일치한다.) 단테는 지금 쌍둥이자리에 있는데, 이 별자리는 양자리에서 두 구간만큼 뒤진 채 천구 위를 이동하고 있다. '중앙에서 끝까지'라는 말은 예루살렘의 자오선에서부터, 예루살렘 서쪽 지평선에 있는 스페인 해안의 자오선까지 이동했다는 뜻이다. 즉, 단테는 항성천에 6시간 머무른 것이다.

  단테는 거기서 카디즈 너머 서쪽으로 오뒷세우스의 광적인 항해의 길을 보고, 동쪽으로는 에우로페가 소로 변한 제우스의 등에 실려('달콤한 짐이 되어') 떠난 페니키아 해안을 본다. 그리고 단테는 지구('하느님의 타작마당')를 더 자세히 볼 수도 있었겠지만, 태양은 단테의 발밑보다 별자리 하나 이상 서쪽으로 더 나아가 있었다. (지금 태양은 춘분점이 있는 양자리에 있고, 단테는 쌍둥이자리에 있어서 별자리 두 개만큼 뒤처진 채 태양을 따라가고 있다. 쌍둥이자리가 예루살렘 위에 있을 때, 양자리는 약 60도 서쪽에 있으니 예루살렘 표준시로는 오후 4시다. 그 간격을 유지한 채로 단테가 태양의 뒤를 따라가고 있으니, 단테 발밑은 늘 오후 4시인 것이다. 아주 밝게 보기엔 좀 어두운 조명 상태다.)

  이제 단테는 다시 베아트리체에게 눈길을 돌린다. 그녀의 미소가 주는 성스러운 즐거움에 비하면, 자연이 인간의 육체 속에 유혹적으로 심어놓은 아름다움이나, 예술이 그림에 그린 것은 아예 비교 대상도 되지 못할 정도였다. 그녀를 바라봄으로써 얻은 힘으로 단테는 가장 빠르게 도는 하늘(원동천)로 올라간다. 다음 층으로 올라가느라 단테는 항성천의 쌍둥이자리('레다의 보금자리')를 떠났는데, 그다음 층은 모든 곳이 똑같이 활기 있고 탁월해서 단테는 베아트리체가 자신을 어디로 데려왔는지 알지 못한다.

  베아트리체는 단테의 의문을 알아채고 미소 짓는다. 마치 하느님의 기쁨이 나타난 듯한 모습이다. 이곳은 지구를 중심에 가만히 고정시킨 채 주위의 모든 하늘을 움직이게 하는 하늘의 본성이 그 출발점(meta) 으로 삼는 곳이다. 그러니까 우주 회전 운동의 시발점이 이곳이란 말이 다. 이 하늘은 하느님의 마음 이외엔 따로 자신의 자리로 가진 게 없으 며, 그 마음 안에 이 하늘을 돌리는 사랑과, 이 하늘이 아래로 쏟아 보 내는 힘이 깃들어 있다. 이 원동천이 다른 하늘들을 감싸고 있는 것처 럼, 빛과 사랑이 이 원동천을 감싸고 있는데, 그 경계는 하느님만이 아 신다. 다른 하늘들의 운동은 이 원동천에 의존하지만, 원동천의 운동은 다른 하늘의 움직임에 영향을 받지 않는다. 그래서 시간은 이 '화분'에 뿌리를 내리고서 다른 하늘에서 '잎을 피운다'.

베아트리체는 여기서 우주에 대한 설명을 잠시 멈추고 인간의 탐욕에 대해 개탄한다. 탐욕의 바다가 인간들을 물밑에 잠기게 하고, 물결 밖으 로 눈을 돌리지 못하게 한다고. 인간의 의지는 제법 꽃을 피우지만 비가 계속 내려서 좋은 열매 될 것을 쭉정이로 만든다고. 아직 어릴 때는 믿 음과 순수함이 있지만, 수염이 나기도 전에 다 사라져버린다고. 말을 제 대로 못 할 때는 금식을 지키다가, 나중에는 무절제하게 탐식한다고. 말 을 배우기 전에는 어머니를 사랑하다가, 말을 다 배우고 나면 어머니가 어서 죽기를 바란다고. 태양('아침을 가져오고 저녁을 남기는 자')의 후 예인 인간의 딸도 처음엔 피부가 하얗지만 나중엔 검어진다고.

그렇지만 베아트리체는 이 모든 일의 원인은 지상에 다스리는 자가 없어서, 인간들이 길을 잃어 그런 거라고 설명한다. 하지만 희망이 없지 는 않다. '지금 지상에서 무시하는 백분의 1 때문에 1월이 완전히 겨울 을 벗어나기 전에', 이 높은 하늘에서 빛이 비칠 것이다. 그러면 운명('오 래 기다렸던 폭풍')이 뱃머리를 지금 선미가 있는 쪽으로 돌려 함대가 제대로 달리게 될 것이다. 그러면 꽃이 피고 참열매가 열릴 것이다.

단테 시대에 쓰던 율리우스 달력(기원전 46년 시행)에서는 1년을 365와 4분의 1일로 정해 놓았는데, 사실 실제 1년(회귀년)은 이보다 약간(11분 14초) 짧기 때문에, 그 차이가 누적되면 새해가 128년마다 하루씩 늦어지고, 1300년 정도 지나면 열흘, 1300년이 세 번 지나면 한 달 늦어져서, 나중엔 1월이 아예 봄에 속하게 될 것이란 말이다. 하지만 단테 시대로부터 약 300년 뒤에 그레고리우스 달력(1582년 시행)을 택하면서, 달력상의 날짜와 실제 날짜의 차이가 거의 사라졌다. (1회귀년은 365.2422일, 그레고리우스 달력의 1년은 365.2425일, 약 3300년에 하루 차이가 생긴다.)

제28곡

원동천-천사의 위계

단테가 물리적 우주의 역상인 동심원들을 보다

베아트리체의 말을 들으며 그녀의 눈을 응시하던 단테는, 마치 거울에 불꽃이 비친 것을 본 사람처럼 그 불꽃이 무엇인지 확인하려 돌아본다. 그러고는 그 '거울상'과 실제가 일치하는 것을 발견한다. (이를 '악보의 지시와 노래 공연이 완전히 일치하는' 것과 같다고 표현해서, 여기서 시각과 청각이 공조하고 있다.)

단테는 빛나는 점 하나를 보게 되는데, 그 빛이 너무나 강렬해서 눈을 감을 수밖에 없었다. 그 점의 크기는 너무나 작아서, 지상에서 볼 때 가장 작은 별이라도 그 점 곁에 놓으면 보름달처럼 커 보일 지경이다. 한데 그 점을 중심으로 불타는 테두리가 둘러져 있다. 마치 대기 중에 수증기가 많으면 해나 달 주위에 햇무리, 달무리가 생기는 것과 유사하다. 그 테두리는 원동천('이 세계 주위를 가장 빨리 도는 움직임')보다 더 빠르게 돌고 있다. 그리고 그 바깥에 다른 테두리, 또 그 바깥에 다른 테두리가 연이어져 모두 아홉이나 둘려 있다. 그중 일곱째 원은 무지개('헤라의 심부름꾼')보다 더 폭이 넓다. 여덟째, 아홉째 원도 마찬가지다. 그리고 이들 각각의 원은 중심에서 멀어질수록 느리게 움직이고 있다. 중심의 순수한 빛에 가장 가까운 원이 가장 맑은 빛을 보이는데, 단테는 그것이 진리에 가장 가까워서 그런 것 아닐까 생각했다. (아직 이 동심원 무리가 무엇인지 설명되지 않았지만 단테는 이미 그 의미를 짐작하고 있는 듯하다. 잠시 후에 설명이 나오지만, 이 동심원은 하느님을 둘러싼 천사들이고, 그것이—원동천이라는 거울에 비쳐서—2차원적으로 표현된 것이다. 그 위계가 3차원적으로 구현된 것은 단테가 이제까지 지나온 여러 겹의 하늘들이다.)

단테의 궁금증을 알아챈 베아트리체가 설명한다. 그 빛나는 점에 하늘과 일체의 자연이 의존하고 있다고. 그 점에 가장 가까운 테두리가 그렇게 빨리 움직이는 것은 사랑에 불타기 때문이라고. 그러자 단테가 이의를 제기한다. '만일 자기가 지상에서 보는 하늘의 순서와 지금 앞에 보고 있는 동심원 무리가 일치한다면 당장 만족하겠다. 하지만, 지상에서 볼 때는 지구라는 중심으로부터 가장 먼 하늘이 가장 순수한데, 지금 보는 것은 오히려 중심에 가까운 게 가장 순수해 보이니 이게 어찌 된 일인지? 원동천('사랑과 빛만이 그 경계를 이루는 천사들의 신전(angelico templo)')에서는 자신의 소망이 다 이뤄지는 게 마땅하다면, 원본과 사본이 일치하지 않는 이유를 더 듣고 싶다. 혼자서는 아무리 생각해도 알 수가 없다.'

그러지 베아드리제가 나시 설녕한다. 단테의 손가락이 이 매듭을 풀기에 둔한 것은 당연하다고. 그리고 이것은 그를 시험하기 위한 매듭도 아니라고. 그러면서 질료를 가진 하늘(cerchi corporeai)에 대해 먼저 얘기한다. 지구를 둘러싼 여러 하늘의 지름은 그 하늘이 부분들에 미치는 힘에 비례한다. 좋음이 클수록 큰 행복을 이룬다. 물체가 클수록—그 부분들을 균일하게 완벽히 채운다면—큰 행복을 담는다.

여기서 베아트리체의 설명은 물리적 하늘에서 상징적인 것(천사의 위계)으로 넘어간다. 자신과 더불어 다른 우주 전부를 이끄는 이 원동천은, 하느님을 더 많이 사랑하고 더 많이 인식하는 원(세라핌 천사)에 해당한다는 것이다. 그러니 지금 단테 앞에 둥근 모습으로 나타난 실체(le sustanze, 천사)들의 겉모습을 보지 말고, 그 힘을 기준으로 보면 각 원과 그것이 상징하는 하늘 사이의 비례관계가 맞는다고.

베아트리체의 설명을 좀 풀어주자면 이렇다. 현실적인 우주는 지구를 중심으로 열 층의 하늘이 유리공처럼 겹쳐 있고, 바깥으로 갈수록 더 많은 것을 담게 되어 마지막 층인 정화천에서 끝난다. 반면에 지금 단테 앞에 나타난 동심원 무리는 제일 안쪽에 정화천(하느님 자신)을 상징하는 중심점이 있고, 그것에 가장 가까운 원이 원동천, 그다음 원이 항성천, 이런 식으로 3차원을 2차원으로 바꾸고 순서도 영향력에 따라 안쪽부터 바깥쪽으로 배치했다는 것이다. 그리고 이 동심원들은 천사의 위계와 일치한다는 것이다. (이 위계에 대해서는 잠시 후에 보자.)

북동풍이 불어 구름이 흩어지고 온 하늘이 맑게 웃을 때처럼, 단테에게서 의혹이 사라지고 하늘의 별처럼 진리가 드러난다. 한편 단테가 보고 있던 동심원들에서도 변화가 일어난다. 끓는 쇠에서 불똥 튀듯 동심원들에서 불꽃이 일어나고, 그 불꽃들은 자기 원을 따라 돌며 숫자가 곱절, 또 곱절로 늘어난다. 이 불꽃들은 하느님을 찬양하는 노래를 부른다. 자기들을 지금의 자리에 늘 두었고, 앞으로도 그러하실 그 중심점을 향한 찬양이다.

단테가 하느님을 에워싼 천사들의 위계를 배우다

단테는 조금 전에 중심에 가장 가까운 원이 '가장 사랑하고 가장 많이 안다.'라는 말을 들어서, 이 원들이 천사들로 이루어져 있다는 건 짐작하지만, 여전히 이 원들의 구체적인 의미는 알지 못한다. 그의 마음을 잘 아는 베아트리체가 다시 자세히 설명한다. 첫 두 원은 세라핌(스랍)과 케루빔(거룹, 그룹)이다. 이들이 그렇게 빨리 도는 것은 중심(하느님)을 최대한 닮기 위해서다. 보는 능력이 깊어질수록 하느님을 닮게 된다. 그다음 원은 '보좌'(트로니, 좌품천사)라고 부르는데, 첫 세 품계가 여기서 끝나기 때문에 이렇게 부른단다. (우주의 질서를 인격화해서 천사로 부르다가 갑자기 물리적 성격을 지닌 '보좌'라는 표현이 나와서 약간 혼란이 일어나는데, 천사들의 품계가 한편으로는 하늘의 여러 층을 나타낸다고 생각하면 양해할 수 있을 것이다.)

베아트리체는 다음 품계를 설명하기 전에 조금 일반적인 원칙 하나를 천명한다. 우리의 지성은 하느님이라는 진리 안에서 안식을 얻는데, 그 진리를 깊이 보는 만큼 기쁨이 생긴다. 따라서 천국의 지복은 진리를 보는 것에 달려 있지, 그 뒤에 따라오는 사랑에 근거한 게 아니다. (천국 행복의 본질이 직관visione인지, 아니면 사랑인지 논쟁이 있었는데, 시인 단테는 아퀴나스를 따라서 사랑보다 직관을 지지하는 중이다.) 그리고 직관력은 각자의 공에 의해 결정되는데, 이 공은 하느님의 은총과 본인의 좋은 의지에 의해 정해진다. (학자들이 정리한 바로는, 은총-좋은 의지-공덕-직관-사랑의 순서로 단계적으로 나아간다는 것이다.)

이제 베아트리체는 두 번째 세 품계를 설명한다. 이 세 품계는 천국('밤의 양자리가 빼앗아가지 못하는 영원한 봄날')에 싹이 나게 하고, 세 겹 기쁨을 세 겹 선율로 노래하는 존재들이다. 이들은 주품(도미나티오), 역품(비르투테스), 능품(포테스타테스) 천사다.

마지막 세 위계는 권품(프린키파투스), 대천사(아르칸겔루스), 천사(앙겔루스)들이다. 이들은 위를 우러르고 아래에 힘을 주어 모두가 하느님께 가도록 끌어주고 서로 이끌게 한다. 디오뉘시오스가 이 이론을 정리했고, 베아트리체도 이것을 따르는 중이다. 그레고리우스 1세는 이와 달리 분류했었지만, 천국에서 눈을 뜨자마자 자기가 했던 짓을 비웃게 되었단다. (지금 여기 정리된 천사들의 위계는 앞의 제10곡에 등장했던 디오뉘시오스 성인의 저술로 알려진 〈천사론〉을 따른 것이다. 개신교에서 이용하는 성서에는 그냥 일반 명사로 적혀 있어서 천사에 대한 언급이라는 게 잘 드러나지 않는다. 그 이름은 '보좌, 정사, 권세, 능력, 주관하는 자' 등이다. 〈에베소서〉 1장 21절, 〈골로새서〉 1장 16절)

그러면서 베아트리체는 디오뉘시오스는 이걸 어떻게 알게 되었는지도 설명한다. 천국에 왔던 사도 바울이 아테나이에서 디오뉘시오스에게 가르쳐주었다는 것이다. 그러나―단테 선생님께는 죄송한 말씀이지만―앞에서도 말했듯, 천사에 대한 이론을 쓴 사람은 사도 바울을 영접한 서기 1세기 아테나이 사람이 아니라, 5세기에 살았던 사람으로, 보통 '거짓 디오뉘시오스'라고 부른다.

한데 하늘이 열 개의 층으로 이루어졌다는 설명에는 무슨 의미가 있을까. 이는 곧 세계가 존재의 등급을 반영하며, 그 등급은 덕과 지식에 의해 결정된다는 것이다. 그러면 여기서 덕과 지식을 추구했지만 다른 길로 가서 파멸하고 만 영웅 한 사람이 떠오른다. 지옥의 불길에 갇힌 오뒷세우스다. 그는 우리가 지향해야 할 목표는 어렴풋이 알았지만, 방향과 방법을 잘못 택해서 자신과 동료들을 파멸시키고 말았다. 단테는 '올바른 길을 잃지 않은' 교정된 오뒷세우스다.

제29곡
원동천-세계 창조와 천사의 추락 설명

여기서 베아트리체는 동심원들의 중심점을 주시하면서 아주 잠깐 침묵한다. 시인 단테는 그것을 '레토의 두 자식이 각기 양자리와 저울자리를 차지하여 지평선에 놓이고, 천정이 그들의 균형을 잡다가 그 균형을 깨뜨리는 시간'이라고 표현했다. '레토의 두 자식'은 아폴론과 아르테미스이고, 이 둘은 각기 태양과 달을 의미한다. 그러니까 해는—춘분에 그러하듯— 양자리에 있고, 달은 그 반대편인 저울자리에 있어서 보름달인데, 해는 막 지려고 서쪽 지평선에 걸리고, 달을 막 떠오르려고 동쪽 지평선에 있다가 순식간에 밤이 되는 것을 말한다. 더구나 저울자리라는 배경에 어울리게, 천정이 저울의 중심을 잡고 있다가 균형이 무너지면서, 서쪽 것은 가라앉고 동쪽 것은 떠오르는 걸로 그렸다.

베아트리체가 세계 창조 과정을 설명하다
이어서 베아트리체는 단테의 마음속에 떠오른 또 하나의 질문에 답해준다. 그 의문은 베아트리체의 답변이 끝나는 대목에 가서야 소개되는데, 방금 본 위계를 지닌 천사들이 언제, 어디서, 어떻게 창조되었느냐는 것이다. 베아트리체는 먼저 자신이 그에 대한 답을 어떻게 알고 있는지 설명한다. 즉, 자기는 '모든 시간과 모든 장소가 모이는 곳'(하느님 자신)을 보았다는 것이다.

베아트리체는 이제 우주 창조를 그 기원부터 설명하기 시작한다. 하느님이 세상을 창조하신 이유는 자기에게 좋은 것을 더 늘리기 위해서가 아니다. 하느님은 이미 완전한 좋음이기 때문에 좋음을 더 늘리는 건 사실 불가능하다. 그분이 세상을 만드신 것은 자신의 빛을 비추어, 피조물들이 그 빛을 반사하면서 '나도 존재한다'라고 말할 수 있게 하려는 뜻에서였다. 그분은 시간을 초월하고 일체의 제한을 초월하는 영원 속의 영원한 사랑이다. 그 사랑이 자신의 의지대로 자신을 새로운 사랑들을 향해 열어주어 피조물들이 새롭게 사랑을 갖게 된 것이다.

그럼 하느님은 창조 전에는 뭘 하고 계셨을까 하는 의문이 생길 수 있는데, 베아트리체는 그것도 설명한다. 하느님이 창조를 시작하기 전에는 '이전'이나 '이후'가 없었다는 것이다. 즉, 시간에도 시작점이 있고, 그것은 창조의 시점에서 출발한다는 말이다. (현대의 빅뱅 이론과 유사해서 흥미롭다.) 한데 여기서 창조를 시작할 때를 '하느님이 이 물 위로 지나가는' 것으로 표현했다. 구약성서 〈창세기〉 맨 앞에 '하느님의 영이 물 위로 운행했다.'라고 되어 있는 걸 인용한 표현이다. '물' 앞에 지시어 '이'가 붙은 것은 원동천이 바로 그 '물'이라는 뜻이다. 원동천은 일종의 물로 이루어진 하늘인 셈이다.

다음으로 베아트리체는 피조물을 세 가지로 분류한다. 순수 형식, 순수 질료, 그리고 질료와 형식의 혼합이다. 이들은 시위가 셋인 활에서 화살 세 개가 발사되듯, 동시에 흠 없이 생겨났다. 베아트리체는 이 동시성을 비유적으로 설명한다. 유리나 호박, 수정 같은 투명체에 빛이 비쳐 반사될 때, 빛의 출발과 반사됨 사이에 전혀 시간 간격이 없는 것처럼, 이 세 가지 피조물은 자신의 창조주로부터 완전히 동시에 자신의 존재 속으로 비쳐나갔다는 것이다. (빛에도 속도가 있다는 현대 이론과는 상충하는 설명이다. 그리고 한 줄기 빛의 출발과 반사의 동시성을, 세 피조물의 존재성이 동시적이라는 걸 설명하는 데 적용해서 약간 어색함이 있다. 세 가지 매질을 같은 전자기파가 같은 속도로 통과한다는―이 역시 현대 이론과는 맞지 않지만―주장이라고 생각하자.)

이미 질료와 형식(형상)이라는 아리스토텔레스 용어가 나왔지만, 그 다음 설명은 정말로 아리스토텔레스 형이상학을 모르는 사람으로서는 따라가기 힘들다. 실체가 생겨날 때 위계와 구성도 함께 생겨났는데, 실체 중에 순수한 현실성이 담긴 것들은 창조된 세계의 맨 위를 차지하고, 순수한 가능성은 낮은 부분을 차지했으며, 그 중간은 현실성과 가능성이 끊을 수 없게 결합된 것이 차지했단다. 여기서 가능성은 대개 '가능태'라고 부르는 것이고, 현실성은 '현실태'라고 부르는 것이다. 아리스토텔레스 목적론 철학에서 우리는 어떤 가능성을 잠재적으로 지니고 태어나서 그 가능성을 만개하여 현실화하는 쪽으로 나아간다고 했는데, 이를 세계 창조에 적용한 설명이다. 여기서 '현실성과 가능성의 결합'이 의미하는 게 무엇인지에 대해서는, 정화천과 지구 사이의 하늘들이라는 해석과, 인간을 가리키는 것이라는 해석이 맞서고 있다. 독자로서는 그냥 '이런 뜻일 수도 있고, 저런 뜻일 수도 있겠다.' 하면서 읽으면 되겠다.

이어서 베아트리체는 천사들의 생겨남이 우리가 아는 이 세계가 생겨난 것보다 앞선다는 주장을 논파한다. 상대는 대단한 거물, 라틴어 성서 번역자인 히에로니무스다. 그가 쓰기를 우리가 아는 세계가 생기기 오래전에 먼저 천사들의 위계가 구성되었단다. (《디도서》 1장 2절 주석) 하지만 지금 베아트리체가 주장한 세계 창조의 동시성은 성서의 여러 군데에서 확인할 수 있다. 그리고 인간의 이성도 이것 정도는 깨닫고 있다. 천사들은 이 세계를 돌리는 원동력인데, 그 힘을 적용할 지구가 없다면 그들은 한동안 할 일이 없으니, 그동안은 완전성을 결여하는 게 아니냐는 말이다.

이제 베아트리체는 자신이 단테의 세 가지 의문을 모두 해소해주었노라고 선언한다. 즉, 그가 궁금했던 것은 천사들('이 사랑들')이 어디서, 언제, 어떻게 창조되었느냐는 것이었다고. 문제를 답보다 뒤에 놓는 것은 일종의 '앞뒤 바꾸기(hysteron proteron)'인데, 하느님 곁에 있는 존재들에게는 문제를 채 떠올리기도 전에 답이 주어지기 때문에, 이렇게 대답과 질문의 순서를 바꾼 게 아닌가 싶다.

사탄의 추락과 그 사건의 교훈

여기까지 우리 눈에 보이지 않는 다소 추상적인 질서를 설명한 다음, 베아트리체는 우리도 따라가기 쉬운 구체적 사건을 이야기한다. 사탄의 추락에 대한 얘기다. 천사 중 일부가 하느님께 반역했다가 순식간에('누가 스물까지 헤아리기도 전에') 아래로 떨어져 땅의 맨 밑바닥을('원소들에게 양분을 주는 것의 바닥을') 뒤흔들었다는 것이다. (국내 번역들에 '원소의 주체'라고 옮겨져 있는데, '주체(suggetto)'라고 번역한 단어는 원래 '바닥에 깔린 것'이란 뜻이다.) 그리고 여기서 '스물을 헤아리기도 전에'라는 말은 천사의 창조부터 반역까지의 시간이라는 사람도 있지만, 그보다는 천상에서 지구 중심까지 추락하는 데 걸린 시간으로 보는 게 더 합당할 듯하다. 대개 학자들은 천사 중 일부가 '창조되자마자' 반역했다고 보고 있다.

이어서 베아트리체는 천사의 추락 이유가 교만 때문이라고 지적한다.

시인 단테도 자기가 그 죄를 범할까 봐 늘 걱정하는 걸 우리는 알고 있다. 반면에 다른 천사들은 자신들의 존재도, 큰 지식도 모두 하느님의 좋으심 덕분이라는 걸 겸손하게 인정하였다. 그래서 이들은 하느님의 은총과 자신들의 공덕을 통해 시력이 높아지고, 지금 충만하고 꿋꿋한 의지를 지니고 있다. 여기서 공덕이란 하느님의 은총을 받아들이려는 갈망으로써 측정된다.

그러면서 지상에서 천사에 대해 잘못 가르치고 있는 대목을 교정해 준다. 흔히 천사의 본성이 인식, 기억, 의지라고 하는데, 천사들은 하느님의 참모습을 보고 행복해진 다음에는 거기서 눈을 돌리지 않고, 또 새로운 대상이 그들의 시야를 가리지도 않기 때문에 따로 회상이 필요하지 않다고.

베아트리체가 과시와 익살에 몰두하는 설교자들을 비판하다

이제 베아트리체는 성서를 왜곡하는 자들을 비난하기 시작한다. 지상에 있는 자들은 잠든 것도 아니면서 꿈을 꾸는데, 어떤 이는 스스로 그걸 믿기도 하고, 어떤 이는 자기가 진리를 말한다고 주장하면서 스스로는 믿지 않기도 한다. 물론 둘째 부류가 더 큰 죄를 짓는 것이다. 지상에서 철학하는 자들이 여러 길로 가는 건 과시하기를 좋아하고 늘 그 생각에 붙들려 그런 것이다. 하지만 그러는 게 성서를 무시하거나 왜곡하는 것보다는 오히려 하늘의 분노를 덜 사는 행동이다. 사람들은 성서를 씨 뿌리기 위해 얼마나 많은 피가 뿌려졌는지 알지 못한다. 그리고 겸손하게 성서를 대하는 게 얼마나 즐거운 일인지 생각하는 사람도 없다.

베아트리체의 비판은 설교자들에게로 좁혀진다. 설교하는 자들은 돋보이려 애를 쓰고 새로운 걸 지어내고, 정작 복음에 대해서는 입을 다문다. 대표적인 것이 예수께서 돌아가실 때 날이 갑자기 어두워진 것은 달이 뒷걸음질해서 해를 가린 거라는 주장이다. 이는 거짓말이다. 실제로는 해가 스스로 어두워진 것이다. 그래서 유대 지역뿐 아니라, 스페인과 인도에서도 해가림(일식)이 있었던 것이다.

피렌체에 라포와 빈도라는 이름을 가진 동명이인이 아주 많지만, 여기저기 강단에서 쏟아지는 헛소리들보다는 적다. 이 때문에 멋모르는 양 떼는 바람만 먹고 목장에서 돌아온다. (제10곡과 11곡에서 나왔던 '좋게 살찌는 곳' 이미지를 다시 이용했다.) 자기들은 그 폐해를 몰랐다고 변명해 봐야 용서를 받지 못할 것이다. 그리스도께서는 첫 제자들에게 '세상에 헛소리를 전하라'고 하지 않고, 진실한 바탕을 주셨다. 그래서 제자들은 그것만을 전하고 신앙의 전장에서 복음을 창과 방패로 삼아 싸웠다. 그런데 지금은 격언과 익살로 설교하고, 더 잘 웃기려고 수도복의 고깔이나 부풀리고 있다. 그 고깔 끝에는 새(아마도 검은 까마귀)가 깃들고 있는데, 대중이 그걸 보게 되면 자기들이 받은 사면이 실제로는 헛것임을 깨달을 것이다. 이런 설교자들 때문에 어리석음이 늘어나고, 근거 없는 헛된 약속에 사람들이 몰린다. 이 때문에 '안토니오 성인의 돼지'가 살찌고, '이보다 더 큰 다른 돼지'도 압인 없이 찍어낸 주화(헛된 사면)를 내주면서 살이 찐다. '성 안토니오의 돼지'는 원래 이 성인께서 이겨낸 악마를 상징했었는데, 나중에는 수도사들에게 선물로 바치는 돼지를 가리키게 되었다. '더 큰 돼지'는 거짓된 수도사들이다.

이제 베아트리체는 다시 천사에 대한 이론으로 돌아온다. 천사('이 자연')들의 숫자는 단계마다 너무 많아서 인간으로서는 표현할 수도, 생각할 수도 없다. 〈다니엘서〉(7장)에 '수천'이라고 했지만, 거기에는 '숫자가 숨어' 있다. (이 말이 '확정된 숫자가 있지만, 인간이 알기는 어렵다.'라는 뜻인지, 아니면 숫자가 무한하다는 뜻인지 논란이 있는데, 인간이 보기엔 무한하고 신께서 보시기엔 유한하다고 조정할 수 있겠다.) 이 천사들을 비추시는 하느님('최초의 빛')은 자신과 합치하는 천사들의 숫자만큼 많은 여러 방식으로 그들에게 수용된다. 그래서 사랑의 정도도 제각각이다. 앞에 말했듯 사랑은 직관을 따르기 때문이다.

베아트리체는 단테에게 하느님('영원한 힘')의 높음과 넓음을 보라고 권한다. 그 힘은 수많은 거울을 만들어 그 안에서 부서지지만 이전과 다름없이 늘 하나로 남아 있다.

제30곡

정화천-천국의 장미

단테가 정화천으로 옮겨가다

단테는 여전히 자기 앞의 동심원들을 보고 있다. 한데 그 중심의 압도하는 빛이 자기를 돌고 있는 원들을 오히려 감싸는 듯 보이고, 결국 이 동심원 무리가 단테의 눈앞에서 사라진다. 시인 단테는 그것을 두고, 아침이 다가오면 새벽빛에 별빛이 점차 약해지다가 마침내 가장 아름답게 빛나던 별마저 사라지는 것에 비기고 있다. 새벽이 다가오는 것도 조금 어렵게 묘사했다. 우리에게서 동쪽으로 6천 마일 떨어진 곳에 정오가 되면 우리가 있는 곳은 평평한 판에 그림자가 드리워 있다가 사라진다고.(당시 사람들은 지구 한 바퀴가 2만 4백 마일이라고 추정했다. 그래서 그 4분의 1인 5천 1백 마일만큼 동쪽으로 떨어진 곳이 각도로는 90도 떨어진 곳이다. 그러니 내가 있는 곳에서 동쪽으로 6천 마일 지점이 정오라면 내가 있는 곳은 해 뜨기 한 시간쯤 전이다.)

단테는 눈길을 베아트리체에게로 돌린다. 한데 그녀의 아름다움은 이제까지 자기가 찬양했던 것을 모두 모아도 표현하기 어려울 정도였다. 그 아름다움은 인간으로서는 표현할 수 없고, 그런 아름다움을 온전히 누리는 것은 하느님께나 가능한 일일 듯했다. 희극이나 비극의 작가가 자신의 주제에 어느 순간 압도당하는 것과 비슷하게 시인 단테도 여기서 자신의 패배를 인정한다. 약한 눈으로 태양을 바라본 것처럼, 그녀의 미소에 대한 기억은 단테의 정신의 힘을 빼앗는다. 시인 단테는 기억, 이해력, 표현 능력이 모두 사라졌다고 말하고 있다. 자기가 베아트리체를 처음 본 날부터 그녀에 대한 노래를 계속 이어왔지만, 이제 자신의 한계에 다다른 예술가처럼 시로써 그녀의 아름다움을 뒤쫓는 걸 중단하겠다고 선언한다. 베르길리우스가 쓴 비극이나, 자신이 이제까지 써온 희극을 넘어선 새로운 장르가 필요하다는 선언이다. 어쩌면 다윗이 썼던 찬양(Teodia)이 적합할 것이다.

베아트리체가 전보다 아름다워 보이면 늘 새로운 단계로 들어서는데, 이번에도 그녀는 자기들이 원동천('물체 중 가장 큰 것')을 벗어나서 정화천('순수한 빛의 하늘')으로 들어왔음을 선언한다. 이 빛은 지성의 빛, 사랑으로 가득 찬 빛이고, 그 사랑은 참된 좋음을 향한 사랑이며, 행복으로 가득한 사랑이다. 그리고 이 행복은 모든 달콤함을 넘어서는 행복이다.

베아트리체는 이제 천국의 두 '군대'를 보게 될 것이라고 예고한다. 그중 한 군대는 최후의 심판에서 볼 모양을 하고 있다고. 이 말은 이제까지 천국에서 마주친 영혼들은 대개 빛에 가려서 본모습이 보이지 않았지만, 앞으로는 육체를 지닌 것처럼 또렷한 모습으로 만나게 되리라는 뜻이다

단테가 빛의 강물과 장미꽃을 보다

곧 새로운 모습을 보리라는 베아트리체의 예고가 무색하게, 단테가 그다음에 당한 일은 또 한 번의 실명이다. 눈부신 빛이 단테를 에워싸서 아무것도 보지 못하게 된 것이다. 마치 번개 만난 사람과도 같다. 베아트

리체가 단테를 안심시키며 설명한다. 늘 이 하늘에 평안을 주는 사랑(하느님)이 자신의 불꽃을 위해 양초를 준비시킬 때는 이런 대접을 베푼다고. 단테는 하느님의 불이 옮겨 붙을 일종의 '양초'다. 이어서 그는 자신이 자기 능력보다 훨씬 위로 솟구치는 것을 느낀다. 그리고 시력이 돌아온다. 이제 아무리 눈부신 불꽃이라도 견딜 수 있게 되었다.

단테가 처음으로 본 것은 봄꽃이 만발한 두 강둑 사이에 흐르는 빛의 강이다. 그 강에서 불꽃이 튀어나와 꽃들 속으로 떨어진다. 시인 단테는 그것을 황금에 휘감긴 루비에 비긴다. 그 불꽃들은 향기에 취한 듯 다시 빛의 강물로 돌아가서는 더러는 잠기고 더러는 다시 솟구친다.

단테는 이게 다 무엇인지 알고 싶은 욕망에 애가 탄다. 베아트리체는 알고자 하는 그의 욕망이 클수록 더욱 기쁘다며, 그 갈망이 채워지기 전에 먼저 이 강물을 마셔야 한다고 말한다. (연옥산에서 단테가 레테와 에우노에 강물을 마신 것과 유사하다. 《신곡》의 세 편에서는 비슷한 위치에 비슷한 사건이 배치되어 있다.) 그러고는 일단 임시적인 설명을 베푼다. 이 강물과 거기서 잠겼다 솟았다가 하는 '루비'와 주위의 꽃('풀들의 웃음')은 참된 모습의 희미한 서곡에 불과하다는 것이다. 단테는 얼른 강을 향해 몸을 기울인다. 마치 늦잠에서 깨어난 아기가 얼른 엄마 젖을 찾는 것과도 같다. 그는—입으로가 아니라- 눈으로 빛의 강물을 들이킨다. 자기 눈을 '더 나은 거울'로 만들려는 것이다. 천국의 존재들은 모두 하느님의 사랑과 지식을 반사하는 거울이다.

눈이 밝아진 단테는, 조금 전까지 길게 뻗은 빛의 강물로 보이던 것이 둥글게 변한 것을 본다. 마치 가면을 썼던 사람이 그것을 벗자 완전히 다른 사람으로 보이는 것과 비슷하다. 조금 전까지 꽃과 불꽃으로 보이던 것들이 '축제'로 변하고, 하늘 궁정이 둘로 나뉘어 보인다. (그곳에 있는 존재 중 일부는 천사들이고, 일부는 인간들이란 뜻이다. 앞에 베아트리체가 '두 군대'라고 지칭한 것도 이 두 부류다. 그중 인간들은 대심판 이후에 되찾을 모습을 보이고 있다.)

시인 단테는 여기서 하느님의 빛들을 불러 자기에게 힘을 달라고 청한다. 그들은 참된 왕국의 개선 행렬을 보여주었는데, 그 본 것을 제대로 전할 수 있게 해달라는 것이다. 이런 기원이 나오면 늘 새로운 단계로 들어서니, 여기서도 완전히 새로운 세계가 펼쳐질 것을 기대할 수 있다.

시인은 일종의 선언문 같은 일반적 발언으로 시작한다. 저 위의 천국에는 빛이 있는데, 그 빛은 피조물들에게 창조주를 볼 수 있게 해준다고. 그 피조물들은 오직 창조주 안에서만 평화를 누린다고. 앞에 말한 하느님의 은총과 그 은총의 덕을 입은 피조물의 직관(지식)이다.

하느님의 빛은 둥근 모습으로 펼쳐져 있다. 그 둘레는 태양에게조차 너무 느슨한 띠가 될 정도다. 이 빛은 원동천 꼭대기에서 반사되고 있으며, 원동천은 그 빛으로부터 생명과 힘을 얻는단다. 그 빛의 위쪽으로 일종의 스타디움이 펼쳐져 있어서, 거기엔 이승을 떠나간 수많은 영혼이 층층대에 서서 아래를 내려다보고 있다. 마치 풀과 꽃이 무성한 강둑이 강물 속에 제 모습을 비추어 보는 것과 같다.

시인 단테는 그 '스타디움'의 크기에 경탄한다. 제일 아래쪽만 해도 그 거대한 빛을 에워싸고 있으니, 제일 위쪽 테두리는 얼마나 벌고 이 '장미꽃'은 얼마나 클 것인지! 그렇지만 이 스타디움이 아무리 크다 해도 그 폭과 높이가 단테의 관찰을 제한하지는 않는다. 그는 그곳 영혼들이 누리는 즐거움의 양과 질을 동시에 포착한다. 이곳에서는 멀고 가까움 때문에 뭔가 늘어나고 줄어드는 일이 없으니, 하느님께서 직접 통치하시는 곳에서는 지상의 법칙이 통용되지 않기 때문이다.

베아트리체가 하인리히 7세가 천국에 올 것을 예언하다

베아트리체는 마치 할 말이 있지만 입을 다물고 있던 사람처럼, 단테를 스타디움의 한가운데로 이끌고 간다. 여기서 이 '스타디움'은 '비탈진 채 펼쳐져서 항상 봄날인 해님께 찬양의 향기를 발산하는 영원한 장미'로 그려졌고, 그 중앙부는 '황금빛'으로 표현되었다.

베아트리체는 우선 이곳에 흰옷 입은 무리가 얼마나 많은지 주목하게 한다. 이제 이곳은 거의 가득 차서 남은 자리가 몇 되지 않는다. 그러면서 아직 비어 있는 자리 하나를 가리킨다. 그곳엔 벌써 왕관이 놓여 단테의 눈길을 끌고 있다. 베아트리체는 단테가 천국으로 돌아오기 전에('이곳 잔치를 맛보기 전에') 그 자리에 위대한 하인리히가 앉으리라고 예언한다. 그는 지상에서 곧 황제가 될 것이며, 이탈리아가 채 준비를 갖추기도 전에 그곳을 바로잡으러 가게 될 것이라고. (이는 1308년에 신성 로마제국 황제에 즉위한 하인리히 7세를 가리키는 말이다. 이미 〈연옥편〉 6곡 등에서 자세히 소개한 대로, 단테는 그에게 큰 기대를 걸었으나 이 하인리히는 1313년에 세상을 떠나고 만다. 〈천국편〉 중간(17곡)에, 그리고 막바지에까지 이런 구절을 넣은 것을 보면 단테가 하인리히의 요절에 얼마나 큰 아쉬움을 느꼈는지 알 수 있다.)

이어서 베아트리체는 단테 시대의 교황들을 비난한다. 우선 일반적 언명이다. 인간들은 탐욕에 눈이 멀어, 마치 유모를 내쫓고 자신도 굶어서 죽는 어린아이처럼 행동한다는 것이다. 그러면서 하인리히와 동시대의 교황들로 범위를 좁힌다. 공개적으로든 비밀리에든 황제와 같은 길을 가지 않는 사람이 성스러운 광장의 우두머리가 되리라는 것이다. 그리고 하느님께서 그의 성직을 오래 참지 않아서 그는 곧 마술사 시몬이 벌 받는 자리로 떨어질 것이고, 알라냐 출신의 교황을 더 아래로 처박히게 할 것이라고. 여기서 '마술사 시몬이 벌 받는 곳'은 우리가 〈지옥편〉 20곡에서 본 성직매매자들의 영역을 가리키는 말이다. 하인리히에게―아마도 비밀리에―적대하게 될 교황은 클레멘스 5세다. 그는 하인리히 7세가 죽은 바로 다음 해인 1314년에 죽는다. 그리고 곧 더 깊이 처박히게 될 '알라냐(아냐니) 출신' 교황은 보니파키우스 8세다.

정화천-베르나르두스를 만남

단테가 천국의 장미와 하느님 사이를 오가는 벌들을 보다

이제 천국의 '장미꽃'에 대한 설명이 한동안 이어진다. 그것을 이루는 부분들은 '그리스도께서 피로써 신부 삼으신 거룩한 군대', 즉 지상의 삶을 마친 영혼들이다. 이들은 교회의 일원이기 때문에 '그리스도의 신부'이기도 하다. 그들은 흰 장미꽃 형태를 보인다.

그 장미 주위를 벌 떼처럼 날아다니는 다른 무리가 있다. 천사들이다. 그들은 자기들에게 사랑을 불러일으키는 분(하느님)의 영광과 그런 영광을 허락하신 하느님의 좋으심을 들여다보고 찬양하며 날아다닌다. 이들은 벌들이 꽃으로 갔다가 다시 제 집('꿀 빚는 노역의 자리')으로 돌아가듯, 장미꽃과 하느님('자신들의 사랑이 늘 머무는 곳') 사이를 계속 오고 간다. 이들의 얼굴은 살아 있는 불꽃이고, 날개는 황금색, 다른 부분은 눈보다 더 흰색이다. 그들이 꽃으로 내려갈 때면, 날개로 옆구리에 부채질하면서 이 자리 저 자리로 자신들이 얻은 평화와 열정을 옮겨준다. (현실의 벌이 꽃에서 꿀을 모아가는 것과는 반대로, 이 천상의 '벌들은 하느님의 은총을 나눠주고 있다.)

그렇지만 천사의 숫자가 그토록 많아도 이들이 하느님을 우러러보는 것을 가로막거나, 위에서 장미꽃으로 내려오는 빛을 가리지는 않는다. 하느님의 빛은 각 부분의 가치에 따라 온 우주에 스며들기 때문이다. (아홉 층의 하늘이 서로의 빛을 가로막지 않는 것과 마찬가지다. 그 아홉 하늘은 천사의 위계이기도 하니, 서로 비슷한 것도 당연하다.) 그리고 이곳에 있는 옛사람(구약시대 사람)과 새사람(신약시대 사람)은 모두 사랑과 시선을 하나의 표적(하느님)에게로 향하고 있다.

시인 단테는 이 대목에서 삼위일체 하느님('하나의 별, 세 겹의 빛')께 지상의 폭풍을 살펴달라고 청한다. 이어서 자신이 천국의 정경에 얼마나 놀라고 감탄했는지 길게 묘사한다. 자신을 도시 로마를 방문한 북쪽 야만인에 비긴다. 그 북쪽은 '헬리케가 그리운 자기 아들과 함께 회전하며 날마다 덮는 지방'이라고 되어 있다. 헬리케(칼리스토)는 제우스의 사랑을 받았다가 헤라의 복수 때문에 곰으로 변하고, 사냥꾼으로 성장한 아들에게 죽게 된 것을 제우스가 하늘로 끌어올려 어머니는 큰곰자리, 아들은 작은곰자리가 되게 했다.(이미 연옥산 일곱 층 중에서 마지막, 음란의 둘레길(25곡)에서 소개된 신화다. 거기서는 헬리케를 쫓아낸 아르테미스가 우리가 따를 모범으로 제시되어 있었다.) 이 두 별자리는 북극성 주위에 있어서—북반구 고위도 지역에서 볼 때—바다로 가라앉지 않고 날마다 천구를 회전하는 것으로 보인다.

그리고 이 북쪽 야만인들이 방문한 도시 로마도 시기에 따라 번영과 쇠락을 겪었는데, 시인 단테는 특히 '라테라노가 인간의 업적을 한참 능가할 때'를 기준으로 삼았다. 교황의 거처가 바티칸으로 옮겨가기 전에는 라테라노가 교황궁이었다. 현재의 라테라노는 그 후에 다소 소박하게 다시 세운 것이다.

시인 단테는 자신이 인간적인 것에서 신적인 것으로, 시간에서 영원으로, 패역한 도시 피렌체에서 정의롭고 건전한 사람들에게로 간 것이라고 말한다. 지상과 천국을 극명하게 대비하는 멋진 구절이다. 그는 놀라움과 기쁨 사이에서, 듣기도 원치 않고 말도 없이 서 있다. 그는 마치 순례자가 자기가 서원했던 성전을 보고 벌써 그 모습을 전하고 싶어 하며 둘러보듯, 빛 속을 걸어가며 위로 아래로 때로는 빙 둘러 살펴본다. 그곳 영혼들의 얼굴은 하느님('다른 분')의 빛과 자신들의 웃음으로 장식되어 사랑을 불러일으키고, 그들의 거동은 기품이 넘친다. 그들을 둘러보다 어떤 궁금증이 생긴 단테는 베아트리체에게로 몸을 돌린다.

베아트리체가 떠나고 단테가 감사의 기원을 드리다
한데 베아트리체는 어디론가 가버리고 복된 사람들처럼 옷을 입은 노인 한 분이 곁에 계신다. 눈과 표정에는 너그러운 즐거움을 담았는데, 태도는 경건하면서도 온화한 아버지 같다. 단테는 상대의 신분보다 베아트리체의 행방을 알고 싶은 마음이 더 시급하다. 상대는 자기가 베아트리체의 뜻에 따라 이 자리로 내려왔노라며, 그녀는 지금 스타디움 맨 위층 셋째 둘레의 자기 자리에 앉아 있노라고 가르쳐준다.

단테가 눈을 들어 보니, 베아트리체는 하느님의 빛을 반사하여 후광처럼 두르고 있다. 시인 단테는 그녀와의 거리가 천둥 치는 저 높은 하늘과 깊은 바닷속에 가라앉은 사람 사이보다도 더 멀었다고 말한다. 그토록 거리가 멀지만 그 모습이 전혀 흐려짐 없이 단테에게까지 다다른다.

단테는 여기서 베아트리체에게 작별의 인사를 드린다. 연옥산 꼭대기에서 베르길리우스에게 보낸 인사와도 유사하다. 그녀는 단테의 희망을 강하게 만들어주었고, 그를 살리기 위해 지옥(림보)까지 방문했었다. 단테가 본 모든 것은 그녀의 힘과 사랑 덕분이었다. 그녀는 단테를 노예

상태에서 자유로 이끌어내었다. 단테는 그녀가 자신을 향한 너그러움을 간직하여, 그녀가 이미 치유해준 영혼이 그 상태대로 육체에서 풀려나, 기뻐하는 그녀와 다시 만나기를 기원한다. 그러자 저 멀리서 베아트리체가 미소를 보내고는 하느님('영원한 샘')을 향해 눈을 돌이킨다.

베르나르두스가 단테의 시선을 성모께로 이끌다

곁에 계신 노인께서 말씀하신다. 자기는 단테의 여정을 완전히 마쳐 주기 위해 여기 왔노라고. 자기를 움직인 것은—아마도 베아트리체의—기도와 성스러운 사랑이라고. 그러면서 이 하느님의 '정원'을 눈길로 마음껏 '날아다니라'라고 권고한다. 그럼으로써 그의 시력이 하느님의 빛을 향해 올라가는 데 적합하게 하라고. 그러면서 '하늘의 여왕'께서도 그를 도우시리라고 격려한다. 자기는 그분에 대한 사랑으로 불타고 있는 베르나르두스라고. (12세기에 활동했던 성 베르나르두스는 성모 신앙을 확립하는 데 지대한 공을 세웠다. 등장인물로서의 베르나르두스는 남성(베르길리우스)-여성(베아트리체)-남성으로 이어지는 저승 안내자의 역할분담을 완결하면서, 한편 연옥산 밑의 카토와 대칭되는 위치에 놓았다.)

단테는 베르나르두스를 보면서, '아, 이분이 그분인가!' 하는 심정이다. 시인 단테는 그때 심정을 마치 먼 크로아티아로부터 로마의 베드로 성당에 모셔진 베로니카(의 손수건)를 보러 와서는 그리스도의 참모습을 그려보는 사람의 태도에 비긴다. 이 베르나르두스는 지상에서 살 때도 신비적 명상 속에서 영원한 평화를 맛보았으며, 지금도 성모님에 대한 살아 있는 사랑을 품고 있다.(예수께서 십자가를 지고 갈 때 한 여인이 손수건으로 땀을 닦아드렸는데, 예수의 얼굴 형태가 그 손수건에 찍혀 남았다고 한다. 이 손수건은 그 여인의 이름을 따서 '베로니카의 손수건'

이라 하기도 하고, '베로니카'라는 말 자체가 '참된vera 모습icon'이란 뜻이라 해서, 그냥 이 손수건 자체를 '베로니카'라고 부르기도 한다.)

  성인께서는 단테에게, 아래쪽만 보아서는 천국의 진상을 다 알 수 없다며, 가장 먼 둘레까지 눈을 들어서 성모께 시선을 향하라 명하신다. 이 왕국은 그분께 딸렸고 그분께 헌신한다고. 단테가 눈이 '골짜기로부터 산으로 올라가자', 마치 해 뜰 때 동녘이 해 저무는 땅 서쪽을 압도하듯이, 장미꽃의 맨 윗부분이 그 둘레(fronte)의 빛 전체를 압도하는 것이 보였다. 그리고 태양('파에톤이 잘못 이끈 차축')이 떠오르는 순간 그 부분은 더욱 타오르고 다른 곳들은 빛이 줄어드는 것처럼 보이듯, 성모('평화로운 황금 불꽃 깃발')께서 계신 곳은 눈부시고 그 주위는 불꽃이 느슨해 보였다.

  성모님을 둘러싸고 수천의 천사가 날개를 펼치고 있다. 저마다 광채와 직분이 다른 것이 눈에 들어온다. 그 가운데 한 아름다움(성모)이 천사들의 놀이와 노래에 미소를 보내신다. 다른 모든 성인들은 기쁨으로 그 모습을 주시한다. 시인 단테는 그 모습을 지각할 능력(형상수용력)만큼의 표현력이 있다 하더라도 그 즐거움의 극소량조차 전할 수 없기 때문에 아예 시도도 하지 않노라고 선언한다. 베르나르두스 역시 단테의 주목에 흡족하여 자신의 눈을 성모께로 돌린다.

제32곡
정화천-천국 영혼들의 배치도

베르나르두스가 정화천의 인물과 배치 원칙을 소개하다

베르나르두스는 자신에게 기쁨을 주는 원천에 몰입하면서도 단테를 위해 스승 역할을 수행하기 시작한다. 성모 주변의 인물들이 누구인지 소개하는 것이다. (이것이 조금 전 단테가 베아트리체에게 묻고 싶었던 것들이다.)

먼저 성모님의 발치(둘째 둘레)에 아름다운 모습으로 앉아 있는 여인을 소개한다. 그녀는 '마리아께서 아물게 하고 약 바르신 상처'를 처음 얼어짖히고 씨른 여자, 하와(이브)다. (하와를 소개하는 구절은 치유를 먼저 말하고 부상 장면은 뒤에 놓았으며, 그 상처를 찢어 여는 것을 찌르는 것보다 앞세웠다. '앞뒤 바꾸기'를 이용해서 시간을 거슬러 올라가는 효과를 만들었다. 치유의 두 단계도 아무는 것이 먼저, 약 바르는 것이 나중에 놓았다.) 독자로서는 인류를 고통에 빠지게 한 여인이 이렇게 높은 자리에 있는 것이 의아하겠지만, 인류의 존재 자체가 그녀에게 빚지고 있으니 그 공이 작지 않다. 그리고 '두 번째 하와'이신 마리아에 의해 모든 잘못이 교정되었으니 결국 좋은 결말을 이뤘다.

셋째 둘레에는 베아트리체와 함께 라헬이 앉아 있다. 이미 베르길리우스가 〈지옥편〉 2곡에서 말했던 대로다. 거기부터 일곱째 둘레까지는 대표적인 여성 한 명씩만 언급한다. 아브라함의 아내 사라, 이삭의 아내 레베카(리브가), 홀로페르네스를 죽인 유디트, 그리고 나오미의 며느리인 이방 출신 룻이다. 룻은 특별히 다윗의 증조모로 소개되어 있고, 다윗은 '잘못을 뉘우치고 "나를 불쌍히 여기소서."라고 노래했던 가인'으로 그려져 있다.

이 여인들 밑으로도 다른 히브리 여인들이 꽃잎처럼 죽 앉아서 양쪽('거룩한 계단')을 나누는 경계선 역할을 하고 있다. 이들 왼쪽 반원에는 말하자면 '꽃잎이 꽉 채워져 무르익었다.' 이들은 '앞으로 오실 그리스도'를 믿었던, 구약시대 사람들이다. 이 여인들의 오른쪽 반원에는 빈 자리가 듬성듬성 남아 있는데, 이쪽은 '이미 오신 그리스도'를 믿은 신약시대 사람들의 영역이다.

이 스타디움을 가로질러 구약시대 여성들이 이루는 경계선의 맞은편에는 대체로 유명 수도회 설립자들이 경계를 이루며 위아래로 앉아 있다. 이들 중 누가 몇째 둘레를 차지하고 있는지 아주 정확하게 나와 있지는 않은데, 아마도 이름이 나열된 순서대로 위에서 아래로 배치된 게 아닐까 싶다. 제일 먼저 세례자 요한이 소개된다. 그는 '광야와 순교, 그리고 두 해의 지옥살이를 겪은 분'으로 그려진다. 그는 예수보다 먼저 순교하여 림보에 가 있었는데, 예수께서 저승에 가셨을 때 그를 천국으로 옮겨주셨다. 그 밑으로 프란체스코, 베네딕투스, 아우구스티누스, 그리고 다른 사람들이 있었단다. (태양의 하늘에서는 아우구스티누스가 생략되었는데, 이번에는 도미니쿠스가 언급되지 않는다.)

이렇게 구약시대 여성들로 이루어진 세로선과 그 맞은편의 신약시대 남성들로 이루어진 세로선으로 나뉜 두 구역의 영혼 숫자는 같다. (현대

학자 중에는 신약시대에 구원된 사람이 훨씬 많기 때문에 시인 단테의 이런 주장은 그릇된 것이라고 반박하는 사람도 있다.) 한편 이 스타디움은 가로 방향의 경계선도 있는데, 그 위쪽은 자신의 선택에 의해 구원받은 자들이지만, 그 아래쪽은 아직 선택할 능력을 갖추기 전에 세상을 떠난 영혼들, 즉 어린아이들이다. 이들은 '다른 이'의 공으로 이곳에 와 있다. (이 '다른 이'는 그리스도라는 해석도 있고, 부모들이라는 해석도 있다.) 이들은 천국에서도 어린아이의 모습과 목소리를 지니고 있다.

어린아이의 구원에 대한 설명

단테는 여기서 의아한 생각에 말없이 서 있다. 베르나르두스가 그것을 알아채고 설명한다. 독자로서는 질문도 없이 답변이 먼저 나오기 때문에 좀 어리둥절하게 되는데, 베르나르두스의 설명 마지막에 가면 단테가 지금 품고 있는 의문이 명확해진다. 즉, 왜 어떤 어린아이는 좀 더 높은 둘레에, 다른 아이는 낮은 둘레에 있느냐는 것이다. (29곡에서 천사들이 언제, 어떻게 생겨났느냐는 질문보다 그에 대한 답변이 먼저 나왔던 것과 유사하다.)

성인의 설명은 이러하다. 천국('이 광활한 왕국')에는 슬픔이나 배고픔, 목마름이 없는 것처럼 우연도 없다. 거기서 보는 모든 것은 영원한 법에 의해 질서 잡혔다. 마치 반지가 손가락에 꼭 맞는 것과 같다. 따라서 참된 삶을 향해 서둘러 온 이 어린아이들 사이에 자리의 높고 낮은 차이가 생긴 이유도 없지 않다. 하느님께서는 자신의 즐거운 시선 안에 모든 영혼을 짓되 자신의 뜻대로 각 영혼에 다른 은총을 주셨다. 우리는 그 결과에 만족해야 한다. 사람마다 타고난 차이가 있다는 것은 어머니 뱃속에서 벌써 싸웠다는 쌍둥이, 에서와 야곱의 사례에서도 알 수 있다. 이들이 성향에 따라 다른 터럭을 지니고 태어난 것처럼, 각 사람도 가치에 걸맞은 왕관을 써야 한다. 이곳 어린아이들이 행실의 공덕 없이도 여러 층으로 나뉘어 앉은 것은 하느님을 보는 타고난 능력의 차이 때문이다.

여기서 베르나르두스는 시대에 따라 어린아이가 구원을 얻는 기준이 어떻게 바뀌어왔는지를 설명한다. 초기(아브라함 시대까지)에는 부모의 신앙과 어린아이의 순수함으로 충분했다. 이 초기 시대가 끝난 다음엔 사내아이들에게 할례가 필요했다. 그다음 은총의 시대에 이르자, 기독교의 완전한 세례를 받지 못한 아이는 림보에 머물게 되었다. (원문에서도 너무 빨리 지나가서 기억에 잘 남지 않지만, 림보를 처음 소개할 때 남자, 여자, 그리고 '어린아이들'의 탄식 소리가 들린다고 되어 있었다. 〈지옥편〉 제4곡)

가브리엘 천사가 성모를 찬양하다

여기까지 설명한 베르나르두스는 단테에게 성모님('그리스도와 가장 비슷한 얼굴')을 보라고 촉구한다. 그분의 밝음만이 그리스도를 볼 수 있게 준비시켜주기 때문이다. 단테가 눈을 들어보니 성모 위로 기쁨이 쏟아져 내리고 있다. 그 기쁨은 천사('그 높은 곳을 날기 위해 창조된 성스러운 지성')들이 나르는 것이다. 단테가 이전까지 보았던 그 무엇도 이만한 놀람으로 황홀하게 하지 못했고, 하느님과 이토록 비슷한 분을 본 적도 없다. (베아트리체의 아름다움에 대한 마지막 표현도 이와 유사했다. 그러니까 베아트리체의 눈부심과 아름다움에 익숙해지는 것은 성모님을 볼 수 있도록 준비하는 과정이었고, 성모의 밝음에 익숙해지는 것은 하느님 자신을 볼 능력을 기르기 위해서인 것이다.) 가브리엘 천사('처음 그분께 내려왔던 사랑')가 성모를 찬양하는 노래를 부른다. "은총이 가득하신 마리아여, 기뻐하소서.(Ave, Maria, gratia plena.)" 이 독창에 뒤이어 온 천국이 합창으로 화답한다. 모두의 얼굴이 더욱더 빛난다.

현대의 독자는 시인 단테 덕분에 지금 성모를 찬양하는 천사의 신분을 알고 있지만, 이 사건이 일어날 당시의 순례자 단테는 그가 누구인지 알지 못했다. 그래서 베르나르두스께 묻는다. 단테가 이 성인을 부르는 호칭은 베르길리우스를 대할 때와도 흡사하다. "오, 거룩하신 아버지여, 영원한 예정에 따라 앉아계시던 즐거운 자리를 떠나, 나를 위해 아래로 내려오기를 꺼리지 않은 분이여." 저토록 사랑과 기쁨에 겨워 성모를 응시하는 저 천사는 누구인지?

마치 금성이 태양 때문에 밝아지듯, 성모로 인해 더 아름다워지고 있던 그 성인께서 설명하신다. 바로 저 천사가, 하느님의 아드님께서 우리 짐을 대신 지고자 하셨을 때, 종려나무 가지를 갖고 마리아께 왔던 이라고. 여기 가브리엘을 칭찬하는 표현이 멋지다. 천사와 복받은 영혼에게 있을 수 있는 모든 '담대함과 상냥함'이 그 안에 있다고 했다. 가브리엘은 기사도적 이상을 구현한 천사다.

성모 주위의 인물을 소개하다

베르나르두스는 이어서 이 '정의롭고 경건한 제국의 원로들'을 소개한다. 성모에게 가장 가까이에서 가장 큰 복을 누리는 두 분은 일종의 장미 뿌리에 해당한다. 성모님 왼편에는 아담이 있다. 그는 '대담한 입맛으로 인류에게 쓴맛을 보게 한 아버지'다. 성모의 오른쪽에는 '거룩한 교회의 옛 아버지' 베드로가 있다. 그리스도께서 그에게 이 아름다운 꽃(천국)의 열쇠를 맡기셨다. 그 곁에는 사도 요한이 있다. 그는 교회의 험난한 미래를, 죽기 전에 환상으로 본 사람이다. 여기서 교회는 '창과 못으로 얻은 아름다운 신부'라고 표현되었다. 그리스도께서 십자가에 못 박히고, 옆구리를 창에 찔림으로써 교회를 세우셨기 때문이다. 다음으로 다시 성모의 왼쪽에 있는 구약시대 사람이 소개된다. '변덕스럽고 은혜 모르는 완고한 백성에게 만나를 먹게 해준 지도자' 모세다.

여기까지는 남성들을 구약시대-신약시대-신약시대-구약시대 순으로 네 명 소개했다. 다음으로 성모의 어머니 안나를 소개한다. 그녀는 베드로의 맞은편에 앉아 자신의 따님에게서 눈을 떼지 않고 호산나를 노래한다. 신약시대와 마주 보는 구약시대 인물이다.

마지막으로 아담의 맞은편에 앉아 있는 루치아 성녀가 소개된다. 그녀는 단테가 어두운 숲에서 눈을 내리깔고 곤두박질칠 때 베아트리체를 움직이게 한 분이다. 이분은 구약시대와 마주 보는 신약시대 인물(3세기)이다.

이제 베르나르두스는 단테에게 서두르길 권한다. (그를 '잠재우는 시간이 지나고' 있다는 것이다. 이 구절은 《신곡》 전체가 꿈으로 설정된 것 아니냐는 해석의 근거로도 쓰인다.) 재봉사가 천에 맞춰 옷을 짓듯, 이 단계를 마치고 '최초의 사랑'(하느님)에게 곧장 시선을 보내자고 제안한다. 그분을 꿰뚫어보라고. 그렇지만 그전에, 혹시 날개만 퍼덕이면서 날고 있다고 착각하는 사태를 피하기 위해, 기도로써 은총을 얻자고 한다. 성모님의 은총의 도움을 받자는 것이다. 사랑을 갖고 자신의 기도를 따르라 명한다. 그러고서 기도를 시작한다.

정화천-단테의 마지막 환상

성모의 도움을 청하는 기도

베르나르두스의 기도 첫머리는 중첩적인 모순 어구들로 이루어져 있다. 성모의 호칭부터 그렇다. 그분은 '동정녀(숫처녀)이자 어머니'이다. 자연법칙에 묶이지 않는 분이다. 그리고 '자기 아들의 따님'이다. 마리아의 아들 예수는 창조주와 하나이기 때문이다. 그분은 '가장 낮으면서 가장 높은' 분이다. 자신을 '주의 여종'이라고 스스로 낮추어 수태고지를 받았다. 그다음 말은 좀 어렵다. 성모님은 '영원한 뜻에 의해 확정된 끝', 또는 '영원 전부터 지목되어 정해진 끝'이다. 여기서 '끝'은 피조물로서 닿을 수 있는 최고점이란 뜻이겠다.

　이 기도의 모든 구절을 하나하나 뜯어볼 수는 없으니 조금 건너가며 정리하자면 이렇다. 마리아께서는 인간의 본성을 한껏 높이셨다. 그래서 창조주께서 그분 안에서 스스로 피조물이 되기를 꺼리지 않으셨다. 그분의 태중에서 하느님의 사랑이 다시 타오르고, 그 뜨거움으로 인해 영원한 평화 속에 이 천국의 꽃이 피었다. 마리아는 천국 영혼들에게는 사랑의 횃불이고, 지상의 인간들에게는 희망의 샘이다. 은총을 바라면서도 그분께 나아가지 않는 자는 날개 없이 날려고 하는 것이나 다름없다.

그분 안에 자비와 연민과 관대함, 그리고 피조물의 모든 장점이 다 들어 있다. (이 구절은 베르길리우스의 《농경시》 4권에서 오르페우스가 에우뤼디케를 구해내려 저승 신께 바치는 찬사를 빌려온 것이다. 베르나르두스는 '좀 더 유능한 오르페우스'다.)

베르나르두스는 단테가 지옥에서 이곳까지 왔다는 것을 강조하며, 마지막 구원을 향해 눈을 높이 들 수 있게 해달라고 청한다. 이전에 자신을 위해서도 이렇게는 간구한 적이 없다며, 단테가 하느님을 직관할 수 있도록 성모께서 하느님께 기도로 부탁해주십사 구한다. 그리고 단테가 모든 것을 본 다음에 지상에서도 그 애정을 간직할 수 있도록 해달라고. 성모의 보호로 인간의 충동을 이기게 해달라고. 지금 베아트리체와 다른 모든 성인도 함께 손을 모으고 있노라고.

단테가 하느님 자신을 보고 기억을 되살리려 애쓰다

그러자 성모께서는 눈길을 베르나르두스에게로 향한다. 그분의 눈은 '하느님으로부터 사랑과 존중을 받는' 눈이다. 미소 지을 것까지도 없이 고요히 눈길로써 기쁨을 표하신다. 그런 다음 눈길을 영원한 빛(하느님 자신)을 향해 돌린다. 그런 눈을 피조물이 지닌다고는 도저히 믿기 어려운 맑은 눈길이다.

그 순간 단테 역시, 이제 자신의 소망의 최종 목표에 거의 다다랐으므로, 응당 그래야 하는 대로 자기 열정을 한계까지 불태운다. 그러자 베르나르두스께서 미소 지으며 위를 보라고 눈짓한다. 연옥산 꼭대기에서 베르길리우스에게서 들었던 '졸업식 축사'에 해당하는 미소다.

단테의 눈이 점점 맑아지면서 진리 자체인 하느님의 빛 속으로 꿰뚫고 들어간다. 이제 단테의 시력은 언어를 초월하고 기억도 넘어선다. 자신이 본 것을 말로 표현하는 건 당연히 불가능하고, 아예 기억으로 따라가기조차 힘들다. 마치 꿈속에 뭔가를 보았지만 꿈 내용은 사라지고 인상만 남은 것과 같다. 그 본 것(visione)은 거의 완전히 사라졌지만 그 경험이 남긴 달콤함은 여전히 가슴속에 남아 있다. 시인 단테는 여러 이미지를 이용하여 이 기억의 상실을 표현한다. 그것은 마치 눈 위의 자국이 햇발과 함께 스러진 것과 같다. 시빌라의 신탁이 나뭇잎 위에 적힌 채 정리되어 있다가 바람결에 흩어지는 것과 같다. (《아이네이스》 3권을 인용한 표현이다. '두 번째 베르길리우스'인 베르나르두스가 나타나자 시인 베르길리우스의 작품 인용이 많아지고 있다.)

호메로스(그리고 시인 베르길리우스)가 어려운 대목마다 무사 여신의 도움을 청하는 것처럼, 시인 단테는 여기서 하느님께 도움을 청한다. "필멸의 존재의 사고로부터 아득히 높으신 빛이여!" 그분께서 보여주신 것 중 조금만이라도 마음속에 떠오르게 해달라고. 자기 혀에 힘을 주어 그 영광의 작은 불티 하나라도 남길 수 있게 해달라고. 기억을 조금만 돌려주어 하느님의 승리를 시로써 알리게 해달라고.

단테가 하느님의 '책'을 보다

이제 시인 단테는 자기 경험을 최대한 기록하기 시작한다. 단테가 마주친 살아 있는 빛살은 어찌나 날카로운지 거기서 눈길을 뗴하면 오히려 눈이 '길을 잃을(smarrito)' 듯했다. 그는 대담하게 견디며 자기 눈이 무한한 가치(좋음)에 닿기까지 버틴다. 그는 하느님의 은총 덕분에 영원한 빛에 눈을 고정하고 자신의 가능성을 한계까지 모두 채웠다.

그 심연 속에서 단테는 우주 안에 조각나 흩어진 듯 보이던 모든 것이 사랑에 의해 한 권의 책으로 묶인 것을 본다. 그것을 제대로 전하기 어려우니 그냥 그 빛의 한 가닥만 전하자면, 거기엔 실체들, 우연들, 속성들이 하나로 융합되어 있다. (신적 개념 속에 모든 게 통합되어 있다는 말이다. 신의 시선 속에는 모든 사물과 사건이 한눈에 펼쳐져 있다.) 시인 단테는 그때 자기가 이 매듭의 우주적 형상을 보았다고 믿는다. 지금도 그것을 전달하며 더욱 즐겁기 때문이다.

시인 단테의 그다음 표현은 의미가 좀 모호하다. 그 순간 자신의 망각(letargo)이 아르고호의 그림자를 포세이돈이 보고서 놀란 이후 25세기가 흐르며 생긴 망각보다 더 크다고 했다. 아마도 자기가 신의 시선과 일치하여 본 것이 인류 전 역사에 일어났던 모든 사건을 합친 것만큼 많지만, 인류가 그동안 잊은 것보다 더 많이 자기가 망각해서 지금 다 전할 수 없다고 말하는 듯하다. (아르고호의 모험은 기원전 13세기에 있었던 것으로 여겨져서, 단테의 천국 여행과는 예수 탄생을 가운데 두고 대칭되는 시점에 놓인다. 단테는 자기의 여행이 인류 역사에 있어 아르고호 영웅들의 여행 못지않은 중대한 계기가 되리라고 기대한 모양이다.)

한데 위의 해석이 원문 맥락과는 잘 어울리지 않는 게 문제다. 그다음 말이 '그렇게 나의 마음은 몰입하여 붙박인 채 꼼짝 않고 집중하여 보았다.'라고 되어 있어서다. (형용사를 네 개나 썼다.) 그러니 문맥만 보자면 그냥 단테가 '모든 것을 잊고서 몰입했다'라는 뜻일 수도 있다. 한순간에 마치 25세기나 흘러버린 듯이 말이다. 하지만 그렇게만 보기엔 시간 설정이 너무 장대하고 비교하는 사건이 너무 묵직하다. 나로서는 이 두 해석을 모두 취해서, 시인 단테가 자신의 몰입 정도와 시각적-지적 경험의 폭, 그 후의 망각의 정도를 모두 함께 표현하고자 일부러 약간 문맥에서 엇나가게, 마치 하느님의 책처럼 '조각난 것을 한데 묶은' 것 아닌가 보고 싶다.

거기에 덧붙여 한 가지 의미를 더 부여할 수 있을 듯하다. 즉, 이 직유는 순례자 단테의 체감상의 시간 길이도 함께 표현하고 있다는 것이다. 하느님께서는 '하루가 영원 같고, 영원이 하루 같기' 때문에, 단테가 그분과 호흡을 같이하여 한순간에 인류의 전 역사를 긴 세월 직접 살아본 듯, 통째로 돌아보았다는 것이다. 따라서 그 망각(몰입)의 한순간은 체감상 우주의 전 역사보다 길다. 이런 역설(얼핏 보기에 모순인 듯 보이지만 자세히 보면 그렇지 않은 것)은 성모님의 호칭에도 보였고, 잠시 후에 볼 삼위일체와 그리스도의 두 속성에서도 보게 될 것이다.

그러니까 탁월한 시인 단테가 일부러 모호한 표현을 동원하여, 신적 신비에 대한 순간적 몰입, 체감상의 시간 길이, 그때 얻은 말할 수 없이 방대한 경험, 그리고 얻은 것 못지않은 규모의 기억의 상실을 한꺼번에 전한 것 아닌가 하는 것이다. 그 순간은 극히 짧았으나 더 할 수 없이 길었다. 그 경험의 양은 감당할 수 없이 컸으나 현재 기억 속에 남은 것은 극히 미소하다.

단테가 삼위일체와 그리스도의 두 속성을 눈으로 확인하다

시인 단테는 그 누구도 하느님의 빛 앞에서는 눈길을 돌릴 수 없다고 단언한다. 우리 의지가 추구하는 모든 좋음이 그 안에 모여 있다. 하느님을 벗어나는 순간 좋음은 불완전한 것이 된다. 거기서 본 것 중에 단테가 기억하는 것도 극히 적은데, 그걸 전달하는 자신의 언어는 아직 혀를 엄마 젖에 붙이고 있는 어린아이의 능력만큼도 되지 않는다.

이제 단테는 자신이 주시하던 빛 속의 모습이 변형되는 것을 느낀다. 하나 안에 여럿이 있는 건 아니고 그 빛은 하나인 상태 그대로 있다. 하지만 단테의 시력이 변화하여 강해지자, 그 빛도 변화하여 여러 면모를 보인다. 그 높으신 빛의 깊고 맑은 실체(sussistenza) 속에 세 개의 원이 보인다. 색깔은 세 가지지만 원둘레는 완전히 동일하다. 마치 쌍무지개가 뜰 때 무지개('이리스') 하나가 반사되어 다른 것이 생기듯, 한 원(성부)에서 다른 하나(성자)가 반사되는 듯 보이고, 세 번째 원(성령)은 그 두 원으로부터 함께(filioque) 불어 나오는 불 같이 보인다.

시인 단테는 다시 한 번 언어의 부족함을 탄식한다. 말은 그가 마음속에 담고 있는 것에 비해 너무 짧고 거칠다. 자기가 본 것을 아주 조금만이라도 전하는 게 이렇게나 어렵다니! 그 영원한 빛은 하나인 채로 자신 안에 있으며 자신을 알고(성부), 동시에 앎의 대상(로고스, 성자)이 되고, 자신을 사랑하고 미소 짓는 분(성령)이다.

한데 그 원 안에 담긴(수태된, concetto) 채 반사된 빛(성자)으로 보였던 것에 단테가 주목하고 있는 사이에, 그 빛 안에 우리 인간의 모습이 그려진 듯 보인다. 그 빛 안에, 그 빛과 같은 색을 띤 모습이다. 단테는 그것을 이해하려 애쓴다, 어떻게 그 모습이 그 원에 들어맞은 것인지, 어떻게 그 안에 놓이게 된 것인지. 하지만 원의 넓이를 사각형 넓이로 환산하기(misurar) 위해 온갖 애를 써도 성공하지 못하는 기하학자처럼, 단테의 '깃털'은 거기 닿기엔 너무 약했다. 하지만 그때 우리의 소망을 이뤄주는 은총의 벼락이 단테의 정신을 때리고, 마침내 단테는 자신이 본 것을 이해하게 된다. (삼위일체, 그리고 신이 인간이 되신 원리를 깨달았다는 말이다.)

단테의 고귀한 환상(fantasia)은 거기서 힘이 다한다. 하지만 그의 소망(disio)과 의지(velle)는 벌써 움직이고 있었다. 마치 늘 변함없이 회전하는 우주의 바퀴처럼, 해와 다른 별들을 움직이는 하느님의 사랑이 그것을 움직인 것이다. 〈천국편〉, 그리고 《신곡》 전체는 〈지옥편〉, 〈연옥편〉이 그랬던 것처럼 '별들(stelle)'이란 단어로 끝난다. 단테로 대표되는 우리 인간의 소망과 의지는 하느님의 사랑에 의해 움직인다. 해와 달을, 그리고 별들을 움직이는 사랑이다.

후기를 대신하여: 참고할 책들

국내에 나와 있는 〈신곡〉 번역 중에는 김운찬 역(열린책들)과 최민순 역(가톨릭출판사)을 추천한다. 최민순 역이 가장 정확하다는 평가를 받고 표현도 아름답지만, 두 세대 전 문체여서 현대 독자가 읽고서 얼른 뜻을 파악하기에는 어려움이 있다. 특히 '천국편'은 가톨릭 교회에서 사용하는 표현이 많아서, 독자들이 문장을 꼼꼼히 뜯어보기보다는 '대충 하느님과 성모님을 찬양하는 내용이군' 하고 지나가기 쉽게 되어 있다. 김운찬 역은 좀 더 평이하고 현대적인 표현들로 되어 있어서, -시적인 맛은 좀 아쉽지만- 의미를 파악하기에 좋다. 혹시 여럿이 모여서 읽거나 좀 더 꼼꼼히 읽고자 하는 독자라면 김운찬 역을 기본으로 삼고, 의미를 잘 모르겠다 싶을 때 최민순 역을 보는 것이 가장 좋은 방법이라고 생각한다.

다른 국내 번역으로 박상진 역(민음사)과 한형곤 역(서해문집)이 있다. 박상진 역은 중간 중간 윌리엄 블레이크의 삽화가 들어있어 그림 보는 맛이 좋고, 책이 작고 가벼워서 휴대하기 좋다. 하지만 의역 중심이어서 이탈리아어 원문에 있던 단어들이 매끈한 한국어 문장 속으로 숨어 들어가, 연구자들이 주목하는 특별한 표현들이 사라져버렸다. 꼼꼼히 읽겠다는 독자에게는 권하기 어렵다. 대신 전체적 내용이 어떻게 흘러가는지 얼른 포착하기에는 도움이 되기도 하니, 세부를 따지기보다 얼른 큰 흐름을 잡겠다 하는 독자라면 사용할 수 있겠다. 한형곤 역은 번역의 수준은 다른 판본들과 큰 차이가 없다. 다른 판본이 틀린 부분을 제대로 옮긴 대목도 있고, 더러 -혼자만, 또는 다른 모든 판본과 더불어- 실수한 대목도 있다. 다만 책 자체의 물성이, 함께 모여 읽는 사람들이 사용하기 어렵게 되어 있다. 전체가 합본으로 묶여 있어서 매우 무거운 데다가, 페이지 가장자리에 지금 어떤 편의 몇째 권을 보고 있는지 표시해 주지 않아서, 앞뒤로 넘기면서 다른 부분을 참고하기 어렵게 되어 있다. 그냥 혼자서 집에 두고 조금씩 읽는 사람이라면 이용가능하겠다. (나는 늘 여럿이 함께 읽는 것을 강조하는 사람이라서 거기 맞춰 평가하고 있으니, 성향이 다른 분이라면 적절히 감안해서 들으시기 바란다.)

외국에서 나온 책을 보겠다는 분에게는 밴텀 클래식스(Bantam Classics)에서 나온 만델봄(Mandelbaum)의 이탈리아어-영어 대역본을 추천한다. (전체가 한 권으로 묶인 무거운 판본도 있지만, 세 권으로 나눈 문고판이 가볍고 값도 싸다.) 학자들도 인용하는 번역이다. 종이책 구할 것 없이 인터넷으로 보겠다는 분은 컬럼비아 대학에서 제공하는 이탈리아어-영어 대역을 이용할 수 있다(https://digitaldante.columbia.edu/dante/divine-comedy/). 영어 번역으로는 만델봄 것과 롱펠로우 것을 함께 제공하고 있으니, 두 가지를 비교해 볼 수 있다. (내가 보기엔 만델봄 것이 더 직역에 가깝다.)

비교적 쉽게 구할 수 있는 주석서로는 마르티네즈(R.L.Martinez)와 덜링(R.M.Durling)의 것이 비교적 분량이 적어서 참고하기 쉽다. 이탈리아어 원문과 영어 번역이 나란히 실려 있는데, 영어 번역 중에는 이것이 가장 직역에 가까운 듯하다. 홀랜더(Hollander) 부부의 주석서는 마르티네즈와 덜링의 것보다는 내용이 좀 많아서 약간은 부담스러울 수도 있다. 이 책에도 이탈리아어 원문과 영어 번역이 함께 실렸다. 주석서 중 단테의 이탈리아어 문장과 어휘에 대한 설명이 가장 자세한 것은 싱글턴(C. Singleton)의 것이다. 단테의 이탈리아어가 약 7백 년 전 피렌체 언어이고, 시적인 어휘 변형이 있어서 그냥 현대 이탈리아어 사전만으로는 감당이 되지 않는데, 그럴 때 도움이 되는 책이다. 주석 세 권과 번역 세 권이 따로 나와 있다. 이탈리아어 원문을 직접 읽겠다는 사람에게 가장 도움이 되는 주석서다. (이런 주석서들의 이탈리아어 원문은 거의가 페트로키(G.Petrocchi) 편집판을 그대로 쓰거나, 아주 조금 고친 것이어서 큰 차이가 없다. 더러 특정 부분에서 다른 학자와 현저히 다른 해석을 제시하고자 할 때는 주석가가 자기가 선택한 필사본 문구를 강조하니, 그때만 조금 신경 쓰면 된다. 페트로키도 더러 예전 선택을 철회하고 수정하기도 하지만 전체 해석을 뒤흔들 정도는 아니니, 일반 독자로서는 크게 신경 쓸 것 없다.)

다른 현대어 번역으로, 프랑스어와 독일어판도 아주 가볍고 비교적 구하기 쉬운 것들(예를 들어 F.R.de Lamennais의 프랑스어 번역, H.Gmelin의 레클람판 독일어역)이 있는데, 앞서 소개한 한국어판 네 가지와 영어판 네다섯 가지면 거의 모든 번역 가능성이 다 걸러들기 때문에, 프랑스어 독일어가 더 편하다 싶은 사람이 아니라면 이런 것까지는 굳이 찾아볼 필요 없을 듯하다.

더 깊이 있는 연구들을 보고 싶다 하는 분이라면 렉투라 단티스(Lectura Dantis, 지옥편 1999, 연옥편 2008)를 참고할 수 있다. 각 편의 각 곡을 저명한 학자들이 하나씩 맡아서 논문으로 쓴 것을 모은 책이다. 지옥편, 연옥편만 나오고, 천국편은 나오지 않아서 아쉽지만, 이미 나온 것만 해도 크게 감사할 일이다. (같은 제목의 단테 학술지가 있으니, 반드시 '곡별 주석(canto-by-canto commentary)'이라고 부제가 붙은 것을 구해야 한다. 이 책에서 원문 인용은 만델봄 번역을 쓰는 게 규정이어서, 만델봄이 저자 중 하나로 올라 있다.)

국내에 나온 책 중 참고가 될 만한 것으로 이마미치 도모노부의 〈단테 신곡 강의〉(안티쿠스 2008, 교유서가 2022)가 있다. 매우 수준 높은 강의록이다. 〈신곡〉의 전체적 흐름이 어떠한지, 그것을 이해하기 위해 기본적으로 알아야 하는 건 무엇인지 잘 소개했다. 작품에 어떻게 접근해야 하는지 막막한 분에게 도움이 되겠다. 다만 강의 횟수가 너무 적어서 (15회) 작품 세부까지는 다 다루지 못했다. 작품 전체를 꼼꼼히 뜯어보겠다는 분에게는 다소 아쉬움이 있다.

에리히 아우어바흐의 〈세속을 노래한 시인 단테〉(연암서가 2014)도 좋은 책이지만, 〈신곡〉 원작을 잘 아는 사람이 아니라면 따라가기 약간 어렵다. 같은 저자의 〈미메시스〉(민음사 2012)에는 '지옥편' 10곡 내용을 자세히 분석한 장이 들어 있다. '파리나타와 카발칸테'라는 장이다. 우리말로 된 자료 중에는 드물게, 걸작의 한 부분을 자세히 분석한 좋은 글이다.

〈신곡〉 내용을 잘 따라가기 위해서는 베르길리우스의 〈아이네이스〉와 오비디우스의 〈변신이야기〉를 알고 있어야 하는데, 둘 다 천병희 역(도서출판 숲)을 추천한다. 〈아이네이스〉는 김남우 역(열린책들)도 있지만, 세 권으로 나눈 것 중 마지막 권이 나오지 않았다. 그냥 그 책들의 내용을 얼른 간추리고 싶다 하는 분은 강대진의 〈그리스 로마 서사시〉(북길드)의 몇 장을 읽으시면 된다. 그밖에 성서 내용도 〈신곡〉 이해에 긴요한데, 시중에 여러 판본이 나와 있으니 명화와 함께 요약한 것 중 하나를 얼른 보시면 되겠다.

이상에서 〈신곡〉을 읽을 때 사용할 만한 판본, 참고할 만한 책들을 몇 가지 소개했다. 〈신곡〉은 여러 차례 되풀이 읽을 가치가 있는 책이다. 단테가 자신의 존재의 근원, 지식의 근원을 찾아가고, 이 세계 안에 자기 위치가 무엇인지 확인한 것처럼, 독자들도 그런 노력을 기울이시길, 그리고 그 노력에 보답을 얻으시길 기원한다.

 망설이다가 덧붙이는 말: 나는 이 책을 너무 일찍 떠난 모든 이들께 바치고자 한다. 아주 길지는 않은 생을 살아오면서 같이 공부하던 많은 동학들, 선후배들, 소중한 많은 사람을 앞서 보냈다. 그들 모두에게 단테가 발견한 지복이 있기를 소망한다.

찾아보기

ㄱ

가나 318
가나안 37, 488, 540, 566
가뉘메데스 295
가능태 512, 605
가라지 506
가롯 유다 96, 135, 179, 210, 221, 354
가리센다 탑 217
가브리엘 528, 572, 624
가야바 158
가에타 182
간다게 549
간음한 여인 285
갈까마귀 560
갈대 259, 277
갈레노스 43
갈리시아 580
갈리아 469
갈릴리 318
감찰관 카토 369
강아지 323
개 232
개구리 70, 150, 153, 154, 221
갠지스 262, 393, 498
갸늘롱 225
거울 107, 327, 446, 512, 590, 612
거짓 디오뉘시오스 495, 602
검은 켈프 54, 66, 166, 176, 378
게라르도 335, 345, 485
게뤼온 14, 115, 184, 217, 240, 394, 532

게르마니아 469
게자리 584
겟세마네 580
견제와 균형 335
계관시인 360
고드프루아 540
《고르기아스》 44
고리대금업 14, 59, 83, 119, 301, 565
〈고린도전서〉 108
〈고린도후서〉 27
고모라 55, 112, 389
고미타 151
《고백록》 49
고삐 281
고트족 102
광학 327
교황파 28, 94, 166, 223, 320, 470, 530
구안드라다 도나티 530
구약성서 37, 107, 325, 406, 507, 604
굴레 281
굴리엘모 7세 288
권품천사 479
궤짝 303
귀도 귀니첼리 16, 309, 388, 392
귀도 델 두카 322
귀도 카발칸티 75, 78, 309, 390
귀토네 378, 392
그레고리우스 304, 553, 597, 602
그레고리우스 달력 597
그릇 438

그리스도 17, 136, 231, 317, 406, 608
그리핀 263, 407, 533, 540
그림자 24, 265, 361, 436, 510, 568, 610
그물 421, 485
글라우코스 441
금요일 60
기니비어 49, 527
기 드 몽포르 94
기드온 379
기옴 540
기혼 400
까치 255

ㄴ

나단 507
나르킷소스 452, 502
나바라 151, 287
나사로 209, 574
나오미 622
나우시카아 38
《나의 나무 아래서》 102
나이팅게일 337
나자렛 488
나폴레옹 222
나폴리 24, 135, 192, 225, 354, 479
낙타 301
남녀합체 25, 140, 155, 170
남십자성 257
남작 577
납 156
네덜란드 110
네로 39, 489, 593
네메아 218, 391

네옵톨레모스 94, 180
넥타르 403
넷소스 91, 124
노르만 192, 540
노르웨이 551
노아 37, 71, 502
노역 438
녹색 290
놋뱀 97
《농경시》 628
〈누가복음〉 74, 233, 298, 330, 407, 494
누미디아 469
뉘사 438
느부갓네살 428, 454
〈니고데모 복음〉 32
니노 291
니므롯 214, 312, 590
니오베 312
《니코마코스 윤리학》 86
니콜라우스 3세 134
님프 404

ㄷ

다니엘 369
〈다니엘서〉 107, 369, 391, 454, 487, 608
다른 분 184
다윗 24, 198, 270, 303, 471, 507, 611
다이달로스 89, 204, 483, 523
다이아몬드 445
다프네 439
단성론 467
달무리 493
담쟁이덩굴 170

대심판 71, 261, 515, 549, 613
대지모신 430
대추야자 236
대홍수 71, 430
데모크리토스 42
데모폰 487
데미우르고스 457
데우칼리온 430
데이아네이라 91
데이포보스 112
데키우스 469
델라 스칼라 536
델로스 357
델리아 406
델포이 64, 143, 438
도나투스 267, 507
도덕률 344
도미니쿠스 117
도미티아누스 366
도박 279
돌치노 195
동모마 8, 135, 193, 466, 495
동성애 83, 110, 389
돼지 207
되새김질 334
〈두 교황〉 33
두에라 225
두운 48
둔각 533
디도 46, 201, 291, 356, 417, 478, 605
디스 67
디오게네스 42
디오네 478

디오뉘소스 206, 438, 509
디오뉘시오스 93
디오메데스 179, 367
디오스코리데스 42
땅점쟁이 347

ㄹ

라노야 100
라다만튀스 44
라비니아 41
라우렌티우스 458
라케시스 359
라테라노 617
라티누스 41
라틴어 9
라파엘 천사 214, 461
라합 488
라헬 37, 397
랑기아 샘물 367
랜슬롯 49, 527
레굴루스 558
레다 595
레바논 411
레베카 622
레아 37, 107, 393
레아르코스 206
레안드로스 400
레테 109, 400
레토 313, 357, 493, 568, 603
렘노스 128, 367, 391
로도페 487
로렌초 발라 137
로마 9

찾아보기

641

로마냐 187, 238, 276, 324
〈로마서〉 50
로메 471
로물루스 468, 483
로베르 귀스카르 540
롤랑 213, 225, 540
〈롤랑의 노래〉 213
롬바르디아 152, 470
롯 112
루돌프 1세 281
루비 486
루비콘 197, 299, 469
루스티쿠치 55
루시퍼 212, 239, 312, 547
루지에리 230
루치아 28, 296, 348, 397, 626
루카 129
루카누스 39
루크레티아 41, 468
루크레티우스 518
룻 37
뤼라 520
뤼코메데스 180
뤼쿠르고스 391
르네상스 11
르누아르 540
르호보암 313
리노스 43
리미니 196
리비아 163
리비우스 192
리옹 354
리페우스 261

림보 28, 36, 90, 124, 142, 164, 218, 245

▫

〈마가복음〉 82, 111, 208
마구간 352
마그라 293, 487
마렘마 278
마르세유 345
마르쉬아스 438
마르케 276
마르켈루스 412
마르코 332
마르키아 41
마르티누스 4세 377
마술사 시몬 132, 614
마스네 131
마이아 568
〈마카베오상〉 235
마케도니아 93
마키아벨리 189
〈마태복음〉 82
마텔다 400
마티아스 135
만나 52
만토 141
만토바 24
만프레디 192
말라리아 122
말라스피나 293
말라코다 147
말라테스티노 196
말레볼제 125
맛사게타이 314

매 153
매사냥 34
매춘 130
맬러홋 527
메가이라 69
메두사 70
메디치나 195
메뚜기 370
메텔루스 298
멜기세덱 482
멜라닙포스 227
멜레아그로스 382
멜리소스 514
모드레드 222
모르드개 338
모세 37, 97, 258, 346, 424, 540, 626
모스카 55, 197
《목가》 365
목마 179
목적론 384
몬타페르티 77
몬테카시노 564
몬테펠트로 187
몰약 208
무사 26
무사이오스 284
무지개 502
무키우스 스카이볼라 458
무함마드 194
무화과 236
물고기자리 23, 87, 255, 347, 423, 441
물병자리 23, 161, 264, 347
뮈르라 207

므네모쉬네 26
미갈 303
미네르바 444
미노스 44
미노타우로스 89
미다스 356
미카엘 57, 143, 319
미켈레 창케 237
밀비우스 다리 239

ㅂ

바늘구멍 301
바르로 366
바르바로사 345
바르젤로 176
바리 353
바리우스 366
바벨탑 214, 312, 590
바빌론 46, 369, 394, 455, 572
바울 27, 151, 241, 408, 494, 544, 602
박차 281
박쿠스 344
반니 푸치 165
반사각 327
반어법 176
발레리우스 막시무스 93
발루아의 샤를 354
발생학 383
밧줄 301
방주 71
백년전쟁 8
백작 581
백합 406

찾아보기

643

뱃사공 263
버캐 506
베네디코 카차네미코 127
베네딕토 16세 33
베네딕투스 564
베네벤토 269
베누스 400
베드로 71
베랑제 471
베로나 24, 114
베로니카 619
베르나르두스 619
베아트리스 354
베키오 다리 529
벨라콰 274
벨로스 487
벨리사리우스 467
《변신 이야기》 26
보나벤투라 503
보나준타 375
보니파키우스 8세 33
보디발 210
보른의 베르트랑 198
〈보물〉 114
보에티우스 495
보카 224
보헤미아 287
복수의 여신 69
볼로냐 127
부동의 원동자 442
부오소 171
부온델몬티 530
부온콘테 277

부활 73
부활절 9, 15, 74, 144, 232, 253, 265
북극성 23
북두칠성 87, 444, 509
북아프리카 104, 163, 217
불사조 164
뷔잔티온 89, 467
브랑카 도리아 237
브렌누스 468
브루투스 41
브리손 514
브리아레오스 215
비가 278
비극 143, 218, 278, 305, 366, 424, 610
비둘기 265, 580
비방시 66
비버 119
비손 400
비첸차 114
빌라도 119

ㅅ

사냥개 24
사도 요한 136, 243, 407, 583, 625
〈사도행전〉 132, 331, 408, 549, 586
사두개파 350
사라 622
사라센 192, 225, 540
사르다나팔루스 525
사르데냐 151
사마리아 여인 358
사무엘 37
〈사무엘하〉 198, 304

《사물의 본성에 관하여》 518
사벨리우스 514
사분원 591
사비니 468
〈사사기〉 464
사슴 454
사울 304, 313, 471
사자 23
사자자리 87, 528
사탄 57, 85, 124, 213, 312, 606
사튀로스 439
사파이어 572
사피아 320
산 미니아토 알 몬테 316
산 제노 345
산타안드레아의 자코모 101
산타클로스 353
산타피오라 282
산티아고 580
산헤립 314
살라딘 42
살라미스 401
살로메 544
살마키스 170
살바니 309
삼각형 533
삼위일체 29, 119, 243, 438, 514, 617
생쥐 153
샤를 1세 354
샤를 2세 355
샤를마뉴 213, 470
서로마 8, 136, 495, 554
서사시 8, 25, 49, 253, 277, 360, 637

석궁 416
〈선집〉 108
선한 목자 146
설화석고 521
성금요일 144, 201, 255
성 니콜라우스 353
성령 9
성모 28
성무일도 289
성 베르나르두스 25
성부 9
성 아우구스티누스 28
성육신 174
성자 9
성토요일 144
세네카 39
세라핌 479
세례 10
세례자 요한 101, 208, 345, 422, 622
세멜레 206
세미라미스 46
세비야 144
세우타 183
세이렌 348
세종대왕 8
섹스투스 94
센강 549
셀레우코스 235
소금 기둥 112
소돔 55, 83, 112, 389
소르델로 280
소크라테스 42
《속어론》 220

찾아보기

645

솔로몬 37, 313
솔론 33
솔방울 214
수니파 194
수도관 528
수도원 283
수도파 506
수정 559
수태고지 23, 302, 441, 528, 572, 627
순교 158
술탄 500
쉬라쿠사이 93, 367
쉬링크스 424
쉬안카토 174
쉬카이오스 46
스콜라학파 174
스퀴로스 180, 296
스키피오 216, 469
스타티우스 10
스테판 331
스토아학파 42
스튁스 61, 107
스페인 144
스핑크스 430
시논 143
시모니데스 367
시바 549
시빌라 38
시쉬포스 58
시아파 194
시에나 204
시온산 272
시칠리아 90

시칠리아의 황소 186
시칠리아파 376
〈시편〉 303
《신국론》 28
《신들의 계보》 215
신성로마제국 25
신플라톤주의 268
실베스테르 1세 136
십계명 136
십자군 42
쌍둥이자리 113, 272, 566, 595

ㅇ

〈아가〉 412
아가멤논 40, 143, 212, 290, 318, 464
아가톤 367
아가페투스 467
아글라우로스 325
아나니아스와 삽피라 356
아나스타시우스 80
아나톨 프랑스 131
아낙사고라스 42
아냐니 355
아넬로 170
아다모 208
아담 37
아드리아 562
아라크네 313
아레스 50
아레오파고스 494
아레초 149, 204
아레투사 172
아론타 141

아르게이아 367
아르고 128
아르고스 367
아르고호 444
《아르고호 이야기》 128
아르노 강 102
아르노 다니엘 391
아르카디아 172
아르키아노 278
아르테미스 100
아리고 55
아리스토텔레스 42
아리아드네 90
아리우스파 470
아마타 338
아뮈클라스 499
아미데이 530
아베로에스 43
아벤티누스 169
아벨 37, 144
아브라함 37
아비뇽 426
아비첸나 43
《아서왕 이야기》 49
아스카니우스 468
아시시 498
아우구스부스 24
아우슈비츠 183
아이기나 202
아이네아스 27
《아이네이스》 24
아이아코스 44
아초 277

아케론 33
아퀴나스 354
아킬레우스 42
《아킬레이스》 185
아타마스 206
아탈란테 382
아테나이 89, 282, 330, 482, 534, 602
아트로포스 359
아틸라 94
아펜니노 322
아폴로니오스 로디오스 128
아프로디테 50, 421, 478, 568
아프리카누스 408
아히도벨 198
악마 146
악타이온 100, 230
안나 626
안나스 158
안셀무스 507
안장 281
안타이오스 123
안테노라 223
안테노르 223
안토니오 608
안토니우스 469
안티고네 367
안티오쿠스 4세 540
안티폰 367
알도브란데스코 308
알레산드리아 288
알렉산더대왕 93
알렉산드로스 93
알렉산드리아 130

찾아보기

알렉토 69
알리 194
알리기에리 272, 523
알바롱가 468
알베르투스 마그누스 494
알베르트 281
알베르트 1세 549
알베리 235
알크마이온 313
알타이아 382
알페오스 172
암늑대 23, 352
암브로시아 379
암캐 100
암피아라오스 140, 185, 227, 313, 459
암피온 220
압살롬 198
앗쉬리아 314, 525
앙키세스 38, 202, 362, 412, 521, 550
〈야고보서〉 580
야곱 37, 397
야곱의 사다리 246
야르바스 417
야만인 617
야코포 276
양 221
양자리 23, 87, 161, 255, 347, 423, 595
어부 365
언약궤 424
에녹 38
에덴동산 29, 97, 163, 257, 399, 590
에로스 254, 338, 400, 478
에뤼식톤 371

에리톤 68
에리퓔레 313
에메랄드 419
에브로 393
에서 483
〈에스겔〉 243
에스겔 243, 407
〈에스더〉 338
에우네오스 391
에우노에 402, 428, 612
에우뤼디케 628
에우뤼퓔로스 142
에우리피데스 319
에우세비오스 590
에우클레이데스 43
에첼리노 93
에코 452
에테오클레스 178
에티오피아 163, 549
에파포스 532
에페이로스 352
에피알테스 215
에피쿠로스파 73
엔뒤미온 295
엘레아학파 42
엘렉트라 40
엘뤼시움 521
엘리사 178
엘리사벳 344
엘리야 38, 178, 424, 580
엘사 432
엠마오 285
엠페도클레스 42, 90

여리고 488
여우 189
《여인들의 편지》 401
여종 302
여호수아 488, 540
《역사》 46
열쇠 98
〈열왕기하〉 553
염소 221
염소자리 264, 594
영성체 543
영성파 506
예루살렘 108, 201, 330, 428, 526, 580
오데리시 308
오뒷세우스 58, 95, 140, 217, 348, 602
《오뒷세이아》 38
오레스테스 318
오로시우스 93
오론테스 185
오르비에토 282
오르페우스 42, 195, 298, 628
오벙이이 471
오비디우스 26, 129, 254, 313, 401, 637
오에 겐자부로 102
오이디푸스 105, 179, 313, 360, 430, 459
오케아노스 486
오크누스 141
오토만 89
오펠테스 391
오피초 94
올리브 413
외경 235
외부 영혼 382

요르단강 346, 566
요리 203
요셉 210
요안나 505
요한 22세 543
〈요한계시록〉 136, 243, 331, 406, 583
〈요한복음〉 97, 164, 237, 318, 407, 578
요한 크리소스토모스 507
〈욥기〉 548
우골리노 227
우라니아 405
《우정에 관하여》 130
웃사 303
원동천 402
월계관 438
위그 카페 353
〈유다스 마카베우스〉 235
유디트 314
유리 604
유베날리스 364
유스티니아누스 466
유출 402
유프라테스 399
《윤리학》 85
율리아 41
율리우스 달력 597
윱피테르 568
응보 198
《의무론》 189
의사 409
《이것이 인간인가》 183
이노 206
이데 107

찾아보기

649

이데아 340
이리스 502
이사야 583
《이사야서》 226, 583
이삭 37
이솝 153
이스메네 367
이아손 128
이오 406
이오카스테 365
이올레 487
이졸데 47
이집트 37, 107, 227, 346, 424, 469, 566
이카로스 123
이탈리아 22, 94, 127, 225, 320, 466, 614
이튀스 337
이피게네이아 143, 319, 464
인노켄티우스 3세 500
인쇄술 8
인테르미넬리 129
〈일곱 번째 편지〉 93
《일리아스》 39
일식 593
입다 464
입사각 327
잉여수 150

ㅈ

《자연학》 87
자유 7학예 40
자유의지 333
작은곰자리 509, 617
작은형제회 153

잔니 스키키 207
잔초토 50
장미 571
재갈 269
재봉사 626
저녁기도 286
저울자리 262, 393, 603
적도 273
《정치학》 482
정화천 411, 479, 540, 600
제노바 238
제논 42
제독 413
제리 델 벨로 201
제비 338
제우스 105
《제정론》 109
제퓌로스 504
조토 309
존재의 사다리 268
종려나무 432
좌품천사 486
주기도문 392
지브롤터 183
지진 148
진주 564
질료 100
짐배 123
집정관 156

ㅊ

차라 279
차코 54

찬파 169
참나무 417
《창세기》 55, 87, 112, 139, 175, 214, 227, 325, 389, 433, 604
채찍 269
천동설 85, 220
천사 10
《천사론》 494
《철학의 위안》 495
청동 107
청신체파 376
초록색 407
촛대 405
춘분 23
춘분점 23
치마부에 309
치엘다우로 495
치타 146
칠병이어 471
침 174

ㅋ

카드모스 172
카디즈 595
카라라 141
카론 34
카롤링기 353
카립디스 58
카르타고 229, 305, 594
카를로 2세 288
카를로 마르텔로 480
카밀라 41
카셀라 264

카이나 222
카이사르 39, 94, 141, 244, 344, 469, 522
카이킬리우스 366
카인 144
카차귀다 521
카쿠스 168
카토 39
카트리아 561
카틸리나 469
카파네우스 105
카페 왕조 353
카포키오 205
카프로나 149
칸그란데 24
칼라브리아 267
칼레루에 504
칼뤼돈 382
칼립소 38
칼리스토 386
칼리오페 254
칼볼리 323
칼카스 143
캇시우스 244, 469
컴퍼스 546
케루빔 498
케르베로스 53
케이론 91, 212, 296
켄타우로스 91, 168, 379
코끼리 352
코라 192
코르넬리아 41, 525
코르소 도나티 378
코센차 270

찾아보기

651

코일레스티누스(셀레스틴) 5세 33
코퀴토스 107
콘라트 3세 526
콘스탄차 270
콘스탄티노플 8, 457, 467, 554
콘스탄티누스 136, 239, 425, 466, 554
콜레 320
콜로세움 126
콜론나 189
콜키스 128
콤포스텔라 580
쿠니차 94, 485
쿠르티우스 3형제 468
쿠리오 197
쿠피도 478
퀴로스 314
퀴리누스 483
퀴테레이아 396
퀴프로스 478
크랏수스 356
크레모나 225
크레우사 487
크레테 89, 106, 123, 390, 455
크로노스 107
크로아티아 619
크세륵세스 400, 482
큰곰자리 87, 272, 617
클레멘스 4세 270
클레멘스 5세 135
클레멘차 484
클레오파트라 47, 469
클로토 359
클뤼니 155

클뤼메네 532
키르케 182
키아나 510
키아라 452
키아시 399
키케로 43
킨킨나투스 469

E

타르페이아 298
타우리케 318
《타우리케의 이피게네이아》 319
타이스 130
타작마당 595
탄탈로스 209
탈레스 42
테기아이 55
테렌티우스 130, 366
테미스 430
테바이 105, 206, 220, 313, 360, 391
《테바이스》 140, 179, 314, 391, 430, 459
테베레강 265, 593
테세우스 70, 379, 509
테오도라 467
테오발드 151
테이레시아스 25, 140, 367
테티스 179, 215, 296, 368
텔레포스 212
토르콰투스 469
토뮈리스 314
토빗 460
토스카나 74, 152, 222, 309, 487, 510
토아스 367

토요일 60, 144, 201, 246, 255
토틸라 102
토파즈 524
톨로메아 235
투르 377
투르누스 338
투스쿠스 141
툴루즈 360
튀데우스 227
튀폰 217
트라야누스 304, 553
트라케 97
트레비소 485
트로이아 39, 112, 206, 305, 464, 554
트리비아 570
트리스탄 48
티그리스 399, 433
《티마이오스》 456
티베리우스 469
티스베 394
티시포네 69
티토노스 294
티투스 360, 469
티튀오스 217

ㅍ

파노 276
파도바 121, 276
파르나소스 365, 438
파르메니데스 42, 514
파르살로스 68
《파르살리아》 39
파르티아 356

파리나타 55
파리스 47, 70, 93, 196
파브리키우스 352
파비아 495
파비우스 469
파시파에 53, 389
파에톤 123
파엔차 238
파올로 48
《파이돈》 99
파이드라 534
파이안 510
파쿠비우스 319
파키노 480
팔라디온 180
팔라리스 186
팔라스 468
팔란테움 468
팔레르모 만종 사건 481
팔레스타인 486
팔레스트리나 189
팔리누루스 278
패러디 97
페가수스 541
페네오스 439
페데리코(프리드리히, 프레드리) 2세 78
페드로 3세 287
페라라 486
페라이 93
페루자 498
페르세포네 70, 400
페르시아 314
페르시우스 367

페이시스트라토스 330
펜테실레이아 41
펠레우스 212
펠로로 480
펠리컨 584
펠릭스 505
펠트레 486
포레세 372
포르투갈 551
포르투나 59
포에니 전쟁 192
포티우스 80
폴로스 92
폴뤼네이케스 105, 179, 313, 391, 459
폴뤼도로스 97
폴뤼메스토르 98
폴뤼클레이토스 301
폴뤽세네 47
폴륌니아 571
폴코 485
폼페이우스 39, 141, 163, 235, 345, 469
표범 23, 117
푸치니 207
풀리아 288
퓌그말리온 356
퓌라무스 394
퓌르라 430
퓌르로스 94
퓔라데스 318
퓔리스 487
프라토 176
프라하 549
프란체스카 49

프란체스코 117
프란체스코 데이 카발칸티 175
프랑스 83
프로방스 288
프로크네 337
프리드리히 1세 345
프리모 레비 183
프톨레마이오스 43
플라우투스 366
플라톤 42
플랑드르 353
플레게톤 107
플레귀아스 64
플루토 56
피스토이아 165
피아 278
피에로스 254
피에르 델라 비냐 98
피에솔레 113
피에트로 다미아노 562
피카르다 375
필로멜라 337
필리포 아르젠티 64
필리피 전투 244
필립 3세 287
필립 4세 135

ㅎ

하데스 57, 67, 77, 400
하드리아누스 5세 350
하르퓌이아 95
하만 338
하와 37

하인리히 7세 25, 281
한니발 192
할례 624
항성천 411, 446, 563, 586, 592, 600
행성 436, 475, 491, 567, 594
《향연》 395
헤라 206
헤라클레스 71, 92, 120, 168, 217, 438
헤로 400
헤로도토스 46
헤롯 108, 544
헤르메스 291
헤르세 325
헤름아프로디토스 170
헤시오도스 215
헤카베 206
헤카테 77
헤카톤케이르 215
헤파이스토스 50
헥토르 40
헨리 2세 198
헨리 3세 288
헬레네 47
헬레스폰토스 해협 400
헬리오도로스 356
헬리케 386
헬리콘 405
현실태 605
혈석 163
형상 100, 139, 223, 343, 456, 510, 605
호노리우스 495
호노리우스 3세 500
호라티우스 39

호라티우스 3형제 468
호르텐시우스 259
호메로스 11, 127, 142, 185
홀로페르네스 314
홍해 163, 469
황금 107
황금시대 107
황금 양털 128
황도12궁 160, 256
황새 381, 548
황제파 28, 74, 176, 223, 320, 470, 530
휘페리온 568
휩시필레 128, 367, 390
흑해 128
흠정역 226
희극 9, 250
희년 126
흰 궬프 54, 166
〈히브리서〉 576
히스기야왕 553
히에로니무스 304
힙포크라테스 43, 409
힙폴뤼토스 534

번호

2권 부립제 28
4원소 42
8복 316

영원불멸한 고전으로의 여행
단테 《신곡》 함께 읽기

제1판 제1쇄 발행　　2025년 4월 30일

지은이	강대진
펴낸이	배경완
펴낸곳	북길드
편집	정광준, 허재식
디자인	오도오도스튜디오
등록번호	제652-2014-000008호
주소	제주특별자치도 서귀포시 동홍로 41 가동 A212호
전화	064-762-2582
팩스	064-762-2581
이메일	bookus@naver.com
ISBN	978-89-969374-8-7 (03880)

정가는 뒤표지에 있습니다. 잘못된 책은 구입하신 곳에서 교환해드립니다.
저작권법에 따라 보호를 받는 저작물이므로 책의 무단 전재와 무단 복제를 금합니다.

도레의 삽화로 보는 단테 《신곡》
La Divina Commedia Di Dante Alighieri

도레의 삽화로 보는
단테 《신곡》

La Divina Commedia
Di Dante Alighieri

Paul Gustave Doré
Illustrations

북길드

단테 《신곡》 함께 읽기
부록: 도레의 삽화로 보는 단테 《신곡》

해설	강대진
펴낸이	배경완
펴낸곳	북길드
등록번호	제652-2014-000008호
주소	제주특별자치도 서귀포시 동흥로 41 가동 A212호
전화	064-762-2582
팩스	064-762-2581
이메일	bookus@naver.com

단테 알리기에리
Dante Alighieri, 1265~1321

귀스타브 도레
Paul Gustave Doré
1832, 스트라스부르~1883, 파리

22세에 라블레의 〈가르강튀아〉, 〈팡타그뤼엘〉의 삽화를 그린 것을 기점으로 수많은 문학작품의 삽화를 그렸다. 대표적인 것으로 〈페로 동화집〉(1861), 〈돈키호테〉(1863), 성서(1865~66), 〈실락원〉(1866) 등이 있다. 종교화, 역사화와 조각 작품에도 큰 힘을 쏟았으나 이들 분야에서는 큰 성공을 거두지 못했다. 세상을 떠날 무렵에는 셰익스피어의 작품들을 위한 삽화 작업 중이었다.

도레가 단테의 〈신곡〉 삽화 작업을 시작한 것은 1857년이었다. 그가 '지옥편' 작업을 끝냈을 때 출판해주겠다는 업자를 찾을 수 없어서 결국 자비로 출판했다(1861). 하지만 이 작품들은 큰 성공을 거두어, 그 이전까지 가장 유명하던 보티첼리의 삽화를 밀어냈다는 평을 받았다. 도레는 자기 삽화를 좋아해서 나중에 다른 그림을 위한 자료로 자주 이용했다. 1868년에는 '연옥편'과 '천국편'의 삽화 작업이 끝나서 전체 〈신곡〉 삽화가 함께 출판될 수 있었다.

지옥편
INFERNO

어두운 숲

제1곡, 단테는 어두운 숲에서 길을 잃고 방황한다.

단테를 위협하는 세 마리 짐승: 표범

제1곡, 단테가 밝은 언덕을 발견하고 그리로 올라가려는 순간
세 마리 짐승이 나타나 차례로 그를 위협한다.
표범은 음란을 상징한다.

단테를 위협하는 세 마리 짐승: 사자

사자는 폭력, 또는 오만을 상징한다.

단테를 위협하는 세 마리 짐승: 암늑대

암늑대는 탐욕을 상징한다.

단테와 베르길리우스

제1곡, 단테가 다시 어두운 골짜기로 밀려나려는 순간 베르길리우스가 그를 구하러 온다.

단테와 베르길리우스

제1곡, 단테는 베르길리우스를 따라 다른 길로 나아간다.
단테의 뒤에는 짐승 하나가 여전히 따라가는 걸로 그려졌다.

베아트리체와 베르길리우스

제2곡, 단테가 여행을 포기하려 하자,
베르길리우스는 베아트리체가 림보로 자신을 찾아와 단테를 부탁했음을 알린다.

지옥문

제3곡, 지옥의 문에는 문짝이 없고,
그 위에는 '이 문에 들어서는 자는 모든 희망을 버리라'라고 적혀 있다.

아케론 강의 뱃사공 카론

제3곡, 저승 강의 뱃사공 카론이 저주받은 영혼들에게 호통을 치며 다가온다.

배에 오르는 영혼들

제3곡, 카론은 죄인들을 매질하며 채근하여 배에 태운다.

림보에 머무는 선한 영혼들

제4곡, 기독교 이전에 살았던 선한 사람들은 림보에 머물고 있다.

림보에 머무는 영웅과 시인들

제4곡, 단테와 베르길리우스가 림보에 도착하자,
호메로스를 위시한 세계 4대 시인이 그들을 맞이한다.

저승의 심판관 미노스

제5곡, 악한 영혼들은 미노스의 판결을 받는다.
미노스가 꼬리를 휘감은 횟수는 죄인이 몇 번째 원에 던져질지를 보여준다.

음란죄를 지은 죄인들

제5곡, 음란죄를 지은 자들은 자기의 짝과 껴안은 채 영원한 폭풍 속에 날려 떠돈다.

파올로와 프란체스카

제5곡, 단테는 특별해 보이는 남녀의 사연을 듣고 싶어 베르길리우스의 허락을 청한다.

파올로와 프란체스카

제5곡, 형수와 시동생 사이였던 두 사람은 단테 앞에 자기들 사연을 들려주며 눈물 흘린다.

파올로와 프란체스카

제5곡, 두 사람의 사연을 듣던 단테는 동정심에 정신을 잃고 만다.

파올로와 프란체스카

제5곡, 두 사람의 사연을 듣던 단테는 동정심에 정신을 잃고 만다.

저승의 개 케르베로스

제6곡, 식탐 지옥 입구를 지키던 케르베로스는 베르길리우스가 던져준 먼지에 현혹되어 그것을 주워먹는다.

식탐 죄인들과 차코

제6곡, 진창에 누워 더러운 눈비를 맞고 있던 식탐 죄인 가운데서 차코라는 인물이 단테에게 말을 건다.

탐욕 지옥을 지키는 플루토

제7곡, 베르길리우스가 저주를 퍼붓자 분노한 플루토가 자기 손을 깨물고 있다.

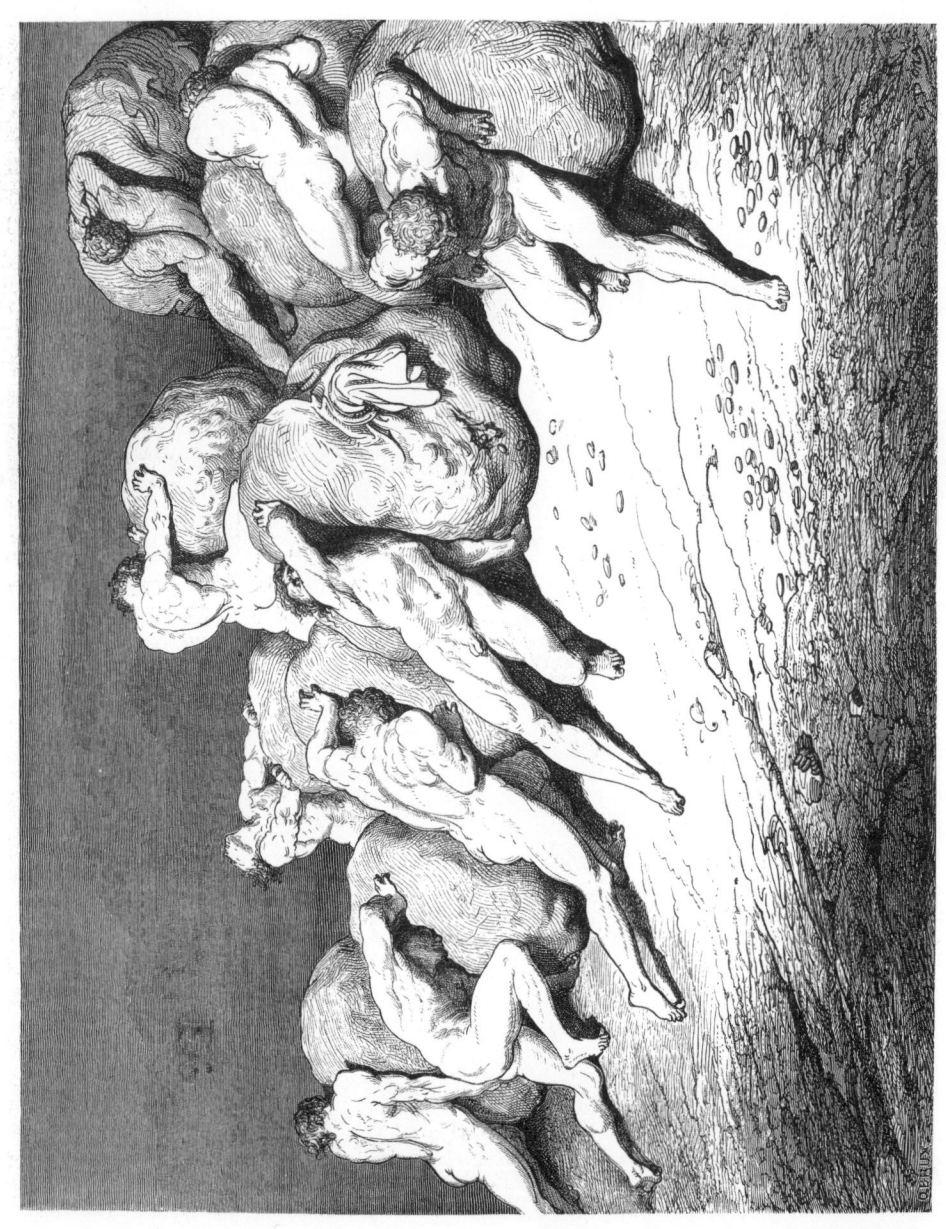

탐욕과 낭비의 죄인들

제7곡, 탐욕 죄를 지은 자들과 낭비 죄를 지은 자들은 서로 반대 방향에서 돌을 굴려와서,
서로 마주치면 상대를 욕하고는 돌아서서 오던 길로 돌아간다.
도레는 돌덩이를 돈 자루처럼 표현했다.

스틱스 강물 속에서 서로 싸우는 분노의 죄인들

제7곡, 분노의 죄를 지은 자들은 진흙 강 속에서 서로 싸우고 있다.

스틱스의 뱃사공 플레귀아스

제8곡, 스틱스를 건너기 위해서는 플레귀아스가 노젓는 배를 타야 한다.

필리포 아르젠티

제8곡, 분노의 죄인 중 하나가 배에 오르려 하자
베르길리우스가 그를 다시 물속으로 밀어넣는다.

디스의 성문

제8곡, 단테 일행이 스틱스를 건너자 악마들이 성문을 지키며 이들을 가로막는다.
베르길리우스는 협상을 시도하지만 악마들은 문을 걸어잠근다.

복수의 여신들

제9곡, 디스의 성문 위에 복수의 세 여신이 나타난다.
베르길리우스는 세 여신을 하나씩 가리키며 이름을 가르쳐준다.

디스의 성문을 여는 천사

제9곡, 천사가 도착하여 디스의 성문을 지팡이로 두드리자 성문은 저항 없이 열린다.

이단 죄인들의 불타는 석관

제9곡, 이단 죄를 지은 자들은 불타는 석관에 갇힌 채 신음하고 있다.

파리나타

제10곡, 불타는 석관 속에 있던 파리나타가 벌떡 일어나 단테의 조상에 대해 묻는다.

아나스타시우스의 석관

제11곡, 단테는 불타는 석관 중 하나에 '교황 아나스타시우스'라고 적힌 것을 발견한다.

미노타우로스

제12곡, 단테는 폭력 지옥으로 내려가는 바위 비탈 가장자리에서
반인반수 미노타우로스와 마주친다.

켄타우로스들과 넷소스

제12곡, 폭력의 지옥을 지키던 켄타우로스들이
단테와 베르길리우스가 비탈을 내려오는 것을 주시한다.

케이론

제12곡, 켄타우로스들은 폭력 죄를 지은 죄인들이 뜨거운 피의 강 위로 정해진 것보다 많이 몸을 내밀면 창과 화살로 응징한다.

하르퓌이아의 숲

제13곡, 자살한 사람들은 가시나무로 변해 있다.
괴조 하르퓌이아들이 그 나무의 잎과 가지를 뜯어먹는다.

자살자가 변한 가시나무

제13곡, 단테가 가시나무 가지를 꺾자 나무에서 피가 떨어지고, 나무가 비명을 지른다.

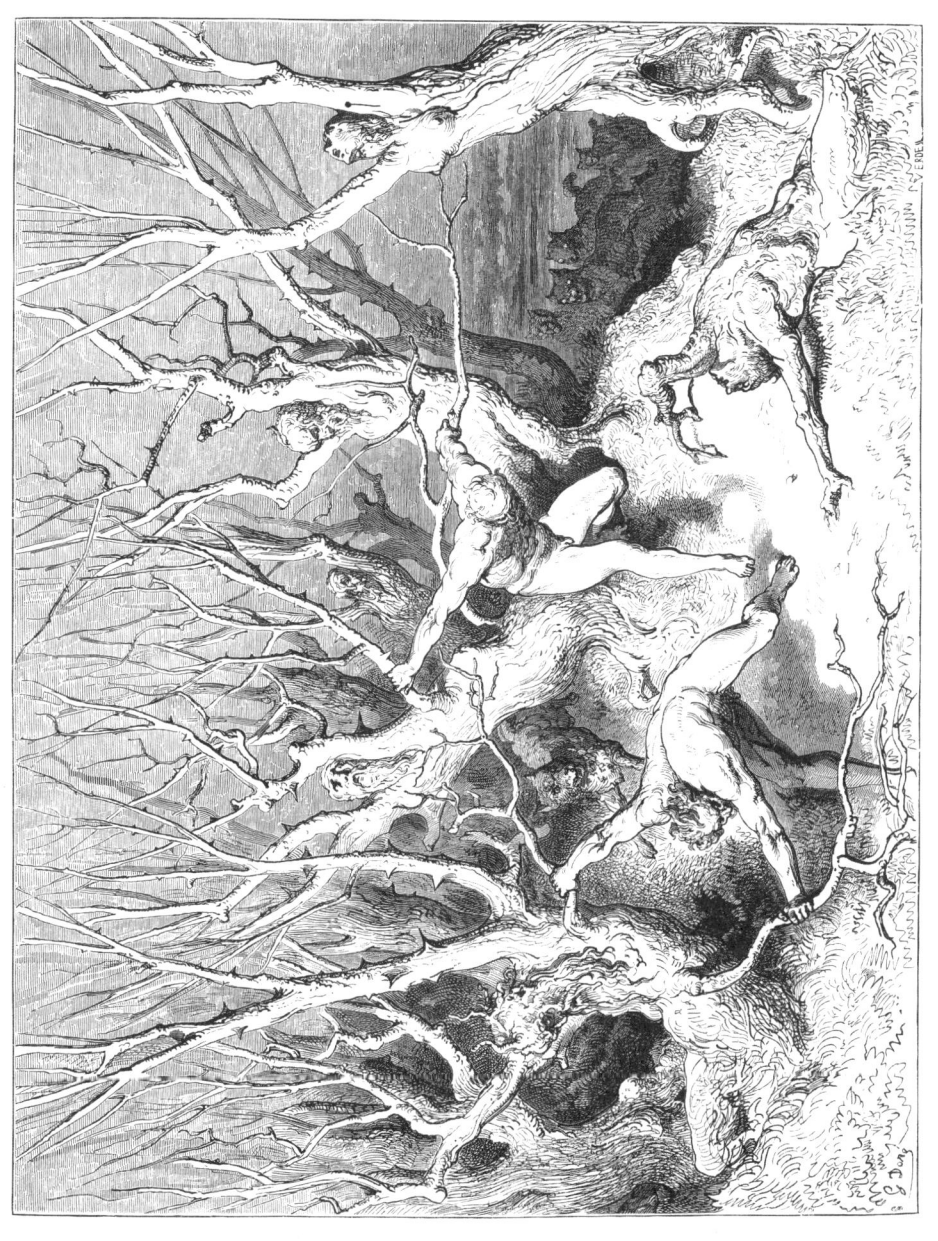

재산을 낭비한 사람들

제13곡, 낭비자들은 자살자의 숲에서 사냥개들에게 쫓기다 찢겨 조각난다.

하느님께 폭력을 가한 자들

제14곡, 신을 모욕한 자들은 뜨거운 모래 위에 누워서, 또는 앉아서, 또는 서서 돌아다니며 불비를 맞고 있다.

브루네토 라티니

제15곡, 단테의 스승이었던 브루네토 라티니가 단테를 알아보고 그의 옷깃을 잡는다.

기만의 상징 게뤼온

제17곡, 기만 지옥으로 내려가기 위해 베르길리우스는 게뤼온을 꼬드긴다.
게뤼온은 앞부분은 사람, 중간의 표범의 무늬, 뒤는 날카로운 침을 지닌 존재다.

게뤼온을 타고 밑으로 내려가다

제17곡, 게뤼온은 단테와 베르길리우스를 등에 태우고 천천히 돌면서
더 아래 지옥으로 날아내려간다. 단테는 아래를 내려다보고 두려움에 떤다.

악마들과 유혹자들

제18곡, 여자를 유혹하여 이득을 본 자들이 악마에게 채찍질을 당하고 있다.

아첨자들

제18곡, 아첨 죄를 지은 자들은 배설물 속에 갇혀 있다.

타이스

제18곡, 고객에게 마음에도 없는 칭찬을 보냈던 창녀 타이스도 이첨 지옥에 갇혀 있다.

성직매매자들

제19곡, 성직을 매매한 자들은 바위 구멍에 거꾸로 박혀 발에 불이 붙어 있다.
단테는 그중 하나인 교황 니콜라우스 3세에게 비난을 퍼붓는다.

악마들과 공직매매자

제21곡, 악마들이 규정보다 많이 몸을 밖으로 내민 공직매매자 하나를 쇠스랑을 찍어 뜨거운 역청 구덩이에서 끌어내고 있다.

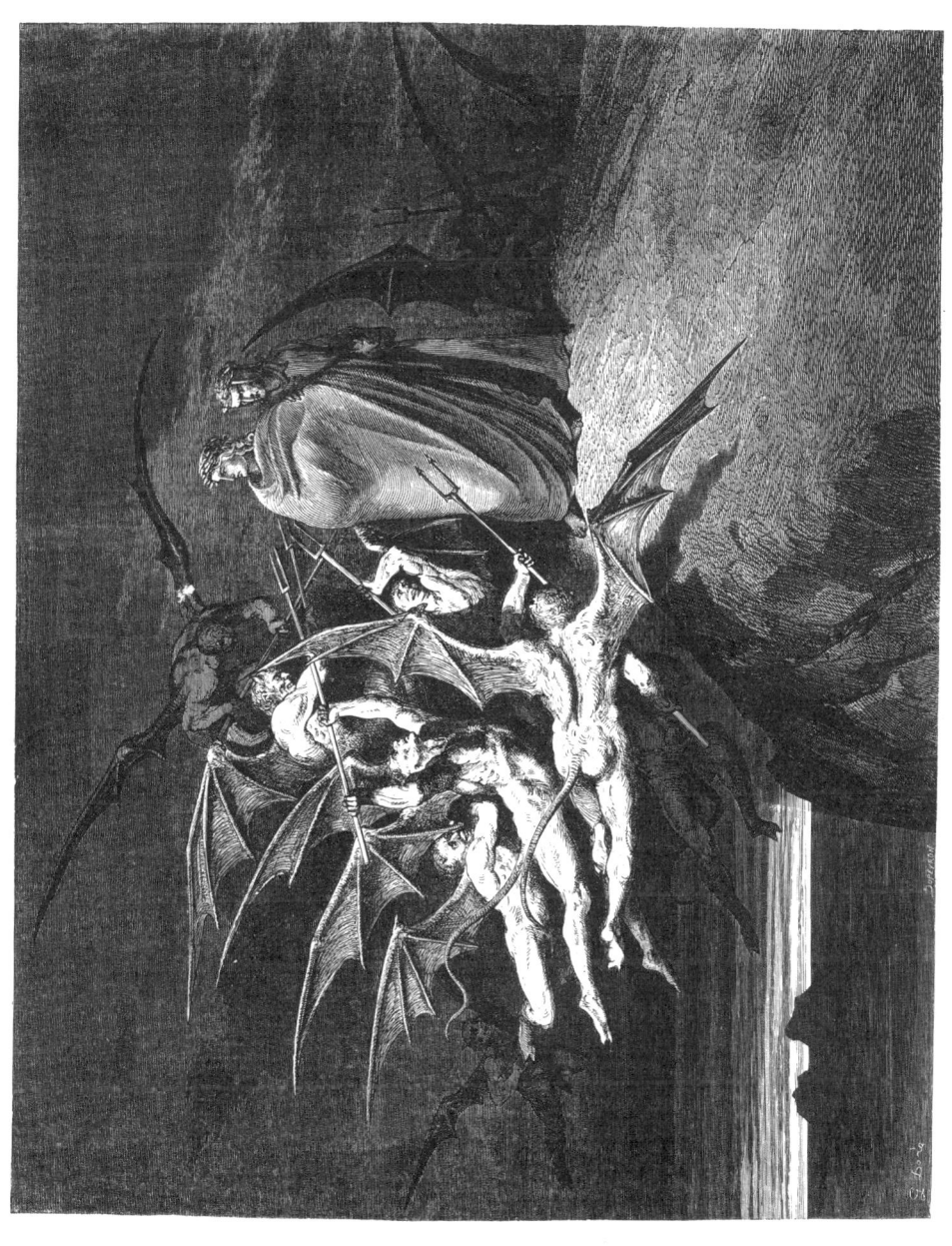

악마들과 베르길리우스

제21곡, 베르길리우스가 악마들에게 길을 묻자,
악마들이 베르길리우스와 단테를 위협하고 있다.

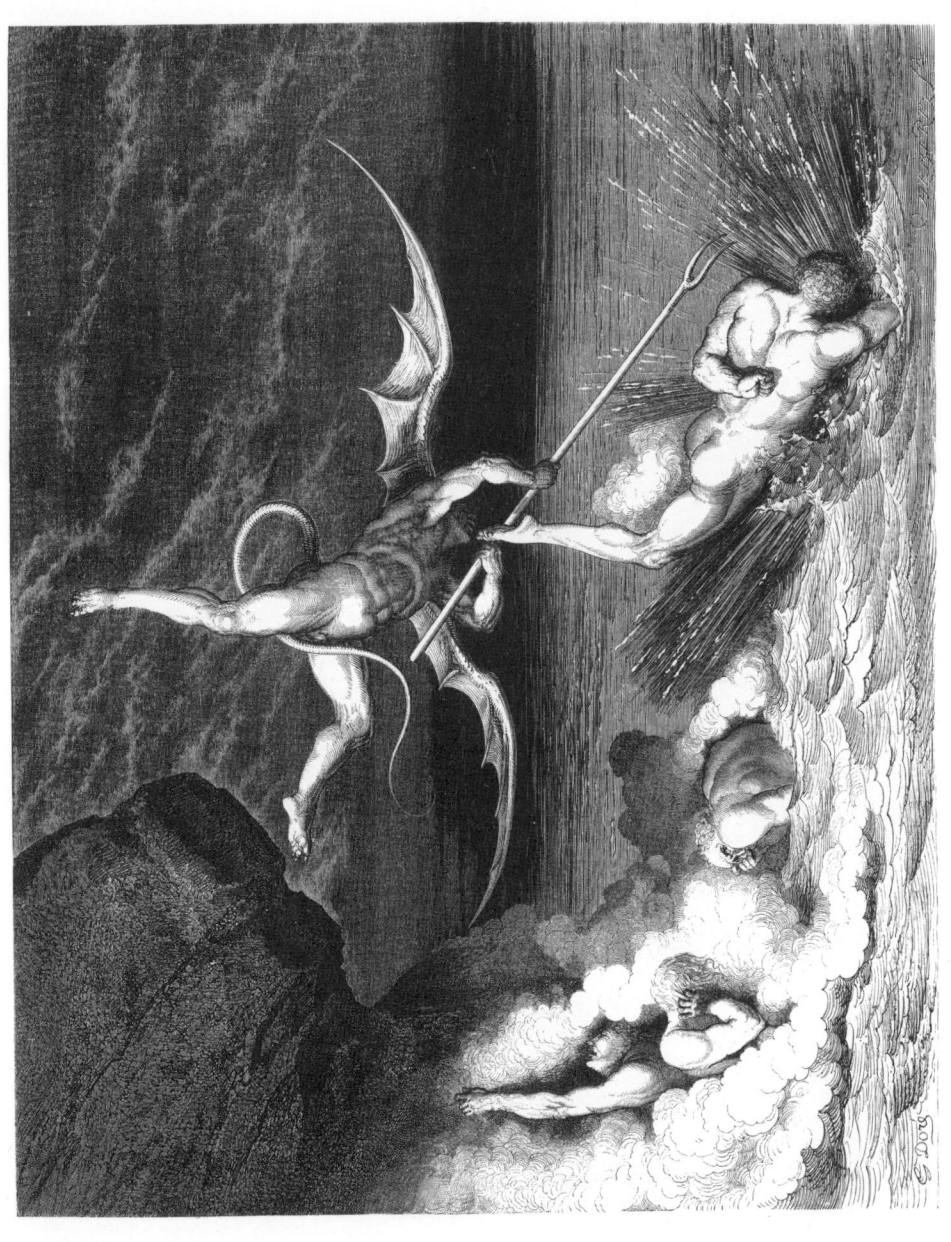

잠폴로

제22곡, 악마들을 속여넘긴 잠폴로가 역청 구덩이로 뛰어들자
악마 하나가 그를 잡으러 뒤쫓고 있다.

알리키노와 칼카브리나

제22곡, 잠폴로를 잡으러 뒤쫓던 두 악마가 서로 뒤엉켜 역청 구덩이로 떨어지고 있다.

악마들을 피해 달아난 단테와 베르길리우스

제23곡, 단테와 베르길리우스가 다음 구렁으로 미끄러져 내려간 직후,
둔덕 위에 당도한 악마들이 그들을 내려다보며 억울해하고 있다.

위선자들

제23곡, 위선 죄를 지은 자들은 겉은 금빛, 속은 납으로 된 외투를 입고 힘겹게 행진한다.

위선자들 가운데 십자가에 못 박힌 바리새인

제23곡, 예수를 처형하자고 제안했던 안나스와 가야바는
위선자 지옥에서 십자가에 못 박힌 채 땅에 누워 있다.

도둑들

제24곡, 절도죄를 지은 자들은 독사 지옥에 갇혀 있다.

뱀과 뒤섞임

제25곡, 도둑 중 하나는 뱀과 엉켜서 뱀도 사람도 아닌 존재로 바뀐다.

나쁜 조언자들

제26곡, 타인들에게 나쁜 조언을 했던 이들은 뜨거운 불꽃 속에 갇혀 있다.
단테는 높은 곳에서 그 불꽃을 내려다보며 이야기를 나누고 있다.

분열을 일으킨 자들

제28곡, 분열을 일으킨 자들은 몸이 쪼개져 있다.
그림 가운데 가슴을 열어 보이는 자는 기독교 교회를 분열시켜 이슬람을 만든 마호멧이다.

불화를 씨 뿌린 자들

제28곡, 사람들 사이에 불화를 일으킨 자들이 얼굴이 훼손되거나 손, 혀 등이 잘려 있다.

보른의 베르트랑

제28곡, 부자지간을 분열을 조장했던 베르트랑은 몸통과 분리된 제 머리를 들고 다닌다.

제리 델 벨로

제29곡, 단테는 자기 조상 제리 델 벨로가 분열조장자들 가운데 있으리라 예상하고 주시하지만, 베르길리우스는 그가 이미 단테에게 손짓으로 비난을 보이고 떠나갔다고 일러준다.

악취를 풍기는 위조자들

제29곡, 위조 죄를 지은 자들은 열병과 피부병에 시달리며 악취를 풍기고 있다.

가려움증에 시달리는 위조자들

제29곡, 위조범 중 일부는 심한 가려움증에 시달리며 몸을 긁고 있다.

광기에 빠진 잔니 스키키

제30곡, 유언 위조범인 잔니 스키키는 광기에 빠져서 다른 죄인들을 물어뜯고 다닌다.

뮈르라

제30곡, 신분을 감추고 자기 아버지와 결합했던 뮈르라도
위조범 지옥에서 떠돌아다니고 있다.

니므롯

제31곡, 배신 지옥으로 내려가는 구덩이를 거인들이 에워싸고 있다.
바벨탑을 쌓다가 인간의 언어를 서로 다르게 만든 니므롯도 그중 하나다.

에피알테스

제31곡, 신들에게 도전했던 에피알테스는 두 팔이 각기 앞뒤로 묶여 있다.

안타이오스가 단테를 마지막 원으로 내려주다

제31곡, 헤라클레스와 싸웠던 거인 안타이오스가
단테와 베르길리우스를 손으로 잡아 배신 지옥의 얼음판까지 내려준다.

배신자들이 벌 받는 코퀴토스

제32곡, 배신 죄를 지은 자들은 얼음 속에 갇혀 있다.
단테와 베르길리우스는 얼음 벌판을 걸어간다.

보카 델리 아바티

제32곡, 단테에게 머리를 걷어 채인 죄인이 자기 이름을 대지 않자,
단테가 그의 머리털을 취어 뜯으며 이름 대기를 강요하고 있다.

우골리노 백작과 루지에리 대주교

제32곡, 루지에리의 계략에 휘말려 자녀들과 함께 탑에 갇혔다 아사한 우골리노가 루지에리의 머리통을 깨물고 있다.

우골리노의 사연

제33곡, 자기 자식과 손자들이 굶주려 죽어가는 것을 본 우골리노는 분노와 슬픔에 사기 손을 깨문다. 그것을 본 한 아들이 아버지에게 자기들 살을 먹으라고 권한다. 그제야 우골리노는 정신을 가다듬는다.

우골리노와 가도

제33곡, 우골리노의 아들 가도가 아버지의 발 앞에 몸을 뻗고 죽어가며
'아버지, 왜 나를 돕지 않습니까?'라고 묻는다.
십자가의 그리스도께서 하셨던 말씀 그대로다.

자식들보다 오래 살아남았던 우골리노

제33곡, 우골리노는 자식들이 모두 죽은 다음에야 죽는다.
단테가 지옥에서 그와 마주쳤을 때, 그는 '배고픔이 고통보다 강했다'고 말해서,
혹시 그가 자식들의 고기를 먹은 게 아닐까 하는 의구심을 불러일으킨다.

루시퍼

제34곡. 루시퍼는 지구의 중심에서 날개를 퍼덕여 냉기를 일으키고 있다.

지상으로 나가는 길

제34곡. 단테와 베르길리우스는 루시퍼의 털을 잡고 더 밑으로 내려간 다음, 몸을 돌려 지구 반대편으로 올라간다.

지상으로 올라오다

제34곡, 단테와 베르길리우스는 지구 반대편 동굴에서 나와 새벽별을 본다.

연옥편
PURGATORIO

금성

제1곡, 연옥산에 도착한 단테가 샛별을 본다.

우티카의 카토

제1곡, 우티가의 가토기 네 개의 별 빛을 받으며 나타나 베르길리우스에게,
단테를 데려다 갈대를 둘러주고 이슬로 씻기라고 지시한다.

천사의 배

제2곡, 천사가 모는 배가 나타나자,
베르길리우스가 단테에게 얼른 무릎을 꿇도록 지시한다.

천상에서 온 뱃사공

제2곡, 배를 모는 천사의 얼굴에는 축복이 적힌 듯 보였다.
〈신곡〉 원작에는 이 천사가 배의 뒤편에 서 있는 것으로 그려졌는데,
도레는 뱃머리에 선 것으로 그렸다.

연옥산의 가장자리

제3곡, 단테와 베르길리우스는 멀리 왼쪽으로 사람들의 무리를 발견하지만
그들은 너무 느리게 이동해서 거의 움직이지 않는 듯 보인다.
그들은 명상적인 삶을 보여주는 존재들이다.

연옥산 오르기

제4곡, 단테와 베르길리우스는 거친 바윗길을 올리간다.
양쪽 바위벽이 조여대듯 다가와 있다.

뒤늦게 회심한 자들

제4곡, 인생의 마지막에야 하느님께 마음을 돌린 자들은 연옥 문에 들어가지 못하고, 바깥에서 기다려야 한다. 그들은 바위 그늘에 서 있다.

갑작스럽게 세상을 떠난 자들

제5곡. 미세레레를 노래하며 오던 무리는 전투 중에 죽거나, 피살된 인물들이다. 그들은 빠르게 움직여 활동적인 삶을 보여준다.

몬테펠트로 출신 부온콘테

제5곡, 이 사람은 전투에서 심한 부상을 입고 죽으면서, 마지막 말과 동작으로 하느님의 도움을 청했다. 그림에는 부온콘테가 팔을 가슴 앞에 포개어 십자가 형태를 만들고 죽어 있으며, 멀리서 천사가 악마를 제지하고 있다. 곧 폭우가 내려 그의 시신을 쓸어갈 참이므로 번개가 번쩍이고 먹구름이 모여드는 것으로 그려졌다.

피아

제5곡. 남편에게 피살된 이 여인은 모든 증오와 복수심을 넘어선 평온함을 보여준다.

소르델로와 베르길리우스

제7곡, 소르델로는 단테의 안내자가 만토바 출신이라는 말을 듣자마자 그와 반갑게 인사를 나눈다. 그 후 그가 시인 베르길리우스임을 알게 되자 무릎을 껴안는다.

왕들의 계곡

제7곡, 단테는 소르델로의 안내를 빌어 통치자들이 머무는 골짜기에서 밤을 보내게 된다.
밤이 다가오자 그곳 영혼들은 성모를 찬양하는 노래를 부른다.

꽃밭 속의 뱀

제8곡, 이곳 영혼들을 위협하는 뱀이 나타나자,
녹색 옷 녹색 날개의 두 천사가 뭉툭한 칼을 들고 뱀을 쫓아낸다.

여명

제9곡, 단테가 미무는 왕들의 계곡에 밤이 깊어간다.

독수리

제9곡, 단테의 꿈속에 독수리가 들이닥쳐 단테를 잡아서는 태양 가까이로 데려간다.

연옥문

제9곡, 단테가 잠에서 깨어보니 밤 사이 루치아 성녀가 단테를 높은 곳까지 데려다 놓았다.
그의 앞에는 담으로 둘러싸인 본격적 연옥이 있고,
그 앞에는 세 개의 계단, 계단 위에는 칼을 빼어든 천사가 앉아 있다.
베르길리우스는 단테에게, 천사에게 공손히 예를 표하도록 지시한다.

조각들

제10곡, 연옥의 첫째 층 오만의 둘레에는 벽에 겸손의 모범들이 새겨져 있다.
그중 하나는, 한 과부가 트라야누스 황제의 앞을 가로막고
자신의 억울함을 풀어달라고 청하는 장면이다.

오만했던 죄인들

제12곡, 오만하게 살았던 사람들은 바위로 목을 눌린 채 행진한다. 단테는 세밀화의 거장이
었던 오데리시의 이야기를 들으며 그와 비슷하게 몸을 낮추고 함께 걷는다.
단테 일행은 연옥산에서 늘 시계 반대 방향으로 진행하는데,
이 그림에서는 시계방향으로 걸어가는 걸로 그려졌다.

아라크네

제12곡, 오만의 둘레 바닥에는 오만했던 인물들이 새겨져 있다.
아테네 여신에게 베 짜기 시합을 청했다가 거미로 변한 아라크네도 그 중 하나다.
아라크네의 오른쪽 뒤로는 자기 칼에 쓰러져 죽은 사울이 보인다.

질시했던 자들

세13곡, 타인을 질투했던 자들은 눈이 철사로 꿰매인 채
거친 털옷을 입고 바위에 기대 앉아 있다.

사피아

제13곡, 단테가 시에나 출신의 질투심 많았던 사피아의 이야기를 듣고 있다.

스테판의 죽음

세15곡, 분노의 둘레에 도착한 단테는 환싱 중에 스데판이 돌에 맞아 죽는 장면을 본다. 스테판은 죽어가면서도 자기를 돌로 치는 자들을 위해 하느님께 기도한다.

롬바르디아 출신 마르코와 만나다

제16곡, 분노의 둘레에서 매운 연기 속에 진행하던 단테는
롬바르디아 출신 마르코와 만나 세상에 악이 가득한 이유에 대해 듣는다.
그의 주장에 따르면 교황이 권력을 독점하려 한 것이 가장 큰 원인이다.

마르코와 동행하다

제16곡, 마르코는 연기를 벗어나지 않고
동행할 수 있는 데까지 단테와 동행하겠노라고 한다.
마르코는 교황이 세속권력까지 지니려 하면 안 된다고 역설한다.

태만했던 사람들

제18곡, 하느님을 섬기기에 게을렀던 사람들은 밤에도 달리는 벌로써 죄를 씻고 있다.
이 그림에는 그냥 밤에도 계속 걷는 것으로 그렸다.

다섯째 둘레로 올라감

제19곡, 단테 일행은 태만의 둘레를 떠나 탐욕의 둘레로 올라간다. 단테는 간밤 꿈에 세이렌을 본 것을 돌이키며 생각에 잠겨 있다. 베르길리우스가 그에게 무슨 생각을 하는지 묻는다. 매우 중요한 꿈이지만 도레는 여성이 유혹하는 장면을 그리기 부담스러워서인지 그 꿈 장면을 건너뛰었다.

탐욕 죄를 씻고 있는 교황 하드리아누스 5세

제19곡, 탐욕의 죄를 지은 자들은 땅에 붙박인 채 시선을 땅에 박고 있다.
그 중에는 하드리아누스5세도 끼여 있다. 단테는 교황의 신분을 알고는 몸을 숙인다.
그러자 교황이 만류한다. 우리는 모두 신 앞에 동등한 죄인이기 때문이다.

탐욕 죄를 씻는 죄인들

제20곡, 탐욕의 죄를 지은 사람이 너무도 많아서
단테는 거의 발 디딜 곳을 찾지 못할 지경이다.

식탐 죄인의 둘레에서 친구를 만나다

23곡, 식탐 죄를 지은 사람들은 비쩍 마른 채 물과 음식을 갈망하는 벌을 받느다.
단테는 절친한 친구 포레세를 식탐 둘레에서 만난다.
단테 뒤에는 죄 씻음이 끝나서 천국으로 떠나는 스타티우스가 그려져 있다.

식탐 죄를 씻는 죄인들

제24곡, 식탐 둘레의 죄인들은 단테가 산 사람임을 알고 놀란다.

식탁 둘레의 나무

제24곡, 식탁의 둘레에는 두 그루 나무가 있는데,
줄기의 아래쪽이 가늘고 위로 갈수록 굵어져서 올라갈 수 없다.
그 나무에는 먹음직한 열매가 열렸고, 그 잎 위로 물이 쏟아진다.
죄인들은 그 나무를 향해 팔을 뻗고 갈망의 소리를 높인다.

음란죄를 씻는 일곱째 둘레

제25곡, 일곱째 둘레에시는 길옆의 바위벽에서 불이 뿜어져 나오고,
절벽길 가장자리에서는 바람이 불어 그 불길을 제한한다.
그림에서는 단테 일행이 일곱째 둘레로 올라가고 있으며,
그 위로 불뿜는 절벽이 그려져 있다.

불 속에서 음란죄를 씻는 지은 죄인들

제25곡, 음란죄를 지은 자들은 불 속에서 하느님을 찬양하는 노래를 부르며 행진한다.
단테는 그들을 주시하며 걸어간다.
이 그림에서는 〈신곡〉 원문과 달리 단테가 시계방향으로 가는 걸로 그렸다.

일곱째 둘레를 조심스레 걷는 단테

제25곡, 단테는 불 속에서 죄를 씻는 사람들을 주시하며,
때때로 발밑을 살펴 절벽 가장자리로 떨어지지 않도록 주의한다.
단테 앞에서 타고 있는 불은 아마도 곧 단테가 통과할
불의 장벽을 미리 보여주는 것인 듯하다.

꿈속에 레아를 보다

제27곡, 단테는 일곱째 둘레를 벗어나 에덴동산으로 들어서기 직전에 계단에서 잠이 들고,
꿈에 초원에서 꽃을 꺾어 모으는 레아를 본다.

지상 낙원

제28곡, 단테는 둔덕을 넘어 연옥산 꼭대기에 있는 에덴동산으로 진입한다.

묵시록적 행렬

제29곡, 단테가 강 건너에서 에덴동산 내부를 보고 있을 때,
성서와 교회의 역사를 보여주는 행렬이 다가온다.

믿음, 소망, 사랑의 여신

제29곡, 행렬 가운데는 그리핀이 끄는 수레가 있고,
그 수레의 오른쪽 바퀴 곁에는 믿음, 소망, 사랑을 나타내는 세 여인이 동행하고 있다.
믿음은 흰색, 소망은 녹색, 사랑은 빨간색을 띠고 있다.

베아트리체

제30곡, 천사들이 노래하는 가운데 꽃이 쏟아지고 수레에서 베아트리체가 일어선다.
그녀는 붉은 드레스에 녹색 망토를 걸치고, 하얀 베일을 머리에 두르고 올리브 관을 썼다.
이 그림에는 그냥 천사들이 비교적 단순하게 차려 입은 베아트리체를 들고
하늘을 나는 것으로 그렸다.

레테 강에 잠기다

제31곡, 마텔다는 단테를 잡아 레테 강에 잠기게 한 채 강 건너로 끌고 간다.
이 강의 물은 지나간 잘못을 모두 잊게 하는 능력이 있다.
천국에 가는 사람에게는 죄책감이 없어야 하기 때문이다.

창녀와 거인

제32곡, 그리핀이 끌고 왔던 수레는 여러 차례 변형된 끝에
그 안에 창녀와 거인이 나타난다.
교회가 창녀로 변하고, 세속 권력이 그것을 휘두르게 되었다는 뜻이다.

에우노에 물을 마시다

제33곡, 단테는 에우노에 강물을 마심으로써 이전에 했던 좋은 일들을 잘 기억하게 된다.
그의 곁에는 기독교의 세 가지 덕과 세속적인 네 가지 덕을 나타내는 여인들과
스타티우스가 지켜보고 있다.

천국편
PARADISO

달의 하늘

제3곡, 달의 하늘은 서원을 이루지 못한 사람들의 영역이다.
단테는 거기서 환속 수녀인 피카르다와 콘스탄차를 만난다.
단테 곁에는 베아트리체가 서 있다.

수성의 하늘

제5곡, 단테가 천국의 두 번째 층인 수성천에 도착하자
수많은 영혼이 그를 맞으러 내려온다.

금성천에서 카를로 마르텔로를 만나다

제8곡, 금성의 하늘에서 단테는 카를로단조2세의 아들인 가를로 마르텔로와 마주친다. 그는 일찍 단테와 교분이 있었으나 젊어서 죽었다.

태양의 하늘

제12곡, 현자들의 영역인 태양의 하늘로 들어서자 빛들이 몰려와
단테와 베아트리체를 에워싼다.
잠시 후 다른 빛의 고리가 이들을 한 번 더 둘러싸기 때문에
아래쪽에 빛의 고리를 하나 더 그렸다.

화성의 하늘로 진입하다

제14곡, 단테가 태양의 하늘을 떠나 화성의 하늘로 올라가는 순간,
화성은 평소보다 훨씬 붉어보인다.

화성의 하늘

제14곡, 전사들의 영역인 화성의 하늘에서는
빛의 무리가 십자가 모양을 이루어 단테를 맞아준다.
그 십자가는 순전히 빛으로 이루어져서 그 밖의 다른 형태는 갖추지 않은 듯 되어 있는데,
이 그림에서는 그리스도의 모습이 중간에 보이고 천사들이 그것을 옮기는 것으로 그렸다.

카차귀다

제16곡, 십자군 전쟁에서 순교한 단테의 조상 카차귀다가
빛의 십자가에서 아래로 달려내려와 단테를 맞아준다.
카차귀다는 원문에는 그냥 빛으로 되어 있지만,
이 그림에는 인간 형상을 지닌 것으로 그려졌다.

목성의 하늘

제18곡, 단테가 도착하사 이곳 영혼들이
마치 철새들처럼 떼 지어 날며 글자를 만들어 보인다.

목성의 하늘 영혼들에게 기원하다

제18곡, 빛의 무리가 '정의를 사랑하라, 땅을 다스리는 자들이여!'라는 글자를 보여준 후,
백합을 거쳐 독수리 모양을 이루자, 단테가 그들에게 기원한다.
악을 모범 삼아 길 잃어버린 지상의 영혼들을 위해 기도해 달라는 내용이다.

목성천의 빛의 독수리

제19곡, 빛으로 이루어진 독수리는 단테 앞에 날개를 펼친 채 인류의 과거를 설명하고 미래를 예언하며 하느님의 뜻을 전한다.

빛의 독수리가 노래하다

제20곡. 이야기를 마친 빛의 독수리는 아름다운 찬양 노래를 부른다.
너무나 아름다워서 단테는 그것을 거의 기억할 수조차 없다.

미소 짓지 않는 베아트리체

제21곡, 토성천으로 들어갈 준비가 된 단테는 베아트리체에게 시선을 고정한다.
하지만 이번에는 그녀가 미소 짓지 않는다.
그녀가 웃는다면 단테는 제우스의 벼락을 본 세멜레처럼 타 버릴 것이다.

토성천의 사다리

제21곡, 토성천에서 단테는 끝 모르게 높이 뻗은 황금빛 사다리를 본다.
야곱의 사다리의 변형이다.
그 사다리 위로 수많은 빛들이 오르내린다.

항성천

제26곡, 붙박이별들의 하늘에서 단테는 베드로, 야고보, 요한에게
각기 믿음, 소망, 사랑에 대해 시험을 받는다.

온 천국이 노래하다

제27곡, 단테가 세 사도의 시험을 통과하자,
그의 눈이 밝아져 곁에 서 있던 아담을 알아본다.
아담이 단테의 질문들에 답해주자,
온 천국이 함께 삼위일체 하느님의 영광을 찬양한다.

원동천

제28곡, 원동천에 진입한 단테는 한 작은 눈부신 빛의 점을 에워싸고
여러 겹 빛의 고리가 동심원을 이룬 것을 본다.
베아트리체는 그것이 천사들의 위계라고 가르쳐준다.
단테가 그것을 이해하는 순간 달군 쇠에서 불똥 튀듯 빛의 고리가 거듭 거듭 불어난다.

정화천

제31곡, 지상의 삶을 마친 영혼들은 거대한 장미꽃 모양을 이루고,
그들 주위를 마치 별들처럼 천사들이 오고간다.

천국의 여왕

제31곡, 천국의 '장미'는 일종의 스타디움 형태인데,
거기 모인 영혼들은 모두 성모님을 우러르고 있다.

윌리엄 블레이크의 단테 《신곡》 102장면
La Divina Commedia Di Dante Alighieri

윌리엄 블레이크의
단테 《신곡》 102장면
La Divina Commedia Di Dante Alighieri

William Blake

북길드

윌리엄 블레이크(Willam Blake, 1757~1827)

블레이크는 어린 시절부터 하느님과 그리스도, 천사 등의 환상을 자주 보았다 한다. 그는 신화-종교적이고 예언적-신비적인 시를 많이 남겼지만, 기존 교회의 관행에는 반발했던 것으로 알려져 있다.

블레이크의 대표적인 시 작품으로 〈천국과 지옥의 결혼〉, 〈밀턴〉, 〈예루살렘〉 등이 있다. 그가 삽화를 그린 작품에는 구약성서 〈욥기〉, 버년의 〈천로역정〉, 밀턴의 〈실낙원〉, 그리고 베르길리우스 〈목가〉 등이 포함되어 있다. 그의 그림 중 신약성서 〈요한계시록〉과 셰익스피어의 작품을 주제로 한 것들도 중요하다.

그는 프랑스혁명과 미국혁명의 대의를 지지하여, 〈프랑스대혁명〉이란 시집을 기획했지만 미완성으로 남겨졌다. 그는 여성의 해방에도 큰 관심을 보였고, 메리 울스턴크래프트의 책에 삽화를 그린 적도 있다. 그의 아내 캐서린 부셰는 블레이크의 평생 공동작업자로서 특히 그의 판화를 채색하는 데 큰 도움을 주었다.

〈신곡〉 삽화(1824~1827)는 그의 마지막 작품이다. 그의 그림은 의뢰인인 린넬 집안이 소유하고 있다가 20세기 초에 경매에 부쳐져 영국, 미국, 호주로 흩어졌다.

어두운 숲에서 베르길리우스를 만나다

어두운 숲에서 헤매던 단테는, 날이 밝자 빛나는 언덕을 발견하고 그리로 올라가려 한다. 그때 세 마리 짐승이 나타나 그를 막는다. 표범은 쾌락(음란), 사자는 오만(폭력), 암늑대는 탐욕을 상징한다. 단테가 다시 어두운 골짜기로 몸을 돌리려는 순간 베르길리우스가 나타난다.

2

지옥편
제2곡

베르길리우스가 다른 길을 권고하다

아래칸에는 지옥문으로 들어서는 듯한 단테의 뒷모습이 보인다. 그 안쪽에는 이미 베르길리우스가 들어서서 오라고 손짓하고 있다. 문 좌우에는 지옥의 차가움과 뜨거움을 상징하는 듯한 두 인물이 앉아 있고, 왼쪽에는 덤불 속에 여전히 세 마리 짐승이 보인다. 윗부분에는 하느님 앞에 무릎 꿇은 인물이 그려졌는데, 머리에 왕관을 쓰고 손에 향로를 잡은 것으로 보아 세속 권력과 종교 권력을 동시에 차지하려 했던 교황인 듯하다. 그는 하느님의 진노를 피할 수 없을 것이다. 윗부분 왼쪽에는 나무 그늘 아래 수레바퀴와 양털 묶음을 지닌 여성이 앉아 있는데, 운명의 여신일 수 있다. 그녀 앞의 넓적한 면은 운명의 직물일 듯하다. 아래칸과 위칸 사이에는 단테를 염려하는 세 여성을 상징하는 듯한 여인들이 그려져 있다.

3
지옥편
제2곡

단테가 베르길리우스를 따라나서다
베르길리우스는 자신이 베아트리체의 부탁을 받고 단테를 구하러 왔음을 밝힌다. 단테는 그를 따라 지옥, 연옥, 천국을 여행하기로 결심한다.

4
지옥편
제3곡

지옥문
제3곡, 지옥의 문은 문짝 없이 열려 있고, 그 위에는 그리로 들어서는 자는 모든 희망을 버리라고 적혀 있다.

5

지옥편
제3곡

저승 강가의 사람들

근경에는 중립을 지키던 사람들이 파리, 모기에 뜯기며 깃발을 따라 행진하고 있다. 중경에는 오른쪽에 카론의 배를 기다리는 사람들, 왼쪽 멀리 이미 배를 타고 아케론 강을 건넌 자들, 그리고 중앙에 저승의 뱃사공 카론이 보인다. 그 너머로 지옥을 관장하는 악마도 둘 보인다. 맨 위에 탄식하는 동작을 보이는 이들은 림보에 갇힌 자들일 수도 있고, 미노스의 심판을 받고 지옥의 제자리를 찾아 떠나는 자들일 수도 있다.

6
지옥편
제3곡

카론
카론은 삿대를 휘둘러 영혼들을 재촉하며 태운다. 중앙부 멀리 서 있는 단테는 영혼들이 강을 건너기를 열망하는 이유가 무엇인지 궁금해한다.

호메로스의 영접을 받다

단테와 베르길리우스가 림보에 도착하자, 호메로스 앞세우고 세계4대 시인이 맞으러 나온다. 호메로스는 전쟁 서사시를 썼으므로 손에 칼을 들고 있다. 그림 왼쪽 위에는 단테가 기절해 있다. 그는 카론에게서, 다른 길로 가야 할 놈이란 말을 듣고 기절하는데, 깨어보니 강 건너로 와 있었다.

8
지옥편
제4곡

림보, 음란죄를 지은 자들
기독교 이전에 살았던 좋은 영혼들은 림보에 머물러 있다. 그림 왼쪽에는 단테가 칼을 호메로스를 위시한 4대 시인과 만나고 있다. 아래 오른쪽에는 나무 그늘 아래 휴식하고 있는 림보의 영혼들이 보인다. 왼쪽 중간에는 림보를 밝혀주는 불이 그려져 있다. 그림 중앙부에는 음란죄를 지은 자들이 둘씩 짝지어 바람에 날아다니고 있다. 오른쪽 위에는 그들을 주시하는 단테와 베르길리우스가 보인다.

미노스, 음란의 죄인들

저승 심판관 미노스는 각 죄인에게 갈 곳을 지정한다. 그가 꼬리를 감는 횟수가 죄인이 갈 원의 위치다. 미노스가 단테에게 호통을 치자 왼쪽 아래에 그려진 베르길리우스가 항의하고 있다. 주위에는 음란 죄인들이 자기 연인과 껴안은 채 영원히 폭풍에 날아다니고 있다. 뜨거운 피의 강에 몸을 담근 폭력 죄인들도 배경에 보인다.

파올로와 프란체스카
음란 죄인 중 파올로와 프란체스카의 사연을 듣던 단테는 혼절한다. 쓰러진 단테를 들여다보고 있는 베르길리우스 위에 파올로와 프란체스카가 입맞추는 장면이 빛을 내며 그려져 있다. 단테의 마음에 큰 충격을 준 장면이라 이렇게 그린 듯하다.

11
지옥편
제6곡

식탐 죄인들

식탐죄를 지은 자들은 더러운 눈비를 맞으며 진창에 누워 있다. 그림 중간 왼쪽에는 식탐 지옥을 지키는 케르베로스가 그려져 있다. 오른쪽 위의 존재들은 사탄과 그의 추종자들이 지옥으로 떨어질 때의 모습을 그린 것일 수도 있고, 지옥의 기후를 관장하는 존재들일 수도 있다.

12
지옥편
제6곡

케르베로스
단테는 신화 속 저승의 개를 식탐 지옥의 상징이자 징벌 장치로 사용했다. 두 앞발로 죄인들을 쥐고 있는 저승의 개에게 오른쪽 끝에 웅크려 앉은 베르길리우스가 먼지를 집어주려 준비하고 있다.

먼지를 받아먹는 케르베로스

베르길리우스가 먼지를 던져주자 케르베로스가 먹이로 착각하고 그것을 받아먹고 있다. 〈아이네이스〉에서 시빌라 여사제가 저승의 개에게 수면제를 탄 먹이를 던져주던 장면의 패러디이다. 오른쪽에 그려진 단테는 약간 겁먹은 모습이다.

14

지옥편
제7곡

플루토
탐욕 지옥을 상징하는 존재는 부의 신 플루토다. 그는 단테 일행을 보고 이해할 수 없는 소리를 내지른다.

15
지옥편
제7곡

탐욕과 낭비의 죄인들
탐욕과 낭비죄를 지은 자들은 돌을 굴리며 서로 반대방향으로 돌고 있다. 반대쪽에서 오는 일행과 마주치면 서로 욕설을 퍼붓고 돌아서서 오던 방향으로 돌아간다. 그림 중앙에 돈에 파묻힌 모습으로 그려진 여성은 행운의 여신으로 보인다.

16

지옥편
제7곡

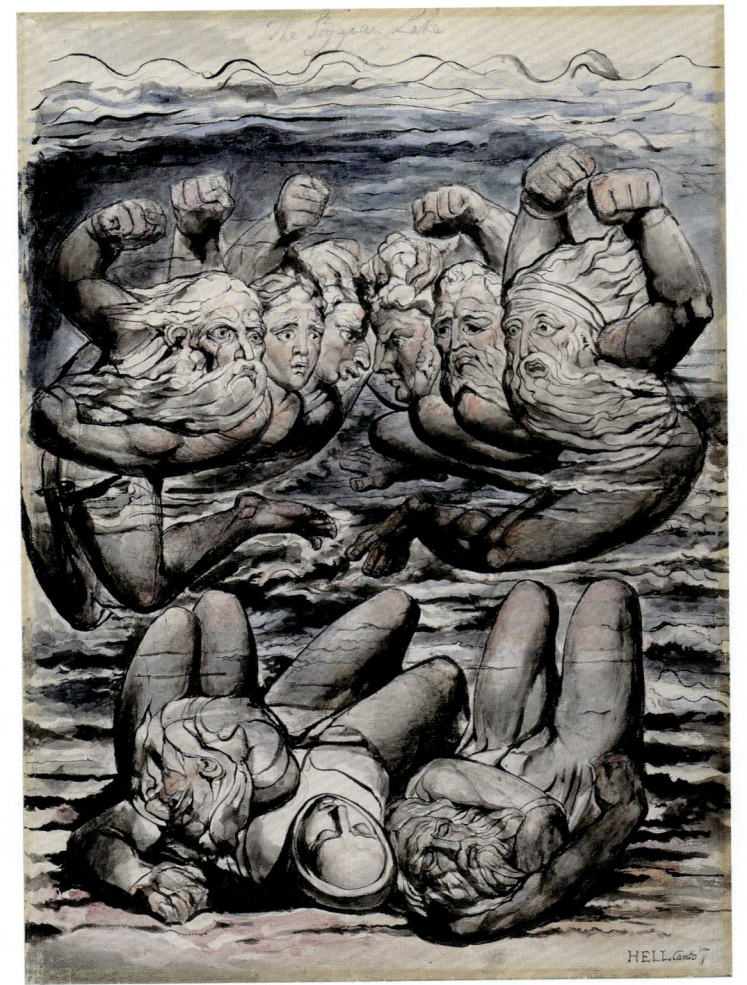

분노의 죄인들

분노 죄를 지은 자들은 더러운 진흙 강에서 서로 싸운다. 이들 중 일부는 물밑에 잠긴 채 탄식하며 수면으로 거품을 뿜어 올린다.

17
지옥편
제7곡

스틱스를 건너다

강 건너로 횃불 신호를 보내는 탑 밑에서 기다리자, 강 건너에서 플레귀아스가 배를 몰고 단테 일행을 실으러 온다. 강 건너에도 불빛이 빛나는 탑 하나가 보인다.

18

지옥편
제8곡

필리포 아르젠티
진흙 강 속에 있다가 단테에게 저주를 받은 필리포 아르젠티가 배 위로 올라오려 한다. 베르길리우스가 얼른 그를 다시 강물 속으로 처넣는다.

단테를 도우러 천사가 내려오다

디스의 성을 지키는 악마들이 단테 일행에게 문을 열어주지 않자, 그를 돕기 위해 천사가 내려온다. 그림 왼쪽에 진흙 강 위로 천사가 성큼성큼 걸어오고, 그에게서 폭풍이 일어난다. 단테와 베르길리우스는 중간 오른쪽의 문 앞에 서 있다.

천사가 디스의 성문을 열다
천사가 지팡이로 문을 두드려 열려 하고 있다. 디스의 성 위에는 복수의 여신들이 얼굴을 내밀고 있다. 양쪽으로 횃불과 뱀을 펼치고 있다. 왼쪽 아래에는 베르길리우스가 혹시 단테가, 복수의 여신들이 불러낸 메두사와 눈 마주칠까 염려되어 그의 눈을 가리고 있다.

이단 죄인들

디스의 성문 바로 안쪽에는 이단 죄를 지은 자들이 불타는 석관 속에 갇혀 있다. 단테는 그 중 파리나타와 카발칸테를 만나 이야기를 나눈다. 스토아적인 파리나타는 몸을 완전히 일으켰고, 에피쿠로스적인 카발칸테는 몸을 조금만 내밀었다.

22
지옥편
제11곡

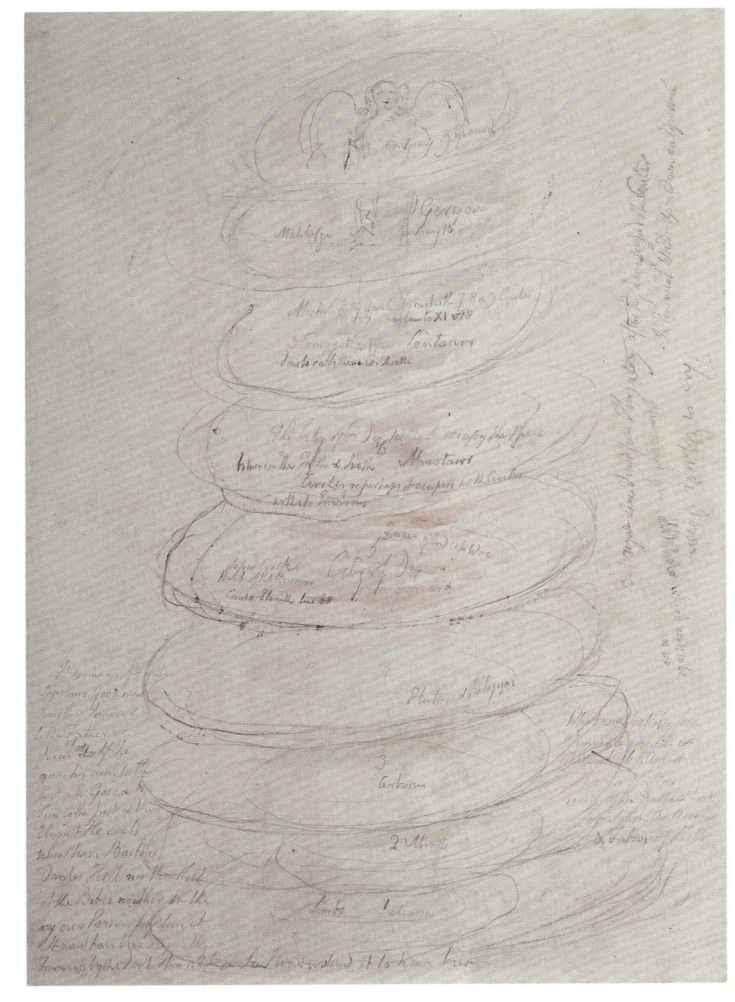

지옥의 아홉 원
베르길리우스는 단테가 더 아래 지옥의 냄새에 익숙해질 때까지 기다리며 지옥의 구조를 설명한다. 지옥은 점점 좁아지며 깊어가는 깔때기 모양인데, 블레이크는 마치 위로 솟은 고깔처럼 도식화했다.

미노타우로스

폭력 지옥의 길목은 미노타우로스가 지키고 있다. 대개 미노타우로스는 머리는 소, 몸뚱이는 사람으로 그리는데, 블레이크는 머리는 소, 상반신은 인간, 하반신은 다시 소의 모습으로 그렸다. 베르길리우스가 단테를 가리키며 '이 사람은 테세우스가 아니다'라고 말하는 순간 미노타우로스가 광란한다. 단테 일행은 그 틈을 이용해서 아래쪽으로 달려 내려간다. 미노타우로스 뒤에는 이단 지옥의 석관들이 불타고 있다. 중간에 특히 크게 그려진 석관은 부활을 부정했던 아나스타시우스의 관이다.

24
지옥편
제12곡

폭력 죄인을 지키는 켄타우로스들

폭력 죄를 지은 자들은 뜨거운 피의 강에 몸을 담그고 있다. 정해진 것보다 더 많이 몸을 밖으로 내미는 자는 켄타우로스들이 화살로 응징한다. 그림에는 좌우에 남녀 켄타우로스가 그려져 있다. 〈신곡〉에는 여성 켄타우로스는 나오지 않지만, 〈변신이야기〉를 그려진 켄타우로스와 영웅들의 전투를 참고해서 이렇게 그린 듯하다.

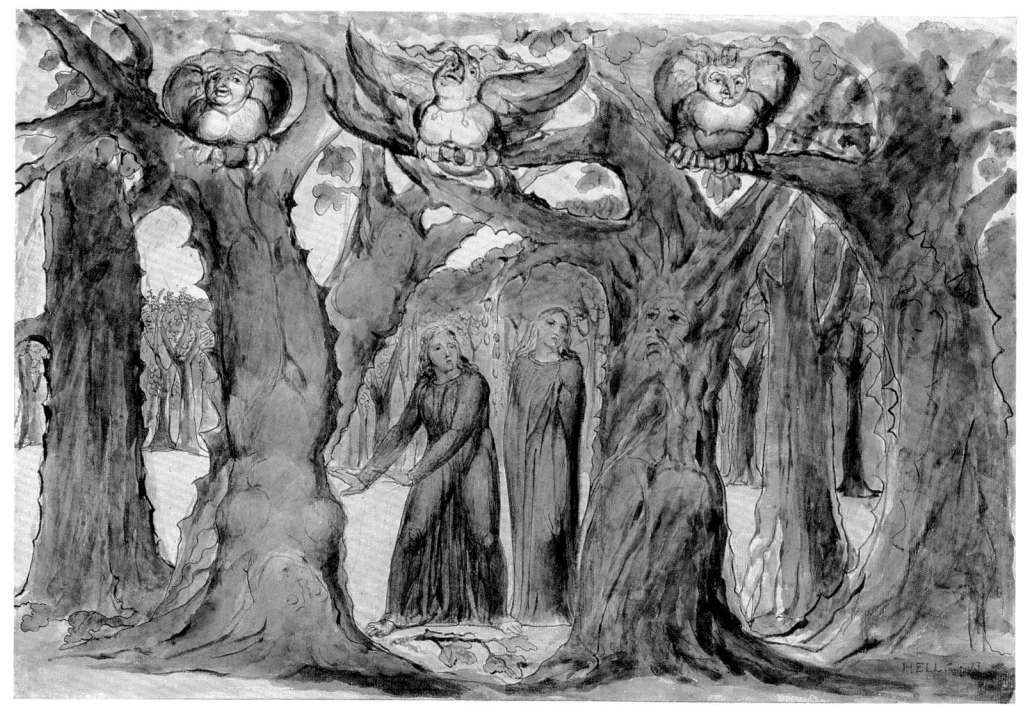

자살자들의 숲

자살한 사람들은 가시나무로 변해 있고, 그들의 잎을 하르퓌이아들이 뜯어먹으며 고통을 준다. 그림 중앙에는 단테가 베르길리우스의 지시에 따라 나무 가지를 꺾어 땅에 떨어뜨렸고, 그것이 꺾인 자리에서 피가 떨어지고 있다.

26

지옥편
제13곡

재산을 허비한 사람들
도박 따위로 재산을 허비한 자들은 자살자들의 숲에서 사냥개들에게 쫓기다가 갈가리 찢긴다.

27

지옥편
제14곡

가지 부러진 덤불
재산 낭비자들이 도망치느라 덤불의 가지를 부러뜨렸다. 단테는 그 덤불로 변한 자살자의 사연을 듣고 부러진 가지들을 그의 발치에 모아준다. 이 그림에는 그 덤불로 변한 인물이 쓰러져 자기 사연을 전하는 듯 스케치했다.

28

지옥편
제14곡

하느님께 폭력을 가했던 죄인들

하느님께 폭력을 가한 죄인들은 뜨거운 모래밭에서 불비를 맞고 있다. 더러는 눕고, 더러는 앉고, 일부는 늘 걷거나 달려 움직이고 있다. 단테와 베르길리우스 옆으로 비스듬히 어두운 색으로 칠해진 것은 뜨거운 피의 강이다. 그 강에서 증기가 솟아올라 하늘에서 떨어지는 불비를 막아준다. 단테는 그 강의 둑을 따라 걷는 중이다.

카파네우스

하느님께 폭력을 행한 자의 대표는 테바이를 공격했던 일곱 영웅 중 하나인 카파네우스다. 그는 벼락에 맞으면서도 여전히 제우스(하느님)를 욕하고 있다.

30

지옥편
제14곡

크레테 노인상

단테는 베르길리우스에게 저승의 강들은 어디서 흘러온 것인지 묻는다. 그러자 베르길리우스는 크레테에 거대한 노인상이 서 있는데, 머리는 황금, 팔과 가슴은 은, 배는 청동, 다리는 철, 오른발은 구운 흙으로 되어 있으며, 머리 말고 다른 부분에는 온통 금이 가 있는데, 그가 흘린 눈물이 그 틈으로 흘러들어 저승 강의 근원이 되었다고 설명한다. 그리고 저승에 강이 여럿인 것처럼 보이지만 그것은 같은 강의 상류와 하류다. 그림에서는 거인상의 하체 주위로 물이 쏟아져 내리고, 그 일부는 피처럼 붉은색을 띠고 있다. 그 거인상은 오른발로만 버티고 있다고 했기에, 이 그림에서도 우리가 볼 때 왼쪽 다리를 버팀다리로 삼았다. 그쪽 다리는 흙 색깔을 띠고 있다.

31

지옥편
제16곡

피렌체 출신 세 사람

단테가 피렌체 출신인 것을 알아본 영혼들이 달려와 단테와 이야기를 나눈다. 그들은 달리는 방향과 얼굴을 반대로 향하고 있었는데, 이는 그들이 동성애 죄인임을 나타낸다. 단테는 너무나 반가워 그들 가운데로 뛰어들고 싶지만, 하늘에서 떨어지는 불 때문에 그러지 못한다. 이 그림에서는 단테가 강둑 위에 서 있는 것이 분명하게 표현되었다.

고리대금업자들
고리대금업자들은 가문의 문장이 그려진 돈주머니를 가슴에 걸고 앉은 채, 불비를 털어내려 손을 휘두르고 있다. 그들의 얼굴은 변형되어 있으며, 그중 하나는 소가 콧구멍을 핥을 때 그러하듯 혀를 내밀어 비튼다. 베르길리우스는 지금 게뤼온을 꼬드기고 있기 때문에 단테 혼자서 그들을 구경하고 있다.

게뤼온

기만의 지옥은 절벽 밑에 있어서 특별한 탈것이 필요하다. 단테를 실어내리는 게뤼온은 기만의 상징이다. 얼굴은 공정한 사람처럼 보이고, 중간에는 표범무늬 같은 것이 있다. 몸의 뒷부분에는 독침이 있다. 단테가 그의 어깨에 올라타자, 베르길리우스가 뒤에서 그를 보호한다. 문학의 상징이 기만의 상징에 올라타고 이성의 상징에게 보호를 받는 장면이다.

여성을 유혹한 자들

기만 죄를 응징하는 제8원은 10개의 구렁으로 나뉘어 있다. 제1구렁은 여성을 유혹하거나 여자를 이용해서 이득을 본 자들에게 배정되어 있다. 이 두 부류는 한 구렁에서 서로 반대방향으로 행진하며 악마들에게 채찍에 맞는다. 블레이크는 죄인들이 그냥 한 방향으로 이동하는 것으로 그렸고, 악마들이 하늘을 날면서 때리는 것으로 처리했다. 왼쪽 앞쪽에는 누워 고정된 채 악마에게 뜯어먹히는 듯한 인물까지 그렸다. 어쩌면 이 구렁을 대표하는 이아손을 그런 식으로 표현한 것일 수 있다. 한 구렁을 넘어 다음 둔덕으로 갈 수 있는 무지개다리 두 개가 원경에 보인다.

아첨 죄인들

아첨의 죄를 지은 자들은 배설물 속에 갇혀 있다. 우리 몸의 위에 있는 구멍으로 죄를 지었기 때문에 우리 몸의 아래에 있는 구멍에서 나온 물질에 갇힌 것이다. 무지개다리 위에서 단테가 코를 막은 채 아래를 내려다보고 있다. 아래 오른쪽의 여성은 타이스로 보인다. 단테의 어깨너머로 내달리며 채찍으로 때리고 맞는 사람들은 이미 지나온 구렁의 죄인 중 한 무리를 표현한 듯하다. 악마가 때리는 게 아니라 추격하는 인간이 채찍을 휘두르는 것으로 그렸다.

36

지옥편
제19곡

성직매매자들

성직을 매매한 자들은 바위 구멍 속에 거꾸로 박혀 발에 불이 붙어 있다. 그렇게 갇힌 교황 니콜라우스3세에게 단테가 비난을 퍼붓자, 베르길리우스가 그를 칭찬하고 있다.

47

지옥편
제20곡

거짓 예언자들

거짓된 예언자들은 목이 뒤로 돌아간 채 행진하고 있다. 무지개다리에서 그들을 내려다보던 단테는 그들의 운명을 슬퍼하다가 베르길리우스에게 질책을 받는다. 남자들 사이에 끼어 있는 여성은 테이레시아스의 딸 만토다.

38

지옥편
제21곡

공직매매자들

공직을 매매하고 직책을 이용해 이득을 본 자들은 끓는 역청 속에 갇혀 있다. 단테가 그들의 구렁으로 다가가는 순간 악마 하나가 탐관오리 하나를 어깨에 얹어 옮겨다가 역청 구덩이에 던져 넣는다.

지옥편
제21곡

다리 밑의 악마들

역청 구덩이로 던져진 탐관오리가 떠오르자 악마들이 그를 꼬챙이로 쑤시며 고문한다. 그림에는 다리 자체가 인간을 뭉쳐서 만든 듯 되어 있고, 다리 아랫부분이 악마의 발을 닮았다. 멀리 다른 다리 위에서 악마들에게 쫓기며 매를 맞는 죄인들이 그려져 있다.

악마들과 협상하는 베르길리우스
다음 둔덕으로 넘어가는 다리가 보이지 않자, 베르길리우스는 단테를 바위 뒤에 숨겨두고 악마들에게 다가가 길을 묻는다.

악마들의 안내를 받는 단테 일행

악마들의 우두머리는 다음 둔덕으로 넘어가는 다리가 1266년 전에 무너졌다면서, 다른 다리로 안내하겠노라고 악마 10명을 함께 보낸다. 그 악마들의 이름이 모두 자세히 소개되는데, 왼쪽에 특별히 송곳니가 튀어나온 악마는 치리아토다.

42

지옥편
제22곡

역청 구덩이 속 인물들
역청 구덩이에 던져진 죄인들은 조금이라도 뜨거움을 피하기 위해 악마들의 눈을 피해, 신체 일부를 바깥으로 내밀었다가 얼른 다시 집어넣고 있다.

잠폴로

죄인 중 일부는 아예 역청 구덩이 바깥으로 나와 있다가 악마들이 보이면 몸을 숨기는데, 그런 죄인 중 하나가 붙잡혀 악마들의 갈고리에 찍히고 있다. 그는 이곳에 어떤 인물들이 있는지 가르쳐준다.

악마끼리 다투다

잠폴로는 자기가 다른 죄인들을 불러낼 터이니 잠깐 떨어져 있으라고 악마들을 설득한다. 악마들이 조금 멀어지자 그는 얼른 끓는 역청 속으로 몸을 던진다. 그를 잡으러 갔던 두 악마가 서로에게 화를 내며 엉켜 싸우다가 역청 구덩이로 떨어진다. 그림 오른쪽에는 악마들이 당황해서 둘을 바라보고 있고, 중앙부 멀리 그 틈을 이용해서 단테와 베르길리우스가 자기들끼리 발길을 재촉하고 있다.

45

지옥편
제23곡

다음 구렁으로 미끄러지다

분노한 악마들이 달려오자, 베르길리우스는 단테를 안고서 다음 구렁으로 미끄러져 들어간다. 그곳에는 역청 구렁 악마들의 힘이 미치지 못하는 곳이다. 왼쪽 아래에 새로운 구렁에서 벌 받는 위선자들이 보인다. 사실은 이 부분에 무지개다리가 끊어져 있어서 다리 모양을 그리면 안 되지만, 블레이크는 둔덕을 다리처럼 그렸다.

위선자들

위선의 죄인들은 겉은 황금색, 속은 납으로 된 무거운 외투를 입고서 행진하고 있다. 그림 중앙부에 십자가에 못 박힌 인물은 예수를 희생시키자고 주장했던 가야바다. 왼쪽 멀리 단테 일행을 놓친 역청 구덩이 악마들이 실망한 채 돌아가고 있다.

47
지옥편
제24곡

다음 둔덕으로 힘겹게 오르다
다음 둔덕으로 가기 위해서는 무너진 다리 잔해를 딛고 올라가야 한다. 베르길리우스는 단테를 위해 튼튼한 바위를 골라주고 그를 끌어올리며 조심스럽게 안내한다.

끊어진 다리 건너편으로 올라가다
끊어진 다리의 잔해를 딛고 올라가는 단테에게 베르길리우스는 평소에도 태만하지 말고 정진해야 한다고 충고한다.

절도범들

남의 것을 훔친 자들은 독사 지옥에서 징벌을 받고 있다. 그들 중 일부는 뱀에 의해 손이 묶여 있다. 이곳은 특별히 불에 타지는 않지만, 아마도 뱀독이 타는 듯한 고통을 준다는 걸 불길로 표현한 모양이다.

50
지옥편
제24곡

뱀에 고통 당하는 절도범들
이곳 죄인 중 일부는 뱀이 허리를 뚫고 나와 몸을 앞뒤로 묶는 것으로 되어 있다. 오른쪽 아래에 누운 인물은 뱀과 사람의 신체가 거의 연결된 듯 보이는데, 뱀이 몸을 꿰뚫었을 수도 있다.

반니 푸치의 형벌

성물을 훔치고 그것을 남에게 뒤집어씌웠던 반니 푸치는 뱀에게 어깨를 물려 재가 되었다가 순식간에 다시 사람으로 복원된다. 이 형벌은 그리스도의 부활을 패러디한 것이다.

52

지옥편
제25곡

하느님을 저주하는 반니 푸치

반니 푸치는 하늘을 향해 손가락 욕을 보내며 하느님을 저주한다. 그러자 뱀들이 그의 목을 조르고 두 손을 묶는다. 단테는 이 구렁을 자세히 보기 위해 조금 내려왔지만, 구렁 안으로 완전히 들어서지는 않았다. 죄인과 단테 사이에 약간 단차가 있는 듯 그려졌다.

카쿠스

각 구렁에는 그곳을 대표하는 신화적 인물이 하나씩 배치되어 있는데, 절도범들의 구렁을 대표하는 존재는 카쿠스다. 그는 헤라클레스의 소를 훔쳤던 것으로 전해진다. 하지만 시인 단테는 그를 반인반마로 그렸다. 그의 등에는 뱀떼가 그득하고, 그의 어깨 위에는 불을 뿜는 용이 얹혀 있다. 베르길리우스의 〈아이네이스〉에서 카쿠스는 불을 뿜는 존재로 그려졌기 때문이다.

뱀과 합체가 되어가는 죄인
죄인 중 하나는 다리 여럿인 뱀과 합체가 되어 뱀도, 사람도 아닌 존재가 되어버린다. 그리스도께서 신성과 인성을 동시에 갖추고, 완전한 신이면서 완전한 인간인 것의 패러디다. 뱀이 사람을 얽고 머리를 삼키려는 듯 그려졌다. 〈신곡〉의 이 부분에서 여자는 등장하지 않는데, 화가는 여성도 한 명 곁에 있는 것으로 그렸다.

55
지옥편
제25곡

뱀도 아니고 인간도 아닌 아넬로
뱀과 뒤얽혀 중간적인 존재가 된 아넬료는 어기적거리며 다른 데로 가버린다. 이 그림에는 인간 피부에 뱀 비늘이 덮였고, 등에 날개 비슷한 것이 붙었으며, 옆구리를 뚫고 등쪽으로 뱀꼬리가 나와 있다. 발가락 끝에도 짐승의 것처럼 날카로운 발톱이 나 있다.

뱀과 형태를 맞바꾼 죄인

뱀 한 마리가 죄인의 배꼽을 물어뜯고는, 입에서 연기를 뿜어 상대의 배꼽에서 나온 연기와 마주치게 한다. 그러면서 둘을 서로 상대의 모습으로 변해간다. 이 사건의 그리스도의 성육신을 패러디한 것으로 해석된다.

57
지옥편
제25곡

뱀과 인간의 모습이 서로 바뀌다
뱀과 인간의 형태 교환이 완결되자, 뱀은 쉭쉭대며 달아나버리고, 인간은 사람의 말을 하며 침을 뱉는다. 뱀에게는 인간의 침이 해를 입힌다는 속설이 있다.

58

지옥편
제6곡

오뒷세우스의 영혼과 만나다

다른 사람에게 나쁜 조언을 한 자는 불꽃 속에 갇혀 있다. 트로이아에서 자주 같이 행동했던 오뒷세우스와 디오메데스는 같은 불꽃 안에 갇혀 있지만, 이제는 사이가 좋지 않은 듯 불꽃이 둘로 갈라져 있다. 단테는 무지개다리 위에서 너무 자세히 들여다보다가 아래로 떨어질 뻔한다. 그림에서 오뒷세우스가 갇힌 불꽃은 두 번 그렸다. 불꽃 중 저 멀리서 꼬불거리고 있는 것은 자기도 할 말이 있다고 알리는 영혼이 갇힌 것이다.

교회를 분열시킨 자들

이슬람교는 그리스도의 몸인 기독교 교회를 분열시킨 것이므로, 그 창시자들은 몸이 쪼개져 있다. 그중 아버지 격인 무함마드는 목부터 가랑이까지 갈라지고, 아들에 해당하는 알리는 정수리부터 턱까지 갈라져 있다. 몸이 쪼개진 자들이 구렁을 한 바퀴 돌아오면 상처가 아물지만 악마가 다시 칼로 내리쳐 몸을 쪼갠다.

부모 자식 사이에 이간질한 자

부모와 자식 사이를 갈라놓은 자는 머리와 몸통이 분리되어 있다. 머리는 몸통에서 돋아난 것으로 간주되므로, 자식은 머리고 부모는 몸통이다. 그렇게 분리된 자는 머리통을 들고 다니며, 그 머리가 말을 한다. 그림 오른쪽의 두 손이 잘린 사람은 이탈리아 전체를 교황파와 황제파로 나뉘게 만든 자다.

연금술사와 위조범들
여러 종류의 위조범들은 열병과 피부병에 시달리고 있다. 자세도 여럿이어서 앉은 사람, 누운 사람, 엎드린 사람이 있다.

62

지옥편
제30곡

신분위조범들

신분을 위조했던 자들은 미치광이가 되어 마치 돼지처럼 내달리며 다른 자들을 물어뜯는다. 죽어가는 사람으로 위장해서 유언까지 위조했던 잔니 스키키와, 자기 아버지와 잠자리를 같이했던 뮈르라가 대표적인 예다. 이 그림에는 사람 몸에 개의 머리를 지닌 것처럼 그려졌다. 중앙쪽에 다른 이를 물고 있는 자가 잔니 스키키다.

배신 지옥 테두리의 거인들

지옥의 마지막 원은 배신자들에게 배정되어 있다. 그 원은 깊은 구덩이 속의 얼음 지옥인데, 그 테두리엔 거인들이 둘러서 있다. 그림 멀리 거인들이 보이고, 앞쪽에 작게 그려진 단테와 베르길리우스가 보인다. 그들에게 찬바람이 몰아치고 있다.

64
지옥편
제31곡

니므롯
바벨탑을 지으려다 인류의 언어가 서로 달라지게 만든 니므롯은 거대한 나팔을 목에 걸고 있다.

거인 에피알테스

올림포스 신들에게 대항했던 거인 에피알테스는 왼팔이 앞으로, 오른팔이 뒤로 돌아간 채로 쇠사슬에 묶여 있다. 단테는 브리아레오스도 보고 싶어 하지만 베르길리우스는 그냥 안타이오스에게 가자고 제안한다. 그림 중앙에 그려진 것이 에피알테스고 좌우의 두 거인은 아마도 브리아레오스와 안타이오스일 텐데, 이 둘은 별 특징 없이 그려졌다. 원래 브리아레오스는 팔이 백 개 있는 거인이다. 단테와 베르길리우스는 그림 앞쪽 왼쪽에 좀 희미하게 그려졌다.

66

지옥편
제31곡

안타이오스의 도움으로 지옥 바닥에 닿다

헤라클레스와 싸웠던 안타이오스는 발이 땅에 닿아 있는 한 계속을 힘을 얻을 수 있다. 헤라클레스는 그를 공중에 들어올려 졸라 죽였다. 안타이오스가 단테를 손에 잡는 순간 단테는 '제2의 헤라클레스'가 된다.

카이나

얼음 지옥의 제일 바깥은 가족을 배신한 자들의 영역이다. 이곳 죄인들은 앉은 채로 얼어서 눈물을 흘리고 있다. 그림 오른쪽에 서로 기대고 있는 자들은 서로를 동시에 죽인 알베르티 형제다.

안테노라

얼음 지옥의 두 번째 영역은 조국을 배신한 자들에게 배정되어 있다. 카이나의 죄인들이 고개를 숙이고 있던 것에 반해 이곳 죄인들은 고개를 바로 세우고 있다. 그들 중 단테에게 머리를 걷어채인 보카가 항의하고 있다.

서로의 죄를 폭로하는 죄인들
보카가 자기 이름을 가르쳐주지 않자 단테가 그의 머리카락을 잡아당기고 있다. 곁에 있던 부오소가 보카의 신분을 폭로하고, 보카 역시 상대의 비리를 폭로한다. 그림 왼쪽에는 조금 더 가서 소개될 사건으로, 우골리노 백작이 리지에리 대주교의 머리를 뜯어먹는 장면이 그려져 있다.

70
지옥편
제33곡

우골리노와 리지에리
우골리노 백작은 리지에리 대주교의 계략에 넘어가서 자식, 손자들과 함께 탑에 갇혔다가 굶어죽었다. 그는 이곳에서 다시 만난 대주교의 머리를 물어뜯는다. 백작은 단테에게 자기 사정을 자세히 설명한다.

유령라도 가족의 죽음

유령라도가 자식과 계인들을 품에 안고 있다. 눈 덮인 도상과 그들을 대지처럼 감싼 그림자.

72

지옥편
제34곡

루시퍼

얼음 지옥의 제일 안쪽에는 하느님을 배반한 루시퍼가 얼음 속에 갇혀서 기계처럼 죄인들을 씹고 있다. 그의 머리는 셋인데, 중앙부 머리의 입에는 예수를 팔아치운 가롯 유다가 머리부터 씹히고 있다. 좌우 머리의 입에는 카이사르의 암살자 둘이 다리부터 씹히고 있다.

73

연옥편
제1곡

연옥산의 수호자 카토

단테와 베르길리우스는 루시퍼의 털을 잡고 아래로 내려가서 중력의 방향이 바뀌는 순간 몸을 돌리고, 지구의 나머지 절반을 오르막길로 올라가 연옥산에 닿는다. 거기서 마주친 카토는 세속의 네 가지 덕을 상징하는 별자리의 빛을 받고 있다. 단테가 천국으로 향하고 있음을 듣고서, 카토는 베르길리우스에게 일단 산 밑으로 내려가서 단테의 얼굴을 이슬로 씻어주라고 명한다. 그림에서 제일 왼쪽에 그려진 베르길리우스는 자기들이 지옥을 지나왔다는 뜻으로 오른손으로 땅을 가리키고, 천국으로 향하는 중이라는 뜻으로 왼손으로 산꼭대기 쪽을 가리킨다. 제일 오른쪽에 약간 안개 같은 것으로 가려진 카토는 일단 산 아래로 내려가라고 아래 방향을 가리킨다.

74

연옥편
제1곡

베르길리우스가 단테의 얼굴을 씻기고 갈대를 둘러주다

카토의 지시에 따라 두 사람은 바닷가로 내려간다. 베르길리우스는 응달의 풀 위에 내려앉은 이슬로 단테의 얼굴을 씻기고, 갈대를 꺾어 그의 허리에 둘러준다. 그림에는 갈대로 관을 엮어 머리에 씌우는 것으로 처리했다. 멀리 해가 수평선에 떠오르고 있다. 1300년 부활절 아침이다.

75

연옥편
제2곡

카셀라와 만나다

이어서 천사가 모는 배를 타고서 연옥에 배정된 영혼들이 도착한다. 단테는 그중 하나인 옛친구 카셀라를 만나 포옹하려 한다. 그림에서 오른쪽에 천사가 빛을 내며 돌아가고 있고, 중앙부의 인물들 가운데 포옹하고 있는 두 사람이 그려졌다. 그림 왼쪽에는 카토가 기거하는 듯한 동굴이 보이고 그 안에 켜진 등불이 보인다. 동굴 앞에는 수염난 인물이 그려져 있다. 그림 오른쪽 끝에 초연히 지켜보는 인물은 베르길리우스로 보인다.

76

연옥편
제4곡

연옥산의 가파른 길을 오르다

단테는 연옥산 밑에서 느리게 행진하는 사람들을 만나, 위로 올라갈 길을 안내받고 가파른 비탈을 오른다. 베르길리우스는 이 산이 위로 올라갈수록 오르기 쉽다고 격려한다. 떠오른 지 얼마 되지 않는 해는 동쪽을 등진 단테 일행의 오른쪽에 있다. 연옥산이 있는 남반구에서는 해가 동쪽에서 떠서 북쪽으로 진행하여 서쪽으로 이동하기 때문이다. 그림에 해가 구름에 약간 가린 것은 이곳이 죄를 아직 다 씻지 못한 영혼들의 영역이라는 뜻인 듯하다.

77

연옥편
제4곡

휴식 중에 지구의 구조와 연옥산의 위치 설명을 듣다

잠깐 휴식하는 중에 베르길리우스는 연옥산이 시온산의 대척점에 있어서 해와 밤의 움직임이 북반구와는 정반대라는 것을 설명한다. 그림에는 단테와 베르길리우스가 왼쪽에 조그맣게 그려져 있다.

활동적인 삶을 보여주는 영혼들

아직 본격적인 연옥 문을 통과할 자격을 얻지 못한 영혼 중에 일부는 명상적인 삶을 보여주며 천천히 움직이고, 일부는 활동적인 삶을 보여주며 매우 활발히 움직인다. 그림에는 활발한 무리가 단테를 찾아와, 지상의 사람들에게 자기들을 위해 기도하라는 메시지를 전해 달라 부탁하고 있다. 원작에는 이들도 땅 위에서 움직이고 있지만 이 그림에서는 마치 하늘을 날 수 있는 것처럼 그렸다.

왕들의 계곡

날이 저물자 단테 일행은 왕들이 밤을 보내는 계곡에 들어간다. 그곳은 꽃이 만발하고 초목이 푸르르다. 하지만 밤중에 저 옛날 하와를 유혹했던 뱀이 출몰하기 때문에 두 천사가 그들을 지켜준다. 그들의 칼날은 날카롭지 않다.

루치아 성녀가 단테를 옮기다

단테는 왕들의 계곡에서 잠이 들어, 자신이 독수리에게 잡혀서 태양 가까이로 실려가는 꿈을 꾼다. 깨어보니 훨씬 높은 곳에 와 있다. 새벽녘에 루치아 성녀께서 단테를 안아 높은 곳으로 옮겨주었기 때문이다. 그림에는 해가 돋는 가운데 성녀께서 단테를 안고 날듯이 올라가고 베르길리우스가 그 뒤를 따르고 있다.

81

연옥편
제9곡

연옥 문을 지키는 천사

잠에서 깨어난 단테가 보니 앞에 본격적인 연옥으로 들어가는 문이 있고, 그 앞에는 흰색, 검은색, 붉은색의 세 계단이 보이고, 그 위에는 천사가 칼을 들고 지키고 있다. 베르길리우스는 단테에게 천사께 인사드리도록 지시한다. 그림 왼쪽의 붉은 구름은 이 문에 들어서는 영혼들이 아직 죄에 젖어 있음을 암시하는 듯하다.

82

연옥편
제9곡

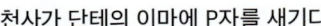

천사가 단테의 이마에 P자를 새기다
천사는 단테가 그 문으로 들어가는 것을 허락하면서, 칼로 그의 이마에 P자를 일곱 개 새겨준다. 앞으로 단테가 연옥의 한 층을 지나갈 때마다 P자가 하나씩 사라질 것이다.

겸손의 모범들

연옥의 첫째 층은 오만의 죄를 씻는 곳이다. 이곳 벽에는 우리가 따라야 할 겸손의 사례들이 조각으로 새겨져 있다.

84

연옥편
제10곡

돌을 짊어진 오만한 자들

오만의 죄를 지은 자들은 평소에 목을 뻣뻣하게 세우고 살았으므로, 이곳에서는 커다란 바위로 목이 눌린 채 이동하고 있다. 단테도 그들과 함께 몸을 굽히고서 걷는다. 단테가, 본인이 나중에 가장 오래 머물 것으로 추정하는 층이 바로 오만의 층이다.

오만의 사례들

오만의 둘레 길 바닥에는 오만했던 존재들이 새겨져 있다. 멀리 머리에 관을 쓰고 손에 칼을 든 자는 자기 칼로 자결한 사울 왕을 그린 것인 듯하다. 저 멀리 천사가 단테 이마의 P자를 지워주기 위해 다가오고 있다.

86
연옥편
제13곡

질시의 죄인들

생전에 질시의 죄를 지은 자들은 눈에 철사로 꿰인 채 따가운 털옷을 입고 바위에 기대어 앉아 있다. 그림에는 그중 한 여인이 단테와 이야기를 나누기 위해 나선 것을 그린 듯하다. 이 그림에서는 죄인 중 일부는 서 있는 것으로 그렸다.

87

연옥편
제27곡

에덴동산 입구의 불의 벽

연옥에서 맞이하는 세 번째 일몰 시간에 단테는 일곱째 층을 다 지나고 드디어 연옥의 위쪽 경계선에 도착한다. 그의 이마의 P자를 지워주기 위해 천사가 다가오고 있으며, 단테 앞에 베르길리우스, 단테 뒤의 스타티우스가 불의 벽을 통과하도록 단테를 격려하고 있다. 가운데 선 단테는 겁에 질려 손을 맞잡고 있다.

88

연옥편
제27곡

불의 벽을 통과하다

단테는 겁에 질렸지만, 저 너머에 베아트리체가 기다리고 있다는 말에 용기를 내어 불 속을 지난다. 그림에는 단테가 여전히 손을 맞잡고 주저하는 것으로 그려졌다. 앞장선 베르길리우스 위에는 천사가 그려져 있다.

단테의 세 번째 꿈

연옥산 꼭대기의 에덴동산으로 올라가는 계단에서 세 시인이 휴식을 취한다. 단테를 중간에 두고, 위에는 베르길리우스, 아래에는 스타티우스가 자리잡았다. 다른 두 시인은 영혼이기 때문에 잠을 잘 필요가 없는 듯하다. 단테는 새벽에 꿈속에 꽃을 꺾는 레아를 본다. 그녀의 자매 라헬은 늘 거울 앞에 앉아 있다고 했다. 그림에서 밝고 크게 그려진 천체는 샛별로 보인다. 그 안에 거울 앞에 앉은 라헬과 오른쪽에 나무 그늘 아래서 꽃을 꺾는 레아가 보인다.

천국의 행렬

단테는 에덴동산에서 성서와 교회를 상징하는 행렬이 다가오는 것을 보게 된다. 맨 앞의 일곱 촛대에서 불빛이 길게 뻗어 멀리까지 휘장처럼 드리웠다. 중간에는 그리스도를 상징하는 그리핀이 날개를 세워 지붕처럼 만든 채, 교회를 상징하는 수레를 끌고 있다. 수레 위에는 베아트리체가 보인다. 수레의 앞에는 구약성서를 상징하는 인물들이, 수레 뒤에는 신약성서를 상징하는 인물들이 행진하고 있다. 강의 오른쪽에는 단테 일행이 서 있고, 건너편 강 가까이에 서 있는 여성은 에덴동산을 관장하는 여성 마텔다다.

베아트리체와 네 '짐승'

그리스도를 상징하는 그리핀은 앞은 황금색 독수리, 뒤는 흰색과 붉은색이 섞인 사자의 모습을 지녔다. 그가 끄는 수레 주위에는 4복음서를 상징하는 네 존재가 있다. 그림 왼쪽부터 독수리, 사자, 사람, 황소를 닮은 네 존재가 보인다. 그들의 세 쌍 날개에는 눈이 그득하다. 그림 왼쪽에는 믿음, 소망, 사랑을 상징하는 여성들이 함께하고 있다. 수레 위에는 베아트리체가 서 있다. 믿음을 상징하는 흰옷의 여인은 한 손으로 책을 가리키며, 다른 손으로 단테를 가리키고 있다. 단테의 이름이 생명의 책에 들어 있다는 뜻일 듯하다.

거인과 창녀

함께 온 행렬이 떠나가고, 그리핀도 수레를 나무에 묶어놓고 떠나간다. 그 후에 수레는 괴물로 변해서 머리가 여럿 돋아나고, 여러 동물의 공격에 부서진다. 그 위에 갑자기 창녀와 거인이 나타난다. 그림에는 그 둘이 입맞추고 있는 것을 믿음, 소망, 사랑의 세 여신이 걱정스레 주시하고 있다. 그림 한가운데에는 베아트리체가 나무 뿌리에 앉아 교회의 타락을 개탄하는 동작을 보이고 있다. 그림에서 거인이 괴물의 고삐를 잡고 있는 것은 그가 수레를 끌고서 숲속으로 사라질 것을 암시한다. 원문에는 용이 수레를 침으로 공격해서 일부를 떼어간 것으로 되어 있는데, 이 그림에는 수레 자체가 일종의 용으로 변한 것으로 그렸다.

93

천국편
제10곡

천국의 계단

천국은 '거기서 내려온 자는 반드시 다시 그리로 올라가게 되는 계단'이라고 표현되어 있다. 그림 내용 자체는 제21곡, 토성천에서 단테가 본 끝없이 높이 뻗은 사다리와 그것을 오르내리는 영혼들에 가깝다.

94

천국편
제14곡

화성천에서 십자가 위의 그리스도를 보다

단테가 화성천에 진입하는 순간 세 개의 빛의 원이 겹쳐 삼위일체를 나타내고, 그 안에 가로 세로 길이가 같은 빛의 십자가가 나타나며, 그 위에는 그리스도의 모습이 보인다. 단테는 그 앞에 찬양을 바친다. 그림에는 단테가 그리스도 앞에 무릎을 꿇은 것으로 그려졌다.

95

천국편
제19곡

하느님의 말씀을 기록하는 천사

목성천에서 옛 통치자들의 영혼으로 이루어진 독수리는 단테의 의문에 답해준다. 기독교가 전파되지 않은 지역에 살았던 선한 영혼이 지옥에 던져지는 게 정당한지 하는 문제다. 독수리는 하느님의 지혜는 하찮은 인간이 이해할 수 없는 것이란 취지로 답한다. 그림에 그려진 천사가 원문에 등장하지는 않지만, 학자들은 이 천사가 제19곡에 암시된 엄격하신 하느님의 모습을 반영하고 있다고 본다.

베아트리체가 천국 영혼들에게 단테에게도 기쁨 나눠주기를 청하다
항성천에서 베아트리체는 사도들에게 단테에게도 천국의 기쁨을 나눠달라고 요청한다. 그 청을 받은 영혼들은 서로 다른 속도로 원을 그리며 기쁨을 표현한다. 그림에는 천국 영혼들이 단테와 베아트리체를 감싸고 회전하고 있다.

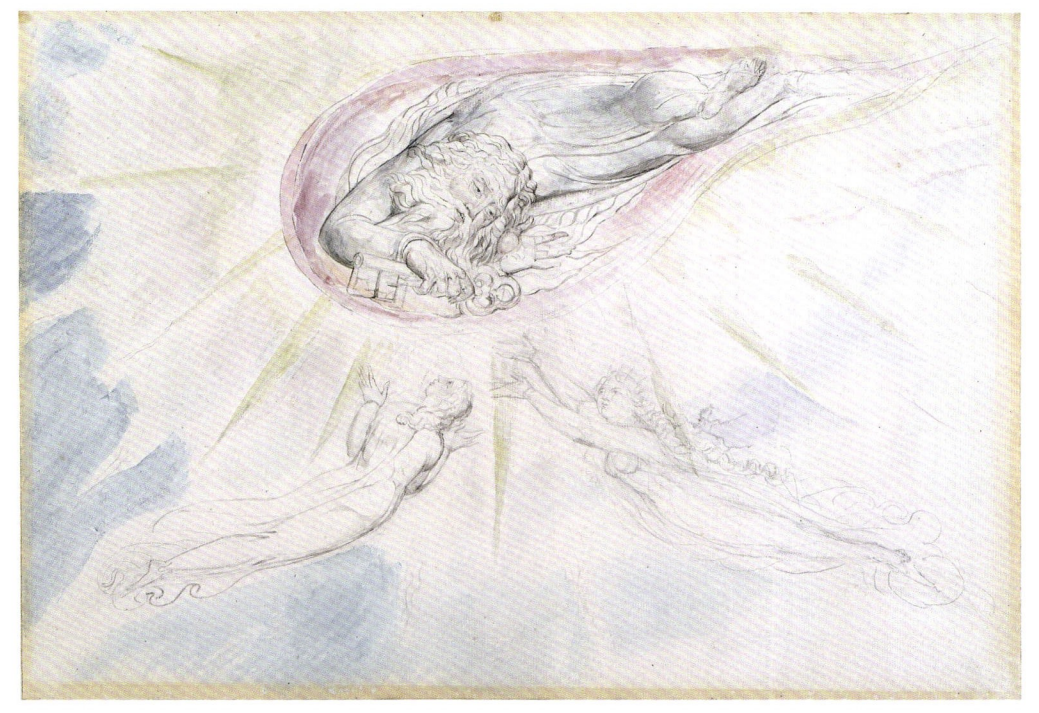

베드로가 단테의 믿음을 시험하다
먼저 천국 열쇠를 손에 쥔 베드로가 단테의 믿음을 시험하고 합격으로 판정한다. 그림 아래 오른쪽에는 베아트리체가 단테를 응원하는 듯한 몸동작을 보이고 있다.

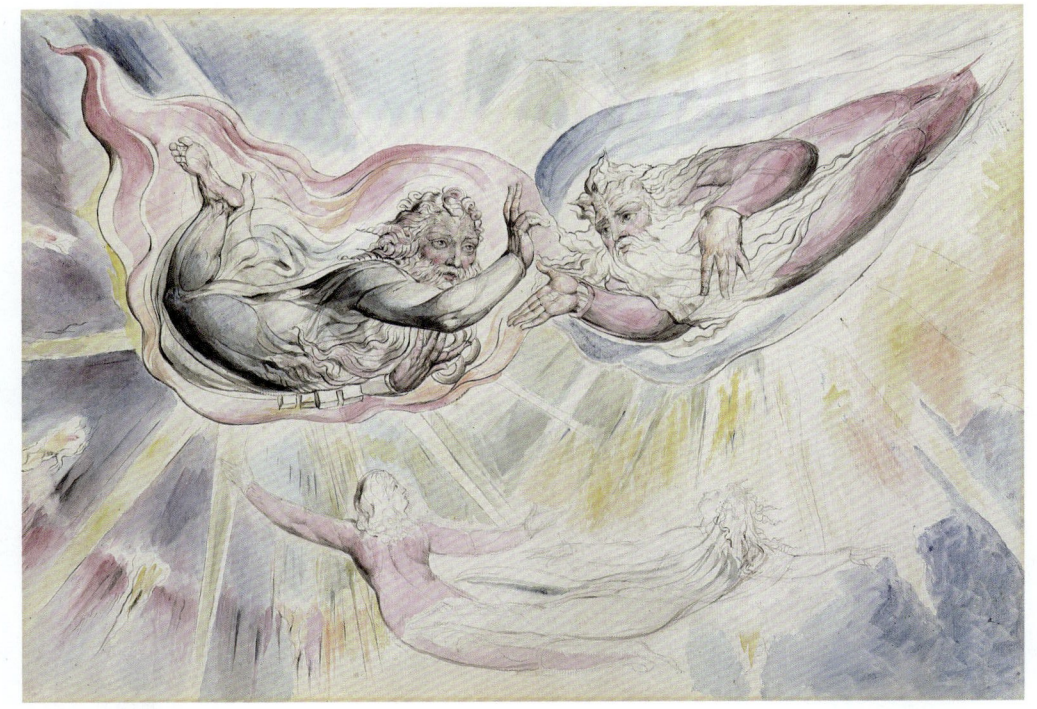

야고보가 단테의 소망을 시험하다
이어서 야고보가 단테의 소망을 시험하고 합격으로 판정한다. 그림에서 왼쪽에는 열쇠를 쥔 베드로, 오른쪽에는 그와 교대하려는 듯한 동작을 보이는 야고보가 그려져 있다.

사도 요한이 단테의 사랑을 시험하다

마지막으로 사도 요한이 단테의 사랑을 시험하고 합격으로 판정한다. 요한은 늘 젊은이로 그려지기 때문에 이 그림에도 수염이 없는 것으로 묘사되었다. 이미 시험을 마친 두 사도도 자리를 지키고 있어서 삼위일체를 보여주는 듯하다. 그림 왼쪽이 열쇠를 쥔 베드로다.

100

천국편
제28곡

천사들의 위계

천국의 제일 바깥층인 정화천을 제외하고 나머지 아홉 층은 각기 천사들의 위계를 나타낸다. 이 그림에는 그냥 하느님 자신인 정화천을 포함해서 아홉 개의 층으로 그렸다.

101

천국편
제30곡

빛의 강물을 마시다

정화천으로 올라간 단테는 꽃 만발한 강둑 사이로 흐르는 빛의 강을 본다. 베아트리체의 지시에 따라 단테는 눈길로써 그 강물을 마신다. 그림에는 단테가 그릇으로 물을 떠서 먹는 것으로 표현했다.

천국의 장미

빛의 강물을 마신 단테는 눈이 밝아져서, 조금 전 자기가 본 강물이 사실은 일종의 장미꽃임을 알게 된다. 그것은 일종의 거대한 스타디움으로 천국의 영혼들이 각기 자리를 차지하고 앉아 있다. 가장 높은 곳에는 성모께서 여러 여성들에 둘러싸인 채 앉아 있다. 원문에는 나오지 않는 것이지만, 이 그림에는 성모께서 홀과 거울을 들고 있다. 홀은 그분의 권세를, 거울은 영혼들을 분간하는 분별력을 나타내는 것 아닐까 싶다. 성모님 밑에 두드러지게 그려진 여성은 하와로 보인다. 그녀의 좌우의 두 여성도 좀 두드러지게 그려졌는데, 원문에 따르면 이 자리는 베아트리체와 라헬의 자리다.

단테《신곡》함께 읽기
부록: 윌리엄 블레이크의 단테《신곡》102 장면

해설	강대진
펴낸이	배경완
펴낸곳	북길드
등록번호	제652-2014-000008호
주소	제주특별자치도 서귀포시 동홍로 41 가동 A212호
전화	064-762-2582
팩스	064-762-2581
이메일	bookus@naver.com